KB201972

케네스 베일리의『지중해의 눈으로 본 바울』은 그의 전작인『중동의 눈으로 본 예수』의 입소문을 이어가는 또 하나의 기대작이다. 바울 서신 중 고린도전서를 분석한 이 책은 이 서신을 이해하기 위해 한편으로는 구약성경으로부터 나온 문학적 기법을 이해해야 하고, 다른 한편으로는 당시 지중해 배경을 이해해야 함을 알게 하는 문화적 시각을 담은 안내서다. 저자는 아리스토텔레스의 고전 수사학 렌즈로 읽어오던 고린도전서를 구약 예언서의 문학적 기법 패턴으로 읽을 수 있음을 보여주어 고린도전서의 문학적·주제적 통일성을 보여주는 값진 결과를 만들어낸다. 수많은 고린도전서 주석들의 산봉우리 사이에서 고린도전서라는 너무나 낯익은 풍경을, 이전까지 보지 못했던 새로운 시각으로 보기를 목말라하던 목회자와 신학생들에게 이 책은 여름날의 시원한 냉수가 될 것이다. **김경식** | 웨스트민스터신학대학원대학교 신약학 교수

성경은 어떤 관점으로 보느냐에 따라 다르게 보인다. 그동안 주류 신약학계는 구약-유대교의 렌즈나, 혹은 그리스-로마 철학과 문화의 눈으로 신약성경을 읽었다. 그런데 신약성경 저술 당시의 지중해인의 눈으로 볼 때, 그동안 우리가 알지 못했던 새로운 면을 볼 수 있게 되었다. 그 중심에 본서의 저자가 있다. 케네스 베일리는 복음서뿐만 아니라 이제 서신서를 읽는 데 있어서도 이 관점을 적용하고 있다. 본서에는 다른 신약학자들의 저술에서는 찾아볼 수 없는, 고대 지중해인의 눈으로 본 새로운 관점과 해석이 녹아 있다.

김동수 | 평택대학교 신약학 교수

중동인의 언어 문화적 관점에서 1세기 그리스어로 쓰인 고린도전서를 주석한다는 것은 무엇을 뜻할까? 베일리 박사는 대부분의 서구 신약 주석가들과는 결을 달리하는 주석 방법론을 택하여 자기만의 독특한 길을 걷는다. 바울은 당대 그리스의 수사적 논증 사고로 글을 쓰는 것이 아니라 히브리 예언자의 수사법에 따라 글을 쓰고 있다는 것이다. 베일리는 구약 예언자들의 수사법과 유사한 바울의 수사 스타일을 밝히고, 고린도전서에 스며들어 있는 다양한 히브리적 은유와 비유들을 집중해서 조명하며, 시리아어, 아랍어, 히브리어로 된 고린도전서 역본들을 살펴봄으로써 고린도전서의 중동 문화-언어적 측면을 밝혀내고 있다. 바울의 사상적 고향인 고대 근동의 히브리 문학적 전통의 빛 아래서 바울의 그리스어 고린도전서를 읽어야 한다는 베일리 박사의 주장은 매우 흥미롭고 설득력이 있을 뿐 아니라, 새로운 해석의 열매를 풍성하게 제공한다. 기존의 주석서들과는 전혀 다른 구도와 색감과 결을 보여주는 이 주석서를 지나친다면 큰 아쉬움으로 뒤를 돌아다볼 것이다. **류호준** | 백석대학교 신학대학원 구약학 교수

40년 넘게 이집트, 레바논, 예루살렘 등지에서 신약성경을 가르쳐온 베일리! 고대와 현대, 중동과 서양의 다양한 언어에 능숙한 베일리!! 그만이 해낼 수 있는 특별한 고린도전서 주석이 세상에 모습을 드러냈다. 베일리는 시리아어, 아랍어, 히브리어 역본들에 드러난 중동의 고린도전서 해석 전통을 탐구함으로써, 고린도전서 해석에 새로운 지평을 열어준다. 또한 그는 평행법을 기본으로 하는 히브리 수사 스타일을 고린도전서 전체에 적용함으로써, 고린도전서가 "단절과 접합"의 임시적인 편지가 아니라, 매우 정교하고 세밀하게 구성된 통일성 있는 예술적 작품임을 설득력 있게 밝혀나간다. 본서는 이처럼 독특하면서도 잘 다듬어진 진귀한 보석이다.

양용의 | 에스라성경대학원대학교 신약학 교수

『지중해의 눈으로 본 바울』은 중동의 눈으로 신약성경을 읽는 방법론에 정통한 베일리의 해박함과 영성을 탁월하게 보여준다. 신약성경 읽기에 상당한 통찰을 제공한 저자는 1세기의 지중해 사회에서 형성된 초기 그리스도인들의 믿음과 삶의 궤적을 추적한다. 특히 본문의 심층구조에 담긴 역사와 문화의 속성을 제대로 파악하지 못한 채 수사학에 함몰된 이전의 읽기 방식을 해체하여 고린도전서의 속살을 드러낸다. 한국교회의 설교와 성경 읽기의 새로운 차원을 열어줄 본서는 설교자와 성경 연구자의 필독서로 자리매김할 명저임이 틀림없다.

윤철원 | 서울신학대학교 신학전문대학원 신약학 교수

중동 문화를 누구보다 잘 아는 전문가인 케네스 베일리가 자신의 생애에서 가장 우수한 책을 내놓았다. 다른 고린도전서 주석들과 다른 이 책의 독특성은 아랍어, 콥트어, 히브리어, 시리아어로 된 고대 번역본들을 사용하여 고대 청중이 고린도전서를 어떻게 이해했는가에 대한 통찰력을 제공하고 본문에 나타난 고대 수사학을 기존의 어느 주석가보다도 잘 보여준다는 점이다. 이 주석은 보물섬이다. 신학자뿐만 아니라 설교자, 신학생, 평신도들에게도 어마어마한 양의 보물을 캘 수 있는 보고다.

이민규 | 한국성서대학교 신학대학원 신약학 교수

기독교는 중동에서 시작했지만, 중동의 신학은 천 년이 넘도록 잊혀 있었다. 성경 해석에서 자주 망각되고 배제되었던 중동의 시각에서 케네스 베일리는 예수 연구와 복음서 연구에 이어 바울 연구에 있어서도 새로운 이정표가 될 책을 출간했다. 그는 동양의 23개 대표 역본들을 참조하고 히브리 평행법을 도입하여 고린도전서를 1세기의 모든 교회에 보내는 편지로 간주함으로써, 바울 서신을 해석하는 데 중요한 방법론을 제공하고 고린도전서에 대한 새로운 이해를 시도한다. 이 책은 베일리를 바울에 대한 해석과 고린도전서를 연구하는 데 반드시 참조해야 하는 학자들의 반열에 올려놓았다. 바울과 고린도전서 연구를 위한 책으로 적극 추천한다.

이상일 | 총신대학교 신약학 교수

"지중해의 눈"은 많은 것을 의미할 수 있지만 그중에서도 저자가 고린도전서를 분석하는 데 주되게 사용한 것은 그리스-로마 수사학이다. 우리는 바울 서신에서 어떤 논리적 전개, 체계적인 생각의 흐름을 감지하곤 하는데, 베일리가 매 단락이 시작하는 부분에 제시하는 글상자들이 우리의 어렴풋한 짐작을 뚜렷하게 만들어준다. 고도 난시에 시달리는 21세기의 독자들에게 베일리가 제시하는 "지중해의 눈"이야말로 없어서는 안 될 안경이 되어준다. 한편 바울은 지중해 시민이자 팔레스타인의 아들이기도 했다. 그리고 그의 글 안에 숨겨진 중동인들의 독특한 세계관과 사고방식을 짚어내는 안목에 있어서 베일리를 따라갈 사람이 좀체 없어 보인다.

조재천 | 횃불트리니티신학대학원대학교 신약학 조교수

켄 베일리는 신약성경을 "중동의 눈으로 봄"으로써 많은 통찰력을 제공한 저자로 이미 유명하다. 그는 아메리카와 유럽 대륙에서, 마찬가지로 베이루트와 예루살렘을 위시한 근동의 여러 지역에서도 가르쳤다. 이 주석은 고린도전서에 대한 흔히 반복되는 관습적인 주석을 훨씬 넘어선다. 베일리는 예언자적이고 랍비적인 언어 형식의 타당성을 잘 보여주며 아랍어, 콥트어, 시리아어 역본을 폭넓게 활용한다. 또한 고린도전서와 그 십자가 신학 사이의 논리적 일관성을 적절하게 강조하기도 한다. 저자는 상호텍스트적 공명을 민감하게 지적하는 동시에 그 변별적인 개념들을 제공하고 있다. 이 서신에 대한 관습적 주석 그 이상을 찾고 있는 독자에게 이 작품을 열렬히 추천한다.

앤서니 티슬턴 Anthony C. Thiselton | 노팅엄 대학교 기독교 신학 교수

케네스 베일리 교수는 바울의 고린도전서에 대한 학문적이고 창의적이며 명석한 주석으로 정평이 나 있다. 그는 바울이 되는 대로 쓴, 조각조각으로 분리된 이슈들을 다루고 있지 않음을 논증한다. 베일리에 따르면, 바울은 오히려 정교하게 계획된 논문들의 집합 안에서 수사학적이고 구성적인 스타일을 보여주며, 이 논문들을 통해 근본적인 복음, 설득과 확신, 명확성을 선포하고 있다. 이 방대한 저술은 학자뿐만 아니라 신학생에게도 유용할 것이다.

토머스 G. 와이넌디 Thomas G. Weinandy | 가톨릭 주교 미국 연합 교리 부문 이사

베일리는 열정적인 목회적 스타일, 최신의 학문성, 신학에 대한 관심을 통해 고린도전서에 대한 탁월한 주장을 제시한다. 신약성경의 아랍어 번역본에 대한 타의 추종을 불허하는 지식과 긴 세월 중동에서 살며 축적한 그의 경험은 이 성경 텍스트에 대한 아주 독특한 관점을 가능케 만든다. 바울의 수사적 변증과 유대 성서의 활용을 강조함으로써 베일리의 책은 목회자와 평신도 모두에게 유용한 드문 저술이 되었다. 성서학 분야에서 명징성과 실용적 지혜에 있어 독보적인 기준을 세운 책이다.

린 H. 코힉 Lynn H. Cohick | 휘튼 칼리지 신약학 교수

중동에 대한 베테랑 학생이자 관찰자인 켄 베일리는 심오한 목회적 감수성을 갖춘 이 책을 통해 지식과 경험을 나누어 주고 있다. 또한 바울에 대한 관습적인 독서로는 도저히 도달할 수 없는 사도 바울 바로 자신의 모습과 의도를 드러내 보여준다. 『지중해의 눈으로 본 바울』은 배움과 통찰력을 풍성하게 제공하며 명쾌하고 활기찬 스타일을 유지함으로써 우리를 가르치고 계몽하며 고양시킨다. 이 책은 거미줄처럼 얽힌 연구로부터 해방된 성서학, 교회에 생명을 주는 작업을 위해 성별된 성서학이 어떤 것인가 하는 모델이 된다. 이는 베일리 자신이 활용하는 "이중 샌드위치" 기법이라 할 수 있으며, 빵 사이에 낀 고기보다도 더 풍부한 영양분을 제공한다. 나는 이 책을 읽기 시작한 후 중단할 수가 없었다. 당신도 가서 그렇게 하라.

라민 산네 Lamin Sanneh | 예일 신학교 기독교세계와 선교학 교수

케네스 베일리는 바울의 고린도전서가 실은 모든 교회가 읽어야 하는 순회 서신으로 의도되었다는 대담한 주장을 내놓는다. 지금까지 무시되어온 시리아어 주석과 중동에서의 개인적 경험에 의지하여, 베일리는 그리스도인의 하나 됨, 십자가, 이교 문화 안에서 살아가기, 예배에서의 남자와 여자, 부활의 이슈를 논의하는 고린도전서에 대해 찬란하고 가치 있는 주장을 내놓는다. 나는 이와 같은 고린도전서 연구를 결코 읽어본 적이 없다. 바울 서신에 대한, 진실로 독창적인 접근이다.

마이클 F. 버드 Michael F. Bird | 오스트레일리아 크로스웨이 신학교 신학 조교수

고린도전서에 대한 독창적이고 풍부한 연구다! 고대의 중동 역본과 주석을 활용하여 이 위대한 서신서에 새롭고 신선한 빛을 비추고 있다. 베일리의 이 학문적 저술로 인해 우리 모두는 그에게 큰 빚을 지게 되었다.

조지 캐리 George Carey | 전 캔터베리 대주교

신약학자들 사이에서 케네스 베일리는 고대와 현대를 막론하고 중동 문화에 친숙한 해석자로 잘 알려져 있다. 그의 최근 저술인 『지중해의 눈으로 본 바울』은 바울이 신학과 윤리학을 표현하기 위해 사용한 수사학을 밝혀내고 있다. 베일리의 전매특허가 되는 업적은, 고린도전서를 무계획적으로 쓴 비논리적인 텍스트로 보는 독해를 반박하고 있다는 것이다. 학자적인 동시에 저자의 인격성을 깊이 있게 드러내는 이 주석은, 바울의 가장 무게 있고 중요한 서신들 중 하나인 고린도전서 주해에서 생산적인 논의가 발생하도록 자극할 것이 분명하다.

C. 클리프턴 블랙 C. Clifton Black | 프린스턴 신학대학원 성서신학 교수

베일리의 저술은 이 유명하면서도 난해한 신약 서신의 수사학적 분석에 있어 아주 새로운 장르를 열어젖히고 있다. 베일리는 고린도전서가 다섯 편의 논문으로 구성되며 이 각각의 논문은 공통되는 고대의 수사학적 구조("고리 구조")로 짜여 있음을 논증한다. 이는 현대의 주석가들이 파악하지 못하는 대목이다. 바울은 숙련된 랍비로서 많은 분량의 구약을 암기하고 있었고 고대의 히브리 형식(특히 이사야서)을 활용하여 세련된 공적 편지를 작성할 줄 알았다. 여기서 한 걸음 더 나아가 저자는 보통의 신약학자들이 사용하지 않는 도구도 이용한다. 아랍어와 시리아어, 히브리어로 된 22개의 고린도전서 번역본과 9세기 다마스쿠스까지 거슬러 올라가는 주석들이 바로 그것이다. 이 책은 놀랄 만큼 새로운 발견과 다문화적 통찰력, 건전한 목회적 지혜로 가득한 금광이라 할 만하다. 고린도전서에 대한 "가장 위대하고 가장 중요한" 저술 중 한 권으로 자리매김할 책이다.

개리 M. 버지 Gary M. Burge | 휘튼 칼리지 신약학 교수

케네스 베일리는 복음서에 나타난 예수의 말씀과 비유들을 이해하고 수용하는 방식을 변화시킨 바 있다. 이제 그는 바울 서신으로 천착해 들어간다. 그리하여 이 텍스트에 대한 근본적으로 새로운 관점이 확실히 나타나게 되었다. 중동 그리스도인들의 관점이 인상적인 타당성과 함께 바로 우리 앞에 드러나 있으며…고린도전서의 세계 속으로 들어가는 창문을 제공한다.…외과의사 같은 기술을 사용해서 베일리는 현재적 의미의 층위들을 하나하나 열어놓는다. 이 주석은 독자에게 성장을 위한 성찰과 통찰력의 시간을 가져다줄 것이며, 하나님의 교회에 축복이 되어줄 것이다. **로저 헐프트** The Most Rev. Roger Herft | 서오스트레일리아 퍼스 대주교

"중동의 눈"을 통해 예수의 복음서를 연구한 다수의 저술들로 이미 유명한 베일리가 이제 바울 서신으로 눈길을 돌렸다. 이 책에서 저자는 유대와 중동 및 지중해의 컨텍스트 안에서 고린도전서에 대한 강력하고 열정적인 읽기를 제공한다. 특히 주목할 만한 대목은, 4세기부터 현대에 이르기까지 나온 아랍어, 시리아어, 히브리어 번역본의 렌즈를 통해 이 서신을 독해하는 베일리의 작업이다. 신약성경 텍스트를 공부하는 학생들에게 이 책은 고린도의 신도들에게 바울의 메시지가 어떻게 수용되었는지에 관한 역사를 보여주는, 값을 매길 수 없는 자원이 된다.

데이비드 W. 파오 David W. Pao | 트리니티 복음주의 신학교 신약학 부교수 및 학과장

켄 베일리는 순금과도 같다. 성경을 신선함과 명확성으로 가르치는 데 이런 귀한 도움을 준 학자는 다시 없다. 바울에 대한 베일리의 통찰력을 가질 수 있다니, 얼마나 큰 선물인가!

존 오트버그 John Ortberg | 멘로파크 장로교회

Paul Through Mediterranean Eyes

Cultural Studies in 1 Corinthians

Kenneth E. Bailey

Originally published by InterVarsity Press
as *Paul Through Mediterranean Eyes* by Kenneth E. Bailey.
© 2011 by Kenneth E. Bailey.
Translated and printed by permission of InterVarsity Press,
P.O. Box 1400, Downers Grove, IL 60515, USA.
www.ivpress.com.
License arranged through rMaeng2, Seoul, Republic of Korea.

This Korean edition copyright © 2017 by Holy Wave Plus Publishing Company,
Seoul, Republic of Korea.

이 한국어판의 저작권은 알맹2 에이전시를 통하여 InterVarsity Press와 독점 계약한 새물결플러스에 있습니다. 신저작권법에 의해 한국 내에서 보호받는 저작물이므로 무단 전재와 무단 복제를 금합니다.

지중해의 눈으로 본 바울

고린도전서의 문예-문화적 연구

케네스 E. 베일리 지음 | 김귀탁 옮김

Holy WavePlus

예수님의 길 안에서 신실한, 사랑하는 내 동료들

빌 크룩스

데이브 도슨

빌 맥나이트에게 바칩니다.

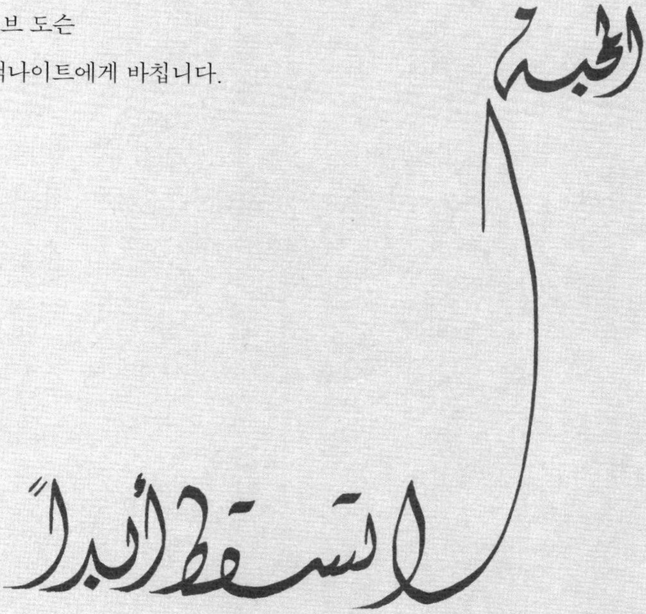

사랑은 언제까지나 떨어지지 아니하되

(고전 13:8)

"오직 여러분이 읽고 아는 것 외에 우리는 다른 것을 쓰지 않습니다.
여러분이 부분적으로 앎으로 나는 여러분이 온전히 알기를 바랍니다"
(고후 1:13-14).

차례

/ 약어 /

ABD David Noel Freedman, editor, *The Anchor Bible Dictionary*, 6 vols. (New York: Doubleday, 1992).

BAGD Walter Bauer, W. F. Arndt, F. Wilber Gingrich, Frederick W. Danker, eds., *A Greek-English Lexicon of the New Testament and Other Early Christian Literature* (Chicago: University of Chicago Press, 1979).

Barrett, *First Epistle*

C. K. Barrett, *A Commentary on the First Epistle to the Corinthians* (New York: Harper, 1968).

Bishr ibn al-Sari, *Pauline Epistles*

Bishr ibn al-Sari, *Pauline Epistles*, trans. Harvey Staal, *Mt. Sinai Arabic Codex 151, Corpus Scriptorum Christianorum Orientalium,* vol. 452-453 (Lovanii: In Aedibus E. Peeters, 1983).

Chrysostom, *First Corinthians*

John Chrysostom, *Homilies on the Epistles of Paul to the Corinthians*, First Series, vol. XII, trans. Talbot W. Chambers, in *Nicene and Post-Nicene Fathers*, ed. Philip Schaff (Grand Rapids: Eerdmans, 1975).

Conzelmann, *1 Corinthians*

Hans Conzelmann, *1 Corinthians* (Philadelphia: Fortress, 1975).

Fee, *First Epistle*

Gordon D. Fee, *The First Epistle to the Corinthians* (Grand Rapids: Eerdmans, 1987).

Findlay, *First Epistle*

G. G. Findlay, "St Paul's First Epistle to the Corinthians," in *The Expositor's Greek Testament*, ed. W. Robertson Nicholl, vol. 2 (New

York: George Doran Company, 1900).

Garland, *I Corinthians*

David E. Garland, *I Corinthians* (Grand Rapids: Baker, 2003).

Hays, *First Corinthians*

Richard Hays, *First Corinthians* (Louisville: John Knox, 1997).

JB — Jerusalem Bible

Lightfoot, *First Corinthians*

John Lightfoot, *A Commentary on the New Testament from the Talmud and Hebraica, Matthew—I Corinthians, Volume 4, Acts—I Corinthians* (Grand Rapids: Baker, 1979, reprinted from the 1859 English ed.; original Latin, 1658-1674).

Kistemaker, *1 Corinthians*

Simon J. Kistemaker, *1 Corinthians* (Grand Rapids: Baker, 1993).

KJV — King James Version of the Bible

LSJ, *Greek-English Lexicon*

H. G. Liddell, Robert Scott and H. S. Jones, *A Greek-English Lexicon*, rev. J. S. Jones (Oxford: Clarendon, 1966).

LVTL, *Lexicon*

Lexicon in Veteris Testamenti Libros, ed. L. Koehler and W. Baumgartner (Leiden: J. J. Brill, 1958).

M. & M. — James H. Moulton and George Milligan, *The Vocabulary of the Greek Testament Illustrated from the Papyri and Other Non-literary Sources* (Grand Rapids: Eerdmans, 1963).

Moffatt, *First Epistle*

James Moffatt, *The First Epistle of Paul to the Corinthians* (London: Hodder and Stoughton, 1947).

Murphy-O'Connor, *1 Corinthians*

Jerome Murphy-O'Connor, *1 Corinthians* (Wilmington, Del.: Michael Glazier, 1979).

NIV — New International Version of the Bible

NRSV — New Revised Standard Version of the Bible

Orr/Walther, *I Corinthians*

William F. Orr and James A. Walther, *I Corinthians*, The Anchor Bible, vol. 32 (New York: Doubleday, 1976).

Robertson/Plummer, *First Epistle*

Archibald Robertson and Alfred Plummer, *A Critical and Exegetical Commentary on the First Epistle of St Paul to the Corinthians*, ICC (Edinburgh: T & T Clark, 1914).

RSV Revised Standard Version of the Bible

TDNT *Theological Dictionary of the New Testament*, ed. Gerhard Kittel and G. Friedrich, 10 vols. (Grand Rapids: Eerdmans, 1967-1976).

Thiselton, *First Epistle*

Anthony C. Thiselton, *The First Epistle to the Corinthians: A Commentary on the Greek Text* (Grand Rapids: Eerdmans, 2000).

Wright, *Resurrection*

N. T. Wright, *The Resurrection of the Son of God* (Minneapolis: Fortress, 2003).

서언

다른 많은 책과 마찬가지로 이 책도 여러 단계를 거쳤다. 40여 년 전에 나는 고린도전서 13장이 다음과 같은 구조로 이루어져 있다고 보았다.

사랑과 신령한 은사들(13:1-3)
　　사랑의 긍정적 정의(4a절)
　　　　사랑의 부정적 정의(4b-6절)
　　사랑의 긍정적 정의(7절)
사랑과 신령한 은사들(8-13절)

몇 년 뒤에는 고린도전서 13장이 "신령한 은사들"에 대한 두 개의 설교(고전 12장과 14:1-25)로 둘러싸여 있다고 지적했다. 그리고 10여 년 후에는 "사랑" 장(13장)이 클라이맥스(climax)에 놓여 있는 포괄적인 구조(wider format)를 깨닫게 되었다. 11:2-14:40을 포함하는 이 포괄적 구조는 다음과 같다.

1. 예배를 **인도하는** 남자와 여자(11:2-16)

2. 예배의 무질서—거룩한 친교: **성례**(11:17-34)

3. 신령한 은사들—이론(12:1-31)

4. 사랑(13:1-13)

5. 신령한 은사들-실천(14:1-15)

6. 예배의 무질서—설교: **말씀**(14:16-33a)

7. **예배를 드리는** 남자와 여자(14:33b-40)

위의 일곱 부분은 분명히 하나의 논문(essay)을 구성하며 그 초점은 예배의 갈등과 혼란 그리고 사랑의 필요성에 맞추어져 있다. 고린도 교회 교인들은 예배에서 남성과 여성의 위치, 성례(장면 2)와 말씀(장면6)의 무질서, 신령한 은사들과 그 은사들의 사용(장면 3과 5)에 관해 다툼을 벌이고 있었다. 이 문제들은 일곱 부분의 중앙(장면 4)을 구성하는 "사랑"이 없이는 해결될 수 없었다. 바울은 이처럼 다양한 부분에 대한 설명을 독자에게 제대로 전달하려면 정교하게 균형을 맞추어 제시하는 것이 중요하다고 보았다. **예배를 드리는 여자들**은 교회에서 잡담을 하고(장면 7), 교회에서 **예언하는 여자들**(과 남자들)의 말을 귀담아 듣지 않았다(장면 1). 요약하면 어떤 여자들은 설교를 하고 있는데, 다른 여자들은 그 설교를 제대로 듣지 않았다! 그러나 독자가 11장에서 시작되고 14장에서 끝나는 논문 전체의 구조를 파악하지 못하면, 장면 1과 장면 7 사이의 이런 관련성을 제대로 포착하지 못할 것이다. 이는 아래에서 더 상세히 살펴볼 것이다.

내가 고린도전서를 주석하는 여정을 시작하게 된 결정적인 전환점은 이 "논문"(11:2-14:40)의 구성에 주목하게 된 것이었다. 만약 바울이 11-14장을 이처럼 사려 깊게 하나로 묶는 데 심혈을 기울였다면, "고린도전서의 나머지 부분은 과연 어떻게 했을까?"라는 의문이 생겼다. 연구 결과 고린도전서 다른 장들의 구성이, (내 마음속에 있던) 칙칙한 안개가 걷히고 밝은 햇빛이 비치는 웅대한 성곽처럼, 서서히 눈앞에 나타났다. 나는 스스로 깨달은 사실을 조심스럽게 논문으로 쓰기 전에, 몇 년 더 연구하고 반추하는 시간을 가졌다. 이때 나는 수사 구조와 관련된 성경신학뿐만 아니라 고린도전서 전체의 배후에 있는 중동 문화에도 관심을 두었다.

그동안 동양 역본들은 신약성경 연구에 있어 중요한 자료지만 대체로 무시되는 경향이 있었다. 하지만 번역은 언제나 곧 해석이다. 40년 이상 나는 이집트와 레바논, 심지어 예루살렘에서 영어와 아랍어로 신약성경을 가르쳤다. 그러면서 시리아어, 아랍어, 히브리어로 번역된 중동의 신약성경 역본들이 담고 있는 해석적인 내용이 중요함을 깨닫게 되었다. 30년 이상 나는, 1600년 넘는 기간에 걸쳐 이 세 언어로 번역된 고린도전서 역본 23가지를 수집했다. 이 역본들은 점차 고린도전서를 주석하는 내 여정에서 핵심적인 자리를 차지하게 되었다.[1] 결정적으로 중요한 본문 앞에 서게 되면 나는 이렇게 물었다. "중동의 그리스도인은 대대로 이 본문을 어떻게 이해했을까?" 그들의 번역은 이 질문에 답변하는 데 중요한 열쇠가 되었다. 그렇다면 중동의 주석은 어떨까?

기독교가 출범한 초기에 중동의 기독교 학문은 크리소스토모스와 다른 학자들 속에 반영된 모습으로 잘 알려져 있었다. 그리스어로 글을 쓴 마지막 동양 교부는 다마스쿠스의 요한이었다(기원후 750년 사망). 다마스쿠스의 요한 이후로는 중동인의 주된 신학 언어가 대체로 아랍어가 되었기 때문에, 중동의 기독교 학자와 그리스도인들의 학문은 서양 기독교 지성의 범주에서 거의 제외되었다.

콥트어, 시리아어 또는 아랍어로 기록된 중동 주석들은 많이 소실되어 현존하는 것이 별로 없지만, 이븐 알-살리비(1171년 사망)가 시리아어로 쓴 복음서 주석은 아랍어로 번역되어 출판됨으로써 우리에게 남아 있다. 이 주석 서론에서 알-살리비는 자신이 사용한 자료의 출처와 목록을

1) 이 역본들의 목록은 간략한 해설과 함께 이 책 끝부분에 있는 "이 책의 연구에 사용된 동양 역본의 표기와 간략한 해설"에 나와 있다.

시리아의 에프렘, 야쿠브 알-사루기, 필리크시누스 알-만바지, 사위루스 알-안타키, 와다 알-타크리티, 다니엘 알-술루히, 유안누스 알-다리 등으로 밝히고 있다.[2] 내가 알고 있는 한, 이 목록 중 남아 있는 것은 시리아의 에프렘 역본뿐이다. 오랜 세월에 걸친 박해로 말미암아 많은 자료가 완전히 소실되고 말았다. 1957년에 나는 나일 계곡과 홍해 사이 사막에 있는 성 안토니우스 수도원을 방문한 적이 있다. 그때 수사들로부터 수도원이 많은 세월을 거치며 일곱 번이나 무너지고 불에 탔다는 이야기를 들었다. 1849년에 오스틴 H. 레이어드는 쿠르드인과 터키인이 북이라크에서 네스토리우스 교파 그리스도인들을 대량 학살한 사건을 상세히 설명하는 책을 출판했다. 이 책에서 레이어드는 자신이 개인적으로 목격한 것과 오랜 세월에 걸쳐 일어난 박해에 관해 알려진 사실들을 다루고 있다. 이 박해 이야기의 중심에는 기독교 서적을 소각시킨 사건이 놓여 있었다.[3] 그러나 앞서 지적했듯이, 대부분 소실되었음에도 불구하고 그리스어, 시리아어, 콥트어로부터 아랍어로 번역된 신약성경 역본들은 많이 남아 있었다.

중동에 인쇄술이 유입된 것은 19세기가 되면서부터였다. 따라서 19세기 이전에 출판된 기독교 아랍어 서적은 서양 장서가들에게 "희귀본"으로 간주된다. 내가 알기로, 현존하는 유일한 고린도전서 주석은 시리아 정교회 학자로서 기원후 867년에 사도행전, 바울 서신, 공동 서신을 시리아어에서 아랍어로 번역하고, 또 이 책들의 아랍어 주석을 쓴 비쉬르 이븐 알-사리의 것이다. 유일하게 알려진 복사본이 시내산에 위치한 성 카타리나

2) Dionesius ibn al-Salibi, *Kitab al-Durr al-Farid fi iafsir al-'Ahd al-Jadid* (The Book of Rare Pearls of Interpretation of the New Testament, 2 volumes), 시리아 정교회 수사 'Abd al-Masih Dawlabanirk가 편집/출판함(연대 및 출판사 불명) 서론, p. 3.

3) Austen Henry Layard, *Nineveh and Its Remains: With an account of a visit to the Chaldaean Christians of Kurdistan, and the Yezids or Devil-worshippers, and an inquiry into the Manners and Arts of the Ancient Assyrians*, Vol. I (New York: George Putnam, 1848), pp. 148-172, 203-224.

수도원 도서관에 소장되어 있다. 하비 스탈이 출판된 이 본문과 주석을 복사하여 편집하고 번역했다.[4] 현대에는 콥트 정교회의 아버지 마타 알-미스킨이 『성 사도 바울: 그의 생애와 신학과 사역』이라는 방대한 책을 아랍어로 썼다.[5]

앞서 지적했듯이, 전체 기독교 세계에서 중동 그리스도인들의 존재는 자주 망각된다. "글로벌 사우스"(아프리카, 아시아, 남아메리카) 기독교의 등장과 서유럽 및 북미 그리스도인을 넘어서는 글로벌 사우스 그리스도인의 수적 우위에 대한 언급을 보면, 중동은 완전히 배제되고 있다. 나는 중동의 중요 기독교 자료에 비추어 복음서의 몇몇 주제를 이미 다룬 바 있다.[6] 이제 이 책에서는 고린도전서에 관해 유사한 연구를 수행하고자 한다.

신약성경에 대해 말하자면, 나는 마르쿠스 바르트, 프레드릭 K. W. 댕커, 에드가 크렌츠, 윌리엄 오르, 마르틴 샬레만을 비롯한 많은 스승들에게 큰 은혜를 입었다. 또한 데오필루스 테일러와 제임스 발터에게 배움으로써 나는 더 높은 수준에 이르는 길을 준비할 수 있었다. 오랜 세월 교제해온 원근 각처의 동료와 친구들도 이 고린도전서 주석 여정에서 내게 도움을 주었다. 파힘 아지즈, 크레이그 블롬버그, 개리 버지, 조지 캐리, 제임스 던, 크레이그 A. 에번스, 에디스 험프리, 하워드 마셜, 아티프 메헨느, 세실 맥클라우, 레슬리 뉴비긴, N. T. 라이트 등이 바로 그들이다. 또한 이 책 전체에 인용된 아랍어 복음서의 수많은 본문을 검토하고, 동양 역본들의 색인을 만드는 수고를 해준 빅터 마카리에게 진심으로 감사하다는 말

4) Bishr Ibn al-Sari, *The Pauline Epistles*, ed. and trans. Harvey Staal, CSCO Vol. 452-453 (Lovanii: In Aedibus Peeters, 1983).

5) Matta al-Miskin, *al-Qiddis Bulus al-Rasul: Hayatuhu, Lahutuhu, A'maluhu* (Monastery of St. Maqar, wadi al-Natron, Box 2780, Cairo: Monastery of St. Maqar, 1992), p. 783.

6) Kenneth E. Bailey, *Jesus Through Middle Eastern Eyes* (Downers Grove, Ill., IVP Academic, 2008). 『중동의 눈으로 본 예수』(새물결플러스 역간).

을 전한다. 동양 자료를 열람하고 마이크로필름 등을 만들어 사용하도록 허락한 옥스퍼드 대학교의 보들리 도서관, 케임브리지 대학교 도서관과 대영박물관 도서관에도 깊은 감사를 전한다. 보르기아누스 바티칸 도서관 및 파리와 베를린의 국립도서관에 대해서도 마찬가지다. 성 카타리나 수도원의 주임 사서인 저스틴 신부는 자신들이 소장하고 있는 유명한 자료 중 극히 희귀한 주요 본문들을 필름에 담아 건네주는 엄청난 친절을 베풀었다. 여기에 대해서는 어떻게 감사를 표현한들 충분치 않을 것이다.

모든 성경 주석가는 문맥(context) 안에서 글을 쓰되, 깊은 헌신의 자세를 가지고 그렇게 한다. 신앙을 고백하는 그리스도인으로서 나는 성경을 영감된 하나님의 말씀으로 깊이 존중하며, 경외와 감사의 마음을 가지고 이 책에 다가간다. 이 책에 제시된 많은 개념들은 서양 바깥의 세계로부터 온 것이며, 내가 40년 이상 세계 전역의 수많은 청중에게 아랍어와 영어로 가르친 내용이기도 하다. 수십 년 동안 나는 "베이루트에서 예루살렘까지", 그리고 그 밖의 다른 중동 지역에서도 가르쳤는데, 이곳은 1956년에서 2006년까지 전쟁이 계속된 장소였다. 따라서 오랫동안 내가 밤낮으로 맞이했던 중대사는 연일 대포가 발사되는 곳에서 어떻게 살아남느냐 하는 것이었다. 하지만 이런 상황 속에서 내가 이루고자 애쓴 목적은, 지금 내 책상에 놓여 있는 47권에 달하는 주석을 참조하여 "고린도전서 주석"을 쓰는 것이 아니었다. 나는 내 목적이 훨씬 겸허한 것이었음을 암시하기 위해 부제에 "문화적 연구"라는 구절을 포함시켰다.

베이루트와 예루살렘은 동양과 서양을 다 향해 있다. 나는 영어를 모국어로 사용하는 독자를 향해 글을 쓰는 동시에, 현재 전 세계 그리스도인의 다수가 살고 있는 새로운 글로벌 사우스 세계 사람들도 바라보고 있다. 티슬턴, 갈랜드, N. T. 라이트, 헤이스, 키스트메이커, 오르/발터, 바레트, 고든 피를 위시해서 수많은 학자들은 제기된 다양한 질문을 서양에서 입수할 수 있는 방대한 문헌을 통해 훌륭하게 다루었다. 나는 이렇게 멀리서 존경과 존중의 마음을 가지고 그들의 상세한 설명을 통해 많이 배우고 깨닫게 된 데 대해 진심으로 감사한다. 오랜 세월 전쟁이 벌어지는 곳에서 그렇게 하는 것이 실제로 거의 불가능했는데도 말이다.

이 책에서 나는 세 가지 기본 관심사를 다룬다. 첫째 관심사는 히브리 수사 스타일과 관련되어 있다. 나는 중동 출신 유대인 그리스도인으로서 바울이 히브리 예언자들(특히 이사야와 아모스)의 글에서 입수할 수 있었던 수사 스타일을 고린도전서에서 사용하고 있다는 사실을 증명할 것이다. 이 책은 이것이 바울의 사상을 이해하는 데 어떤 중요성을 갖고 있는지를 탐구한다. 둘째 관심사는 가능한 한 많이 바울의 은유와 비유를 부각시키는 데 있다. 이런 그림 언어는 단순히 개념을 예증하는 도구가 아니라 오히려 신학적 강론의 핵심 방식으로서 역할을 한다. 바울이 이런 은유를 사용하고 저런 비유를 창작할 때, 사도는 단순히 의미를 예증하는 것이 아니라 의미를 창출하고 있다. 중동의 삶에 대한 지식과 그곳의 문헌은 이런 양식을 회복시키는 데 도움을 줄 것이다.

셋째 관심사는 시리아어, 아랍어, 히브리어로 된 고린도전서 역본들의 오래되고 탁월한 유산 중 23개의 대표 역본을 검토하는 것이다. 1600년 동안 중동 그리스도인들이 고린도전서를 어떻게 읽고 이해했는지를 확인하기 위해, 많은 경우에 중요한 단어와 어구들을 이 역본들을 통해 살펴볼 것이다. 시리아어 페시타는 최종판이 4, 5세기에 완성되었다. 아랍어 역본은 9세기가 되어 나타나기 시작했다. 내가 입수할 수 있었던 두 히브리어 역본은 각각 19세기와 20세기에 나온 것이다. 이 역본들의 증거는 각주에 나타나 있으며, 원문은 부록 II에 제시되어 있다.

또한 나는 50년 이상 내 고린도전서 강의를 인내하며 들어준 미국, 남아시아, 유럽, 중동에서 온 무수한 학생들과 청중에게도 감사하고 싶다. 그들의 질문은 내 사고를 깊이 자극했으며 이 책을 쓰는 데 큰 힘이 되었다. 캔사스 주 위치토의 하비스트 커뮤니케이션과 그 단체 의장인 레이 도셋에게도 감사의 마음을 전한다. 도셋의 도움으로 나는 고대 고린도를 여행했으며 거기 있는 동안 고린도전서에 대한 비디오 강의를 녹화할 수 있었다. 편집자 마이클 깁슨은 말로 표현할 수 없이 큰 도움을 주었다. 편집 과정에서 그가 보여준 인내, 이해, 근면, 배려에 깊이 감사한다. 이 책의 헌정사 페이지에 나오는 아름답고 유려한 아랍어 서체를 만들어낸 레바논의 조지 비타르 목사에게도 감사를 전한다. 누구보다도, 오랫동안 내 원고를 붙들고 씨름한 사라 B. 마카리 양에게 감사하고 싶다. 그녀에 대해서는 뭐라고 감사해야 할지 적절한 말이 떠오르지 않는다.

피츠버그의 월드미션 단체와 제휴를 맺고 있는 중동 신약연구협회는 수십 년 동안 나를 위해서 조사 여행(옥스퍼드에서 시내산까지 많은 지역)에 들어가는 비용을 대주었다. 또한 이 책의 편집 및 연구에 필요한 도서와 마이크로필름 구입에 드는 자금도 도와주었다. 이런 재정적 도움이 없었다면, 이 책은 결코 탄생하지 못했을 것이다. 카이로 복음주의 신학교 학장 아티프 메헨니 박사에게도 특별한 감사를 표한다. 아티프 학장은 천 년 동안 망각되어 온 아랍권 중동 그리스도인들의 신약 성서학에 대한 성경적 통찰력을 계발하는 이 중대한 임무에 우정과 협조를 아끼지 않았다. 그의 지도 아래 중동 기독교 연구를 위한 새로운 센터가 활발하게 활동하는 일 역시 이처럼 오랫동안 잊힌 길을 함께 가는 우리의 여행에 희망과 격려를 주고 있다.

사랑하는 아내 에델은 마음이 "항상 다른 곳"에 가 있으며 너무 오래 "이 책"에만 신경을 쓴 남편을 인내하고 지원하며 견뎠다. 아내에 대한 감사는 아무리 표현해도 다할 수 없을 것이다.

이 진지한 노력이 고린도 교회 교인들과 "**우리 주 예수 그리스도**의 이름으로 불리는 모든 지역의 모든 자"에 대해 각별한 마음을 가지고 고린도전서를 쓴 사도 바울의 원래 의도를 조금이나마 파악하도록 독자를 돕게 해달라고, 나는 간절히 기도한다.

오직 하나님께 영광(Soli Deo Gloria)
케네스 E. 베일리

서론

전도서의 전도자는 "지혜와 망령됨과 어리석음"을 성찰한 후 이어서 자기 운명에 대해 이렇게 탄식한다. "왕 뒤에 오는 자는 무슨 일을 행할까? 왕이 이미 행한 일을 행하는 것밖에 없다."[1]

로버트슨/플러머[2]로부터 티슬턴[3]에 이르기까지 최근에 저술된 수많은 고린도전서 주석들이 형언할 수 없이 풍성한 연구를 쏟아낸 이 시점에, 과연 고린도전서에 관해 이전에 알려진 적이 없는 새로운 사실이 말해질 수 있을까?

이 책은 최근에 구입할 수 있는 권위 있는 모든 저술을 개관하거나 그것들과 영향을 주고받은 체계적인 연구서는 아니다. 오히려 이미 이루어진 성과에 깊이 감사하면서, 이 책은 "가장 현대적인 바울의 편지"로 불릴 수 있는 작품(고린도전서)을 새롭게 바라보고, 아직 밝혀야 할 의미가 남아 있는지 확인해볼 것이다.

이 목적을 위해 내가 사용하고자 하는 렌즈는, 히브리어 성경(구약성

---

1) 전 2:12.

2) Robertson/Plummer, *First Epistle*.

3) Thiselton, *First Epistle*.

경)의 **성문 예언서에까지 소급될 수 있는 고린도전서의 수사 스타일**과, 절실하게 회복되어야 할 **동지중해 연안 세계의 문화**다. 여기서 내가 말하는 수사 스타일(rhetorical style)이란 티슬턴의 것과는 다르다. 티슬턴은 아리스토텔레스[4]가 능숙하게 제시한 그리스의 고전 수사학을 고린도전서와 관련시켜 설명하면서[5] "이 주제에 관한 문헌이 지금은 괄목할 정도로 많아졌다"[6]라고 말했다. 더 정확히 말해, 앞서 지적했듯이 나는 수십 년 동안 고린도전서를 연구한 결과, 구약성경의 성문 예언서까지 소급할 수 있는 수사 패턴(rhetorical pattern)을 사도 바울이 확대해서 사용했다는 결론을 얻었다. 이 수사 패턴은 구약성경의 유명한 저술 방식으로, 개념들을 짝을 맞추어 제시하는 평행법에 따라 이루어진다. 이런 저술 패턴(평행법)에 따라 글을 쓰는 저자는 먼저 한 개념을 제시하고, 이어서 첫째 행을 반복하거나 첫째 행과 대립하는 개념을 제시하는 둘째 행을 덧붙인다. 이때 둘째 행은 첫째 행을 예증하거나 단순히 첫째 행을 완결 짓는 역할을 하거나 할 수 있다.[7] 시편과 거의 모든 성문 예언서는 이런 히브리 평행법에 따라

4) Aristotle, *The "Art" of Rhetoric*, trans. J. H. Freese (1926, reprint, Cambridge, Mass.: Harvard University Press, 2006).

5) Thiselton, *First Epistle*, pp. 46-52.

6) 같은 책, p. 47 n. 253.

7) Kenneth E. Bailey, "Inverted Parallelism and Encased Parables in Isaiah and Their Significance for Old and New Testament Translation and Interpretation," in *Literary Structure and Rhetorical Strategies in the Hebrew Bible*, ed. L. J. de Regt et al. (Assen, The Netherlands: Van Gorcum, 1996), pp. 14-30; idem, "Parallelism in the New Testament—Needed: A New Bishop Lowth," *Technical Papers for the Bible Translator* 26 (1975년 7월), 333-338; Adele Berlin, "Parallelism," in *The Anchor Bible Dictionary, Volume 5* (New York: Doubleday, 1992), pp. 155-162; C. F. Burney, *The Poetry of Our Lord* (Oxford: Clarendon, 1925); Mitchell Dahood, "Pairs of Parallel Words in the Psalter and in Ugaritic," in *The Anchor Bible Psalms III 101-150* (New York: Doubleday, 1970), pp. 445-456; John Jebb, *Sacred Literature* (London: T. Cadell, 1820); James L. Kugel, *The Idea of Biblical Poetry: Parallelism and Its History* (New Haven: Yale University Press, 1981); George Buchanan Gray, *The Forms of Hebrew Poetry*, Prolegomenon by David Noel

구성되어 있으며 현대의 역본들도 이 평행법에 맞추어 번역된다. 여기서 우리 관심사는 바울의 의도를 더 깊이 이해하는 데 중요한 이 **히브리 평행법**을 바울이 어떻게 고린도전서의 포괄적 패턴 속에 배치하는가를 파악하는 것이다. 다음 단락에서는 예언서에서 추출한 몇 가지 사례를 평행법의 세 가지 기본 형태로 제시할 것이다. 그리고 여기서는 "바울이 항상 이 방식으로 글을 쓰는가?"라는 질문도 제기된다.

고린도전서는 몇 가지 예외를 제외하고 전체 내용이 이런 방식으로 기록되었음을 보여준다. 여기서 예외는 수사적인 두 설교 사이에 들어가 있는 "여담" 또는 "연결 문"이다. 그러나 우리가 이 책에서 검토할 정교하게 균형 잡힌 수사적 설교가 바울의 "기본" 스타일은 아니다. 고린도후서에는 이 고전적인 히브리 스타일의 사례가 나오기는 하지만, 이 책은 대부분 단조로운 산문으로 구성되어 있다.[8] 하지만 고린도전서는 전혀 다르다. 왜 그럴까?

고린도전서를 해석하려면, 먼저 1장의 처음 세 절(1-3절)을 검토하면서 중대한 판단을 해야 한다. 로마서에서 바울은 수신자에 대해 "로마에서 하나님의 사랑을…받은 모든 자"(1:7)라고 말한다. 갈라디아서 2:1에서는 "갈라디아의 교회들"을 수신자로 언급한다. 빌립보서는 "빌립보에 사는 그리스도 예수 안에 있는 모든 성도…에게"(1:1)라고 부르며 편지를 시작한다.[9] 고린도후서는 "**아가야 전체에 있는 모든 성도와 함께**, 고린도에 있는 하나님의 교회에게"(1:1) 주어진다. 여기서 고린도후서의 경우를 보면, 이 책의 독자는 한 도시의 중심에 있는 한 교회가 아니다. 오히려 고린도후서는 고린도에 있는 교회와 주변 지역에 사는 모든 신자를 향해 쓰였다. 하

Freedman (n.p.: KTAV Publishing House, 1972, c. 1915); Nils Lund, *Chiasmus in the New Testament* (Peabody, Mass.: Hendrickson: 1992, c. 1942).

8) 고린도후서에는 십자가 찬송(1:17-2:2), 사랑의 찬가(13장), 부활 찬송(15장)과 같은 중요한 "찬송들"이 나오지 않는다.

9) 수신자에 대한 동일한 지칭이 골로새서 및 데살로니가전·후서에서 나타난다.

지만 고린도전서에서 의도된 독자는 폭이 더 넓다.

바울은 고린도전서를 "그들의 주와 우리의 주가 되시는 분 곧 우리 주 예수 그리스도의 이름으로 불리는 모든 곳의 모든 자와 함께"(1:2; Bailey 번역) 고린도의 그리스도인들에게 보내고 있다. 말하자면 바울은 담대하고 공개적으로 **이 편지를 전체 교회에 보낸다**고 말하는 것이다. 그런데 이것이 정말인가?

라틴어로 글을 쓴 암브로시아스터(4세기)는 고린도전서를 주석하면서 "바울은 전체 교회에게 편지를 쓴다"라고 주장했다.[10] 몇 년 뒤에는 그리스어로 글을 쓴 요한 크리소스토모스가 고린도전서에 대한 첫 번째 설교에서 똑같이 주장했다.[11] 9세기에는 비쉬르 이븐 알-사리가 바울 서신을 아랍어로 번역하고 거기에 사려 깊은 주석을 붙였다.[12] 비쉬르는 기원후 867년에 고린도전서 1:2을 주석하면서 바울이 다음과 같이 말한다고 설명한다. "말하자면 우리는 이 편지를 너희 곧 고린도에서 모이는 교회뿐만 아니라 예수 그리스도의 이름을 고백하고 예수를 사랑하는 모든 지역의 모든 사람에게도 쓰고 있다."[13] 제네바의 장 칼뱅은 고린도전서 주석에서 이에 동의한다.[14] 그러므로 고린도전서를 고린도 교회 교인들, **그리고 전체 교회에** 보내는 편지로 보는 입장에 대해서는 시대를 초월해서 강력한 증거들이 존재한다. 하지만 현대에는 이 견해가 종종 무시되고 있다.

많은 해석자들은 바울 서신 중 고린도전서가 가장 "임시적인"(occasional) 편지라고 주장했다.[15] 말하자면 다른 편지들과 달리 고린도전서에서 바울

10) Ambrosiaster, *Commentaries on Romans and 1-2 Corinthians*, trans. and ed. Gerald L. Bray (Downers Grove, Ill.: IVP Academic, 2009), p. 120.

11) Chrysostom, *I Corinthians*, pp. 3-4.

12) Bishr ibn al-Sari, *Pauline Epistles*.

13) 같은 책, p. 51 n. 4.

14) John Calvin, *The First Epistle of Paul the Apostle to the Corinthians* (Grand Rapids: Eerdmans, 1960), pp. 19-20.

15) 이 주제에 대한 더 폭넓은 설명으로는 Kenneth E. Bailey, "The Structure of I

은 특정 이름들과 사건, 몇몇 추문 등을 언급한다. 고린도전서는 성찬식에서 술에 취하거나 자기 아버지의 아내와 동침한 남자와 같은 특수한 문제점을 다루는 내용을 제외하더라도, 급히 쓴 것같이 내용이 뚝뚝 끊어져 있다. 콘첼만은 이 책의 특징이 "느슨한 구성"과 "단절과 접합"이라고 말한다.[16] 헤링과 슈미탈스는 이 "단절과 접합"이야말로 고린도전서가 각기 다른 시기에 쓰인 다수의 편지들을 편집자가 묶은 책임을 증명한다고 본다.[17] 바레트, 콘첼만, 오르/발터는 고린도전서 전체의 통일성을 이 책이 보여주는 정도로만 신중하게 주장한다.[18] 오르/발터는 고린도전서의 구조에 대해 전통적 구분을 견지하는데, 그 구분은 다음과 같다.

A. 고린도전서 1-6장: 바울이 고린도에서 온 전달자들이 구술로 제시한 주제들을 다룸.
B. 고린도전서 7-16장: 바울이 고린도 교회 교인들이 편지로 쓴 주제들을 다룸.

이어서 오르/발터는 고린도전서의 주제들 속에 끼어 있는 일련의 삽입 문장(inserts)에 주목하면서 다음과 같이 지적한다.

> 우리는 이 삽입 문장들을 바울이 답변하고 있는 편지의 주제와 관련시켜야 하는지, 아니면 독립적 항목으로 따로 해석해야 하는지 결정해야 한다. 따라서

Corinthians and Paul's Theological Method with special reference to 4:17," *Novum Testamentum* 25, no. 2 (1983): 152-181을 보라.

16) Conzelmann, *1 Corinthians*, p. 2.

17) Jean Hering, *The First Epistle of Saint Paul to the Corinthians* (London: Epworth, 1962), pp. xiii-vx; W. Schmithals, *Paul and the Gnostics* (New York: Abingdon, 1972), pp. 245-253.

18) Barrett, *First Epistle*, pp. 14-17; Conzelmann, *1 Corinthians*, pp. 2-3; Orr/Walther, *I Corinthians*, pp. 120-122.

이것은 고린도전서의 편집의 통일성과 관련되어 있다.[19]

바레트도 동일한 문제점을 다루고 있으며, 앞에 제시된 것과 같은 이중 구분을 따르면서 바울이 편지 쓸 시간이 거의 없을 정도로 바쁜 사람이었다고 지적한다.

이는 고린도전서가 어느 정도 긴 기간에 걸쳐 기록되었으리라는 점을 의미한다. 수시로 쓰다가 중단되고, 얼마간 기간이 지나 다시 쓰고 했을 것이다. 이런 상황에서 기록된 편지였으므로 군데군데 일관성 없는 내용이 나타나고, 같은 주제가 각기 다른 관점에 따라 다루어지는 본문들도 더러 있으리라고 예상할 수 있다. 편지를 쓰는 도중에 새로운 소식이 전해질 수도 있으며, 그러면 바뀐 요구와 시기 등으로 계획이 바뀔 수도 있다.[20]

고린도전서의 단절성을 추정하는 위의 근거와 결부되어, 고린도전서가 신학 논문이 아니라 **실제 편지**라는 해석이 자주 나타난다. 따라서 이 편지에 정교하고 체계적인 내용 전개가 나타나리라고 기대할 수 없다는 것이다. 다시 바레트는 이렇게 언급한다.

고린도전서는 결코 체계적인 신학 저술이 아니다. 고린도전서는 복잡한 상황이지만 거기서 한 가지 목적 곧 독자에게 어떻게 사고해야 하는가가 아니라, 어떻게 행해야 하는가 또는 어떻게 행해서는 안 되는가를 말해주려는 의도를 가지고 쓴 실제 편지다.[21]

19) Orr/Walther, *I Corinthians*, p. 122.
20) Barrett, *First Epistle*, p. 15.
21) 같은 책, p. 17.

동시에 바레트는 "[고린도전서에 나타나 있는] 실제 권면은 일반적으로 확인될 수 있는 신학적 원리에 의도적으로 기반을 두고 있다"라고 지적하기도 한다. 그러나 신학적 원리에 기반을 두고 있음을 인정함에도 불구하고, 바레트를 위시해서 많은 학자들이 내리는 결론은 말하자면 고린도전서가 "돌아다니며 쓴" 편지이며, 그 구조는 처음에 구술로 주어진 질문들을 다루는 부분(1-6장)과 이후에 고린도 교회에서 편지로 물은 질문들을 다루는 부분(7-16장)으로 되어 있다는 것이다. 우리는 이런 학자들로부터 고린도전서가 신학 논문이 아니라 실제 편지이며, 보편적 관점이 아니라 구체적 상황을 따라 집필되었다는 이야기를 듣는다. 고린도전서 11:2-16을 주석한 리처드 헤이스의 다음과 같은 언급은 많은 시사점을 남긴다.

> 그의[바울의] 추론은 굉장히 애매하다.…왜냐하면 논증의 노선이, 어떤 기준에 따르더라도, 매우 부자연스럽고 복잡하기 때문이다.[22]

나는 바울을 거역하는 고린도 교회의 반대자들도 이 말에 동의할지 의심스럽다. 바울이 쓴 편지는 "무게가 있고 힘이 있다"(고후 10:10)라는 평가를 듣는다. 나는 앞에서 언급한 현대 학자들의 견해를 깊이 존중하지만, 그와는 다른 견해도 제시하고 싶다. 이 책에 제시된 견해는 고린도전서 전체가 경탄스러울 만큼 엄밀한 구성과 종합적인 신학적 개념을 보여주는 정교한 내적 일관성을 가지고 있다는 것이다. 이 책은 고린도전서의 개요가 바울의 다른 서신들처럼 엄밀하게 작성된 다섯 개의 논문으로 이루어져 있으며, 이 논문들 각각은 내적으로 개별적인 글이지만 동시에 함께 묶으면 하나의 전체 논문으로서, 인식 가능한 신학적 방법을 선명히 드러낸다고 주장할 것이다.[23] 이 다섯 논문의 종합적 개요를 가장 단순한 형태로

---

22) Hays, *First Corinthians*, p. 183.

23) 19세기 말 G. G. Findlay는 *The Expositor's Greek Testament*에서 고린도전서를 여섯

축소하고 지배적 주제들을 제시하면 다음과 같다.

I. 십자가와 그리스도인의 연합 1:5-4:16

II. 가정에서의 남자와 여자 4:17-7:40

III. 우상 제물(기독교와 이교) 8:1-11:1

IV. 예배에서의 남자와 여자 11:2-14:40

V. 부활 15장

도표 서론.1. 고린도전서의 개요

논문들과 그 각각의 보충적인 짝(pair)을 함께 배치해보면, 바울이 다음과 같은 세 가지 근본 개념을 염두에 두고 있음이 증명된다.

1. 십자가와 부활(I, V)
2. 가정과 예배에서의 남자와 여자(II, IV)
3. 이교도 속에서 사는 그리스도인: 동일화냐, 아니면 비동일화냐(III)

고린도 교회 교인들이 (구술과 편지로) 제기한 몇 가지 질문이 **바울이 구상하는 개요** 속에 들어간 것이지, 그들의 질문에 따라 바울의 개요가 구상되는 것은 아니다. 곧 안건을 제시하는 자는 고린도 교회 교인이 아니라 바로 **바울**이다. 구술 보고에서 성문 보고로의 결정적 변화가 두드러지

부분으로 구분할 것을 주장했다. 4:17-21을 자신이 구분한 첫 부분에 포함시킨 것을 제외하면, Findlay의 처음 다섯 부분은 내가 주장한 다섯 논문과 일치한다. 그런데 Findlay는 각 논문의 내적 구조, 논문들 간의 관계와 논문들이 보여주는 신학적 방법에는 주목하지 않았다. 그러나 20세기 논쟁이 벌어지기 전에, 이와 같이 제시된 종합적 개요는 대부분 언급되었다. 참조. Findlay, *First Epistle*, p. 754. 1889년에 F. L. Godet는 고전 5-10장을 "다섯 가지 도덕적 질문"이라는 제목 아래 결합시켰다. 그러나 그 점을 제외하고 Godet의 개요는 Findlay와 동일하다. 참조. F. L. Godet, *Commentary on First Corinthians* (1893, reprint, Grand Rapids: Kregel Publications, 1979), pp. 27-31.

게 나타나는 곳은 고린도전서 7:1보다는 11:34이다. 11:34 끝부분에서 바울은 "다른 일들에 관해서는 내가 갈 때에 지시하겠다"라고 말한다. 이 중요한 여담은 고린도 교회에 **고린도 교회 교인들과만** 관련된 문제가 있음을 분명히 한다. 그러므로 고린도전서 나머지 부분은 고린도 교회 교인들과 **그리고 다른 사람들**에게도 말하고 있다. 따라서 여기서 우리는 바울이 자신이 의도한 독자가 고린도 교회 교인들과 모든 곳에 있는 모든 그리스도인임을 진지하게 확증한다고 결론 내리게 된다.

그러면 바울이 **구술로** 들은 문제에서 고린도 교회 교인들의 편지에 **쓰인** 문제로 옮겨가는 듯 보이는 7:1의 "이음매"(hinge)는 어떤 의미인가? 우리는 이 구절이 인간의 성 관습으로 받아들이거나 받아들일 수 없는 방식에 관한 바울의 논문(4:17-7:40) 중앙에 나타나고 있음에 주목하게 된다. 바울은 한 남자가 자기 아버지의 아내와 동침한 부정한 사건과 고린도 교회 일부 교인이 이 사건을 자랑했던 일을 다룸으로써 이 주제를 시작한다(5-6장). 또한 사도는 6장에서도 비슷한 문제를 다룬다. 분명히 고린도 교회 교인들은 이런 사건에 관해서는 **바울에게 편지로 쓰지 않았다**. 그들은 바울이 그 일들에 대해서는 모르기를 바랐을 것이다. 그러나 바울에게 이를 감추려는 노력은 허사가 되었다. 그들은 7장의 주제, 즉 이혼, 배우자의 사망 이후의 재혼, 비신자와의 결혼 등에 관해 편지에 썼다. 그들은 바울에게 편지로 "우아한" 문제는 제시했으나 동시에 자기들 속에서 일어난 불쾌한 사건은 숨겼다. 7:1을 이렇게 이해하면, 11:34에 언급된 "다른 일들" 및 1:2이 이 편지를 온 교회를 위한 것이라고 확언한 일과 조화를 이룬다. 결론적으로 고린도전서의 메시지는 모든 그리스도인에게 선포된다.

우리는 다음과 같은 문제가 고린도 교회에만 특수하게 존재한다고 생각할 수 있을까?

- 그리스도인들 사이의 분쟁과 연합의 필요성
- 십자가를 이해하는 법

- 기독교적 성 윤리의 표준
- 이교 세계 한복판에서 기독교적 삶을 사는 법
- 성찬을 이해하고 기념하는 법
- 예배를 인도할 때 남자와 여자의 위치
- 신령한 은사를 이해하고 사용하는 법
- 희생적인 사랑의 중심적 위치와 사랑을 정의하는 법
- 부활을 이해하는 법

물론 이것은 추정에 불과하다. 그러나 이 문제들 대부분이 교회 전체가 깊은 관심을 가지는 지점이라는 사실은 확실하다. 다른 교회에서는 근친상간 사건은 없었을지도 모른다. 하지만 우상 제물로 다투는 일은 고린도 교회 교인들 사이에서만 있었을까? 모든 교회가 성 윤리에 관한 깊은 신학적 기초를 이미 가지고 있었을까? 바로 이런 문제들은 오늘날에도 기독교 세계 대부분에서 논란이 되고 있는 결정적인 지점이다. 그런데 바울 당시에 어떻게 이런 문제들이 고린도에서만 일어났다고 할 수 있겠는가?

앞의 내용을 기초로 해서 보면, 바울은 고린도 교회에서 일어난 특정 문제에 주목하고 그중 몇 가지를 선별한 것 같다. 바울이 선별한 주제들은 새로운 기독교 공동체 도처에서 논란이 되고 있는 공통 문제였다. 따라서 사도는 고린도전서를 작성하여 고린도 교회와 **또 모든 곳에 있는 교회들에** 보냈다. 그는 고린도 교회 교인들에게 **말하는** 동시에 나머지 교인들에게도 온 교회를 섬기기를 바라며 자신의 "전화 통화"를 "경청하도록" 촉구했다.

이것이 사실이라면, 우리는 바울이 고린도전서를 매우 세밀하게 작성했다고 예상해야 하지 않을까? 드러난 증거를 보면 그렇다는 것이 드러난다. 바울은 자신이 속해 있던 유대교 문학 전통을 사용하여 고전적인 문서 예언자들의 수사법에 기반을 두고 선별한 주제들에 관해 일련의 명작을 집필했다. 앞으로 살펴보겠지만, 고린도전서에 나오는 각 논문은 일련의 짧은 설교들이 합쳐져 구성되어 있으며, 이 설교들 각각은 자체로 내적 구조를 가지고 있다. 다섯 논문 각각을 구성하는 바울의 기본 방법론은 대체로 동일한데, 이는 아래 도표 서론.2에 나타나 있다.

1. **전통**. (이것은 때로는 인용되고 때로는 지나가듯 언급된다.) 전통과의 관련성을 **상기하고 기억하라**는 개념이 다섯 논문 중 세 논문의 첫 부분에서 언급된다. 다른 두 논문에서는 전통이 직접 인용된다.
2. **실천적·윤리적 문제점**이 (과감하게 부정적 관점에 따라) 제시된다.
3. **근본적인 신학적 진술**이 정밀하게 구성되어, 교회가 문제점을 제시할 때 기초로 삼을 수 있는 근거로 제시된다. 보통 이 기초는 하나의 주제가 가진, 짝이 되는 두 국면으로 제시된다.
4. **실천적·윤리적 문제점**이 (대체로 긍정적 관점에 따라) **다시 진술되고**, 일반적으로 직전에 언급된 신학적 진술에 비추어 다루어진다.
5. 다섯 논문 각각은 **개인적** 호소로 끝맺는다. 그중 두 논문은 "나를 본받으라"라는 주제를 갖고 있다. 또 두 논문은 "나는 주의 영/명령을 갖고 있다"라고 말하며, 두 논문은 "그러므로 내 사랑하는 형제들아" 등과 같은 명령형 표현을 포함한다. 넷째 논문 끝부분에 있는 호소는 이 요소들 중 두 가지를 함께 갖고 있다. 논문의 요약이 개인적 호소에 담겨 있는 경우는 두 번이다.

도표 서론.2. 고린도전서의 논문들에 대한 바울의 개요

요약하면 바울은 다음과 같이 말하지 않는다.

여기 문제가 있다!
여기 너희가 해야 할 일이 있다!

대신 바울은 다음과 같이 말한다.

너희는 내게서 전통을 받았다.

여기 문제가 있다.

해결책의 기초가 될 수 있는 다음과 같은 신학적 근거를 생각해보라.

이 신학에 비추어 문제를 다시 바라보라.

나를 본받으라/나는 내가 주의 영을 갖고 있다고 생각한다.

(앞에서 언급한) 다섯 논문을 고찰하고 이미 언급했던 방법론이 식별되면,[24] 외관상 눈에 보이는 "혼란"은 사라진다. 물론 반복은 있다. "바울, 아볼로, 게바"에 관한 설명은 1장에 나타나고 4장에서 다시 나타난다. 하지만 이는 논문의 개요에 맞추기 위해 일부러 순서를 그렇게 구성한 것이다. 8장과 10장에서 나타나는 우상 제물에 관한 이중 설명도 마찬가지다. 12장과 14장은 신령한 은사들을 다룬다. 이 모든 반복은 의도적이다. 그러나 여기서 제기되는 질문이 있다.

고린도전서보다 먼저 기록된 갈라디아서는 **신학**에 관한 세 장이 먼저 나오고, **윤리**에 관한 세 장이 나중에 나온다. 로마서에서 바울은 여덟 장을 신학적인 내용으로 시작한다(1-8장). 이어서 그리스도인과 유대인을 다루는 세 장을 배치한다(9-11장). 그리고 시작 부분의 장들에서 제시된 신학에 비추어 우리가 어떻게 살아야 하는지를 다루는 정밀하게 압축된 네 개의 장으로 끝맺는다(12-15장. 16장은 인사). 고린도전서를 쓰기 이전과 이후 편지들에서 바울은 이처럼 선(先) 신학, 후(後) 윤리의 방식을 사용하면서, 왜 고린도전서에서는 같은 방식을 사용하지 않고 윤리와 신학이 정교하게 균형을 이룬 구성으로 편지를 쓰는가?

잘 모르겠지만 아마도 추측은 가능할 것이다. 아마 바울은 처음으로 "일반적인 편지"를 쓰면서 이처럼 "신학과 윤리를 행하는" 길에 대해 명확하지만 복잡한 방법을 시도했을 것이고, 일부 독자는 그것 때문에 혼란을

---

24) 목차에 주목하라.

겪었을 것이다.

이런 가능성은 고린도후서 1:13-14의 바울의 진술과 조화를 이루게 된다. 거기서 바울은 다음과 같이 말한다. “우리는 너희가 읽고 이해할 수 있는 것 외에 다른 것을 너희에게 쓰지 않는다. 나는 너희가 부분적으로 이해했기 때문에 온전히 이해하게 되기를 바란다.” 여기서 바울은 고린도에서 고린도전서를 받은 일을 가리키는 것 같다. 따라서 우리는 이렇게 묻지 않을 수 없다. 왜 바울은 이런 진술을 할 필요를 느끼는가? 분명히 일부 독자는 바울이 편지로 쓴 내용을 **이해할 수 없다**고 불평했다. 이에 바울은 다음과 같이 답변하는 것이다.

> 너희는 이해할 수 없다고 말하지 마라. 너희는 할 수 있다! 좋은 필체를 가진 형제를 통해 편지를 썼으므로 너희에게 보낸 편지를 너희가 쉽게 읽을 수 있었으리라고 나는 확신한다. 나는 부주의하게 너희가 모르는 말을 사용하지 않았다. (너희가 사는 세계에서 나온) 많은 은유와 비유들을 사용했고, 이해를 돕기 위해 주요 주제를 대부분 반복해서 언급했다. 너희는 진실로 이 긴 편지를 **읽을 수 있다**. 너희는 그 **부분**을 이미 알고 있다. 그러니 노력해보라. 그렇게 하면 그 **전부**도 이해할 수 있을 것이다!

고린도전서에 종종 “여담”(asides)이 나오는 데 대해서는 주의가 필요가 있다. (복음과 조화되는) 성 관습을 설명하는 중앙 부분에서, 바울은 왜 갑자기 “할례와 무할례”에 관한 설명을 시작하고 거기에 “속박과 자유”에 관한 설명을 덧붙일까? 때때로 이 “여담”은 “사도적 설교”가 정교하게 구성되는 것을 방해한다. 때때로 여담은 두 설교 사이에서 삽입구 같은 역할을 한다. 어떤 여담은 길고 진지한 진술로 이루어지고, 또 다른 여담은 “난외주”처럼 짧게 나타난다. 이 여담들은 특별한 사례이며 따라서 각 여담은 본문에 나타날 때마다 다룰 것이다.

고린도전서 전체에 대해서는, 바울이 사전에 만들어놓은 조각들, 다시 말해 "파일 속에 저장되어 있던" 일부 "기존 조각"을 사용해서 논문을 구성한 것 같다는 추정이 가능하다. 디모데후서의 저자로서 바울은 디모데에게 "무엇보다 양피지에 쓴 책"을 가져오라고 지시한다(딤후 4:13). 바울과 같은 학자가 교정한 내용을 더 큰 문서 속에 집어넣고자 할 때 미리 준비된 **일종의** 자료가 없었다고 상상하기는 어렵다. 바울은 2년 동안 매일같이 두란노 서원에서 강론을 했다(행 19:9). 사도행전의 서양 사본은 "5시에서 10시까지"라는 말을 덧붙인다. 메츠거는 이 서양 사본의 이문이 "정확한 정보를 제공한다고" 주장한다.[25] 여기서 언급된 시간은 오전 11시에서 오후 4시까지를 가리킨다. 한 해 내내 이 시간대는 대체로 "낮잠"을 자는 때였다. 그렇다면 이른 오후의 뜨거운 햇볕이 내리쬘 때 강연 공간을 빌리고자 하는 이는 드물었을 것이며 그때 빌리는 비용은 훨씬 더 쌌을 것이다. 바울은 이런 강론을 하면서 아무런 노트도 하지 않았을까, 아니면 세심하게 자료를 준비했을까?

요약해보면, 많은 문제점이 고린도 교회에서 드러났을 때 바울은 일반적 관심사에 해당되는 일들을 선별해서 그것들을 한 편의 편지에서 고린도 교회 교인들과 교회 전체에 제시한 것 같다. 이렇게 특별히 정교하게 구성된 중요한 편지에서, 바울은 유대교인으로서의 자신의 과거로 돌아가 예언자들이 글을 쓸 때 전통적으로 사용하던 수사 스타일을 활용했다.[26] 때때로 바울의 마음은 관련 주제를 제시하기 위해 옆길로 나아가기도 하

25) Bruce Metzger, *A Textual Commentary on the Greek New Testament* (New York: United Bible Societies, 1971), p. 470; M.-E. Boismard, A. Lamouille, *Le Texte Occidental des Actes des Apôtres: Reconstitution et Réhabilitation* (Paris: Editions Recherche sur les Civilisations, 1984), pp. 3-11; J. M. Wilson, *The Acts of the Apostles: Translated from the Codex Bezae with an Introduction on its Lucan Origin and Importance* (London: SPCK, 1924), pp. 1-37.

26) 당연히 바울의 편지도 다양한 그리스어 수사 스타일과 겹칠 수 있다. 우리는 1:17-2:2과 페리클레스 사이의 관계에 주목할 것이다. 그러나 지적했듯이, 고린도전서의 배경으로 그리스어 수사법을 전체적으로 탐구하는 일은 이 책의 연구 범위를 벗어난다.

고, 잠시 그의 정신이나 논문들 속에서 쉽게 찾을 수 있는 몇 마디 "주해"를 설교에 덧붙이기도 했다. 그 결과 고린도전서는 가장 공들인 저술 중 하나가 되었으며, "바울의 가장 현대적인 서신"으로 불리게 되었다.

이 책 전체에서 우리는 바울이 은유와 비유를 사용한 데 주목할 것이다. 은유는 요점을 명료하게 드러내기 위한 "예증"으로 보기가 쉽다. 그러나 성경 본문을 연구할 때 이런 가정을 가지게 되면, 중동 출신의 저자가 무엇을 말하고자 하는지 제대로 파악하지 못하는 일이 벌어진다. 중동인은 직유, 은유, 비유, 극적 효과를 사용해서 **의미를 창출한다**. 이 기교들은 단순히 개념을 **예증하는** 것이 아니다. 예수도 이런 식으로 은유와 비유, 극적 효과를 사용하셨다. 바울의 비유와 은유 역시 핵심적인 신학적 진술로 간주될 수 있다.

바울의 은유 언어 중 일부는 우리의 전통적 번역에서 사장되어 있다. 티슬턴은 이렇게 말했다. "대다수의 영역, 특히 NRSV와 NIV는 성경 본문의 강력한 정서적 이미지들로부터 개념적 내용만 추출해내는 것으로 그친다."[27] 토머스 프리드먼의 날카로운 지적에 따르면, "위대한 은유를 선택할 때…우리는 학문적 엄밀성을 어느 정도 포기하는 대신, 훨씬 더 큰 설명 능력을 얻게 된다."[28] 바로 이것이 바울에게도 해당한다. 그러나 이 "설명 능력"의 영향력을 회복시키려면, 우리는 바울의 은유 세계와 문화 세계를 가능한 한 깊이 고찰해야 한다. 어떻게 해야 이를 가장 잘 파악할 수 있을까?

이 책에서 내 목표는 바울의 본문에 등장하는 은유와 비유가 가진 힘을 최대한 발휘하도록 이를 설명하는 것이다. 입수 가능한 고대와 현대의 중동 자료들은 이 목표를 이루는 데 유용하다. 크리소스토모스는 고린도

27) Thiselton, *First Epistle*, p. 1053.

28) Thomas L. Friedman, *The World Is Flat* (New York: Picador/Farrar, Straus & Giroux, 2007), p. x. 『세계는 평평하다』(21세기북스 역간).

전서 전체를 주석한 책을 남겨놓았다. 서언에서 지적했듯이, 기원후 867년 다마스쿠스의 비쉬르 이븐 알-사리는 시리아어에서 아랍어로 (주석과 함께) 고린도전서를 번역했다. 이 훌륭한 작품은 지금 영어로도 입수할 수 있다. 마타 알-미스킨(2008년 사망)도 『성 사도 바울: 그의 생애와 신학과 사역』이라는 제목으로 783쪽에 달하는 중요 저술을 남겼다.[29] 이 책은 고린도전서에 대한 많은 언급을 포함하지만, 특정한 서신에만 초점을 고정하지는 않는다.

이런 자료 외에도 4, 5세기부터 현재에 이르기까지 고린도전서를 아랍어, 시리아어, 히브리어로 번역한 역본이 많이 있다. 평생에 걸쳐 나는 23권에 달하는 역본을 입수했으며 이것들을 이 책을 쓰는 데 포괄적으로 참조했다.[30] 번역은 언제나 해석이다. 이 역본들은 중동 그리스도인들이 지난 1600년 동안 고린도전서를 어떻게 이해했는지를 들여다볼 수 있는 중요한 창문과 같다. 그중 많은 역본이 짧은 해석을 덧붙이고 있다. 이는 역본들의 소(小)주석의 역할을 한다. 그리스어, 시리아어, 콥트어로부터 번역된 이 역본들은 이 책의 탐구에 매우 중요하다.

신약성경은 큰 대양에 비유될 수 있다. 이 대양을 항해하기 위해서는 잘 알려진 두 개의 길이 있다. 하나는 항상 부는 바람과 해류를 따라 항해하며 조금이라도 항로에서 벗어나면 강한 경고를 하는 길이다. 다른 하나는 미지의 물결을 따라 방치된 섬과 어귀를 탐험하고, 그런 다음 다시 돌아와 그 여행에 대해 충실히 기록하는 길이다. 나는 두 번째 방법을 선택했다.

다음 단락에서는 고린도전서 설교의 모델로 바울이 사용한 구약성경의 몇몇 "예언적 설교"를 면밀히 고찰할 것이다. 20년 전 나는 히브리어로

29) Matta al-Miskin, *al-Qiddis Bulus al-Rasul* [Arabic: Saint Paul the Apostle] (Cairo: Al Maqar Monastery, 1992).

30) 이 역본들의 목록은 충분한 설명과 함께 이 책 말미에서 볼 수 있다.

쓴 예언서들을 세밀하게 검토한 후, 성경의 수사 스타일을 연구하는 데 저장물이 풍부한 광산으로 이사야서를 선택한 바 있다.[31] 이제 이 위대한 예언적 증언으로 시선을 돌려보자.

31) 사 40-66장의 수사법에 대한 내 연구로는 www.shenango.org/Bailey/Isaiah.htm을 보라.

프렐류드
예언적 설교 수사 스타일과 그 해석

이 주제를 다루기 위해서는 먼저 "수사비평"의 역사를 간략히 개관하는 작업이 유용할 것이다.

1969년 성서문학협회 주재 연설에서 제임스 뮐렌버그는 양식비평에서 벗어나 "수사비평"(rhetorical criticism)이라고 불리는 것으로 전환할 것을 촉구했다. 뮐렌버그는 자신의 주된 관심사를 다음과 같이 설명했다.

> 내 주된 관심사는 시나 산문을 막론하고 문학적 유닛의 형성에 사용되는 구조적 패턴을 드러내고, 서술들을 통일된 전체로 양식화하고 질서화하는 수많은 다양한 장치들을 식별하는 데 있다. 나는 이 작업을 하나의 수사학과 방법론으로서 수사비평이라고 부르겠다.[1]

"수사비평"이라는 명칭은 비록 새로운 것이 사실이지만, 성경 본문 속에서 개념들 간의 상호 관계성을 찾아내려는 관심은 전혀 새롭지 않다. 18세기에 로버트 로스 주교는 탁월한 저서 『히브리인들의 거룩한 시』에

1) James Muilenburg, "Form Criticism and Beyond," *JBL* 88 (1969): 8.

서 이 새로운 길에 들어선 바 있다.[2] 로스 주교에 이어 존 젭 주교(1820),[3] 토머스 보이스 목사(1825),[4] 동양 언어학 교수 존 포브스(1854)[5]의 저술이 등장했다. 20세기에는 C. F. 버니(1925)[6]와 N. W. 룬드(1942)[7]가 같은 이슈를 다루었다. 1964년과 1966년에는 반호예[8]가 히브리서 전체를 분석했으며, 존 블라이는 갈라디아서의 수사법을 연구한 책을 출판했다.[9] 나는 이런 최근 연구를 기반으로 해서 고린도전서의 개요에 관한 논문을 쓴 바 있다.[10] 최근에는 빅터 윌슨이 『신적 균형: 성경적 수사 기법』을 발표했다. 이 책은 해당 주제에 대한 깊이 있는 내용을 제공하며, 훌륭한 최신 참고문헌을 포함하고 있다.[11]

---

2) Robert Lowth, *De sacra Poesi Hebraiorum* (Oxford: n.p., 1753), ET *Lectures on the Sacred Poetry of the Hebrews* (London: n.p., 1787).

3) John Jebb, *Sacred Literature, comprising a review of the principles of composition laid down by the late R. Lowth...in his Praelections and Isaiah: and application of the principles so reviewed, to the illustration of the New Testament, in a series of critical observations on the style and structure of that Sacred volume* (London: n.p., 1820).

4) Thomas Boys, *A Key to the Book of Psalms* (London: L. B. Steely and Sons. 1825); idem, Tactia Sacra, *An attempt to develop and to exhibit to the eye by tabular arrangements a general rule of composition prevailing in the Holy Scriptures* (London: T. Hamilton, 1824).

5) John Forbes, *The Symmetrical Structure of Scripture; or, the principles of Scripture parallelism exemplified, in an analysis of the Decalogue, The Sermon on the Mount, and other passages of the Sacred writings* (Edinburgh: n.p., 1854).

6) C. F. Burney, *The Poetry of Our Lord* (Oxford: Clarendon, 1925).

7) N. W. Lund, *Chiasmus in the New Testament* (Chapel Hill: University of North Carolina Press, 1942).

8) Albert Vanhoye, *A Structured Translation of the Epistle to the Hebrews*, 그리스어와 프랑스어로부터 James Swetnam이 번역함(Rome: Pontifical Biblical Institute, 1964).

9) John Bligh, *Galatians in Greek: A Structural Analysis of St. Paul's Epistle to the Galatians* (Detroit: University of Detroit Press, 1966).

10) K. E. Bailey, "The Structure of I Corinthians and Paul's Theological Method with Special Reference to 4:17," *Novum Testamentum* 25 (1983): 152-188.

고린도전서에 대한 이 연구에서 우리가 취하는 유효한 전제는 다음과 같다. 훈련받은 랍비 학자로서 바울은 적어도 토라와 예언서 대부분을 외우고 있었을 것이다.[12] 따라서 바울은 성문 예언서에 펼쳐져 있는 다양한 문학 스타일에 익숙했다.[13] 사도는 전체 교회를 위해 중요한 서신을 집필하면서 정교하고 훌륭하게 쓰고 싶었으리라. 나는 바울이 서신을 쓸 때 자신이 물려받은 히브리 예언자들의 경건한 문학적 유산에 의존했으리라고 확신한다. 그렇다면 바울이 사용할 수 있는 수사 패턴들의 주요 건축 재료는 무엇이었을까?

고대 히브리어 문헌은 히브리어에서 잘 알려진 문학 양식인 평행법(parallelism)을 광범위하게 사용했다.[14] 저자가 개별적인 단어를 반복하거나 역으로 제시하면, 우리는 이를 쉽게 알아낸다. 그러나 때로 성경 저자는 "개념들의 운율(rhyme)"을 만들어내기도 한다. 나중에 살필 이사야 28장에서, 이사야는 자신의 사례를 제시하면서 일부 개념을 반복하거나 역으로 제시한다. 한편에서는 예루살렘 통치자들의 주장이 조롱을 당하고, 다른 한편에서는 하나님의 반응이 제시된다. 설교 중앙으로 가면 이사야는 세 번째 장면에서 "건축 재료"를 제시하고, 이어서 하나님이 약속하신 미래의 집을 세우기 위해 "건축자의 도구들"이 필요하다고 확언한다. 아울러 이 두 장면은 분명히 "평행적"이다. 어떤 형태의 평행법인지 명확히 찾아내기는 쉽지 않지만, 평행법이 존재함은 확실하다. 여기서는 제임스 쿠겔의 연구가 크게 유용할 것이다. 쿠겔은 고대 히브리인 저자가 말하려던

---

11) Victor M. Wilson, *Divine Symmetries: The Art of Biblical Rhetoric* (Lanham, Md.: University Press of America, 1997).

12) Birger Gerhardsson, *Memory and Manuscript: Oral Tradition and Written Transmission in Rabbinic Judaism and Early Christianity* (Copenhagen: Ejanr Munksgaard, 1961), *passim*.

13) 참조. note 15.

14) James L. Kugel, *The Idea of Biblical Poetry: Parallelism and Its History* (New Haven: Yale University Press, 1981).

바가 "A, 그리고 그 이상으로 B"였다고 설득력 있게 주장한다.[15] 저자는 먼저 한 개념을 제시하고(짧은 멈춤[pause]), 이어서 관련 개념을 제시한다(긴 멈춤). 쿠겔은 첫째 행과 둘째 행을 관련시키는 방법이 수백 가지 있음을 증명한다. 우리는 "동의어적 평행법"(synonymous parallelism)이나 "대조적 평행법"(antithetical parallelism)과 같은 제한된 범주만 주장해서는 안 되며, 두 개의 행이나 행들의 집합들을 하나로 묶는 **개념들의 운율**도 있음을 인정해야 한다. 현대 성경들을 보면, 개념들의 개별적인 짝(pair)이 이미 시편과 예언서에서 제시된다. 동일한 전개가 신약성경에서도 나타난다. 그러나 그보다 우리는 행의 집합들이 어떻게 하나의 유닛(장면)으로 묶이는지, 그리고 그 장면이 설교의 다른 곳에 있는 두 번째 장면과 어떻게 짝이 되고 균형을 이루며 또는 결부되어 있는지에 주목하게 된다. 우리가 가진 성경 구절들에 붙어 있는 번호는 다만 위치를 알려주는 역할만 할 뿐이다. 오히려 자주 이 번호는 "설교"라고 불리는 더 큰 단락을 이해하는 데 방해가 된다.

평범한 독자는 현재 성경의 구절에 붙어 있는 오래된 번호를 보고, 불가피하게 "이 사건 다음에 저 사건"이 이어지는 "직선적 시퀀스"(straight-line sequence)로 내용이 펼쳐져 있다고 전제한다. 이런 패턴은 이사야 55:6-7에서 아래와 같이 확인될 수 있다.

1. A. 55:6 너희는 **여호와**를 **만날** 수 있을 때에 찾으라.	**여호와를 찾으라**
A. **가까이** 계실 때에 그를 부르라.	그를 부르라
2. B. 7 악인은 그의 **길**을 버리고	**그의 길**
B. 불의한 자는 그의 **생각**을 버리라.	그의 생각

15) 같은 책, p. 58.

3. C. 여호와께 **돌아오면** 그가 **긍휼**을 베풀어주실 것이다.	**여호와께 돌아옴 —긍휼**
C. 우리 **하나님**께 돌아오면 그가 너그럽게 **용서하실** 것이다.	하나님께 돌아옴 —용서

도표 0.1. 직선적 평행법(사 55:6-7)

오른쪽 열에 적힌 핵심 단어들은 본문에 반복해서 등장하는 개념을 요약하고 부각시킨다. 본문의 들여쓰기는 다양한 패턴으로 전개되는 반복과 반전(inversion)을 포착하도록 독자의 눈을 돕기 위한 시각적 장치다.[16] 도표 0.1에서 제시된 평행법에서는 세 개의 평행법이 하나의 단위를 이루고 있다. 각 평행법을 보면, 먼저 개념이 진술되고 이어서 그 개념이 반복된다. 이 세 평행법의 짝들은 **직선적 시퀀스**에 따라 전개된다. 당연히 개념들의 반전도 있다. 요약하면 여섯 행은 다음과 같이 말함이 확실하다.

A. 여호와를 찾으라/부르라

  B. 악한 길/악한 생각을 버리라

A. 여호와/하나님께 돌아오라

마지막 세 번째 짝의 두 행은 첫 번째 짝의 두 행의 개념을 취해 반복한다. 그러나 점진적인 진행도 있다. 연속되는 여섯 행 중 마지막 두 행은 찾는 것과 부르는 것의 **결과**를 선언한다. "찾고 부르고 돌아오는" 자는 긍

16) 참조. K. E. Bailey, "Methodology (2): Four Types of Literary Structures in the New Testament," *Poet and Peasant, A Literary Cultural Approach to the Parables in Luke* (Grand Rapids: Eerdmans, 1976), pp. 44-75. 이 논문에서는 설명되지 않지만, 고린도전서에 흔하게 나오는 한 가지 수사 형태를 나는 "둘러싸인 비유"로 부르기로 했다(여기서 **비유**는 직유, 은유, 비유가 다 포함되는 히브리어 *mashal*의 의미로 사용된다). "둘러싸인 비유"는 둘이나 둘 이상의 짝이 되는 덩어리들 가운데 있으며, 이 덩어리들은 그 비유를 통해 알려지고/예증되고/전달되고/명확화된다.

휼과 용서를 받을 것이다. 따라서 우리는 이 여섯 행에서 "대조 관계"를 본다. 지적했듯이, 확실히 이 세 짝은 A-B-A의 구조를 갖고 있다. 동시에 세 짝은 지배적 특징으로 보이는 A-B-C 진행도 나타낸다. 클라이맥스는 **긍휼과 용서**의 약속이 포함된 마지막 부분에 있다. 이 여섯 행에서 화자는 예언자 이사야다.

이 이사야서 본문은 역사적으로 "교차 대구법"(chiasm) 또는 "역평행법"(inverted parallelism)으로 불리는 양식에 따라 계속된다. 최근에 이 수사 스타일에는 고리 모양 구성(ring composition)이라는 이름이 붙여졌다. 이 경우에는 하나님이 화자이며, 본문의 구성은 다음과 같다.

4. A.	[8]**내 생각**은 **너희의 생각**이 아니고	**생각**
B.	**너희의 길**은 **내 길**이 아니라고 여호와께서 말씀하신다.	길
C.	[9]이는 **하늘**이 **땅**보다 높은 것처럼	비유
B.	**내 길**은 **너희의 길**보다 높고	길
A.	**내 생각**은 **너희의 생각**보다 높기 때문이다.	생각

도표 0.2. 역평행법(사 55:8-9)

(앞에서 제시한) 도표 0.1의 중앙은 악인의 "길"과 "생각"에 초점이 있다. 도표 0.2에서는 "길"과 "생각"이라는 짝 개념이 반복되는데, 다만 이때 이것은 **야웨의** "길"과 "생각"이다. "길"과 "생각"의 반복과 진행은 두 연(두 장면)을 하나로 결합시킨다. 도표 0.2도 "고리 모양 구성"을 보여준다. 다섯 행은 A-B-C-B-A 패턴으로 서로 관련된다. **생각**과 **길**은 두 개의 바깥쪽 "봉투"를 구성하며, 이사야는 중앙에 **하늘과 땅**이라는 구체적 이미지의 형태로 "비유"를 위치시킨다. "하늘과 땅" 은유는 "둘러싸인 비유"(encased parable)가 된다.

그러나 이 두 번째 짝의 행들은 신학적 문제를 일으킨다. 도표 0.1에서 이사야는 독자에게 **야웨를 찾으라**고 말한다. 그런데 도표 0.2에서 독자는

하나님은 파악할 수 없는 분이라는 사실을 발견한다. 하나님은 자신의 **생각**과 **길**을 갖고 하늘에 계시고, 독자/청자는 **악인**의 **길**과 **생각**을 갖고 땅 위를 걷고 있다. 이 달레마의 해결책은 무엇인가? 세 번째 수사적 부분(장면)에 해결책이 나온다.

5. a. [10]**비**와 **눈**이 **하늘**에서 내려와	**비**
b. 그쪽으로 **되돌아가지 않고 땅을 적셔서**	되돌아가지 않음
c. 땅이 생산하고 싹이 나게 하고	결과
파종하는 자에게 종자를 주며, 먹는 자에게 양식을 주는 것처럼	
6. a. [11]내 입에서 나가는 **내 말**도 그러할 것이니	**내 말**
b. **헛되이** 내게 **되돌아오지 않고**	되돌아오지 않음
c. 내가 바라는 것을 **이루며**	결과
내가 보낸 일로 **번성할 것이다**.	

도표 0.3. 단계 평행법(사 55:10-11)

나는 앞의 여덟 행의 배열을 "단계 평행법"(step parallelism)이라고 불렀다. 이 짝을 이루는 일련의 단계에서는 개념들이 제시된다. 비가 내리고—되돌아가지 않고—결과가 있다. 비와 같이 하나님의 말씀도 내려오고—되돌아오지 않고—결과를 낳는다. 여기서 우리는 "그렇다면 어떤 결과를 낳는가?"라고 물어야 한다. 답변은 명확하다. 추정되는 결과는 이 예언적 설교 첫 부분의 말미에 약속된 "긍휼"과 "용서"다. 신자와 하나님 간의 건널 수 없는 간격으로 말미암아 나타난 위기(장면 4)는 약속된 긍휼과 용서를 제공하려고 내려온 하나님의 말씀으로 해소된다(장면 6). (나는 이런 배경 속에서 크리스마스 종소리가 울려 퍼지는 것을 들을 수 있다.)

이 설교의 세 번째 장면에서 분명한 것은, 이사야가 한 연의 중앙을 다시 취하고(도표 0.2) 이를 다음 연(도표 0.3)의 건축 재료로 사용한다는 점이다. 도표 0.2에서 "하늘"과 "땅"은 다섯 행의 중앙에서 은유적 클라이맥스를 형성한다. 도표 0.3에서 이사야는 이 두 개의 구체적인 이미지로부터 시작하며 부분들로써 작은 비유를 생성해낸다. 비는 **하늘**에서 내려와 **땅**으로 떨어진다. 비는 온 곳으로 되돌아가지 않고 내려온 목적을 이룬다. 하나님의 말씀도 마찬가지다. 이 비교는 "단계 평행법"으로 함께 묶여 있다.

이처럼 11행으로 이루어진 단순한 본문이 능숙하게 활용된 세 개의 평행법(직선 평행법, 역평행법, 단계 평행법)을 보여주는 정교한 문학적 단위를 구성하는 것이다. 이런 문학적 도구(평행법)는 바울이 활동하던 시대보다 500년도 더 전에도 이미 효과적으로 사용되고 있었다.

더 이전 역사로 거슬러 올라가면, 기원전 701년경 예루살렘의 이사야는 도표 0.4와 같은 유명한 수사적 문장을 작성한 바 있다.

이 예언적 설교에서 이사야는 자신이 "사망과 맺은 언약"으로 부른 것, 즉 유다가 애굽과 맺은 언약에 대해 예루살렘의 유다 정부를 비판하고 있다.

먼저 우리는 전체 본문이 "직선적 시퀀스"를 가진 평행법에 따라 읽을 때 제대로 파악된다는 사실을 깨닫게 된다. 그러나 여기서는 "교차 대구법"도 작용하고 있다. 언어적 구축물의 재료가 "고리 모양 구성"을 가진 일곱 "장면"을 형성하고 있다. 나아가 네 행으로 이루어진 장면 1에는 "단계 평행법"이 사용되어, 역시 네 행으로 된 장면 7과 정확히 역(逆)관계에 있다. 마찬가지로, 두 행으로 이루어진 장면 2 역시 단계 평행법이 사용되어, 장면 6과 대조된다. 요약하면 이 설교는 **직선적 시퀀스**로 이루어져 있다. 전체적으로 이 본문은 **역(逆)평행법**을 보여주며, **단계 평행법**을 사용해서 다양한 장면들이 서로 연결되어 있다.

중앙 부분을 살펴보자. 장면 3-5가 빠진다 해도 독자가 이를 알아차리

17) N. W. Lund는 한 가지 변화가 있지만 이와 똑같은 구조를 지적했다. N. W. Lund, *Chiasmus in the New Testament* (Peabody, Mass.: Hendrickson, 1992, c. 1942), p. 45을 보라. 나는 이 본문에 대한 연구를 하고 나서 몇 년 뒤에 Lund의 분석을 알게 되었다.

28:14 그러므로 **여호와의 말씀을 들으라.**	
예루살렘에서 이 백성을 **다스리는** 너희 비웃는 자여!	
15 이는 너희가 이렇게 말했기 때문이다.	
1. a. "우리는 **사망과 언약을 맺고**	
b. **스올과 협정을 맺었으니**	사망, 스올과 맺은
c. **압도적인 재앙이 임할 때에**	**언약**—인정!
d. 그것이 **우리에게 미치지 못할 것이다.**	재앙이 피함(?)
2. a. 우리는 **거짓말**을 우리의 **피난처**로 삼았고	**피난처**
b. **허위** 속에 은신처를 두었다."	은신처
3. 16 그러므로 여호와 하나님이 이같이 말씀하신다.	
"보라, 내가 시온에 **터**로 **한 돌**을 두었으니	**건축**
곧 **시험한 돌,**	재료
보배로운 기초 석, 확실한 **터**다.	
4. "(그것을; 70인역) **믿는** 자는	**신자**
흔들리지 아니하리라."	흔들리지 않음
5. 17 나는 **정의를 측량줄로** 삼고	**건축**
공의를 저울추로 삼을 것이다.	도구
6. a. 또 **우박이 거짓말의 피난처를 휩쓸고**	**피난처**
b. **물이 그 은신처에 덮칠 것이다."**	은신처
7. a. 18 따라서 **사망과 맺은 너희의 언약은 폐해지고**	
b. **스올과 맺은 너희의 협정은 서지 못할 것이며**	사망, 스올과 **맺은**
c. **압도적인 재앙이 임할** 때에	**언약**—취소!
d. 너희는 **그것에 의해 짓밟힐** 것이다.[17]	재앙이 짓밟음

도표 0.4. 이사야의 두 건축 비유(사 28:14-18)

지 못할 정도로, 이 예언적 설교는 정교하게 구성되어 있다. 장면 1과 2의 확언은 장면 6과 7의 확언과 절묘하게 대조된다. 그러나 "파멸과 암흑"의 메시지가 이 예언의 전부는 아니다. 모든 것을 다 잃는 것은 아니다. 이 설교의 클라이맥스는 중앙에 표현되어 있는 미래의 소망이다. 장면 3은 하나님이 제공하실 건축 재료를 묘사하고, 장면 5는 "시온에" 둘 새로운 기초 석에 필요한 도구를 제시한다. 이 도구는 **정의**와 **공의**다. 장면 5는 본문 속에서 두 가지 은유(측량줄과 저울추)가 동시에 발견되는 희귀한 사례다. 클라이맥스는 새 기초 석에 새겨지는 슬로건의 형태로 중앙에 있으며 그 글귀는 다음과 같다.

믿는 자는
흔들리지 아니하리라.[18]

이 글귀의 첫 행은 다음과 같은 질문을 일으킨다. 무엇을 믿는가? 독자/청자가 믿도록 기대되는 바는 엄밀히 무엇인가? 이 질문에 대한 답변은 "언약"이라는 말이 나오는 장면 1의 첫 행에 있다. 확실히 거기서 언급된 언약은 "사망과 맺은 언약"(곧 애굽과 맺은 언약)이다. 그러나 독자는 이스라엘이 **다른 언약** 곧 하나님과 맺은 언약을 가지고 있음을 잘 알고 있다. 만약 이 언약으로 돌아와 언약의 당사자를 신뢰한다면(애굽 사람이 아니라) 만사가 좋아질 것이다.

중앙 클라이맥스의 둘째 행은 (하나님의 언약을) "믿는" 자가 "흔들리지 아니한다고" 보장한다. 이 둘째 행은 "사망과 맺은 언약"을 신뢰하는 자는 "그것에 의해 짓밟힐" 것이라고 언급하는 장면 7의 마지막 행을 통해 더 깊이 설명된다. 말하자면, 이 설교의 중앙은 수사적으로 처음 및 끝과 가

---

18) 나는 Frederick Moriarty, "Isaiah 1-39," in *The Jerome Biblical Commentary*, vol. I (Englewood Cliffs, N. J.: Prentice-Hall, 1968), p. 278의 번역에 동의한다.

장 깊이 관련되어 있다. 이는 "고리 모양 구성"의 통상적인 특징이다.

중앙에 클라이맥스를 두고 일곱(완전수) 역장면을 사용하는 방식은, 여기에 고유의 명칭이 붙여질 만큼 흔하다. 나는 그 방식을 "예언적 수사 틀"(prophetic rhetorical template)이라고 부르기로 했다. 이런 예언적 수사 틀은 마가복음에서만 무려 17개가 발견된다. 시편 23편도 같은 방식을 사용하며, 바울도 고린도전서에서 여러 번 이를 활용한다. 방금 이사야 28:14-20에서 확인했듯이, "단계 평행법"과 "역평행법"은 한 본문에서 함께 나타나며 정교하게 융합되어 있다.

이사야 40-66장을 수사적으로 분석해보면, 이런 평행법 형태들이 폭넓게 활용되는 것을 확인할 수 있다. 이런 평행법 형태들은 많은 "예언적 설교"의 "중추"를 이룬다.[19] 이사야(와 이사야 시대 이전)로부터 뽑은 사례를 몇 가지 더 들어보면, 바울이 자신이 물려받은 유대교적 유산의 문학적 도구를 얼마나 유용하게 사용하는지 파악하는 데 도움이 될 것이다. 방금 언급한 시편 23편은 도표 0.5와 같은 구조로 되어 있다.

시편 23편은 일곱 역장면을 가진 "예언적 수사 틀"을 사용한다. "야웨"의 이름은 장면 1과 7에서만 언급된다. 장면 1에서 시편 저자는 자신의 소원을 언급한다. 안전, 양식, 물, 두려움으로부터의 해방이 모두 언급되는 것이다. 하지만 기자의 가장 갈급한 소원은 장면 7에 나타난 하나님의 "선하심과 인자하심"이다. 짐승들의 양식과 물(장면 2)은 사람들의 양식과 물(장면 6)과 평행 관계를 이룬다. 안전과 관련해서 서로 짝을 이루는 두 장면은 장면 3과 5다. 클라이맥스는 (일반적인 경우처럼) 중앙에 있으며, 거기서 기자는 자신이 사망과 죄(악)로부터 자유롭다고 선언한다. 처음(장면 1)과 마지막(장면 7)은 중앙(장면 4)과 관련되어 있다. 이 세 장면에서만 **일인칭** 시점이 나타나기 때문이다. 삼인칭 시점("그")은 장면 2와 3에서 나타나고, 이인칭 시

19) www.shenango.org/Bailey/Isaiah.htm을 보라.

1. 23:1 **여호와**께서 나의 **목자**시니	**여호와—목자**
내가 **부족하지 않으리라.**	부족하지 않음
2. 2 그가 나를 **푸른 풀밭**에	**양식과**
눕히시고 **조용한 물**가로 인도하시리라.	물(짐승들)
3. 3 그가 나를 **회복시키시리라**	
그가 나를 **회개하게** 하리라.	**구원과**
그가 나를 의의 길로 인도하시리라. 자기 이름을 위해.	안전
4. 4 비록 내가 다닐지라도	
사망의 그늘 골짜기로,	**사망**
악을 **조금도** 두려워하지 않을 것이니	죄
이는 주가 나와 함께하시기 때문이네.	
5. 주의 **지팡이**와	
주의 **막대기**가	**안전과**
나를 **위로할** 것이네.	위로
6. 5 주께서 내게 **상**을 차려주시리라.	**양식과**
내 원수 앞에서.	물(사람들)
주께서 내 머리에 기름을 부어주시니 내 **잔**이 넘치리라.	
7. 6 확실히 **선하심**과 **인자하심**이	
한평생 나를 따르고	**선하심과 인자하심**
나는 **여호와의 집**에서	여호와—집
날들의 길이 동안 살게 되리라.[20]	

도표 0.5. 예언적 수사 틀(시 23편)

20) 마지막 행의 이 말은 내가 직접 히브리어 원문으로부터 문자적으로 번역한 것이다. 아랍어 역본들은 주로 이 번역을 따른다.

점("주[당신]")은 장면 5와 6에서 나타난다. 만약 다윗을 저자로 보는 견해가 역사적 사실이라고 한다면, 시편 23편은 예언적 수사 틀을 활용하는 스타일이 바울 시대보다 최소한 천 년 정도 앞서 존재했음을 증명한다.

이사야서의 유명한 종의 노래 속에도, 예언적 수사 틀을 사용하는 흥미로운 짤막한 두 본문이 발견된다. 이 종의 노래(사 49:5-6) 전반부는 후반부에서 다시 발견되며 본문은 도표 0.6과 같다.

1.	49:5 이제 여호와께서 말씀하시니 그는 태에서부터 나를 그의 종으로 지으신 분이요	**하나님이 말씀하심:** 그의 종
2.	나를 통해 야곱을 자기에게 돌아오게 하시며 이스라엘을 자기에게 모으시는 분이니	**야곱—돌아옴** 이스라엘—모임
3.	이로써 내가 여호와의 눈에 존귀하게 되고 내 하나님이 나의 힘이 되셨다.	 **존귀하게 된 종** 강해짐
4.	6 그가 이렇게 말씀하신다. "네가 나의 종이 되는 것은 매우 쉬운 일로	**하나님이 말씀하심: 매우 쉬움** 나의 종
5.	네가 야곱의 지파들을 일으키고 이스라엘의 보존 받은 자를 회복시킬 것이다.	**야곱—일어남** 이스라엘—보존됨
6.	내가 너를 이방의 빛으로 삼아 나의 구원이 땅끝까지 이르도록 하리라."	**민족들에게** 구원이 미침

도표 0.6. 단계 평행법(사 49:5-6)

여기서 이사야는 자신이 표현하고자 하는 개념을 "단계 평행법"에 담아 전개한다. 본문은 하나님의 특별한 종의 연설로 시작된다. 그는 종으로서 자기의 직무를 잘 알고 있다. 그는 자신이 태에서부터 종으로 지음 받은 이유를 안다(장면 1). 그의 소명은 "야곱을 그[하나님]에게 돌아오게 하고" "이스라엘을 그[하나님]에게 모이게 하는" 것이었다(장면 2). 본문은 종의 직무가 야곱과 이스라엘을 **예루살렘으로** 돌아오게 하는 데 있다고 말하지 않는다! 종은 야곱과 이스라엘을 **하나님께로** 돌아오게 만든다. 장면 1-3에서 종은 이를 자신의 운명으로 받아들인다. 또한 종이 공동체를 가리키고 있지 않다는 점도 분명하다. 오히려 종은 자기의 임무가 이스라엘을 하나님께로 **회복시키는 데** 있는 한 개인이다.

따라서 짝을 이루고 있는 세 장면(장면 4-6)은 앞에서 설명한 놀라운 직무가 이 특수한 종에게 **전부가 아니라는** 것을 확증한다. 종의 사명은 야곱과 이스라엘을 돌아오게 하는 일을 뛰어넘는다. 확실히, 이 돌이키는 직무는 특별한 종에게는 매우 쉬운 일이다. 그의 더 큰 사명은 "이방(*goyim*; 이스라엘을 박해한 자들)의 빛"이 되는 것이다. 마지막 비전은 "땅끝까지" 미치는 구원에 관한 비전이다. 구약성경에서 드물게 나타나는 이 특별한 메시지는 "단계 평행법"을 따라 제시되는데, 이 수사법은 메시지를 강조하고 명확하게 만드는 역할을 한다.

두 번째 짧은 예언적 설교는 이사야 53:3-4이며 그 구조는 도표 0.7과 같다.

이 본문의 고리 모양 구성은 선명하다(도표에서 표현한 들여쓰기 구조 배열을 보라). 이사야 55:8-9에서 지적했듯이, 이 짧은 수사적 설교에서도 중앙에 직유가 포함되어 있다. 따라서 이는 "둘러싸인 비유"(encased parable)의 또 다른 실례다.

고리 모양 구성의 중앙에 위치해 있는 특별한 강조점은 자주 다음과 같은 세 가지 형태 중 하나를 가진다.

1.	[53:3]그는 사람들에게 멸시를 받고 버림을 받았으며	사람들에게 **멸시를 받음**
2.	슬픔의 사람이고, 질고에 익숙한 자였다.	슬픔/질고에 **익숙함**
3.	마치 사람들이 그에게서 얼굴을 돌리는 것처럼 그는 멸시를 받고, 우리도 그를 높이 평가하지 않았다.	**비유** 멸시받는 사람
4.	[4]그는 확실히 우리의 질고를 지고 우리의 슬픔을 겪었다.	우리의 질고/슬픔을 **짊어짐**
5.	그러나 우리는 그가 징벌을 받아 하나님에게 매를 맞으며 고난을 당한다고 평가했다.	**징벌을 받아** 하나님께 매를 맞음

도표 0.7. 이사야 53:3-4

1. 자연의 이적
2. 직유/비유
3. 성경 인용(또는 초기의 거룩한 전통에 대한 언급)

고린도전서에서 바울은 이 세 가지 형태 중 둘째와 셋째 형태를 사용했다. 방금 살펴본 이사야 55:3-4에서는, 흔히 그러듯이 중앙 부분이 바깥 부분과 관련되어 있다. 첫 부분, 중앙, 마지막 부분은 비교해보면 다음의 사실이 분명히 나타난다.

첫 부분:	사람들이 종을 멸시한다
중앙:	우리도 종을 멸시한다
마지막 부분:	하나님이 종을 멸시한다(고 우리는 생각했다)

마지막 부분에서 사람들은 "그가 하나님께 매를 맞는다"라고 여겼다. 다시 말해 하나님이 그를 처벌하신다고 생각한 것이다. 그러나 본문은 이를 사람들의 추측에 불과한 것으로 보고 그 가능성을 조심스럽게 일축한다. 이사야는 독자가 종을 거부한 데 대해 개인적인 책임을 느끼기를 원했다. 문제는 "사람들"이나 "(어쩌면) 하나님"이 아니라, 오히려 "우리"가 (종이) 우리의 질고를 지고 우리의 슬픔을 당했음에도 불구하고 그 종을 멸시한 데 있었다. 따라서 "우리가 종을 멸시하는 것"이 중앙에 배치된다.

또한 장면 2와 4 사이에는 점진적 진행이 포함되어 있다. 장면 2에서 종은 **슬픔**과 **질고**를 겪으나, 장면 4에서는 종이 **우리 대신 슬픔**과 **질고**를 겪는다. 이는 "고리 모양 구성"의 또 다른 특징을 예증한다. 자주 저자는 일련의 연들 속에서 자신의 사례를 제시한다. 이 연들의 클라이맥스가 중앙에 있다. 중앙을 지나면 곧바로 이 일련의 연들은 앞 내용을 반복하기 시작하는데, 바로 거기에 자주 **강조점**이나 **전환점**이 있다. 위 도표에서 종은 우리에게 멸시를 받는다(장면 3). 그리고 전환점(장면 4)에서 우리는, **우리** 자신이 그를 멸시하는 사람들 편에 가담했음에도 불구하고 여전히 그가 우리의 질고를 지고 우리의 슬픔을 당하는 것을 본다. 이런 수사적 특징을 파악하는 작업은 해석에 있어 크게 유용하다.

자주 바울은 내가 "높이뛰기 형식"(high jump format)이라고 부른 기법을 활용하여 설교를 작성한다. 간단히 말해, 높이뛰기 형식이란 "서론이 있는 고리 모양 구성"이다. 또한 이 구성에는 네 개의 구별된 부분이 포함되어 있다. 이 네 부분들은 "높이뛰기"와도 같다. 높이뛰기 선수는 **짧은 전력 질주**로 경기를 시작한다. 이어서 **도약**과 **가로대 넘기**와 뒤쪽으로 **하강하는** 착지를 순서대로 행한다. 높이뛰기의 클라이맥스는 가로대 넘기다. 마찬가지로 성경의 설교도 때때로 다음과 같이 구성된다. (1) 서론(짧은 전력 질주), (2) 일련의 개념들의 제시(도약), (3) 클라이맥스(가로대 넘기), (4) 원래 제시한 개념들을 역순으로 제시하는 결론(하강). 바울은 종종 이런 방식을 사용하며, 같은 방식은 이사야서에도 나타나 있다. "높이뛰기 형식"

의 명확한 사례는 도표 0.8의 이사야 43:25-44:5에 나온다.

1. [43:25]나 곧 나는 네 허물을 지워버리는 자니	
나를 위해	**긍휼**
네 죄를 기억하지 아니할 것이다.	
2. [26]너는 나를 기억하라, 우리가 함께 변론하자.	
네가 의를 증명할 수 있는지 네 사정을 말해보라.	
[27]너의 첫 조상이 죄를 지었고	
너의 중보자들이 나를 거역했다.	**심판**
[28]그러므로 내가 성소의 지도자들을 모독하고	
야곱을 완전한 파멸에 맡기며	
이스라엘을 비방거리로 내주었다.	
3. [44:1]그러나 이제 들어보라, 나의 종 야곱아,	**나의 종, 야곱**
내가 택한 이스라엘아!	이스라엘
[2]너를 만들고 너를 모태에서 지으시고	(내가 너를 택했다)
너를 도와줄 여호와가 이같이 말씀하시니	
두려워 말라, 나의 종 **야곱아**,	
내가 택한 **여수룬아**.[21]	
4. [3]나는 목마른 땅에 물을 주고	물/시내
메마른 지면에 시내를 흐르게 할 것이다.	**비유**
5. 나는 내 영을 네 자손에게	**내 영**
내 복을 네 후손에게 부어줄 것이다.	내 복
6. [4]그들이 물속의 풀같이	물/시내
흐르는 시냇가의 버들같이 자라날 것이다.	**비유**
7. [5]한 사람은 "나는 여호와의 것이다" 말하고	**야곱**
또 한 사람은 **야곱**의 이름으로 자기를 부를 것이며,	**이스라엘**
또 다른 사람은 자기 손으로 "여호와의 것"이라고 쓰고	(당신이 나를 택하셨다)
자기 자신을 **이스라엘**의 이름으로 부를 것이다.[22]	

도표 0.8. 야곱/이스라엘에 관한 심판/긍휼(사 43:25-44:5)

1.	[56:1]여호와께서 이같이 말씀하시니	
	“**정의**를 지키고	
	의를 행하라.	**신자의 경건**
	이는 **나의 구원**이 곧 임하고	하나님이
	나의 해방이 나타날 것이기 때문이다.	구원하심
	[2]이렇게 하는 자는	**신자의 경건**
	그리고 **그것을 굳게 붙잡는 사람의 아들은 복이 있다.**”	
2.	이런 자는 안식일을 더럽히지 않고 지키고	**안식일**
	그의 손으로 어떤 악도 행하지 않는다.	
3.	[3]여호와와 연합한 **외국인**은	**외국인**
	“여호와께서 나를 그의 백성에게서 반드시 잘라내실 것”이라고 말하지 말고	
4.	**고자**도	**고자(자녀가 없음)**
	“보라, 나는 마른 나무다”라고 말하지 말라.	
5.	[4]왜냐하면 여호와께서 이같이 말씀하시니	**신실함:**
	“**나의 안식일을 지키고**	나의 안식일
	나를 기쁘게 하는 일을 선택하며	나의 언약
	나의 언약을 굳게 붙잡는 고자들에게	**하나님이 주심**
	[5]내가 **내 집**에서, 내 성 안에서	기념물/이름
	기념물과 이름을 그들에게 주겠다.	
6.	그러니 그들이 **아들과 딸**보다 **더 나을 것이다.**	
	내가 그들에게 **영원한 이름**을 **주어**	**(고자에게)**
	끊어지지 아니하게 할 것이다.	자녀보다 더 나음
7.	[6]그리고 여호와와 연합하여	
	그를 섬기고, 여호와의 이름을 사랑하며	
	그의 종이 되는 **외국인**은	**외국인**
8.	누구든 **안식일**을 지켜 더럽히지 않고	
	내 언약을 굳게 붙잡으면	**안식일**
9.	[7]이들을 내가 나의 성산으로 **인도하고**	
	기도하는 내 집에서 **그들을 기쁘게 하며**	**하나님이 구원하심**
	그들의 번제물과 희생제물을	신자의
	나의 제단에 기꺼이 받아줄 것이니	경건
	이는 내 집이 **만민**이 **기도하는 집**으로	
	불릴 것이기 때문이다.”	
	[8]**이스라엘의 쫓겨난 자를 모으시는**	
	주 여호와가 이같이 말씀하시니	**하나님이 구원하심**
	“**내가 이미 모은 자들 외에**	쫓겨난 자와 다른 사람들
	다른 사람들도 그에게 모을 것이다.”	

도표 0.9. 이사야 56:1-8

이 이사야서 본문은 바울이 "높이뛰기 형식"을 활용해서 글을 쓸 때 자신이 물려받은 유대교 유산을 따르고 있음을 증명한다.

다음으로는 우리가 살펴볼 마지막 사례인 이사야 56:1-8이다. 그 구조는 도표 0.9에 나타나 있다.

이 주목할 만한 예언적 설교는 앞에서 언급한 수사 장치들을 정교하게 사용하고 있음을 보여준다. 먼저 우리는 첫 장면(장면 1)과 마지막 장면(장면 9)이 바깥쪽 봉투를 구성하고, 그 안에 일곱 장면으로 이루어진 예언적 수사 틀이 들어가 있음을 확인할 수 있다. 안식일에 대한 관심은 일곱 장면 가운데 처음(장면 2), 중간(장면 5), 마지막(장면 8)에 나타난다. 이런 언어적 표지들은 일곱 장면으로부터 균형 잡힌 하나의 전체를 만들어낸다. 그 개요는 다음과 같다.

안식일

  외국인

    고자

      안식일, 언약에 대한 신실함

      그리고 그 보상

    (고자)

  외국인

안식일

도표 0.10. 이사야 56:1-8 요약

21) 이스라엘을 가리키는 이 시적 명칭은 여기와 신 32:15; 33:5, 26에서만 나타난다.

22) 사해 사본 이사야서는 사 44:5과 44:6 사이에 큰 단절이 있으며, 사 44:1-5은 이후 부분보다 이전 부분과 결합된다. John C. Trever (photographer), *Scrolls from Qumran Cave I: The Great Isaiah Scroll, The Order of the Community, The Pesher to Habakkuk* (Jerusalem: The Albright Institute and the Shrine of the Book, 1972), pp. 88-89을 보라.

이 본문에 나타난 평행 관계는 명확하고 강력하다. 이 관계는 **안식일**과 언약을 굳게 지키는 것을 언급하는 중앙에서 클라이맥스에 도달한다. 정교하게 균형을 이루는 (확대된) 두 장면이 이 예언적 수사 틀의 처음과 끝에 덧붙여진다. 나란히 놓고 보면, 이 두 장면은 다음과 같이 나타난다.

1. [56:1]여호와께서 이같이 말씀하시니	
"**정의를 지키고**	
의를 행하라.	**신자의 경건**
이는 **나의 구원**이 곧 임하고	하나님이
나의 해방이 나타날 것이기 때문이다.	구원하심
[2]이렇게 하는 자는	**신자의 경건**
그리고 **그것을 굳게 붙잡는 사람의 아들은 복이 있다.**"	
9. [7]이들을 내가 나의 성산으로 **인도하고**	
기도하는 내 집에서 **그들을 기쁘게 하며**	**하나님이 구원하심**
그들의 번제물과 희생제물을	신자의
나의 제단에 기꺼이 받아줄 것이니	경건
이는 내 집이 **만민이 기도하는 집**으로	
불릴 것이기 때문이다."	
[8]**이스라엘의 쫓겨난 자를 모으시는**	**하나님이 구원하심**
주 여호와가 이같이 말씀하시니	
"**내가 이미 모은 자들 외에**	**쫓겨난 자와 다른 사람들**
다른 사람들도 그에게 모을 것이다."	

도표 0.11. 이사야 56:1-2, 7-8

장면 1에서 내용의 구성은 장면 9에서 역으로 반복된다. 이는 다음과 같이 확인될 수 있다.

첫 번째 제시 부분	**두 번째 제시 부분**
1. 신자의 경건	9. 하나님이 구원하심
하나님이 구원하심	신자의 경건
신자의 경건	하나님이 구원하심

명백히, 장면 9에서 이사야는 장면 1에서 제시한 "하나님이 구원하심"과 "신자의 경건"이라는 두 주제를 순서를 바꾸어 제시하고 있다. 나아가 장면 1의 "신자의 경건"의 성격은 "정의와 공의"라는 사회적 행위와 관련되어 있으나, 장면 9의 "신자의 경건"은 "번제물, 희생제물, 기도"에 초점이 있다. 첫 번째는 **확대된 공동체**에서 이루어져야 할 **정의**에 대한 관심을 다룬다. 두 번째는 **모인 공동체**에서 이루어져야 할 예배의 경건 행위에 초점을 맞춘다. 각각은 각각의 상대편이 없으면 불완전하다. 둘은 짝을 이루고 있다. 이사야는 최소한 영리하고 기민한 독자라면 이 내용 전부를 따라갈 수 있으리라고 가정하고 있다. 그렇지 않다면 이사야가 이렇게 정교한 설교를 조립하기 위해 애쓸 필요는 없었을 것이다.[23]

유사한 방식으로, 장면 1에서 하나님의 구원하는 행위는 "구원과 해방"에 대한 비-특수한(non-specific) 언급이다. 그래서 장면 9에서 하나님은 "이스라엘의 쫓겨난 자"를 모으신 후 "이미 모은 자 외에" 다른 사람들을 모으시리라는 서약에 따라 그들을 "나의 성산"으로 인도하심으로써 역사 속에서 활동하신다.

(내가 아는 한) 이사야 40-66장에서 예언적 수사 틀을 이처럼 특정한 방식으로 창조적으로 확대하는 본문이 다시 나타나지 않는다는 점도 지적해두자.[24] 이는 "선율의 변주"가 받아들여졌다는 점, 아니 오히려 변주가

23) 모든 청중이 바흐의 대위법을 파악하는 것은 아니다.

24) 사 40-66장의 수사 구조에 대한 포괄적 분석으로는 www.shenango.org/Bailey/Isaiah.htm을 보라.

정상이었음을 보여준다. 하나의 메시지를 제시하기 위해 다양한 수사학적 건축 재료가 상이한 방식으로 사용되었던 것이다.

아울러 앞에서 지적했듯이, 이사야는 설교 중앙에 예언적 수사 틀을 배치한 다음, 이어서 설교의 처음과 끝에 균형을 맞춘 두 장면을 덧붙인다. 이로 인해 전체 설교는 세 부분으로 이루어지게 된다. 동일한 문학 양식이 고린도전서 1:17-2:2에서도 나타난다(한 가지 변형을 가짐). 다시 말해 바울 역시 십자가 찬송에서 세 장면을 첫 부분에 덧붙이고, 이와 짝을 이루는 세 장면을 끝부분에 덧붙인다. 바울은 A-B-C 패턴으로 시작하고, 그 패턴을 (역으로) 반복하는 것으로 끝맺는다. 그러나 이사야는 A-B-A 패턴을 선택하고, 이미 확인했듯이 이를 B-A-B 패턴으로 균형을 맞춘다. 이사야와 바울, 두 저자는 중앙에 일곱 장면을 두고, 설교 첫 부분과 끝부분에 세 단위의 내용을 포함시키고 있다. 두 사람은 각각 설교를 구성하는 데 있어 수준 높은 예술적 솜씨를 보여주며, 하나의 선율에 대해 다양한 변주곡을 제공하고 있다.[25]

이사야의 이 뛰어난 예언적 설교는 신약성경에 강력한 영향을 미쳤다. 이 설교에서는 "외국인"이 특별히 환영받는 대상으로 선정되고(장면 2와 6), 하나님의 집이 "만민/민족들이 기도하는 집"으로 지정된다는 점에서 "먼저는 유대인, 그다음에는 그리스인"(롬 1:16)을 배후에 깔고 있다. 여기서 하나님의 집이 "만민이 기도하는 집"으로 지정된다는 본문은, 예수가 "성전을 청결하게 하는" 일을 극적으로 행하실 때 인용된다(막 11:17). 나아가 예수는 이 본문을 기반으로 해서 큰 잔치 비유(눅 14:15-24)를 제시할 수 있었다.[26] 큰 잔치 비유에서는 공동체로부터 쫓겨난 자들이 모여든다. 이때 주인은 종에게 **공동체 밖에서** 다른 사람들을 데려오라고 명령한

25) 바울은 11:17-34a과 13:1-13에서도 (중앙에 클라이맥스를 두고) 세 부분으로 구성된 긴 설교를 구성한다.

26) K. E. Bailey, *Jesus Through Middle Eastern Eyes* (Downers Grove, Ill.: IVP Academic, 2008), pp. 318-319.

다. 이 모든 내용은 이사야의 특별한 예언적 설교가 예수와 바울에게 영향을 미쳤다는 사실을 암시한다.

앞과 같은 짧은 예언적 설교들은 바울에게 있어 혈통과도 같은 핵심 유산의 일부가 된다. 여느 박식한 랍비들처럼, 바울도 보존된 거룩한 히브리어 문서를 많이 가지고 있었음이 확실하다. 이렇게 보면 바울이 책상에 앉아 전 교회를 위해 중요한 편지를 쓸 때, 이런 문서들이 강력한 영향력을 미쳤으리라고 예상해야 마땅하지 않을까? 그러나 이미 지적했듯이, "바울이 글을 쓰는 방법"은 이런 것만으로 한정되지 않았다. 세례 받은 자에 대한 설명에서처럼, 여담을 제시할 때 바울의 말은 명백히 산문처럼 보인다(1:14-16). 그렇다면 우리는 이런 수사법의 보물을 어떻게 가장 잘 캐낼 수 있을까?

전통적으로 우리는 고린도전서 대부분의 내용을 "이것 다음에는 저것"이 따라오는 직선적 시퀀스에 따라 추정했다. 고린도전서에서 어떤 설교들은 확실히 이런 순서를 따른다. 그러나 "고리 모양 구성"이 사용된다면 현대의 평범한 독자는 문제에 봉착하게 된다. 때때로 어떤 고리 모양 구성은 길이가 짧다. 누가복음 16:13이 바로 그런 경우다.

1.	하인은 **두 주인**을 섬길 수 없다.	두 주인
2.	왜냐하면 한 주인을 **미워하고**	미워하다
3.	다른 주인을 **사랑하거나**	사랑하다
4.	또는 한 주인에게 **헌신하고**	사랑하다
5.	다른 주인을 **멸시하거나** 할 것이기 때문이다.	미워하다
6.	너희는 하나님과 **재물**[맘몬]을 함께 섬길 수 없다.	두 주인

도표 0.12. 누가복음 16:13

분명히 장면 1과 6은 짝을 이루고 있다. 독자는 장면 1의 "두 주인"을 쉽게 기억할 수 있으며, 장면 6에 나오는 것과 장면 1이 동일하리라고 기대한다. 예수는 장면 1에서 "두 주인"을 말씀하면서, 장면 6의 "하나님과 맘몬"을 염두에 두고 계신다. 그러나 이사야 28:14-18에서 지적했듯이, 이 본문이 일곱 장면으로 구성된 예언적 수사 틀이라면 어떨까? 이런 경우에는 장면 1이 장면 7과 면밀하게 맞물려 있지만, 현대의 독자는 두 장면이 서로 떨어져 있기 때문에 그 사이의 관련성을 놓치기가 쉽다. 현대 독자들에게 이를 분명히 보여주려면 어떻게 해야 할까?

이런 관련성을 쉽게 보여주기 위해 나는 본문을 반복하기로 결정하고, 짝을 이루는 장면들을 나란히 기록하고 바깥쪽부터 시작해서 중앙으로 나아가며 살펴보았다. 다시 말해, 우리가 다루고 있는 이 설교가 일곱 장면을 가지고 있다면(사 28:14-18처럼), 바깥쪽부터 시작해서 한 번에 하나씩 다양한 짝 장면들을 검토하는 것이 타당해 보인다[도표 0.13을 보라].

1. a.	28:15 우리는 **사망과 언약을 맺고**	사망, 스올과 맺은
b.	**스올과 협정을 맺었으니**	**언약**—인정!
c.	**압도적인 재앙이 임할 때에**	재앙이 피함(?)
d.	그것이 **우리에게 미치지 못할 것이다**.	
7. a.	18 따라서 **사망과 맺은 너희의 언약**은 **폐해지고**	
b.	**스올과 맺은 너희의 협정**은 **서지 못할 것이며**	사망, 스올과 맺은
c.	**압도적인 재앙이 임할** 때에	**언약**—취소!
d.	너희는 **그것에 의해**	재앙이 짓밟음

도표 0.13. 이사야 28:15, 18

긴밀하게 맞물려 있는 이 두 장면을 검토한 후에는, 장면 2와 6으로 시선을 돌릴 것이다. 그리고 마지막으로는 중앙의 세 장면을 검토할 것이다.

만약 현대의 영어 본문이 도-레-미-파-솔-라-시-도를 언급한다면,

독자는 이 말들을 읽으면서 "선율을 들을" 수 있을 것이다. 아무도 우리에게 첫 음(도)과 끝 음(도)이 같은 음정을 한 옥타브로 분리시킨 것이라고 말해줄 필요가 없다. 마찬가지로 위에서 제시한 이사야서 본문과 같은 글을 듣거나 읽는 고대의 유식한(혹은 무식한) 히브리인은 1-2-3-4-3-2-1을 "들을" 수 있었다. 자연스럽게 그들은 바깥쪽 1번에 해당되는 두 장면을 비교하고, 이어서 2번에 해당되는 두 장면을 비교하는 식으로 나아갈 것이다. 현재의 추정을 보면, 신약 시대의 사람들 중 글을 읽을 수 있던 사람은 10퍼센트도 되지 않았다. 학식 있는 유대인들은 바울의 예언적 스타일 "선율"을 따라가며, 이를 유대인이 아닌 신자들에게 설명해줄 수 있었으리라. 나아가 이것이 유대인 신자가 그리스인 신자에게 설명할 필요가 있었던 고린도전서의 유일한 요소도 아니다.

고린도전서 10장에서 바울은 "우리 조상은 다 구름 아래 있었고 다 바다를 통과했다"(10:1)라고 말한다. 여기서 사도는 자신이 무엇에 관해 말하고 있는지 설명하지 않는다. 이 말을 들은 그리스인들은, 유대인과 함께 예배하는 "하나님을 경외하는 자"가 아니었다면, 해당 이야기를 잘 알고 있는 유대인 그리스도인의 도움을 받지 않는 한, 이런 식의 설명을 따라갈 수 없었으리라. 우리 현대 그리스도인은 구약성경의 이야기들을 꿰뚫고 있을 수는 있지만, 그 이야기의 문학적 "선율"에 대해서는 정통하지 못할 수 있다. 이 "선율"이 길면 길수록 우리가 이를 듣는 일은 더 어려울 것이다.[27] 따라서 여기서 내 소망은, 먼저 전체 설교를 제시하고 이어서 그 설교를 검토함으로써(한 번에 한 "틀"씩), 독자가 바울의 주장을 비교적 쉽게 따라갈 수 있도록 만드는 것이다. 고린도전서의 설교들 중 가장 길고

---

27) 때때로 "선율"이 우리에게 들릴 수는 있겠지만 숙달된 사람의 귀만 이를 알아듣고 파악할 수 있다. 나는 전문 음악가들로부터 고전 음악에서 소나타-알레그로 형식이 서주+제시부+전개부+재현부+종결부로 구성된다는 이야기를 들었다. 이는 A+B+C+B+A 구조를 따르는 "음악의 고리 모양 구성"이다. 나는 도움을 받지 않고서는 이를 파악할 수 없다.

복잡한 설교가 첫 부분인 1:17-2:2에 나타난다. 나는 독자에게 특히 이 설교에 대해 인내해줄 것을 부탁드리고 싶다. 강의에서 나는 연구 노트와 연극풍의 설명을 활용해서 서양인 청자가 따라오기 쉽도록 할 수 있었다. 실제로 나는 수십 년 동안 그렇게 해왔다. 금은 발견하는 사람의 것이다. 금을 채굴하기 위해서는 때때로 땅을 파야 한다. 이를 위해 나는 최선을 다할 것이다.

추가로 제기되는 질문이 남아 있다. 도대체 무엇을 위해 이런 수고를 하는 것인가? 어떤 이는 이런 식의 분석이 "흥미롭고" "예술적으로 호기심을 자극한다"고 생각할 것이다. 하지만 이것이 해석에 있어 뭐가 중요한가? 우리는 이 중대한 질문을 잠깐이나마 살펴볼 필요가 있다. 그렇지 않으면 이것이 무시될 수 있기 때문이다. 오랜 세월, 교회는 이 책에서 검토한 대부분의 본문이 "이것 다음에 저것"이 오는 직선적 순서를 가지고 있다고 보았다.[28] 바울이 유대인의 과거로부터 물려받은 고전적 수사법을 사용하고 있음에 우리가 주목한다면, 이는 어떤 차이를 만들어낼까? 이런 중요한 질문에 대해서는 다음과 같은 몇 가지 설명이 유익할 것이다.[29]

1. 저자가 ABC-CBA 구조를 사용해서 자신의 주장을 제시하고 있다면, 그가 말하고자 하는 바(A)의 절반은 처음에, 나머지 절반은 끝에 나타날 것이다. 또한 짝을 이루는 첫 장면(B)과 마지막 장면(B)도 마찬가지다. 이렇게 짝을 이루고 있는 개념들을 놓치면 저자의 중요한 의도도 함께 놓치게 된다. 고리 모양 구성이 길수록, 현대인 독자는 도움을 받지 않고는 평행 관계를 따라가기가 더 힘들어진다.

2. 성경에 등장하는 "고리 모양 구성"의 클라이맥스는 대체로 끝이 아

28) 여기서 나는 고린도전서를 연구하는 일부 주요 학자들이 확대된 평행법 사례에 큰 관심을 보였다는 말을 덧붙이고 싶다. 이런 저서로는 Gordon Fee, *First Epistle*; Jerome Murphy-O'Connor, *1 Corinthians*; N. T. Wright, *Resurrection*이 있다.

29) 이 목록은 Baily, *Jesus Through Middle Eastern Eyes*, pp. 16-18의 내용을 개작한 것이다.

니라 중앙에 있다. 앞에서 검토한 본문들에서 우리는 "클라이맥스가 중앙에 있는" 사례를 살펴본 바 있다. 오래전부터 있던 "기본" 가정은 클라이맥스가 어떤 설명에서든 끝에 있다는 것이다. 만약 저자가 끝이 아닌 다른 지점에 결론을 위치시켰다면, 독자는 저자의 결론이 있는 클라이맥스를 파악하고 숙고하는 데 시간을 들여야 한다. 고리 모양 구성의 경우에, 수사 분석은 그럴 시간을 제공한다.

3. 특정 본문이 시작되고 끝나는 곳이 어디인지는, 자주 수사 스타일이 확인되어야만 더 선명히 파악될 수 있다. 고린도전서에서 바울의 십자가 찬송은 1:17-2:2에 나온다. 현재 우리가 가진 성경에 붙어 있는 장 번호는 이 중요한 찬송의 처음이나 끝이 어디인지 찾아내는 데 아무런 도움도 되지 않는다.[30] 특히 2장의 구분이 잘못되어 있다. 바울의 이 찬송은 십자가에 못 박히신 그리스도를 선포하는 것으로 시작된다. 십자가에 못 박히신 그리스도는 중앙에서 다시 진술되고 끝에서 또 반복된다.[31] 여기서 우리는 수사 스타일을 통해 이 찬송의 처음과 끝을 확인할 수 있으며, 그때 비로소 이를 하나의 전체로서 성찰할 수 있게 된다. (분명히 장 번호를 매긴 이들은 십자가 찬송이 십자가에 대한 선포를 삼중으로 언급하고 있다는 사실을 보지 못했으리라.)

4. 설교의 구조가 확인되면, 작은 장면들이 다른 구절들로 나뉘거나 다른 구절들 속에 흡수되기보다는 전체적으로 통합성을 유지한다.

5. 독자는 수사 분석을 통해 오랫동안 고정되어 있던 (성경 본문의) 장 절 번호 체계의 억압으로부터 벗어나게 된다. 본문은 자체의 개념들의 질서를 따른다. 장 번호는, 본문의 위치를 파악하는 데 아무리 유용할지라도, 독자에게 "너는 이 개념이나 이야기를 번호를 따라 펼쳐지는 직선적

30) 같은 사실이 앞에서 언급된 사 43:25-44:5에도 해당된다.

31) K. E. Bailey, "Recovering the Poetic Structure of I Corinthians i 17-ii 2: A Study in Text and Commentary," *Novum Testamentum* 17 (1975년 10월): 265-296.

시퀀스로 보라!"라고 교묘하게 강요한다.

6. 때때로 특정 설교의 수사 구조는 본문에 대한 다양한 그리스어 독법들 중 하나를 선택하는 데 유용한 핵심적인 내적 요소다. 어떤 본문이 가장 오래되고 신뢰할 수 있는지와 관련된 외적 증거는 중요하다. 관련된 수사 스타일의 내적 증거도 성찰할 필요가 있다. 나중에 우리는 본문의 수사 스타일이 독법을 선택하는 데 중요한 역할을 하는 고린도전서의 한 본문을 고찰할 것이다(3:5에 관한 설명을 보라).

7. 장면들 사이에 또는 그 안에 나타난 평행 관계(직선 평행법, 역평행법 또는 단계 평행법)는 종종 중요한 의미를 드러내준다. 하지만 이런 평행 관계에 주목하지 않는다면, 이 의미는 사라져버릴 것이다. 앞에서 언급한 이사야 28장에서 예언자는 장면 1-2에서 다스림의 경우를 제시하고, 이어 장면 6-7에서는 한 행씩 그 다스림을 뒤엎는다. 우리는 이사야가 이 대화와 비판에 참여하고 있다는 점에 주목해야 한다.

8. 간혹 고린도전서에는 면밀하게 균형을 이룬 행들의 짝이 있으며, 거기에는 간략한 "각주"(footnotes)가 덧붙여진다. 1:17-2:2에는 이런 "각주"가 세 개 들어 있다. 이 해설적 언급은 기본적인 수사 구조가 확인될 때 비로소 발견될 수 있다. 바울은 이전에 작성해놓은 설교에 각주를 덧붙이는 경우가 있었다. 이사야 47:1-7도 이런 특별한 "각주"를 포함한다.[32]

9. 지적했듯이, 고린도전서에 나타나는 수사 스타일의 출처는 성문 예언서를 위시해서 다른 저술들까지 거슬러 올라간다. 고린도전서에서 이런 스타일이 재등장하는 것은 바울이 저술가로서 자신이 물려받은 유대교 유산에 깊이 사로잡혀 있었음을 드러낸다.

10. 이처럼 수사 스타일에 따라 형성된 본문들이 정교하고 예술적인 정확성을 가지고 있음을 확인하면, 우리는 바울을 유대교 전통에 속한 유능한 저술가로, 아니 탁월한 "시인"으로 보게 된다. 오랫동안 우리는 고린

32) www.shenango.org/Bailey/Isaiah.htm에서 사 47:1-7을 보라.

도전서의 **역사와 신학, 윤리**에 대해 언급한 바 있다. "예술"은 13장의 위대한 사랑의 찬가에서 드러난다. 일부 학자들은 마지막에 나오는 "부활 찬송"(15장)의 장엄함을 예찬했다. 그렇다면 우리도 고린도전서 전체에 걸쳐 나타나는 문학적 기교를 통해 감동하고 조명받을 수 있지 않겠는가?

11. 고린도전서의 수사 구조는 독자로 하여금 이 책을 하나의 전체로 다시 이해하도록 자극한다. 여기서 검토한 다양한 설교와, 이 설교들이 논문들의 작성에 사용된 것을 보면, 고린도전서가 매우 세밀하게 작성되었음이 판명된다.

연구를 본격적으로 진행하기 전에, 몇 가지 주의 사항을 덧붙이고 싶다. 성경 본문에 대한 수사 분석을 한다는 것은 색소폰을 부는 일과 같다. 곧 이런 분석은 서투르게 행해지기가 쉽다. "품질 관리"의 이름 아래 다음과 같은 사실을 지적할 수 있다.

1. 이 책의 목표는 바울의 메시지를 밝히는 것이다. 이는 "예술을 위한 예술"(예술지상주의)이 아니다. 독자 여러분, 여러분은 이 점에 관해 성공이나 실패를 판단하게 될 것이다.

2. 내가 엄선한 초점은 **장면**(cameo)과 **설교**(homily)다. 수사 분석에서는 짧은 어구와 개별적인 단어들의 변형에 주목하기가 쉽다.[33] 물론 이런 작업 자체도 매력적이지만, 종종 이는 해석이라는 신성한 작업과는 관련이 없는 "낱말 놀이"가 될 수 있다. 마치 처칠의 유명한 전시 연설들 중 하나를 취해 그 연설을 구성하는 각각의 문장을 다이어그램으로 표현하는 것처럼 말이다. 이런 작업은 즐거운 문법 연습이 될지는 모르지만, 처칠이 청중에게 말하고자 한 바를 이해하도록 돕기보다는 방해가 될 것이다.

3. 한 장면에 나타나고 다시 다른 장면에서 반복되는 개념은, 그 두 장면의 **주** 개념(major idea)이 되어야 한다. 만약 그렇지 않다면, 두 장면이

33) Niles Lund의 저술은 종종 이 점에 관해 결함을 드러낸다. Niles Lund, *Chiasmus in the New Testament* (Peabody, Mass.: Hendrickson, 1992, c. 1942)를 보라.

"평행 관계"에 있다고 주장하기에는 무리가 있으므로 신중해야 한다. 교묘함은 피해야 한다.

4. 우리는 고린도전서에서 바울이 반복해서 사용하는 다양한 설교 형태를 검토할 것이다. (해당 저자의 저술에) 같은 스타일이 반복해서 나타난다면, 해석자는 자신의 작업이 타당한 방향으로 가고 있음을 확신할 수 있다. 아주 드물게 나타나는 사례들은 객관적이지 않은 상상으로 흐르지 않도록 특히 신중하게 검토되어야 한다.

5. 이런 식의 세밀한 작업에는 원어에 대한 지식이 필수적이다. 현대의 영어 번역의 단어와 어구는 당연히 매끄러운 영어 관용어를 제공하도록 배열된다. 바울이 자신의 어구를 어떻게 배열했는지 알아내려면 그리스어 원문을 읽어보아야 한다. 나아가 원문에서는 같은 그리스어 단어가 두 장면을 하나로 묶는 역할을 하지만, 번역자는 두 장면에서 같은 영어 단어를 사용하지 않아 원문에 있는 관련성이 사라지는 경우도 있다. 물론 그 반대의 사례도 존재한다. 두 장면에서 동일하게 나타나는 영어 단어가, 그리스어 원문에서는 각각 다른 두 단어일 수 있다.

6. 드물지만, 바울이 원래 써놓은 자신의 본문에 논평을 덧붙였다고 나는 주장했다. 이런 가능성을 제시하면, 여기에 악용될 소지가 많은 견해가 도입될 수 있다. 한 부분을 "원문"으로 표시하고 다른 부분을 "이차 본문"으로 표시하는 것은 무익하다. 그렇게 하면 본문은 단편화되고 아무 유익이 없게 될 것이다. 바울이 원래 설교에 "해설"을 덧붙였을 가능성은 조심스럽게 고찰되어야 한다.

7. 이 책의 기본 전제는 바울이 물려받은 **히브리 문학 유산**이 그의 수사 스타일에 깊은 영향을 미쳤다는 것이다. 이런 전제가 사실로 증명된다면, 히브리 문학 유산은 고린도전서를 검토하는 데 중요한 관점이 될 것이다.

이 책에서 행한 수사 분석은 유명한 본문들에 대해 새로운 접근법을 제시한다. 이 연구를 하면서 나는 다른 학자들의 폭넓은 작업을 높이 평가하고 더 깊은 성찰에 문을 열어둘 것이다.

위에서 언급한 예언서의 유산을 염두에 두고 선택한 방법론에 초점을 맞추고서, 이제 바울이 고린도 교회의 독자들과 전체 교회를 위해 작성한 설교들 속에 함축된 새로운 의미의 층을 드러내겠다는 희망을 가지고 고린도전서 본문으로 시선을 돌려보자.

0.1.
인사말과 감사 기도

고린도전서 1:1-9

고린도전서는 편지의 발신자(바울과 소스데네)와 수신자(고린도 교회 교인들과 모든 그리스도인)를 밝힘으로써 시작된다. 이어서 바울은 자신의 첫 기도를 제공한다. 이 두 부분은 수사 패턴을 따라, 그리고 하나님, 그리스도 예수, 신앙 공동체에 초점을 둔 신학적 내용에 따라 하나로 묶여 있다. 본문은 도표 1.0(1)에서 확인된다.

수사 구조

이 첫 부분에서는 발신자, 수신자, 인사말, 전통, 첫 감사 기도, 서신 전체의 서론이 서로 짝을 이루는 여덟 장면 속에 긴밀하게 결합되어 나타난다. 두 부분으로 이루어진 이 특수한 수사 스타일(각 부분은 A-B-B-A 구조를 가짐)은 고린도전서 다른 곳에서 다섯 번에 걸쳐 나타난다.[1] 여기서는

1) 고전 3:5-9; 4:8-13; 4:17-5:6; 7:25-31; 15:51-58을 보라.

인사말(1:1-3)

1. [1:1]**하나님의 뜻**에 따라
그리스도 예수의 사도로 부르심을 받은
바울과 우리 형제 **소스데네**는

하나님(하나님의 뜻)
그리스도 예수
바울과 소스데네

2. [2]**고린도**에 있는 하나님의 **교회**
곧 **그리스도 예수** 안에서 **거룩하게 되고**
성도로 부르심을 받은 자들에게

고린도 교회 교인들에게
(그리스도, 너희)

3. 또 **우리 주 예수 그리스도의 이름**으로
불리는 모든 자도 함께
그들과 우리가 만나는 모든 곳에서

모든 그리스도인에게
(그리스도, 그들)

4. [3]너희에게 **은혜**와 **평강**이
하나님 우리 아버지와
주 예수 그리스도로부터 있기를 바란다.

너희에게 은혜가
하나님 우리 아버지와
주 예수 그리스도로부터

감사 기도(1:4-9)

5. [4]내가 너희에 대해 항상 **하나님께 감사하는** 것은
하나님의 은혜가
그리스도 예수 안에서 **너희에게 주어졌기 때문이다.**

너희에게 은혜가
하나님으로부터
그리스도 안에서

6. [5]그래서 너희는 그 안에서 모든 면에서
곧 모든 **언변**과 모든 **지식**에 있어 **풍족해졌고**
[6]**그리스도에 대한 증거**가 너희 속에 **견고해져서**
[7]**어떤 신령한 은사에도 부족함이 없으며**

그리스도께서 견고해졌음
너희 속에서(지금)

7. 또 너희는 **우리 주 예수 그리스도**의 나타나심을 기다리고 있다.
[8]주께서 너희를 **우리 주 예수 그리스도**의 날에
죄가 없는 자로 끝까지 **견고하게** 하실 것이다.

주 예수 그리스도께서
너희를 견고하게 하실 것임(그때)

8. [9b]하나님은 신실하시니
그로 말미암아 너희가 **부르심을 받아**
그의 아들, **예수 그리스도 우리 주**와 **교제** 속에 들어갔다.

하나님은 신실하시다
너희의 부르심
그리스도 아들/주

도표 1.0(1). 고린도전서 1:1-9

중요 주제들이 여덟 장면 전체를 관통하고 있다.

주석

도표 1.0(2)은 이 여덟 장면의 기본 구조를 간단하게 제시한 것이다.

바울은 **하나님의 뜻**에 따라 부르심을 받았다

고린도 교회 성도들에게

예수 그리스도의 이름으로 불리는 모든 자에게

하나님은 우리 아버지이시다

하나님의 **은혜**가 너희에게

신자들은 지금 풍족했다

신자들은 끝까지 견고하게 되었다

하나님은 신실하시다

도표 1.0(2). 고린도전서 1:1-9의 기본 구조

먼저 분명한 것은, 이 본문이 하나님의 **본성**에 관한 네 가지 사실을 말하고 있으며, 이 네 사실은 본문의 두 개의 절반 곧 전반부와 후반부의 첫 장면과 끝 장면에 각각 나타나 있다는 점이다. 언급된 하나님의 본성은 다음과 같다.

1. 하나님은 뜻을 갖고 계신다.
4. 하나님은 우리 아버지이시다.
5. 하나님은 은혜를 풍성하게 베풀어주신다.
8. 하나님은 신실하시다.

이 여덟 장면은 **예수**에 관해서는 여덟 가지 사실을 담고 있다. 이를 순서대로 말하면 다음과 같다.

1. 그리스도 예수는 **사도들**을 부르신다.
2. 그리스도 예수는 **고린도 교회 교인들을 거룩하게 하신다**.
3. 모든 **신자**는 우리 주 예수 그리스도의 **이름으로 불린다**.
4. 주 예수 그리스도는 **은혜와 평강을 베푸신다**.
5. 그리스도 예수 안에서 그들에게 주어진 **은혜**는 **감사의 원천**이다.
6. **그리스도에 대한/그리스도로부터 나온 증거가 교회에서 견고해졌다**.
7. 우리 주 예수 그리스도는 **그들을 죄 없는 자로 견고하게** 하실 수 있다.
8. 우리 주 예수 그리스도는 (**하나님의**) **아들**이시고 **특별한 교제를 일으키신다**.

놀랍게도, 이 여덟 장면에서는 신앙 공동체에 관해서도 여덟 가지 사실이 언급된다. 본문에 나오는 순서대로 제시하면 다음과 같다.

1. 교회에는 사도와 형제/자매들이 있다.
2. 고린도 교회 교인들은 "거룩하게 되고" "성도"로 부르심을 받았다.
3. 모든 신자는 "우리 주 예수 그리스도"의 이름으로 불린다.
4. 모든 신자는 은혜와 평강을 받는다.
5. 모든 신자가 받은 은혜는 감사의 원천이다.
6. 모든 신자가 언변과 지식, 모든 신령한 은사로 풍족해진다.
7. 모든 신자가 끝까지 죄가 없는 자로 견고해질 것이다.
8. 모든 신자가 하나님의 아들과의 교제로 부르심 받는다.

앞에서 정리한 세 가지 목록의 신학적 중요 진술에 주목해보면, 여덟 장면 각각마다 설명할 가치가 있는 요소들이 포함되어 있다. 참조하기 쉽도록 본문을 다시 제시하도록 하겠다.

1. [1:1]**하나님의 뜻**에 따라	**하나님**
그리스도 예수의 사도로 부르심을 받은	그리스도
바울과 우리 형제 **소스데네**는	사도들(발신자)

이미 바울은 고린도전서를 시작하면서 자신의 사도 직분을 변호하고 있다. 그리고 이 변호는 9:1-18에서 절정에 달한다. 여기서는 바울이 사도로서의 부르심을 스스로 선택한 것이 아니라, 이 사명을 감당하도록 **하나님의 뜻에 따라 부르심을 받았음**을 독자에게 상기시키는 것으로 그친다.

고린도에서 처음에 바울을 반대했던 자(행 18:12-17)가 이 본문에 나오는 소스데네인지 아닌지를 증명하기는 불가능하다. 그러나 둘을 동일 인물로 추정할 만한 이유는 충분하다. 사도행전 18:17을 보면, 소스데네는 고린도 회당의 회당장으로 확인된다. 소스데네의 주도로 회당은 바울을 로마 법정에 제소했고, 바울을 유명한 로마인 재판장 갈리오 앞으로 끌고 갔다. 그러나 갈리오는 사건을 기각시켰다. 제소가 좌절되자 유대인 공동체는 망신을 당하고 크게 격분했다. 그리고 그 책임을 물어 법정 앞에서 회당장인 소스데네를 때렸다. 그다음에 어떤 일이 일어났을까?

우리는 소스데네가 유대인 무리에게 매를 맞고 난 후에 어떻게 되었는지에 대해서는 아무런 정보도 듣지 못한다. 그러나 자연스럽게 추측하자면, 매를 맞은 날 저녁부터 소스데네와 그 가족은 육체적·정신적 상처를 치료하는 데 전념했을 것이다. 소스데네와 그 가족은 유대교 공동체에서 배제되고 욕을 먹고 상처를 입고 두려움에 떨었다. 유대인들은 소스데네를 때렸으며, 로마 당국자는 유대인의 폭력을 묵인하고 방관했다. 이런 상황에서 바울을 통해 새로 회심한 자들이 자기의 지도자(바울)와 그 주장을 방해하는 데 광분했던 사람(소스데네) 편을 들리라고는 전혀 예상되지 않는다. 그런데 바로 그런 때에 소스데네를 찾아가 그가 받은 학대를 위로하는 일은 바울답지 않은가? 이런 방문에 내포된 아이러니를 모든 사람은 알아차릴 수 있다. 소스데네는 바울을 해치려는 계획을 가지고 있었다. 하지만 계획은 실패했고, 바울을 겨냥했던 화가 도리어 자기 자신에게 미쳤다. 악을 선으로 갚는 것은 바울의 신학적·윤리적 DNA의 결정적 요소였다(롬 12:19-21). 고린도전서에서 바울은 "모욕을 겪을 때 축복하고, 박해를 받을 때 참으며"(4:12)라고 말한다. 바로 이런 때 바울이 자신을 찾아왔다면 소스데네는 크게 감동했을 것이다. 바울이 찾아왔을 때 소스데네는 십자가에 못 박혀 죽은 메시아 예수를 따르기로 결정하지 않았을까? 물론 우리는 실제 상황을 알지 못한다. 하지만 얼마든지 이런 추론은 가능하다.

만약 본문의 소스데네가 고린도 회당의 회당장 소스데네와 동일인이라면, 그는 고린도 교회의 유대인 그리스도인들에 관해 잘 알고 있었음이 틀림없으며, 바울이 고린도전서를 쓸 때 큰 도움을 줄 수 있었으리라. 아니 그가 누구이든지 상관없이, 소스데네는 고린도 교회 교인들에게 잘 알려진 인물이었을 것이다. 그렇지 않았다면 바울이 그의 이름을 편지에 언급하지 않았을 테니 말이다. 의심할 여지 없이, 바울과 소스데네 두 사람은 이 중대한 서신에 어떤 내용을 포함하고 뺄 것인지에 대해 서로 상의했다.

동시에 소스데네를 고린도전서의 공동 발신자에 포함시킴으로써, 바울은 다음과 같이 말하고 있다.

> 나는 나 자신이 너희 도시에 새로 온 인물임을 잘 알고 있다. 그러니 제발 내가 고린도의 실제 상황과 사회로부터 멀리 떨어져 있는 여기 에베소에 앉아 너희의 신학과 윤리를 비판하고자 하는 것이 아님을 알아주기 바란다. 소스데네도 내가 너희에게 말하고자 하는 모든 사실에 동조한다. 편지를 읽을 때 여기에 유념하라. 너희에게 이 편지를 보낼 때 우리는 함께 있다.

바울은 단순히 자신이 쓴 편지를 소스데네에게 읽어줌으로써 "필드 테스트"(field test)를 할 수 있었다. 어쨌든 바울은 소스데네의 이름을 이 유명한 편지의 "공동 발신자"로 집어넣음으로써 그를 존중하는 모습을 보여준다. 이는 친밀한 관계의 표시다.

바울은 발신자의 이름을 언급한 다음, 수신자를 언급한다(도표 1.0[3]을 보라).

2. ²**고린도**에 있는 하나님의 **교회**	
곧 **그리스도 예수** 안에서 **거룩하게 되고**	**고린도 교회 교인들에게**
성도로 부르심을 받은 자들에게	(그리스도, 너희)
3. 또 **우리 주 예수 그리스도의 이름**으로	
불리는 모든 자도 함께	**모든 그리스도인에게**
그들과 우리가 만나는 모든 곳에서	(그리스도, 그들)

도표 1.0(3). 고린도전서의 수신자(1:2)

서론에서 지적했듯이, 바울은 자신이 쓴 편지에서 규칙처럼 수신자를 구체적으로 언급한다. 로마서는 "로마에서 하나님의 사랑을 받은 모든 자"(롬 1:7)에게 주어졌다. 갈라디아서는 "갈라디아의 교회들"에게(갈 1:2), 빌립보서는 "그리스도 예수 안에서 빌립보에 사는 성도들"에게 쓰였다(빌 1:1). 그러나 현재 살피고 있는 고린도전서에서 바울은 독자를 두 형태로 묘사한다. 곧 고린도 교회 교인들과 **또 모든 곳에 있는 모든 그리스도인**이 독자다. 고린도 교회 교인들은 "거룩하게 된 자"와 "성도[즉 거룩한 자]라 부르심을 받은 자들"로 간주된다(1:2). 그들은 성찬식을 할 때 술에 취했고 서로 헐뜯으며 언쟁을 벌였다. 그들 중 누구는 계모와 동침까지 했다. 예언하는 자(설교자)들은 예배드리면서 말이 너무 많았고 일부 여자들은 수다를 떨며 누구의 말도 귀담아 듣지 않았다. 그들은 파벌로 갈라졌으며, 일부는 설교자가 말을 잘하는 것을 십자가와 같은 역사적 실재보다 더 중요하게 여겼다. 또 다른 이들은 부활을 부인했다. 그럼에도 불구하고 바울은 그들을 "성도"로 불렀다. 정말 놀랍다! 그런데 정확히 말하자면, 바울은

"성도"가 경건함이 최고 수준에 이른 사람이 아니라 성령을 받은 자를 의미한다고 보았다. 분란이 많은 고린도 교회 교인들도 **성도였다**!

앞에서 지적했듯이, 그다음으로 바울은 독자에 온 교회를 포함시킨다. 이는 고린도 교회 교인들에게 그들이 포괄적인 공동체에 속해 있음을 상기시키는 의도도 있지만, 실제로는 그 이상의 목적을 내포하는 것 같다. 여기서 바울의 일차적인 의도는 모든 교회에 대한 자신의 권위를 강조함으로써 자기의 사도직의 진정성을 옹호하는 데 있지 않다. 오히려 바울은 자신이 모든 곳에 있는 모든 그리스도인을 향해 고린도전서를 쓰고 있다는 사실을 부각시킨다. 이를 염두에 두면 고린도전서에 세련된 수사 스타일이 폭넓게 사용된 점과, 정밀하게 구성된 다섯 개의 논문이 이 편지에 포함된 일을 설명하는 작업이 용이해진다. 바울이 직접 한 말을 통해 우리는 사도가 고린도전서를 "공동 서신"으로 생각하며 편지를 쓴다는 것을 확신할 수 있다. 어떻게 그러한가?

먼저 우리는 여기서 사용된 "부르심을 받은"(*epi-kaloumenois*)이 **수동형**임을 보아야 한다. BAGD 『그리스어-영어 성구 사전』은 이 수동태 단어가 "어떤 사람의 이름이 다른 사람에게 붙여져서, 다른 사람이 그 이름을 가진 사람의 소유물임을 가리키기 위해" 사용된다고 설명한다.[2] 이사야 43:7은 "내 이름으로 불리는 모든 자 곧 내가 내 영광을 위해 창조한 자"라고 말한다. 예레미야 7:11은 "내 이름으로 불리는 이 집이 너희 눈에는 도둑의 소굴로 보였느냐?"라고 말한다. 이런 언급은 하나님의 이름이, 비록 그 이름으로 불리는 대상이 성전 같은 물건이든 사람이든 관계없이, 그분께 속한 것에 붙여져 불린다고 선언한다. 따라서 이들은 더 이상 이들 자체의 소유가 아니다. 이들은 자신의 이름으로 이들을 부르시는 하나님께 속해 있다. 많은 영어 번역은 이 핵심 동사의 수동태 시제를 능동태로 바

2) BAGD, p. 294. 고후 1:22에서 바울은 "그가 우리에게 자신의 인을 치고, 보증으로 자신의 영을 우리 마음속에 주셨다"라고 말한다. 하나님의 인을 가진 자는 하나님의 것이다.

꾸어, 마치 그리스도인들이 그 "부르심"을 행한 것처럼 "그 이름을 부르는 자"(who call upon the name)로 이해한다. 이런 이해는 가능하기는 하지만, "그리스도 예수 안에서 거룩하게 된" 모든 자가 지금은 하나님의 아들께 속해 있다는 진리의 의미를 소멸시킨다. 하나님은 그리스도 안에서 그들을 "그의 아들과 교제하도록" 부르시고(1:9), 이로 말미암아 그들은 그리스도의 참된 몸의 한 부분이 된다(고전 12:12-27). 바울은 고린도전서 이후 부분에서 노예 제도와 관련된 언어를 사용하여 "너희는 너희 자신의 것이 아니라 값을 치르고 샀다"(고전 6:19-20)라고 말한다. 바울의 독자는 하나님의 것이었다. 6:19-20과 고린도전서 첫 부분에서 확언하듯이, 바울은 독자가 자신이 하나님께 속해 있다는 사실을 이해하기를 바란다. "우리 주 예수 그리스도의 이름으로 불리는 모든 자"는 모든 곳의 모든 그리스도인을 가리킨다. 나아가, 비록 우리는 *epikaloumenois*라는 분사의 수동태 시제를 무시할지라도, 바울은 자신이 고린도전서를 고린도 교회 성도들과 **또 모든 곳에 있는 모든 그리스도인**에게 쓰고 있다는 사실을 강조한다. 바울이 염두에 두는 독자의 범주를 충분히 파악하는 일은, 고린도전서를 통해 바울이 말하고자 하는 바를 제대로 이해하는 데 결정적이다.

장면 4는 다음과 같이 진술한다.

4. [3]너희에게 **은혜**와 **평강**이	**너희에게 은혜가**
하나님 우리 아버지와	하나님 우리 아버지와
주 예수 그리스도로부터 있기를 바란다.	주 예수 그리스도로부터

"너에게 평강이!"는 유대인의 표준 인사법이다. 그리스인의 인사법으로는 *chairein*(안녕!)이 예상되는데, 이 말은 바울의 인사말 중 *charis*(은혜)와 같은 말로 들린다.[3] 바울은 "은혜와 평강이 있기를 바란다"라고 씀으로써 "유대인과 그리스인"을 다 염두에 두고 있다. 바울은 유대인 신자와 이방인 신자를 한 몸과 한 성전으로 긴밀하게 연합시키기를 바라며, 이런

갈망은 고린도전서 곳곳에 반복적으로 나타난다. 이런 그리스인/유대인의 다문화적(crossculture) 인사법은 화목의 길을 강조한다. 또한 이는 바울의 신학 용어 중 가장 중요한 두 단어를 하나로 결합시킨다. 은혜(히브리어 *khesed*)는 역사 속에서 일어난 강력한 구원 행위에서 명백히 드러나는 하나님의 언약적인 신실성과 관련된다. 평강(히브리어 *shalom*)은 하나님의 은혜로부터 흘러나와 포괄적으로 화목을 일으키는 평화를 가리킨다. 깊은 평강은 은혜를 통해 가능하다. 하나님은 "우리 아버지"이시고, 앞에서 언급된 은혜와 평강은 주 예수 그리스도를 통해 아버지에게서 우리에게로 흘러나온다. 이 서두 후에 바울은 감사 기도로 옮겨간다.

바울이 쓴 편지들은 보통 감사 기도로 시작된다. 고린도 교회 교인들에게 바울은 이렇게 말한다.

5. [4]내가 너희에 대해 항상 **하나님께 감사하는** 것은	**너희에게 은혜가**
하나님의 은혜가	하나님으로부터
그리스도 예수 안에서 **너희에게 주어졌기 때문이다.**	그리스도 안에서

바울은 외교적 수완이 탁월한 사람이다. 바울은 고린도 교회 교인들의 "믿음"에 대해(롬 1:8), 그들이 "복음에 참여한 데" 대해(빌 1:5), 그들의 "믿음과…사랑"에 대해(골 1:4), 그들의 "믿음…사랑…소망"에 대해 하나님께 감사할 수 없다. 대신 바울은 **그들에게 주어진 은혜**에 감사한다. 이는 아버지가 저녁 식사를 하면서 "다루기 힘든 자녀"에게 "자니, 나는 매일 저녁 식사 전에 너를 목욕시켜 깨끗한 옷을 입혀주는 네 어머니께 정말 감사한단다"라고 말하는 것과 같다. 이는 자니를 칭찬하는 말이 아니다. 고린도 교회 교인들은 큰 은혜를 받았다. 그런데 받은 은혜에 대한 그들의 반응에는 큰 문제가 있었다. 바울이 고린도 교회 교인들에게 정직하게 말해줄 수

3) Garland, *I Corinthians*, pp. 29-30; Thiselton, *First Epistle*, pp.82-84을 보라.

있는 가장 타당한 일은, 그들이 값없이 받은 은혜를 그들에게 상기시키는 것이다. 고린도 교회 교인들은 자신의 모든 영적 유산이 받은 선물이므로 자기 것이라고 자랑할 근거가 전혀 없다.

장면 6과 7은 절묘하게 균형을 이루고 있는 짝 장면이다(도표 1.0[4]을 보라).

6. [5]그래서 너희는 그 안에서 모든 면에서	
곧 모든 **언변**과 모든 **지식**에 있어 **풍족해졌고**	**그리스도께서 견고해졌음**
[6]**그리스도에 대한 증거**가 너희 속에 **견고해져서**	너희 속에서(과거와 현재)
[7]**어떤 신령한 은사에도 부족함이 없으며**	
7. 또 너희는 **우리 주 예수 그리스도**의 나타나심을 기다리고 있다.	**주 예수 그리스도께서**
[8]주께서 너희를 **우리 주 예수 그리스도**의 날에	너희를 견고하게 하실 것임
죄가 없는 자로 끝까지 **견고하게** 하실 것이다.	(현재와 미래)

도표 1.0(4). 장면 6-7(고전 1:5-8)

대체로 고린도 교회 교인들은 자기의 "언변"(방언)과 "지식", "신령한 은사"를 자랑했다. 실제로 그들은 이런 문제들로 서로 다투고 있었다. 바울은 그들이 은사를 받은 일과 그들이 받은 은사의 중요성을 부인하지는 않는다. 사도는 이 주제를 고린도전서 12장과 14장에서 상세히 다룰 것이다.

고린도 교회 교인들이 들은 증거는 "그리스도의"(of Christ, NRSV)의 증거 또는 "그리스도에 대한"(to Christ, RSV) 증거였다. 첫 번째 번역은 그들이 예수의 어떤 가르침을 들었음을 의미한다. 두 번째 번역은 그들이 그리스도에 관해 들었음을 지시하는 것 같다. 두 번역 모두 원문에 충실하다. 바울의 전체 주장에서 중요한 지점은, 사도가 이 말을 통해 그들이 받은 **전통**을 환기시키고 있다는 것이다. 바울은 고린도전서에서 다섯 논문을 시작하면서 각각 이렇게 전통을 환기시킨다. 그가 고린도 교회 교인들에게 말하는 모든 것은 **그들이 듣고 받아들인 전통**의 터 위에 세워져 있다.

장면 6은 현재를 다루지만 장면 7은 영원의 거울을 들고 있다. 이 두 장면에서는 각각 *bebainoo*(견고하게 하다)라는 핵심 단어가 나타난다. RSV는 첫 번째 용례(장면 6)를 confirmed로, 두 번째 용례(장면 7)를 sustained로 번역하고 있다. NRSV는 두 경우 모두를 strengthened로 옮기는데, 영어권 독자는 이런 번역을 통해 둘 사이의 관련성을 더 쉽게 포착할 수 있을 것이다. 여기서 요점은 현재 이미 일어난 확증/뒷받침/강화가 심판 날까지 계속되리라는 것이다. 바울은 고린도 교회에서 발견된 윤리적·신학적 오류와 상관없이, 고린도 교회 교인들이 "우리 주 예수 그리스도의 날에 죄가 없는 자로" 서게 되리라고 확신했다.

고린도전서의 이 첫 부분에서 마지막 장면(장면 8)은 하나님의 본성에 관한 결론적 진술을 제시한다.

8. [9]**하나님은 신실하시니**	**하나님은** 신실하시다
그로 말미암아 너희가 부르심을 받아	너희의 부르심
그의 아들, **예수 그리스도 우리 주**와 **교제** 속에 들어갔다.	그리스도 아들/주

고린도 교회 교인들은 신실하지 못할 수 있다. 그러나 하나님은 신실하시다! 나아가 "부르다"(*kaleo*)가 첫 부분에서 세 번에 걸쳐 나타나며 마지막 장면 8에서 반복된다. 바울, 소스데네, 고린도 교회 교인들 그리고 모든 곳에 있는 모든 그리스도인이 "하나님의 교회"로(장면 1-2), 그리고 "그의 아들과의 교제"로(장면 8) **부르심을 받았다**.

마지막으로, 드물게 나오는 "우리 주 예수 그리스도"라는 말이 서두에서, 장면 8의 "예수 그리스도 우리 주"라는 유사한 어구와 함께, 세 번에 걸쳐 나타난다. 바울은 다음 구절(10절)에서 고린도 교회 교인들의 분쟁을 소개하면서 이 말을 한 번 더 사용한다. 그런데 이 네 마디 말(our Lord Jesus Christ)이 15:57에서 바울이 "우리 주 예수 그리스도"로 말미암아 사망을 이긴 승리를 확언하는 다섯째 논문 마지막 부분에 이를 때까지 나타나지 않는다. 우리의 부인, 분쟁, 윤리적 결함, 신학적 이탈 등에도 불구하고, 예수는 여전히 "우리 주 예수 그리스도"이시다. 바울은 이 어구를 고린도전서의 첫 부분과 끝부분에서 고린도전서를 하나로 묶는 황금 실로 사용하고 있다.

이처럼 집약적으로 구성된 서두와 감사 기도는 사방으로 빛을 발산하는 다이아몬드와 같다. 이 부분을 요약하는 것은 본문 전체를 말하는 것과 같다. 바울은 하나님, 예수, 교회에 관해 핵심적인 사실을 말한 다음, 이제 첫째 논문을 개진할 준비가 된 것이다. 첫째 논문은 **하나 됨, 십자가, 성령**에 초점을 맞춘다.

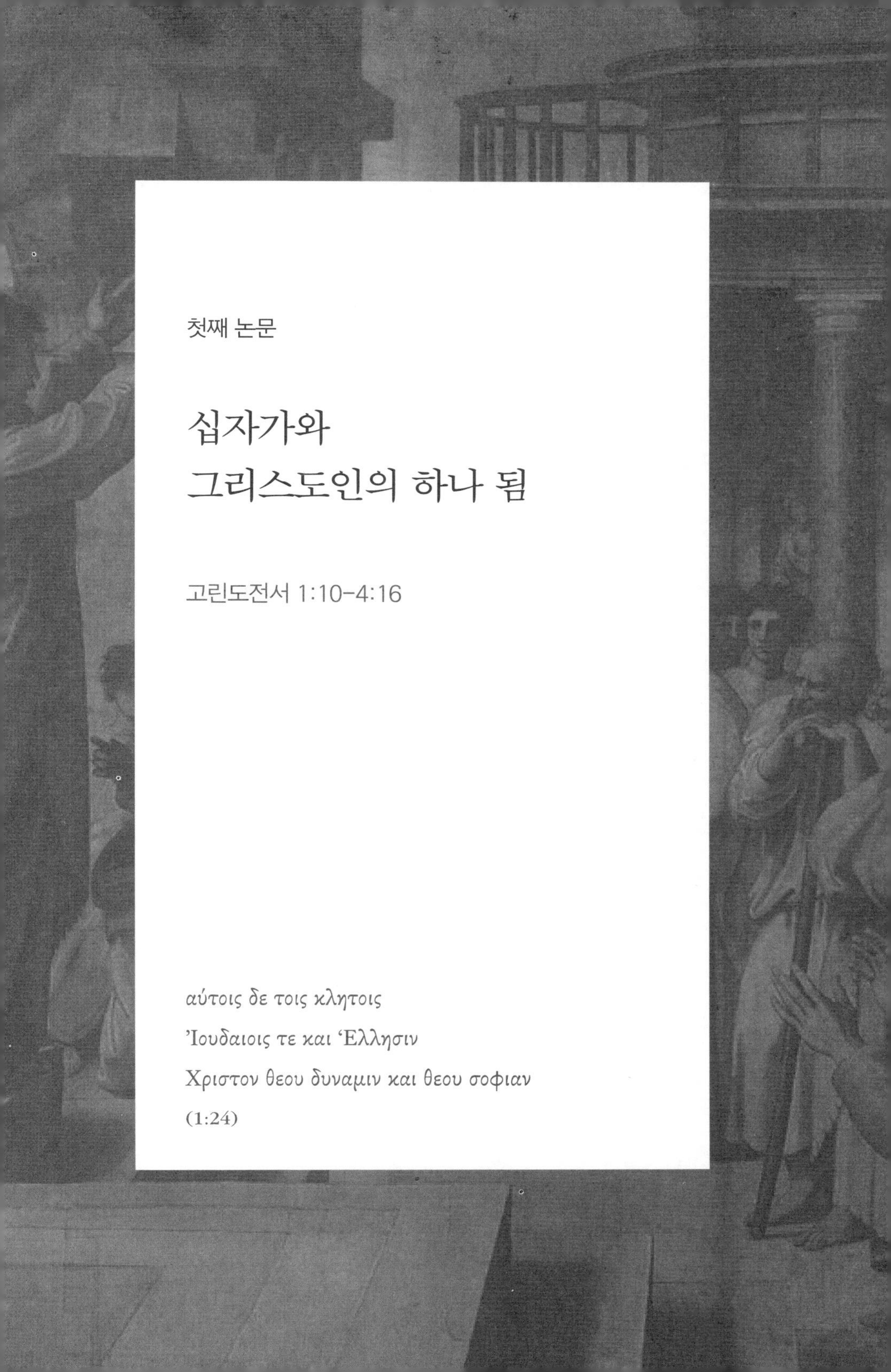

첫째 논문

십자가와 그리스도인의 하나 됨

고린도전서 1:10-4:16

αύτοις δε τοις κλητοις

'Ιουδαιοις τε και 'Ελλησιν

Χριστον θεου δυναμιν και θεου σοφιαν

(1:24)

1.1.
문제점
분쟁, 세례, 십자가

고린도전서 1:10-16

첫째 논문은 다음과 같이 네 부분으로 구성되어 있다.

1.1. **문제점: 분쟁, 세례, 십자가**(1:10-16)
1.2. 하나님의 지혜와 능력: 십자가(1:17-2:2)
1.3. 하나님의 지혜: 성령을 통해 계시됨(2:3-16)
1.4. 그리스도인의 하나 됨: 하나인 바울과 아볼로와 게바(3:1-4:16)

바울은 서두에서 **전통**을 환기시킨 다음, 이제 자신이 다루고 싶어 하는 첫 번째 문제점을 제시할 준비가 되어 있다. 이 문제점은 교회 안에서 일어난 심각한 분쟁과 관련된다(볼드체 부분에 주목하라). 바울은 문제점을 지적한(1.1) 다음, 여기에 대한 해결책을 찾을 수 있는 신학적 기초를 즉각 제시하기 시작한다(1.2와 1.3). 이어서 바울은 그 신학에 비추어 문제점을 다루는 작업으로 다시 돌아온다(1.4). 이 문제점(1.1)은 도표 1.1(1)에서 제시된다.

1.	[1:10]형제들아, 내가 너희에게 호소하는데 **우리 주 예수 그리스도의 이름으로**	**예수는 우리의 주이시다** 이름—예수의 이름
2.	너희는 모두 **일치하고** 너희 중 **분쟁을 없애고**	**분쟁**
3.	**같은 마음**으로 **연합하고** **같은 판단**을 하도록 하라.	**연합하라**
4.	[11]내 형제들아, 글로에의 집 사람들을 통해 너희 중 **분쟁이 있다**는 소식이 내게 들렸다.	**다투지 말라**
5.	[12]내가 말하는 뜻은 너희가 각각 말하되 "나는 바울 편이다!" "나는 아볼로 편이다!" "나는 게바 편이다!" 또는 "나는 그리스도 편이다!" [13]그리스도께서 나뉘었느냐?	**분쟁**
6.	너희를 위해 **바울이 십자가에 못 박혔느냐**? 너희가 바울의 이름으로 세례를 받았느냐?	**예수께서 너희를 위해 죽으셨다** 이름—바울의 이름?

(여담 1:14-16)

[14]나는 내가 그리스보와 가이오 외에 너희 중 아무에게도 세례를 베풀지 아니한 데 대해 감사하는데, [15]그것은 아무도 내 이름으로 세례를 받았다고 말하지 않도록 하고자 함이다. [16]나는 또 스데바나의 집 사람들에게 세례를 베풀었다. 내가 그 외에 다른 어느 누구에게 세례를 베풀었는지는 모르겠다.

도표 1.1(1). 고린도 교회의 분쟁: 경쟁자가 된 바울, 아볼로, 게바(고전 1:10-16).

수사 구조

바울은 고리 모양 구성을 사용해서 긍정적인 내용을 담은 세 장면으로 설교를 시작하고, 이어서 부정적인 내용을 담은 세 장면을 (역으로) 짝 장면으로 제시한다. 설교의 마지막에는 여담이 덧붙여져 있다.

중앙에서는 특별한 강조점이 제시된다. 바울은 고린도 교회 교인들에게 다툼이 아니라 하나 됨을 권면한다.

주석

장면 1은 "내가 너희에게 호소하는데(*parakaleo*)"로 시작된다. 이 동사는 탕자의 비유에서 아버지의 태도에 격분해서 집으로 들어오지 않고 마당에 서 있던 큰아들에게 아버지가 나아가 화해를 청할 때 사용된다(눅 15:28). 이 단어는 화해에 대한 깊은 갈망을 담고 있는 강한 동사다. 바울은 "우리 주 예수 그리스도의 이름으로" "그들에게 간청한다." 고린도 교회 교인들은 "우리 주 예수 그리스도의 이름으로" 또는 유사한 어떤 다른 말에 따라 세례를 받았다. 또한 이미 지적했듯이, "우리 주 예수 그리스도"는 1장 첫 부분에서 네 번에 걸쳐 사용되고, 15장 끝부분에 이를 때까지는 다시 나타나지 않는다. 이 어구의 반복은 하나 됨을 향한 강력한 촉구를 의미한다.

"내가 너희에게 호소하는데 ~의 이름으로"라는 선언은 바울이 신학적으로 가장 강력하게 호소할 때 사용된다. 장면 2에서 바울은 고린도 교회 교인들에게 "같은 말을 하라"고, 즉 분쟁 없이(문자적으로 *skhisma*[분열; 갈라짐]가 없음) 일치하라고 요청한다. 아니 실제로 사도는 고린도 교회 교인들에게 "일치하라", 곧 문자적으로 "함께 맞추라"(*kat-artizo*)고 촉구한다. 이 말은 천막 만드는 자, 실제로는 놋쇠를 다루는 자가 사용하는 단어다. 천막 조각들은 "하나로 맞추어져야" 한다. 그렇지 않으면 비가 샐 것이다.

"균열"이 있는 천막은 아무 소용이 없다. 고린도는 놋쇠 산업으로 유명했다(고전 13:1-13). 딱 들어맞지 않는 손잡이가 달린 놋쇠 단지를 살 자는 아무도 없을 것이다. 바울은 독자에게 같은 "마음"과 같은 "목적/의도"를 가질 것을 촉구한다(장면 3).[1] 서로 차이가 있더라도, 같은 목적을 가지면 함께 일할 수 있다. 바울은 고린도 교회 교인들이 모두 같은 노선을 따라 생각하고 통일된 목적을 갖기를 바란다.

이어서 바울은 고린도 교회 교인들의 삶이 연합되기를 바라는 목표로부터 시선을 옮겨, 그들로 하여금 그들이 처한 실제 상황에 직면하도록 만든다. 사도는 특정한 이름을 언급한다(장면 4). 글로에의 가족은 당시에 유명하고 존경받았음이 분명하다. 그렇지 않았다면 바울은 소식의 이 출처를 밝히지 않았을 것이다. 고린도 교회에서 일어난 분열은 심각했다. 여기서 "분쟁"으로 번역된 단어는 그리스어 *Eris*로, "전쟁을 일으키는 여신"을 가리켰다.[2] 그리스 신화에서 에리스의 형제는 전쟁의 신 아리스(Aris)이며 이 아리스는 로마 신화에서 전쟁의 신인 마르스(Mars)와 동격이었다.[3] 또한 그리스어에서 *eris*는 "불화"를 묘사하는 데 사용되기도 했다.[4] 바울은 이 단어로 "사소한 오해"가 아니라 심각한 다툼과 분란에 대해 논의하고 있다. 고린도 교회에서는 격렬한 싸움이 벌어졌다. 원인이 무엇이었을까?

장면 5에서 바울은 고린도 교회 안에 있는 네 파벌을 언급한다. 크리소스토모스의 주장에 따르면, 바울은 실제로는 고린도 교회에서 교인들이 따르던 유명한 파벌 지도자들에 관해 말하고 있다. 하지만 "교회를 무례하게 분열시킨 자들의 이름을 적시하지 않고, 그들을 일종의 가면 뒤로 숨기며, 대신 사도들의 이름을 거론함으로써 분열자들에 대한 비판을 완화시

1) BAGD, p. 163.
2) LSJ, *Greek-English Lexicon*, p. 689.
3) W. Bridgwater, S. Kurtz eds., *The Columbia Encyclopedia*, 3rd ed. (New York: Columbia University Press, 1963), p. 102.
4) LSJ, *Greek-English Lexicon*, p. 689.

키고 있다."[5] 이는 통찰력 있는 견해다. 파벌 지도자들의 이름을 직접 말하게 되면 도리어 분쟁을 격화시키고 글로에를 곤란하게 만들 수 있었다. 그렇다면 바울은 지금 무엇에 관해 말하고 있는가?

다문화적인 중동 지방에서 수십 년을 산 사람으로서, 나는 민족 분쟁이 얼마나 뿌리가 깊은지 잘 안다. 우리가 아는 한, 고대 세계에 성공적인 인종의 "용광로"(melting pot) 이데올로기 같은 것은 전혀 없었다. 고린도 도시는 항거했다는 이유로 기원전 146년 로마에 의해 파괴되었으며, 이후 고린도 해협을 통한 상품 수송의 용이성 때문에 기원전 44년 로마 식민지의 무역 중심지로 재건되었다. 다양한 민족 공동체로 구성된 상업 도시로서 고린도는 1세기에 크게 번성했으며, 그곳에서 새로 출범한 기독교 공동체의 주된 구성원은 자연스럽게 로마인, 그리스인, 유대인을 망라했다.

로마 제국에서 가장 큰 식민지에 세워진 교회에 편지를 쓰면서 바울이 "우리의 새로운 공동체 안에서 로마인, 그리스인, 유대인은 모두 동등하다"라고 했다면, 이 다민족 공동체에 불필요한 적대감을 불러일으켰을 것이다. 고린도에서 지배자의 지위에 있는 로마인이 가장 높은 서열을 차지하는 것은 불가피했다. 고린도는 그리스 지역에 위치해 있었으며 따라서 두 번째 서열은 그리스인의 몫이었다. 아무 힘이 없는 외국인으로서 유대인은 자연스럽게 마지막 세 번째 서열을 차지했다. 대체로 이는 독일에 주둔한 미군 기지의 상황과 같았을 것이다. 미군 기지 안에서는 미국인이 모든 것을 장악하고, 그곳에서 일하는 독일군이 두 번째 지위를 차지하며, 터키인 이주 노동자는 마지막 세 번째 지위를 차지할 것이다. 바울은 로마 시민이었다. 아볼로는 그리스인이었고, 바울은 베드로를 그의 유대인 이름을 사용해서 "게바"로 불렀다. 자연스럽게 로마인은 로마인 지도자를 선호했다. 그리스인은 동포인 그리스인이 전하는 설교를 듣고 싶어 했다. 유대인은 유대인 지도자, 특히 그가 "갈릴리나 유대 출신으로 고향 사람이라면"

5) Chrysostom, *First Corinthians*, Hom. III, p. 11.

당연히 그를 추종했을 것이다. 각자가 가진 각기 다른 민족적 충성심 때문에 고린도 교회에는 심각한 긴장이 조성되었으며, 바울은 당연히 이런 충성심을 지적하고 있다. 비쉬르 이븐 알-사리는 바울이 "누구든 자신을 바울의 추종자로 말하는 것은 가당치 않음을 증명하기 위해" 파벌 명단에 자기 이름을 넣었다고 생각한다.[6] 그렇다면 네 번째 파벌은 무엇인가?

고린도 교회의 한 집단은 "우리는 그리스도 편"이라고 주장했으며, 이 말은 "나머지 너희는 '그리스도 편'이 아니고 오직 우리만 이 지위를 주장할 수 있다"라는 점을 함축한다. 많은 교회 안에는 자기들만이 "참신자"라고 믿는 작은 파벌이 있다. 그들은 목사가 가르치는 구원을 확신하지 못하고 목사의 구원을 위해 기도하고 있다! 대체로 이런 집단의 특징은 자기 의를 강조하는 것인데, 이런 자들을 다루기는 몹시 힘들다. 고린도 교회와 다른 교회들에서 나타난 파벌도 같은 모습을 보였던 것 같다. 바울은 이렇게 계속한다.

6. 너희를 위해 **바울이 십자가에 못 박혔느냐?** **예수께서 너희를 위해 죽으셨다**
너희가 바울의 이름으로 세례를 받았느냐? 이름—바울의 이름?

여기서 바울은 그리스도의 중심적 위치를 주장하고 자기는 자기에게 충성하는 당파를 바라지 않는다고 역설하면서, 세례와 십자가를 언급하는 것으로 고린도 교회 교인들에게 "경종"을 울린다. 세례와 십자가는 각각 특별히 주목할 필요가 있는 단어다. 고린도 교회 교인들의 하나 됨은 이 두 실재에 뿌리내리고 있다. 누가 **우리**를 위해 죽었는가? **우리**가 누구의 이름으로 세례를 받았는가? 여기서 중요한 것은 단수형에서 복수형으로 바뀌었다는 사실이다. 각자가 "나는 바울 편" 등으로 말하는 가운데, 바울은 "[누가] 너희를[복수형] 위해 십자가에 못 박혔느냐?"라고 묻는다. 고

6) Bishr ibn al-Sari, *Pauline Epistles*, p. 52.

린도 교회 교인들은 십자가를 중심으로 연합한 공동체이며, 바울에게 그들의 세례는 십자가와 깊이 연관되어 있다.

그래서 바울은 본문의 수사 구조에서 벗어나는 형태를 여담으로 덧붙인 것 같다. *katacrusis*라고 불리는 이 여담(1:14-16)은 다음과 같다.

> [14]나는 내가 그리스보와 가이오 외에 너희 중 아무에게도 세례를 베풀지 아니한 데 대해 감사하는데 [15]그것은 아무도 내 이름으로 세례를 받았다고 말하지 않도록 하고자 함이다. [16]내가 또한 스데바나의 집 사람들에게 세례를 베풀었다. 내가 그 외에 다른 어느 누구에게 세례를 베풀었는지는 모르겠다.

이 흥미로운 "여담"은 그 지방에서 최초로 회심한 "스데바나"를 언급하며, 스데바나의 이름은 고린도전서 마지막 부분에서 다시 나타난다. 스데바나와 그의 친구들은 에베소에 있는 바울에게 [고린도 교회에서 보낸] 편지를 가져왔으며, 또한 바울이 쓴 편지를 고린도로 가지고 갔을 것이다.

여담은 바울이 예언 모델을 따르지 않고 글을 쓸 때 어떤 방식을 취하는지를 보여준다. 고린도후서에는 이런 여담이 아주 많다. 앞의 본문을 보면, 14-15절은 진술을 한다. 그런데 16절에서는 말을 조금씩 흘리며 "드리블을 하고" 있는데, 이는 바울이 첫 부분(14-15절)의 언급에서 잊은 무엇을 지시한다. 바울은 기억이 나지 않는 한 가족 또는 다른 가족에게 세례를 베풀었다. 이처럼 매우 개인적인 여담 다음에, 바울은 독자를 하나로 묶을 수 있는 중심 사건 곧 십자가를 거론할 준비를 한다.

정리하면 이 짧은 설교에는 다음과 같은 요점이 두드러지게 나타난다.

1. 민족 집단에 따른 분열은 받아들여지지 않는다. 나아가 개인에 대한 충성도 교회의 연합을 깨뜨리는 데 대한 핑곗거리가 될 수 없다. 교회의 지도자는 일차적 충성의 대상으로 적절치 않다.
2. 교회의 어떤 집단도 자기들만 그리스도께 충성한다고 주장할 권리

를 갖고 있지 않다.

3. 그들은 "우리 주 예수 그리스도의 이름으로 불리는" 자이며(1:2), 그 이름으로 연합을 이룰 수 있다(1:10).
4. 세례와 십자가도 그들을 하나로 묶는다.
5. 물어야 할 질문은 "누가 **나의** 지도자냐?"가 아니라 "누가 **우리**를 위해 죽었느냐?"다.

바울은 첫째 논문에서 문제점을 과감하게 진술한 다음, 이제 그들의 분쟁을 완전히 가릴 수 있는 그늘인 십자가로 시선을 돌린다(1:17-2:2).

1.2.

하나님의 지혜와 능력

십자가

고린도전서 1:17-2:2

교회의 출범 초기에 그리스 세계가 기독교화 되었을 때, 오늘날 "변증가"로 불리는 학자 집단이 생겨나 새로운 기독교 신앙과 자기가 물려받은 그리스의 지적 유산을 하나로 결합시키는 벅찬 과제를 해결하는 데 심혈을 기울였다. 스코틀랜드의 저명한 교회사가 앤드류 월스의 설명처럼, 그들의 과제는 "자기가 물려받은 유산에 그리스도로 세례를 주는 것"이었다.[1] 21세기 초반에는 글로벌 사우스의 기독교 신학자들이 동일한 과제를 붙들고 씨름하고 있다.[2] 바울의 십자가 찬송은 이런 과제를 해결하기 위해 연구의 길을 떠날 때 좋은 출발점을 제공한다. 우리가 살펴볼 것처럼, 바울은 유대의 지적 과거와 그리스 역사를 같은 본문에서 하나로 연결하려고 시도하고 있다.

사랑에 대한 장대한 찬송인 고린도전서 13장은 폭넓은 환호를 받고 있

1) Andrew Walls가 2009년 11월 11일, 코네티컷 주 뉴헤이번의 해외선교연구센터에서 진행된 공개강좌에서 한 말이다.

2) Andrew Walls, "Eusebius Tries Again: Reconceiving the Study of Christian History," *International Bulletin of Missionary Research* 24 (July 2000): 105-111.

다. 이번 장을 연구해보면 알겠지만, 바울의 십자가 찬송(1:17-2:2)도 사랑의 찬가(13장)와 똑같은 관심과 칭송을 받을 만하다. 먼저 우리는 십자가 찬송이 세 부분으로 나뉘며, 서로 짝을 이루는 장면들이 "고리 모양 구성"을 이루고 있음에 주목할 것이다.[3] 이어서 바울의 유대인 독자의 마음속에서 울려 퍼지는 종소리를 듣기 위해, 이 본문을 이사야서의 세 번째 종의 노래(사 50:4-11)와 비교할 것이다. 마지막으로는, 바울의 십자가 찬송이 그리스의 역사 및 문학과 어떻게 관련되는지를 검토할 것이다. 그리스인 독자도 바울의 십자가 찬송에서 자기 세계와의 연관성을 찾아낼 수 있었다. 바울의 십자가 찬송은 펠로폰네소스 전쟁이 발발한 지 1년이 지난 후 전사한 아테네 군사들을 추모하는 페리클레스의 추도사와 깊은 관련성을 가지고 있다. 우리는 이 관련성도 추적해볼 것이다. 이제 첫 번째 과제는 본문 자체를 평행 관계 속에 있는 연들로 분류하는 것이다.

수사 구조

이 설교는 **지혜로운 말**과 **지혜 있는 자들**의 부적합성에 관해, 그리고 그런 이유로 **하나님의 지혜와 능력인 십자가**의 필요성에 관해 말하고 있다. 이 찬송은 세 부분으로 이루어지며, 중앙에 일곱 장면을 가진 고리 모양 구성을 포함하고 있다. 십자가 선포가 설교의 처음과 중간과 끝에 나타난다. 바깥쪽 여섯 장면은 둘씩 세 개의 쌍을 구성한다. 이 여섯 장면은 각각 **네 행**으로 구성되어 있다. 세 개의 짝은 바깥쪽에서 중앙을 둘러싸고 있는 세 개의 봉투와 같다. 중앙의 일곱 장면은 각각 **두 행**으로 구성되어 있다. 이 일곱 장면은 예언적 수사 틀을 구성한다.

네 행으로 이루어진 장면(바깥쪽 장면)들이 두 행으로 된 장면(중앙의

---

3) 이번 장의 이 부분에 대해서는 Kenneth E. Bailey, "Recovering the Poetic Structure of I Cor. I 17-ii 2," *Novum Testamentum* 17, no. 4 (1975): 265-296을 보라.

장면)들로 바뀌는 것은 세 부분을 구별시키는 중요한 언어적 "표지"다.[4] 이 설교가 바울이 긴 설교를 세 부분으로 나눈 유일한 사례는 아니다. 바울은 고린도전서에서 세 번이나 긴 설교를 세 부분으로 나누어 조직한다. 주의 만찬에 관한 설교도 같은 방식으로 나타나는데, 그 구성은 다음과 같다.

I. 배고픔, 술 취함, 다툼: 주의 만찬이 아님(11:17-22)
II. 표준 전통: 주의 만찬(11:23-26)
III. 너희 자신을 살피라, 주의 몸을 분별하라: 그런 다음 기념하라(11:27-33)

유사하게, 설교를 세 부분으로 나누는 사례는 13장에서 바울이 사랑에 관해 설교할 때 나타나며 그 구성은 다음과 같다.

I. 사랑과 신령한 은사들(13:1-3)
II. 사랑의 정의(13:4-7)
III. 사랑과 신령한 은사들(13:8-13)

마찬가지로, 십자가 찬송도 세 부분으로 이루어져 있다. "십자가 선포"에 대한 언급이 세 부분을 적절하게 결합시키고 있다. 이 세 부분은 대략 이렇게 정리될 수 있다.

I. 지혜로운 말과 지혜 있는 자들은 적합하지 않다(요구되는 것: 십자가; 17-20)
II. 십자가에 나타나 있는 하나님의 능력과 지혜(1:21-26a)
III. 지혜로운 말과 지혜 있는 자들은 적합하지 않다(요구되는 것: 십자가; 1:26b-2:2)

4) 사 40-66장에는 세 부분으로 나뉘는 설교가 최소한 여덟 개 나온다. 그 여덟 설교는 사 43:14-15; 44:21-28; 45:14-19; 49:1-7; 56:1-8; 58:9-14; 61:1-7; 66:17-25이다.

1.	[1:17]그리스도께서 나를 **보내신 것은** 세례를 주려 함이 아니고 복음을 **전하게** 하려 함이었는데 내가 **지혜로운 말로 전하지 않는 것은** **그리스도의 십자가의** 능력이 헛되지 않게 하려 함이다.	**바울이 보내심을 받음** 복음을 전함 지혜로운 말로 전하지 않음 십자가
2.	[18]십자가의 도는 **멸망하는 자들**에게 미련한 것이지만 **구원을 받는 우리**에게는 하나님의 능력이다. [19]기록된 것처럼, "내가 **지혜 있는 자들**의 지혜를 **멸하고** 똑똑한 자들의 똑똑함을 폐할 것이다."	멸망 하나님의 능력 성경: 멸함
3.	[20]**지혜 있는 자**가 어디 있느냐? **서기관**이 어디 있느냐? 이 시대의 **학자**가 어디 있느냐? **하나님**이 **세상**의 지혜를 **미련하게 하신** 것이 아니냐?	**유대인 학자** 그리스인 학자

4.	[21]**하나님의 지혜**에 있어서는 **세상**이 자기 지혜로 **하나님을 알지 못하므로**	**하나님의 지혜(과거)** 무지한 세상
5.	**하나님께서 전도의 미련한 것**으로 **믿는 자들**을 구원하는 것을 기뻐하셨다.	**전도(케뤼그마)** 믿는 자
6.	[22]**유대인**은 **표적**을 구하고 **그리스인**은 **지혜**를 찾으나	**유대인** 그리스인
7.	[23b]**우리가 전하는 것은** **십자가에 못 박힌 그리스도니**	**우리가 전함** 십자가
8.	**유대인**에게는 **걸림돌**이고 **이방인**에게는 **미련한 것**이지만	**유대인** 그리스인
9.	[24]**부르심을 받은 자들** 즉 **유대인과 그리스인에게**는 그리스도가 **하나님의 능력**과 **하나님의 지혜**다.	**부르심을 받은 자** 그리스도: 능력/지혜
10.	[25]**하나님의 미련하심**이 **사람의 지혜**보다 **지혜롭고** **하나님의 약하심**이 사람의 힘보다 **강하다.** [26](예컨대, 형제들아 **너희의 부르심**을 생각해보라).	**지혜롭고/** **강하신 하나님(현재)** 약하고/어리석은 사람

11. 왜냐하면 육체에 따르면 **지혜 있는 자들**(남성 복수)**이 많지 않고**
능력 있는 자들이 많지 않으며 **유대인 학자—적음**
가문 좋은 자들이 많지 않기 때문이다. 그리스인 학자—적음
[27]그러나 하나님이 세상의 **미련한 것들**(중성 복수)을 택해 **지혜 있는 자들**(남성 복수)을 부끄럽게 하셨고

[세상에서 약한 것들(중성 복수)을 택하여 강한 것들(중성 복수)을 부끄럽게 하셨다. [28]또 하나님께서 세상에서 낮은/천한 것들과 멸시받는 것들과 없는 것들(중성 복수)을 택하여 있는 것들(중성 복수)을 무력하게 하셨으니]

12. [29]이는 **모든 육체**가 하나님 앞에서 **자랑할 수 없도록** 하려는 것이다. **자랑**
[30]**너희**는 하나님으로부터 나와 그리스도 예수 안에 있고 지혜—하나님의 지혜
예수는 하나님으로부터 나와 **우리를 위해 지혜**(의와 거룩과 구속)가 되셨다.
[31]그러므로 기록되었듯, **"자랑하는 자**는 **주** 안에서 자랑하라." 성경: 자랑

13. [2:1]그리고 형제들아, **나는** 너희에게 **나아가** **나 바울이 나아감**
고상한 말이나 지혜로 하지 않고 지혜로운 말로 하지 않음
하나님의 비밀을 전했다. 전함
[2]이는 내가 너희 속에서 **예수 그리스도**와 그가 **십자가에 못 박히신** 것 외에는 아무것도 알지 않기로 결심했기 때문이다. 십자가

도표 1.2(1). 하나님의 지혜와 능력: 십자가(고전 1:17-2:2)

이 긴 십자가 찬송에는 세 개의 "여담"이 덧붙여진다. 여담이 나타날 때마다 주의 깊게 살펴볼 것이다.

주석

장엄한 십자가 찬송의 처음과 중앙과 끝은 (함께 배열하면) 다음과 같다.

처음:

1. a. [1:17]그리스도께서 나를 **보내신 것은** 세례를 주려 함이 아니고	**바울이 보내심을 받음**
b. 복음을 **전하게** 하려 함이었는데	복음을 전함
c. 내가 **지혜로운 말로 전하지 않는 것은**	지혜로운 말로 전하지 않음
d. **그리스도의 십자가의** 능력이 헛되지 않게 하려 함이다.	십자가

중앙:

7. [23]**우리가 전하는 것은**	**우리가 전함**
십자가에 못 박힌 그리스도니	십자가

끝:

13. a. [2:1]그리고 형제들아, **나는** 너희에게 **나아가**	**나 바울이 나아감**
c. **고상한 말이나** 지혜로 하지 않고	지혜로운 말로 하지 않음
b. **하나님의** 비밀을 **전했다.**	전함
d. [2]이는 내가 너희 속에서 **예수 그리스도**와 그가 **십자가에 못 박히신** 것 외에는 아무것도 알지 않기로 결심했기 때문이다.	십자가

도표 1.2(2). 장면 1, 7, 13(고전 1:17-2:2)

서론에서 예언적 수사 스타일에 대해 말하면서 우리는 이사야서의 두 건축 비유를 다루었다(사 28:14-18). 앞의 본문처럼 이사야의 설교도 네 행으로 이루어진 장면들로 시작하고 끝나며, 중앙에서 두 행으로 이루어진 장면들로 바뀐다. 이사야의 설교의 처음과 중앙과 끝은 다음과 같다.

처음:	
1. a. "우리는 **사망과 언약을 맺고**	사망과 **언약을 맺음**
b. **스올과 협정을 맺었으니**	스올
c. **압도적인 재앙이 임할 때에**	재앙이 임함
d. 그것이 **우리에게 미치지 못할 것이다.**	재앙이 피해감
중앙:	
4. 믿는 자는	**믿는 자**
흔들리지 아니하리라.	흔들리지 않음
끝:	
7. a. [18]따라서 **사망과 맺은 너희의 언약은 폐해지고**	사망과 **맺은 언약**
b. **스올과 맺은 너희의 협정은 서지 못할 것이며**	스올
c. **압도적인 재앙이 임할** 때에	재앙이 임함
d. 너희는 **그것에 의해 짓밟힐** 것이다.	재앙이 짓밟음

도표 1.2(3). 장면 1, 4, 7(사 28:14-18)

분명히 바울은 이사야의 이런 수사 패턴을 알고 있었으며, 이 양식은 1:17-2:2에 나타나 있다. 앞의 이사야서 본문에서 처음 네 행(장면 1)은 짝을 이루는 마지막 네 행(장면 7)과 순서가 동일하다. 바울도 짝을 이루는 네 행 문장으로 시작하고 끝내지만 순서를 정확히 똑같이 하지는 않는다. 바울은 **십자가 찬송**을 고린도전서를 쓰기 전에 이미 써놓았던 것 같다. 십자가 찬송을 고린도전서에 집어넣으면서, 사도는 (이전 부분에 나오는) "세례" 주제에서 "십자가" 주제로 자연스럽게 전환되도록 장면 1에서 개념들의 순서를 재배열했을 것이다. 원래는 다음과 같이 되어 있었던 것 같다.

1. a. [17]그리스도께서 나를 **보내**	**보내심**
b. **지혜로운 말**로 하지 않고	지혜로운 말로 하지 않음
c. 복음을 전하도록 하신 것은	복음을 전함
d. **그리스도의 십자가의** 능력이 헛되지 않게 하려 함이다.	십자가

이는 바울의 십자가 찬송 마지막 부분인 장면 13에 나타난 어구들의 순서다. 어쨌든 **보내심**, **지혜로운 말로 하지 않음**, **복음을 전함**, **십자가** 주제가 십자가 찬송의 첫 장면 및 마지막 장면에 나타나 있다. 여기서 바울은 자신이 "고상한 말과 지혜"를 거부한다고 선언한다. 그러나 이렇게 선언하면서 고전적인 예언 방식에 따라 매우 신중하게 구성된 언어를 사용한다. 이는 미스 유니버스 경연 대회 우승자가 "육체의 아름다움은 중요하지 않지요. 중요한 것은 아름다운 정신을 갖는 것입니다"라고 말하는 것과 약간 비슷하다. **아름다운 여성**이 이런 말을 하면 효력이 배가된다. **세련된 언어**를 사용해서 바울은 "중요한 것은 세련된 말이 아니다!"라고 선언한다. 이 진술을 이해하기 위해서는 고린도 도시의 배경을 아는 것 역시 중요하다.

디온 크리소스토모스(기원후 40년경 출생)는 「강론집」에서 고린도 도시를 방문한 일에 대해 언급하고 있다. 그는 "고린도에 수많은 사람들이 모여 있다"라고 지적하고 그 이유로 항구, 매춘부, 그리고 그리스의 교차로에 자리 잡은 고린도의 위치 등을 들었다. 크리소스토모스는 경기 대회가 개최되면 "모든 사람이 고린도 지협으로 몰려들었다"[5]라고 썼다. 거기서는 다음과 같은 풍경도 펼쳐졌다.

5) Dio Chrysostom, *Discourses* 8.5. Jerome Murphy-O'Connor, *St. Paul's Corinth* (Collegeville, Minn.: Liturgical Press, 2002), p. 100에서 인용함.

포세이돈 신전 주변에서는 역겨운 소피스트들이 소리치며 서로를 비방하고 있었다. 그들의 제자들은 요청이 있으면 서로 싸웠다. 수많은 저술가들이 자기의 시시한 작품을 큰 소리로 낭독했고, 수많은 시인들이 자기 시를 낭송했다. 그러면 사람들은 갈채를 보냈다. 또 수많은 곡예사가 온갖 묘기를 보여주고, 수많은 점쟁이가 운명을 점치고, 수많은 재판관이 잘못된 판결을 하고, 행상인은 무엇을 갖다 팔던 간에 다 팔아치웠다.[6]

바울은 자신이 **어떤 상황에서도** 디온 크리소스토모스가 묘사한 "축제"에는 참여하지 않으리라는 점을 강조하고 싶어 한다. 사도는 자신의 수사학 솜씨를 과시하는 것이 아니다. 독자를 즐겁게 할 의도도 전혀 없다. 고린도후서에서 바울은 이렇게 말한다. "우리는 그토록 많은 사람들과 같이 하나님의 말씀의 행상인이 아니라 하나님 앞에서 성실한 사람들로서 그분께 받은 것같이 그리스도 안에서 말하는 것이다"(고후 2:17). 하지만 바울은 그중 어떤 것에 의해서도 **가능한 한 명쾌하게** 자신의 메시지를 전하는 데 방해를 받지 않는다.

바울은 빈약한 설교에 대해 핑계를 대는 것이 아니다. 다만 설교자는 자신의 지성으로 **의미를 만들어내는** 자가 아니라 하나님이 **역사 속에서 행하신 일**을 보고하는 자이고, 이 행위의 보고서는 **정교하게 작성되어야** 한다는 사실을 강조하는 것이다. 바울의 십자가 찬송은 중앙 부분(장면 7과 이어지는 장면 8의 두 행)에서 각 행이 각운을 가진 일곱 음절로 구성되도록 정교하게 짜여 있다(앞으로 살펴볼 것이다).

장면 1과 장면 13을 비교해보면, 중요한 짝 개념이 추가로 나타난다. 바울은 장면 1에서는 "보내심을 받으나" 장면 13에서는 "내가 [너희에게] 나아갔다"라고 말한다. 하나님은 **보내는** 것으로 행하시고, 바울은 **나아가는** 것으로 반응한다. "보내실" 때 하나님의 주권과 "나아갈" 때 인간

6) 같은 책.

의 반응의 자유가 균형을 이루고 있는 두 행에서 제시된다. 동일한 짝 개념이 장면 4와 9에서 다시 나타난다. 이곳에서는 이 두 짝 개념이 **독자**에게 적용된다. 그들은 "부르심을 받지만"(하나님의 행위) "믿어야" 한다(그들의 행위).

여전히 남아 있는 질문이 있다. 바울이 십자가의 능력이 "헛되지" 않게 하려고 "지혜로운 말"을 사용하지 않는다고 한 말의 의미다. 바울은 역사 속에서 일어난 구원 사건들을 선포한다. 그는 자신과 경쟁하는 철학자들보다 더 유려하게 개념들을 구성하는 데 중점을 두지 않는다. 가장 깊은 차원에서 바울에게 중요한 지점은, 하나님이 **역사 속에서 구원을 행하셨다**는 것이다. 바울의 본문은 아리스토텔레스가 아니라 이사야서 본문처럼 읽힌다. 만약 역사가 계시와 구원의 무대로서 선포되지 않는다면, 설교자/저술가에게 십자가의 "능력은 헛된 것이 되고" 만다. 바울의 십자가 찬송은 반(反)영지주의적이지만 반(反)지성적이지는 않다.

오랜 세월에 걸쳐 반지성주의는 장면 13의 마지막 행에서 자신의 근거를 찾으려고 애썼다. 마치 고린도에서 바울이 유대인과 그리스인 독자들에게 복음을 전하면서, 모든 학문적 요소를 거부하고 다만 "예수 그리스도와 그가 십자가에 못 박히신 것"만 전하기로 결심한 것처럼 말이다. 그러나 본문을 이렇게 이해하는 것은 부적합하다. 이는 십자가 찬송의 배후에 있는 유대와 그리스 본문들을 다루어보면 더 명확하게 나타날 것이다. 앞의 장면 1, 7, 13에서 십자가 선포가 세 번에 걸쳐 이루어지는 것을 염두에 두고, 이제 두 번째 짝 장면(장면 2와 12)으로 시선을 옮겨보자.

2. [18]십자가의 도는 **멸망하는 자들**에게 미련한 것이지만
　　구원을 받는 우리에게는
　　하나님의 능력이다.

[19]기록되었듯, "내가 **지혜 있는 자들**의 지혜를 **멸하고** 똑똑한 자들의 똑똑함을 폐할 것이다."

12. [29]이는 **모든 육체**가 하나님 앞에서 **자랑할 수 없도록** 하려는 것이다.

[30]**너희**는 하나님으로부터 나와 **그리스도 예수 안에** 있고

예수는 하나님으로부터 나와 **우리를 위해 지혜**(의와 거룩과 구속)가 되셨다.

[31]그러므로 기록되었듯, "**자랑하는 자**는 **주** 안에서 자랑하라."

도표 1.2(4). 장면 2와 12(고전 1:18-19, 29-31)

이 두 장면은 각각 **부정적 요소**(미련한 것/자랑하는 것)로 시작되고, 각각의 경우 장면의 마지막 부분에서 **성경 인용문**으로 의미가 보강된다. 두 장면의 중앙은 십자가 찬송의 두 가지 주된 개념을 함께 확언한다. 첫 번째 장면(장면 2)은 **하나님의 능력**에 초점을 두며, 두 번째 장면(장면 12)은 **하나님의 지혜**를 묘사한다. 이렇게 장면 2와 12는 정교하게 맞물려 짝을 이룬다.

바울은 십자가에 못 박히신 하나님의 아들에 관한 자신의 메시지가 유대교의 서기관 진영에는 약한 것으로 들리고, 그리스 학문 진영에는 완전히 미련한 것으로 들렸음을 잘 알고 있었다. 그러나 십자가의 능력(장면 2)과 지혜(장면 12)에 관한 바울의 확신은 흔들림이 없었다. 장면 12에서 바울은 하나님 앞에서 자랑하는 일에 대해 단호하게 반대한다. 유감스럽게도, 장면 10-11에 대한 우리의 전통적 번역은 고린도 교회 교인들에게 그들이 **하늘 끝까지 자랑해도 되는** 빌미를 제공하고 만다. 오랜 세월, 장면 11의 내용은 고린도 교회 교인들에 대한 일종의 칭찬으로 이해되었다. 우리는 이 구절이, **고린도 교회 교인들** 중 지혜 있는 자, 능력 있는 자 또는 가문 좋은 자가 많지 않았으나 **하나님이 그런 그들을 사용하여**(다른 모든 사람을 제쳐두고) 지혜 있는 자들을 부끄럽게 하시고 강한 자들의 힘을 약하게 하셨음을 의미한다고 믿었다. 이런 칭찬이라면, 고린도 교회 교인은 누구를 막론하고 충분히 어깨가 으쓱했을 것이다! 그렇다면 어떻게 바울이 "모든 육체가 하나님 앞에서 **자랑할 수 없도록** 하려고" 이런 일을 기록한다고 주장할 수 있겠는가? 이 질문은 나중에 더 세밀하게 검토될 것이다.

그렇다면 바울은 왜 아무도 자랑할 수 없다고 주장하는가? 바울은 "자랑"의 부정적 측면을 "하나님 앞에서 자기의 영광을 구하고 그 영광에 의존하는 자기 신뢰"의 태도로 보았다.[7] 로마인은 로마 제국의 힘을 자랑할 수 있었다. 그리스인은 그리스 문명의 위대함을 자랑할 수 있었다. 유대인은 언약, 조상, 율법 등을 자랑할 수 있었다(롬 9:4-5). 그러나 바울은 **십자가의** 능력과 지혜가 이 모든 자랑을 무력하게 만든다고 보았다. 하나님은 아무도 자기 앞에서 **자랑할 수 없도록**(1:29) **약한 것들**(성육신과 십자가)을 통해 구원하기로 정하셨다.

유일하게 적합한 "자랑"은 그리스도께서 명하신 것(의무)을 넘어설 정도로 그리스도를 섬기는 일이었다. 이런 경우에 우리는 심판 날에 "자랑할" 수 있을 것이다. 바울은 나중에 다시 이 주제로 돌아가겠지만, 여기서는 이 세상의 능력이 하나님의 능력을 반사하는 거울이 아니라고 주장한다. 그렇기는 하지만, 사도는 정당하게 수행된 세상의 능력은 본질적으로 악하지 않다고 보았다(롬 13:1-7). 문제는 개인, 공동체, 국가가 교묘하게 자기의 능력을 하나님의 능력의 연장으로 보기 시작할 때 나타난다. 거기서 "자랑"이 나타나고, 그런 일이 벌어지면 재앙이 일어난다. 긴 역사를 보면 이런 재앙이 수없이 일어났다는 사실이 입증된다.

우리는 장면 12의 세 번째 행을 "예수는 하나님으로부터 나와 **우리를 위해 지혜**(즉 의로움과 거룩함과 구속함)가 되셨다"라고 번역했다. 여기서 "즉"으로 번역된 말은 *te kai*다. 이 본문에서처럼, *te kai*의 가장 좋은 번역은 "즉"이다. 똑같은 단어가 십자가 찬송의 중앙(장면 9)에도 나온다. 거기서 바울은 "부르심을 받은 자들, 즉(*te kai*) 유대인과 그리스인에게는"이라고 말한다. 누가 "부르심을 받은 자들"인가? "유대인과 그리스인"이다. 십자가 찬송에 나오는 *te kai*의 두 용례는 방금 말한 바를 설명하는 역할을 한다.[8] 어떤 사람이 만찬에서 "오늘 디저트가 뭡니까?"라고 물었다고 하자.

---

7) Rudolf Bultmann, "καυχαομαι" in *TDNT*, 3:648-649.

그러면 주인은 이렇게 대답한다. "과일 한 접시, 즉 사과, 오렌지, 바나나를 가져오겠습니다." 첫 세기 당시 "즉"이라는 단어가 그리스어로 *te kai*였던 것이다.[9] 총칭적인 "과일 한 접시"는 "사과, 오렌지, 바나나"로 설명된다. "하나님으로부터 나와 우리를 위해 지혜가 되신 그리스도 예수"라는 진술의 의미는 무엇인가? 이 어구의 뜻은 명확하지 않다. 그래서 바울은 *te kai*를 덧붙이고, 십자가 찬송의 다른 곳에는 나오지 않는 세 개의 심원한 신학적 용어를 사용해서 자신이 의미하는 바를 설명한다. 바로 이 세 용어란 "의로움과 거룩함과 구속함"이다. 하나님은 십자가에서 흘러나오는 자신의 은혜를 통해 신자들에게 자기 앞에서 인정받는 지위를 허락하시는데, 이것이 **의로움**이다.[10] 믿음과 세례를 통해 신자들은 "거룩하게 하시는" 성령을 받는데, 이것이 **거룩함**이다. 또한 그 과정에서 하나님은 그리스도의 십자가를 통해 신자들을 죄의 권능으로부터 건지시는데, 이것이 **구속함**이다. 첫 번째 "의로움"은 성부 하나님께, 두 번째 "거룩함"은 성령 하나님께, 세 번째 "구원함"은 그리스도의 사역에 초점을 맞춘다. 이 세 고귀한 단어는 바울이 "하나님으로부터 나와 우리를 위해 지혜가 되신 그리스도 예수"라고 말할 때 의미하는 바를 명확히 제시하고 있다.

세 번째 짝 장면(역시 각 장면이 네 행으로 되어 있음)은 바울이 자신의 십자가 찬송에 덧붙이는 여담과 함께 검토할 필요가 있다. 이 두 장면(여담과 함께)은 다음과 같다.

3. [20]**지혜 있는 자**가 어디 있느냐?

8) F. Blass, A. Debrunner, *A Greek Grammar of the New Testament and Other Early Christian Literature* (Chicago: University of Chicago Press, 1961), p. 230 (#444). 참조. Bailey, "Recovering the Poetic Structure of I Cor. I 17-ii 2," pp. 275-277.

9) 그리스어의 용법에 따라, *te kai*는 그리스어 본문에서 본문이 도입하는 목록에서 첫 번째 단어 직후에 나타난다.

10) **의로움**을 주시는 분은 **하나님**이다. **거룩함**은 **성령**을 통해 오고, **구속함**은 **그리스도**의 사역의 결과다. 이 세 단어는 삼위일체 사상을 반영한다.

서기관이 어디 있느냐? **유대인 학자**—(?)

이 시대의 **학자**가 어디 있느냐? 그리스인 학자—(?)

하나님이 **세상**의 지혜를 **미련하게 하신** 것이 아니냐?

11. 왜냐하면 육체에 따르면 **지혜 있는 자들**(남성 복수)**이 많지 않고**

능력 있는 자들이 많지 않으며 **유대인 학자들—적음**

가문 좋은 자들이 많지 않기 때문이다. 그리스인 학자들—적음

[27] 그러나 하나님이 세상의 **미련한 것들**(중성 복수)을 택하여 **지혜 있는 자들**(남성 복수)을 **부끄럽게 하셨고**

[세상에서 약한 것들(중성 복수)을 택해 강한 것들(중성 복수)을 부끄럽게 하셨다. [28] 또 하나님께서 세상에서 낮은/천한 것들과 멸시받는 것들과 없는 것들(중성 복수)을 택하여 있는 것들(중성 복수)을 무력하게 하셨으니; Bailey 번역]

도표 1.2(5) 장면 3과 11(고전 1:20, 26-28)

장면 3은 다음과 같이 구성되어 있다.

a. **지혜 있는 자**가 어디 있느냐
b. 서기관
c. 이 시대의 학자
d. 하나님이 지혜를 **미련하게** 하셨다

첫째 행(a)은 **일반적 언급**으로 볼 때 가장 잘 이해된다. 그리고 넷째 행(d)은 첫째 행을 상기시키고 부정한다. 곧 지혜 있는 자의 지혜(a)는 **하나님에 의해** 미련하게 되었다(d). 바울은 십자가 찬송의 중앙 부분에서 세 번에 걸쳐 "유대인과 그리스인"을 특별히 언급한다. 이 연의 중앙을 짝 장면의 네 번째 사례로 보는 것도 가능하다. "서기관"(b)은 분명히 유대인을

언급하지만, "이 시대의 학자"(c)는 그리스인 학자를 언급한다고 보는 것이 좋다.

장면 11도 네 행으로 되어 있으며, 문자적으로는 다음과 같이 번역되고 요약된다.

11. a. 왜냐하면 육체에 따르면 **지혜 있는 자들**[남성 복수]이 많지 않고
    b.   능력 있는 자들이 많지 않으며
    c.   가문 좋은 자들이 많지 않기 때문이다.
    d. 그러나 하나님께서 세상의 **미련한 것들**(중성 복수)을 택하여 **지혜 있는 자들**(남성 복수)을 **부끄럽게 하셨고**

장면 11은 (장면 3과 같이) "지혜 있는 자들"(남성 복수)이라는 일반적 언급으로 시작한다. 짝을 이루는 넷째 행(d)에서 하나님은 "미련한 것들"(중성 복수)을 자신의 대리인으로 사용해서 동일한 "지혜 있는 자들"을 부끄럽게 하신다. 장면 3과 11은 긴밀하게 맞물려 짝을 이루고 있다. 그러나 여기에는 번역의 문제가 있다. 장면 11a는 문자적으로 다음과 같이 이해된다.

육체에 따르면 많이 지혜 있지[남성 복수] 않고(not many wise),

많은 영역본이 (그리스어 본문과 달리) 두 단어(many wise) 사이에 세 개의 단어(of you were)를 집어넣어 이 행을 다음과 같이 번역했다.

육체에 따르면 너희 중 많은 자가 지혜 있지 않았고(not many *of you were* wise),

추가한 이 세 단어(of you were)에는 두 가지 중요한 판단이 함축되어

있다. 바울의 원래 문장에는 be 동사가 없다. 히브리어는 미래와 과거 시제에서는 be 동사를 가지지만, **현재** 시제에서는 be 동사를 가지지 않는다. 이 본문에서처럼 바울은 자주 be 동사를 뺀다. 사도는 히브리어를 사용하는 유대인이었으므로, 그가 be 동사를 뺄 때에는 그 말을 **현재 시제**로 생각하고 있다고 추정하는 것이 자연스럽다. 따라서 지금 다루고 있는 본문에서, RSV와 NRSV처럼 "않았고"(were; 과거 시제)를 넣는 것보다는 "않고"(are; 현재 시제)를 넣는 것이 적절하다. 최종 결론은 다음과 같다.

바울은 "육체에 따르면 지혜 있는 자들[남성 복수]이 많지 않고"라고 썼는데, 이는 지혜 있는 사람의 수가 매우 적다는 뜻이다. 현재 시제를 가정하면, 우리는 이 문장을 문자적으로 "육체에 따르면 지혜 있는 자가 많이 **없고**"라고 번역할 수 있다. 따라서 바울이 이렇게 말하고 있는 것으로 이해할 수 있다.

> 물론 서기관들은 자기들을 강력한 지성을 가진 집단으로 생각하기를 좋아한다. 나는 예루살렘에서 살았기 때문에 그들을 잘 안다. 그러나 그들은 수가 매우 적고 그래서 위협적이지 않다. 그리스인에 관해 말하자면, 아테네 철학자들은 자기를 온 세상에서 지적 삶의 중심으로 생각하기를 좋아한다. 그러나 그들 역시 수가 매우 적다. 그러나 나를 믿으라. 내가 그들과 진지하게 논쟁하는 시간을 가져보았으나 그들에게 아무런 감동을 받지 못했다. 그러므로 그들을 두려워하지 말라.

천 년 이상 중동의 번역들은 이 본문을 "육체에 따르면 많이 지혜 있지 않고"라고 옮겼다.[11] 장면 3처럼 여기 장면 11에서도 바울은 일반적 진술로 시작한다. 따라서 바울과 중동의 셈어 역본들의 오랜 전통에 따라 이 진술을 현재 시제로 취하는데, 이렇게 하면 문제의 절반은 해결된 것이다.

문제의 나머지 절반은 모든 것을 바꿔버리는 "너희 중"(of you)이라는 두 단어를 집어넣은 일과 관련된다. (그리스어 본문에는 없는) 이 두 단어가

들어가면, 문장은 더 이상 "지혜 있는 자의 수가 적다"를 의미하는 **일반적 언급**이 아니라, 지금 "**너희 고린도 교회 교인들 중** 많은 자가 지혜가 없었다"라는 의미의 **제한적 언급**이 되고 만다. 그렇게 되면 독자는 바울이 고린도 교회 교인들을 최대한 칭찬하고 있는 것으로 오해하게 된다. 말하자면 그들 중 지혜가 있거나 능력이 있거나 가문이 좋은 자들이 별로 없지만, 하나님께서 그들을 자신의 도구로 삼아 지혜 있는 자들을 부끄럽게 하고 능력 있는 자들의 힘을 약화시켰다는 뜻이 되고 만다. 고린도 교회 교인들은 이런 칭찬을 들으면 하늘 끝까지 자랑에 빠질 것이다! 그러나 본문을 이런 식으로 이해할 수 있는 가능성은 장면 12에서 완전히 부정된다. 장면 12에서 바울은 하나님의 목표가 **아무도 하나님 앞에서 자랑할 수 없도록** 하는 데 있음을 확언하기 때문이다.

나아가 고린도 교회 교인들은 그리스의 철학이나 서기관으로 대변되는 유대교 학문과 어떤 접촉을 가졌는가? 고린도 교회 그리스도인들은 지혜 있는 자를 부끄럽게 하고 능력 있는 자의 힘을 무력화하는 데 하나님이 사용하신 유용한 도구였다고 스스로 믿을 만한 훌륭한 본보기였는가? 어떤 배경에서 신학적·윤리적으로 결함이 있는 그리스도인들이 그리스와 유대교 세계를 물리치고 큰 승리를 거두었는가? 그들이 로마 권력을 무너뜨렸는가?

여기에 일부 고린도 교회 교인이 자기 집에서 교인 전체를 대접할 수 있을 만큼 큰 부자였다는 사실을 더해보라. 그런 부자 중에는 바울을 고린도에 있는 자기 집에 기꺼이 모신 브리스길라와 아굴라도 있었다. 나아

11) 이 책에서 사용된 동양 역본 중 22개가 이 문장에서 현재 시제를 보존하고 있다. 유일한 예외가 Bible Society (1993년) 역본이다. "너희 중"이라는 추가된 말이 나오는 역본은 Syriac Peshitta, Vatican Arabic #13 (8-9세기), Mt. Sinai 151 (867), Mt. Sinai Ar #73 (9세기), Erpenius (1616), Paulist-Fakhoui (1964), New Jesuit (1969)이다. 두 히브리어 본문과 나머지 14개의 아랍어 역본에는 이 두 단어가 빠져 있다. 부록 II, 표 A를 보라.

가 이 부부는 에베소에도 "가정 교회"로 삼는 데 충분히 큰 집을 가지고 있었다. 또한 로마에도 집을 소유하고 있었을 수 있다. 그런데 만약 바울이 **자기들 모두**를 "천하게 태어나고 세상에서 멸시받고 심지어 없는 자"로 (1:28) 간주했다면, 이 고린도 교회 지도자들은 어떻게 느꼈을까? 바울은 에베소에서 브리스길라 및 아굴라와 함께 사는 동안 고린도전서를 썼던 것 같다. 그렇다면 사도는 주인 부부를 모욕하고 있는 것인가? 어떻게 바울이 이런 의미를 의도하고 있다고 믿을 수 있겠는가?

마지막으로 앞과 같은 이해가 정확한 것일 수 없는 이유는, 이렇게 되면 십자가 찬송의 심장을 도려내는 결과가 되기 때문이다. 이 난제의 해결책은 간단하다. 바울은 고린도 교회 교인들에 관해 말하는 것이 아니다. 장면 11에서 바울은 장면 3을 반영해서 일반적인 진술을 하고 있다. 바울의 의도는 다음과 같이 요약된다.

11. a. 육체에 따르면 지혜 있는 (사람들이) 많이 없고
  b. [유대인 서기관들과 같이] 능력 있는 사람들도 많이 없고
  c. [그리스의 귀족 학자들과 같이] 가문이 좋은 사람들도 많이 없다.
  d. 그러나 하나님께서 미련한 것들(중성 복수)을 택하여 지혜 있는 사람들(남성 복수)을 부끄럽게 하셨다.

이것이 무슨 말일까? 서기관은 제2성전 시대에 강력한 힘을 가진 집단으로, 산헤드린 공회원을 구성한 세 집단 중 하나였다. 서기관에 관해 셰이 코헨은 이렇게 썼다. "새로운 형태의 권위자가 전통적인 예언자를 대신해서 등장했다. 그들이 곧 **서기관**이다. 서기관의 권위는 성경과 전통에 대한 그들의 해박한 지식으로부터…나왔다."[12] 살다리니는 서기관에 관한

12) Shaye J. D. Cohen, *From the Maccabees to the Mishnah* (Louisville: Westminster John Knox, 2006), p. 11(Cohen 강조).

벤 시라의 견해[13]를 이렇게 요약한다. "서기관은 단순히 현대 세계의 학자나 선생 같은 존재가 아니라 통치 계급의 고문과 같은 고관이자 국제적인 대사나 외교관이다."[14] 그러나 우리가 아는 한, 서기관의 수는 매우 적었다. 예루살렘에서 얼마 동안 살았던 바울은 이 모든 상황을 잘 알고 있었다. 그렇다면 그리스인들은 어떤가?

그리스의 지식 계급은 귀족으로 구성되었다. 부와 노예를 가진 귀족만이 지성을 계발하는 데 필수적인 여가를 가질 수 있었다. 아리스토텔레스는 학자 집단에서 "가문"이 얼마나 중요한지에 대해 열변을 토한 바 있다.[15] 그들 역시 수가 적었다. 이런 식으로 이해할 때, 유대인과 그리스인에 대한 언급은 장면 11에서 중앙(2-3행)에 나타난다. 넷째 행은 그런 자가 고린도 교회 교인들이 아니라 "세상의 **미련한 것들**[중성 복수]"을 통해 부끄러움을 당했음을 증명한다.

지금 바울은 (고린도 교회 교인이 아니라) **성육신과 십자가**에 관해 말하고 있다. 사도는 여기서 "설교를 중단하고 참견하고 싶은" 유혹을 심하게 받고 있는 것 같다. 다시 말해 그는 상세히 설명하고 싶은 생각이 들었을 것이다. 그러나 그렇게 하는 것은 위험한 일이다. 고린도(로마 식민지)에 있는 로마 법정은 바울에게 우호적이었고, 기독교를 유대교의 한 분파로 간주했으며, 그 결과 기독교는 율법 종교로 간주되었다. 설교의 바로 이 지점에서 바울은 기민하게 여담을 집어넣는다.

> [하나님께서 세상에서 약한 것들(중성 복수)을 택하셔서 강한 것들(중성 복수)을 부끄럽게 하시고 [28]하나님께서 세상에서 천하게 태어나고 멸시받는 것

---

13) *Ben Sirach* 38:24-39:11.

14) Anthony J. Saldarini, "Scribes," in *The Anchor Bible Dictionary* (New York: Doubleday, 1992), 5:1014.

15) Aristotle, *The "Art" of Rhetoric* 1.3-5, trans. J. H. Freese (Cambridge, Mass.: Harvard University Press, 2006), p. 49.

들, 심지어 없는 것들(중성 복수)을 택하셔서 있는 것들(중성 복수)을 무력화하신다]

베들레헴(비천한 탄생)과 예루살렘(십자가 죽음)에서 일어난 사건들은 능력 있는 자를 약한 자로, 지혜 있는 자를 미련한 자로 드러내는 지혜와 능력을 가지고 있다. 말구유와 십자가는 여기서 "없는 것들"로 확인되고, **그것들**은 "있는 것들"을 무력화시킨다. 헤롯, 빌라도, 가야바는 사라졌다. 그러나 예수는 사라지지 않았다! **십자가**는 **고린도 교회 교인이 아니라** 강한 것들을 부끄럽게 하려고 하나님의 손에 들린 도구였다! 이것이 십자가 찬송 전체의 핵심 주제다. 세상은 당신들이 부술 수 없는 것을 십자가에서 발견했다!

여기서 바울은 그리스인이 "천하게 탄생했다는" 이유로 예수를 하찮게 여긴다는 사실을 지적한다. 예수는 십자가에 달려 죽었다는 이유로 유대인, 그리스인, 로마인에게 멸시를 받는다. 그러나 하나님은 이 멸시받는 사건을 사용해서 로마가 약하게 보고 아테네가 미련하게 보는 능력과 지혜를 인간의 역사 속에 풀어놓으셨다. 부활하신 그리스도는 성령을 통해 로마 세계와 다른 세계를 넘어 살아 계시고 활동하신다. 바울의 말은 솔직하지만 절제되어 있다. 그러므로 독자/청자가 각자 그 "빈 칸을 채워야" 한다.

만약 바울이 "십자가(와 부활)가 로마를 약하게 만든다"라고 직설적으로 썼다면, 고린도 교회는 큰 화를 입고 교인들은 위험에 노출됐을 것이다. 그리스의 가장 큰 도시에 사는 자들에게 편지를 쓰면서, 바울이 "예술, 건축, 철학, 민주주의와 같은 그리스의 유산은 십자가와 비교하면 미련한 것들"이라고 말하는 장면이 예상되는가? 아니 오히려 그는 "**없는 것들**"이 "있는 것들을 무력화한다"라고 말한다. 바울은 로마 제국을 무너뜨리고 세상을 뒤집지 않는다. 아니 그런가?

만약 이 긴 "여담"을 본문에서 제거하면, 장면 12는 장면 11을 이음매 없이 매끄럽게 잇게 되고, 본문은 다음과 같이 읽힐 것이다.

(장면 11) 그러나 하나님께서 세상의 **미련한 것들**을 택하여 **지혜 있는 자들**을 부끄럽게 하시고…

(장면 12) 이는 모든 육체가 하나님 앞에서 **자랑할 수 없도록** 하려 함이다.

이처럼 의미가 매끄럽게 연결된다는 사실은, 바울의 원래 찬송에는 장면 11과 12 사이에 "여담"이 없었다는 개념을 지지한다.

우리처럼, 고린도 교회 교인들도 스스로를 자랑할 만한 근거를 전혀 갖고 있지 않다. 어느 시대든 신실한 자는 "세상 영광 지나가니 주의 십자가 자랑해"[16]라고 노래해야 마땅하다.

장면 11은 이 정도로 이해하고, 장면 10과 장면 11 사이에 있는 장면 10c의 "형제들아, 너희의 부르심을 생각해보라"라는 난해한 문구로 넘어가자. 이 검토는 십자가 찬송 중앙을 구성하는 일곱 장면에 대한 고찰의 일부로 이루어져야 한다. 도표 1.2(6)에 주의를 기울여보자.[17]

4.	[21]**하나님의 지혜**에 있어서는	**하나님의 지혜**(과거)
	세상이 자기 지혜로 **하나님을 알지 못하므로**	무지한 세상
5.	**하나님**께서 **전도의 미련한 것**으로	**케뤼그마**
	믿는 자들을 구원하는 것을 기뻐하셨다.	믿는 자들
6.	[22]**유대인**은 **표적**을 구하고	**유대인**
	그리스인은 **지혜**를 찾으나	그리스인

16) 이번 장 첫 부분에서 도표 1.2(1)를 보라.

17) John Bowring이 1849년에 쓴 "주가 지신 십자가를"(In the Cross of Christ I Glory)에서 발췌했다.

7.	[23]**우리가 전하는 것은**	**우리가 전함**
	십자가에 못 박힌 그리스도니	십자가
8.	**유대인**에게는 **걸림돌**이고	**유대인**
	이방인에게는 **미련한 것**이지만	그리스인
9.	[24]**부르심을 받은 자들, 즉 유대인과 그리스인**에게는	**부르심을 받은 자**
	그리스도가 **하나님의 능력**과 **하나님의 지혜**다.	그리스도: 능력/지혜
10.	[25]**하나님의 미련하심**이 **사람의 지혜**보다 **지혜롭고**	**지혜롭고/강하신 하나님**(현재)
	하나님의 약하심이 사람의 힘보다 **강하다**.	약하고/어리석은 사람
	[26](예컨대, 형제들아 **너희의 부르심**을 생각해보라).	

도표 1.2(6). 장면 4-10(고전 1:21-26a)

앞에서 지적했듯이, 바울은 여기서 네 행짜리 장면에서 두 행짜리 장면으로 이행한다. 이런 이행은 이 일곱 장면이 세 부분으로 이루어진 십자가 찬송의 중앙에 속한다는 점을 표시한다.

일곱 장면을 검토하기 전에, 중앙 부분을 끝맺는 짧은 논평으로 이해되는 것이 가장 나은 대목이 무엇인지 생각해볼 수 있을 것이다. 이 일곱 장면에 문맥화된 언급을 추가하면서 바울은 "예컨대, 형제들아 **너희의 부르심**을 생각해보라"라고 썼다. "부르심" 주제는 고린도전서 전체에 걸쳐 바울에게 매우 중요하며, 따라서 부르심을 언급하는 각각의 사례는 진지하게 고려되어야 한다. 하지만 대체로 이 행의 "너희의 부르심을 생각해보라"라는 짧은 명령은 뒤따라오는 구절과 연결되어 있다. 그러나 이 찬송에서 **부르심**에 대한 다른 유일한 언급은 장면 9에서 앞의 명령 **직전에** 나타나며 "**부르심을 받은** 자들, 즉 유대인과 그리스인에게는"이라고 되어 있다. 거기 장면 9에서 바울은 일반적인 "부르심" 관해 말하고 있지만, 지금 장면 10에서는 이 부르심을 독자에게 적용한다. 십자가 찬송에서 지금까지 언급된 모든 것에 비추어보면, 바울은 다음과 같은 사실을 이야기하고 있다고 이해될 수 있다.

> 너희 각자는 최근에 유대교나 이교 사상을 버리고 예수를 믿는 믿음을 가졌다. 그러면 너희가 왜 믿었는가? **너희의 부르심**을 생각해보라! 너희가 왜 세례를 받았는가? 너희가 "사람의 지혜"나 "사람의 능력"에 끌렸는가? 우리가 우리의 철학적 통찰력과 논리의 거부할 수 없는 힘으로 너희를 현혹시켰는가? 우리가 승리로 가는 강한 세력이었고, 그래서 너희가 우리에게 가담하기 원한 것인가? **너희의 부르심** 배후에 있는 원동력 곧 너희를 그렇게 반응하도록 만든 것이 무엇이었는가? 너희는 하나님이 자기 아들을 아기로 세상에 보내실 때 보여준 미련함이 아레오바고(Mars Hill)의 모든 철학자보다 더 지혜로움을 보지 않았느냐? 너희는 하나님이 독생자를 궁극적 악에 희생되고 십자가에 달려 죽도록 허락하셨을 때 보여주신 약하심—많은 사람이 하나님의 완전한 미련하심으로 본 것—이 사람의 힘보다 강함을 깨닫지 않았느냐? 이는 헤롯, 빌라도, 가야바 그리고 모든 로마 군인보다 더 강하다! 그렇다. 내가 아는 한 세상의 눈에 이 이야기는 하나님을 미련하고 약한 존재로 만든다. 그러나 **너희의 부르심을 생각해보라**! 그것을 숙고해보라! 그러면 믿음을 굳게 결단하고, 너희 자신의 마음속 깊은 곳에서 내가 지금 말하고 있는 데 공감할 것이다!

본문에 대한 이런 이해는 지금 바울이 하나님 앞에서 **아무도 자랑할 수 없음**을 확실히 하려고 편지를 쓴다는 주장을 지지한다! 고린도 교회 교인들은 여러 측면에서 많이 자랑한 죄를 범했으며 그 자랑 중 칭찬할 만한 것은 하나도 없었다. 사랑은 자랑하지 않는다(13:4). "너희의 부르심을 생각해보라"는 바울의 명령을 이렇게 이해하면, 십자가의 능력에 대한 그의 강조는 약화되지 않고 도리어 확증된다. 이제 장면 4-10을 검토할 차례다.

제시된 바깥쪽 두 장면(장면 4와 10)은 엄밀하게 균형을 이루고 있다. 첫 번째 장면(장면 4)은 독자에게 (과거에) 하나님의 지혜가 사람의 지혜를 통해 알려지지 않았다고 말한다. 이 개념은 장면 10에서 하나님이 가장 미련하실 때 사람의 최고의 지혜보다 더 지혜롭다는 진술로 강조된다. 게다가 하나님의 가장 약하신 것은 가장 강한 사람의 능력보다 더 강하다. 지붕 위에 있는 누군가가 다이아몬드가 잔뜩 들어 있는, 깨지기 쉬운 유리잔을 땅 위에 있는 다른 누군가에게 건네는 장면을 상상해보라. 지붕 위에 있는 이는 최대한 천천히 팔을 뻗는다. 땅 위에 있는 이는 엄청나게 값진 유리잔을 받기 위해 발끝을 높이 들어올린다. 하지만 땅 위의 사람은 실패하고 만다. 다이아몬드 컵을 받을 수가 없다. 거리가 너무 멀기 때문이다. 마찬가지로 바울도 (장면 10에서) 하나님이 가장 약하거나 가장 어리석을 때에도, 사람이 가장 큰 지혜와 능력을 갖고 있을 때 이룰 수 있는 것을 훨씬 능가하신다고 주장한다. 장면 10이 장면 4를 정교하게 보완하고 있어서, 장면 5-9를 제거해도 독자가 본문의 부자연스러운 흐름을 조금도 느끼지 못할 정도다.

이제 중앙으로 가보자. 장면 5에서 바울은 하나님이 "**케뤼그마**(메시지)의 미련한 것"으로 구원하신다고 주장한다. 이어 장면 9에서는 전도를 "하나님의 능력과 하나님의 지혜이신 그리스도"로 정의한다. 나아가 장면 5는 "믿는 자들"을 언급하지만 장면 9는 "부르심을 받은 자들"을 언급한다.[18] 하나님은 **부르시고** 그러면 우리는 **믿어야** 한다. 이 설교에서 바울이 같은 방법으로 자신의 영적 여정에 관해 말하고 있다는 사실은 이미 지적했다. 바울은 장면 1에서 자신이 "보내심"을 받았다고 언급하지만 장면 13에서는 "내가 나아갔다"라고 천명한다. 전자는 하나님의 부르심이고 후자는 바

18) 이 경우에는 장면 5의 두 주제가 장면 9에서 역으로 제시된다. 이 두 장면을 함께 묶으면 AB-BA 평행 관계가 나타난다.

울의 반응이다. 여기서 사도는 하나님의 주권과 인간의 책임 및 자유 간의 동일한 균형을 독자에게 적용시킨다.

장면 6과 8은 "유대인과 그리스인"에 초점을 맞추면서 선명한 평행 관계를 이루고 있다. 바울은 자기 주변의 (믿지 않는) 두 주요 민족 집단이 무엇을 듣고 싶어 하는지를 정확히 알고 있었다. 예수의 경우처럼, 바울의 유대인 청중도 표적을 통해 증거를 가지기 원했다. 그리스인은 상호 관련된 논리적 체계를 구성하는 추론으로부터 이끌어낸 의미를 가지고 싶어 했다. 바울은 자신의 메시지가 "유대인에게는 거리끼는 것이고 이방인에게는 미련한 것"일지라도, 십자가에 못 박히신 그리스도라는 점을 굳게 천명했다.

바울의 수사 기법은 7과 8의 중앙 부분에서 훨씬 더 세련되게 나타난다. 7과 8은 전체 네 행으로 구성되며, 각각의 행은 일곱 음절로 이루어지고 각운을 가진다.

7.	1:23 헤-메이스 데 케-뤼스-소-멘	η-μεις δε κη-ρυσ-σο-μεν
	크리스-톤 에스-투-로-메-논	Χρισ-τον εσ-ταυ-ρω-μεν-ον
8.	유-다이-오이스 멘 스칸-다-론	Ιου-δαι-οις μεν σκαν-δα-λον
	에트-네-신 데 모-리-안	εθ-νε-σιν δε μω-ρι-αν

두 행을 각각 일곱 음절로 구성하는 방식은 고대 셈어의 시의 운율로 유명하다. 시리아의 에프렘은 기원후 4세기에 이 운율을 즐겨 사용했다. 그런데 그리스어 본문에서 이 고전적인 셈어 운율을 발견하는 일은 놀랍다. 십자가 찬송 전체에서 바울은 역으로 짝을 이루는 일곱 장면을 제시할 뿐만 아니라, 중앙에서 각각 각운을 가진 일곱 음절짜리 행들로 자신의 결정적 요점을 진술한다. 하지만 물론 바울은 이 찬송에서 "고상한 말"이나 "지혜로운 말"을 전혀 사용하지 않는다!

이미 확인했듯이, 이런 특징은 처음(장면 1)과 끝(장면 13)에 나타난다. 하지만 중앙(장면 5-9)에서는 놀라울 만큼 세련된 언어 표현이 발견된다. 바울은 **그리스어**에 **셈어 시의 운율**을 가미함으로써 유대인과 그리스인이 함께 공감하고 그리하여 그들을 동시에 십자가로 인도하는 데 심혈을 기울인다.

십자가 찬송의 고리 모양 구성을 염두에 두고, 이제 이 찬송에 사용된 예술적인 대위법(counterpoint)으로 시선을 옮겨보자. 방금 검토했듯이, 이 내용은 균형 잡힌 구성을 보여줄 뿐만 아니라, 같은 행들에서는 "제2차 수사적 선율"이 나타난다(도표 1.2[7]를 보라).

이런 수사 형태는 "이중 고리 모양 구성"(double ring composition)으로 불리고, 신학적인 "이중 샌드위치"(double-decker sandwich)로도 지칭될 수 있다. A(십자가)의 삼중 반복은 "세 겹의 빵"을 구성한다. B와 C로 분류된 장면들은 샌드위치를 채우는 재료들이다. 앞으로 살펴보겠지만, 이사야 50:4-11은 동일한 형식을 활용한다. 고린도전서와 이사야서, 두 본문의 공통 특징 중 하나는, 중간에 있는 "빵"이 샌드위치 윗부분 절반의 "밑바닥"인 동시에 아랫부분 절반의 "꼭대기"라는 것이다.[19] 즉 중앙 장면(A2)이 아래 위 양쪽과 다 접하고 있다.

놀랍게도, 고린도전서 1:17-2:2에서는 하나의 문학적 단락 안에 두 개의 수사 구조가 동시에 나타난다. 독자는 도표 1.2(1)에서처럼, 먼저 1-7에서 이어서 7-1에서 나오는 개요를 "듣거나" "볼" 수 있다. 또는 아래 도표 1:2(7)에서 제시되듯이, A-B-C-B-A 다음에 똑같은 A-B-C-B-A가 이차로 이어지는 구조를 "보고/들을" 수 있다.

후자의 경우, 바울은 다음과 같은 세 가지 주제를 제시한다.

---

19) 바울은 "이중 샌드위치" 방식을 고전 1:17-2:2을 비롯해서 7:17-24; 9:12b-18; 14:1-12에서도 사용한다. 각각의 경우 앞에서 제시한 형식을 약간씩 수정한다. 1:1-9도 같은 형식을 수정한 사례다.

I 십자가를 전함 | **II 수락과 거부** | **III 대적들의 실패**

(메시지: 수락과 거부)

A1. [1:17]나는 그리스도의
십자가를 전한다.

B1. [18]**십자가의 도**
멸망당하는 자들
그러나[*de*]
구원을 받는 우리

C1. [20]하나님께서
(지혜 있는 자)
서기관
학자를
미련하게 하셨다

C2. [21]세상은 [하나님을]
알지 못한다

B2. [21-22]**전도**의 미련한 것
믿는 자들
그러므로(*epeide*)
거부하는 유대인과 그리스인

A2. [23]우리는 십자가에 못 박힌
그리스도를 전한다

B3. [23]**거부하는 유대인과 이방인**
그러나[*de*]
부르심을 받은 자들
그리스도, 하나님의 지혜와 능력

C3. [25]사람들은 약하고
미련하다

C4. [26-27]하나님이
(지혜 있는 자들)
강한 것들
있는 것들을
부끄럽게 하셨다

B4. [29]하나님 앞에서 자랑하는 자들
그러나[*de*]
너희는 그리스도 예수 안에 있다
하나님으로부터 나와 우리를 위해
지혜가 되신 그리스도

A3. [2:1-2]나는
십자가에 못 박힌 그리스도를 전한다

도표 1.2(7). 십자가 찬송의 대위법(고전 1:17-2:2)

(A) "십자가"

(B) "메시지를 믿는 자들 대 믿지 않는 자들"

(C) "실패하는 대적들"

이 세 가지 개념이 제시되고 이어서 이 개념들이 역으로 반복된다. 그런 다음 전체 시퀀스가 다시 반복된다. 그 최종 결과는 앞에서 지적했듯이 A-B-C C-B-A라는 이중 구조다.[20] 이 두 가지 수사 스타일이 확인되면 문학적 "대위법"이 드러난다. 두 문학적 "선율"은 동시에 "연주되는데", 이때 어떤 청자는 첫째 선율을 듣고 다른 청자는 둘째 선율을 들을 것이다. 하지만 또 다른 청자는 두 선율을 동시에 들음으로써 더 풍요로운 느낌을 가질 것이다. 여기서 둘째 "선율"은 첫 세기 유대인 독자/청자에게 특히 중요한데, 동일한 수사 장치가 이사야 50:5-11에서 나타나기 때문이다. 이 이사야서 본문도 고난을 겪는 인물, 그 고난을 통해 타인들에게 중요한 역할을 하는 유일무이한 인물을 다룬다. 이사야서 찬송의 구조는 도표 1.2(8)과 같다.

이사야서에는 네 개의 "종의 노래"가 있다. 그중 네 번째 노래는 이사야 52:13-53:12에 나오는 저 유명한 "고난의 종의 노래"다. 도표 1.2(8)는 네 개의 종의 노래 중 셋째 노래이며, **종의 고난**을 다루는 것으로는 첫 번째 노래다. 이 세 번째 노래는 바울의 십자가 찬송의 배후에 있는 유대 배경을 이해하고자 할 때 특별히 관심을 가져야 하는 본문이다.

먼저 이 이사야서 본문은 고린도전서 1:17-2:2에서 방금 확인한 것과 같은 이중 샌드위치 스타일을 가지고 있다. 이사야는 이 본문에 세 가지 지배적인 주제를 포함시킨다. 우리는 고린도전서 본문에서 사용된 것과 같은 방법론을 적용하여 이 세 개념을 추적할 필요가 있다.

첫째, **종과 박해자들**이 세 번에 걸쳐 등장한다(이 세 부분이 A로 표시된

20) 중앙의 A2는 반복되지 않고 이 수사 구조의 두 개의 반쪽에 다 참여하는 기능을 한다.

1. (A) [50:5]내가 거역하지 아니했고 (−)
내가 뒤로 물러나지 아니했고 (−) **박해자들**
[6]내가 나를 때리는 자들에게 등을 맡겼으며 (+) 종을 괴롭힘
나의 수염을 뽑는 자들에게 뺨을 맡겼다. (+)
나는 얼굴을 가리지 않았다. (−)
모욕과 침 뱉음에도. (−)

2. (B) [7]주 하나님이 나를 도우시고 **종**
그러므로 내가 당황하지 않았다. (도움을 받음—당황하지 않음)

3. (C) 그러므로 내가 내 얼굴을 부싯돌
부싯돌같이 굳게 했다. **비유**

4. (B) 그리고 내가 수치를 당하지 않으리라는 것을 알고 종
[8]나를 정당화하실 이가 가까이 계신다. (정당화—수치를 당하지 않음)

5. (A) [8]**나와 다툴 자가 누구냐?** **박해자들**과
우리가 함께 서자. 종
나의 대적이 누구냐?
내게 가까이 와보라.

6. (B) [9]보라, 주 하나님이 나를 도우신다. **종**
나를 정죄할 자가 누구냐? (도움을 받음
—정죄받지 아니함)

7. (C) [9b]보라, 그들은 모두 옷같이 헤어지고 좀/옷
좀이 그들을 먹을 것이다. **비유**

8. (B) [10]너희 중 여호와를 경외하는 자, **종**
그는 그의 종의 목소리에 순종하라. (순종함)
어둠 속에서 행하고
빛이 없는 자,
그는 여호와의 이름을 신뢰하고
자기 하나님을 의지하라.

9. (A) [11]보라, 불을 피우고
횃불을 들고 있는 너희 모든 자여!
너희의 불빛을 따라 **박해자들**
그리고 너희가 피운 횃불을 따라 걸어가라! 고통 속에 있음
너희가 내 손에서 얻을 것은 이것이니
너희가 고통 속에 누울 것이다.

도표 1.2(8). 세 번째 종의 노래(사 50:5-11)

데 주목하라).

1 (A) 박해자가 종을 괴롭힌다.

5 (A) 박해자가 이차 대결을 위해 나오도록 소환된다.

9 (A) 박해자가 자기들이 피운 불로 고통을 당한다.

이 세 주제를 통해 개념들의 점진적 진행이 명확히 나타난다. 장면 1에서 종은 고난 당하는 무력한 희생자다. 장면 5에서 종은 박해자에게 "가까이 와보라"고 도전한다. 장면 9에서는 박해자들이 스스로 파멸하고 "고통" 속으로 들어가는 것으로 끝난다.

네 장면으로 된 두 번째 시리즈(B로 표시된 장면들)는 종과 하나님에게 초점을 맞춘다. 본문의 순서를 보면 이 네 장면은 다음과 같다.

2 (B) **하나님**이 **종**을 도와주신다—종은 당황하지 않는다.

4 (B) **종**이 정당화된다(**하나님**에 의해)—그리고 수치를 당하지 않는다.

6 (B) **하나님**이 종을 도와주신다—아무도 종을 정죄할 수 없다.

8 (B) 어둠 속에서 **하나님**을 경외하는 자는 **그의 종**에게 순종해야 한다.

장면 2, 4, 6은 서로 긴밀하게 평행 관계를 이루고 있다. 장면 2와 6은 특히 더 긴밀하다. 장면 8에서는 하나님과 그의 종의 정체성이 거의 하나로 융합된다. 하나님을 경외하는 자는 **하나님의 종에게 순종하라**는 말을 듣는다. 따라서 네 개의 B 장면은 종이 **도움을 받고 정당화되고** 다시 **도움을 받고** 마지막으로 **순종을 받는** 것을 각각 확언한다.

셋째 부분(C)은 두 장면으로 구성되는데, 각 장면은 은유/비유다. (앞에서 지적했듯이) 이는 "둘러싸인 비유"의 한 실례다.[21] 두 장면 중 첫째 장

21) 사 55:8-9을 보라.

면(C3)은 "부싯돌 같은" 종 비유다. 둘째 장면(C7)은 고통 당하는 자들이 "옷같이" 해지고 좀에게 뜯어 먹히는 것을 묘사하는 은유/비유다. 요약하면 이 세 개념이 세 번째 종의 노래를 전체적으로 지배하고 있다. 앞에서 지적한 바를 요약하면 다음과 같다.

A. 종은 박해자들에게 기꺼이 고난을 당한다—그리고 보복하지 않는다.

B. **종을 하나님과 관련시키는** 일련의 **대조들**이 제시된다.

하나님은 종을 도와주시고, 종은 당황하거나 수치를 당하거나 정죄당하지 않는다.

하나님을 경외하는 자들은 종에게 순종하도록 명령받는다.

C. 종은 **부싯돌 같지만 대적들은 좀 먹은 옷과 같다**.

고린도전서 1:17-2:2과 이사야 50:5-11 사이에는 몇 가지 대조가 발견된다. 첫 번째 대조는 다음과 같다. 이사야는 **종**과, 결국에는 자기 파멸에 이를 그의 **박해자들**에게 초점을 맞춘다. 반면에 바울은 예수의 대적들에 관해서는 아무 말도 하지 않는다. 바울은 예수와 대제사장들에게 초점을 맞추는 대신, 십자가 너머로 나아가 믿는 자/부르심을 받은 자들에 대해 숙고하며, 이들과 십자가를 미련하고 약한 것으로 보고 믿지 않는 유대인/그리스인을 대비시킨다.

두 본문 사이의 두 번째 대조는 다음과 같다. 이사야서 본문(장면 3과 7)에서는 두 개의 둘러싸인 비유가 효과적으로 사용된다. 첫째 비유는 종을 묘사하고(그는 부싯돌과 같음), 둘째 비유는 그의 대적들(해지고 좀 먹은 옷과 같음)에 관해 말한다. 반면에 대적들을 무시하고 있는 바울로서는 이사야서 본문의 비유를 언급할 필요가 없다. 사도는 모든 것 중 가장 큰 비유, 즉 구체적인 역사적 사건인 십자가에 초점을 맞춘다. 두 반전 부분의 중앙(C1, 2, 3, 4,)에서 바울은 세상에서 지혜 있는 자가 얼마나 미련하고 무지하고 약한지, 하나님이 어떻게 그들을 **부끄럽게 하고 미련하게 하셨는지에** 초점을 맞춘다.

세 번째 대조는 이사야서 본문에서 장면 9의 끝부분에서 종의 박해자들이 결국 스스로 파멸하는 것과 바울의 설교가 다르다는 것이다. 바울의 이중 샌드위치의 두 **중앙** 부분(C1, 2, 3, 4)에서는 십자가를 대적하는 자가 미련한 자가 된다.

그러나 두 본문 사이에는 평행 요소도 두드러지게 존재한다. 첫째, 두 본문 모두 이중 샌드위치 기법을 사용한다. 둘째, 두 본문은 동일하게 세 가지 주제를 다룬다. 이사야서 본문에서 언급된 이 세 주제는 고린도전서에서 심지어 똑같은 순서로 모두 나타난다. 셋째, 두 본문은 고난 당하나 보복하지 않는 주인공에 초점을 맞춘다. 넷째, 두 본문에서는 고난 받는 자의 대적들이 결정적인 패배자가 된다. 다섯째, 두 본문에서 고난 받는 자를 믿는 자/따르는 자는 큰 유익을 얻는다. 즉 바울의 십자가 찬송에서는 신자들에게 "구원"이 약속되고, 이사야의 설교에서는 **어둠 속에서 걷는** 신자들에게 종의 목소리에 순종하라는 명령이 주어진다. (추정컨대) 그들은 순종함으로써 **빛 속에서** 걷는 자가 될 것이다.

바울은 유대인 독자에게 다음과 같이 말하는 것 같다.

> 너희는 자기를 때리는 자에게 등을 맡기는 하나님의 유일한 고난의 종에 관한 이사야의 설교를 잘 알고 있을 것이다. 너희는 그 종은 정당화되지만 그의 박해자들은 "옷같이 해지고" "고통 속에 눕게 됨"을 기억해야 한다. 종은 **고난을 통해** 승리하신다. 그 유일한 하나님의 종에게서 확인되는 고난의 방식이 십자가에 못 박힌 메시아인 예수의 삶 속에서 재현된다. 그러나 나는 예수와 빌라도 및 대제사장의 대결에 초점을 맞추고 싶지 않다. 대신 너희에게 하나님이 자신의 지혜와 능력을 증명하기 위해 역사 속에서 십자가를 통해 어떻게 역사하셨는지 반성해보도록 권면한다. 그 지혜는 사람의 지혜를 부끄럽게 하고, 믿는 자들에게 "하나님으로부터 나와 우리를 위한 지혜"(즉 의로움과 거룩함과 구속함)를 제공한다. 나는 너희가 고난 받는 메시아를 받아들이기가 쉽지

않다는 것을 잘 알고 있다. 그래서 너희에게 이 고난 받는 지도자가 예언자 이사야를 통해 어떻게 이미 예시되고 묘사되었는지 확인해볼 것을 권면한다. 내가 너희에게 선포하는 것은 유대교 전통을 위반하지 않으며 오히려 우리의 전통을 가장 잘 설명해준다.

이사야서 본문에 기반을 두고 바울은 유대인 독자/청자에게 십자가가 깊이 있게 전달되도록 설명하고 있다.

그러나 바울이 유대인을 향해서만 편지를 쓰고 있던 것은 아니었다. 그는 위에서 언급했던 이사야서의 배경을 알지 못하는 그리스인 독자/청자도 염두에 두고 있었다. 바울은 본문에서 특별히 세 번에 걸쳐 "유대인과 그리스인"이라는 어구를 언급한다. 여기에는 능력 있는 (유대인) 서기관과 귀하게 태어난 (그리스인) 학자라는 말도 추가될 수 있다. 따라서 사도가 그리스인을 위해서도 편지를 쓰고 있었음이 확실하다면, 그들은 사도로부터 어떤 말을 들을 수 있었을까?

그리스 세계는 조국을 구하기 위해 목숨을 바친 영웅을 기리는 강력한 전통을 가지고 있었다. 이런 전통은 퓰리처상을 받은 개리 윌스의 『게티즈버그에서의 링컨』에서 흥미롭게 묘사된다.[22] 이 책에서 윌스는 기원전 5세기에 활동한 그리스의 유명한 연설가 페리클레스를 다룬다. 우리는 기원전 430년 곧 펠로폰네소스 전쟁이 발발하고 1년이 지났을 때 페리클레스가 아테네를 스파르타로부터 구하기 위해 목숨을 바친 아테네 영웅들을 칭송하는 유명한 연설을 한 사실을 잘 알고 있다. 페리클레스의 이 연설은 *epitaphios*(무덤에서의 연설)라고 불렸으며, 그리스 당국은 매년 이런 연설을 하는 것을 법으로 정해놓았다. 기원전 431-332년에 행해진 이 고대 연설 중 여섯 편은 지금도 남아 있다. 페리클레스의 *epitaphios*가

22) Garry Wills, *Lincoln at Gettysburg: The Words That Remade America* (New York: Simon & Schuster, 1992).

첫 번째 연설이었으며 지금까지도 가장 유명한 연설로 간주된다. 윌스는 1863년 11월 19일, 펜실베이니아 주 게티즈버그의 묘지 봉헌 행사에서 연설을 한 두 연사(에버렛과 링컨)가 페리클레스의 추도사의 영향을 받았다고 주장한다. 당시 저명한 그리스어 학자인 에버렛은 이름을 직접 언급하면서 페리클레스의 연설을 의도적으로 모방한 긴 연설을 했다. 윌스의 요점은 당시 미국이 예술, 문학, 건축, 정치에서 그리스 부흥기의 영향을 받고 있었기 때문에, 링컨 역시 페리클레스의 영향을 받았다는 것이다. 그러나 페리클레스가 아테네를 위해 한 일을 미국을 위해 한 사람은 에버렛이 아니라 **링컨**이었다. 링컨은 나라를 구하기 위해 목숨을 바친 영웅들을 칭송했으며 그 과정에서 나라를 연합시키는 데 큰 역할을 했다.

윌스는 그리스 웅변술의 본질과 페리클레스의 웅변술을 탁월하게 묘사하고 있다.

> 폴리스의 명령에 따라 선포된 최초의 유명한 산문 연설문으로서 페리클레스의 이 글은 이후의 대중적 수사학의 어조와 스타일의 기틀을 세웠다. 그 주제와 가치가 지속되면서 페리클레스의 연설문은 아테네인의 정체성을 확립하는 역할을 했다.[23]

여기서 내가 지적하고자 하는 것은, 윌스가 페리클레스(와 링컨)에 관해 말하는 내용 대부분이 십자가에 못 박힌 그리스도를 제시한 바울에게도 들어맞는다는 사실이다. 공교롭게도, 링컨은 저 유명한 게티즈버그 연설(미국 남북전쟁에서 전사한 군인들의 무덤에서 전한)에서 272 단어를 사용했는데, 십자가에 못 박힌 그리스도에 관한 바울의 찬송도 273 단어로 구성되어 있다.

「메넥세노스」에서 다음과 같이 그리스의 추도사 전통에 관해 고찰한

23) 같은 책, p. 49.

플라톤의 언급을 읽어보자.

> 메넥세노스여! 전투에서 목숨을 바치는 것은 확실히 여러 면에서 고귀한 일이라네. 왜냐하면 설사 가난한 자가 전사했을지라도 그에게 성대하고 값비싼 장례가 치러지고, 칭송받을 만한 사람이 아니라고 해도 오래전부터 할 말을 준비한 지혜로운 사람이 훌륭한 연설을 해주기 때문이지. 연사는 죽은 자가 한 일과 하지 않은 일 곧 그 일의 아름다움에 대해 죽은 자를 찬양하지. 그리고 **온갖 미사여구로** 우리의 영혼을 홀려…전사한 자들과 우리 이전에 죽은 모든 선조를 찬양하지. 또 그들의 칭찬으로 정말 어깨가 으쓱할 정도로 아직 살아 있는 우리도 칭송해주지.…나도 그들에게 매혹되고 매순간 내가 이전의 나보다 더 위대하고 고상하고 훌륭해진 것 같다네.…나로 말하자면, 이런 존엄성에 대한 의식이 사흘 이상 계속되고, 나흘이나 닷새째 날이 되어서야 비로소 제정신이 들어 내가 어디에 있는지 깨닫게 된다네. 그동안 나는 행복의 섬에서 사는 거지. 바로 이것이 우리 수사학자들의 솜씨고, 그 정도로 그들의 말의 여운이 내 귀를 쟁쟁 울린다네.[24]

플라톤은 이렇게도 지적하고 있다.

> 고상한 말은 고상한 행동의 기념비이자 면류관인데, 이는 듣는 자에게 들은 말을 행하도록 하기 때문이지. 죽은 자에게는 적절히 칭송하는 말이 필요하고, 살아 있는 자에게는 죽은 자의 덕을 모방하도록…조용히 권면하는 일이 필요하다네.[25]

---

24) Plato, "Menexenus," in *The Dialogues of Plato*, trans. B. Jowett (New York: Random House, 1937), 2:775(Bailey 강조).

25) 같은 책, p. 777.

어떤 종류의 말이 요구될까? 플라톤은 다음과 같은 목록을 제공한다.

1. 고귀하게 태어난 자를 찬양하는 말
2. 그들의 양육과 교육을 칭송하는 말
3. 그들의 교육이 합당했음을 증명하는 그들의 고상한 행동을 높이는 말[26]

하지만 바울은 이런 기대를 하나도 충족시키지 않는다. 오히려 "천하게 태어난 것"을 특별히 언급한다. 그럼에도 사도는 *epitaphios* 전통에서 선택한 많은 내용을 자신의 십자가 찬송에 결합시키고 있다. 나아가 수사학은 그리스 예술의 중요한 한 부분이었으며 그 특성들은 유명했다. 이 대목에서도 웰스의 논의는 유용하다.

이처럼 유명한 고대 그리스의 추도사들을 고찰한 다음, 웰스는 이 글들이 다음과 같은 고전적 기법을 특징으로 한다고 지적한다.

압축
본질적 요소들의 포착
균형
상황 속에 있는 가장 깊은 양극성의 자각

바울의 십자가 찬송에는 이런 특성이 모두 나타나 있다. 확실히 바울은 아테네를 포함해서 그리스 세계 속으로 들어갔다. 구원하기 위해 죽으신 예수에 관한 바울의 설교는 추도사 형식이라는 여과기를 거쳐 그리스인에게 쉽게 이해될 수 있었다. 페리클레스의 연설과 십자가에 못 박힌 그리스도에 관한 바울의 찬송을 세밀히 비교해보면, 일곱 가지 비교 점과 대조 점이 드러난다.[27] 그 요점은 다음과 같다.

---

26) 같은 책.

1. 둘 다 존경받는 영웅이나 영웅들의 죽음이 갖고 있는 구원적인 의미를 회고하고 성찰한다.

a. 페리클레스에게 영웅은 아테네를 구하기 위해 전사한 아테네 군인이다. 플라톤은 다음과 같이 말하면서 이런 개념을 강조하고 있다. "그들은 자기 삶 속에서 자신의 친구들의 용맹을 즐거워했고, **그 친구들의 죽음을 살아 있는 자의 구원과 바꾸었다.**[28]

b. 바울은 십자가에 못 박혀 죽으신 그리스도의 미련한 것을 통해 믿는 모든 자를 구원하는 것이 하나님의 기쁘신 뜻이었다고 주장한다.

둘 사이의 큰 차이는 그리스의 영웅은 전쟁 영웅으로 전투에서 죽었다는 것이다.

반면에 예수는 죄수로 죽임을 당하고 십자가에 못 박히셨다. 이는 강한 모습이 아니라 약한 모습으로 보인다. 최소한 그리스인의 눈에는 미련한 죽음이다. 그리스인은 자기 나라의 백성을 구하기 위해 죽는 고귀한 영웅에 관한 이야기는 얼마든지 들을 준비가 되어 있다. 그러나 그들의 영웅은 도망친 노예나 일반 범죄자와 같이 십자가에 못 박혀 죽는 것이 아니라 국가의 원수를 죽임으로써 나라와 백성을 구한다. 당시 기독교 설교자들은 추도사에서 칭송받은 전사 같은 그리스식 영웅으로 예수를 묘사함으로써, 예수의 죽음이 가지는 구원의 능력을 새롭게 선포하고 싶은 유혹을 받았을 것이다.[29] 하지만 바울은 이런 유혹을 극복했다. 용감하게 사도는 메시아(그리스도) 예수의 죽음의 본질을 숨기지 않았으며, 그분을 그리

27) Wills는 Pericles의 연설문은 전체를 싣고, Gorgias의 연설문은 단축해서 수록한다. Wills, *Lincoln at Gettysburg*, pp. 249-259.

28) Plato, "Menexenus," 2:777(Bailey 강조).

29) 혁명 시대에 예수는 혁명가로 제시된다. "포용력"이 절대화 되는 시대에 예수는 모든 것을 포용하는 분으로 선포된다. 이는 고질적인 문제점이다.

스인 전사와 같은 존재로 재형성하지도 않았다. 담대하게 바울은 자신이 오직 한 가지 주제, 십자가에 못 박힌 그리스도를 가지고 있음을 독자에게 상기시킨다.

2. 지적했듯이, 그리스 연설의 한 가지 특징은 **압축**이었다. 윌스는 다음과 같이 지적한다.

> 압축은 단순히 길이를 줄이는 문제가 아니다. 그리스의 연설에는…상세함을 억제하는 경향이 있다. 이런 억제는 비인격적인 분위기를 드러냄에도 불구하고 연설을 절묘하게 감동적으로 만드는 심미적 역설을 낳는다. 연설에서 압축은 열정을 쉽게 표출하지 않음으로써 열정을 심화시킨다.[30]

그리스의 연설은 길이가 짧으며 세부 사항을 상세히 묘사하지 않는다. 번쩍이는 칼, 짓밟는 말, 피투성이 상처 같은 것은 전혀 없다. 플라톤의 젊은 동시대인이었던 고르기아스의 연설은 바울의 십자가 찬송과 길이가 대략 비슷하다. 바울도 세부적인 묘사를 하지 않는다. "십자가의 도"와 "지혜를 찾는 것"에 관해 말하고 또 "유대인은 표적을 구한다"라고 언급한다. 나아가 보다 은밀한 언어를 사용해서 "세상에서 약한 것"과 "세상에서 천한/낮은 것, 멸시받는 것"에 관해 말한다. 그러나 설명은 없다. 우리는 이처럼 빠져 있는 세부 사항을 알고 싶어 한다. 하지만 여기에는 압축된 본질적 요소들이 존재하며, 이 요소들은 지성을 강력하게 자극한다.

3. 두 본문은 상황 안에 있는 **양극성**을 드러낸다. 현존하는 여섯 편의 그리스 추도사에 나타난 양극성은 다음과 같다.

> 하나와 다수
> 빛과 어둠

30) Wills, *Lincoln at Gettysburg*, p. 53.

필멸과 불멸

아테네인과 다른 사람들

말과 행위

선생과 학생

노인과 젊은이

남자와 여자

선택과 결정론

과거와 현재

삶과 죽음[31]

마찬가지로 바울도 다수의 양극성을 표현한다. 일부 *epitaphioi*에 나타난 양극성이 바울의 글에서도 드러난다.

삶과 죽음—"멸망당하는 자와 구원받는 자"

고귀한 출생 대 천한 출생

선택(내가 나아갔다)과 결정론(내가 보내심을 받았다)

바울의 찬송에만 들어 있는 새로운 양극성도 있다.

지혜 대 미련함(하나님의 지혜 대 미련한 사람의 지혜)

능력 대 약함(하나님의 능력 대 약한 사람의 능력)

존재 대 비존재(없는 것 대 있는 것)

자랑하는 자 대 그리스도 예수 안에 있는 자

지혜로운 말 대 십자가의 도

31) 같은 책, pp. 56-57.

4. 항상 그리스의 연설에는 살아 있는 자에게 주는 몇몇 **권면**이 있다. 그러나 바울에게는 이 권면의 요소가 나타나지 않는다. 사도의 찬송에도 "너희의 부르심을 생각하라"와 "모든 육체는 하나님 앞에서 자랑해서는 안 된다"와 같은 몇몇 직접적인 권면이 있기는 하다. 그러나 독자를 향한 권면은 십자가를 구원에 대한 하나님의 지혜와 능력으로 받아들이라는 포괄적인 촉구에서 더 잘 드러난다.

5. **언어**(language)의 문제가 있다. 그리스의 *epitaphioi*는 **언어**를 전쟁터에서의 용감한 행위에 대한 필수적인(법적인) 부가물로 보고 거기에 초점을 맞춘다. 이때 **언어**는, 언어가 없었더라면 결여되는 의미를 전사들의 죽음에 부가하는 역할을 한다. 반면에 바울은 의도적으로 그리고 완벽하게 **다르게 행한다**. 바울은 십자가에 관한 말에서 빠진 요소를 십자가의 의미와 능력에 덧붙이지 않는다. 이런 배경을 이해하면, "지혜로운 말로 전하지 않는 것은 그리스도의 십자가의 능력이 헛되지 않게 하려 함이다"라는 바울의 말을 설명하는 데 도움이 된다. **십자가 사건**은 자체로 의미와 능력을 만들어낸다. 정교하게 구성된 말은 이미 거기에 있는 능력을 드러내고 전달하는 데에는 적합하지만, 아직 없는 능력을 십자가에 부가하는 것은 아니다.

링컨은 이렇게 말했다. "오늘 세계는 우리가 여기서 하는 말에 주목하지도 않고 오랫동안 이를 기억하지도 않겠지만, 우리 용사들이 이곳에서 한 일은 결코 잊히지 않을 것입니다."[32] 링컨 대통령은 자신이 옳은 말을 했음을 알고 있었다. 동시에 게티즈버그 전투 사건이 중요하다는 것도 깨닫고 있었다. 페리클레스와 달리 바울은 십자가의 도(곧 십자가 사건)가 그 자체로 하나님의 능력과 지혜라고 보았다.[33]

---

32) 같은 책, p. 261.

33) 탕자의 비유에서 아버지는 아들을 만나러 길을 달려 내려가 그의 "생명"을 회복시킨다. 이는 아버지가 할 수 있었던 가장 강력하고 지혜로운 행위였다. 참조. Kenneth Bailey, *The Cross and the Prodigal* (Downers Grove, Ill.: InterVarsity Press, 2005).

두 "연설" 간의 또 다른 평행 요소가 이 언어의 문제에서 나타난다. 페리클레스는 자신의 연설의 힘을 언급하는 것으로 연설을 **시작하며** 다음과 같은 말로 연설을 끝맺는다. "법이 요구하는 대로 이런 경우 내가 할 수 있는 가장 좋은 말을 전했습니다."[34] 바울은 페리클레스의 연설에 대해 상세히 알고 있었던 것 같다. 왜냐하면 페리클레스의 연설과 대조적으로, 십자가에 "지혜로운 말을"(*en sophia logou*) 덧붙이는 것을 **거부함으로써** 자신의 연설을 **시작하고**, "고상한 말"이나 지혜를 부인함으로써 **끝맺기** 때문이다. 확실히 독자는 바울이 이 주제에 관한 페리클레스의 관점을 거부하지만, 페리클레스와 같이 바울도 십자가 찬송에서 이 주제를 **시작할** 때와 **끝낼** 때 다루는 것을 보게 된다. 십자가 찬송을 시작하고 끝내면서 사도의 전체 초점은 역사 속에서 일어난 한 사건 곧 십자가에 못 박힌 그리스도에게 맞추어진다.

6. 두 본문은 "나"와 "우리" 사이의 동일한 상호작용을 반영한다. 페리클레스는 자신의 연설을 시작하면서 1인칭을 사용하고 "내"가 이렇게 저렇게 하는 것에 대해 말한다. 중앙에 있는 권면은 모든 아테네인에게 주어지며 거기서 "우리"로 인칭이 바뀐다. 페리클레스는 마지막 문단에서 다시 1인칭으로 돌아와 "내가 말했다"라고 언급한다. 바울도 십자가 찬송의 첫 부분과 끝부분에서 "내가 전한다"라고 말한다. "우리가 전한다"는 중앙 부분에서 나타난다. 이로 보아 바울은 페리클레스의 연설을 익히 알고 있었던 것 같다.

7. 페리클레스의 연설에서 중요한 요소는 **능력**이다. 페리클레스가 말하는 능력은 항상 아테네의 군사적·윤리적·문화적 힘이다. 바울은 십자가에 못 박힌 그리스도에게서 증명되는 하나님의 능력을 언급한다. "이 세상의 능력"은 미련한 것으로 간주된다. 그리스인은 이를 쉽게 받아들이지 못할 것이다. 그러나 바울이 보기에 **하나님은** 십자가의 약함을 강함으로,

34) Pericles의 말. Wills, *Lincoln at Gettysburg*, p. 256에 인용됨.

십자가의 미련함을 지혜로 **바꾸셨다**. 바울은 결과와 상관없이 이 메시지를 담대히 선포할 것이다.

이상과 같이 비교되고 대조되는 일곱 가지 요점을 통해 우리는 바울이 십자가 찬송을 작성할 때 (이사야서 본문 외에) 페리클레스의 연설도 염두에 두고 있었을 가능성을 확인할 수 있다.

십자가 찬송의 본문을 이런 식으로 이해하면, 바울이 "내가 너희 속에서 예수 그리스도와 그가 십자가에 못 박히신 것 외에는 아무것도 알지 않기로 결심했다"라고 말한 의도를 선명하게 파악할 수 있다. 페리클레스와의 연관성이 가능하다는 점을 고려한다면, 우리는 바울의 목적을 더 명확히 알 수 있으며 여기에는 다음과 같은 요소가 포함되어 있다.

바울은 반지성주의를 전혀 의도하지 않는다.

바울은 자신이 아테네에서 찾아낸 것과 같은 문학적 자료를 통해 그리스 정신에 호소하는 방법을 거부하지 않는다.[35]

바울은 엄밀성, 균형, 명확성, 아름다움에 주의를 기울이는 수사학을 거부할 마음이 **없다**. (지적했듯이, 사도의 부르심은 엉성한 설교 준비를 핑계하는 구실이 아니다.)

바울은 십자가에 못 박힌 그리스도 안에 있는 하나님의 지혜와 능력에 대한 신비를 이해하려면, 깊이 각인된 페리클레스의 전제들과 그의 유명한 *epitaphios*가 거부되어야 한다고 **이해한다**.

그렇다면 우리는 바울의 방법과 메시지에 관해 어떤 결론을 내릴 수 있을까?

바울의 **방법론**의 네 가지 요소를 다음과 같이 확인할 수 있다.

---

35) 행 17:22-34을 보라.

1. 바울은 자신의 십자가 신학을 시작하면서 역사 속에서 일어난 사건들에 기초를 두었다. 따라서 사도는 이 사건들과 이사야 50:5-11의 고난 받는 종의 노래 사이의 관련성을 찾아냈다. 그는 고난 받는 종 노래의 주요 주제와 수사 구조를 십자가에 못 박힌 그리스도에 대한 찬송의 기초로 사용했다. 이렇게 바울은 이사야서 본문의 도움을 받아 유대인 세계와 다리를 놓았다.
2. 바울은 그리스 세계의 수사학, 역사, 문학, 언어를 검토하고, 페리클레스의 연설이 그리스 세계에 자신의 십자가 신학을 제시하는 데 적절한 접촉점이라고 판단했다. 바울은 플라톤의 「메넥세노스」도 알고 있었을 것이다.
3. 따라서 바울은 이사야 50:5-11을 기초로 삼고, 페리클레스의 추도사를 고려하여 십자가 찬송을 작성했다. 이사야서 본문 대부분은 동일한 모습으로 남아 있으며 따라서 이사야 50장의 윤토대는 눈에 보인다. 바울은 이사야서 원문의 찬송을 그리스인과 유대인이 섞여 사는 환경에서 사용하고자 개작했다. 이런 개정 작업에는 페리클레스의 유명한 *epitaphios*와의 의도적이고 세심한 비교와 대조가 포함되어 있다. 플라톤의 「메넥세노스」에 담긴 내용과의 일치와 불일치도 의식적으로 이루어졌으며 몇몇 새로운 개념이 추가되었다. 그 결과 유대인과 그리스인 모두에게 전할 수 있는, 십자가에 못 박힌 그리스도에 관한 탁월한 찬송이 작성되었다.
4. 바울은 **아무것도** 양보하지 않았다. 추도사 전통이나 유대인의 메시아 대망 사상과 불일치하는 요점들을 과감하게 제시했다. 일치하는 요소들도 강력하고 분명했다. 바울은 공감의 반응을 얻고자 예수를 아테네식 영웅으로 만들지 **않았다**. 오히려 십자가에 못 박힌 그리스도께 충성하기 위해 거부와 조롱을 감수했다. 그 결과 십자가 찬송은 유대인과 그리스인 모두에게 강력한 호소력을 지닌 기독교적 말씀이 되었다.

그러면 **신학**에 관해서는 무엇을 말할 수 있을까? 다음과 같은 요약은 이를 반추하는 데 유용할 것이다.

1. 바울은 십자가가 중심이라는 것과 문화적·신학적 관점과 상관없이 모든 사람에게 십자가를 선포하는 것이 필수적이라는 것을 인정한다.
2. 바울이 전하는 "십자가의 도"는 훌륭한 연설이 아니라 역사 속에서 일어난 사건이다. 십자가 찬송은 반(反)지성주의가 아니라 반(反)영지주의 찬송이다.
3. 십자가 찬송에는 고난의 신학이 들어 있다. 십자가는 **하나님에 의해** 약한 것에서 강한 것으로, 미련한 것에서 지혜로 바뀐다. 하나님의 새로운 능력과 지혜는 세상을 부끄럽게 하고 세상을 이긴다. (이 신학은 부활을 다루는 고전 15장에서 절정에 달한다.)
4. 십자가가 하나님의 지혜와 능력의 도구다. 고린도 교회 교인들을 포함해서 "모든 육체"는 오직 "주 안에서만" 자랑할 수 있다.
5. 유대인 독자는 십자가에 못 박힌 메시아를 이사야서에 풍성하게 표현된 신학 중 하나를 성취하는 자로 보도록 권면받았다. 사려 깊은 유대인 독자는 바울의 십자가 찬송에서 이사야서의 세 번째 종의 노래에 대한 언급을 선명히 "파악했으며", 따라서 십자가에서 이사야서의 하나님의 유일하신 종에 대한 중요한 고전적 환상의 성취를 보도록 도전받았을 것이다.
6. 그리스 세계는 페리클레스와 아테네를 구하기 위해 목숨을 바친 그리스 영웅들을 추모하는 시간을 지속적으로 가졌다. 동시에 그들은 새로운 승자에게 충성을 바칠 것을 권면받았다. 바울은 새로운 백성을 새로운 방법으로 구원하기 위해 죽으심으로써 자신의 죽음을 통해 모든 믿는 자에게 하나님의 지혜와 능력이 되신 새로운 영웅을 찬송함으로써 새로운 추도사를 제공했다.

7. 십자가 찬송의 정교한 수사와 잊을 수 없는 시는 복음 선포의 소중한 도구로 증명되었다.
8. 구원은 하나의 과정으로 제시된다. 신앙 공동체는 "구원받고" 있다(장면 2). 이와 짝을 이루는 장면(장면 12)은 "하나님으로부터 나와 우리를 위해 지혜(즉 의로움과 거룩함과 구속함)가 되셨다"라고 선언함으로써 구원의 본질을 확대한다.
9. 십자가 찬송은 유대인과 그리스인 간의 민족 분열을 치유하는 능력을 가지고 있었다. 유대인과 그리스인 모두 그리스도와 그의 십자가를 하나님의 능력과 지혜로 보도록 도전받았다. 민족적 **차이**는 계속 남아 있으나 민족적 분열은 사라질 수 있었다. "나는 아볼로 편이다"(그리스인), "나는 게바 편이다"(유대인)라고 말하도록 만든 파벌 정신은 무익한 것으로 판명된다. 그 간명한 메시지는 다음과 같다. "우리는 민족 문화의 권역을 허물어서는 안 된다. 우리는 모두 우리 문화의 최고의 유산을 그리스도의 몸에 가지고 들어올 수 있다." 그리스도인의 연합은 십자가에 못 박히신 그리스도로부터 나온다. (동일한 메시지가 엡 2:11-12에 나타난다.)
10. 고린도전서 4:1에서 바울은 자신과 동료들을 "하나님의 비밀을 맡은 청지기"로 묘사한다. 에베소에서 고린도전서를 쓰는 동안 바울은 온 교회에 대해 염려하고, 매일 두란노 서원에서 가르치고,[36] 신상을 만든 은장색 사건을 처리하고, 극장에서 폭도를 피하고, 천막 짓는 일로 생계를 유지했다. 이런 압박에도 불구하고 십자가 찬송에서 바울은 자기의 사역을 충분히 성취한다.[37] 그는 "하나님의 비밀을 맡은 청지기"로서의 사명을 결코 소홀히 하지 않았다. 십자가 찬송에 나타난 이런 창조적인 신학적 내용을 보면, 바울이 누구였는지

36) 행 10:8-10.
37) 2:1(도표 1.2[1])에서 바울은 자신이 "하나님의 비밀"을 선포하고 있다고 확언한다.

그리고 그가 목표를 위해 얼마나 열심히 애썼는지를 알 수 있다.

11. 바울은 "보내심을 받았고" "나아갔다." 유대인과 그리스인은 "부르심을 받았고" "믿었다." 십자가 찬송 전체에 걸쳐 하나님의 주권과 신실한 자의 책임 사이의 역동적인 긴장이 나타나 있다.

바울은 하나님의 능력이 십자가의 미련함으로 증명된다고 단호하게 선포한 다음, 신학적 동전의 다른 면, 즉 "은밀하게 감추어진 하나님의 지혜"(2:7)에 관해 말한다. 이제 이 "동전의 다른 면"으로 시선을 옮겨보자.

1.3.

하나님의 지혜

성령을 통해 계시됨

고린도전서 2:3-16

정리해보면, 바울의 첫째 논문의 전체 구조는 다음과 같다.

1.1. 교회에서 일어난 분쟁(1:10-16)
1.2. 하나님의 지혜와 능력: 십자가를 통해 계시됨(1:17-2:2)
1.3. **하나님의 지혜: 성령을 통해 계시됨**(2:3-16)
1.4. 그리스도인의 연합(3:1-4:16)

강조된 부분인 1.3은 다음과 같이 두 개의 설교로 구성되어 있다.

하나님의 지혜: 감추어져 있으며 이후에 성령을 통해 계시됨(2:3-10a)
하나님의 지혜: 하나님을 통해 곧 그분의 생각과 영을 통해 계시됨(2:10b-16)

이 두 설교를 차례로 검토해보자.
첫 번째 설교는 도표 1.3(1)에서 확인된다.

1. [2:3]내가 너희와 함께 있었을 때에 약하고	**바울**:
크게 두려워하고 떨었다.	두려움과 떨림
[4]내 말과 내 메시지가 그럴듯한	바울의 메시지:
지혜의 말이 아니라	성령과 능력
성령의 나타나심과 능력으로 말함으로써	
2. [5]너희의 믿음이	
사람의 지혜가 아니라	너희의 믿음
하나님의 능력 안에 있도록 했다.	하나님의 능력 안에 있음
3. [6]그러나 우리가 성숙한 자들에게 지혜를 전하는데	
이 지혜는 이 세상의 지혜도 아니고	**성숙한 자들에게**
또 사라지고 말	지혜
이 세상의 통치자들의 지혜도 아니다.	이 세상이 이해할 수 없음
4. [7]그러나 우리는 **하나님의 지혜**를 말하는데	**하나님의 지혜**
이 지혜는 **비밀** 속에 **감추어져 있었고**	비밀 속에 감추어져 있음
5. 하나님이 만세전에	하나님이 작정하심
우리의 영광을 위해	우리의 영광을 위해
작정하신 것이다.	
6. [8]이 지혜는 이 세상의 통치자들은 **아무도**	**사람들이 깨닫지 못함**
깨닫지 못한 것으로	
7. 그들이 깨달았다고 하면	
영광의 주를	
십자가에 못 박지 않았을 것이다.	**십자가**
8. [9]그러나 기록된 것처럼	
"눈으로 보지도 못하고 귀로 듣지도 못하고	
사람의 마음으로 생각하지도 못한 것은	**사람들이 깨닫지 못함**
9. 하나님이 **자기를 사랑하는 자들**을 위해	**하나님이 예비하심**
예비하신 것으로"	자기를 사랑하는 우리를 위해
10. [10]이것을 **우리에게 하나님이**	**하나님의 지혜**
성령으로 계시하셨다.	성령을 통해 계시됨

도표 1.3(1). 하나님의 지혜: 성령(고전 2:3-10a)

수사 구조(접근)

프렐류드의 "예언적 설교 수사 스타일과 그 해석"에서, 우리는 이사야 43:25-44:8이 내가 "높이뛰기 형식"이라는 부르는 성경적인 설교 방식을 사용하고 있음을 확인한 바 있다. 높이뛰기는 서로 연결된 네 개의 동작으로 이루어진다. 첫째 동작은 가로대를 향해 빠르게 달려가는[접근하는] 행위다. 둘째 동작은 활모양으로 도약하는 것이다. 셋째 동작은 가로대를 넘는 것이고, 마지막 넷째 동작은 가로대 너머(즉 올라가는 쪽의 반대편)로 활모양으로 하강하는 것이다. 높이뛰기 전체 과정에서 클라이맥스는 가로대를 넘는 동작이다. 여기서 처음으로 바울은 이 높이뛰기 형식을 엄밀하게 사용한다. 첫째, 바울은 연속되는 짧은 장면들을 제시함으로써 주제를 소개한다(접근; 장면 1-3). 이어 세 장면에서 새로운 주제를 시작하고(도약; 장면 4-6), 클라이맥스에 도달한다(가로대 넘기; 장면 7). 따라서 "도약"은 "도약의 반대편" 곧 "하강"(하강; 장면 8-10)과 짝을 이룬다. 또한 이 부분은 "서론을 가진 예언적 수사 틀"로 불릴 수 있다. 약간의 수정이 있기는 하지만, 바울은 이 높이뛰기 형식을 고린도전서에서 무려 13번이나 사용한다.[1] 다시 말해 그는 자신이 속한 유대의 문학적 유산으로부터 유효한 수사 스타일을 추출해서 활용하고 있다.

주석

바울은 서로 밀접하게 관련된 네 개의 장면으로 구성된 "접근"으로 시작한다. 그중 첫째 장면은 그의 내면의 영적 상태를 보여준다.

---

1) 고전 2:3-10; 3:1-19; 6:13-20; 9:1-12, 12b-18(수정 형태); 10:1-13; 10:23-11:1; 11:2-17; 12:31-14:1(수정 형태); 14:13-25; 15:21-34, 35-40(수정 형태)을 보라.

1. [2:3]내가 너희와 함께 있었을 때에 약하고 크게 두려워하고 떨었다.

바울: 두려움과 떨림

앞에서 지적했듯이, 자주 이 진술은 반(反)지성적 관점에 따라 이해되었다. 바울이 아테네에서 전도할 때 "지성적 접근"을 시도했다는 것은 통상적인 가정이다. 아테네에서 사도는 그리스 철학의 원천을 깊이 탐구했으며 이를 복음과 연관시키려고 애썼다. 하지만 이런 시도는 실패했다. 그곳에 교회를 세우지 못했기 때문이다. 실패의 결과, 바울은 낙심한 채 아테네를 떠나 고린도로 향했다. 그 과정에서 그는 자신의 방법을 바꾸기로 결심했다. 이교의 원천과 복음을 관련시키려고 애쓰기보다는, "사람의 지혜"를 포기하고 철저히 "그리스도와 그의 십자가를 전하는" 데 주력하기로 결심한 것이다. 하나님은 바울의 이런 결심에 복을 베풀어주셨으며, 그 결과 사도는 고린도에 교회를 세울 수 있었다. 여기서 이런 결론이 나온다. 복음을 전할 때 청중의 지적·영적 유산과 관련시키려고 애쓰지 말고 오직 그리스도만을 전하라.

의식적으로든 무의식적으로든, 앞에서 언급한 내용은 널리 퍼져 있는 대중적 견해다. 그러나 이것이 과연 정확한 견해일까? 1.2의 "하나님의 지혜와 능력: 십자가"에서 지적했듯이, 바울의 십자가 찬송은 그리스 정신(페리클레스를 고려함으로써)과 유대 정신(사 50:5-11과 상호작용함으로써)을 모두 활용했다. 상당히 수준 높은 신학과 수사학 능력을 가졌던 사도는 그리스 정신과 유대 정신을 함께 고려했다. 이는 고린도전서에서 바울이 제시한 복음에 그리스와 유대의 학문이 깊이 스며들어 있었음을 증명한다. 이런 측면과 관련해서 "바울은 아테네에서 실패한 것인가?"라는 질문이 제기될 수 있다.

아테네의 철학 길드는 그리스-로마 세계 전체의 지성의 중심지였다. 그래서 지체 높은 로마의 가문들은 자주 자녀를 아테네로 보내 거기서 수준 높은 교육을 받도록 했다. 그리스 학문의 본거지에서 배움의 기회를 갖는 것은 자체로 엄청난 특권이었다. 이슬람 세계의 지성의 중심지는 카이로의 알-아자르 대학이다. 유서 깊은 이 대학은 설립된 지 천 년이 넘고, 인도네시아와 모로코를 비롯해서 다른 지역에서도 선망의 대상이다. 몇 년 전 캔터베리 대주교인 조지 캐리가 초대를 받아 알-아자르 대학에서 강연을 하게 되었다. 이슬람 세계 각처에서 사역에 힘쓰고 있던 우리 모두는 이 초청 사실만으로도 놀라고 충격을 받았다. 캐리 대주교와 그의 강연은 크게 환영받았으며, 중동의 그리스도인들은 펄 듯이 기뻐했다. 실제로 캐리 대주교가 알-아자르 대학의 보호 아래 "새 교회를 시작한" 것도 아니었다. 아무도 그가 그렇게 할 수 있으리라고 기대하지 않았다. 그런데도 캐리 대주교가 알-아자르 대학에서 강연한 사건은 모든 이에게 대성공으로 판단되었다.

바울은 당시 아테네에서 그곳 철학자들의 이목을 집중시킬 수 있었다. 그러므로 바울이 아레오바고에서 강연하도록 **초대받은** 것은 엄청난 성과였다. 이렇게 그리스 세계에서 교회 증언의 교두보를 마련한 바울의 설교는 3세기 그리스 변증가들의 활동으로 꽃을 활짝 피웠다. 그 결과 그리스 정교회가 탄생했다. 바울은 들려줄 기회를 가졌으며, 씨를 심고 교두보를 확보하고 계속 전진했다.

기독교 역사를 보면 많은 경우에 복음은 가난한 자와 소외된 자 속에 먼저 뿌리를 내렸다. 확실히 그렇다. 아테네는 지중해 연안 세계의 지성의 중심지였으나 고린도는 동지중해에서 가장 큰 국제적 상업 도시였다. 아테네에서는 믿음이 발을 붙일 수 없었지만 고린도 지역에서는 복음이 쉽게 전파될 수 있었다. 바울은 이를 잘 알고 있었던 것이 틀림없다. 따라서 아테네를 떠나 고린도로 갔을 때 바울의 기분이 실패로 인한 낙심이 아니었다면, 고린도전서 2:3에서 "약하고 크게 두려워 떨었다"라고 쓴 것은 대체 무슨 의미일까?

처음부터 바울은 고린도는 아테네가 아니라는 사실을 잘 알고 있었다. 그리스 철학을 인용하는 것은 고린도의 부두 노동자들에게는 아무 소용이 없었다. 게다가 바울은 고린도에서 누구에게나 어디에서나 능력이 아니라 "약함"을 가지고 나아갔다. 바로 이것이 초기 교회의 선교 신학의 핵심이었다. 초기 교회 당시에는 복음화의 첫 단계로 세력 기반을 구축하고 군대를 일으키며 영토를 정복하려는 시도가 전혀 없었다. 사도들은 스페인 정복자가 아니었다. 그렇다. 콘스탄티누스 황제는 자신이 "복음"으로 이해한 것을 전파하기 위해 정치력과 군사력을 사용해서 드넓은 영토를 정복했다. 7세기에는 이슬람이 정복 군대를 동원하여 중동 세계를 거세게 몰아붙일 때 바로 이 방법을 사용했다. 샤를마뉴 대제도 콘스탄티누스 황제의 길을 따랐다. 그러나 바울은 완전히 약한 모습으로 현재의 그리스와 터키를 찾아갔다. 사도가 "두려워하고 떨었던" 것은 그가 세상 권력이나 자신의 능력 또는 선행을 의지하지 않고 하나님의 은혜만을 신뢰하고 겸손하게 나아갔음을 의미한다. 빌립보서 2:12에서 바울은 독자에게 "**두려움**과 **떨림**으로 너희의 구원을 이루라"고 명령한다. 이 "두려움과 떨림"은 바울이 아테네에서 고린도로 가는 길에 독특하게 겪었던 (약해진) 특수한 심리 상태를 가리키지 않는다. 오히려 그에게 "두려움과 떨림"은 모든 그리스도인이 자신의 소명을 이룰 때 가지는 적절한 영적 태도였다.

계속해서 바울은 독자에게 자신의 연약함과 하나님의 능력을 상기시킨다(도표 1.3[2]을 보라).

1. [4]내 말과 내 메시지가 그럴듯한	**바울의 메시지:**
지혜의 말이 아니라	
성령의 나타나심과 능력으로 말함으로써	성령과 능력
2. [5]너희의 믿음이	
사람의 지혜가 아니라	**너희의 믿음**
하나님의 능력 안에 있도록 했다.	하나님의 능력 안에 있음

도표 1:3(2). 장면 2-3(고전 2:4-5)

여기서 바울은 십자가 찬송(1:17-2:2)에서 처음 제시한 개념을 요약하여 반복하고 있다. 앞에서 지적했듯이, "그럴듯한 지혜의 말이 아니라"는 대목은 바울이 그리스 사상이나 세련된 수사학의 용법을 아예 무시했다는 의미가 아니다. 사도는 자신의 "말과 메시지"가 "성령의 나타나심과 능력"으로 된 것이라고 지적함으로써 이 관점을 강화시킨다. 바울이 복음을 전할 때 중요한 역할을 한 것은 "카리스마적인 은사들"이다. 이처럼 성령으로 충만한 역사가 고린도전서 14장에 어느 정도 상세히 묘사되고 있다. 거기서 사도는 성령 안에서 이루어지는 계시, 지식, 예언, 가르침, 교화, 권면, 위로, 비밀 등을 언급한다. 그는 이런 예배 요소들과 함께 방언과 방언 통역, 이적, 치유의 은사도 이야기한다. 바울은 복음을 전하면서 소피스트와 에피쿠로스학파의 냉정한 논리를 취하지 않았다. 대신 자신의 증언을 "성령의 나타나심과 능력"으로 가득 채웠다. 바울은 고린도 교회 교인들의 믿음이 사람의 지혜가 아니라 하나님의 능력을 의지하는 것이 되기를 원했다.

바울은 성숙한 자에게 나누어 주는 다른 종류의 지혜를 지적하면서 서론을 끝맺는다.

3. [2:6]그러나 우리가 성숙한 자들에게 지혜를 전하는데	
이 지혜는 이 세상의 지혜도 아니고	**너희의 믿음**
또 사라지고 말	지혜
이 세상의 통치자들의 지혜도 아니다.	이 세상은 이해할 수 없음

이 세상의 지성인이나 정치 지도자들도 바울이 제시하는 지혜를 깨닫지 못했다. 그들은 사라질 자들이었다. 바울이 말하고자 하는 바는 역사 속에서 하나님이 행하신 구원 사건들 속에 고정되어 있고 영속적이며 사라지지 **않는** 하나님의 지혜의 범주에 들어가 있다. 이 장면에서 바울이 얼마나 과감한지에 대해서는 종종 간과된다. 그는 카이사르(로마 황제)를 신

으로 숭배한 로마 제국의 식민지인들에게 편지를 쓰고 있었다. 로마인들의 신은 사라졌는가? 카이사르 아우구스투스는 기원후 14년에 죽었으며 로마 원로원은 신속하게 "신성한 아우구스투스"(*Divus Augustus*)라는 명칭으로 그를 신격화했다. "디부스 아우구스투스"를 공경하는 것이 황제 숭배의 한 요소였고, 황제 숭배는 고린도 중앙 광장에 자리 잡은 거대한 신전에서 이루어졌다.[2] 바울이 고린도전서를 쓰던 당시는 고린도 도시의 재건이 100여 년 동안 진행되던 때였다. 누구도 황제 숭배가 로마의 가장 큰 식민지 도시에 영향을 미치지 않았다고 상상할 수는 없을 것이다. 이런 상황에서 바울이 앞과 같이 말했다는 것은 용감무쌍하고 기절초풍할 만한 일이다. 이런 말로 독자의 이목을 집중시킨 바울은 계속해서 이 감추어진 하나님의 지혜를 성령을 통해 계시하기 시작한다. "접근"이 끝나자 바울은 "가로대를 향해 도약하며" 새로운 주제를 펼쳐놓을 준비를 한다. 참조하기 쉽도록 일곱 장면으로 이루어진 전체 예언적 수사 틀을 다음과 같이 반복해서 제시한다.

4.	[7]그러나 우리는 **하나님의 지혜**를 말하는데 이 지혜는 **비밀 속에 감추어져 있었고**	**하나님의 지혜** 비밀 속에 감추어져 있음
5.	하나님이 만세전에 **우리의 영광**을 위해 **작정하신** 것(that which['*en*])이다.	하나님이 작정하심 우리의 영광을 위해
6.	[8]이 지혜는 이 세상의 통치자들은 아무도 깨닫지 **못한 것**(that which['*en*])으로	사람들이 깨닫지 못함

2) Jerome Murphy-O'Connor, *St. Paul's Corinth: Texts and Archaeology* (Collegeville, Minn.: Liturgical Press, 2002), p. 26.

7. 그들이 깨달았다고 하면 **영광의 주를** **십자가**

십자가에 못 박지 않았을 것이다.

8. [9]그러나 기록된 것처럼

"눈으로 보지도 못하고 귀로 듣지도 못하고 **사람들이 깨닫지 못함**

사람의 마음으로 **생각하지도 못한 것**(that which[*'a*])은

9. 하나님이 **자기를 사랑하는 자들**을 위해 **하나님이 예비하심**

예비하신 것(that which[*'a*])으로" 우리를 위해

10. [10]이것을 **하나님이 우리에게** **하나님의 지혜**

성령으로 계시하셨다. 성령을 통해 계시됨

도표 1.3(3). 하나님의 지혜: 감추어졌다 계시됨(고전 2:7-10a)

수사 구조

이 특수한 수사 틀은 특별한 요소를 포함하고 있다. 네 번이나 등장하는 그리스어 관계대명사(that which)가 적절히 배치되어 균형을 이루는 네 장면을 도입한다. 가장 단순하게 제시하면 일곱 설교는 다음과 같다.

1. 하나님의 지혜: 비밀 속에 감추어져 있음
2. **한 것**(that which): 하나님이 작정하심—우리를 위해
3. **한 것**(that which): 통치자들이 깨닫지 못함
4. 영광의 주의 십자가
5. **한 것**(that which): 아무도 깨닫지 못함
6. **한 것**(that which): 하나님이 예비하심—우리를 위해

7. 하나님의 (지혜): 성령을 통해 계시됨

도표 1.3(4). 설교 요약(고전 2:7-10a)

이미 살펴본 지혜 및 십자가에 대한 웅대한 찬송(고전 1:17-2:2)에서, 바울은 일곱 장면을 제시하고 이어서 이를 역으로 반복한다. 십자가 찬송에서는 십자가를 전하는 것이 시작과 중앙과 끝을 장식했다. 여기서 바울은 다시 **지혜**와 **십자가**를 다루고 있다. 이 본문만 보면 바울은 일곱 장면으로 이루어진 두 설교가 아니라 한 개의 설교를 제시한다. 십자가가 다시 한번 중앙에서 나타나며, 이렇게 이 설교를 1:17-2:2과 하나로 묶는다. 앞에서처럼 처음과 중앙과 끝이 긴밀하게 연결되어 있다.

주석

앞에서 다룬 십자가 찬송은 십자가와 지혜를 다루었다. 여기서는 **지혜**가 **처음**에 언급되고(장면 4), 십자가는 **중앙**에서 다루어지며(장면 7), **끝**에 지혜가 함축되어 있다(장면 10). 바울은 이렇게 끝맺는다. "이것을[자신의 지혜를] 우리에게 하나님이 계시하셨다." 또한 시작과 중앙과 끝에 신격에 대한 세 번의 확언이 있는데, 이는 **하나님**(장면 4), **영광의 주**(장면 7), 마지막으로 **성령**(장면 10)이다. 다시 말해, 이 설교는 삼위일체에 대해 고찰하도록 자극한다. 이미 바울은 삼위일체적인 방식으로 사고하고 있다. 앞으로 살펴보겠지만, 삼위일체와 관련되어 세밀하게 구성된 확언들이 빈번히 나타나며 이는 다음 설교에서도 이어진다.

삼위일체에 대한 이 언급 외에도, **하나님**은 처음 두 장면(장면 4, 5)에서 나타나고, 마지막 두 장면(장면 9, 10)에서 다시 나타난다. 이 네 장면에서 우리는 하나님에 관한 네 가지 사실을 듣는다.

- 하나님은 숨어 계신다

- 하나님은 작정하신다
- 하나님은 예비하신다
- 하나님은 계시하신다

이 사실 외에도 짝을 이룬 장면들 속에는 긴밀하게 균형을 이루고 있는 개념이 있다. 첫째(바깥쪽) 짝 장면은 장면 4와 10으로 구성되며 다음과 같다.

4.	[7]그러나 우리는 **하나님의 지혜**를 말하는데 이 지혜는 **비밀** 속에 **감추어져 있었고**	**하나님의 지혜** 비밀 속에 감추어져 있음
10.	[10]이것을 **우리에게 하나님이** **성령으로 계시하셨다**.	**하나님의 지혜** 성령을 통해 계시됨

감추어져 있는 것과 **계시하는 것**이 짝을 이루고 있다. 첫째 장면(장면 4)에서 우리는 하나님이 자신의 지혜를 "비밀 속에" **감추어두신** 것을 읽는다. 불가피하게 독자는 바울이 말하는 비밀이 어떤 것인지를 묻게 된다. 이 질문의 답변에 대한 암시가 이 설교와 이어지는 설교에 나온다. 설교의 중앙(장면 7)에는 십자가가 있다. 의심할 여지 없이, 십자가야말로 바울이 염두에 두고 있는 비밀의 핵심 실재다. 이어 장면 10에서 바울은 **성령으로** 그 비밀을 **계시하시는** 하나님에 관해 말한다. 여기서 다시 독자는 바울이 염두에 두는 계시가 어떤 것인지를 묻게 된다. 이 질문에 대한 답변은 중앙에 있다. 바울은 십자가 속에, 그리고 갈릴리 출신의 목수였으나 **영광의 주**로 십자가에 못 박히신 분의 인격 속에 계시된 하나님의 비밀을 다루고 있다.

"하나님의 영"은 창조 당시에 "수면 위로" 운행하신(창 1:2) 이후로 성경의 전통 속에 친숙히 알려져 있다. 그러나 누가 "영광의 주"의 **십자가**를 이해할 수 있을까? 진실로 이는 감추어진 비밀이다! 여기에 그리스도의 신성, 그리스도의 고난의 경이, 계시된 영광의 비밀이 포함되어 있으며, 이 세 가지는 모두 삼위일체의 비밀 속에 깊이 뿌리박고 있다. 이 비밀은 둘째 짝 장면에서 다음과 같이 계속된다.

5.	2:7b하나님이 만세전에 **우리의 영광**을 위해 **작정하신** 것이다.	우리의 영광을 위해 **하나님이 작정하심**
9.	9b하나님이 **자기를 사랑하는 자들**을 위해 **예비하신** 것으로"	자기를 사랑하는 우리를 위해 **하나님이 예비하심**

하나님의 행동에 관한 네 개의 확언에서는 일련의 점진적 진행이 나타난다. 하나님은 처음에는 **감추시고**(장면 4), 이어서 **작정하신다**(장면 5). **작정하신**(장면 5) 하나님은 확실히 **예비하시며**(장면 9) 마지막으로 **계시하신다**(장면10). 이는 사랑에 빠진 남자가 처음에는 사랑하는 여자에게 자신의 감정을 **감추는** 모습과 비슷하다. 이어서 남자는 여자의 사랑을 얻기로 **결심한다**. 그다음에는 자기 목표를 이루기 위해 무엇을 해야 할지 **준비하고**, 마지막으로 여자에게 청혼함으로써 자신의 의도를 **드러낸다**.

이 짝 장면은 하나님의 "작정"이 "태초에" 이루어졌다고 묘사한다. 성육신과 십자가는 하나님의 계획 속에 불시에 끼어든 요소도, 일부러 지어낸 실수도 아니다. 성육신과 십자가는 다른 모든 계획이 실패한 후에 마지막으로 가동된 "플랜 Z"가 아니다. 바울은 성육신과 십자가를 하나님의 영원한 계획의 결과로 생각한다.

이를 이슬람 및 랍비 유대교와 비교해보면 도움이 될 것이다. 이슬람 사상에서 쿠란은 하나님의 마음속에 영원히 들어 있던 것이다. 중세 초기에 일어난 이슬람 학자들의 운동(*Mu'tazalin*으로 불림)은 "창조된 쿠란"(created Qur'an)을 주장했다. 그러나 이 개념은 결국 거부당했으며 이를 주장한 학자는 모두 죽임을 당했다. 대신 이슬람은 쿠란을 하나님 자신처럼 영원하다고 주장한다. 마찬가지로 랍비 사상도 토라가 창조된 것이 아니라는 견해를 지지했다. 하나님은 토라를 세상 창조의 안내서로 사용하셨다. 그러나 바울은 영원한 책의 개념을 가지고 있지 않았다. 대신 그는 "태초부터" 감추어진 비밀인 **영원한 지혜**를 소유하신 하나님을 제시한다.

게다가 이슬람 사상에서 하나님은 자기 예언자가 원수들에게 패배당하는 것을 허락하지 않으시므로, 십자가는 일어날 수 없는 사건으로 간주되었다. 무함마드가 메카에서 그런 것처럼, 예언자들이 한동안 투쟁하는 경우도 있다. 그러나 예언자 무함마드는 메디나로 가 거기서 정치적·군사적 힘을 얻어 원수를 물리치고 정당성을 입증했다. 이 정당성은 무함마드가 군사력을 동원해 모든 전투에서 승리하면서 지속되었다. 그리스와 유대 세계는 모두 십자가에 문제가 있다고 보았으며, 그래서 바울이 인정했듯이 십자가를 약하고 미련한 것으로 보았다(1:22-23). 그러나 예수는 "하나님의 명확한 계획과 미리 아시는 지식을 따라 내준 바" 되었다(행 2:23). 이 놀라운 계획의 한 가지 목적은 무엇이었는가?

하나님은 태초에 "**우리의 영광을 위해**" 십자가를 작정하셨고(장면 5), "**자기를 사랑하는 자들을 위해**" 십자가를 예비하셨다(장면 9). 1:17-2:2의 십자가 찬송의 처음과 끝에 나온 능동태와 수동태의 균형이 여기서도 똑같이 반복된다. 십자가 찬송에서 바울은 "내가 보내심을 받았다"라고 말하는 동시에 "내가 나아왔다"라고 주장한다. 또한 이 본문(장면 5)에서는 "우리의 영광을 위해" **하나님이 행하신다**. 이와 균형을 이루고 있는 장면(장면 9)에서는 이 신적 행위가 "자기를 사랑하는 자들을 위해" 행해진 것으로 확인된다. 하나님은 **행하신다**. 그리고 신자들은 이 행하심에 **사랑으로 반응한다**. 신자들이 이 비밀을 사랑으로 받아들이는 것이 신-인 관계에서 결정적으로 중요한 요소다.

"**우리의 영광을 위해**"라는 말은 그 자체로 신비하다. 나중에 바울은 신실한 자가 "천사를 판단하리라"고 주장한다(6:3). 심판 날이 되면 신자들은 하나님과 함께 재판관으로 법정에 참여해서 사람뿐 아니라 천사도 심판할 것이다! 이것이 이 본문(장면 5)에서 바울이 염두에 두고 있는 바 중 하나인 것 같다. 그러나 그리스어 *doxa*(영광)의 배후에 히브리어 *kabod*(무게)가 놓여 있다는 사실은 이런 가능성보다 더 큰 함축을 암시한다. 중동 문화에서 "무게 있는" 사람(*rajul thaqil*)은 지혜, 균형, 안정성, 신뢰성, 건전한 판단, 인내, 공평성, 고결함 등을 갖춘 사람이다. 라틴어는 이 개념을 보존해서 *gravitas*라는 단어에 담았다. 곧 영광은 *gravitas*와 관련되어 있다! 모든 가족, 공동체, 교회는 자기를 이끌고 위로하고 돕고 문제를 해결할 이런 존재를 절실히 원하고 필요로 한다. 모든 시대를 망라하는 하나님의 계획은 십자가와 관련되며, 또 십자가 맞은편에서 이런 특성을 구현하는 사람들의 등장과 관련된다. 확실히 하나님을 사랑하는 자들에게는 영광(*gravitas*)이 "영광의 주"의 십자가로부터 흘러나온다. 이제 중앙의 클라이맥스 부분인 세 번째 짝 장면으로 가보자(도표 1.3[5]을 보라).

6. [8]이 지혜는 이 세상의 통치자들은 **아무도** **사람들이 깨닫지 못함**
깨닫지 못한 것(that which[*'en*])인데

7. 그들이 깨달았다고 하면
영광의 주를 **십자가**
십자가에 못 박지 않았을 것이다.

8. [9]그러나 기록된 것처럼
"**눈으로 보지도 못하고 귀로 듣지도 못하고** **사람들이 깨닫지 못함**
사람의 마음으로 생각하지도 못한 것(that which[*'a*])은

도표 1.3(5). 장면 6-8(고전 2:8-9)

장면 6-8의 내용은 획기적이다. 바울은 로마인(빌라도)이나 유대인(대

제사장)이 예수를 십자가에 못 박은 데 대해 정죄하지 않는다. 이 본문은 "아버지, 자기들이 하는 것을 알지 못하오니 저들을 용서해주옵소서"(눅 23:34)라는 예수의 기도를 반영하고 있다. 확실히 두 본문은 유사하다. 바울은 이런 집단이나 그들의 지도자 또는 둘 다를 싸잡아 신랄하게 정죄할 수도 있었다. 여기서 다시 우리는 바울이 독자를 크게 의식하고 있음을 느낀다. 고린도전서는 주로 로마 식민지에 사는 그리스인과 유대인이 주축인 그리스도인 공동체를 수신자로 삼은 편지였다. 그리고 어쨌거나 바울은 로마인이자 유대인이었다. 바울은 독자나 그들의 지도자를 비난하지 않고 복음의 진리를 선포했다. 본문은 반(反)셈족주의를 전혀 암시하지 않는다. 십자가 찬송인 1:17-2:2에서 박해자들을 비난하지 않던 태도가 여기서도 반복된다. 십자가의 고난은 "모든 시대에 걸쳐" 하나님의 영원한 계획이었다.

영광의 주가 십자가에 못 박히신 사건의 비밀은 **아무도** "보거나" "듣지" 못했으며, 심지어 상상조차 할 수 없을 정도로 놀라운 일이었다. 그들은 십자가 사건이 하나님을 사랑하는 자들의 마음속에 "영광"(*kabod*, *gravitas*; 무게)을 낳을 수 있다는 것을 꿈에도 생각하지 못했다.

바울이 이 설교(장면 8-9)에서 인용한 성경 본문은 이사야 52:15을 자유롭게 해석한 것으로, 이사야 52:13-53:12의 고난 받는 종의 노래 첫 구절들 중 하나다. 사도는 이 고난 받는 종의 노래가 십자가에 달리신 "영광의 주"의 신비, **하나님, 영광의 주, 성령**을 사랑하는 자들을 위해 영광을 창조하는 이 십자가의 신비를 이해하는 데 중요한 열쇠라고 생각했다.

요약

이 설교는 많은 주제를 다룬다. 그중 여섯 가지를 다음과 같이 요약할 수 있다.

1. 여기서 바울은 자신의 메시지를 계속해서 명확히 제시한다. 고린도에서 바울은 자기 주변의 그리스인과 유대인에게 복음을 전하기 위해 다리를 세우는 데 관심을 가졌다. 그러나 어디서나 그랬듯이 바울은 이 새로운 청중에게 세상 권력이 아니라 약함을 가지고 나아갔다.
2. 하나님은 십자가에 못 박히신 영광의 주에 관한 비밀을 감추고 작정하고 예비하고 계시하신다. 십자가 사건은 역사의 우연한 사건이 아니라 영원한 계획이다.
3. **하나님의** 비밀은 **영광의 주**에 관한 비밀이고, 이 비밀이 지금 **성령**을 통해 계시된다. 여기서 바울은 삼위일체 관점에 따라 사고하고 있다.
4. 하나님의 영원한 계획으로서 십자가는 그분을 사랑하는 자들에게 영광 곧 *doxa*, *kabod*, *gravitas*, 무게를 가져올 수 있다.
5. 빌라도(로마인)와 대제사장(유대인)은 십자가 사건에 대한 책임으로 비난받지 않는다. 빌라도와 대제사장은 자기가 무슨 일을 한 것인지 깨닫지 못했다. 확실히 하나님의 계획은 모든 사람의 이해를 넘어선다.
6. 이사야서의 고난 받는 종이 예수의 십자가 사건의 배후에 놓여 있다. 첫째 장면(장면 8)의 인용문은 둘째 장면(장면 9)을 설명하기 위해 인용된다.

그다음 설교에서도 바울은 계속해서, 이전에는 감추어졌고 지금은 계시된 비밀을 다룬다(도표 1.3[6]을 보라).

수백 년 동안 해석자들은 정교하게 구성되고 신학적으로 치밀한 이 본문을 해석하는 데 큰 어려움을 겪었다. 이 본문에 대한 우리의 고찰은 그 수사 구조를 확인하고 본문이 명백히 강조하는 삼위일체 사상을 조명하는 데 집중할 것이다.

1. [2:10b] **성령**은 모든 것을 살피시는데	
심지어 **하나님의 깊은 것**까지도 살피신다.	**하나님의 영/하나님의 깊은 것**
[11] **사람의 생각**을 사람 속에 있는	사람/생각/영의 비유
사람의 영 말고 누가 알겠는가?	
마찬가지로 **하나님의 생각**도	하나님/생각/영의 비유
하나님의 영 말고 아무도 알지 못한다.	
2. a. [12] 우리는 세상의 영을 받지 아니하고	**우리는 받음**
b. **하나님으로부터** 온 **영**을 받았으니	하나님으로부터 온 영
c. 이는 우리가 **하나님으로부터 온 것들**이	우리가 하나님으로부터 온 것을 깨달음
d. 우리에게 **은혜로 주어진** 것임을 깨닫게 하려는 것이다.	우리에게 은혜로 주어짐
3. [13] 우리가 이것을 전하는 것은	**우리가 전함**
사람의 지혜가 말로 가르친 것이 아니라	영이 가르친 것
영이 신령한 사람들에게 가르친 것이고	신령한 사람들에게
그래서 신령한 사람들은 신령한 일을 해석한다.	
4. a. [14] 자연인[육에 속한 사람]은	**자연인—받지 못함**
b. **하나님의 영의 일들**을 받지 못하는데	성령의 은사들
(이는 그 일들이 그에게는 미련한 것이기 때문이다)	
c. 또 그는 그 일들을 알 수도 없는데	자연인은 성령의 일을 알 수 없음
d. 이는 그 일들이 영적으로 분별되기 때문이다.	성령의 일은 영적으로 분별됨
5. [15] **신령한 자**는 모든 것을 판단하지만	
자기는 아무에게도 판단을 받지 않는다.	**신령한 자는 모든 것을 판단함**
[16] "누가 **주**의 마음을 알아서	주(야웨)의 마음과
주를 가르치겠느냐?"	관련된 성경
그러나 우리는 그리스도의 마음을 갖고 있느니라.	그리스도의 마음

도표 1.3(6). 하나님의 지혜: 성령을 통해 계시됨(고전 2:10b-16)

수사 구조

이사야 28:14-18처럼 여기서도 여러 수사적 특징들이 함께 어우러져 능숙한 솜씨로 하나의 설교를 짜고 있다.

첫째, 이 설교는 고리 모양 구성으로 연결된 다섯 장면으로 구성되어 있다. 둘째, **비유**(장면 1)와 **성경**(장면 5)의 균형이 있다. 앞에서 지적했듯이, 예언적 수사 틀에서는 고리 모양 구성의 중앙은 종종 비유/은유, 자연적 이적 또는 초기의 거룩한 전통에서 뽑은 인용문으로 채워진다. 지금 다루는 본문은 작은 고리 모양 구성으로 시작되고 끝난다(장면 1과 5). 이 두 장면은 각각 A-B-A 구조를 가진다. 첫째 장면(장면 1)의 중앙은 "사람에 관한 비유"로 채워져 있다. 마지막 장면(장면 5)의 중앙은 이사야 40:13에서 뽑은 인용문을 포함한다. 바울은 자신이 수사적인 차원에서 무슨 일을 하고 있는지 정확히 이해하고 있다. 이 설교 전체의 클라이맥스는 중앙에 나온다.

주석

다시 한번, 다섯 장면 중 짝을 이루는 두 장면, 즉 첫 장면(장면 1)과 마지막 장면(장면 5)을 나란히 놓고 검토하는 것이 적절할 것 같다(도표 1.3[7]을 보라).

1. 2:10b **성령**은 모든 것을 살피시는데
   심지어 **하나님의 깊은 것**까지도 살피신다. **하나님의 영/하나님의 깊은 것**
   11**사람의 생각**을 사람 속에 있는 사람/생각/영의 비유
   사람의 영 말고 누가 알겠는가?
   마찬가지로 **하나님의 생각**도 하나님/생각/영의 비유
   하나님의 영 말고 아무도 알지 못한다.

5. [15] **신령한 자**는 모든 것을 판단하지만

자기는 아무에게도 판단을 받지 않는다. **신령한 자는 모든 것을 판단함**

[16] "누가 **주**의 마음을 알아서 주(야웨)의 마음과

주를 가르치겠느냐?" 관련된 성경

그러나 우리는 **그리스도의 마음**을 갖고 있느니라. 그리스도의 마음

도표 1.3(7). 장면 1과 5(고전 2:10b-11, 15-16)

장면 1은 "성령은 모든 것을 살피신다"로 시작된다. 이 말은 장면 5의 첫 행 "**신령한 자**는 모든 것을 판단한다"와 짝을 이루고 있다. 둘 사이의 평행 관계는 장면 5에 언급된 "신령한 자"가 **성령으로 충만한 신자가 아니라** 성령을 가리킨다는 개념에 무게를 더해준다.[3] 확실히 바울은 이 두 장면에서 삼위일체에 관해 성찰하고 있다. 이는 다음과 같이 시작되는 첫째 장면으로 증명된다.

[2:10b] **성령**은 모든 것을 살피시는데

심지어 **하나님의 깊은 것**까지도 살피신다.

여기서 "깊은 것"은 당시 인기 있던 영지주의 사상에서 빌려온 말이다. 바울은 이 말을 사용해서 자신과 독자들의 사상 세계 사이에 다리를 놓고 있다. 하지만 사도는 이 다리를 통해 자신의 생각이 독자에게 흘러가도록 주의를 기울인다. 사실 이런 다리가 없으면 전달은 불가능하다. 그러면 바울은 "깊은 것"이라는 말로 무엇을 가리키는가? 가장 단순한 답변은, 바울이 예수의 인격과 십자가로 인간의 역사 속에 침투한 하나님의 말씀에 관

3) C. K. Barrett는 이런 본문 이해를 하나의 견해로는 인정하지만 자신은 받아들이지 않는다(Barrett, *First Epistle*, p. 77을 보라).

해 말하고 있다는 것이다. 바로 이것이 방금 살펴보았던 사도적 설교의 클라이맥스이기도 했다. "하나님의 깊은 것"은 평범한 사람들에게는 없고 비전(祕傳)을 가진 소수에게만 허락된 철학적 개념(영지주의)이 아니라, 오히려 성육신과 십자가의 비밀이다. 따라서 이 첫 진술의 주제는 하나님이 누구신가에 관해 말하는 삼중 방식인 **성령**, 하나님의 **깊은 것**(즉 영광의 주), 그리고 **하나님**이다.

계속해서 장면 1에서 바울은 삼위일체에 관한 첫 번째 기독교적 비유를 제시한다.

2:11b **사람의 생각**을 사람 속에 있는
사람의 영 말고 누가 알겠는가?

이 비유에는 세 가지 요소, 즉 **사람**, 사람의 **생각**, 사람의 **영**이 있다. 나는 사람이고 내 이름은 케네스 베일리다. 나는 생각을 가지고 있다. 이 생각은 나의 한 부분이고 깊은 의미에서 나를 대변한다. 여러분은 이번 장을 읽고 있으므로 내 생각에 어느 정도 참여하고 있다. 내 생각을 알지 못하면 여러분은 나를 알 수 없다. 내 인격과 내 생각은 하나다. 하지만 둘이 동일하지는 않다. 또한 나는 영을 가지고 있다. 내 가족과 좋은 친구들은 내 영이 어떤지 알고 있으며 나보다 이를 더 잘 설명할 수도 있다. 내 영과 접촉해보라. 그러면 여러분은 나와 접촉한 것이다. 이 세 가지 실재는 하나이지만, 막연하게 기준 없이 보면 하나가 아니니다. 이 세 가지 실재 즉 켄 베일리라는 사람, 그의 말을 통해 드러나는 그의 생각과 그의 영은 함께 기능한다. 비록 이 셋을 서로 분리시켜 부분적으로 이해하는 것이 가능하기는 하지만 말이다. "하나 속의 셋"의 이처럼 놀라운 결합은 도대체 어디서 온 것일까? 우리는 하나님의 형상으로 지음 받지 않았는가?(창 1:27)

2004년 나는 캔터베리 대주교의 초청으로 가교를 세우기 위한 국제 컨퍼런스에 참석한 바 있다. 이 컨퍼런스에는 15명의 무슬림 학자와 15명의 기독교 학자가 참석했다. 우리는 아라비아만에 위치한 이슬람 국가인 카타르의 수도 도하에서 한 주 동안 만났다. 어느 날 저녁 이집트 출신의 한 무슬림 여성 학자가 나와 그리스도인인 내 친구와 함께 저녁 식사를 했다. 대화가 잠시 느슨한 사이에 그녀가 이렇게 물었다. "두 분 중 누구든 삼위일체에 관한 기독교 교리를 제게 설명해줄 수 있습니까? 25년 동안 저는 이해할 만한 설명을 찾으려고 애썼지만 찾지 못했습니다. 저를 도와주실 수 있겠습니까?" 우리는 누가 이 진지하고 우호적인 질문에 대답할지에 대해 상의했다. 그러고는 내가 현재 우리 논의의 대상인 고린도전서 본문을 사람에 관한 바울의 비유와 함께 간략히 설명했다. 그 후 질문자에게 나는 쿠란에서 "하나님", "하나님의 말씀", "하나님의 영"에 관해 읽을 수 있으리라고 말해주었다. 이슬람 전통은 신격에 관한 이 세 가지 쿠란의 묘사가 어떻게 결합되는지 성찰하지 않는 길을 택했다. 이런 선택은 그들의 권리이며, 나는 그 선택에 대해 그들의 자유를 존중한다고 그녀에게 말했다. 그러나 기독교 전통 속에서 우리는 마찬가지로 **하나님**, 하나님의 **말씀**, 하나님의 **영**을 가지고 있으며, 우리 기독교는 이 셋이 어떻게 연합하는지에 대해 성찰하는 길을 택했다. 내 답변에 크게 공감한 여성 학자는 이렇게 대답했다. "드디어! 내가 이해할 수 있도록 삼위일체가 설명되었습니다. 정말 감사합니다." 재빨리 나는 그녀에게 감사는 내게 할 것이 아니라, 우리에게 (비유와 함께) 그 본문을 제공한 사도 바울에게 해야 한다고 납득시켰다.

바울은 이처럼 주목할 만한 언급으로 설교를 시작한 다음, 이렇게 이어나간다.

11b 마찬가지로 **하나님의 생각**도
하나님의 영 말고 아무도 알지 못한다.

여기서도 같은 삼중 요소가 다시 나타난다. 그 세 요소란 하나님, 하나님의 **생각**, 하나님의 **영**이다. 바울은 진실로 사람에 관한 자신의 비유가 하나 속에 셋이 있는 하나님의 본질의 비밀을 가리키고 있다고 확증한다. 하나님의 "생각"은 예수 안에서 육신이 되신 하나님의 말씀과 관련되어 있다. 요약하면, 이 장면은 비유를 포함하는 삼위일체에 대한 확언을 담고 있다. 그러면 이와 짝을 이루는 장면 5는 어떠한가?

5. [15]**신령한 자**는 모든 것을 판단하지만	
자기는 아무에게도 판단을 받지 않는다.	**신령한 자는 모든 것을 판단함**
[16]"누가 **주**의 마음을 알아서	주(야웨)의 마음과
주를 가르치겠느냐?"	관련된 성경
그러나 우리는 **그리스도의 마음**을 갖고 있다.	그리스도의 마음

지적했듯이, "신령한 자"(Spiritual One)는 (예수 안에 있는 "신령한" 신자가 아니라) 성령을 지시한다고 이해하는 편이 가장 낫다. 확실히 성령은 "아무에게도 판단을 받지 않으신다." "하나님 아버지"의 본질은 무엇인가? 이 질문에 대한 답변은 히브리어 성경과 그리스어 성경에서 찾아낼 수 있다. "그리스도의 마음"은 무엇인가? 우리는 이 질문에 답변하기 위해 복음서와 서신서로부터 큰 도움을 받을 수 있다. 그렇다면 성령의 본질은 무엇인가? 우리는 성령의 **사역**을 눈으로 보고 경험할 수 있다. 하지만 성령의 **본질**을 우리는 알고 있는가? 성령은 비밀로 남아 있다(요 3:5-8).

장면 5에서 바울은 그리스어 구약성경(70인역)의 이사야 40:13 번역에서 어구를 빌려와 "주[야웨]의 마음"도 알려지지 않는다고 주장한다. 그러나 전혀 희망이 없는 것은 아니다. 우리가 "그리스도의 마음"을 가지고 있기 때문이다. 알려지지 않는 "하나님의 마음"은 이제 "그리스도의 마음"을 통해 계시된다. "신령한 자", "주의 마음", "그리스도의 마음"은 함께 간다. 알려지지 않았던 것이 알려졌다. 하나님의 지혜의 비밀이 밝혀졌다. 삼위 하나님께 감사하자.

지금 우리는 이 설교에서 서로 짝을 이루는 장면을 계속 검토하고 있다. 이번에는 장면 2와 4로 시선을 돌려보자. 도표 1.3(8)에 이 두 장면이 나란히 제시되어 있다.

2. a. [12]우리는 세상의 영을 받지 아니하고	**우리는 받음**
b. **하나님으로부터** 온 **영**을 받았으니	그러나 하나님으로부터 온 영으로
c. 이는 우리가 **하나님으로부터 온 것들**이	우리가 하나님으로부터 온 것을 깨달음
d. 우리에게 **은혜로 주어진** 것임을 깨닫게 하려는 것이다.	우리에게 은혜로 주어짐
4. a. [14]자연인[육에 속한 사람]은	**자연인—받지 못함**
b. **하나님의 영의 일**들을 받지 못하는데	성령의 은사들
(이는 그 일들이 그에게는 미련한 것이기 때문이다.)	
c. 또 그는 그 일들을 알 수도 없는데	자연인은 성령의 일을 알 수 없음
d. 이는 그 일들이 영적으로 분별되기 때문이다.	성령의 일은 영적으로 분별됨

도표 1.3(8). 장면 2와 4(고전 2:12, 14)

삼위일체에 관한 성찰은 계속된다. 장면 2에서 바울은 **하나님으로부터 온 것들**을 계시하는 **하나님**으로부터 온 **영**에 관해 설명한다. 하나님으로부터 온 것들은 무엇을 말하는가? 물론 본문에서는 알 수 없다. 하지만 우리는 하나님으로부터 온 것이 복음을 가리킨다고 이해할 수 있다. 곧 그리스도 안에 있는 하나님의 실재와 1:17에서 이 본문까지 설명되는 주제인 십자가의 능력과 지혜를 지시한다고 볼 수 있다. 이 복음 곧 "십자가에 못 박히신 그리스도"를 메시지로 하는 사건은 분명히 "우리에게 은혜로 주어졌다."

장면 4도 동일한 삼위일체를 제시하는데, 다만 여기서는 부정적인 적용이 이루어진다. 자연인은 "하나님의 영의 일들"을 받지 못한다는 것이다. "이는 그 일들이 그에게는 미련한 것이기 때문이다"라는 특별한 언급이 여기서 나타난다. 이 문장과 균형을 이루어주는 행은 없다. 이 언급이 본문에 포함된 것은, 십자가가 "그리스인에게는 미련한 것"이라고 제시하는 1:17-2:2의 십자가 찬송의 중앙 부분을 반영하기 때문이다. 그리스 정신에서 보면 십자가뿐만이 아니라 삼위일체 개념과 성육신도 똑같이 미련한 것이다. 바울은 당시와 지금을 막론하고 온 교회를 향해 말하고 있지 않은가?

두 장면(장면 2와 4)은 또 다른 측면에서도 짝을 이룬다. 이사야 28장에서 우리는 한 장면의 안쪽 행들과 다른 장면의 안쪽 행들 간의 평행 관계에 주목한 바 있다. 여기서 바울은 경탄할 만한 솜씨로 똑같은 스타일을 사용한다. 이 두 장면에 각각 나오는 네 행의 공통 요소는 다음과 같다.

a. 받음 대 받지 못함
b. 성령
c. 앎 대 알지 못함
d. 은혜로 받음(주어짐)과 분별함(앎)

나보다 훨씬 더 뛰어난 많은 지성인들이 이 본문을 파악하는 데 심혈을 기울였다. 모두의 소원은 이 본문에서 몇몇 보물을 발굴해내는 것일 듯하다. 2a에서 바울은 분명히 자기와 자기 주변 사람들을 하나님으로부터 온 영을 받은 자로 묘사한다. 4a에서는 "자연인"이 하나님의 영의 일을 알 수 없다고 설명한다. 바울과 그의 동료들은 "세상의 영"을 받지 않고(2a), "자연인"은 "하나님의 영의 일들"을 받지 못한다(4a-b). 바울과 동료들은 "하나님으로부터 온 일들"을 알 수 있으나(2c) 자연인은 "알 수 없다"(4c). 이 영적 실재들은 **은혜로 주어지며**(2d) 동시에 **영적으로 분별된다**(4d).

그중 첫째 부분(2d)에서 신자는 은혜를 수동적으로 **받는 자**다. 둘째 부분(4d)에서 독자는 이 받는 자가 성령으로부터 오는 은혜를 **받아들일** 때 능동적인 역할을 함을 발견한다. 논리와 추론은 충분하지 않다. 은혜의 선물 속에는 하나님의 일을 이해하도록 신자를 구비시키는 요소가 포함되어 있다. 바울은 지금 계몽주의 세계관과 조화될 수 없는 세계로 이동하고 있다. 다시 우리는 세상이 약하고 미련한 것으로 여기는 십자가로 되돌아간다. 하지만 구원받은 자에게 십자가는 하나님의 능력이자 지혜다.

이 설교의 중앙(장면 3)은 다음과 같다.

3. 2:13 우리가 이것을 **전하는** 것은	**우리가 전함**
사람의 지혜가 말로 가르친것이 아니라	사람의 지혜가 가르친 것이 아님
영이 신령한 사람들에게 가르친 것이고	영이 가르친 것임
그래서 신령한 사람들은 신령한 일을 해석한다.	신령한 사람들에게—영적으로

이 중앙의 클라이맥스에서 바울은 "선교적"이 된다. 사람들이 "영성"을 얻고 영성에 빠지는 것만으로는 충분하지 않다. 사도로서는, 여기에 하나님의 깊은 것이 있다(장면 1, 5). (자연인이 아닌) 우리는 하나님의 영의 일을 **받고**(장면 2, 4), 그뿐 아니라 "신령한 사람들에게 영이 가르친 것"을 "**전한다**"(장면 3). **사람의 지혜**라는 말은 중앙의 이곳에서만 나타나며, 신령한 사람들에게 "영이 가르친 것"과 대조된다.

이 다섯 장면을 수사적으로 요약하면 다음과 같다.

1. 영, 하나님, 하나님의 생각.
2. 　　우리는 영으로부터 **깨달음을 얻는다**.
3. 　　우리는 신령한 사람들에게 (말의 지혜가 아니라) 영이 **가르친 것을 전한다**.
4. 　　**자연인은** 영의 일을 **받지 못한다**.
5. 영, 하나님, 그리스도의 마음

이 설교의 "선교적" 요소가 중앙의 클라이맥스에 오는 것은 결코 우연이 아니다. 이 모든 내용은 성령을 통해 성령의 계시된 비밀을 다른 사람들에게 **전할** 목적(장면 3)으로 주어진다.

서구의 그리스-로마 정신으로 보면, 이 부분은 질서 없이 뒤엉켜 있는 듯 보인다. 그러나 고리 모양 구성에 정통한 독자라면, 클라이맥스에 이를 때까지 일련의 개념들을 들을 수 있으며, 이어서 클라이맥스 이후로 그 개념들이 역으로 (차이를 가지고) 반복된다는 것을 예상할 수 있다. 이런 독자에게 바울의 설교는 선명하고 설득력 있게 조직되어 있다.

일관된 논리만으로는 충분하지 않다. 바울은 **영광의 주**와 **그의 십자가**를 통해 계시된 감추어진 **하나님의 지혜**인 **그리스도의 마음**을 전하는 데 관심을 기울인다.

요약

1. 바울은 이 설교에서 삼위일체를 여섯 번 언급한다(장면 1a, 1b, 1c, 2, 4, 5). 바울은 사람을 삼위일체를 제시하는 비유로 사용한다(장면 1). "자연인"(성령이 없는 사람)은 이 비밀을 이해할 수 없다.

이를 요약하면 다음과 같다.

	성령	그리스도	하나님
(1)	**성령**(모든 것을 살피신다)	**깊은 것**	하나님의
	성령(아신다)	생각	사람의 (비유)
	성령(아신다)	**생각**	하나님의
(2)	성령으로부터	**우리에게 은혜로 주어진 것들**	**하나님**으로부터
(4)	**성령**	**일들**	**하나님**의
(5)	**신령한 자**	**그리스도**의 마음	**여호와**의 마음(성경)

도표 1.3(9). 장면 1-5에 나타난 바울의 삼위일체 설명

2. 사람의 지식과 지혜(합리성)만으로는 충분하지 않다. 사람의 지식을

넘어서는 "영의 가르침"이 필수적이다.

3. **영**만으로는 충분하지 않다. 고린도 교회 교인들은 성령(성령론)이 하나님을 아는 데 있어 자기가 필요로 하는 것의 전부라고 생각했다. 여기에 대한 바울의 반응은 다음과 같다. "아니다. 성령을 통해 너희는 하나님의 은사들을 받는다. 그러나 **하나님의 생각/마음**은 받지 못한다. 이 **하나님의 마음**을 위해서는 **그리스도의 마음**(기독론)이 요구된다."
4. 은혜는 선물로 "주어지지만", 이 선물은 신자에게 받아들여져야 한다(영적으로 분별되어야 한다).
5. 삼위일체와 십자가의 비밀이 자연인에게는 미련한 것이다.
6. 신자는 하나님의 비밀을 **받고 깨달을** 책임이 있으며, 마지막으로는 하나님의 비밀을 다른 사람에게 **전할** 책임이 있다.

지금 바울은 선교적 요소를 논의 속으로 투입하면서, 첫째 논문의 결정적 지점에 이르고 있다. 고린도 교회 교인들은 이 모든 내용을 다른 사람들에게 "전해야" 한다. 이런 명령 때문에 사도는 다른 사람에게 복음을 전하는 막중한 사역(장면 3)을 감당하는 데 있어 경쟁자가 아니라 동역자인 바울과 아볼로에 관한 두 번째 설명으로 나아간다. 이제 이 설명을 다루어보자.

1.4.

그리스도인의 연합

하나인 바울과 아볼로와 게바

고린도전서 3:1-4:16

이제 바울은 첫째 논문의 네 번째 부분을 제시할 준비가 되었다. 넷째 부분의 전체 개요는 다음과 같다.

십자가와 그리스도인의 연합(1:10-4:16)

1. 문제점: 분쟁, 세례와 십자가(1:10-16)
2. 하나님의 지혜와 능력: 십자가(1:17-2:2)
3. 하나님의 지혜: 성령을 통해 계시됨(2:3-16)
4. **그리스도인의 연합: 하나인 바울과 아볼로와 게바**(3:1-4:16)

(십자가 안에 있고 성령을 통해 얻는) 하나님의 지혜에 관한 두 편의 설교를 확고한 기초로 삼고, 바울은 이제 두 번째로 독자가 바울과 아볼로와 게바를 어떻게 **보아야 하는지**를 다룰 준비를 한다. 첫째 논문의 이 마지막 부분(4)에는 네 개의 설교가 포함되어 있으며, 개인적 호소가 딸린 일반적 권면이 덧붙여져 있다. 이 부분의 개요는 다음과 같다.

1. 바울과 아볼로: 이는 **너희에 관한** 것!(3:1-4) 바울과 아볼로(너희)

2. **밭과 농부** 비유(3:5-9) 비유-농부

3. **건축자와 터** 비유(3:10-17) 비유-터

4. 바울과 아볼로와 게바: 이는 **그리스도에 관한** 것(3:18-4:7)바울, 아볼로, 게바(그리스도)

결론에 해당하는 일반적 권면과 개인적 호소(4:8-16)

앞의 두 비유는 바울과 아볼로와 게바 그리고 **그리스도**에 대해 논의하는 틀로 둘러싸여 있다. 바울은 3:1-4 본문과 함께 설명을 시작한다(도표 1.4[1]를 보라).

수사 구조

"바울과 아볼로"가 다시 소개되는 내용이 **직선적 시퀀스**로 이어지는 세 장면에 담겨 있다. 이 세 장면의 취지는 "바울과 아볼로: 이는 우리에 관한 것이 아니다. 바로 너희에 관한 것이다!"이다. 첫째 장면은 이전 설교의 첫째 장면(2:10b-11)과 유사하게 구성되어 있다. 이전 설교의 첫째 장면은 첫 부분에 나온 개념이 끝부분에서 반복되고, 중앙 부분에 짧은 비유가 들어 있는 구조다.

주석

바로 앞에서 바울은 자기가 "성숙한 자들에게" "하나님의 깊은 것"을 전할 수 있었다고 고린도 교회 교인들에게 말했다. 고린도 교회 교인들은 다른 누구보다 자기들이 이 깊은 것에 대해 준비가 잘 되어 있다고 생각했다. 그러나 슬프게도 그들은 아직 준비가 되어 있지 않았다. 고린도전서의 첫 부분에서 바울은 독자를 "그[그리스도] 안에서 모든 언변과 지식에 있어 풍족해졌고…어떤 신령한 은사에도 부족함이 없는" 자로 간주했다(1:5, 7).

1. [3:1]그러나 형제들아, 나는 너희를 신령한 자처럼 **대할 수 없고**	**준비되지 못함**
육신에 속한 자 곧 그리스도 안에서	육신에 속한 자
[2]내가 너희를 단단한 음식[밥]이 아니라 젖으로 길렀는데	**비유**
이는 너희가 단단한 음식을 먹을 준비가 되지 못했기 때문이다.	젖과 단단한 음식
사실은 아직도 **너희가 준비되지 못했고**	**준비되지 못함**
[3]그러니 너희는 여전히 **육신에 속해** 있다.	육신에 속함
2. 너희 중 시기와 분쟁이 있는 한,	
너희는 육신에 속하여	**분쟁의 의미**
사람의 길을 따라 행하는 것이 아니겠느냐?	육신에 속함
3. [4]어떤 이는 "나는 바울에게 속해 있다"고 말하고	
다른 이는 "나는 아볼로에게 속해 있다"고 말하니	**분열의 의미**
너희가 단순히 사람들에 불과한 것이 아니겠느냐?	신령하지 못함

도표 1.4(1). 바울과 아볼로: 이는 전부 너희에 관한 것이다!(고전 3:1-4)

그렇다면 독자에 관한 바울의 마음이 이토록 빨리 바뀌었던 말인가? 절대로 그렇지 않다. 1:5-6에서 3:1-3 내용으로 바울의 설명이 바뀐 것은, 한편으로는 하나님이 **성령**을 주신 데(1장) 비추어보고, 다른 한편으로는 고린도 교회 교인들이 성령의 은사를 받지 못한 데(3장) 비추어보면 파악이 가능하다. 이런 구분은 고린도전서의 첫 부분에서 이미 선명히 천명된다. 지적했듯이, 고린도전서 서두에서 바울은 **고린도 교회 교인들**이 아니라 **그들에게 주어진 하나님의 은혜**로 인해 감사했다(1:4). 고린도 교회 교인들이 이 은사들을 받은 것(과 사용한 것)은 언급되지 않았다. 그들은 하나님의 은사를 적절하게 받지 못했기 때문에 아직 그들에게는 하나님의 "깊은 것"(십자가 같은)이 없었다. 그래서 바울은 그들에게 "단단한 음식"[밥]이 아니라 "젖"을 주었다. 심지어 이런 양육에도 불구하고, 그들은 "여전히 육신에 속해" 있었으며 그로 말미암아 하나님의 비밀을 맡을 준비가 되어 있지 않았다. 바울이 이런 판단을 하게 된 기준은 무엇이었을까? 본문은 다음과 같이 계속된다.

2.	너희 중 시기와 분쟁이 있는 한,	**분쟁의 의미**
	너희는 육신에 속하여	육신에 속함/
	평범한 사람의 길을 따라 행하는 것이 아니겠느냐?	평범한 사람
3.	[4]어떤 이는 "나는 바울에게 속해 있다"고 말하고	
	다른 이는 "나는 아볼로에게 속해 있다"고 말하니	**분열의 의미**
	너희가 단순히 사람들[1]에 불과한 것이 아니겠느냐?	평범한 사람

바울에게 문제는 "너희는 아직 너희의 신학 서론을 완결 짓지 못했으며 따라서 나는 너희에게 다음 과정을 진행시킬 수 없다"는 것이 아니었다. 문제

1) Bailey 번역. 여기서와 그 위의 평행적인 행에서 이 말은 그리스어 *anthropoi*(사람들)다.

는 지적 통찰력의 부족이 아니라 고린도 교회 교인들의 **질투**와 **분쟁**이었다. "질투"라는 말은 바울의 사랑의 정의가 언급되는 고린도전서 13장에서 다시 나타날 것이다.[2] 나아가 이 본문의 "어린아이들"(*nepios*)도 13장에서 다시 등장한다. 여기서 바울은 독자가 서로 사랑하지 못함을 지적하기 시작한다.

1장에서 바울은 "분쟁"(Aris; 전쟁의 여신)이 그들 중 팽배해 있다고 지적했다. (학생과 교수 신분으로) 학교에서 수십 년 활동해온 나는 학계 상황에 익숙하다. 질투[시기]와 분쟁은 학계에서도 사라지지 않는다. 동시에 질투와 분쟁이 추한 머리를 들고 일어날 때 이 두 속성을 진리 탐구와 연관시키는 사람은 거의 없다. 아무도 "X 교수는 Y 교수를 시기한다. 그러므로 X 교수의 강의는 피상적이다"라고 말하지 않는다. 반면에 바울은 **독자들이 질투하고 분쟁했기 때문에** "하나님의 깊은 것"이라는 "단단한 음식"을 먹을 수 없는 자, 곧 "그리스도 안에서 어린아이"라고 그들을 비난했다. 계몽주의의 아들로서 우리는 주로 진리 탐구를 자유로운 사색으로 보게 되었다. 신학적 진리를 포함해서 어떤 진리를 이해하는 데 요구되는 것은 훌륭한 지성과 열렬한 탐구가 전부라는 것이다. 바울은 고린도 교회 공동체의 지체들이 서로 간의 관계를 깼기 때문에 그들에게 신학의 "단단한 음식"을 먹일 의향이 없다고 말한다. 사도는 처음에 그들에게 복음을 전했을 때에는 젖을 주어야 했다. 그런데 편지를 쓰고 있을 때에도 여전히 같은 것을 줄 수밖에 없었다. 물론 이 편지 전체(고린도전서)는 "단단한 음식"이고 바울은 이것을 고린도 교회 교인에게 보냈다. 이는 고린도 교회 교인 중 상당히 많은 이가 문제의 다툼에 휩쓸리지 않았음을 암시하는 것 같다. 또한 바울은 독자에게 이 편지가 온 교회에 보내진 것이라고 말했다. 그래서 우리는 온 교회가 고린도 교회처럼 끔찍한 다툼에 빠지지 않기를 간절히 바랄 수 있다.

2) 우리는 13장 중앙에 열거된 여러 부정적 요소들이 본문의 진행과 함께 표면에 부상하는 것을 확인할 수 있다.

고대의 동양 교회에는 인문학자나 신학자가 없는 대신 "교부들"(Fathers of the Church)이 있었다. "교부"라는 말의 배후에 놓인 함축은, 그들이 경건의 진정성과 교회에 대한 헌신을 보여줄 때에만 그들의 학문이 진지하게 고려의 대상이 된다는 의미다.

자기가 "아볼로 편" 또는 "바울 편"이라고 선언하면서 고린도 교회 교인들은 이 말이 **자기들의 지도자에 대한** 칭송이라고 믿었다. 그러나 바울은 그렇지 않다고 대답한다. 바울은 이런 파벌을 일으킴으로써 교인들이 지도자인 자신들에 대해 말하는 것이 아니라고 설명한다. 즉 너희는 **너희 자신에 관해 말하는** 것이고, 너희가 하는 말은 아첨도 아니다! 우리가 좋아할 것이라고 상상하지 마라! 너희의 다툼은 전부 **우리**가 아니라 **너희에 관한 것**이다!

여기서 바울은 어머니처럼 행동한다. 그는 어린아이들에게 젖을 먹이고[3] 있는 것이다. 이 이미지는 이사야 28:9로부터 왔으며 본문은 다음과 같다.

그가 누구에게 지식을 가르치며
　　누구에게 메시지를 설명하겠는가?
젖을 뗀 자들
　　곧 품을 떠난 자들에게 하겠는가?

이 이사야서 본문의 가정은 "너희는 어린아이에게는 지식/메시지를 가르칠 수 없다"는 것이다. 바울은 "나는 품에 어린아이를 안고 있다. 나는 그 아이의 어머니가 되어 젖을 먹여야 한다"라고 반응한다. 이 부분이 끝나고 몇 구절 뒤에서 바울은 자신을 아버지로 묘사한다(4:15). 우리는 이 두 이미지(어머니와 아버지)를 통해 바울을 이해하고, 또 모든 시대의 기독

3) 문자적으로 "그들에게 마시라고 젖을 주다"라는 뜻이다.

교 사역에 대한 우리의 관점을 파악하고 형성해야 한다.

첫째 논문 마지막 부분의 이 첫 지점은 최소한 두 가지 핵심을 가지고 있다. 첫째 요점은 분쟁과 질투가 어떤 식으로든 하나님의 진리를 파악하지 못하도록 방해한다는 확언이다. 사랑하지 않는 자는 하나님의 깊은 것을 간파할 수 없다. 둘째 요점은 바울이 자기를 어떻게 이해하는지 들여다보는 창문에 대한 것이다. 이 창문으로 들여다본 바울은 신실한 자의 어머니(후에는 아버지)다.

"바울과 아볼로"를 두 번째로 언급하는 서론 다음에, 바울은 고린도 교회 교인들이 자신과 동료들을 어떻게 보아야 하는지를 설명하는 두 가지 비유를 제시한다. 두 사도 곧 바울과 아볼로는 교회에서 서로 경쟁하는 파벌의 지도자가 아니다. 대신 그들은 농부나 건축자와 같다. 이 두 비유 중 첫째 비유가 도표 1.4(2)에 제시되어 있다.

수사 구조

이 본문은 단순하고 능숙하며 수사적인 균형을 잘 이루고 있다. 여기서는 세 가지 특징이 두드러진다. 첫째, 바울은 일곱(완전수) 개념을 두 단위로 나누어 다루고 있다. 장면 1-2의 일곱 개념은 (내적으로) 장면 3-4의 일곱 개념과 하나씩 짝을 이룬다. 둘째, 짝을 이루는 장면들은 단계 평행법을 사용한다. 즉 장면 1의 네 개념은 장면 4의 네 개념과 평행을 이루며, 장면 2의 세 개념은 장면 3의 세 개념과 균형을 이루고 있다. 셋째, 마지막으로 네 장면 자체에는 고리 모양 구성이 사용되어 독자에게 제시된다(A-B-B-A).

1a. [5]그러면 바울은 무엇이냐?	
b. 아볼로는 무엇이냐?[4]	**우리는 종이다**
c. 그들은 너희를 믿게 만든 종들로	주께서 정하신 대로 함
d. 주께서 각각 정하신 대로 했을 뿐이다.	
2. e. 나는 심었고	**우리는 농부다**
f. 아볼로는 물을 주었으나	하나님이 자라게 하심
g. 오직 하나님께서 자라게 하셨다.	
3. e. [7]따라서 심는 이도 아무것도 아니고	
f. 물을 주는 이도 아무것도 아니며	**우리는 아무것도 아니다**
g. 오직 자라게 하시는 하나님만 그렇지 않다.	하나님이 자라게 하심
4a. [8]심는 이와	**우리는 똑같은 종이다**
b. 물을 주는 이는 똑같고	하나님을 위한 일꾼
c. 각각 자기가 일한 대로 자기의 삯을 받을 것이다.	
d. [9]왜냐하면 우리는 하나님의 동역자이기 때문이다.	

도표 1.4(2). 하나님의 밭과 두 농부 비유(고전 3:5-9)

4) 1a와 1b에서 나는 아르메니아, 이집트, 시리아 전통(과 일부 다른 초기 그리스어 사본과 함께 *Textus Receptus*[공인 사본]도 포함)의 본문을 택해 바울을 아볼로보다 앞에 두었다. 초기 증거를 많이 가지고 있는 현대의 본문비평가들은 당연히 이 두 행에서 아볼로를 바울 앞에 두었다. 그러나 이 수사 형태는 (내가 알기로) 그 본문에 대한 증거로 간주되지 않았다. 확실히 이 열네 행의 철저한 구성은 이 본문에서 바울을 앞에 두는 입장을 강력히 증명하며, 따라서 지적했듯이 세 동양 언어(시리아어, 아랍어, 히브리어) 전통 속에 나타난 순서를 회복시킨다. 아볼로는 3:4 끝에서 언급된다. 초기 필사자는 이 구절의 영향을 받고 그 결과 우발적으로 5절에서 바울보다 아볼로를 먼저 두었을 수도 있다.

주석

여기서 화두는 "바울과 아볼로가 누구냐?"다. 1:10-16에서 고린도 교회 교인들은 바울과 아볼로를 대립하는 파벌의 지도자로 보았다. 여기서 바울은 고린도 교인들에게 그들이 자기와 자기 동료들을 어떻게 보아야 하는지에 대해 말한다. 바울은 이 주제를 교회에 대한 이해와 분리시켜 다루지 않는다. 씨를 심고 그 결과 자라는 일이 있는 농사 비유는 이사야서에서 뽑은 것이다. 이 주제는 이사야서에서 여러 번 등장하는데 그중 하나가 이사야 41:19이다. 이 본문은 다음과 같다.

> 내가 광야에는 **백향목**과
> 　**싯딤 나무**와 **화석류**와 **들감람나무**를 심고
> 사막에는 **잣나무**와
> 　**소나무**와 **황양목**을 함께 둘 것이다.

전체를 훑어보면 이 구절에서 일곱 가지 나무를 언급하는 것이 주의를 끈다. 농부인 **하나님**은 이 나무들을 광야와 사막에 **심으신다**. 비슷한 비유가 이사야 44:3-4에서 다시 나타난다.

> 나는 목마른 땅에 물을 주고
> 마른 땅에 시내가 흐르게 하며
> 　　내 영을 네 자손에게,
> 　　내 복을 네 후손에게 부어줄 것이다.
> 그들은 물속의 풀같이 솟아나고
> 시냇가의 버들같이 될 것이다.

여기서도 **하나님**이 마른 땅에 물을 대는 **농부**가 되신다. 이곳에는 성

령의 부으심이 내포되어 있다.

이사야 60:21은 바울의 말과 훨씬 더 가깝다. 거기서 사람들은 이렇게 불린다.

> 내가 심은 가지이고
> 내 손으로 만든 것으로
> 나를 영화롭게 할 것이다.

여기서도 하나님은 심는 동시에 그 심는 행위가 가져올 새싹을 보고 계신다.

메시아 시대에 사람들은 다음과 같이 위로받을 것이다.

> 그들이 의의 나무로 불릴 것인데
> 여호와께서 심으셨고
> 이 나무로 여호와께서 영광을 받으실 것이다(사 61:3).

바울은 자기에게 필요한 이미지를 취해 이를 적절하게 활용한다. 하나님은 (마른 땅에) 이스라엘을 심으셨고, 바울은 (하나님을 위해) 교회를 (이방인 중에) 심는다. 두 경우 모두 성령이 관련되어 있다. 더 정확히 말하자면, 공관복음에 나오는 유명한 씨 뿌리는 자의 비유(눅 8:4-8)도 바울의 농부 비유에 간접적으로 반영되어 있다. 바울은 이 주제에 관한 예수의 비유를 잘 알고 있었을까? 아니면 예수로부터 언어를 빌려 이를 교회에 관한 말에 반영한 것일까? 우리로서는 알 수 없다. 그러나 직접적이든 간접적이든 바울이 영향을 받았다고 보는 것은 가능하다.

이 짧은 사도적 설교에 바울과 아볼로가 네 번에 걸쳐 언급된다. 바울은 자신을 *diakonos*(사역자/종)라고 부른다. 같은 단어가 뵈뵈(롬 16:1), 디모데(딤전 4:6) 그리고 다른 초기 교회 지도자들에게도 사용된다. 농부와

"하나님의 밭" 비유에서 짝을 이루는 일곱 가지 이미지/개념을 세밀하게 비교해보면 다음과 같은 사실이 드러난다.

1. 바울과 아볼로는 (주인이 아니고) **종**이다. 확실히 이런 자기 이해는 "나는 섬기는 자로 너희 가운데 있노라"고 말씀하신 분의 인격과 말씀을 반영한다. 예수와 같이 바울의 경우도 종의 개념이 지도자로서의 역할과 결부되어 있다.

2. 바울과 아볼로는 각각 **특수한 사역**을 맡고 있다. 바울은 심고 아볼로는 물을 준다. 모든 부르심이 동일한 임무인 것은 아니다.

3. 바울과 아볼로의 각 사역은 일차적으로 교회가 아니라 "주께서" **정하신 것**이다. 바울의 경우에는 교회의 결정도 연관되어 있었다. 성령은 "안디옥 교회"에 말씀하심으로써 이 교회를 통해 바나바와 바울을 "따로 세워" 특수한 임무를 맡도록 명령하셨다. 예루살렘 교회는 관여하지 않았으며, 오직 안디옥 교회만 관여했다. 예루살렘 교회가 이방인에게 선교를 시작하라는 지시를 보낼 때까지 바울과 바나바가 기다렸다면, 얼마나 오래 지체해야 했을까? 나아가 두 사람은 자신의 성공에는 아무 관심이 없었다. 가장 중요한 것은 주께서 정하신 것이었다.

4. 바울과 아볼로는 **동등한 사역자**였다. 우리가 얻을 수 있는 정보에 따르면, 바울이 아볼로보다 더 유명한 사역자였다는 점은 쉽게 확인된다. 그러나 바울은 자기와 아볼로를 동등한 사역자로 묘사한다.

5. 바울과 아볼로의 분리된 **직무는 가치가 동등했다**. 다시 말해, 복음 전도와 기독교 교육은 같은 중요성을 갖고 있다. 복음 전도자와 기독교 교육자는 각각 자기의 업무를 다른 편 업무보다 더 중요하다고 판단하기가 쉽다. 때때로 복음 전도자는 반(反)지성적 경향을 보이고 기독교 교육을 시간 낭비로 판단한다. 또한 일부 기독교 교육자는 복음 전도자를 제대로 배우지 못하고 잘못 인도받은 열광주의자로 간주한다. 바울은 이런 두 태도를 결코 용납하지 않는다. 바울은 두 사역을 똑같이 타당한 것으로 보았다.

6. **하나님이 자라게 하신다**. 이 성장은 능숙한 방법을 사용하거나 선전

을 많이 한 결과가 아니었다. 성장은 하나님의 선물이었으며 지금도 하나님의 선물이다. 바울은 자신이 기록했듯이 어떤 밭은 생산성이 거의 없음을 잘 알고 있었다. 비시디아의 안디옥에서 바울은 처음에는 성공을 거두었으나 나중에는 그 도시에서 쫓겨났다(행 13:13-50). 교회의 영적·양적 성장의 비밀은 인간의 이해를 초월한다. 50년 전 서에티오피아의 "마카나 예수" 교회는 교인 수가 5만 명이었고 미래가 불확실했다. 하지만 지금은 4백만 명이 넘는다. 하나님은 자라게 하시고 성령은 대대로 활동하신다. 본문에서 바울은 자신의 성공을 내세우지 않는다. 나아가, 자라게 하시는 하나님의 행동이 여기서는 미완료 동사로 묘사된다. 그리스어에서 미완료형은 "과거의 지속적인 행동"을 의미한다. 바울은 심었고 아볼로는 물을 주었다. 두 사도의 행동은 과거에 있었던 일이다. 그러나 하나님은 **계속** 자라게 하신다. 요한 벵겔은 자라게 하시는 하나님의 행동이 없으면, "처음부터 곡식은 조약돌처럼 될 것"이라고 지적한다.[5]

7. 바울은 자신과 동료 아볼로를 "**하나님을 위한** 동역자"로 제시한다. 그렇다. 그들은 어디서든 교회의 종이다. 하지만 더 깊은 차원에서 보면 그들은 하나님의 일꾼이다. 이사야서에서 하나님은 이스라엘을 심으셨다. 바울은 하나님의 일을 감당하도록 정해진 하나님의 대리인이며 "교회를 심음으로써" 그분을 위한 자신의 임무를 성취한다.

8. 바울과 아볼로는 영향력과 권력을 다투는 경쟁하는 파벌의 지도자가 아니라 **동역자**다.

9. 각 일꾼은 생산 결과에 따라서가 아니라 "자기가 **일한** 대로" **삯**을 받는다! 자본주의 세계는 모든 것의 가치를 생산을 기초로 해서 판단한다. 이런 태도가 서구 사회에 깊이 배어 있다. 역사 전체에 걸쳐 수많은 신실한 종들이 열심히 일했으나 세상의 판단에 따르면 열매가 없는 것으로 보

5) John A. Bengel, *Bengel's New Testament Commentary* (Grand Rapids: Kregel, 1981), 2:179.

였다. 하지만 하나님은 다른 척도를 갖고 계시고, 삯은 생산이 아니라 일을 기초로 주어진다. 이 본문에서 바울은 하나님이 가시적인 성과와 상관없이 그 일을 기뻐하시고 보상하신다고 주장한다.

이어서 바울은 **농부**로부터 **밭**으로 시선을 옮겨, **집**과 **건축자**에 대해 언급한다. 언뜻 보기에 간단한 이 진술이 바울의 첫째 논문의 이 네 번째 부분의 클라이맥스다. 바울은 9b절에서 이렇게 말한다.

> 너희는 하나님의 밭이자
> 하나님의 집이다.

이 클라이맥스의 요점은 "세우고 심는"(렘 1:10) 임무를 가졌던 예레미야의 부르심의 이미지를 반복하고 있다(순서는 반대지만). 건축자와 농부의 동일한 이중 이미지가 이사야서의 환상에서 나타난다. 거기서 이사야는 건축자가 되어 "옛날에 무너진 곳을 다시 일으킬" 수 있도록(사 61:4) 슬퍼하는 자들에게 큰 기쁨을 줄 "기름 부음 받은 자"가 오실 큰 날에 대해 말한다. 동시에 그들은 농부가 되어 땅에서 "두 배"의 몫을 받는다(사 61:7).

그러나 차이가 있다. 예레미야는 이스라엘 민족의 건축자이자 심는 자였다. 또 이사야가 말하는 백성도 세우고 심어야 했으며 그들의 수고로 **이스라엘 안에** "이전에 황폐했던 곳이 다시 세워질" 것이었다(사 61:4). 성경의 다른 곳에서 독자에게 바울과 같이 세우고 심는 일에 참여하라는 권면이 주어지는 것은 사실이다. 그러나 **이 본문에서** 바울의 독자는 건축자와 심는 자가 아니다. 오히려 그들은 "하나님의 **밭**이자 그분의 **집**"이다. **그들은 땅이자 성전이다**! 갓 태어난 교인들, 다툼 속에 있으며 문제가 많았던 그들이 하나님의 눈에는 예언자들에게 약속된 **회복된 땅**과 **영광스러운 성전**으로 보였다. 하나님은 전통을 탈시온화 하신 것이 아니었다. 오히려 그분은 전통을 특수한 지리나 건물이 필요하지 않은 **새로운 형태의 시온**

주의로 변화시키셨다! 이 모든 내용이 비유의 마지막 부분에서 놀라운 클라이맥스에 도달한다.

이미 지적했듯이, 바울은 이 농부 비유에서 예수의 씨 뿌리는 자 비유를 반영한다. 또 앞으로 살펴보겠지만, 사도는 예수께서 말씀하신 두 건축자 비유(눅 6:46-48)를 배경 삼아 건축자 비유를 새롭게 만들어낸다. 동시에 예수와 바울은 둘 다 이 이미지와 관련해서 오래된 전통의 일부이며, 이사야서는 의미심장하다.

이사야 28:14-18에서 예언자는 하나의 건물(이스라엘)의 멸망과 믿는 자들의 기반이 되는 **새롭고 보배로운 기초석**에 대한 약속을 선포한다.[6] 이 이미지의 두 번째 용례가 사해 사본 「공동체 규칙」(VIII)에 나오는데 그 내용은 다음과 같다.

> 공동체 회의는 열두 명의 남자와 세 명의 제사장 곧 율법에 계시된 모든 내용에 통달하며 그 사역이 진실, 의, 공의, 자애로운 사랑, 겸손…인 자로 구성될 것이다. 그들이 이스라엘 안에 있을 때 공동체 회의는 진리 안에 세워질 것이다. 그때 이것은 영원한 심음, 이스라엘의 거룩한 집이 될 것이다.…그때 이것은 시험을 통과한 성벽 곧 그 기초가 자리에서 결코 흔들리거나 움직이지 않을 **보배로운 기초석**이 될 것이다.[7]

「공동체 규칙」의 이 부분은 지금 우리가 논의 중인 본문을 이해함에 있어 중요하다. 쿰란 공동체에서 "공동체 회의"는 "영원한 심음"인 동시에 "**보배로운 기초석**"이 되었다. 바울이 초점을 맞추고 있는 "심음"과 "기초[터]"가 이처럼 기독교 이전의 유대교 문서에서도 나타난다. 쿰란 공동체

---

6) 이 본문의 수사 스타일에 대해서는 앞에서 예언적 설교의 수사 스타일을 설명할 때 나온 도표 0.4를 보라.

7) Geza Vermes, "The Community Rule," in *The Dead Sea Scrolls in English* (Baltimore: Penguin Books, 1973), p. 85.

는 **자기** 공동체의 리더십에 대해 이런 예언적인 약속을 주장했다. 바울도 같은 약속을 주장하지만 그 약속은 다른 모습으로 성취된다. 바울에게는 심는 것이 교회이고, "보배로운 기초석"은 예수 그리스도이며, 하나님의 새로운 집(성전)이 바로 이 그리스도 위에 세워지고 있다.

초기 유대교에서 기초[터] 비유가 가진 두 번째 중요성은 제2성전과 관련되어 있다. 미쉬나의 기록에 따르면, 유대 당국은 성소를 재건하기 위해 깨진 성전 조각들을 치우다가 옛날 지성소의 중심에서 귀한 돌을 찾아내었다. 그 본문은 다음과 같다.

> 언약궤를 들어내자 초기 예언자 시대에 그곳에 두어진 돌이 그대로 남아 있었다. 그 돌은 *Shetiyah*로 불렸다. 그 돌은 지면보다 손가락 세 개 정도 높은 곳에 자리하고 있었다. 그 돌 위에 [화로가] 놓여 있었다.[8]

H. 댄비가 주해에서 설명했듯이, *Shetiyah*는 "기초"[터]를 의미한다. 이 본문은 제2성전의 재건과 대속죄일 행사를 다루고 있다. 본문에 따르면 일 년 중 가장 거룩한 날에 대제사장이 (숯과 향이 가득한) 화로를 들고 지성소로 들어가 중앙에 솟은 돌 위에 올려놓는다. 이는 그 거룩한 곳을 존중한다는 뜻을 보여주는 중요한 의식이었다. 틀림없이 바울은 이 돌과 돌의 이름이 "기초[터]"였음을 잘 알고 있었을 것이다. 지금 논의 중인 본문에서 바울은 특별히 성전을 언급한다. 더 정확히 말해, 예수 그리스도를 하나님의 집—**제3성전**—의 "터"로 언급하는 것으로 볼 때 바울은 특히 "기초"로 이름 지어진 **제2성전** 지성소의 이 돌을 염두에 두고 있는 것 같다. 예수 그리스도는 **제3성전**의 "기초"다.

역사적 시간 순서로 보면, 쿰란 공동체의 선언과 바울의 두 비유 사이

8) Mishnah, *Yoma* 5.2 (*The Mishnah*, trans. H. Danby [Oxford University Press, 1980, C. 1933], p. 167).

에 예수의 두 비유가 놓여 있다. 지적했듯이, 예수의 첫째 비유는 씨 뿌리는 자 비유이고, 둘째 비유는 두 건축자 비유다.[9] 바울은 쿰란 공동체의 선언을 의식하고 있었을까? 바울은 예수의 두 비유를 들어보았을까? 그저 추측할 따름이지만, 바울이 "하나님의 심으심"과 "하나님의 세우심"에 대한 과거의 이 두 용례를 알고 있었다고 가정하는 것은 가능하다. 바울은 현재 논의 중인 두 비유를 자유롭게 창작했다. 사도는 다른 은유들로부터 이 비유들을 만들어낼 수도 있었을 것이다. 하지만 대신 그는 유대 사상에서 과거와 최근의 역사로부터 이미지들을 선택했다.

따라서 바울은 아리스토텔레스가 아퀴나스의 신학의 터가 되었던 것과 같은 맥락에서 예수를 "터"로 제시하지 않았다. 오히려 앞의 본문들에 비추어보면, 바울은 분명히 예수를 자신이 묘사하는 새 성전의 지성소의 중심으로 보았다.

두 번째 비유를 언급한 본문은 도표 1.4(3)에서 확인된다.

수사 구조

다섯 장면이 또 하나의 고리 모양 구성을 이루고 있다. 이 비유는 "예수 그리스도"를 가리키는 "터"[기초]에 관한 설명으로 시작된다(장면 1). 이와 짝을 이루는 장면(장면 5)은 이미 그 터 위에 세워져 있는 "하나님의 성전"을 제시한다. 두 번째 장면(장면 2)에서 바울은 이 터 위에 "누구든지 세우는" 데 대해 말하며, 두 종류의 건축 재료에 초점을 맞춘다. 각 종류에는 세 가지 재료가 포함되어 있다. 금, 은, 보석은 불을 견디겠지만 나무, 풀, 짚은 견디지 못할 것이다. 이와 짝을 이루는 장면 4는 불의 결과에 대해

9) 이 배경에 비추어 두 건축자 비유에 대한 설명으로는 Kenneth E. Bailey, *Jesus Through Middle Eastern Eyes* (Downers Grove, Ill.: IVP Academic, 2008), pp. 321-331을 보라.

1. [3:10]하나님이 내게 주신 사명에 따라
지혜로운 건축자와 같이
나는 **터를 닦았고**, 다른 이는 그 위에 집을 세우고 있다.
각 사람은 그 위에 어떻게 세울지 조심하라.
[11]누구든 이미 두어져 있는 터 외에
다른 터를 둘 자가 없으니, 이 터는 곧 예수 그리스도이시다.

터는
예수 그리스도이시다

2. [12]만일 누구든지 이 "터" 위에 세울 때
금이나 은이나 보석이나
나무나 풀이나 짚으로 세우면
[13]각 사람의 행위가 나타날 것이다.

"터" 위에 **세움**
불에 견딤 대 불에 탐

3. **그날에** 행위가 드러날 것인데
그것은 **불로 드러나고**
그 불은 각 사람이
어떤 행위를 행했는지 시험할 것이기 때문이다.

불로
시험함

4. [14]만일 누구든지 이 "터" 위에 **세운** 행위가 남아 있으면
상을 받을 것이다.
[15]만일 누구든지 그의 행위가 **불에 타버리면**
손해를 입을 것이다.
그러나 **그는 구원을 받기**는 하되
오직 불 중에서 받을 것이다.

"터" 위에 **세움**
남아 있음—타버림

5. a. [16]너희는 **너희가 하나님의 성전인 것**과
b. **하나님의 영이 너희 안에 거하시는 것**을 알지 못하느냐?
c. [17]만일 누구든지 **하나님의 성전을 멸하면**
c'. 하나님이 **그를 멸하실** 것이다.
b'. **하나님의 성전은 거룩하므로**
a'. 그 성전인 너희도 거룩하다.

성전은
너희로 구성되었다

도표 1.4(3). 하나님의 집과 건축자 비유(고전 3:10-17)

성찰한다. 건축 재료가 하나라도 남아 있으면 건축자는 상을 받는다. 둘째 종류의 재료는 타버린다. 하지만 건축자는 멸망하지 않는다. 클라이맥스는 중앙에 있다(장면 3). 이 정점에서 바울은 모든 것이 시험받고 불로 드러날 "그날"을 미리 투영한다.

장면 5 역시 고리 모양 구성을 보여준다. 세 주제 곧 (a) **성전**, (b) (거룩하신) **영**, (c) **멸망**이 제시되고 이어서 이 주제들이 역으로 반복된다.

주석

여기서 바울은 자기를 "건축자"로 묘사한다. 지혜로운 건축자는 종이 됨으로써 자신의 권위를 행사할 수 있다. 실제로 종의 지위를 통해 행사되는 권위는 놀라울 정도로 매력적이다. 테레사 수녀는 번잡한 거리에서 자기를 철저히 비움으로써 궁핍으로 굶어 죽어가던 캘커타 사람들의 종이 되었으며, 그 결과 인도와 세계 전역의 사람들이 그녀 앞에 줄을 서서 그녀의 도움을 받았다. 마찬가지로 바울도 "건축자"이자 "종"이다.

건축자로서 바울은 우리가 발견할 집, 즉 (새) 성전을 위해 터를 닦고 있었다. 사도가 가능하다고 보는 유일한 터는 예수 그리스도였다. 그의 동료 사역자 아볼로는 그 터 위에 집을 세우고 있었다. 직전에 나타난 비유를 보면 바울이 아볼로와 불편한 관계가 아니었던 것은 분명하다. 그러나 바울의 독자 중 자칭 건축자들이 더러 있었다. 따라서 "각 사람은 그 위에 어떻게 세울지 조심하라"는 경고가 주어진다. 다른 터 위에 집을 세우는 일은 불가능했다. 영지주의나 로마 황제 숭배, 에피쿠로스주의나 스토아주의, 열심당처럼 유대 국가 독립을 쟁취하는 일이나 에세네파처럼 사막에 은거하는 일은 바울의 마음속에서 제3성전의 적절한 터가 될 수 없었다.

이 사도적 설교에서 장면 1은 짝이 되는 장면 5와 함께 묶어 검토할 필요가 있다. 이 두 장면은 도표 1.4(4)에 나란히 나타나 있다.

1. 3:10 하나님이 내게 주신 사명에 따라

지혜로운 건축자와 같이

나는 **터를 닦았고**, 다른 이는 그 위에 집을 세우고 있다.

각 사람은 그 위에 어떻게 세울지 조심하라. **터는**

11 누구든 이미 두어져 있는 터 외에 예수 그리스도이시다

다른 터를 둘 자가 없으니 이 터는 곧 예수 그리스도이시다.

---

5. a. 16 너희는 **너희가 하나님의 성전인 것**과

b. **하나님의 영이 너희 안에 거하시는 것**을 알지 못하느냐?

c. 17 만일 누구든지 **하나님의 성전을 멸하면** **성전은**

c'. 하나님이 **그를 멸하실** 것이다. 너희로 구성되었다

b'. **하나님의 성전은 거룩하므로**

a'. 그 성전인 너희도 거룩하다.

도표 1.4(4). 장면 1과 5(고전 3:10-11, 16-17)

이 두 장면의 두드러진 특징 중 하나는 장면 1에서는 터만 있었다는 것이다. 바울은 터를 닦았고, 다른 건축자들은 집을 짓는 데 참여하려고 줄을 섰다. 하지만 집이 완성되려면 아직 멀었다. 그러나 이와 짝을 이루는 장면 5에서 독자는 그 집이 "하나님의 성전"이며 하나님의 영이 이미 그 집에 거하신 것으로 어느 정도 집이 완성되었음을 발견한다. 이어서 독자는 "너희가 하나님의 성전"이라는 말을 듣는다. 바울이 이 말을 쓸 당시 예루살렘 성전은 온전한 상태에 있었으며 매일 두 차례 백성의 죄에 대해 제사가 제대로 드려졌다. 대제사장은 성전에 상주하며 다양한 의식을 주재했다. 하나님이 자신의 거룩한 집에 거하셨기 때문에 로마 제국 도처에서 유대인 순례자들이 예루살렘으로 모였다. 그렇게 하나님의 임재(*shekinah*)가 독특하게 그분의 백성 속에서 발견되었다.

모든 영광을 드러내며 여전히 기능을 발휘하고 있던 예루살렘에 성전

이 있을 때, 바울은 유대인과 이방인 독자에게 "너희가[복수형] 하나님의 성전"이며 "하나님의 영이 너희[복수형] 안에 거하시는" 것을 극적으로 선언했다. 바울이 오직 고린도 교회 교인들에게만 그렇게 말하는 것은 아니다. 1:2에서 확언하듯이, 사도는 "모든 곳에서 우리 주 예수 그리스도의 이름으로 불리는 모든 자"에게 말하고 있다. 모든 그리스도인이 함께 제3성전이었으며 그로 말미암아 제2성전은 이미 폐지되었다. 이런 사실은 이슬람 세계와 비교해보면 도움이 될 것이다.

이슬람이 메카를 존중하는 것은 *Ka'ba* 곧 거룩한 검은 돌이 메카의 중앙 성소 안에 있기 때문이다. 따라서 모든 이슬람 사원은 메카를 향하도록 지어지며 정해진 매일 5회 기도도 메카를 향해 드려져야 한다. 이슬람 세계관에 따르면, 하나님은 유일하게 *Ka'ba*에서 자기 백성 중에 거하신다. 한 무슬림 학자가 프랑스에서 유럽 전역의 무슬림들에게 이렇게 말한다고 상상해보라. "여러분은 공동체로서 이슬람의 새로운 성소이고, 하나님이 이제는 여러분 안에 유일하게 거하시므로 메카로의 순례는 더 이상 필요하지 않습니다. 여러분이 새로운 *Ka'ba*이고, 여러분의 신앙 공동체가 지금 자기 백성 중에 거하시는 하나님의 처소를 구성합니다."

이렇게 선언하면 정말 그들은 기절초풍하리라! 어쨌든 그들이 충격을 받고 그래서 하나님의 처소에 대한 이 새로운 관점을 받아들인다면, 그들의 삶은 이전과 완전히 달라질 것이다. 이런 메시지를 선포하는 자는 다른 무슬림 지도자들에게 전혀 인기가 없을 것 같다. 그러나 바로 이것이 바울이 독자에게 쓴 내용이 가지고 있는 경천동지할 본질이다.

제3성전은 이미 "세워져 기능을 발휘하고 있었다"(장면 5). 하지만 동시에 이 성전의 터만 닦여 있었던(장면 1) 것도 사실이다. 건축 작업의 대부분은 앞으로 이루어질 것이다. 확실히 이 교회 이미지는 어느 시대에나 해당된다. 모든 곳에서 교회가 "세워져" 활동하고 있으나, 동시에 아직은 터만 닦여 있으며 공사 대부분은 앞으로 이루어져야 한다. 이런 선언으로 바울은 예수 그리스도의 터 위에 세워진 새로운 성전을 이루고 있는 모든 신자의 연합에 대해 강력한 논증을 제시한다. 장면 5의 중앙에는 다음과 같은 준엄한 경고가 있다.

> 만일 누구든지 **하나님의 성전을 멸하면**
> 하나님이 **그를 멸하실** 것이다(3:17a).

중동인들은 자기의 거룩한 공간이나 거룩한 건물을 **매우 중요하게** 여기고, 늘 그런 장소를 가지고 있다. 사도행전은 바울이 마지막으로 예루살렘을 여행하면서 성전에 들어간 일을 기록하고 있다. 그때 바울이 이방인을 성전 경내로 데리고 들어갔다는 소문이 돌았다(행 21:28-30). 이런 의심 때문에 폭동이 일어나 바울은 목숨을 위협받을 수도 있었다. 당시 예루살렘에 돈 소문은 "바울이 거룩한 곳을 더럽혔다"는 것이다. 성전이 거룩했던 것은 이스라엘의 거룩하신 하나님이 유일하게 그곳에 거하셨기 때문이다. 만일 그때 바울이 무리에게 (이방인으로 가득한) 새 성전이 건축 중이며 이제 그곳에서 하나님이 새로운 방식으로 자기 백성 중에 거하신다고 선언했다면 어떤 일이 벌어졌을까?

제2성전이 그토록 거룩했다면, 제3성전은 어떠할까? 바울에게는 제3성전이 손상되지 않도록 보호하는 일이 중요했다. 장면 5에서 바울은 제3성전을 파괴하려고 획책하는 자는 누구를 막론하고 하나님이 직접 그를 멸하실 것이라고 경고한다. 그러므로 파벌 싸움을 벌인 고린도 교회 교인들은 제3성전을 손상시키고 하나님의 원수가 될 수 있는 활동에 가담한 것이었다.

이제 중앙의 클라이맥스(장면 3)와 함께 두 번째 "의미론적 봉투"(semantic envelope) 역할을 하는 장면(장면 2와 4)을 살펴보자. 이 세 장면(장면 2-4)은 도표 1.4(5)에서 확인할 수 있다.

2. [12]만일 누구든지 이 "**터**" 위에 **세울** 때 "터" 위에 **세움**

금이나 은이나 보석이나 불에 견딤 대 불에 탐
나무나 풀이나 짚으로 세우면
[13]각 사람의 행위가 나타날 것이다.

3. **그날에** 행위가 드러날 것인데
그것은 **불로 드러나고** 불로
그 불은 각 사람이 **시험함**
어떤 행위를 행했는지 시험할 것이기 때문이다.

4. [14]만일 누구든지 이 "**터**" 위에 **세운** 행위가 남아 있으면
상을 받을 것이다.
[15]만일 누구든지 그의 행위가 **불에 타버리면** "터" 위에 **세움**
손해를 입을 것이다. 남아 있음—타버림
그러나 **그는 구원을 받기는** 하되
오직 불 중에서 받을 것이다.

도표 1.4(5). 장면 2-4(고전 3:12-15)

장면 2의 끝 행과 장면 4의 첫 행은, 만약 장면 3이 빠진다 해도, 아무도 이를 알아차리지 못할 정도로 자연스럽게 연결된다. 장면 2에서 바울은 터(곧 예수 그리스도) 위에 집을 세울 뜻을 갖고 나아가는 모든 자에게 계속해서 권면하고 있다. 어떤 이는 가치 있는 건축 재료(금, 은, 보석)를 가지고 나아갈 것이다. 반면에 다른 이는 빈약한 재료(나무, 풀, 짚)를 가지고 행할 것이다. 고대 중동에서는 대부분의 건물이 돌로 지어졌다. 바울은 두 부류의 재료에 대해 각각 다채로운 이미지를 선택한다. 한 건축자는 금, 은, **보석**을 갖고 온다. 바울은 새 터[기초]를 위해 "보배로운 돌"을 약속하는 이사야서의 두 건축 비유(사 28:14-18)에서 이미지를 빌리고 있다. 이 두 형태의 건축자(각각 다른 건축 재료를 가져옴)는 건축에 참여할 것이다.

그런데 시험이 오고 그때가 바로 "그날"이다.

장면 3에서 "그날"(심판 날)은 큰 불과 같이 올 것이다. 아모스는 "예루살렘의 궁궐을 살라버릴" 불에 관해 말한다(암 2:5). 고린도도 도시 전체가 이런 화재를 겪은 적이 있었다. 고린도 도시는 로마의 정복 군대에 저항했고, 결국 기원전 146년 불에 타 멸망당했다. 물론 이 화재에서 보석과 귀금속은 불에 녹지 않고 그대로 남았다. 불에 타 폐허가 된 고린도는 한 세기 넘게 방치되었고, 기원전 44년에서야 재건이 시작되었다. 바울이 첫 세기의 50년대 초에 고린도에 도착했을 때에는 초기 건설이 끝난 상태였다. 그러나 상업적 번성으로 새로운 건설도 어느 정도 더 보장되어 있었을 것이다. 따라서 바울의 비유는 편지를 쓸 당시 고린도의 이런 삶의 정황으로부터 온 것이다.

나아가 기원전 4세기까지 거슬러 올라가면, 고린도는 청동 세공 산업으로 유명한 도시였다. 요세푸스는 헤롯 성전의 내소에 아홉 개의 출입구가 있는데 그 문들이 은판과 금판으로 덮여 있었다고 기록한다. 그러나 동편 문 중 하나는 "고린도 산(産) 놋쇠로 만들어졌고 은판과 금판으로 덮인 문보다 훨씬 우수했다."[10] 고린도 산 놋쇠는 금은보다 더 아름답다고 평가될 정도로 품질이 우수했다. 요세푸스에 따르면, 이 특별한 출입구의 두 문은 높이가 60피트(약 18미터)에 달했는데, 사도행전 3:2의 "미문"이 바로 그 문일 수도 있다. 요약하자면, 값비싼 건축 재료 하면 고린도 도시가 연상되었던 것이다.

제롬 머피-오코너는 기원전 146년 고린도의 멸망 당시 수많은 기공들이 도망쳤기 때문에 세공 기술이 보존될 수 있었다고 주장한다. 이 기공들의 후손이 고린도가 재건된 후에 돌아와 길드를 다시 시작했으리라고 추정된다. 그들에게는 고린도 산 청동을 금이나 은처럼 보이게 만들 정도로 뛰어난 끝손질 기술이 있었다. 또한 기공들은 금은과 합금을 만들기도 했다. 어쨌든 고린도는 도시가 불에 다 타버렸기 때문에 많은 새 건물이 그

10) F. Josephus, *The Wars of the Jews* 5.5.3 (Loeb Classical Library, Paragraph 201).

을린 땅 위에 세워졌다. 또한 고린도인들은 보석과 귀금속이 불에 녹지 않고 그대로 남아 있을 수 있음을 잘 알고 있었다.[11] 보석과 소멸시키는 불에 관한 바울의 비유는 고린도에서 특히 강력한 효력을 가졌다. 그러면 "그날"에 있을 큰 "불"의 예견되는 결과는 무엇일까?

각 사람의 행위가 시험을 받게 될 것이다(장면 3). 현세에서 행위에 대해 심판을 통과할 필요는 없다. 어떤 이는 "터" 위에 세우지 못할 것이다. 또 다른 이는 유일하게 확실한 터 위에 세울 것이나 부실한 재료로 집을 세울 수 있다. 부실한 재료로 집을 건축하는 자는 "손해를 입을" 것이다. 특히 다 타버리고 "가치 없다"라는 판결만 남을 경우, 수고했던 세월이 무익하게 끝나는 것을 지켜보는 일은 고통스럽다. 바울은 건축자의 행위는 비록 타버리더라도, 그가 "구원은 받게 되리라고" 보증함으로써 독자를 격려했다.

여기서 바울은 고린도 교회의 분쟁과 다양한 파벌이 서로를 향해 퍼부은 비난을 다루고 있다. 이렇게 비난하는 이는 어떤 사람의 행위는 남고 다른 사람의 행위는 타버리리라는 점을 유념하고, "그날"을 대비해서 이를 **그만두어야** 한다. 바로 이것이 바울의 권면이다. "가장 좋은 건축 재료를 택해서 영원히 존속할 유일한 터 위에 집을 세워라. 그것이 가장 중요한 일이다." 잘못된 건축 재료를 택하는 자는 쓰라린 손해를 입을 것이다. 그러나 그들 자신의 생명은 구원받을 것이다.

하나님의 집과 건축자 비유는 다음과 같은 개념들을 포함한다.

1. 교회는 하나님의 밭(땅)이자 그분의 집(성전)이다. 그러므로 이스라엘 땅과 예루살렘 성전은 폐해졌다.
2. 바울은 종이자 위임받은 건축자다. 바울은 터를 닦았다.

11) Jerome Murphy-O'Connor, "Corinthian Bronze," in *St. Paul's Corinth: Texts and Archaeology* (Collegeville, Minn.: Liturgical Press, 2002), pp. 199-218.

3. 예수 그리스도가 새 성전의 터다. (다른 터는 없다.)
4. 건축자들은 그 터 위에 집을 세우고 있다. 그런데 어떤 이는 영원히 있을 재료(금, 은, 보석)를 사용한다. 다른 이는 부실한 재료(나무, 풀, 짚)를 사용한다.
5. 심판 날에 불이 모두의 행위를 시험할 것이다. 어떤 이의 행위는 지속되겠지만 다른 이의 행위는 타버릴 것이다. 그럼에도 불구하고 건축자들은 구원은 받을 것이다.
6. 고린도 교회 교인들은 "곤경에서 벗어나 있다." 그들은 빈약한 행위에 따라 심판을 통과할 필요가 없다. 그 문제는 심판 날에 다루어질 것이다.
7. 고린도전서의 독자는 이미 하나님의 성전이고, 비록 대부분의 건축이 앞으로 이루어져야 하지만, 성령이 이미 그 성전에 거하고 계신다.
8. 하나님은 이 제3성전을 허물고자 획책하는 자는 누구를 막론하고 멸하실 것이다.

이 두 비유를 제시한 다음, 바울은 독자가 그들의 리더를 어떻게 보아야 하는지에 대해 마지막으로 고찰한다(도표 1:4[6]를 보라).

수사 구조

이 사도적 설교의 구조는 수정된 예언적 수사 틀로 불릴 수 있다. 이 설교는 중앙에 클라이맥스를 두고 역으로 반복되는 전통적인 일곱 장면을 가지고 있다. 동시에 앞의 도표 1.4(6)의 구조에 암시되어 있듯이, 중앙 부분은 시퀀스에 따라 제시된 세 개의 세부 장면으로 확대되고 분할된다. 바로 이런 점에서 이 본문이 수정된 형태인 것이다.

이런 식으로 중앙이 세 개의 연으로 이루어진 사례는 이사야 40-66장

1.	[18]아무도 자신을 속이지 말라.	
	만일 너희 중 누구든지 이 세상에서 지혜있다고 생각한다면	
	어리석은 자가 되고, 그래야 지혜로운 자가 될 것이다.	너희 자신에 관해
	[19]이 세상의 지혜는 하나님께 어리석은 것이다.	**자랑하지 말 것**
2.	기록된 것처럼	
	"하나님은 지혜 있는 자들을 자기 꾀에 빠지게 하신다."	**성경**
	[20]또 기록된 것처럼	지도자들에 관해
	"주께서	자랑하지 말 것
	지혜 있는 자들의 생각을 헛것으로 아신다."	
	[21]그러므로 누구든지 사람을 자랑하지 말라.	
3.	만물이 다 너희 것이니	
	[22]바울이나 아볼로나 게바나	**바울—아볼로**
	세계나 생명이나 사망이나	다 너희의 것임
	현재나 미래나	
	다 너희의 것이다.	
	[23]그리고 너희는 그리스도의 것이고 그리스도는 하나님의 것이다.	
4a.	[4:1]사람은 마땅히 우리를	**우리를**
	그리스도의 종과	종과
	하나님의 비밀을 맡은 청지기로 여겨야 한다.	청지기로 **보라**
	[2]나아가 맡은 자에게 요구되는 것은	심판 아래
	충성된 자로 발견되는 것이다.	있음
4b.	[3]너희에게 또는 어떤 인간 법정에서	
	판단받는 것이 내게는 작은 일이다.	
	나도 나를 판단하지 아니한다.	**주께서**
	[4]나는 자책할 것을 알고 있지 못하지만	나를 심판하심
	그렇다고 내가 죄가 없는 것이 아니다.	
	그러나 나를 심판하실 이는 주이시다.	
4c.	[5]그러므로 때가 이르기 전에는	
	곧 주께서 오시기 전에는 심판을 선언하지 말라.	주께서
	그때에 주께서 지금 어둠 속에 감추어진 것들을 드러내고	심판하고
	사람들의 마음의 의도/동기를 나타내실 것이다.	모든 사람을
	그때에 모든 사람이 하나님으로부터 칭찬을 들을 것이다.	칭찬하심
5.	[6]형제들아, 내가 이 모든 것을 나 자신과	**바울—아볼로**
	아볼로에게 적용시킨 것은 너희의 유익을 위해서다.	다 너희의 것임
6.	너희는 우리에게/우리 안에서 배워	
	성경[기록된 말씀] 밖으로 넘어가지 말라.	**성경**:
	그래야 너희가 우쭐대지 않고 지도자들에 관해	우쭐대지 말 것
	서로 대적하는 일이 없을 것이다.	
7.	[7]누가 네 안에서 다른 어떤 것을 보겠느냐?	
	네가 갖고 있는 것 중에 받지 않은 것이 있느냐?	네 자신에 관해
	따라서 네가 받았다면 어찌하여	**자랑하지 말 것**
	받지 않은 것같이 자랑하느냐?	

도표 1.4(6). 바울과 아볼로와 게바: 이는 그리스도에 관한 것이다(고전 3:18–4:7)

에 다섯 번 나타난다. 여기에 대한 명확한 사례가 이사야 44:18-20이다(도표 1.4[7]를 보라).[12]

1.	[18]그들은 알지도 못하고 깨닫지도 못한다. 왜냐하면 그가 그들의 눈을 가려 볼 수 없게 하고 그들의 마음을 어둡게 하여 이해할 수 없게 했기 때문이다.	**그들은** 이해할 수 **없다**
2.	[19]그들은 아무것도 생각하지 못하고 지식이나 분별력도 없어	**그들은** 이해하지 **않는다**
3.	"내가 그것의 절반을 불에 태웠고	열을 위한 **나무**
4.	또한 내가 그 숯불 위에 떡도 굽고 고기도 구워 먹었으니	요리를 위한 **나무**
5.	내가 그 나머지로 가증한 것을 만들겠느냐? 내가 그 나무토막 앞에 굴복하겠느냐?"라고 말하지 못한다.	우상(?)을 위한 **나무**
6.	[20]그는 재를 먹고 미혹된 마음에 잘못 이끌리며	**그들은** 이해하지 **않는다**
7.	자신을 구원할 수 없으니 "내 오른손에 거짓말이 있지 않은가?"라고 말할 수 없다.	**그들은** 이해할 수 **없다**

도표 1.4(7). 이사야 44:18-20

12) 동일한 특징이 탕자의 비유(눅 15:11-32)에서 두 번 나타난다. 두 개의 예언적 수사틀이 두 부분으로 나뉘어 있는 중앙의 클라이맥스에 나타난다(Kenneth E. Bailey, *Jacob and the Prodigal* [Downers Grove, Ill.: InterVarsity Press, 2003], pp. 96-97을 보라).

여기서 이사야서는 일곱 장면으로 이루어진 예언적 수사 틀을 사용하고 있다. 그러나 중앙은 직선적 시퀀스를 따르는 세 장면으로 구성된다. 다시 말해 바울은 성문 예언서로부터 자기에게 적합한 문학 양식을 뽑아서 사용한다.

고린도전서 3:18-4:7로 돌아가서, 처음 세 장면은 끝 세 장면과 긴밀하게 균형을 이루고 있다. 장면 5는 중복 같지만 장면 3과 균형을 이루려면 필수적이다. 그리고 중앙(4b)은 고리 모양 구성을 사용한다. 이 중앙은 **단어의 짝**이 아니라 **개념의 짝**으로 함께 묶여 있다. 이는 고린도전서 4:3-4에서 확인된다.

> 3너희에게 판단받는 것이 내게는 작은 일이다.
> 　　어떤 인간 법정에서 판단받는 것도 내게는 작은 일이다.
> 　　　나도 나를 판단하지 아니한다.
> 　　　4나는 자책할 것을 알고 있지 못하지만
> 　　그렇다고 (법정에 의하면) 내가 죄가 없는 것이 아니다.
> 　그러나 나를 심판하실 이는 주이시다.

바울은 첫 장면(장면 2) 직후와 끝 장면(장면 6) 직전에서 성경을 인용하거나 반영한다. 동일한 수사적 특징이 십자가 찬송(1:17-2:2; 도표 1.2[1]를 보라)에서도 나타난다. 이런 특징을 염두에 두고 본문을 살펴보자.

주석

바울은 다시 한번 1:17-2:2의 십자가 찬송을 언급함으로써 고린도 교회의 분열을 해결하고자 시도한다. 아래와 같이 확인되듯이, 장면 1과 7에서 바울이 정교하게 구성한 평행 요소들을 통해 그의 사고의 맥락을 포착하는 것이 중요하다.

1. 3:18아무도 자신을 속이지 말라.		
	만일 너희 중 누구든지 이 세상에서 지혜 있다고 생각한다면	너희 자신에 관해
	어리석은 자가 되고 그래야 지혜로운 자가 될 것이다.	**자랑하지 말 것**
	19이 세상의 지혜는 하나님께 어리석은 것이다.	(너희 자신을 보라)
7. 4:7누가 네 안에서 다른 것을 보겠느냐?		
	네가 갖고 있는 것 중에 받지 않은 것이 있느냐?	네 자신에 관해
	따라서 네가 받았다면 어찌하여	**자랑하지 말 것**
	받지 않은 것같이 자랑하느냐?	(다른 사람들이 너를 보고 있다)

도표 1.4(8). 장면 1과 7(고전 3:18-19; 4:7)

고린도전서 서두에서 바울은 "너희가 그[그리스도 예수] 안에서 모든 면에서 곧 모든 언변과 지식에 있어 풍족해졌다"라고 함으로써 독자를 칭찬했다(1:5). 적어도 고린도 교회의 일부 교인들은 "지식"이 있었으며 이 세상의 지혜에 있어 "지혜로운" 자로 간주될 수 있었다. 여기서 바울이 지시하는 것이 영지주의자가 주장하는 비밀스런 지식일 수 있다. 그러나 여기서 사도의 초점은 십자가에서 계시된 하나님의 지혜다. 오직 (세상의 판단에서) 미련한 자가 되어야 하나님의 일에 있어 지혜로운 자가 될 수 있었다. 성령을 통해 계시된 "하나님의 은밀한 지혜"(2:10b-16) 역시 여기에 포함되었다. 하지만 겸손한 자만이 이 지혜를 얻을 수 있다. 이는 마치 성인이 다 되어 외국어를 배우는 일과 같다. 성인이 외국어를 배우려면 "미련한 자"가 되어 어린아이처럼 쉽게 받아들여야 한다. 하나님의 지혜도 마찬가지다. 미련하다고 자인하는 자만이 지혜에 관한 강의를 들을 자격이 있다. 분명히 고린도 교회 교인들은 아볼로 대신 바울을 선택하면서 자기가 충분한 지혜를 가지고 있다고 자랑했을 것이다. 만약 그들이 미련한 자로 자인할 때 주어지는 하나님의 지혜를 가졌다면(장면 1), 자신에 관해 자랑하지 못했을 것이다(장면 7). "자랑"이라는 말은 고린도전서 13장 중앙에서 다시 나타난다.

자랑하지 말라는 권면이 장면 7에서 계속되는데, 여기서 바울은 "네가 갖고 있는 것 중에 받지 않은 것이 있느냐?"라고 묻는다. 생명, 호흡, 공동체, 가정, 일용할 양식, 교육, 선생, 복음, 신령한 은사 등 고린도 교회 교인이 가진 것 중 받지 않은 것이 하나라도 있는가? 유명한 지도자들 역시 모두 하나님이 그들에게 주신 선물이었다. 바울은 한 사도와 다른 사도를 경쟁시키는 것을 용납하지 않는다. 이제 두 번째 짝 장면으로 시선을 옮겨보자(도표 1.4[9]를 보라).

2. 3:19b 기록된 것처럼	
"하나님은 지혜 있는 자들을 자기 꾀에 빠지게 하신다."[13]	**성경**:
20 또 기록된 것처럼	지도자들에 관해
주께서 지혜 있는 자들의 생각을 헛것으로 아신다."[14]	자랑하지 말 것
21 그러므로 누구든지 사람을 자랑하지 말라.	
6. 너희는 우리에게/우리를 통해[15] 배워	
성경[기록된 말씀] 밖으로 넘어가지 말라.	**성경**:
그래야 너희가 우쭐대지 않고	지도자들에 관해
서로 대적하는 일이 없을 것이다.	우쭐대지 말 것

도표 1.4(9). 장면 2와 6(고전 3:19b-20; 4:6b)

여기서 바울은 구약 인용문과 그리스어 및 히브리어 원문을 조화시키는 일을 하고 있는데 이는 어려운 작업이다. 그럼에도 최소한 바울이 구

13) 욥 5:13.

14) 시 97:11.

15) 여기서 그리스어 전치사는 *en*이다. RSV는 "우리로 말미암아(by)"로 번역하지만 NRSV는 "우리를 통해(through)"로 번역한다. 둘 다 가능하다.

약 본문을 인용하는 몇 가지 이유는 명백하다. 하나님의 지혜는 인간이 만들어낼 수 있는 지혜를 크게 넘어선다. 바울은 성경을 사람의 지혜와 하나님의 지혜 사이의 대립을 설명하는 데 빛을 던져주는 권위의 원천으로 보았다. 바로 이것이 문제의 결론이다. 그러므로 "누구든지 사람을 자랑하지 말라." 칼뱅주의자는 칼뱅을 자랑해서는 안 되고, 루터교도는 루터를 자랑해서는 안 된다. 칼뱅주의와 루터주의 신학교 모두에서 신학 학위를 마친 나로서는, 양쪽이 서로에게 배울 만한 요소를 꽤 가지고 있다고 확신한다. 마땅히 우리는 우리 자신이 속한 전통에 만족할 수 있지만, 동시에 다른 전통으로부터 새로운 통찰력을 얻기 위해 문을 열어두어야 한다. 고린도 교회 교인들은 한 선생과 다른 선생을 **대립시켰다**. 장면 2와 균형을 이루고 있는 장면 6은 난해하다.

바울은 (문자적으로) 이렇게 말한다. "우리 안에서 너희는 기록된 것을 넘어서지 않는 일들을 배울 수 있다." 티슬턴은 이 난해한 구절(장면 6)을 폭넓고 상세하게 설명한 바 있다. 티슬턴은 이 구절의 해석에 대해 일곱 가지 견해를 설명한 후[16] 다음과 같은 신중한 결론을 제시한다.

> 무엇보다 바울은 십자가 없이 "성령의 사람들"이 되는 "지혜"의 요소나 개념을 **덧붙이려고** 하는 잘못된 치명적인 견해에 반대하고, 대신 **성경 전통의 범주 안에서 해석된 십자가 복음의 충분한 효력**을 강조한다.[17]

장면 2와 6은 성경에 초점을 맞추고 있다. 바울의 의도를 적절히 이해한다면, 교회 전통과 이성과 경험이 모두 소중하다는 주장을 받아들이게 된다. 그러나 **항상** 그중 어느 것도 "성경을 넘어가도록" 허용되어서는 안 된다(4:6). 그래야 "한 [지도자]를 선호해서 다른 지도자를 반대하는" 일이

16) Thiselton, *First Epistle*, pp. 352-356.
17) 같은 책, p. 356(Thiselton 강조).

방지된다. 기독교 역사는 이 본문에 나타난 바울의 지침을 위반할 때 일어나는 참화로 뒤덮여 있다.

세 번째 짝 장면은 도표 1.4(10)에서 제시된다.

3. [3:21b]만물이 다 너희 것이니	
[22]바울이나 아볼로나 게바나	**바울—아볼로**
세계나 생명이나 사망이나	다 너희의 것임
현재나 미래나	
다 너희의 것이다.	
[23]그리고 너희는 그리스도의 것이고 그리스도는 하나님의 것이다.	
······	
5. [6]형제들아, 내가 이 모든 것을 나 자신과	**바울—아볼로**
아볼로에게 적용시킨 것은 너희의 유익을 위해서다.	다 너희의 것임

도표 1.4(10). 장면 3과 5(고전 3:21-23; 4:6)

여기서 독자는 바울이 말하는 내용의 광범위한 성격에 압도된다. 장면 3에서 바울은 1:12의 명단을 그대로 포함시킨다. 바울, 아볼로, 게바, 그리스도가 언급된다. 그러나 장면 3에서는 "바울 편"이나 "아볼로 편"이나 "게바 편"이 되는 것이 아무 소용이 없는데, 이는 **모든 신자**가 (문자 그대로) "그리스도의 것"이고 그리스도는 "하나님의 것"이기 때문이다. 그때나 지금이나 교회의 분열은 이런 포괄적인 세계관의 밝은 빛 속에서는 희미해지기 마련이다. 여기서는 본문의 상승적 전개에 주목해야 한다. 먼저 세 명의 교회 지도자가 언급되고, 그다음으로 "세계나 생명이나 사망이나 현재나 미래"가 온다. 마지막으로 "너희는 그리스도의 것이고 그리스도는 하나님의 것"이라는 부분에서 클라이맥스에 도달한다. 높은 곳에서 폭넓게 전망하는 이런 관점은 바울과 아볼로와 게바에 관해 불평하는 일을 허용하지 않는다. 대신 독자는 "모든 것이 다 너희의 것"이라는 바울의 말, 영과 지성이 높은 산 정상으로 고양된 상태에서 나온 사도의 말이 어떤 의도를 가졌는지를 깊이 묵상하도록 강력하게 자극받는다. 성경과 조화되는 한, 시리아, 콥트, 그리스, 아르메니아, 라틴, 아랍, 독일, 프랑스, 영국, 스페인인들로부터 나온 기독교 전통과, 현재 아프리카, 아시아, 유럽, 남미, 북미(와 기타)에서 주장되는 것은 **다 우리의 것**이다!

장면 3과 짝을 이루는 장면 5에서 바울은 자신이 "이 모든 것"을 독자들의 유익을 위해 자신과 아볼로에게 적용했다고 말한다. 4세기 크리소스토모스는 바울이 서로 대립하는 고린도 교회 지도자들의 이름은 빼고, 기민하게 자신과 아볼로만 언급하기로 선택했다고 주장했다. 여기에 대해 크리소스토모스는 이렇게 썼다. "만약 바울이 자신의 주장을 그 지도자들에게 직접 적용했다면, 그들은 자기가 배워야 할 것을 전혀 배우지 못하거나, 질책을 인정하지 않고 사도의 말에 격분했을 것이다."[18]

이제 사도적 설교의 클라이맥스를 구성하는 긴 장면(장면 4)으로 시선을 옮겨보자(도표 1.4[11]를 보라).

4a.	[4:1]사람은 마땅히 우리를	**우리를**
	그리스도의 종과	종과
	하나님의 비밀을 맡은 청지기로 여겨야 한다.	청지기로 **보라**
	[2]나아가 맡은 자에게 요구되는 것은	심판 아래
	충성된 자로 발견되는 것이다.	있음
4b.	[3]너희에게 또는 어떤 인간 법정에서	
	판단받는 것이 내게는 작은 일이다.	
	나도 나를 판단하지 아니한다.	**주께서**
	[4]나는 자책할 것을 알고 있지 못하지만	나를 심판하심

18) Chrysostom, *1 Corinthians*, p. 64.

그렇다고 내가 죄가 없는 것이 아니다.

그러나 나를 심판하실 이는 주이시다.

4c. [5]그러므로 때가 이르기 전에는

곧 주께서 오시기 전에는 심판을 선언하지 말라. **주께서**

그때에 주께서 지금 어둠 속에 감추어진 것들을 드러내고 심판하고

사람들의 마음의 의도/동기를 나타내실 것이다. 모든 사람을 칭찬하심

그때에 모든 사람이 하나님으로부터 칭찬을 들을 것이다.

도표 1.4(11). 장면 4a, b, c (고전 4:1-5)

중앙 부분은 이 설교뿐만 아니라 첫째 논문의 이 넷째 부분(3:1-4:16)의 중요한 강조점을 포함하고 있다. 고린도 교회 교인들은 교회 안에서 경쟁하고 다투는 파벌들의 지도자를 창시자로 보았다. 지적했듯이, 여기에는 민족적 문제가 연루되어 있다. 어쨌든 1-3장을 면밀하게 제시한 다음, 바울은 드디어 독자들이 바울 자신과 그의 리더십 그룹을 어떻게 **보아야 하는지**에 대해 말한다. "판단"의 문제가 세 장면으로 이루어진 이 클라이맥스를 관통하고 있다.

몇 구절 안에서 바울은 네 개의 핵심 단어를 사용해서 자신과 자기 동료들을 정의한다. 그중 두 단어는 농부 비유에서 나왔다(3:5-9). 다른 두 단어는 이 본문에 나온다. 이 네 단어를 함께 살펴보면 다음과 같다.

주님이 정하신 *diakonoi*	(주님이 정하신 **종**)
하나님을 위한 *sunergoi*	(하나님을 위한 **동역자**)
그리스도의 *huperetai*	(그리스도의 **조수**)
하나님의 비밀을 맡은 *oikonomoi*	(하나님의 비밀을 맡은 **청지기**)

처음 두 단어는 그들이 "주님이 정하신" **종**이라는 것과 (고린도 교회 교

인이 아니라) 하나님을 위해 일함을 분명히 보여준다. 나중 두 단어는 지금 논의 중인 본문에 나온다. 나는 *huperetai*를 "조수"(assistants)로 번역하기로 했다. 이 그리스어 단어는 의사의 조수, 부관, 제사장을 돕는 자에게 사용되었다.[19] 또한 이 단어는 회당 직원을 가리키기도 했다. 복음서에서 이 말은 예루살렘 성전에서 일하는 조수에게 적용된다. 초기 기독교 시대의 회당을 정밀히 연구하면서 셰무엘 사프라이는 *huperetes*가 히브리어 *hazzan*에 해당한다고 지적한다.

> 회당장은 *hazzan*을 조수로 두었다. *hazzan*은 말할 것도 없이 눅 4:20에 나오는 *huperetes*다. *huperetes*는 회당 실무를 담당한 직원으로 활동했다.…실제로 *hazzan*은 전례 전체의 의식을 관할하는 자였다.[20]

바울은 그리스도를 **회당/교회의 머리**로, 사도는 그리스도의 *huperetai* 곧 조수로 보았다.

이 본문에서 바울은 독자에게 사도들을 "그리스도의 **조수**" 또는 "하나님의 비밀을 맡은 **청지기**"로 보라고 촉구한다. 그는 농부 비유에서 자신을 **종**으로 제시한 바 있다. 그러나 "주"께서 세우신 바울과 그의 동료들은 가장 깊은 의미에서 "고린도 교회 교인들의 **종**"이 아니라 "하나님의 **동역자**"였다. 제시된 네 단어 중 처음 두 단어에서는 **낮춤**이 강조되고, 뒤의 두 단어에서는 **리더십**이 핵심이 된다.

어떤 장소에서건 바울은 고린도의 교회를 섬길 준비가 되어 있었다. 그러나 그는 더 높은 권위에서 나온 명령에 순종했다. 바울은 "독자의 요구에 따라 흔들리는 사람"이 아니었다. 이 점을 조명해주는 본문 중 하나

---

19) BAGD 842쪽에서 "종, 돕는 자, 조수"를 제시한다.

20) Shemuel Safrai, "The Synagogue," *The Jewish People in the First Century* (Philadelphia: Fortress, 1976), 2:935-936.

가 마가복음 1:35-38이다. 이 기사에서 예수는 새벽에 기도하러 "한적한 곳으로" 가셨다. 시몬과 다른 제자들이 예수를 따라가 만나자 "모든 사람이 주님을 찾고 있습니다"라고 말한다. 이에 예수는 "우리가 다음 도시로 가 거기서도 전도해야겠다. 바로 이것이 내가 온 이유이니 말이다"라고 대답하셨다. 예수께서 섬긴 사람들은 그분의 일정을 통제하지 못했다. 예수는 자신이 원하는 대로 활동하셨다! 바울도 마찬가지다. 로마서에서 "이제는 이 지방에 더 이상 일할 곳이 없으니…서바나[스페인]로 가야겠다"(롬 15:23-24)라고 할 때 사도는 분명히 이런 신학에 따라 활동한다. 어떻게 그리스나 소아시아에서 아무 할 일이 없었겠는가? 기독교 공동체가 소아시아 지방의 모든 도시와 마을에 세워졌는가? 아니다. 그런데도 "그리스도의 종"으로서 바울은 자기 길을 갔다. 바울이 섬긴 사람들은 그가 더 높은 명령에 순종하는 것을 말릴 수 없었다.

또한 바울은 자신을 "하나님의 비밀을 맡은 청지기"로 보았다. 그의 정체성의 내적 요소는 **상담**이나 **행정**, 심지어 **설교**에 의해서도 형성되지 않았다. 사도가 첫 세기에 이런 활동에 참여한 것은 "모든 교회를 위한 염려"(고후 11:28)가 있었기 때문이다. 그러나 바울이 "하나님의 비밀"에 대해 책임감을 느낀 것은 자신의 정체성의 내적 요소 때문이었다. 바로 이런 관점이 전 시대의 교회 리더십이 가져야 하는 고귀한 기준인 것이다.

"**하나님의 비밀**을 맡은 청지기"라는 명칭은 이 첫째 논문에서 나타난다. 첫째 논문에서 바울은 십자가와 삼위일체, 이전에는 감추어져 있었으나 지금은 성령을 통해 계시된 비밀들을 다루고 있다. 나중에 다섯째 논문에서 바울은 "보라, 내가 너희에게 **비밀**을 말하겠다"라고 결론을 맺는다(15:51). 여기서 다시 청지기가 바울의 정해진 직무로 나타나는 것이다. 이 주제는 "인클루지오"(*inclusio*; 수미상관법)를 제공하는데, 이는 처음과 끝을 연결함으로써 고린도전서를 하나로 묶는 실과 같다.

바울은 종과 청지기로서 자신의 직무를 감당하면서 프리랜서처럼 일하지 않는다. 본질상 사도들은 감독과 검열을 제공하는 뚜렷한 권위를 필요로 했다. 항상 청지기는 **누군가를 위한** 청지기이고, 종은 진공 상태에서는 섬길 수 없다. 바울은 이 장면의 여는 부분(4a)을 끝맺으면서 "나아가 맡은 자에게 요구되는 것은 충성된 자로 발견되는 것이다"라고 말한다. 그렇다면 누구에게 발견되는가?

이 진술에서는 두 가지 측면에 주목해야 한다. 첫째, 성경의 언어 곧 히브리어와 그리스어(와 현대 아랍어)에는 **정직**(honesty)에 해당하는 단어가 없다. "정직"은 로마 개념이며 이 단어는 라틴어, 고대 프랑스어, 이탈리아어, 스페인어에 뿌리를 박고 있다. 이 말은 비인격적 이상(理想)에 대한 헌신과 관련된다. 이에 해당하는 성경의 단어는 **충성**(faithful)이고, 이 단어는 **충성을 받는 사람**을 필요로 한다. 종은 **자신의 주인에게 충성하는** 자다. 바울은 "우리 주 예수 그리스도"(고린도전서 첫 장에서 반복해서 진술됨)께 충성했다. 언젠가 이 주인은 "너의 청지기 직무를 회계하라"라고 말씀하실 것이다.

둘째, 바울은 청지기가 "성공해야" 한다고 말하지 않고 "충성해야" 한다고 말한다. 이 본문과 평행을 이루는 본문이 누가복음 19:12-27의 므나 비유다. 므나 비유를 보면, 주인이 타국으로 떠나면서 자기 종들에게 큰 액수의 돈을 준다. 얼마 후 돌아온 주인은 종들이 "어떻게 장사했는지" 알아보려고 그들을 부른다.[21] 첫째 종은 **성공적이었다**. 하지만 주인은 그의 성공이 아니라 충성을 칭찬한다. 의심할 여지 없이, 충성이 성공보다 중요하다.

이 복잡한 중앙 부분에서 두 번째 장면(4b)은 다음과 같다.

4b. [3]너희에게 또는 어떤 인간 법정에서
판단받는 것이 내게는 작은 일이다.
나도 나를 판단하지 아니한다. **주께서**

21) 참조. Bailey, *Jesus Through Middle Eastern Eyes*, pp. 397-403.

[4]나는 자책할 것을 알고 있지 못하지만 나를 심판하심

그렇다고 내가 죄가 없는 것이 아니다.

그러나 나를 심판하실 이는 주이시다.

여기서 바울은 영적·심리적으로 깊은 균형 감각을 보여준다. 아무도 그를 판단하지 못한다. 독자도 인간 법정도, 심지어 바울 자신도 스스로를 판단하지 못한다. 고린도 교회 교인들이 아무리 바울을 세밀하게 살피고 난도질하려 애쓴다 해도, 그는 눈 하나 깜짝하지 않을 것이다. 그들은 내키는 대로 판단할 수 있겠지만, 이런 판단은 바울에게 아무런 영향도 미치지 못할 것이다. 바울의 개인적 가치는 교인들이 그에 대해 어떻게 느끼느냐와 관련되어 있지 않다. 동시에 사도는 개인적인 공격에 직면해서 자기를 비판하는 이런 공세에 마음이 약해지지 않는다. 하지만 그렇다고 바울이 무죄 선고를 받은 것은 아니다. 주께서 그를 심판하실 것이기 때문이다!

장면 4c에서 바울은 같은 주제를 계속 다루고 있다.

4c. [5]그러므로 때가 이르기 전에는

곧 주께서 오시기 전에는 심판을 선언하지 말라. **주께서**

그때에 주께서 지금 어둠 속에 감추어진 것들을 드러내고 심판하고

사람들의 마음의 의도/동기를 나타내실 것이다. 모든 사람을

그때에 모든 사람이 하나님으로부터 칭찬을 들을 것이다. 칭찬하심

고린도 교회 교인들은 자기가 지도자를 감시할 권리를 갖고 있다고 가정하고, 그래서 자기가 내린 결론을 기초로 각기 경쟁하는 집단들로 분리되었다. 바울은 이 모든 것의 열쇠가 파벌에 연루된 자들의 내적 동기에 있음을 알았다. 그때는 판단할 때가 아니라 받아들일 때였다. 주님은 자신이 원하실 때 어둠 속에 감추어져 있는 마음의 동기를 드러내실 것이다. 그때 오직 그때에만 모든 사람이, 바울, 아볼로, 게바가 아니라 **누구든지**

"하나님으로부터 그들에게 마땅한 칭찬"을 들을 것이다. 사건 종결.[22]

바울의 권면을 따라 행했다면, 고린도 교회를 분열시킨 파벌 정신은 사라지고 고린도 교회 교인들은 그리스도의 한 몸의 지체로서 건강을 회복할 수 있었을 것이다.

이 설교는 다음과 같은 주제를 담고 있다.

1. 하나님의 지혜는 이 세상의 지혜를 능가한다.
2. 우리는 하나님의 지혜를 얻기 위해 "미련한 자가 되어야" 한다.
3. 하나님 앞에서 자랑하는 것은 용납할 수 없는데, 그 이유는 우리가 가진 모든 것이 하나님의 선물이기 때문이다.
4. 여러 지도자에 관해 자랑하는 것은 무의미하다.
5. 그리스도인은 절대로 성경을 넘어가서는 안 된다.
6. 모든 기독교 지도자는 모든 그리스도인에게 속해 있고, 모든 그리스도인은 하나님 안에서 그리스도께 속해 있다.
7. 진정한 기독교 지도자는 그리스도의 종이고 하나님의 비밀을 맡은 청지기다.
8. 오직 주님만이 다른 사람들을 판단하실 수 있는데, 이는 오직 주님만이 마음의 은밀한 것들을 알고 계시기 때문이다.
9. 바울은 주의 판단은 인정하지만 고린도 교회 교인들의 판단은 인정하지 않는다.
10. 항상 낮춤은 진정한 기독교 리더십의 본질적 요소다.

바울은 마지막으로 몇 가지 반성을 덧붙이는 것으로 이 첫째 논문을 끝마친다(도표 1.4[12]를 보라).

22) 여기서 바울은 판결이 요구되는 5:1-2의 성적 음행이 아니라 "질투와 분쟁"을 다루고 있다.

1. [8]너희가 이미 배부르고 이미 풍성하다! 우리 없이도 왕이 되었구나! 그리고 우리가 너희가 왕이 되기를 원했던 것은 우리가 너희와 함께 왕 노릇 하기 위해서다!	**너희와 우리**
2. [9]나는 하나님이 우리 사도들을 사형 언도를 받은 자같이 마지막에 두셨다고 생각하는데 그것은 우리가 세상 곧 천사와 사람들에게 구경거리가 되었기 때문이다.	하나님의 구경거리 **비유** (사도들의 상태)
3. [10]우리는 그리스도를 위한 바보들이지만 너희는 그리스도 안에서 지혜롭다. 우리는 약하지만 너희는 강하고 너희는 존귀하지만 우리는 비천하다.	**우리와 너희**
4. [11]우리는 이 순간까지 굶주리고 목마르며 헐벗고 매 맞고 갈 데가 없으며 [12]또 우리 손으로 직접 일하며 수고한다.	**우리의 상태**
5. 우리는 욕을 먹을 때 축복하고 박해를 받을 때 참으며 [13]비방을 받을 때 화해하려고 애쓰며	우리의 상태에 대한 **우리의 반응**
6. 우리는 지금까지 세상의 희생양과 만물의 찌꺼기같이 되었다.	**우리의 상태**
7. [14]내가 이렇게 쓰는 것은 너희를 부끄럽게 하려 함이 아니라 내 사랑하는 자녀로서 너희에게 권면하기 위해서다. [15]너희는 그리스도 안에서 일만 명의 후견인을 둘 수 있지만 아버지는 많이 없다. 그래서 내가 그리스도 예수 안에서 복음을 통해 너희의 아버지가 되었다.	개인적 호소로 **끝맺음**
[16]그러므로 내가 너희에게 권하는데, 너희는 나를 본받는 자가 되라.	

도표 1.4(12). 그리스도인의 연합: 바울과 아볼로와 게바—결론적 언급(고전 4:8-16)

수사 구조

바울은 첫째 논문 끝부분에 이르자 속도를 늦춘다. 그리고 다시 여기서 일곱 장면을 사용해서 자신의 결론적 생각과 개인적 호소를 제시한다. 바울은 고린도 교회 교인들과 사도들을 비교하는 세 장면(장면 1-3)으로 이 설교를 시작한다. 그리고 여기에 사도들이 자기의 사명을 수행할 장소인 세상에 관해 묘사하는 세 장면(장면 4-6)을 덧붙인다. 이 설교는 전반부와 후반부의 중앙에 각각 클라이맥스가 있다. 전반부의 중앙(장면 2)은 로마의 구경거리 비유를 언급하고 여기서 둘러싸인 비유가 만들어진다. 후반부의 중앙(장면 5)은 고난에 대한 사도들의 반응을 묘사한다.

동시에 세 장면으로 구성된 이 두 부분은 서로 맞물려 있다. 장면 2(바울의 고난)는 다음 부분의 처음(장면 4)과 끝(장면 6)이 되고, 따라서 이 두 부분을 하나로 묶는다. 장면 2는 로마 군인의 승리 행진 후미에서 잔혹하게 끌려가는 기진한 포로들의 그림을 제시한다. 이 그림은 장면 4와 6에서도 펼쳐진다. 이런 식의 맞물림은 이사야 48:1-11과 이사야 55:6-9에서도 나타난다.

장면 7에서 바울은 "권면할" 권리가 있는 "아버지"로서의 권위를 천명하고 있다. 마지막 행은 바울의 개인적 호소다. 고린도전서의 다섯 논문은 어떤 식으로든 각각 개인적 호소로 끝맺는다. 이는 일종의 문학적 서명과 같다. 개인적 호소를 통해 사도는 이 첫째 논문의 "종료 신호"를 보낸다.

주석

이 설교의 처음 세 장면이 도표 1.4(13)에 나와 있다.

1. [8]너희가 이미 배부르고 이미 풍성하다!
우리 없이도 왕이 되었구나! **너희와 우리**
그리고 우리가 너희가 왕이 되기를 원했던 것은

우리가 너희와 함께 왕 노릇 하기 위해서다!

2. [9]나는 하나님이 우리 사도들을 하나님의 구경거리 **비유**
사형 언도를 받은 자같이 끝에 두셨다고 생각하는데 (사도들의 상태)
그것은 우리가 세상 곧 천사와 사람들에게
구경거리가 되었기 때문이다.

3. [10]우리는 그리스도를 위한 바보들이지만 **우리와 너희**
너희는 그리스도 안에서 지혜롭다.
우리는 약하지만 너희는 강하고
너희는 존귀하지만 우리는 비천하다.

도표 1.4(13). 장면 1-3(고전 4:8-10)

바울은 고린도 교회 교인들이 그리스도 안에서 "모든 언변과 모든 지식"에 있어 풍족해진 것과 "어떤 신령한 은사에도 부족함이 없는" 것을 말함으로써(1:4-9) 그들을 조용히 칭찬하는 것으로 첫째 논문을 시작했다. 그런데 이 논문 중앙에서는 고린도 교회 교인들의 실패에 대해 정곡을 찌르고, 그들이 아직 "어린아이"이며 따라서 젖만 먹을 수 있는 상태라고 딱 잘라 말한다. 이어서 끝부분에서는 온갖 수단을 동원해서 풍자와 비꼬는 말로 고린도 교회 교인들을 거칠게 몰아붙인다.

장면 1은 고린도 교인들에게 집중하지만, 장면 3은 바울과 그 동료들의 입장에서 교인들을 비꼬는 말에 강조점을 두고 있다. 고린도 교인들은 자기가 (나라도 없이) 왕이 되었다고 생각하고 스스로 지혜롭고 강하고 존귀하다고 상상한다. 그리고 바울과 그 동료들은 약하고 어리석고 비천하다고 생각한다. 바울은 이런 터무니없는 그들의 관점을 기뻐하지 않는다.

그런데 이런 빈정대는 어조는 바울이 자신의 깊은 고통을 드러냄으로써 극적으로 반전한다. 이 고통은 바울이 장면 2에서 로마 군대의 승리 행진 비유를 말할 때 드러난다. 사도는 하나님이 큰 승리를 인도하고 계시고 세상과 천사들이 이를 지켜본다는 개념을 성찰하면서 차분해진다. 당대의 로마 관습에 따르면, 중대한 군사적 승리를 거둔 후면 개선장군은 시내를 행진하는 웅대한 퍼레이드를 했다. 승전한 장군이 맨 앞에서 전차를 타고 가고, 그 뒤를 사제와 귀족이 따랐으며, 이어서 군인들이 행군하고 전리품을 적재한 마차가 따랐다. 그리고 맨 끝에는 사슬에 매인 포로들이 따랐는데, 이들은 퍼레이드가 끝나면 죽임을 당하고 로마 신들에게 공적 제물로 바쳐졌다. 바울은 하나님이 이런 퍼레이드를 염두에 두고 사도들을 사형언도를 받고 끌려가는 포로처럼 맨 끝에 두셨다고 생각한다. 로마 군대의 승리 행진 비유에 나타난 놀라운 요점은, 이 행진이 예수의 십자가 죽음과 유사한 점을 가진다는 것이다. 예수 역시 (로마 군대의) 퍼레이드에서 끌려가다 공적 장소에서 죽임을 당하는 것으로 끝을 맺으셨다.

1944년 7월 18일, 독일의 순교자 디트리히 본회퍼는 옥중에서 한 친구에게 다음과 같은 편지를 썼다.

> "그리스도인은 하나님에 의해 하나님의 고난 속에 들어가 있으며" 그것으로 그리스도인과 이방인이 구별됩니다. "너희가 나와 함께 한 시간도 이렇게 깨어 있을 수 없더냐?" 예수는 겟세마네 동산에서 이렇게 물어보십니다. 이는 종교인이 하나님께 기대하는 모든 것을 뒤집어놓은 질문이지요. 인간은 신이 없는 세계가 일으킨 하나님 자신의 고난을 겪도록 부르심을 받습니다.[23]

같은 편지에서 본회퍼는 이렇게 계속한다. "신약성경에서는 예수 그리스도 안에서 하나님이 메시아로서 겪으신 고난에 휘말리는 일이 매우 다

23) Dietrich Bonhoeffer, *Meditations on the Cross* (Louisville: Westminster John Knox, 1996), p. 60.

양한 방식으로 일어납니다."[24] 빌립보서 3:10-11에서 바울은 이렇게 말한다. "내가 그리스도와 그리스도의 부활의 권능 그리고 **그리스도의 고난에 참여하는 것**을 알고자 **그리스도의 죽으심을 본받음으로써** 어떻게 해서든지 죽은 자 중에서 부활에 이르고자 하노라." 바로 이것이 로마 군대의 승리 행진 비유를 쓰면서 바울이 염두에 두고 있던 것은 아닐까?

지적했듯이, 이 첫째 논문의 중앙은 십자가의 능력과 지혜에 초점을 맞춘다(1:17-2:2). 바울은 이 주제에 관한 설명을 끝마치면서, 그리스도의 고난에 참여한 자신의 경험을 암시하고 십자가 주제로 되돌아간다.

이는 자주 무시되는 바울의 외침, 버림받음에 대한 그의 외침이다. 만약 하나님의 승리의 퍼레이드가 펼쳐진다면, 왜 사도들이 맨 끝에 서서 죽음을 맞아야 하는가? "나의 하나님, 나의 하나님 어찌하여…?" 예수처럼 바울도 여기서 연구 결과가 아니라 자신의 깊은 감정을 표현하고 있다. 이는 **바울이 느끼는 감정**이고, 놀랍게도 그는 독자에게 이를 표출하는 것을 부끄러워하지 않는다. 아마도 이 감정이 자기를 예수의 고난과 연결시키기 때문일 것이다.

세 장면으로 구성된 둘째 세트에서 바울은 고린도 교회 교인들을 넘어 자신의 사역 전체를 되돌아본다(도표 1.4[14]를 보라).

4. [11]우리는 이 순간까지 굶주리고 목마르며
꾀죄죄하고 매 맞고 집이 없으며 **우리의 상태**
[12]또 우리 손으로 직접 일하며 수고한다.

5. 우리는 모욕을 겪을 때 축복하고
박해를 받을 때 참으며 우리의 상태에 대한
[13]비방을 당할 때 화해하려고 애쓰며 **우리의 반응**

24) 같은 책.

6. 우리는 지금까지 세상의 희생양과

만물의 찌꺼기같이 되었다. **우리의 상태**

도표 1.4(14). 장면 4-6(고전 4:11-13)

바울은 자신이 속해 있는 사도 집단에 대해 성찰하는데, 여기서 굶주리고 목마르고 헐벗고 매 맞고 갈데없는 여행 설교자들의 작은 집단을 본다. 게다가 사도들은 스스로 생계를 유지하면서 사역해야 한다. 바울은 이사야 58:7에서 단어를 빌려온 것 같다. 이 이사야서 본문에서 하나님은 백성에게 다음과 같이 말씀하신다.

> 내가 기뻐하는 금식은…것이 아니겠느냐?
> 또 굶주린 자에게 네 양식을 나누어 주며
> 집 없는 빈민을 네 집에 들이며
> 헐벗은 자를 보면 입히는…것이 아니겠느냐?

바울이 사용한 "꾀죄죄하다"(11절)라는 단어에는 "헐벗다"는 의미도 있다. 앞에서 인용한 이사야서 본문에서 "집 없는 빈민"이라는 히브리어는 *'anawim merudîm*으로, 집 없이 **떠돌아다니는** 가난한 자라는 개념을 가진다. 이 이사야서 본문은 사도들에게 적용된다. 수십 년 동안 바울은 상주하는 집 곧 자신의 집으로 부를 만한 거처가 없었다. 바울이 묘사를 위해 선택한 다섯 개의 단어 중 세 개가 이사야서 본문에 나온다. 동시에 그가 택한 말들은 장면 4와 빌립보서 2:6-8의 중대한 "자기 비움" 본문을 관련시키기도 한다. 고린도전서 본문에서도 우리는 바울의 자기 비움을 볼 수 있다(빌립보서 본문보다는 약하지만).

예수의 수난과의 비교도 눈길을 끈다. 요한복음은 부활절 저녁 두려움으로 문을 꽁꽁 닫고 방 안에 몸을 숨긴 제자들에게 예수가 나타나신 사건을 기록한다. 예수는 제자들에게 자신의 손과 옆구리를 보여주면서 "아버지께서 나를 보내신 것같이 나도 너희를 보내노라"고 말씀하신다. 지금 논의 중인 고린도전서 본문에서도 같은 방식으로, 바울은 자신이 겪은 끔찍한 고난을 보여주며 그의 사역을 설명한 뒤, 몇 문장 뒤에서 "너희는 나를 본받는 자가 되라"고 말한다. 중동의 각각 다른 네 나라에서 40년에 걸쳐 사역을 하는 동안, 나는 일곱 번의 전쟁을 거치면서 목숨을 위협하는 숱한 위험을 겪었음에도 불구하고 살아남았다. 하지만 극한의 굶주림이나 목마름을 겪은 적은 없었다. 소박하게나마 옷을 입었으며 결코 "헐벗지는" 않았다. 매를 맞은 적도, 집이 없어본 적도 없으며, 스스로 생계를 유지하며 사역해야 한 적도 없었다. 바울과 같은 처지에서 일하도록 부르심을 받았다면, 과연 나는 어떻게 반응했을까? 누가 이런 일을 견딜 수 있을까? 부활절 저녁 일어난 예수와 제자들의 대화와, 바울의 첫째 논문의 이 결론적 언급은 모두 좁은 길을 따르기로 선택한 이들에게 엄청난 도전을 준다. 이런 혹독한 고난에 대해 바울이 보여준 태도는 훨씬 더 놀랍다.

바울은 욕을 먹을 때 축복하고 박해받을 때 인내했으며, 비방을 당할 때에는 화해를 구했다. 전통적인 중동(과 다른 곳의) 문화에서는 보복이 명예롭게 자존심을 지키는 사람의 표지로 간주된다. 아리스토텔레스도 여기에 동의하고 "큰-마음"(*mega-lopsukhia*)을 최고의 미덕으로 삼았다.[25] 또한 아리스토텔레스는 이 미덕을 정의하면서 모욕을 **억지로 참지 않는 것**을 한 요소로 포함시켰다. 동양과 서양 문화는 모두 이런 관점을 지지한다. 오랜 세월 동안 이슬람 세계는 보복할 권리를 인정하고, 명예를 지키기 위한 보복을 당연한 의무로 간주했다. 이슬람은 전통적으로 보복의 권리를 지지하지 않는다는 이유로 기독교를 비판했다. 모욕, 박해, 비방에 대한 바울의 반응은 자신이 속한 문화에서 인정이나 갈채를 받지 못했다. 유대 공동체에서는 "눈에는 눈, 이에는 이"의 법칙이 여전히 거룩한 법으로 지켜지고 있었다. 그러나 "그리스도의 마음"과 그분의 희생적인 삶은

25) Aristotle, *Ethica Nicomachea* 1107b.22, 1123a.34.

바울에게 근본적으로 새로운 방향을 지시했다. 여기서 제시되는 새로운 좁은 길은 바울이 앞에서 설명한 십자가와 그의 개인적 삶을 연계시킨다. 이 길은 바울이 자기 십자가를 지고 예수를 따르는 길이다.

이어서 바울은 마지막으로 자신의 상태에 대해 두 가지를 설명한다(장면 6). NRSV는 첫째 설명을 "우리는 세상의 쓰레기같이 되었다"라고 번역한다. 이에 해당되는 단어는 *peri-katharma*인데, 집안 청소를 할 때 마지막으로 내다버리는 쓰레기와 오물을 묘사한다. BAGD는 이 단어를 "완전히 깨끗하게 청소할 때 제거되는 것 즉 오물이나 폐기물을 가리킨다.…이런 활동의 결과 정화가 이루어진다"라고 설명한다.[26]

둘째 단어인 *peri-psema*도 긁어내기, 깨끗하고 정결하게 하는 일과 관련된다.

이 본문에 관해 윌리엄 오르와 제임스 발터는 다음과 같이 쓴다.

> [바울은] 육체적 박탈이 무엇을 의미하는지 알고 있었다.…그가 받은 상은 종종 모욕, 박해, 비방이었다. 그러나 바울은 평화를 도모하라는 예수의 권면에 따라 반응했다. 이 모든 것의 최종 결과는 **세상에서 제거된 오물**이 바울과 그의 동료 사도들에게 쏟아진 것이었다. 따라서 그들은 미움, 악의, 신랄한 고통을 자초함으로써 정화의 도구로 활동했으며, 폭력이나 보복으로 대응하지 않고 오히려 묵묵히 견딤으로써 이런 악을 제거했다. 따라서 이들은 그처럼 특별한 방식으로 그리스도의 사역을 수행했던 것이다.[27]

바울은 골로새 교회 교인들에게 이렇게 말했다. "나는 이제 너희를 위해 받는 고난을 기뻐하고, 내 육체에 그리스도의 몸 곧 교회를 위해 아직 채워지지 않은 그리스도의 고난을 채우겠다." 계속해서 바울은 "이 비밀은

---

26) BAGD, p. 647.
27) Orr/Walther, *I Corinthians*, p. 192.

대대로 감추어졌던 것인데 이제 그의 성도들에게 나타났다"라고 말한다 (골 1:24, 26).

앞에서도 확인했듯이, 바울은 주목할 만한 일곱 장면으로 구성된 이 멋진 설교로 첫째 논문의 결론을 맺는다. 이제는 마지막 개인적인 호소를 살펴볼 차례다(도표 1.4[15]를 보라).

7. [14]내가 이렇게 쓰는 것은 너희를 부끄럽게 하려 함이 아니라 　개인적 호소로
내 사랑하는 자녀로서 너희에게 권면하기 위해서다. 　**끝맺음**
[15]너희는 그리스도 안에서 일만 명의 후견인을 둘 수 있지만[28]
아버지는 많이 없다.
그래서 내가 그리스도 예수 안에서 복음을 통해 너희의 아버지가 되었다.

[16] 그러므로 내가 너희에게 권하는데, 너희는 나를 본받는 자가 되라.

도표 1.4(15). 장면 7(고전 4:14-16)

앞에서 지적했듯이, 바울은 **어머니같이** 행하며 어린 자녀(고린도 교회 교인)들에게 젖을 먹이고 있었다. 하지만 이제 바울은 자기를 **아버지**로 제시한다. 그리스 문화에서 "후견인"은 자녀의 인격을 형성하는 데 상당히 큰 책임을 가지는 유력 인물이지만, 더 중요한 존재는 당연히 아버지였다.

여기서 바울이 "아버지" 은유를 사용하는 것은 의미심장하다. 그 배후에는 호세아 11:1-9과 누가복음 15:11-32의 비유가 있다. 이 세 본문을 비교해보면, 세 본문 모두에 나타나는 주제는 여섯 가지이며, 세 본문 중 두 본문에 나타나는 주제는 한 가지다. 그 주제들은 다음과 같다.

---

28) NRSV.

1. 아버지와 아들이 각 본문에 나타난다.
2. 아버지는 완고한 아들에게 모욕을 당하고 악한 대접을 받는다.
3. 아버지는 화해/회유를 시도하고, 아들을 사랑하는 아들로 부른다.
4. 아버지는 완고한 아들에게 권면한다.
5. 아버지는 인간 아버지에게 통상적으로 예상되는 바를 넘어선다.
6. 아버지는 직간접적으로 자신을 아들이 본받아야 할 본보기로 제시한다.
7. 연민이 특별히 언급된다(호세아, 예수).

바울이 호세아서를 알고 있었음은 확실한 사실이다. 바울이 사용한 "아버지" 은유와 탕자의 비유를 비교해보면, 그가 (직간접으로) 탕자의 비유를 어느 정도 알고 있었다는 가정이 가능해진다. 따라서 예수의 비유 중 세 가지가 바울의 첫째 논문의 이 부분과 신학적·윤리적 내용을 공유하고 있음을 확인할 수 있다.

결론적으로 바울의 결론적 언급에서 지적할 수 있는 요소는 다음과 같다.

1. 오만은 화를 자초한다. 고린도 교회 교인들은 자기들이 풍족하고 강하고 지혜롭다고 믿었다. 바울은 그들의 자아상에 문제가 있다고 가차 없이 지적한다.
2. 바울은 자기가 낙심했으나 그런 감정을 숨기고 싶어 하지 않음을 솔직히 인정한다. 때때로 바울은 (예수처럼?) 자신이 죽음의 길을 가고 있다고 느낀다. 마지막 다섯째 논문에서 그는 "나는 날마다 죽는다"라고 고백한다(15:31).
3. 그러나 바울은 "그리스도를 위해 바보"가 되는 길을 받아들인다.
4. 바울의 삶은 큰 고난으로 점철되어 있다.
5. 모욕을 겪고 박해를 받고 비방을 당할 때 바울은 사랑으로 반응한다.

6. 바울은 악을 흡수하며, 그 과정에서 악은 소멸한다.
7. 바울은 복음 안에서 고린도 교회 교인들의 아버지이며, 그래서 자기 "자녀"에게 부끄러워하지 않고 권면하는 편지를 쓴다.

"나를 본받으라"는 마지막 개인적인 호소는 바울의 "자기도취 행위"가 아니다. 랍비의 제자들은 랍비를 따라 살아야 했다. 그들은 랍비에게 두 가지 방식으로 배웠는데, 하나는 랍비의 가르침이고 다른 하나는 랍비 자신이 율법을 지키며 사는 것을 지켜보는 일이었다. 랍비는 안식일을 어떻게 지켰는가? 정결 예식은 어떻게 행했는가? 십일조를 바칠 때 어떤 곡식을 바쳤는가? 랍비의 삶의 방식을 지켜보는 일이 배움의 필수 요소였던 것이다. 바울은 이를 당연히 받아들였겠지만, 만약 그것이 고난의 삶이라면 과연 어떨까! 이미 언급했듯이, 이 마지막 권면은 부활절 저녁 다락방에서 예수가 두려워 떠는 제자들에게 자신의 손과 옆구리를 보여주시며 "아버지께서 나를 보내신 것같이 나도 너희를 보내노라"(요 20:21)고 하신 권면과 나란히 위치해야 마땅하다.

우리는 다른 네 개의 논문 마지막 부분에서도 유사한 서명을 가진 결론을 확인하게 될 것이다.

이제 둘째 논문으로 시선을 옮겨보자.

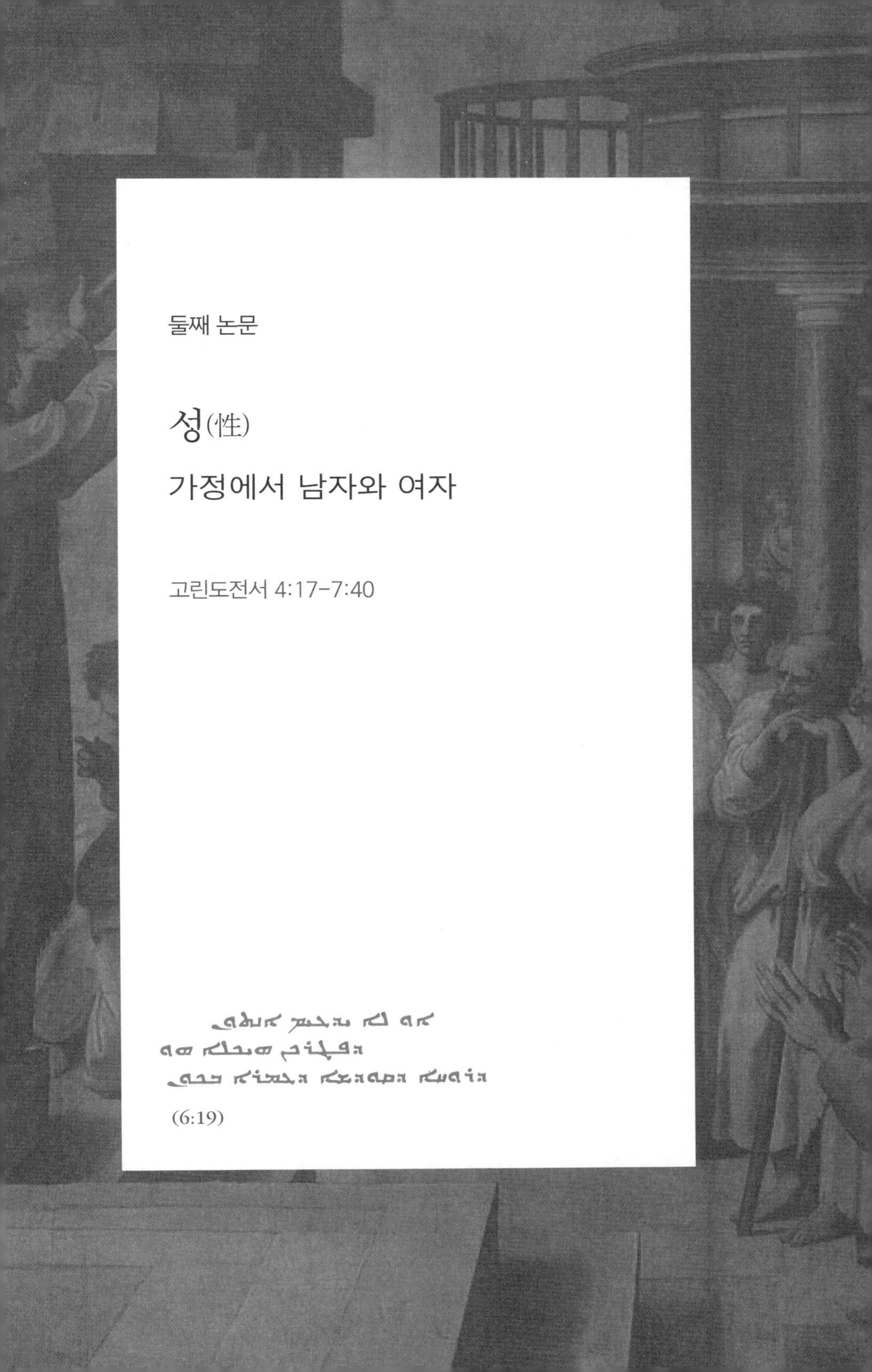

둘째 논문

성(性)

가정에서 남자와 여자

고린도전서 4:17-7:40

ܐܘ ܠܐ ܝܕܥܝܢ ܐܢܬܘܢ
ܕܦܓܪܟܘܢ ܗܝܟܠܐ ܗܘ
ܕܪܘܚܐ ܕܩܘܕܫܐ ܕܒܟܘܢ

(6:19)

2.1.

음행과 교회

고린도전서 4:17-5:6a

이제 바울은 둘째 논문을 시작한다. 둘째 논문의 초점은 성(性) 관습과 성의 신학적 기초다. 이 논문은 네 개의 부분과 하나의 긴 여담으로 구성되어 있다. 논문 전체의 개요는 다음과 같다.

2.1. 음행과 교회(4:17-6:8)

2.2. (세 가지 장애물: 누룩, 음행, 법정[5:6b-6:8])

2.3. 성 관습의 신학: 천국 윤리(6:9-12)

2.4. 성 관습의 신학: 몸의 결합(6:13-20)

2.5. 복음과 조화되는 성 관습(7:1-40)

바울은 다섯 논문을 각각 **전통을 기억하라**는 촉구와 함께 시작한다. 이어서 (늘 그러듯이) 고려 중인 문제를 제시하는 내용이 나온다. 여기서 다루어지는 새로운 주제는 성적 음행이다.

전통에 대한 언급(4:17)에는 조심스러운 탐구가 필요하다. 본문은 다음과 같다.

1. [17]이런 이유로 내가 너희에게 디모데를 보냈으니 **전통**

그는 주 안에서 내가 사랑하는 신실한 아들이다.

그가 그리스도 예수 안에서 내가 행한 일

곧 내가 모든 곳의 모든 교회에서 가르치는 것을 너희에게 상기시켜줄 것이다.

수많은 주석가는 4:17-21이 이전 부분의 결론이고, 성 관습에 대한 바울의 설명은 5:1에서 시작된다고 가정했다. 그런데 4:17(장면 1)을 이어지는 성 관습 주제에 관한 논문의 첫 부분으로 보는 관점도 가능하다. 따라서 "이런 이유로 내가 너희에게 디모데를 보냈으니"(4:17)라는 말은 **뒤를** 돌아보기보다 **앞을** 내다보는 것으로 간주하는 편이 가장 낫다. 이 문제는 중요하기 때문에 주의 깊게 살펴볼 가치가 있다. 이에 대해서는 여러 요점이 제시될 수 있다.

4:16과 4:17 사이에 명확한 단절이 있다는 사실은 천 년 전부터 지적되었다. 기원후 867년에 다마스쿠스에서 아랍어로 고린도전서 주석을 쓴 시리아 정교회 소속 이븐 알-사리는 최초로 16절과 17절 사이에 장 구분을 두었다.[1] 본문의 핵심 요소는 이븐 알-사리의 이런 견해를 지지한다.

1. 16절과 17절 두 구절은 (나란히 읽을 때) 영어로는 therefore(그러므로)를 두 번 연속해서 사용함으로써 개념을 제시한다.

[16]그러므로[therefore; *oun*] 내가 너희에게 권하는데, 너희는 나를 본받는 자가 되라.

1) Bishr ibn al-Sari, *Pauline Epistles*, p. 59. Harvey Staal은 이 이름의 모음을 ibn al-Sirri라고 발음했다(이름으로 나타나는 경우가 없음). 더 선호되는 모음 발음은 유명한 이름인 ibn al-Sari다.

[17]그러므로[therefore; *dia touto*] 내가 너희에게 디모데를 보냈으니, 그가 그리스도 안에서 내가 행한 일 곧 내가 모든 곳의 모든 교회에서 가르치는 것을 너희에게 상기시켜줄 것이다.

RSV와 NRSV는 첫 번째 "그러므로"(*oun*)를 "그러면"(then)으로 번역함으로써 이 문제점을 완화시킨다. 그러나 바울이 한 줄에서 유사한 두 어구를 연달아 두 번 사용해서 이전 주장을 요약하고 있다고 주장하기는 어렵다. 오히려 첫 번째 "그러므로"는 바울이 이전 설명을 요약하기 위해 자주 사용하는 단어다(참조. 고전 10:31; 11:20; 14:23, 26; 15:11; 16:11, 18). 이렇게 보면, 두 번째 어구(*dia touto*)는 이어지는 부분의 서론이 된다.

2. "너희에게 상기시켜줄 것"(17절)은 분명히 이후 논문들 중 두 논문(넷째와 다섯째 논문)에서 새로운 설명을 시작하면서 사용하는 말이다(고전 11:2; 15:1). 그렇다면 왜 여기서는 아니겠는가?

3. 바울이 "모든 곳의 모든 교회에서 가르치는" 것은 교회 전통이다. 다섯 논문은 **각각** 전통에 대한 언급으로 시작된다. 이는 셋째, 넷째, 다섯째 논문에서 명확히 확인된다. 그렇다면 전통에 대한 유사한 언급을 여기서는 첫째 논문의 **결론**으로 보아야 할 이유가 어디 있겠는가?

4. 내가 아는 한, 고대 중동의 자료들은 본문의 단락을 고린도전서 5:1에서 구분하지 않았다. 반면에 4:15 끝에서 단락을 구분한 초기의 증거는 폭넓게 발견된다. 바티칸 사본도 같은 방식으로 구분한다(즉 16절의 "나를 본받으라"는 권면을 새로운 단락에 포함시킨다). 북콥트어 전통과 고전 아르메니아어 전통의 단락 구분도 마찬가지다.[2] 시리아 정교회가 따르는 사도 야고보의 고대 전례문과 중동의 그리스 멜키트 교회의 전례문도 16절 끝

2) G. Horner, *The Coptic Version of the New Testament in the Northern Dialect* (1898, 1905, reprint, Osnabruck: Otto Zeller, 1969), 3:138-139. 고전 아르메니아 본문으로 나는 레바논 안테리아스에 있는 아르메니아 원로 도서관의 사본 212(1293년)의 folio 220 r을 검토했다.

에서 단락을 나누고, 4:17-5:5을 하나의 본문으로 읽는다.[3] 앞서 지적했듯이, 이븐 알-사리도 같은 지점에서 장을 구분했다.[4]

5. 4:17-19에서 바울은 디모데의 임박한 방문과 자신의 방문에 관해 설명한다. 이 주제는 음행한 남자에 대한 판단과 관련해서 5:3에서 간접적으로 다시 나타난다. 바울은 다음과 같이 말하는 것 같다. "어떤 이들은 내가 너희에게 나아가지 아니할 것같이 생각하지만[4:18] 나는 확실히 나아갈 것이다[4:19]. 내가 사실은 몸으로는 떠나 있어도, 영으로는 이미 너희와 함께 있다고 생각하라[5:3]."

따라서 바울과 디모데의 방문에 대한 언급도 4:17-21을 이어지는 부분에 포함시키는 관점을 지지한다.

6. 4:18에서 바울은 "교만한"(*ephusiothesan*) 사람들을 언급한다. 5:2에서도 같은 말을 사용해서 "너희가 교만해졌다"라고 더 깊이 정곡을 찌른다. 다시 말해 4:18은 "교만" 주제로 5:2과 결합되어 있다.

7. 4:20에서 바울은 "하나님 나라"를 언급한다. 이 말은 바울 서신에서 아홉 번밖에 나오지 않는데, 그중 여섯 번은 하나님 나라에 들어가지 **못한** 사람들을 특별히 언급하는 데 사용된다. 지금 우리가 다루고 있는 구절을 제외하면, 다섯 번의 이런 부정적인 언급 중 네 번(고전 6:9, 10; 갈 5:21; 엡 5:5)이 특히 성적 음행을 하나님 나라에서 제외되는 한 가지 이유로 언급한다. 죄와 하나님 나라에 관해 말하면서 바울이 성적 음행이 포함된 죄목들을 생각하고 있음을 보여주는 증거는 압도적으로 많다. 여기서도 사도는 이런 관련성을 특별히 보여준다(6:9, 10).

---

3) Philoxenius Yusif, Metropolitan of Mardin, *Muqaddes Ayrillirin Fihriste* (Turkish and Syriac) (Mardin: Hikmet Basimevi, 1954,) p. 87; *Kitab al Risa'il* (Arabic) (Schwair, Lebanon: Monastery of St. John, 1813), p. 167.

4) Harvey Staal, ed. and trans., *Codex Sinai Arabic 151: Pauline Epistles, Part II*, in *Studies and Documents of the University of Utah* (Salt Lake City: University of Utah Press, 1969), 15:121.

8. 바울이 *dia touto*(이런 이유로)를 사용한 사례들을 검토해보면, 이 어구가 항상 어떤 면에서 앞을 내다보는 데 활용된다는 결론을 내리게 된다. 말하자면 이 말은 종종 이전에 나온 바를 거의 또는 전혀 언급하지 않고 새로운 사상을 소개하는 역할을 한다(참조. 롬 15:9; 고전 11:30; 고후 4:1; 12:10; 엡 1:15; 골 1:9; 살후 2:11). 다른 경우들을 보면, 이 어구는 이전에 나온 설명에 기반해서 새로운 개념을 도입하는 역할을 한다(참조. 롬 1:26; 4:16; 5:12; 13:6; 고전 11:10; 고후 4:1; 7:13; 엡 5:17; 6:13; 살전 3:5, 7). 이런 경우, 대부분의 현대 편집자(RSV와 다른 역본들)는 *dia touto*가 새로운 단락을 도입하는 역할을 한다고 본다. 슐츠는 고린도전서 4:17에서 *dia touto*가 앞을 지시하는 역할을 한다고 주장한다.[5] 나는 지금 논의 중인 본문을 이렇게 번역한다. "이런 이유로 내가 너희에게 디모데를 보냈으니… 그가 그리스도 예수 안에서 내가 행한 일 곧 내가 모든 곳에서 가르치는 것을 너희에게 상기시켜줄 것이다." 디모데가 고린도 교회를 방문한 이유는 그리스도 안에서 바울이 행한 일을 고린도 교인들에게 상기시키기 위해서다.

9. 4:14-16(첫째 논문에 속함)과 4:17-21(현재 논의 중인 둘째 논문에 속함) 사이에는 어조의 변화가 있다. 14-16절에서 바울은 온건하게 말한다. 그는 자신의 사랑하는 자녀들을 **부끄럽게** 만들지 않고 다만 **권면하기**를 원한다. 그러나 17-21절에서는 **교만한 자**에게 **매**를 들고 경고하고 있다! C. K. 바레트는 이런 어조의 극적인 변화를 다음과 같이 지적한다.

> 14절에서 바울은 독자에게 온건한 어조를 사용하기 시작했다. 바울은 그들이 비참한 마음을 갖기를 바라지 않으며 다만 과거에 배운 건전한 기독교 원리들을 알기를 원했다. 그러나 사도는 고린도 교회의 실상을…상기하자 단호한 어

5) Anselm Schultz, *Nachfolgen und Nachahmen, SANT*, 6 (Munich: Lösel, 1962), pp. 309-310(Conzelmann, *1 Corinthians*, p. 92 nn. 15, 20에 지적되었듯이).

조로 단락을 마쳐야 한다고 느낀다.[6]

이처럼 매를 들고 위협하는 경고는 "온건한 권면"으로 끝맺는 십자가에 대한 이전 설명의 한 부분보다는 근친상간의 죄를 새롭게 다루는 내용과 관련되었다고 보는 편이 더 낫다.

10. 만약 4:14-21이 확실히 한 단락이라면, 이 구절들 속에 바울이 갑작스럽게 분노하는 내용이 어떻게 들어가겠는가? 14-16절에서 이전 설명이 끝나고 17-21절에서 새 주제가 시작된다고 이해할 때, 이 질문에 대한 답변은 명확해진다. 첫째 본문(14-16절)에서 바울은 고린도 신자들의 "아버지"로서 완고한 자기 아들들을 온건하게 다루기를 바란다. 둘째 본문(17-21절)에서 사도는 그들의 끔찍한 음행에 분노한다. 그러나 단락이 16절에서 끝나지 않으면, 바울의 분노가 폭발하게 된 명백한 이유가 전혀 없는 것이 되고 만다.

그렇다면 우리는 자연스럽게, 주석가와 편집자들이 왜 그토록 오랫동안 5:1에서 주제가 끝났다고 보았는지를 묻게 된다. 이런 구분을 고수한 데에는 최소한 세 가지 가능한 이유가 있다.

1. 첫 번째 이유는 방문이다. 4:18-21에서 바울은 자신이 앞으로 가질 방문에 관해 말하고 있다. 그리고 5장은 근친상간의 죄를 다룬다. 이 두 주제는 서로 관련이 없는 것처럼 보인다. 그러나 앞으로 있을 방문에 대한 언급이 5:3에서 간접적으로 주어진다. 바울의 방문에 대한 언급은 근친상간 사건을 다루는 부분의 서론이다. 바울의 요점은 다음과 같다. "내가 갈 것이니, 너희가 이 문제를 더 잘 처리해야 할 것이다. 그렇지 않으면 내가 도착해서 너희에게 매를 들어야 할 것이다(4:18-21)! 그러니 내가 되돌아가는 것을 기다리지 말고, 내가 이미 영으로는 너희와 함께 있어 일을 처리하고 있다고 생각하라(5:3-5)."

6) Barrett, *First Epistle*, p. 117.

2. “내가 갈 것이니!”에 대한 설명은 “여기 문제가 있고(5:1-2), 너희는 내가 도착하기 전에 이를 처리해야 한다(5:2b-6)”라는 명령으로 자연스럽게 이어진다. 그러나 이런 관련성이 지적되지 않으면, 5:1에서 주요 구분이 이루어졌다고 보기 쉽다.

3. 마지막으로 전통 문제가 있다. 다른 네 논문에서 바울이 글을 새로 **시작하면서** 전통을 언급한다는 사실에 번역자들이 주목하지 않는다면, 5:1에서 장을 구분하는 것이 하나의 대안이 되고 만다.

결론적으로, 4:17-21을 개인적인 여담이 아니라 음행 주제를 다루는 부분의 서론으로 볼 수 있는 여러 이유가 존재한다. 다른 네 논문과 마찬가지로, 둘째 논문도 **전통**에 대한 언급으로 시작하며, 여기에 **상기하라**는 촉구가 덧붙여진다.

바울은 전통을 상기시킨 후 문제점을 담대하게 진술하고, 성도들이 어떻게 행해야 할지에 대한 확고한 지침을 고린도 교회에 제공한다. 다시 한 번 바울은 일곱 장면으로 구성된 사도적 설교를 작성하고 있다. 이 본문은 도표 2.1(1)에서 확인된다.

수사 구조

이 사도적 설교의 구조는 이전 설교인 4:8-16과 유사하다. 한 가지 구조적 차이라면, 이전 설교에서는 독립적 장면이 끝부분에 있었지만, 여기서는 첫 부분에 있다는 점이다. 이것만 빼면 두 설교는 동일한 구조를 가진다.

여기에도 일곱 장면이 있다. 첫째 장면(장면 1)은 전통을 강조한다. 나머지 여섯 장면(장면 2-7)은 세 장면씩 두 부분으로 나뉘며, 각 부분은 A-B-A 구조를 가진다.[7] 첫째 부분은 문제점을 제시한다. 곧 근친상간의

7) 이 구조는 7:26-31에서도 사용된다.

1.	4:17이런 이유로 내가 너희에게 디모데를 보냈으니 그는 주 안에서 내가 사랑하는 신실한 아들이다. 그가 그리스도 예수 안에서 내가 행한 일 곧 내가 모든 곳의 모든 교회에서 가르치는 것을 너희에게 상기시켜줄 것이다.	**전통**
2.	18어떤 이들은 내가 너희에게 나아가지 아니할 것처럼 교만하게 군다. 19그러나 주께서 허락하시면 내가 너희에게 곧 나아가 이 교만한 자들의 말이 아니라 그들의 능력을 알아볼 것이다. 20하나님 나라는 말이 아니라 능력에 있기 때문이다.	**교만** 과 능력
3.	21너희가 무엇을 원하느냐? 내가 매를 가지고 너희에게 나아갈까, 아니면 온유한 마음으로 사랑을 갖고 나아갈까?	**매** 아니면 온유함?
4.	5:1누구나 너희 중 음행이 있다고 말했고 그런 음행은 이방인 중에서도 찾아보지 못하는 일인데 한 사람이 자기 아버지의 아내를 취했다[부부관계를 가졌다] 하는구나. 2그러고도 너희가 교만하구나! 너희가 오히려 통탄해야 하지 않느냐?	**교만** 과 음행
5.	그런 일을 행한 자를 너희에게서 쫓아내라. 3내가 몸으로는 떠나 있어도 영으로는 함께 있으니 내가 거기 있는 것처럼 그런 일을 행한 자를 이미 판단했다.	**그를—쫓아내다** 내 몸 내 영 그를—판단하다
6.	4주 예수 그리스도의 이름으로 너희가 모이고 내 영이 함께 있을 때 우리 주 예수의 능력으로	**예수의 이름** 너희의 "몸" 내 영 예수의 능력
7.	5이를 사탄에게 내주었으니 이는 육신은 멸하고 그의 영은 주 예수의 날에 구원을 받게 하려 함이다. 6a너희의 자랑은 선하지 않다.[8]	**그를—쫓아내다** 그의 육신 그의 영 주의 날

도표 2.1(1). 문제점: 음행과 교만, 그리고 해야 할 일(고전 4:17-5:6a)

죄다! 둘째 부분은 대응책을 명령한다. 곧 범죄자를 쫓아내라! 4:8-16에서 결론 장면은 1:10-4:13의 첫째 **논문 전체**를 **되돌아**본다. 이 설교에서 장면 1은 4:18-7:40의 둘째 논문 전체를 기다리면서 **앞서** 내다본다.

주석

지적했듯이, 바울은 전통을 상기시킴으로써 설교를 시작한다.

1. [4:17]이런 이유로 내가 너희에게 디모데를 보냈으니[9] **전통**
그는 주 안에서 내가 사랑하는 신실한 아들이다.
그가 그리스도 예수 안에서 내가 행한 일
곧 내가 모든 곳의 모든 교회에서 가르치는 것을 너희에게 상기시켜줄 것이다.

첫째 논문의 첫 부분에서 바울은 고린도 교회 교인들 속에 "확증된" "그리스도의/그리스도에 대한 증거"에 관해 말했다(1:6). 여기서는 전통이 "그리스도 예수 안에서 내가 행한 일 곧 내가 모든 곳에서 가르치는 것"으로 불린다. 사도가 성적 음행과 성의 신학적 기초에 관해 말한 바는 편지를 쓰면서 생각해낸 내용이 아니다. 이 새 주제에 관한 바울의 견해는 이미 모든 교회에 알려져 있었다. 과거에 바울은 이 모든 것을 **그들**에게 가르쳤다. 디모데도 최근에 그들을 방문하면서 바울의 견해를 반복해서 가르쳤으며, 따라서 그들은 모른다고 변명할 수 없다. 다시 한번 바울은 사실을 바로잡기를 원한다.

이어서 바울은 폭탄을 터뜨린다(도표 2.1[2]을 보라).

8) Bailey 번역. 두 장면 안과 두 장면 사이에 있는 평행 관계를 강조하기 위해 나는 이 본문을 문자적으로 번역해야 했다.
9) Bailey 번역.

2. [18]어떤 이들은 내가 너희에게 나아가지 아니할 것처럼 교만하게 군다. **교만**
[19]그러나 주께서 허락하시면 내가 너희에게 곧 나아가 **과 능력**
이 교만한 자들의 말이 아니라 그들의 능력을 알아볼 것이다.
[20]하나님 나라는 말이 아니라 능력에 있기 때문이다.

3. [21]너희가 무엇을 원하느냐? **내가** 매 아니면
내가 매를 가지고 너희에게 나아갈까, 온유함을
아니면 온유한 마음으로 사랑을 갖고 나아갈까? **가지고 갈까?**

4. [5:1]누구나[10] 너희 중 음행이 있다고 말했고
그런 음행은 이방인 중에서도 찾아보지 못하는 일인데 **교만**
한 사람이 자기 아버지의 아내를 취했다[부부관계를 가졌다] 하는구나. 과 음행
[2]그러고도 너희가 **교만하구나**!
너희가 오히려 통탄해야 하지 않느냐?

도표 2.1(2). 장면 2-4(고전 4:18-5:2)

전통을 상기시킨 후에는 속도가 빨라지고 강도가 강해진다. 바울은 "어떤 이들은 교만하다!"라면서 설명을 시작한다. 장면 4에서 그는 "너희가 교만하다!"라고 말함으로써 정곡을 찌른다. 바울은 지금 화가 잔뜩 나 있다! "교만하다"는 13:4-7에서 사랑을 정의할 때 나타나는 또 다른 핵심 단어다.

고린도 교회의 어떤 이들은 바울이 [고린도에] 돌아오지 않으리라고 추측한 것 같다. 장면 2에서 바울은 자신이 곧 [고린도에] 나아갈 의도가 있음을 밝힌다. 그러므로 그들은 죄를 범한 자를 처리해야 한다. 바울은 잘못 짚은 것이 아니었다.

10) Bailey 번역.

이어서 바울은 "말"(언어의 사용)과 "능력"의 실재에 대한 문제를 제기한다. 첫째 논문은 "말"(아름다운 언어/이 세상의 지혜)과 "능력"(십자가의 능력과 성령의 능력)을 다루었다. 십자가의 능력은 세상의 지혜와 능력을 이긴다. "성령의 능력"은 비밀을 이해하고, 치료하고, 예언하고, 방언을 말하는 능력을 준다. 바울은 [고린도에] 도착하면 고린도 교인들과 이 일들을 다루고자 할 것이다.

고린도후서 10:4-5에서 바울은 자신이 말하는 "능력"이 무슨 뜻인지에 대해 중요한 단서를 제공한다. 거기서 바울은 이렇게 말한다. "우리의 싸움의 무기는 세상적인 것이 아니라 견고한 요새를 파괴하는 하나님의 능력이다. 우리는 모든 논증과 하나님을 아는 지식을 방해하는 온갖 교만한 장애물을 무너뜨리고, 모든 생각을 사로잡아 그리스도에게 복종시킬 것이다." 바울은 아테네에서 철학자들과 논쟁하면서도 "자신의 입장을 고수할" 수 있었다. 또한 그는 근친상간을 저지른 자를 옹호하고 성의 자유를 자랑하는 교만한 고린도 교인들을 확실히 처리할 수 있을 것이다. 고린도 교회의 문제는 단순히 매춘이 아니다. 상정된 문제는 심각했으며, 사도는 여기에 대한 자신의 입장을 개진할 준비가 충분히 되어 있다.

장면 3에서 바울은 고린도 교회 교인들에게 선택을 요구한다. 바울은 "온유함" 아니면 "매"를 들고 그들에게 나아갈 것이다. 그들이 둘 중 하나를 선택해야 한다. 그들의 선택은 자기 아버지의 아내와 동침한 남자를 어떻게 처리하느냐로 정해질 것이다.

바울은 근친상간 사건에 관해 "실제로 그런 말이 들렸다"(actually it is reported)나 "누구나 그렇게 말했다"(everyone has reported)로 번역될 수 있는 *'olos*라는 핵심 단어를 사용해서 고린도 교인들과 대치하기 시작한다.[11] RSV, NRSV, NIV는 "실제로 그런 말이 들렸다"라는 번역을 택했다. 이 번역은 "이를 말해야 하는 것이 유감스럽지만…그런 말이 **실제로 들렸**

11) BAGD, p. 565.

다"라는 뉘앙스를 전달한다. "누구나 그렇게 말했다"라는 두 번째 번역은 "내 모든 소식통을 통해 그렇게 듣고 있다"라는 뜻이다. 영역을 보면, 서구 세계에서는 많은 번역자가 첫째 견해를 취하고 있음이 드러난다. 그러나 중동의 그리스도인들은 이 부분을 어떻게 번역할까?

이 책의 연구에 참조한 23개의 셈어 역본 중 히브리어 역본과 18개의 아랍어 역본은 "누구나 그렇게 말했다"나 "그것은 사실로 알려져 있다"라는 형태를 가진다.[12] 그리고 세 개의 역본은 "대체로 그렇게 알려져 있다"의 형태를 가지며, 다른 한 개의 역본은 단순히 "그것은 알려져 있다"로 되어 있다.

천 년 이상을 지배한 주된 견해는 "누구나 그렇게 말했다"로 번역하는 입장이다. 이런 견해가 바울 당시의 문화적 배경에 적합하다. 고린도 교회 교인들은 편지로 바울에게 몇 가지 일을 알렸다(7:1). 또한 바울은 "글로에의 집 사람들을 통해" 구전으로 다른 소식에 관해 들었다(1:11). 말할 필요도 없이, 스데바나(16:17)와 소스데네(1:1)도 그들 나름대로 "정보망"을 가지고 있었을 것이다. 그러나 바울은 자신의 정보원을 밝히지 않는다. 이를 밝히면 고린도 교인들은 즉각 근친상간 사건에서 "누가 우리를 밀고했는가?"라는 문제로 주제를 바꿀 테니 말이다. 바울은 "비밀은 없다. **누구나 그렇게 말했다**…"라고 함으로써 자신의 정보원을 보호한다. 말하자면 그는 이렇게 말하는 셈이다. "이 정보를 내게 준 사람이 누군지 확인해서 그에게 분풀이하려 하지 마라. **나는 이 구역질나는 소식을 모든 사람에게서 듣고 있다!**"

12) 여기에는 Mt. Sinai 155 (9세기), Mt. Sinai 73 (9세기), Mt. Sinai 310 (10세기), Erpenius (1616), London Polyglot (1657), Propagandist (1671), London Polyglot rev. (1717), Schwair (1813), Martyn (1826), Shidiac (1851), Bustani-Van Dyck (1865), Jesuit (1880), Yusif Dawud (1899), Fakhouri (1964), New Jesuit (1969), Bible Society Arabic (1993), Hebrew (1817), Jerusalem (Bible Society) 같은 역본이 포함된다. 원문에 대해서는 부록 II, 표 B를 보라.

장면 4의 **음행**이라는 핵심 단어는 용납할 수 없는 온갖 성적 행동을 가리키는 일반 용어다. 미쉬나는 "자기 어머니, 아버지의 아내, 며느리, 남자 또는 짐승"과 성관계를 하는 남자를 돌로 쳐 죽이라고 규정한다.[13] 로마법도 근친상간을 금지했다. 바울을 극도로 분노하게 만든 이 특수한 사건의 한 측면은, 교회에서 일부 교인들이 이 사건을 "자랑하고" 다녔다는 것이다. 분명히 그들은 "그리스도 안에서의 자유"를 "무슨 일이든 허용된다!"라는 뜻으로 이해했다. 이에 바울은 "천만에! 너희는 오히려 통탄해야 된다!"라고 호통친다.

첫째 부분의 세 장면(장면 1-3)은 문제점에 초점을 맞춘다. 둘째 부분의 세 장면(장면 5-7)은 고린도 교회 교인들이 이 문제점에 어떻게 대응해야 하는지 하는 해결책에 주의를 집중한다(도표 2.1[3]을 보라).

5.	그런 일을 행한 자를	
	너희에게서 쫓아내라.	**그를—쫓아내다**
	[3]내가 몸으로는 떠나 있어도	내 몸
	영으로는 함께 있으니	내 영
	나는 내가 거기 있는 것처럼	**그를—판단하다**
	그런 일을 행한 자를 이미 판단했다.	
6.	[4]주 예수 그리스도의 이름으로	**예수의 이름**
	너희가 모이고	너희의 "몸"
	내 영이 함께 있을 때	내 영
	우리 주 예수의 능력으로	예수의 능력
7.	[5]이를 사탄에게 내주었으니	**그를—쫓아내다**

13) Mishnah, *Sanhedrin* 7:4 (Danby, p. 391).

이는 육신은 멸하고	그의 육신
그의 영은 주 예수의 날에	그의 영
구원을 받게 하려 함이다.	주의 날
[6a]너희의 자랑은 선하지 않다.	

도표 2.1(3). 장면 5-7(고전 5:2-6)

또한 이 세 장면은 역순으로 제시된다. **범죄자를 쫓아내는 일**이 바깥쪽 두 연(장면 5, 7)의 주제다. 중앙(장면 6)은 **이 조치를 취하기 위한 권위**를 다룬다. 교인들은 **우리 주 예수**의 이름과 능력으로 조치를 취해야 한다. 이 세 장면은 각각 중앙에서 "영과 육" 주제를 다룬다. 바울의 몸과 영은 장면 5에 나타나는 반면에, 범죄자의 몸과 영은 장면 7에서 언급된다. 클라이맥스(장면 6)에는 그리스도의 몸("너희가 모이고")이 절묘하게 들어가 있다. 6:13-20에서 바울은 그리스도인에게 성(性)이 교회 교리와 관련되어 있다고 주장한다. 여기서 바울은 이미 이런 신학적 태도를 반영하고 있다.

바울은 고린도 교회 교인들에게 교회의 삶에 대해 책임을 질 것을 촉구하는 동시에 함정을 기민하게 피하고 있다. 일부 교인들은 이 혼란을 그대로 놔두고 바울이 도착하면 이를 해결하도록 하려고 생각하고 있다. 이렇게 하면 그들은 결정이라는 힘들고 지겨운 일을 피할 수 있으리라. 게다가 그들은 바울이 어떻게 결정하든 그 결정에 대해 **바울**을 비난할 수도 있다. "바울이 이렇게 말했다", "바울은 그렇게 하지 못했다", "단지 바울이 그랬다면…", 이런 식으로 논란은 몇 달 동안 계속되고 후유증은 몇 년 동안 지속될 수도 있다. 바울이 어떻게 말하거나 행동하거나 상관없이, 일부 교인은 그를 비난할 것이다. 사도는 이런 곤란한 일을 어떻게 처리해야 하는지 잘 알고 있다. 요약하면, 바울은 이렇게 말하고 있다.

너희는 결정해야 하고, 또 결정했다면 그대로 이행해야 한다. 나를 기다리지 마라. 너희가 이 문제에 대해 책임을 져야 한다. 너희가 내 의견을 원하느냐? 좋다. 내 의견을 제시하겠다. 그를 돌로 치지도(유대인의 해결책) 말고, 당국에 고발해서 재판과 형벌을 받도록 하지도(로마인의 해결책) 말라. 그를 교회에서 쫓아내라! 나아가 너희는 공동체로서 이 조치를 취해야 한다. 너희 지도자에게 결정을 위임하지 마라. 너희는 **교회로서** 모여 "이를…사탄에게 내주어야" 한다. 그렇게 하면 그가 충격을 받아 회개할 기회를 가질 수 있으리라. 바로 이것이 그를 위해서나 너희를 위해서 유일한 희망이다.

이 조치는 누구의 권위에 기반을 두고 취해져야 할까? 고린도 교인들은 "주 예수 그리스도의 이름으로"(4a절) 그리고 "우리 주 예수의 능력"으로(4d절) 조치를 취하라는 말을 듣는다. 그렇다. 모든 사람에게 겪어야 할 고난이 있을 것이다. 그러나 "구원을 받은 우리에게는" 십자가가 "하나님의 능력"이다(1:18). 이 십자가는 하나님의 지혜이기도 하다. 그들은 십자가에서 증명된 이 능력과 지혜로 조치를 취해야 한다. 문자 그대로 바울은 "**이**를…사탄에게 내어주라"고 말한다. 이 말은 중동 특유의 언어 표현이다. 영어에서는 보통 "이 **사람**을 내어주라"라고 번역하지만, 원문에는 **사람**이라는 말이 빠져 있다. 바울이 "**이**를…사탄에게 내어주라"고 말할 때 독자는 뒤에 자기가 원하는 말을 붙일 수 있다. 즉 "이 **백치**"나 "이 **바보**"나 더 강한 말을 붙일 수 있는 것이다. 똑같은 언어 표현이 누가복음 19:14의 므나 비유에도 나타난다. 므나 비유를 보면, 귀인을 미워하는 일단의 백성이 사자를 보내(추측컨대 로마로) "우리는 **이**가…우리를 다스리는 것을 원하지 않는다"라고 말한다. 서양의 번역들은 역시 뒤에 "사람"을 넣어 "우리는 **이 사람**이…우리를 다스리는 것을 원하지 않는다"라고 번역한다. 링컨의 반대자들은 링컨을 "비비"(baboon; 야비하고 꼴사나운 사람을 가리키는 말), "털보 원숭이", "고릴라"로 불렀다. 예수와 바울은 청자/독자들에게 자기가 선택한 말을 집어넣도록 빈칸을 제공한다.

장면 7의 의미는 파악하기 힘들다. 티슬턴은 이 장면에 대해 제기되는 다양한 질문과 견해를 상세히 설명한다.[14] “여기서 고린도와 오늘날에 똑같이 해당하는 문제의 더 깊은 가닥이 드러난다. 곧 **어떤 경우에는 법이 신뢰와 자유에 이바지한다.**”[15] 고든 피의 설명도 폭넓고 유익하다.[16] 고든 피는 “판결할” 수 없다는 이유로 교회가 온갖 죄를 묵인하는 세상에서 우리가 살고 있다는 사실에 대해 설명한다. 그런 후 다음과 같은 네 가지 예리한 전반적인 평가를 제시한다. (1) 전체 교회가 결정에 참여하라는 말을 들었다. 그 문제는 교회 전체에 영향을 미쳤다. (2) 징계는 “심판이 아니라 치료”를 목적으로 했다. 즉 목표는 죄인의 구원이었다. (3) 징계가 중요한 것은 그 죄가 전체 교회를 오염시켰기 때문이다. (4) 우리 시대에는 어디서든 죄인을 쉽게 받아들여줄 것이므로 그는 얼마든지 다른 교회로 옮겨갈 수 있다. 고든 피는 바울 시대에는 “출교가 구원을 가져오는 참된 조치가 될 수 있었다”라고 지적한다.[17]

거의 이천 년 동안 이 본문에 대한 연구와 토론이 계속되었으나 지금도 부분적으로 알기 어려운 요소가 남아 있다. 바울의 목표는 교회를 치료하고 문제가 되는 사람을 구원하는 데 있다. 이런 목표를 달성하려면 교회는 그와 “선을 긋지” 않으면 안 된다. “무엇이든 상관없다”나 “사회가 인정하는 바가 무엇이든 우리는 그것을 받아들여야 한다”는 태도는 충분치 않다.

설교 끝부분에서 바울은 고린도 교회 교인들에게 “너희의 자랑은 선하지 않다”라고 단언한다. 앞으로 살펴보겠지만, 고린도전서 13장을 보면 자랑은 사랑의 특징이 아니다.

(둘째 논문의) 첫 번째 설교를 요약하면, 다음과 같이 다섯 가지 요점을 제시할 수 있다.

---

14) Thiselton, *First Epistle*, pp. 384-400.
15) 같은 책, p. 387(Thiselton 강조).
16) Fee, *First Epistle*, pp. 196-214.
17) 같은 책, pp. 213-214.

1. 교회는 전통을 가지고 있다. 그 전통은 알려져 있고 중요하다.
2. 어떤 이들은 성 관습의 완전한 해방을 교만하게 주장한다. 바울은 그들에게 통탄하라고 다그친다.
3. 그들은 공적으로 함께 모여 [근친상간의 죄를 범한] 사람을 교회에서 쫓아내야 한다.
4. 이 조치는 죄인의 구속과 교회의 회복을 가능하게 한다.
5. 그들은 주 예수 그리스도의 이름과 능력으로 이 조치를 취해야 한다.

이어서 바울은 복음과 조화되는 성 관습의 신학적 기초를 놓기 전에, 제거할 필요가 있는 세 가지 장애물로 시선을 옮긴다. 이 세 장애물은 해당 주제와 깊이 관련되어 있다고 볼 수 있다. 이제 이 세 가지 장애물을 살펴보자.

2.2.

세 가지 장애물

누룩, 음행, 법정

고린도전서 5:6b-6:8

바울은 둘째 논문 이전 부분(2.1)에서 고르디오스의 매듭을 잘랐다. 바울은 고린도 교회 교인들에게 범죄자를 교회의 교제에서 배제하라고 말했다. 여기서 바울은 이 근친상간 사건의 세 국면을 정면으로 다룬다. 이 세 국면은 바울의 주장의 흐름을 방해하는 "무관한 주제"라는 의미에서의 "여담"이 아니다. 만약 사도가 이 국면들을 다루지 않는다면, 독자는 마음 속으로 이 논문 나머지 부분에 대해 "맞다. 하지만…"이라고 말하며 바울의 주장을 거부하게 될 것이다. 요약하면 세 국면은 다음과 같다.

1. 너희는 교회 전체의 건강을 고려해야 한다.
2. 나는 세상 속에서가 아니라 교회 안에서 악한 사람들을 다루는 법에 관해 너희에게 편지를 썼다.
3. 이 문제를 법정에 맡기지 마라.

이 세 가지 중 첫 번째 장애물을 다루는 본문이 도표 2.2(1)에서 확인된다.

	너희가 알지 못하느냐?	
1.	[6b]"적은 **누룩**이 온 반죽 덩어리에 퍼지는 것"을.	
	[7]**묵은 누룩**을 내버리라.	**묵은 누룩**
	너희는 진실로 **누룩 없는** 자이므로	새 반죽 덩어리
	그래야 새 반죽 덩어리가 될 수 있다.	
2.	우리의 **유월절 어린양**이신 **그리스도**께서	그리스도/어린양
	희생당하셨다.	희생당하심
	[8]그러므로 우리가 **절기를 지키되**	절기
3.	**묵은 누룩**으로도 말고	
	악의와 죄악의 누룩으로도 말고	**묵은 누룩**
	신실함과 진실함의 **누룩 없는 떡**으로 지키자.	누룩 없는 떡

도표 2.2(1). 첫 번째 장애물: "이것은 개인 문제다"(고전 5:6b-8)

수사 구조

이 부분의 수사 스타일은 단순하고 잘 알려져 있다. 여기에는 세 장면이 나온다. 장면 1과 장면 3은 짝을 이룬다. 반면에 중앙은 유월절 어린양 비유를 포함한다.

주석

첫 번째 장애물은 "이것은 개인 문제다. 우리는 관여할 바가 아니다"라고 주장하는, 만연해 있는 태도다. 이런 관점은 강한 지속력을 가지고 있다. 오늘날에는 동일한 관점이 "하나님은 침실에서 일어나는 일에는 관심이 없으시다" 같은 말로 표현된다. 한 사람의 죄와 그 죄가 공동체에 미치는 결과 사이의 비슷한 긴장이 「미드라쉬 라바, 레위기」에서도 다루어진다.

> "한 사람이 죄를 범하면 주께서 온 회중에게 진노하시나이까"(민 16:22)라고 한다. 랍비 시므온의 아들 요하이는 이렇게 가르쳤다. 이는 배 위에 있는 사람들의 경우와 비교될 수 있다. 그들 중 한 명이 자기가 있던 자리 밑을 송곳으로 뚫기 시작했다. 동료 승객들이 그에게 "지금 뭐하는 겁니까?"라고 물었다. 그러자 그가 동료 승객에게 이렇게 대답했다. "내가 내 자리 밑을 뚫고 있는데, 그것이 당신들과 무슨 상관입니까?" 이에 승객들은 "물이 들어오면 우리 모두 배와 함께 침몰할 것이기 때문입니다"라고 말했다.[1]

개인의 행동은 공동체에 깊은 영향을 미칠 수 있다. 특히 공동체가 한 배를 타고 있을 때에는 더욱 그렇다! 고린도 교회의 상황은 어떠했는가?

바울 당시에 벌어진 근친상간 사건은 다양한 방식으로 재구성되었다. 한 가지 가능한 견해는 어머니가 사망한 어느 가족에게 벌어진 사건이라는 것이다. 그런 상황에서 아버지는 젊은 여인과 재혼했다. 가족 중 성인이 된 아들이 있었으며, 이 아들은 아버지보다 계모와 나이가 더 가까웠을 것이다. 아들과 아버지의 젊은 아내 사이에 육체관계가 이루어졌다. 이에 일부 교인들은 교만하게도 이 일이 그리스도 안에서 새로 얻은 자유의 표현 외에 다른 것이 아니라고 주장했다. 어쨌든 그들은 "서로 사랑하도록" 되어 있지 않은가? 그들은 율법이 아니라 은혜 아래 살지 않는가? 그러나 바울은 만약 성행위에 아무런 경계가 없다면 공동체로서의 사회적 유대관계는 결코 불가능하다는 것을 알고 있었다. 만약 계모와 동침한 남자가 교회에 출석한다면, 교인들은 그의 출석에 부담을 느낄 것이다. 교회의 모

1) *Midrash Rabbah*, Leviticus 1-19, trans. J. Israelstam (London: Soncino Press 1983), p. 55.

든 교인이 다음과 같이 의심할 테니 말이다. "**다음은 누구일까**? **지금 그는 무슨 생각을 하고 있을까**? **우리가 그의 뒤에 앉으면** 아마 예배를 제대로 드리지 못할 것이다. **우리가 그의 앞에 앉으면** 그가 내 아내를 넘보지 않을까?"

교인들은 그가 출석하는 것을 알게 되면 만남을 피할 것이다. 이는 "부정적인 태도는 좋지 않으니 바꿔야 한다"라는 사례에 해당되는 일이 아니다. 만약 근친상간이 인정된다면, 불가피하게 여성의 지위를 하락시키는 일부다처제는 어떨까? 그렇게 되면 남색과 수간도 상상 불가능한 일이 아니게 될 것이다. 물론 그들은 "은혜 아래" 있으며 더 이상 "율법 아래" 있지 않다. 그러나 그것이 무엇을 의미하는가?

바울은 반죽 덩어리 속의 누룩 비유를 선택했다(장면 1). 이 은유를 통해 그는 속죄에 관한 신약성경의 중요한 비유 중 하나를 형성할 수 있었다(장면 2). 그리스도는 "우리의 유월절 어린양"이시다. 오직 여기서만 우리는 속죄에 대한 이런 은유를 발견한다. 의심할 여지 없이 바울은 이 은유를 종종 사용했으며, 따라서 이를 깊이 성찰해보는 작업은 가치가 있다.

근친상간 사건은 단순히 개인 문제가 아니었다. 각 지체의 성행위는 "신실함과 진실함"으로 성찬 식탁에 모이는 교인들의 힘을 더하거나 감하거나 했다(장면 3).

두 번째 "장애물"은 도표 2.2(2)에서 확인된다.

수사 구조

이 두 장면에서 바울은 이사야 28:14-18과 동일한 단계 평행법을 사용한다. 장면 1의 첫 네 행은 장면 2의 처음 네 행과 짝을 이루는 것이 분명하다. 마지막 두 행(1e, 2e)은 내용상으로는 짝을 이루지 않지만, 각각 장면의 결론이라는 점에서 평행을 이루고 있다.

1. a. [9]내가 편지에서 **너희에게 쓴 것은**

b. **음행을 행하는 자들**과 사귀지 **말라**는 것이다. **내가 썼다:**

c. [10]이것은 **이 세상의 음행하는 자**나 뜻하지 않는 것

d. **탐욕적인 자**나 도둑이나 **우상숭배자와**

사귀지 말라는 것이 아니다.

e. 그렇게 되면 너희는 이 세상 밖으로 나가야 할 테니 말이다.

2. a. [11]그러나 지금 내가 너희에게 쓰는 것은[2]

b. 너희가 사귀어서는 **안 되는** 자는 **내가 썼다:**

c. **형제**의 이름을 갖고 **음행하거나** 뜻하는 것

d. **탐욕을 부리거나 우상숭배하거나 모욕하거나 술 취하거나 도둑질하는** 자로,

e. 특히 이런 자와는 함께 **먹지도 말라**는 것이다.

도표 2.2(2). 두 번째 장애물: 교회와 세상(고전 5:9-11)

주석

바울이 고린도 교회 교인들에게 쓴 여러 편지의 시기와 내용을 파악하는 작업은 이 책의 연구 범위를 벗어난다. 그러나 분명히 "지난 편지"가 있었고, 고린도 교인들은 그 편지의 일부 내용을 잘못 파악한 것으로 보인다. 바울은 당시에 어떤 이들이 "지난 편지에서 바울이 우리에게 모든 중대한 죄인들과 분리되라고 말했다. 만약 바울의 지시를 따른다면 나는 일하러 갈 수도 없다!"라고 주장했던 것을 알고 있었다. 바울은 이런 오해를 교정하려고 애쓴다.

그리스도인은 모든 "음행하는 사람들"과의 접촉을 피할 필요가 없다.

2) NRSV.

본문의 죄 목록은 본보기로 제시하기 위한 것이다. 세상에서 우리는 도둑, 우상숭배자는 물론이고 음행하는 자와 탐욕스러운 자도 만날 수 있다. 이는 죄의 대략적인 목록이다. **음행**은 부정한 성 관습을 포괄적으로 망라하는 개념이다. "탐욕스러운" 자에는 폭식뿐만 아니라 "과소비" 하는 사람도 포함된다. 하지만 우리 시대의 많은 이들에게 과소비는 미덕이 되었고, 심지어 절실하게 바라는 소원이기도 하다. 도둑은 밤에만 일하지 않는다. 어떤 도둑은 사무실의 컴퓨터 앞에 앉은 채 훔치기도 한다. 옛날이나 지금이나 많은 것들로부터 우상이 만들어지고 있다. 우상숭배자는 현시대에도 건재하다.

세상에서 사는 동안 이런 사람들과 만나는 일은 불가피하다. 이 주제에서 중요한 지점은 "사귀다"로 번역된 말이 "함께 섞다", "결합하다", "융합하다", "혼합하다"의 뜻을 가지는 희귀한 복합어(*sun-ana-mignumi*)라는 사실이다.[3] 일상적인 세속/이방 세계에서는 그때나 지금이나 이처럼 "함께 섞여 사는 일"이 불가피하다. 바울도 그렇게 사는 데 반대하지 않는다. 내가 사무실이나 가게에서 믿음이 없는 사람들과 함께 섞여 있다고 해서, 내 기독교 공동체의 정체성이 위협받지는 않는다. 그러나 바울은 그리스도의 몸으로서 "함께 섞이는 것"은 이와는 전혀 다른 문제라고 보았다. 포용성의 제단에서 예배하고 온갖 형태의 포용을 "정의"로 보는 현대 세계에서 바울의 경고는 매우 도전적인 의미를 가지고 있다.

탐욕스러운 자와 모욕하는 자가 우상숭배자 및 도둑과 같은 명단에 들어가 있다. "함께 먹지도 말라"는 경고는 성찬식에 음식이 많다는 점에서 성찬식에서 일어나는 일을 가리킨다고 볼 때 가장 잘 이해된다. 요약하면 바울은 이방 세계에 살면서 죄인들과 함께 섞이는 일과, 그리스도의 몸으로 그리고 성찬식에서 그들과 함께 섞이는 일이 동일하지 않다고 말하고

3) LSJ, *Greek-English Lexicon*, P. 1659; G. W. H. Lampe, *A Patristic Greek Lexicon* (Oxford: Clarendon, 1961), p. 1300.

있다. 후자의 경우가 일어날 때, 교회의 참된 정체성이 위기에 처한다.

세 번째 장애물은 법정과 관련된다(도표 2.2[3]를 보라).

1. 5:12**밖에 있는 사람들을 판단하는 것**이 나와 무슨 상관이 있겠는가? **너희가 판단하라**
너희가 **판단해야** 하는 자는 **교회 안에 있는 사람들**이 아니냐?
13**밖에 있는** 사람들은 **하나님이 심판하신다.**
"이 악한 사람은 너희 속에서 쫓아내라."

2. 6:1너희 중 한 명이 **형제**와 다툼이 있는데
성도들에게 가지 않고 불의한 자들 앞에 고소하느냐? **법정으로 가지 말라**

3. 2**성도들이** 세상을 판단할 것을 너희가 알지 못하느냐? **알지 못하느냐?**
그리고 세상이 너희에게 판단을 받아야 하는데 영원
너희가 **작은 일**들을 판단하는 것도 감당하지 못하느냐?

4. 3우리가 **천사들을 판단하는** 것을 너희가 알지 못하느냐? **알지 못하느냐?**
그렇다면 **일상적인 사건**들은 얼마나 더 그러하겠느냐? 영원

5. 4그러므로 일상적인 사건들이 일어날 때 **법정으로 가지 말라**
너희가 **왜** 이 사건들을 **교회의 멸시를 받는** 자들 앞에 두느냐?

6. 5내가 이 말을 하는 것은 너희를 **부끄럽게** 하고자 함이다.
너희 중 **지혜 있는** 자가 아무도 없어 **너희가 판단하라**
형제 간의 일을 판단할 수 없단 말이냐?
6형제가 형제를 **고소하고**, 그것도 **믿지 않는 자들 앞에** 고소하느냐?

7. 7실제로 너희가 크게 실패한 것은
너희가 서로 소송을 벌이는 데 있다.
차라리 불의를 감수하는 것이 어떠냐? **불의를 감수하라**
차라리 속임을 당하는 것이 어떠냐? 남에게 악을 행하지 말라
8그러나 **너희는 불의하고 속이는구나.**
심지어 너희 형제에게도 말이다.

도표 2.2(3). 세 번째 장애물: 법정이 이를 해결할 수 있다(고전 5:12-6:8)

수사 구조

이 세 번째 마지막 부분은 일곱 장면으로 구성되어 있다. 처음 여섯 장면(장면 1-6)은 역순으로 제시된다. 추가 장면(장면 7)이 결론으로 마지막에 나온다. 일곱 장면으로 구성된 사도적 설교를 작성하면서 바울은 두 번, 틀에 얽매이지 않는 유연성을 보여준 바 있다. 장면 5에 전환점이 있으며, 마지막 결론 장면은 내적으로 보면 부분적으로 반전되어 있다.

주석

교회 공동체에 속해 있던 한 사람이 이 근친상간 사건을 법정에 호소한 것 같다. 또는 최소한 고소하겠다고 위협한 것으로 보인다. 또는 덫에 걸린 여자, 그녀의 분노한 오빠, 아니 어쩌면 그녀의 굴욕당한 남편이 그렇게 하겠다고 나선 것일 수도 있다. 어쩌면 교인들이 소송을 제기하는 쪽을 택했을지도 모른다. 이에 바울은 크게 분노해서 이 사도적 설교를 시작한다. 여기서 다시 한번 우리는 여섯 연을 가진 고리 모양 구성의 설교에서 개념들이 각각 짝을 이루고 있음을 보게 된다. 바깥쪽 짝이 도표 2.2(4)에서 확인된다.

1. 5:12**밖에 있는 사람들을 판단하는 것이** 나와 무슨 상관이 있겠는가?
   너희가 **판단해야** 하는 자는 **교회 안에 있는 사람들**이 아니냐?
   13**밖에 있는** 사람들은 **하나님이 심판하신다.**
   "이 악한 사람은 너희 속에서 쫓아내라." **너희가 판단하라**

6. 5내가 이 말을 하는 것은 너희를 **부끄럽게** 하고자 함이다.
   너희 중 **지혜 있는** 자가 아무도 없어 **너희가 판단하라**
   형제 간의 일을 판단할 수 없단 말이냐?

[6]형제가 형제를 **고소하고**, 그것도 **믿지 않는 자들 앞에** 고소하느냐?

도표 2.2(4). 장면 1과 6(고전 5:12-13; 6:5-6)

바울은 독자에게 "밖에 있는" 사람들은 잊으라고 말하는 것으로 설교를 시작한다. 그들은 하나님이 처리하실 것이다. 여기서 흥미로운 지점은 바울이 "그들은 법정에 맡기라"고 말하지 않는다는 것이다. 어느 시대든 인간의 법정은 허약한 기관이고 상한 갈대다. 바울은 정의의 최종 심판자를 하나님으로 본다. 고린도 교회 교인들은 "교회 안에 있는" 자들에게 져야 할 책임이 있다. 그래서 바울은 그 악한 사람을 쫓아내라는 명령을 반복한다.

장면 1과 짝을 이루는 연(장면 6)에서 바울은 예의 바른 방식으로 "너희를 부끄럽게 하겠다!"라고 말한다. 첫째 논문 마지막 결론 부분(4:14)에서 바울은 특별히 그들을 부끄럽게 하려고 편지를 쓰는 것이 아니라고 말했다. 그런데 여기서는 의도적으로 그들을 부끄럽게 하겠다고 말하고 있다. 경쟁 집단끼리 분리되는 일과, 근친상간의 죄를 교만하게 묵인하는 일은 완전히 다른 문제다. 바울은 직접 그리고 가차 없이 이렇게 결론짓는 셈이다. "너희는 함께 모여 판결하고 이 사람을 너희의 교제에서 배제하라."

장면 1과 짝을 이루는 장면 6에서 바울은 "지혜" 문제를 거론한다. 고린도 교인들은 자기가 매우 "지혜롭다고" 자랑했다. 그런데 바울은 고린도전서 서두에서 그들이 "지혜롭다"고 말하지 않고, 오히려 "그리스도 안에서 모든 언변과 모든 지식에 있어 풍족해졌다"라고 증언했다. 이어서 십자가 찬송에서는 하나님의 지혜를 십자가 속에 두고, 하나님이 "내가 지혜 있는 자들의 지혜를 멸하겠다"(1:19)라고 말씀하신 것을 인용했다. 첫째 논문 끝부분에서 "우리는 그리스도를 위한 바보들이지만 너희는 그리스도 안에서 지혜롭다"(4:10)라는 바울의 말은 분명히 그들을 비꼰 것이다. 이제 여기서 바울은 "너희 중 지혜 있는 자가 아무도 없느냐?"고 물음으로써 그들을 엄하게 책망한다. 이때 바울이 은연중에 암시하는 바는 "너희가 법정으로 가는 것은 공개적으로 너희가 모두 바보임을 증명하고, 그래서 너희가 너희 사이를 판단할 지혜 있는 자를 찾아 법정으로 가는 것!"이라는 사실이다. 이 문제에 관해 비신자가 신자보다 더 지혜가 있는가?

바울이 독자를 부끄럽게 하고, 교회의 더러운 세탁물을 처리하고자 공개적으로 법정을 찾은 데 대해 그들을 비난할 때, 확실히 그는 고린도에서 자신이 고소당해 직접 겪은 소송을 상기하고 있다. 고린도의 유대교 회당은 어떻게든 바울을 공격하려고 총독 갈리오 앞으로 바울을 끌고 갔다(행 18:12). 그러나 갈리오는 소송을 기각했고, **고린도의 회당**은 공개적으로 망신을 당했다. 바울은 이를 보고도 "너희가 아무것도 배우지 못했느냐?"라고 간접적으로 묻고 있는 것이다. 현재의 사건은 [로마 법정이 판결하면] 훨씬 더 심각해질 것이다! 로마 법정은 고소당한 사람을 엄벌에 처할 것이고, 그렇게 되면 온 도시가 교회를 멸시할 것이다. 바울이 고소당한 이전의 소송 사건에서 회당의 대실책을 목격한 **고린도 교회**가 그것과 똑같은 실책을 답습할 것인가? 믿을 수가 없다!

당연히 바울은 수치를 중시하는 문화 속에서 고린도 교회 교인들에게 공개적으로 치욕감을 느끼도록 하려는 마음이 강했던 것 같다. 만약 배경이 토지 등기에 관한 다툼이었다면 사도는 그렇게 하지 않았을 것이다. 그러나 고린도 교인들이 자기 아버지의 아내와 동침한 남자를 처리해야 했을 때 소송을 걸어 공개 재판을 벌인 일은 너무 끔찍해 상상조차 못할 일이었다. 바울은 이렇게 외치는 것 같다. "맙소사, 너희가 **복음을 망신시키려고** 날뛰고 있느냐? 제발 이 근친상간 사건을 자랑하지 마라! 물론 그렇다고 해서 그 사건을 무시하거나 숨겨서도 안 되며 너희끼리 처리해라!"

짝을 이루는 이 두 장면(장면 1과 6)은 중앙의 네 장면(장면 2-5)을 뺀다 해도 아무도 이를 알아차리지 못할 정도로 정교하게 짜여 있다. 중앙의 네 장면은 도표 2.2(5)에서 확인된다.

2. 6:1너희 중 한 명이 **형제**와 다툼이 있는데
성도들에게 가지 않고 불의한 자들 앞에 고소하느냐? **법정으로 가지 말라**

3. 2**성도들이** 세상을 판단할 것을 너희가 알지 못하느냐? **알지 못하느냐?**
그리고 세상이 너희에게 판단을 받아야 하는데 영원
너희가 **작은 일들**을 판단하는 것도 감당하지 못하느냐?[4]

4. 3우리가 **천사들을 판단하는** 것을 너희가 알지 못하느냐? **알지 못하느냐?**
그렇다면 **일상적인 사건들**은 얼마나 더 그러하겠느냐? 영원

5. 4그러므로 일상적인 사건들이 일어날 때 **법정으로 가지 말라**
너희가 **왜** 이 사건들을 **교회의 멸시를 받는** 자들 앞에 두느냐?[5]

도표 2.2(5). 장면 2-5(고전 6:1-4)

수사 구조

이 부분의 수사 구조는 단순하고 명확하다. 바깥쪽 틀은 "너희가 어찌 교회가 아니라 법정으로 가느냐?"라고 질문한다. 장면 3과 4는 각각 "너희는 다음 세상에서 "심판석에 앉을" 것이다! 이 세상에서는 그렇게 할 수 없겠느냐?"라고 말한다. 장면 2와 5는 연계성이 매우 강해서 장면 3과 4가 빠지더라도 독자는 본문의 흐름이 단절되었다는 느낌을 전혀 갖지 못할 것이다.

4) Thiselton, *First Epistle*, p. 430에서 택한 번역이다.
5) NRSV.

고든 피는 바울이 한 그리스도인이 다른 그리스도인을 법정에 고소하고자 한 사건을 다루고 있다고 올바르게 지적한다. 바울은 법정 자체를 반대하는 것이 아니다. 나도 티슬턴과 같이 *elakhiston*을 RSV의 "사소한"(trivial) 일들보다 "작은"(small) 일들로 번역하기로 했다.[6] "세상을 판단하는 것"과 비교하면 그런 일들은 확실히 "작기" 때문이다.

여기서 우리는 지금 바울이 보여주고자 하는 바가 로마 관리들에 대한 적대감이 아니라는 사실을 확인하게 된다. 고린도 법정은 바울에게 호의적이었다. 그러나 고린도 법정의 재판관들은 성도들의 공동체의 일원이 아니었으며 따라서 그리스도인의 믿음의 헌신과 관련된 일을 판단할 자격이 없었다.

엄밀히 말해 바울이 말하는 "성도들이 세상을 판단할" 것이라는 확언 및 이와 평행을 이루는 "우리가 천사들을 판단할" 것이라는 언급의 배후에 대해서는 논란이 많다.[7] 고든 피는 이것이 "통상적으로 유대교의 묵시적 종말론에서 나온 모티프"라고 지적한다.[8] 분명한 것은 여기서 바울이 다시 **영원의 거울을 들어 올리고 있다**는 것이다. 바울은 건축자 비유를 제시하면서 이미 영원의 거울을 들어 올렸다(3:10-17). 그 본문에서는 불로 심판하는 "그날"이 사도적 설교의 중앙에 있었다. 근친상간이라는 이 특수한 교회 사건을 지역 법정에 호소해서 해결하는 문제와 관련하여 바울은 다음과 같이 말하고 있다.

너희는 너희 스스로 이 난감한 근친상간 사건을 교회에서는 다룰 수 없다고

---

6) Thiselton, *First Epistle*, pp. 430-431.

7) Fee, *First Epistle*, pp. 233-234. 단 7:22; 「솔로몬의 지혜서」 3:8; 「희년서」 24:29; 「에녹서」 38:5; 95:3도 보라.

8) Fee, *First Epistle*, p. 233.

생각한다. 그러나 너희 자신과 이 문제를 영원에 비추어보라. **그날**에 너희는 주와 함께 타락한 천사들을 포함해서 만물을 심판할 것이다. 이런 관점에 비추어보면 너희가 이 근친상간 사건을 처리할 능력을 갖고 있다는 점에 대해서는 추호의 의심도 가질 필요가 없다. 용기를 내라. 담대하라. 너희는 해야 할 일을 얼마든지 **할 수 있다**.

1:5에서 바울은 (어쩌면 빈정거리는 마음으로) 고린도 교인들이 지식이 있다고 칭찬한다. 4:10에서는 (확실히 빈정거리는 마음으로) "너희는 그리스도 안에서 지혜롭다"라고 말한다. 여기서 고린도 교인들은 "너희 중 **지혜 있는 자가 아무도** 없느냐?"라는 질문을 받는다.

장면 3과 4의 클라이맥스에 영원 문제가 놓여 있으나, 이 문제의 실제 결과는 장면 7에 나타난다(도표 2.2[6]를 보라).

7. [7]실제로 너희가 크게 실패한 것은	
너희가 서로 소송을 벌이는 데 있다.	
차라리 불의를 감수하는 것이 어떠냐?	**불의를 감수하라**
차라리 **속임을 당하는 것이** 어떠냐?	남에게 악을 행하지 말라
[8]그러나 **너희는 불의하고 속이는구나**.	
심지어 너희 형제에게도 말이다.	

도표 2.2(6). 장면 7(고전 6:7-8)

바울은 고린도 교회 교인들이 **이런 문제**를 법정에 맡겼을 때 이미 실패한 것이라고 지적한다. 법정이 어떻게 결정하든 상관없이 그들은 실패자다. 계류 중인 소송 사건은 그들 자신의 삶을 앗아간다. 그 결과 사람들은 이런 문제에 빠져들고, 때때로 "그들의 더 나은 본성에 깃든 천사"[9]에

9) 1861년 3월에 링컨 대통령이 행한 일차 취임 연설에서 인용함.

반해서 행동하게 된다. 바울은 적어도 그들 중 일부 사람은 법정을 찾음으로써 성과를 거둘 때도 있음을 알고 있는 것 같다. 사도는 그들에게 "너희는 너희 형제에게도 불의하고 그들을 속인다"라고 일갈한다. 근친상간의 죄를 지은 사람을 법정을 통해 처리한다면, 그를 구원하는 일도, 교회를 치유하는 일도 하지 못하게 된다.

이제 바울은 깨끗하게 처리한다. 요약하면, 사도는 독자에게 이렇게 말하고 있다.

1. 이 문제는 개인적인 문제가 아니며, 공동체 전체에 영향을 미친다. 너희 중에서 일어난 근친상간 사건은 반죽 덩어리 속의 누룩과 같다.
2. 그리스도는 우리의 유월절 어린양이다. 너희의 성찬식은 신실함과 진실함의 특징을 가져야 한다.
3. 세상에서 너희는 큰 죄인들과 어깨를 맞대고 산다. 그러나 교회에서의 삶은 이와 다른 문제다.
4. 이 문제를 가지고 법정으로 가지 마라. 너희는 공동체로서 이 문제를 처리할 충분한 지혜를 갖추고 있다. 너희 자신에게 책임을 져라. 영원의 관점을 고려해서 행동하라. 너희가 심판 날에 주님을 돕는 자리에 있으리라는 점을 명심하라.

이제 바울은 성 관습의 신학적 기초를 제시할 준비가 되었다. 둘째 논문의 다음 부분에서 이 기초를 다룬다.

2.3.

성 관습의 신학

천국 윤리

고린도전서 6:9-12

고린도전서 6:9-20은 "다소 단절되고 애매한 내용"을 담고 있다고 간주되었다. "이 본문의 자연스러운 미완료적인 성격" 때문이었다.[1]

그러나 이 본문은 두 개의 사도적 설교가 정교하게 하나의 문학적 전체를 구성하고 있다고도 볼 수 있다.[2] 두 설교 중 첫째 설교(6:9-12)는 일곱 장면으로 이루어진다(도표 2.3[1]을 보라).

1) Jean Hering, *The First Epistle of Saint Paul to the Corinthians*, trans. A. W. Heathcote, P. J. Allcock (London: Epworth, 1962), p. 47.

2) 이번 장은 Kenneth E. Bailey, "Paul's Theological Foundation for Human Sexuality: I Cor. 6:9-20 in the Light of Rhetorical Criticism," *Theological Review* 3, no. 1 (1980): 27-41을 수정한 것이다.

1. [6:9]너희는 **불의한 자**가 하나님 나라를 상속받지 못함
하나님 나라를 상속받지 못할 줄을 알지 못하느냐? **불의한 자는**

2. 속지 말라.
음행하는 자나
우상숭배하는 자나 **다섯 가지 죄**
간음하는 자나 (성적인 죄)
탐색하는 자나
남색하는 자나

3. [10]도둑이나
탐욕적인 자나
술 취하는 자나 **다섯 가지 죄**
모욕하는 자나 (비[非]성적인 죄)
강도는

4. **하나님 나라를 상속받지** 못할 것이다. **너희 중 더러는**
[11]그리고 이런 자가 **너희 중 더러** 있었다. 하나님 나라를 상속받지 못함

---

5. [11b]그러나 너희는 씻음 받았고
그러나 너희는 거룩해졌고[성결하게 되었고]
그러나 너희는 의롭다 함을 받았으니

6. 주 예수 그리스도의 이름으로
그리고 우리 하나님의
성령 안에서 그렇게 되었다.

---

7. [12]"내게는 모든 것이 합법적이다."
그러나 모든 것이 유익한 것은 아니다.
"내게는 모든 것이 합법적이다."
그러나 나는 어떤 것에도 얽매이지 아니할 것이다.

도표 2.3(1). 천국 윤리(고전 6:9-12)

수사 구조

이 설교에는 고린도전서 앞부분에서 이미 나타난 특징들이 결합되어 있다. 일단 일곱 장면이 세 부분으로 나뉜다. 첫째 부분은 단순하게 A-B-B-A 구조의 고리 모양 구성을 사용한 네 장면으로 이루어진다. 이어서 나오는 둘째 부분은 단계 평행법으로 연결된 두 장면으로 구성된다. 마지막 셋째 부분은 한 장면으로 구성되며 설교의 요약/결론을 제공한다. 첫째 논문의 마지막 설교(4:8-16)도 일곱 장면이 세 부분으로 나뉘고, 마지막 장면은 결론을 제공한다.

주석

이 설교는 네 장면으로 이루어진 첫 번째 부분으로 시작된다. 장면 1과 4는 명확히 짝을 이루고 있다. 두 장면을 함께 검토해보면 다음과 같다.

1. a.	[6:9]너희는 **불의한 자가**	**불의한 자는** 하나님 나라를
b.	**하나님 나라를 상속받지** 못할 줄을 알지 못하느냐?	상속받지 못함
4. b.	[10b-11a]**하나님 나라를 상속받지** 못할 것이다.	**너희 중 더러는**
a.	그리고 이런 자가 **너희 중 더러** 있었다.	하나님 나라를 상속받지 못함

"하나님 나라를 상속받는다"는 말이 두 번에 걸쳐 나오는데, 각각 열 가지 죄의 목록 직전과 직후에 나타난다. 바울은 하나님 나라를 자주 언급하지 않는다. 바울 서신 전체에서 오직 여기서만 하나님 나라라는 언급이 한 본문에서 두 번이나 나타난다. "하나님 나라를 **상속받는 것**"이나 "영생을 **상속받는 것**" 같은 표현은 복음서에서는 자주 나타난다(마 19:29; 25:34; 막 10:17; 눅 10:25; 18:18). 여기서 두 번 사용되는 "하나님 나라를 상속받다"

라는 언급은 "불의한 자"(1a)와 "너희 중 더러 있었다"(4a)를 결합하는 역할을 한다. 고린도는 "거친 도시"로 방탕한 곳으로 유명했다. 바울은 뛰어난 학자였다. 그래서 복음을 제시하면서 이해하기 쉽도록 "단순하게 제시하고", 무지하고 거칠고 부도덕한 고린도의 부랑자도 알아듣도록 호소할 수 있었다. 또 그는 남루한 옷을 입고 천막 만드는 자로 일했기 때문에 고린도의 상인들과도 쉽게 어울릴 수 있었다. 급기야는 그에게 추종자도 생겼다. 그러나 사도를 따르는 자들은 불가피하게 그리스도 안에서 새 생명을 얻는 문제에 봉착하지 않으면 안 되었다. "이런 자가 너희 중 더러 **있었다**"라는 말은 바울의 독자 중 바울이 제시한 죄로부터 벗어난 자가 있었음을 암시한다. 이 열 가지 죄는 다섯 가지씩 두 단위로 나누어 확인할 수 있다. 이런 죄의 목록은 실제로 다른 곳에서도 찾아볼 수 있다.

골로새서 3:5, 8에서 바울은 다섯 가지 죄가 포함된 두 개의 목록을 제시한다. 첫째 목록은 직간접적으로 성적인 죄와 관련되며 다음과 같다.

바울의 목록	바울의 범주
음행	성적인 죄를 포괄적으로 망라함
부정	성적 악행을 강하게 함축함
사욕	본질상 성적 특징을 가짐(고전 7:9)
악한 정욕	주로 "육체의 정욕"과 관련됨 (롬 1:24; 6:12; 13:14; 갈 5:6; 24; 살전 4:5)
탐심	어렴풋이 성적 죄와 관련됨 이웃의 아내를 탐내는 것이 십계명에 규정됨(출 20:17)

골로새서 3:8의 둘째 목록도 다섯 가지 죄를 포함한다.

분함	비성적인 죄
노여움	비성적인 죄

악의	비성적인 죄
비방	비성적인 죄
더러운 말	비성적인 죄

이와 동일한 패턴이 장면 2와 3에서 나타난다. 여기에 나오는 성적인 죄는 다음과 같다.

바울의 목록	바울의 범주
음행하는 자	모든 형태의 성적인 죄—특히 이성애자의 죄
우상숭배하는 자	신전 매춘은 고린도 세계의 한 부분이었음
간음하는 자	(결혼한) 이성애자의 죄
탐색하는 자	동성애 관계에서 수동적 파트너
남색하는 자	동성애 관계에서 능동적 파트너

이성애자가 짓는 죄와 동성애자가 짓는 죄는 함께 정죄된다.[3] 둘 중 어느 것이 다른 것보다 더 가증하다는 암시는 없다. 고린도의 아프로디테/비너스 신전 여사제들의 신전 매춘이 우상숭배에 포함되었으며, 따라서 이 도시에서 우상숭배는 간음에 해당했다.[4] 이는 골로새서 3:5, 8과 같이 여기서도 바울이 열 가지 죄의 목록을 제시하면서 먼저 성과 관련된 다섯 가지 죄로 시작한다는 것을 의미한다.

열 가지 죄를 포함하는 이 두 유사한 바울의 목록(성적인 죄 다섯 가지

3) Thiselton, *First Epistle*, pp. 440-455; Robert Gagnon, *The Bible and Homosexual Practice* (Nashville: Abingdon, 2001), pp. 303-332.

4) John A. Bengel, *Bengel's New Testament Commentary* (Grand Rapids: Kregel, 1981), 2:195; Bailey, "Paul's Theological Foundation for Human Sexuality: I Cor. 6:9-20 in the Light of Rhetorical Criticism," *The Theological Review* (Beirut) 3 (1980): 27-41.

와 비성적인 죄 다섯 가지)은 주목할 가치가 있다. 숫자 10은 배경 음악이고 십계명을 연상시킨다. 고린도전서 이후 부분에서 바울은 다시 숫자 10을 중요한 의미로 사용할 것이다(9:19-27). 이는 완전수 7을 폭넓게 사용하는 것과 조화를 이룬다. "탐색하는 자"(catamites)라는 단어는 이 본문에만 유일하게 나오고, "남색하는 자"(sodomites)는 다른 본문(딤전 1:10)에서 딱 한 번 더 나타난다. 요약하면 바울은 불의한 자가 하나님 나라를 상속받지 못한다는 사실을 확언한 다음, 고린도전서에서 자신이 다루고 있는 문제들과 관련된 열 가지 죄의 목록을 제시한다.

바울이 성적인 죄에 각별한 강조점을 두는 이유는 명백하다. 5:1-5에서 바울은 교회에서 일어난 근친상간 사건을 다루었다. 이어서 5:6-8에서는 이 문제를 기독교 공동체 전체의 건강 및 그리스도의 희생과 관련시켰다. 바울은 **교회 안에서**가 아니라 **세상 속에서는** 이런 죄를 범한 사람과 관계를 계속 유지하라고 촉구했다. 또한 독자에게 이런 문제를 공개 법정에 상정해서는 안 된다고 말했다. 그런 다음 6:9부터는 성 도덕의 신학적 기초를 제시하기 시작한다. 그러면 두 번째 죄의 목록은 왜 주어지는가?

두 번째 목록의 다섯 가지 죄는 다음과 같다.

- 도둑
- 탐욕적인 자
- 술 취하는 자
- 모욕하는 자
- 강도

얼핏 보면 이 다섯 가지 죄는 일정한 강조점 없이 전통적인 죄를 무작위로 나열한 것처럼 보인다. 그러나 여기서도 바울은 고린도인들의 도덕적 죄악에 대한 관심에 따라 죄 목록을 구체적으로 작성한 듯하다. 두 가지 중복된 요점이 나타난다. 첫째 요점은 방금 바울이 법정에서 서로 "속이는 것"에 대해 독자들을 비난한 점이다. 속이는 것은 도둑질의 한 형태다. 바울은 비성적인 죄를 다루는 두 번째 목록을 "도둑"으로 시작해서 "강도"로 끝맺는다.[5] 이 짧은 목록의 중앙에는 "탐욕적인 자, 술 취하는 자, 모욕하는 자"가 들어가 있다. 앞으로 살펴보겠지만, 바울은 11:17-34에서 고린도 교인들이 성찬식에서 저지른 불법 행위를 다룬다. 성찬식에서 어떤 이는 **탐욕적으로** 과식을 했고, 그 결과 다른 이는 굶는 상황에 처했다. 그들은 이미 분쟁하고 있었으며(1:11-12), 그래서 성찬식에서 술에 **취하자** 재빨리 반대편 교인들을 모욕하기 시작했다. 앞서 바울은 "모욕을 겪을 때 축복하라"고 쓴 바 있다(4:12). 따라서 고린도 교회의 성찬식에서 일부 교인들이 "탐욕적이고 술 취하고 모욕하는 자"가 됨으로써 난잡한 상황을 만들었다고 보는 것이 가능하다.

그러므로 이 열 가지 죄의 목록 배후에는 고린도 교회의 세 가지 문제점, 곧 도둑질하고 법정에 잘못 호소한 일, 성범죄를 저지른 일, 성찬 식사에서 불법을 행한 일이 놓여 있다.

이런 식으로 바울은 고린도 교회 교인들에게 이 죄악들이 그들이 과거에 저지른 일이었음을 침착하게 상기시킨다. 말하자면 그들 중 성적인 죄와 비성적인 죄를 막론하고 이런 죄악으로부터 벗어난 자가 더러 있었다. 그때 그들에게 복음의 치유 능력이 작용해서 복음이 삶을 변화시키는 효력을 갖고 있음이 증명되었다. 바울은 고린도 교인들에게 현재 그들의 새로운 삶의 원천이 무엇인지를 상기시킨다. 이 사도적 설교의 두 번째 부분은 다음과 같다.

5) 요 10:1, 8에서는 "도둑과 강도"가 짝을 이룬다(하지만 이 두 그리스어 단어는 각각 다르다).

5. a. [11]그러나[*alla*] 너희는 **씻음 받았고**[6]

b. 그러나[*alla*] 너희는 **거룩해졌고**[성결하게 되었고]

c. 그러나[*alla*] 너희는 **의롭다 함을 받았으니**

6. a. **주 예수 그리스도**의 이름으로

b. 그리고 **성령** 안에서 그렇게 되었다.

c. 우리 **하나님**의

장면 5에서 처음 세 행은 *alla*(그러나)와 함께 시작된다. *alla*를 삼중으로 반복하는 점은 주목할 만하다. 이 여섯 행은 단계 평행법을 통해 서로 연결된다. "씻음"(5a)은 **세례**를 가리키고, 바울은 이것이 "**주 예수 그리스도의 이름으로**"(6a) 이루어졌다고 보았다. "너희는 **거룩해졌고**"(5b)는 "성령 안에서"(6b)와 짝을 이룬다. 마지막으로 **의롭다 함**(5c)은 하나님의 행위(6c)다(6b와 6c는 5b, 5c와의 평행구조를 반영해 우리말로 옮겼다—편집자 주). 오르와 발터는 두 핵심 용어를 이렇게 간명하게 정의한다. "거룩하게 되는 것은 하나님을 섬기도록 성별되고 그분의 가족에 편입됨을 의미한다. 의롭다 함을 받는 것은 죄 사함을 얻고 의인으로 받아들여짐을 의미한다."[7] 이 동사들의 순서는 칭의가 먼저 오고 그 후에 성화가 온다는 신학적 질서를 부정한다.

마지막 세 행에서는 **주 예수 그리스도, 성령, 하나님**을 언급하는 데서 삼위일체 공식이 다시 한번 강한 배음(倍音)으로 나타난다. 바울은 자기에게 계시된 하나님의 은밀한 비밀을 설명하면서 삼위일체 사상에 의존한 바 있다(2:7-10a, 10b-16). 여기서 그리스도 안에서 갖는 새로운 삶의 핵심에 삼위일체 사상이 놓여 있다.

6) 이 동사는 부정과거 중간태다. Thiselton은 이것이 "개인적 관심의 중간태"라고 주장하고 "너희는 깨끗하게 씻음 받았고"라고 번역한다(Thiselton, *First Epistle*, p. 453).

7) Orr/Walther, *I Corinthians*, p. 201.

하나님 앞에서 사는 이 새로운 지위를 염두에 두고, 바울은 고린도 교회 교인들이 자기 행위를 정당화하는 데 사용하는(혹은 그렇게 보이는) 이유들에 대한 논의로 옮겨간다.

7. [12]"내게는 모든 것이 합법적이다."

그러나 모든 것이 유익한 것은 아니다.

"내게는 모든 것이 합법적이다."

그러나 나는 어떤 것에도 얽매이지 아니할 것이다.

헤링은 위 네 행을 "대체로 히브리 시의 규칙에 따라" 작성된 하나의 연으로 간주했다. 헤링은 "행의 절들이 분명히 평행을 이루고 있다"라고 덧붙인다.[8] 바울이 여기서 고린도의 방탕한 사람들을 언급하고 있음은 일반적으로 인정되는 사실이다. 이 네 행은 10:23에서 약간 바뀐 형태로 다시 등장하는데, "내게는 모든 것이 합법적이다"라는 핵심 문구는 고린도인들의 입에서 나온 말을 인용한 것이 분명하다. 자주 학자들은 바울이 이 말을 (제한을 붙여) 찬성하는 의미로 사용하고 있다고 주장했다. 따라서 이렇게 본다면 이 말은 원래 유대교의 율법주의에 반대하기 위해 사용한 바울 자신의 말일 수도 있다. 일부 그리스인 신자들은 이 문구를 배경과 상관없이 자기의 자유사상을 정당화하는 데 이용했다. 이에 대해 바울은 어떻게 답변할 수 있을까? 여기서도 오르와 발터가 이 문제를 분석하는 데 참조할 만한 내용을 제공한다.

> 복음을 받은 자가 자기가 충분한 특권을 갖고 하나님의 집에 초대받아 들어간 것을 알면서도, 이를테면 거기서 가구를 부수고 마루를 더럽히고 심지어 건물

8) Hering, *First Epistle of Saint Paul to the Corinthians* (London: Epworth, 1962), p. 45.

벽을 무너뜨리기 시작한다면, 어떻게 되겠는가?[9]

문제가 복잡하게 된 것은, 고린도 교인들이 그리스도인이 되기 전에 가졌던 삶의 방식을 계속 고집한 일을 성찰하지 못했을 뿐만 아니라, 콘첼만의 지적처럼 "내게는 모든 것이 합법적이다"라는 외침으로 자기 행동을 "능동적/사변적으로 정당화했기" 때문이다.[10]

여기에 대해 바울은 어떻게 해야 할까? 한 가지 단순한 답변은 엄격한 법을 시행해서 처벌함으로써 그들이 다시 돌아오게 만드는 일일 것이다. 그러나 그렇게 하면 그들은 도리어 복음을 부인하게 될 것이다. 대신 바울은 그들의 주장을 취해서, 모든 것이 "유익한" 것은 아니라고 천명한다. 로버트슨과 플러머는 이것이 "기독교적 자유는 남을 존중하는 마음에 의해 제한받아야 한다"라는 의미라고 설명한다.[11] 율법은 구원의 수단이 아니다. 율법은 "그리스도의 법"으로 요약되었다. 이 새로운 형태의 율법은 "사회의 붕괴와 사람들의 삶의 파멸"을 예방하는 법칙으로 여전히 유효하다.[12] 아마 여기서 바울은 "모든 것이 다 너희의 것이고…너희는 그리스도의 것"이라는 앞의 진술(3:21, 23)을 다른 형태로 재진술하는 것 같다. 10:23의 유사한 언급은 공동체의 건강이 중요한 관심사라는 것을 암시한다. 오르와 발터는 간명하게 다음과 같이 지적한다. "우리가 하나님을 사랑하면 **모든 것이 가능하게 된다**. 그러나 우리가 하나님을 사랑하면 우리는 하나님이 사랑하는 것을 사랑할 것이다. 이는 다른 모든 사람을 사랑하는 것을 의미한다. 왜냐하면 그들은 모두 하나님의 사랑의 대상이기 때문이다. 그리고 이때 우리의 행위는 이 사랑에 의해 규제를 받게 될 것이다."[13]

9) Orr/Walther, *I Corinthians*, p. 202.
10) Conzelmann, *I Corinthians*, p. 108.
11) Robertson/Plummer, *First Epistle*, p. 146.
12) 같은 책.
13) Orr/Walther, *I Corinthians*, p. 202.

"모든 것이 합법적이다"에 대한 두 번째 답변에서 바울은 그리스어로 언어유희를 한다. *exestin*(합법적인)은 *exousia*(권세)라는 어근을 가진다. 따라서 바울은 답변에서 동사 *exousiazo*(얽매이다)를 사용한다. 로버트슨과 플러머는 이를 다음과 같이 적절히 영어로 옮기면서 그 의미를 잘 포착하고 있다. "나는 모든 일에서 자유롭다. 그러나 나는 어떤 일도 내게 자유롭도록 만들지 않을 것이다."[14] 자유는 자유 자체를 취소시킬 정도로 허용되어서는 안 된다. 여기에는 얽매임으로부터의 해방이 함축되어 있으며, 나중에 바울은 다시 같은 주제로 되돌아갈 것이다.

이 일곱 장면에서 바울의 주장은 다음과 같이 요약된다.

1. 이전에 고린도 교회의 일부 교인들은 하나님 나라와 공존할 수 없는 성적·비성적인 죄에 빠졌던 적이 있었다. 그들은 이 죄들로부터 고침 받았다. 이 죄들은 구체적으로 열거된다.
2. 삼위일체 하나님의 세 인격은 새 신자들을 교화하는 기능에 따라 각각 언급된다.
3. 모든 것이 합법적임은 명백하지만, 그리스도인은 공동체의 덕을 세우지 못하는 일은 피하고 얽매이게 하는 일은 거부해야 한다.

바울이 다루는 성 윤리의 신학적 기초 후반부가 6:13-20에서 제시된다.

14) Robertson/Plummer, *First Epistle*, pp. 122-123.

2.4.

성 관습의 신학

몸의 결합

고린도전서 6:13-20

이 설교는 바울이 제시하는 성 윤리의 신학적 기초 후반부를 제시한다(6:13-20). 바울은 자신의 견해를 열 장면으로 정교하게 작성된 사도적 설교에 담아 보여주고 있다. 이 설교의 본문은 도표 2.4(1)에서 확인된다.

수사 구조

이 심오한 사도적 설교는 높이뛰기 형식을 따라 조직된 열 장면으로 구성되어 있다. 높이뛰기 선수는 먼저 짧은 전력 질주로 높이뛰기를 시작한다(장면 1-2). 그다음에 도약이 이어진다(장면 2-5). 그다음에는 가로대를 넘고(장면 6), 마지막으로 반대쪽으로 하강해 착지하는 것으로 끝난다(장면 7-10).

도표 2.4(1)에 표시되었듯이, 장면 1의 네 행은 각각 단계 평행법 패턴에 따라 장면 2의 네 행과 짝을 이룬다. 이어서 고리 모양 구성의 적절한 실례가 온다. 중앙의 클라이맥스는 둘러싸인 성경 인용문이다. 중앙 바로

1. a. [13]"**음식**은 **배**를 위해 있고	**음식을 배를 위해 있음**
b. **배**는 **음식**을 위해 있으며"	하나님이 음식을 폐하실 것
c. **하나님은 이것과**	하나님이 배를 폐하실 것
d. **저것**을 **폐하실 것이다**.	
2. a. 몸은 **음행을 위해 있지 않고 주를 위해** 있으며	
b. **주는 몸을 위해 있다.**	**몸은 주를 위해 있음**
c. [14]하나님은 주를 다시 살리셨고	하나님이 다시 살리심: 주
d. 또 그의 권능으로 우리를 다시 살리실 것이다.	하나님이 다시 살리심: 우리
3. [15]너희는 **우리의 몸**이 **그리스도의 지체**인 것을 알지 못하느냐?	**우리의 몸** 그리스도 안에 있음
4. 따라서 내가 **그리스도의 지체**를 치우고 **창녀의 지체**로 만들겠느냐? 결코 그럴 수 없노라!	**그리스도에게** 죄를 범함
5. [16]너희는 **창녀와 결합하는** 자는 **그녀와 한 몸**이 되는 것을 알지 못하느냐?	창녀와 **한 몸이 됨**
6. 기록된 것처럼 "둘이 한 육체가 될 것이다."	**성경** 둘—한 육체가 됨
7. [17]그러나 주와 **결합하는** 자는 **주와 한 영**이 된다.	주와 **한 영이 됨**
8. [18]음행을 피하라. 사람이 범하는 다른 모든 **죄**는 **그의 몸 밖에** 있으나 자기의 몸에 음행하는 자는 **자기 몸**에 죄를 범하는 것이니라.	**죄를 범함**
9. [19]너희는 **너희 몸**이 너희 안에 계신 **성령의 전**이고 그것을 **하나님으로부터** 받은 것을 **알지 못하느냐**?	**너희 몸은** 하나님으로부터 받은 성령의 전
10. 너희는 너희 자신의 것이 아니다. [20]너희는 값을 **치르고 샀다.** 그러므로 **너희 몸**으로 **하나님을 영화롭게 하라.**	**십자가** 몸으로 하나님을 영화롭게 함

도표 2.4(1). 성 관습의 신학: 몸의 결합(고전 6:13-20)

뒷부분인 장면 7에는 명확한 전환점이 있다. 장면 2는 앞뒤를 함께 바라본다. 동시에 장면 2의 **부활**에 대한 설명은 장면 10의 **십자가**에 대한 진술과 균형을 이룬다.

주석

여기서 바울은 기독교의 성 관습의 기초를 **십자가**, **부활**, **삼위일체**, **교회론**에 두고 있다.

중앙에 성경 인용문을 두고 높이뛰기 형식을 사용하는 유사한 설교 사례가 9:1-12a, 14:13-24, 15:21-28에도 나타난다.[1] 이 설교의 처음 두 장면은 도표 2.4(2)에서 확인된다.

1. a. [13]음식은 배를 위해 있고
   b. 배는 음식을 위해 있으며
   c. 하나님은 이것과
   d. 저것을 폐하실 것이다.

2. a. 그러나 몸은 음행을 위해 있지 않고 주를 위해 있으며
   b. 주는 몸을 위해 있다.
   c. [14]하나님은 주를 다시 살리셨고
   d. 또 그의 권능으로 우리를 다시 살리실 것이다.

도표 2.4(2). 장면 1-2(고전 6:13-14)

앞의 두 연 간의 평행 관계는 강력하며, 바울의 논증에 결정적인 역할

1) 고리 모양 구성에 서론이 붙은 구약의 사례는 사 44:13-17과 사 43:25-44:5이다. 이 책 앞부분의 프렐류드, "예언적 설교 수사 스타일과 그 해석"을 보라.

을 한다. 이 평행 관계는 다음과 같이 요약되고 확인될 수 있다.

음식	성
음식은 배를 위해 있다	몸은 주를 위해 있다
배는 음식을 위해 있다	주는 몸을 위해 있다
하나님—배를 폐하신다	하나님—주를 다시 살리셨다
하나님—음식을 폐하신다	하나님—우리(우리의 몸)를 다시 살리실 것이다

각 행은 짝을 이루는 행을 가진다. 이런 단계 평행법은 이사야 55:10-11에 나오는 것만큼 오래되었다. 분명히 고린도인들은 음식과 성(性)이 평행 관계에 있다고 주장하고 있었다. 장면 1의 처음 두 행은 고린도인들의 주장을 인용하는 것으로 볼 수 있다. 곧 "음식은 배를 위해 있고 배는 음식을 위해 있다"라고 **그들은 말하는데**, 이는 둘 다 폐지될 운명임을 의미한다. 그들은 몸은 죽고 영혼은 죽지 않기 때문에 성욕도 몸과 같은 범주에 들어 있다고 주장한 것 같다. 분명히 이런 사고의 배후에는 몸을 거부하는 영지주의/스토아학파의 사상이 놓여 있다. 하지만 바울은 다른 견해를 갖고 있었다.

바울은 신중하게 단어를 선택하며 이렇게 말한다. 곧 하나님은 **주**(의 몸)를 **다시 살리셨고** 또 **우리**(의 몸)를 **다시 살리실** 것이다. 여기에는 **우리**=**우리 몸**을 만드는 용어의 균형이 있다. 불트만은 바울을 설명하면서, "사람은 *soma*[몸]를 **갖고 있지** 않다. 사람은 곧 *soma*[몸]**다**"라고 말했다.[2] 주의 부활은 신자의 몸의 부활을 보증하고, 우리 몸의 미래적 부활은 현세에서 우리가 성적으로 어떻게 행동해야 하는지를 결정하는 요인이다.

제임스 모펫은 바울이 성적 음행을 공중위생에 대한 위협이나 상대방에게 가하는 심리적 "부당 행위"의 사례가 아니라 "부활한 생명으로 꽃을

---

2) Rudolf Bultmann, *Theology of the New Testament* (London: SCM Press, 1952), p. 194.

피워야 하는 인격의 뿌리에 타격을 입히는 죄"로 공격한다고 지적한다.[3] 요약하면, 만약 내가 내 몸을 죽음 너머로 가지고 간다면, 현세에서 내가 내 몸에 입히는 어떤 내구적 손상은 영원한 중요성을 띨 것이다. 바울은 성이 일종의 쾌락의 도구로 바뀌고 음식과 평행을 이루게 될 때 일어나는 성의 **비인간화**에 반대한다. 말하자면 사도는 "나는 배고픔을 느낀다, 그래서 나는 먹는다. 나는 성욕을 느낀다, 그래서 나는 성관계를 갖는다"라는 식의 견해를 거부하고 있다.

여기서 바울은 단어를 세심하게 배치한다. 각 연의 첫 행들을 합쳐놓으면 이런 점이 다음과 같이 증명된다.

1a. 음식은 **배를 위해** 있고
2a. 몸은 음행을 위해 있지 않고 주를 위해 있으며

바울은 그리스도인은 자기 몸이 주를 **위해** 있다면 동시에 음행을 **위해서는** 있을 수 없음을 알아야 한다고 말하는 것 같다. 만약 이것이 바울의 의도 중 하나라면, 우리는 결혼도 **주를 위해** 몸을 바치는 일과 양립할 수 없다고 결론지을 수 있다. 그러나 장면 5-7에서 바울은 이런 결론에 이르지 않는다. 거기서 바울은 신중하게 자신이 그리스도인의 결혼을 금하지 않는다고 지적한다. 이 대목은 나중에 더 깊이 살펴볼 것이다.

계속해서 바울은 2b에서 "주는 몸을 위해 있다"라고 말한다. 분명히 이 말은 이중 의미를 가지고 있다. "몸"은 신자의 개인적인 육체를 의미하는 동시에, 공동체로서의 몸인 교회의 의미도 함축적으로 전달한다. 주는 **몸**을 위해 있고, 이때 **몸**은 이 두 의미를 다 가리킨다. 이 본문에서는 한 가지 의미가 다른 의미로 점차 바뀌는 것처럼 보인다.

폐해질 "배"와 부활할 "몸" 사이에는 중요한 비교가 형성되어 있다. 이

3) Moffatt, *First Epistle*, p. 69.

비교는 다음과 같은 권면을 준다. 즉 몸은 죽음을 넘어 너희와 함께 가는 것이므로 곧 부활할 것이므로 음행으로 몸을 더럽히지 말라. 음식과 배는 영속적인 것이 아니지만 몸은 영속적인 것이다. 바울은 인간의 성(性)이 **몸**이라고 불리는 온전한 인간의 내적 핵심 요소의 하나이고, 몸은 다시 살아나리라고 주장한다. 나아가 온전한 인간(몸)은 음행으로 부정적인 영향을 받게 될 것이다.

여기서 문제가 하나 제기된다. 15:43에서 바울은 성령으로 형성된 몸이 "영광"과 "능력"을 가지고 다시 살아나리라고 주장한다. 우리는 이 말을 통해 죽어가는 암 환자의 망가진 육체가 부활하면 성령으로 형성된 몸 곧 온전한 몸으로 대체될 것을 믿으라고 권면받는다. 그렇다면 바울은 자가당착에 빠져 있는가? 또는 자신과 우리 모두가 알지 못하는 비밀을 설명하고 있는가? 이런 문제에 관해 성경이 비추는 한 가지 빛은, 예수의 부활하신 몸이 완전히 영광스러운 새로운 몸이었다는 사실이다. 그러나 예수는 손과 옆구리에 상처를 그대로 갖고 계셨다. 바울은 "**너희 자기 몸**에 상처를 내지 마라. 그 몸은 너희와 함께 간다"라고 말하는 것 같다.

장면 2는 주제의 측면에서 장면 1과 관련되어 있을 뿐만 아니라, 고전적인 성경 인용문을 클라이맥스에 두고 있는 다섯 장면의 포괄적 진술을 이끄는 핵심 장면이기도 하다. 따라서 논증이 거의 완전한 형태의 고리 모양 구성을 따라 역으로 반복된다. 이는 위의 도표 2.4(1)에서 확인할 수 있다.

장면 2(부활)	장면 10(십자가)
13b**몸**은 음행을 위해 있지 않고 주를 위해 있으며	19b너희는 너희 자신의 것이 아니다.
주는 몸을 위해 있다.	20**너희는 값을 치르고 샀다.**
14하나님은 **주를 다시 살리셨고**	그러므로 너희 **몸**으로 하나님을
또 그의 권능으로 **우리를 다시 살리실** 것이다	영화롭게 하라

도표 2.4(3). 장면 2와 10(고전 6:13b-14, 19b-20)

장면 2는 다시 살아날 몸에 관해 말하면서 **부활**이 성 윤리에 대해 가지고 있는 중요성을 강조한다. 성행위는 **몸**과 관련되며 몸은 다시 살아날 것이다. 장면 10은 **십자가**로 값이 지불된 일을 언급하고, 십자가가 "너희[복수형] 몸[단수형]"에 대해 갖고 있는 중요성을 설명함으로써 끝맺는다. "주께 속한" "몸"이 각 장면의 중심이다. 첫째 행에서 몸은 "주를 위해" 있다고 주장되고, 둘째 행은 독자에게 "너희는 너희 자신의 것이 아니라는"(즉 너희는 주께 속해 있다는) 사실을 상기시킨다. "십자가와 부활" 주제가 서로를 보완하며 짝을 이룬다.

첫 세기에 노예가 취할 수 있는 선택은 노예 시장에서 자신의 몸값을 치를 수 있을 때까지 지역 신전의 계정에 돈을 조금씩 비축하는 것이었다. 돈이 다 모이면 그는 신전 사제를 통해 주인에게 "값을 치르고" 공식적으로 그 신의 노예가 되었다. 그러나 실제로는 자유인이 되는 것이었다. 여기에 대해 아돌프 다이스만은 다음과 같이 말한다.

> 아크로코린트의 길로 올라간 고린도의 그리스도인 종은…자기 앞에 선명하게 솟아 있는 눈 덮인 파르나소스 산 정상 북서쪽을 바라보았을 것이다. 그 위풍당당한 정상 주위에 아폴론이나 세라피스나 치료의 신 아스클레피우스가 **자유를 위해 값을 치르고 노예를 산** 사당이 있다는 것은 누구나 알고 있었다. 그러고 나서 저녁 모임에서 에베소로부터 최근에 받은 편지(고린도전서)가 읽혔다. 그 편지에서는 새로운 치료자가 직접 자신의 예배자들에게 영으로 임하여 그들에게 다른 속박으로부터 벗어나는 자유를 주고, 그렇게 죄와 율법의 종들을 **값을 치르고** 구속했다고 쓰여 있었다.[4]

뷔히젤은 "신의 이름으로 주어지는 해방 개념의 세부 사항이 그리스도

4) Adolf Deissmann, *Light from the Ancient East* (Grand Rapids: Baker, 1987), p. 329.

의 구속에 적용되어서는 안 된다"라고 생각한다.[5] 콘첼만은 다이스만이 충분한 구속 이론에 관한 자신의 판단을 지나치게 과신했다고 주장한다.[6] 그러나 바울은 딱 한 번 예수를 유월절 어린양으로 간주한다(5:7). 이렇게 간주하면서 바울이 "충분한 구속 이론"을 만들어낸 것은 아니다. 대신 사도는 속죄의 비밀의 중요한 국면을 드러냈다. 종의 해방 이미지에 대해서도 똑같이 말할 수 있다. 고린도에서 신분이 종이었던 신자는 30년 동안 동전을 하나씩 모아 죄와 사망의 속박에서 해방된 것이 아니었다. 오히려 하나님이 그리스도 안에서 그를 해방시키기 위해 십자가에 달려 죽으셨다. 여기서와 다른 곳(고전 7:23; 갈 3:13; 4:5)에서 본문은 하나님이 신자의 값을 지불하심으로써 그를 구속하신다고 확언한다. 그때 지불된 값은 십자가였다.

장면 10의 마지막 문구로 시선을 옮겨보면, 여기에는 구약을 반영하는 것으로 보이는 또 다른 내용이 나온다. 고린도전서 5:1-10을 제외하고, 성경에서 근친상간을 언급하는 유일한 다른 본문은 아모스서에서 예언자가 "한 남자와 그의 아버지가 같은 젊은 여인에게 다니는" 일을 보고한 부분이다(암 2:7). 이 두 기사는 문제점을 똑같이 묘사한다. 곧 두 본문 모두에서는 "한 남자와 그의 아들이 그렇고 그런 짓을 하는" 사건이 아니라, "한 남자와 그의 아버지가 그렇고 그런 짓을 하는" 데 대한 언급이 있다. 이를 보면 바울이 아모스서 본문을 염두에 두고 있음이 분명해 보인다. 이런 가정을 따라 아모스는 근친상간 사건을 확인하고, "내[하나님의] 거룩한 이름을 더럽힌다"라고 통탄한다. 이런 죄는 여자와 아버지에 대해 저질러지지만, 다른 차원에서 보면 이는 하나님에 대한 죄로, 그분의 거룩한 이름을 모독하는 죄악이었다. 아모스는 히브리어 חלל(*khallal*; 모독하다, 더럽히다)을 사용한다. 그런데 여기서 강한 ח를 부드러운 ה로 발음을 약간 바꾸거나 그 글자를 살짝 지우면 히브리어 הלל(*hallal*; 찬양하다)를 가지게 된다.[7] 아

5) F. Büchsel, "αγοραζω, εξαγοραζω" in TDNT, 1:124-125.

6) Conzelmann, *1 Corinthians*, p. 113.

모스는 "너희의 성 윤리가 하나님의 이름을 חלל 곧 더럽히는 것이 되었다"라고 말한다. 아모스는 "이는[너희의 성 윤리는] 거룩하신 하나님께 הלל(찬양의 제사)이었어야 했다"라고 추론하는 것 같다. 유대교 배경을 가진 사람만 이런 언어유희를 제대로 포착할 수 있을 것이다. 그러나 바울도 이 글을 쓸 때 이런 뉘앙스를 염두에 두었으리라고 보는 것은 가능하다.

"몸"이라는 말은 중요한 이중 의미를 가지며, 이 이중 의미는 바울의 모든 독자에게 이미 알려져 있었다. "몸"은 사람의 신체뿐만 아니라 "몸/교회"를 가리켰다. 고린도 교회 교인들은 너희(복수형) 몸(단수형)으로 하나님을 영화롭게 하라는 말을 듣는다. 장면 9에서 "너희(복수형) 몸(단수형)"은 성령의 전으로 정의되었다. 그들의 연합된 몸(교회)은 그들이 하나님을 영화롭게 하는 곳이다. 의심할 여지 없이, 장면 10에서 바울이 초점을 두는 핵심 요소는 신자의 개인적인 몸이다. 하지만 공동체인 그리스도의 몸도 당연히 관심의 대상이다. 인간의 몸을 성적 음행으로 더럽혀보라. 그러면 이는 곧 그리스도의 몸인 성전을 더럽히는 것이다. "너희[복수형]는 값을 치르고 샀기" 때문에 이런 더럽힘은 극히 가증한 일이었다.

마지막으로 각 장면에서 하나님은 **몸을 위해** 활동하신다. 장면 2d를 보면 하나님은 "우리를 다시 살리실 것이다." 장면 10을 보면 하나님은 그리스도 안에서 우리를 "값을 치르고" 사신다.

정리하면, 바울이 보기에 인간의 성 관습을 적절히 표현하도록 만드는

---

7) 부드러운 ה에서 강한 ח로의 변화는 히브리어 탈무드의 필사본에서는 쉽게 벌어진다. 이는 사해 사본의 이사야서 필사본에서도 일어난다(F. M. Cross, David N. Freedman, James A. Sanders, eds., *Scrolls from Qumran Cave I: The Great Isaiah Scroll From Photographs by John C. Trever* [Jerusalem: Albright Institute and the Shrine of the Book, 1972]를 보라). 강한 ח에서 부드러운 ה의 변화도 아모스 시대의 히브리어 필사본에서 쉽게 발견되었다(James B. Pritchard ed., *The Ancient Near East: An Anthology of Texts and Pictures* [Princeton: Princeton University Press, 1958], 80-82판에서 기원전 6세기 초의 라기스 오스트라카와 다른 고대 히브리어 필사본들을 보라).

포괄적인 신학적 관점이 바로 부활과 십자가다. 신자는 **부활**로 말미암아 자기 몸이 다시 살아나리라는 것과 자신의 성 관습이 부활할 몸과 관련되어 있음을 알게 된다. 또한 신자는 **십자가**로 말미암아 자신이 값을 치르고 산 존재이며 자기의 육체적인 몸을 하나님을 영화롭게 하는 데 사용해야 함을 알게 된다. 이런 사실은 짝을 이루는 다음 두 장면에 나타나 있다.

장면 3	장면 9
[15]너희는 알지 못하느냐?	[19]너희는 알지 못하느냐?
우리의 몸이	**너희**[복수형] 몸[단수형]이
그리스도의 지체인 것을.	하나님으로부터 받은 너희 안에 계신
	성령의 전이라는 것을.

"너희는 알지 못하느냐?"라는 익숙한 비방 문구가 여기서 두 번 반복된다. 둘째 행은 "우리"가 "너희"로 바뀐 것만 빼고 단어가 똑같다. 이런 바뀜은 장면 2 및 10과 일치한다. 다시 말해, 바울은 이 수사 구조를 복수형(장면 2) "**우리**(us)를 다시 살리시는" 것으로 시작하고, 단수형(장면 10) "**너희 몸**"(your body)으로 끝마친다. **내** 개인적인 신체는 **우리의 몸** 곧 교회와 관련되어 있다.

장면 3과 9로 되돌아가면, 셋째 행은 두 장면의 신학적 중요성을 전달한다고 간주될 수 있다. 여기서 바울은 서로 보완되는 이미지들을 사용한다. 첫째 장면(장면 3)에서 바울은 독자에게 그들이 **그리스도의 지체**임을 말해준다. 그리고 이와 균형을 이루는 장면(장면 9)에서는 그들 안에 계신 "성령"이 "하나님으로부터" 온 것을 확언한다. 그들은 성령의 *naos* 즉 **성소**다. 이런 공간적 이미지는 도표 2.4(4)에 표시되어 있다. 이 두 이미지의 결합은 도표 2.4(5)를 보라.

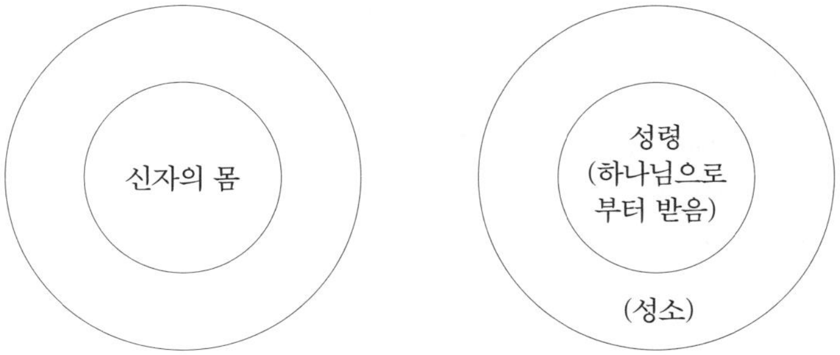

도표 2.4(4). 고전 6:15, 19의 공간적 이미지

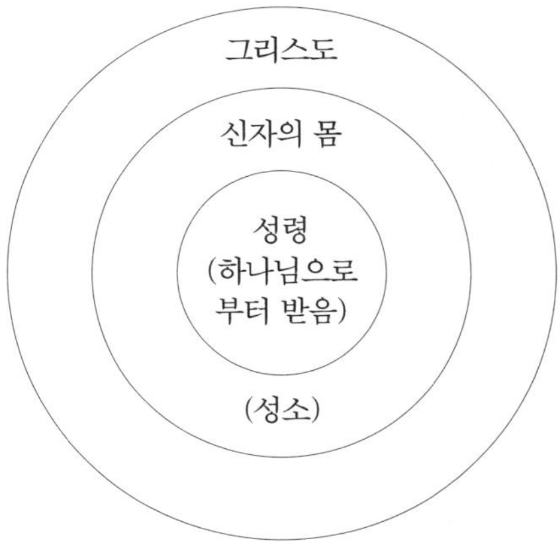

도표 2.4(5). 고전 6, 15, 19의 결합된 공간적 이미지

앞에서 다룬 2.3[8]에서, 우리는 삼위일체 하나님이 깨끗이 씻는 역사에 참여하심을 지적했다. 여기서 삼위일체 사상이 다시 나타난다. 신자는 **그리스도 안에** 있으며, 동시에 **하나님**으로부터 받은 **성령**의 전[성소]이다.

첫째 짝 장면(장면 2와 10)에서 독자는 성 윤리를 **십자가**와 **부활**의 신학적 틀 안에서 이해하게 된다. 그리고 여기서 두 번째 신학적 틀이 나타난다. 이번에는 **삼위일체**가 신학적 틀이다. 몸 안에 (하나님으로부터 받은) **성령**이 계시고, 동시에 그 몸은 **그리스도 안에** 있다. 이는 오직 영혼만이 (하나님의) 영과 연합하고, 몸은 짐승의 한 부분이라는 에피쿠로스학파와 스토아사상의 견해를 정확히 거부한다.

장면 9의 "너희[복수형] 몸[단수형]"이라는 어구는 몸/교회의 의미도 가진다. "몸"의 이런 이중 의미는 설교 후반부의 중요 요소가 된다. 장면 3에는 "몸"과 그리스도의 "지체"에 대한 언급이 있다. 이 언급에서 몸은 개인적인 몸(그리스도 안에서 연합된)이다. 그러나 장면 9에서는 "너희[복수형] 몸[단수형]"으로 바뀐다. 바울은 개인의 개별적/신체적 건강과 운명뿐만 아니라 **그리스도의 전체 몸**의 건강에 관해서도 관심이 있다. 이런 요점은 이미 고린도전서 5장에서 확인되었다. 고린도전서 5장에서 바울은 자유사상이 얼마나 그리스도의 연합된 몸의 건강에 해를 끼치는지를 염려했다. 두 바깥쪽 짝 장면에서 바울은 성 윤리를 세 가지 큰 준거 틀 속에 둔다. 첫째 준거 틀은 **십자가 및 부활**과 관련된다. 둘째 준거 틀은 삼위일체, 셋째 준거 틀은 **교회**와 관련된다.

이 본문에 나타난 종말론에도 주목할 가치가 있다.[9] 하나님 나라의 상속은 **미래**의 일이다. 불의한 자는 "하나님 나라를 상속받지 **못할**" 것이고, 하나님은 "그의 능력으로 우리를 다시 **살리실**" 것이다. **현재**에 관해 말하

8) 도표 2.3(1), 장면 5-6(고전 6:11).

9) E. Schweizer, "Dying and Rising with Christ," *New Testament Studies* 14 (1967-1968): 6-8.

면, 지금 우리 몸은 "그리스도의 지체다." **과거**도 중요한데, 이는 과거에 "하나님이 주를 다시 살리셨고" 또한 **과거**에 하나님이 신자들을 "값을 치르고 사셨기" 때문이다. 따라서 "하나님 나라의 상속"과 "부활"이 **미래**의 일이라고 해도, 신자는 **현재** 이미 부활하신 주의 몸과 연합된 상태다.

이 설교의 중앙 부분에서 바울은 십자가, 부활, 삼위일체, 그리스도의 몸이라는 중요한 긍정적 실재로부터 일련의 강력한 부정적 실재로 시선을 옮긴다.

장면 4	장면 8
[15b]따라서 내가 그리스도의 지체를 **치우고**	[18]음행을 피하라!
창녀의 지체를 만들겠느냐?	…다른 모든 **죄**는 **몸 밖에 있으나**
결코 그럴 수 없느니라!	음행하는 자는 자기 몸에 죄를 범함.

이처럼 열정적인 진술로 이루어진 이 두 장면은 각각 단호하게 부정적 명령을 제시한다. 첫째 장면(장면 4)에는 로마서에 자주 나오는 *me genoito*(결코 그럴 수 없느니라)라는 익숙한 표현이 나온다. 이 말은 바울이 자기가 보기에 절대로 불가능한 일을 천명할 때 제시하는 부정적 진술이다. 장면 8의 명령 배후에는 구약 본문의 이미지가 놓여 있는 듯하다. 여기서 바울은 독자에게 요셉을 본받으라고 촉구하는 것 같다. 요셉은 보디발의 아내의 유혹으로 성적 음행에 빠질 위기에 직면하자 보디발의 집에서 **도망쳤다**(창 39:7-12). 바울은 고린도 교인들에게 고린도 도시를 배회하는 신전 창녀들로부터 **도망치라**고 명령한다.[10] 반면에 사랑의 찬가(고전 13장) 마지막 부분에서는 "사랑을 향해 달려가라"(run after love)고 말할 것이다(14:1). 고린도 교인들은 창녀로부터 **도망치고**, 방향을 돌려 하나님의 사랑을 **향해 달려가야** 한다.

10) F. F. Bruce, *1 and 2 Corinthians* (London: Oliphants, 1971), p. 65.

장면 4에서 바울은 개인에게 초점을 맞춘다. 여기서 사도가 언어를 엄밀하지 못하게 사용하는 것처럼 보일 수도 있지만, 나머지 부분의 정확한 표현에 비추어보면 그렇지도 않다. 바울은 "따라서 내[단수형]가 그리스도의 지체[복수형]를 치우고 창녀의 지체[복수형]를 만들겠느냐?"라고 묻는다. 여기서 바울은 자신이 인용하는 듯한 구약 본문과 완전히 조화되는 성관계의 내적 본질에 관해 진술하고 있다. 바울은 성관계에서 **온몸** 곧 **전인간**이 상대방과 하나의 육체가 된다고 본다.

나아가 바울은 쓰라린 과정에 대해 묘사한다. 그가 사용하는 동사는 *airo*다. 이 말은 보통 "취하다"를 의미하지만, 여기서는 "치우다"를 의미하고 "힘으로 치우다"는 의미를 함축적으로 가질 수 있다. 이는 빌라도 앞에서 대제사장들이 "그를 치우소서!"(요 19:15)라고 외친 단어와 동일하다. 신자의 몸/자아는 그리스도의 몸과 결합되어 있다(장면 3). 따라서 동일한 몸/자아가 먼저 힘에 의해 그리스도로부터 찢기고 쪼개지고 제거되지 않으면, 다른 몸(창녀의 몸)과 결합될 수 없다. 바울은 이런 관점에 따라 두려움을 느끼며 "결코 그럴 수 없노라!"고 외친다.

장면 8은 해석에 어려움이 있다. 술 취함, 자살, 폭식 역시 자기 몸에 저지르는 죄다. 많은 주석가들이 다양한 관점에 따라 이 특수한 **난제**를 다루었다. 콘첼만은 바울의 주장이 "특수한 경우에 주어진" 것이며, 다만 몸에 대해 죄를 범한 단일한 경우를 다루고 있다고 지적한다.[11] 따라서 콘첼만은 바울이 창녀에 대해서는 관심이 없으며 "음행을 가장 끔찍한 죄로 묘사하는 유대인의 잠언(잠 6:25이하)에서 단서를 취하고 있다는" 이유로 그를 은근히 비판한다.[12] C. F. D. 모울은 "사람이 범하는 다른 모든 죄는 그의 몸 밖에 있으나"라는 난해한 문구가 바울이 반대하고 있는 고린도의 자유사상의 슬로건이라고 주장한다.[13] 바레트는 C. F. D. 모울의 견해가 일견 매력적이라고

---

11) Conzelmann, *1 Corinthians*, p. 112.

12) 같은 책.

보면서도, 바울이 "매우 느슨하게" 글을 쓰고 있다는 입장을 선호한다.[14] 바레트는 장 칼뱅의 다음과 같은 언급을 인정하면서 인용하고 있다. "바울은 우리 몸에 치욕과 불명예를 가져오는 다른 죄들이 있음을 부인하고 있는 것이 아니다. 단순히 바울은 그 다른 죄들이 음행만큼 우리 몸에 더러운 오점을 남겨놓지는 않음을 말하고 있다. 바로 이것이 내 설명이다."[15]

반면에 딘 알포드는 "밖으로부터"의 개념으로 설명을 시작하면서, 이 말이 매우 엄밀하게 사용되고 있으며, 술 취함과 폭식은 **밖으로부터** 들어오는 것이지만 음행은 **안에 있는** 욕망으로부터 온다고 주장한다.[16] 네 번째 견해도 가능하다. 콘첼만의 주장처럼, "'몸'은 부활이 예정되어 있다는 점에서 '배'와 다르다."[17] 술 취함, 폭식, 자살은 사망으로 파괴될 인간의 육체를 사망 전에 거역하는 일이다. 음행은 부활하도록 되어 있는 자아를 손상시킨다. 따라서 바울은 음행이 죄 중에서 "**몸**에 대해 저질러지는" 유일한 죄라고 본다. 헤링은 이 점을 포착하고 다음과 같이 말한다. "그는[바울은] 폭식, 술 취함, 자살을 잊어버렸는가? 의심할 여지 없이 우리가 언급한 이유들로 보아, 바울은 *porneia*[음행]에 형이상학적 영향력이 있는 파괴적 속성을 귀속시킨다."[18]

다른 죄들은 반드시 신자를 그리스도의 몸에서 강제로 떼어내 새로운 몸과 결합시키지는 않는다. 그런데 바울의 견해에 따르면, 음행은 그렇게

---

13) C. F. D. Moule, *An Idiom-Book of New Testament Greek* (Cambridge, Mass,: Cambridge University Press, 1968), pp. 196-197.
14) Barrett, *First Epistle*, p. 150.
15) John Calvin, *The First Epistle of Paul to the Corinthians*, trans. J. W. Frazier, ed. David W. Torrance, T. F. Torrance (Grand Rapids: Eerdmans, 1960), pp. 131-132.
16) Dean Alford, *The Greek Testament* (New York: Lee, Shephard & Dillingham, 1872), 2:518.
17) Conzelmann, *1 Corinthians*, p. 111.
18) Jean Hering, *The First Epistle of Paul to the Corinthians*, trans. A. W. Heathcote, P. J. Allcock (London: Epworth, 1962), p. 46.

한다. 그래서 음행이 선택된 것이다.

바울의 이런 획기적인 설명은 완전히 새로운 것이다. 한편으로 바울은 단순히 일곱째 계명(도둑질하지 말라)을 고린도 교회 교인들에게 읽어줄 수 없다. 그들은 이것이 엄밀히 상업적 거래라고 반발할 수 있었다. 특히 연루된 사람이 미혼이라면, 다른 사람과 맺은 언약이 깨지는 일도 없게 될 것이다. 말하자면 그들은 (이런 경우에) "간음을 저지른" 것이 될 수 없었다. 다른 한편으로 바울은 몸은 악하고 사라질 운명에 있다는 영지주의 견해를 인정할 수 없다. 바울은 일반적 용어로 대략적으로가 아니라 엄정하게 말하고 있다.[19] **몸**(지금은 그리스도의 몸의 한 부분으로 부활하도록 되어 있는)에 깊은 영향을 미치는 유일한 죄는 그리스도의 몸에서 떼어내 창녀의 몸과 결합시키는 것이다. 과감한 부정적 진술로 연결된 이 짝 장면(장면 4, 8)에서 바울의 설명은 클라이맥스에 도달한다(도표 2.4[6]를 보라).

5. [16]너희는 창녀와 결합하는 자는
  그녀와 한 몸이 되는 것을 알지 못하느냐?

6. 기록된 것처럼,
  "둘이 한 육체가 될 것이다."

7. [17]그러나 주와 **결합하는** 자는
  주와 한 영이 된다.

도표 2.4(6). 장면 5-7(고전 6:16-17)

의심할 여지 없이 고린도의 자유사상가들은 창녀와의 동침이 창녀와 깊은 결합을 갖는 일은 아니라고 주장했다. 거기에는 사랑도 없고 지속적

19) Calvin, *First Epistle of Paul to the Corinthians*, p. 131과는 반대.

인 관계도 없기 때문이다. 바울은 장면 5와 6에서 **어떤** 것이든 성관계 행위는 반드시 새로운 결합을 낳는다고 주장한다. D. S. 베일리는 바울이 "성관계를 심오하고 현실적으로 다루었다"고 칭찬한다. 베일리는 이 본문에 관해 다음과 같이 말한다.

> 여기서 바울의 사상은 분명히 이전의 어떤 개념에도 전혀 의존하지 않고, 첫 세기 기준에 따르면 완전히 전례 없는 인간의 성에 대한 심리적 통찰력을 보여준다. 바울은 성관계가 고린도인들의 생각과는 다르게 생식기관의…단순히 분리된, (말하자면) 말초적인 기능이라는 견해를 부인한다. 반대로 바울은 성관계가 그 본성상 독특한 자기 노출과 자기 헌신의 형식을 구성할 정도로 전 인격과 연관되고 전 인격을 표현하는 행위라고 주장한다.[20]

바울은 장면 5와 장면 7을 비교함으로써, 창녀와의 결합이 주와의 결합 및 "주와 한 **영**"이 되는 일과 양립할 수 없다고 본다. "주와 한 영이 된다"라는 어구에서 우리는, 바울이 우리가 "주와 한 **몸**"이 된다고 말할 것으로 예상한다. 이처럼 바울은 신중하게 선택한 단어들을 정교하게 사용하고 있다. 만약 바울이 신자가 주와 "한 **몸**"이 된다고 말했다면, **어떤** 성관계 대상과 결합하는 일은 주와의 결합과 철저히 평행 관계를 이룰 것이다. 이럴 경우 그리스도인에게는 결혼의 여지가 전혀 없게 된다. 이렇게 되면 모든 결혼은 신자와 그리스도의 몸의 연합을 위반하는 것으로 정죄받게 되므로, 바울은 자신이 깊이 혐오하는 금욕주의(영지주의)의 원수들과 한편이 되고 말 것이다. 그러나 바울은 이런 사상을 단호히 거부하고, 따라서 장면 7에서 거룩한 결혼의 가능성을 주장할 수 있다. 콘첼만의 지적처럼, "'주와 결합하는 한 영'은 이 한 몸의 본질이 무엇인지를 설명해

20) D. S. Bailey, *The Man-Woman Relation in Christian Thought* (London: Longmans, 1959), pp. 9-10.

준다."[21]

고리 모양 구성은 자주 중앙 직후에 전환점을 가진다. 이 설교에서도 같은 장치가 사용된다. 장면 7에 전환점이 있다. 장면 7에서 "그러나"라는 말로 논증이 극적으로 바뀌면서, 주와 **한 영**이 되는 일에 관한 주제가 도입된다.

이처럼 결혼과 하나님께 전 인격을 바치는 일이 양립 가능하다는 사실은 고리 모양 구성의 중앙과 바깥쪽 장면들 사이의 관련성에 주목할 때 다시 확증된다.

고리 모양 구성에서 클라이맥스는 보통 중앙에 있다. 여기서는 성경 본문인 창세기 2:24이 중앙의 클라이맥스에 해당한다. 나아가 인용 본문에 나오는 "둘이 하나가 되는" 일의 주제가 (다른 뉘앙스를 갖고) 세 번 (장면 5-7에서) 반복된다.[22]

이 구조의 시작과 중앙과 끝부분에 대한 요약이 도표 2.4(7)에 나타나 있다.

2. 13몸은…주를 위해 있으며
   주는 몸을 위해 있다.

---

6. 16b기록된 것처럼
   "둘이 한 육체가 될 것이다."

---

10. 19b너희는 너희 자신의 것이 아니다.…

21) Conzelmann, *1 Corinthians*, p. 112.

22) 나는 초기에 쓴 이 본문에 관한 논문에서 이 본문과 엡 2:11-22; 5:22-33 간의 관련성을 탐구했다. 참조. Kenneth E. Bailey, "Paul's Theological Foundation for Human Sexuality: I Cor. 6:9-20 in the Light of Rhetorical Criticism," *The Theological Review* 3 (1980): 27-41.

그러므로 너희 몸으로 하나님을 영화롭게 하라.

도표 2.4(7). 고전 6:13-20의 시작과 중앙과 끝부분

바울은 "몸은…주를 위해 있다"는 주장(장면 2)과 "너희 몸으로 하나님"을 영화롭게 하라는 주장(장면 10)이 남자와 여자가 "한 육체가 되는 것"(장면 6)과 완전히 양립할 수 있다고 생각한다.

요약하면, 이 주목할 만한 본문은 고대의 다양한 예언 스타일을 사용해서 정교하게 기록된 바울의 신학적 수사 문장으로 간주될 수 있다. 여기서는 단어가 주의 깊게 선별되어 정교한 히브리어 표현 방식에 따라 배치된 평행 어구들 속에 들어가 있다.

새로운 성 윤리는 추상적인 철학 원리에 기반하지 않는다. 여기서는 새로 태어날 가능성이 있는 아기나 질병 가능성에 대한 사회적 책임이 전혀 다루어지지 않는다. 재산 상속 문제와 가정생활의 곤란도 언급되지 않는다. 십자가, 부활, 그리스도의 몸에 참여함, 삼위일체에 비추어보아, 자유사상은 거부된다. 성적 음행은 그리스도와 철저히 분리되는 일로, 몸/교회의 연합을 파괴하고 새로운 결합을 형성하는 일로 간주된다.

이상의 설명은 만물의 결말과 연계되어 있다. 신자는 그리스도의 몸의 한 부분이고 다시 **살아날 것이다**. 혈과 육은 하나님 나라를 상속받지 못한다. 그러나 신자들은 깨끗하게 되고 의롭다 함을 얻고 성결하게 된다.

바울이 제시하는 법은 파당으로 설립되는 것도 아니고, 매질을 시행하는 데 사용되는 것도 아니다. 오직 새로운 관계와 정체성에 대한 충성이 형성되는 것이다. 우리가 살펴본 본문은 바울의 기독교 성 윤리의 기초다. 바울의 스타일을 본문에서 확인해보면 "불연속성이나 애매함"은 더 이상 나타나지 않는다.[23] 오히려 바울의 견해에 대한 신학적·윤리적 진술은 매우 체계적으로 드러난다.

23) Hering, *First Epistle of Paul to the Corinthians*, p. 47.

바울은 먼저 문제점을 제기하고(2.1장), 이어서 해결책을 찾기 위해 세 가지 장애물을 제거했다(2.2장). 그다음에는 인간의 성의 신학적 기초를 다루었다(2.3-2.4장). 이제 사도는 그 기초와 조화되는 성 관습의 방식들을 다룰 준비가 되었다(2.5장).

2.5.

복음과 조화되는 성 관습

고린도전서 7:1-40

개관해보면, 이 둘째 논문의 뼈대는 다음과 같다.

2.1. 음행과 교회(4:17-5:6a)

2.2. (세 가지 장애물: 누룩, 음행, 법정)(5:6b-6:8)

2.3. 성 관습의 신학: 천국 윤리(6:9-12)

2.4. 성 관습의 신학: 몸의 결합(6:13-20)

2.5. **복음과 조화되는 성 관습**(7:1-40)

둘째 논문의 이 마지막 부분(2.5)은 다양한 주제를 다룬다. 이 주제들은 다음과 같이 아홉 개의 세부 항목으로 나뉠 수 있다.

a. 부부의 권리의 평등(7:1-5)

b. 과부/홀아비(7:6-9)

c. 신자와 비신자: 결혼, 별거와 이혼(7:10-16)

1. [1]너희가 쓴 문제들에 관하여 말하면	
"남자가 여자를 가까이하지 않는 것이 좋은가?"	
2. [2]그런데 음행 때문에	**부부 관계**
각 남자는 **자기 아내**와 [관계를] 갖고	중요한 (유혹)
각 여자는 **자기 남편**과 [관계를] 가져야 한다.	
3. [3]**남편**은 자기 **아내**에게 [부부의] **권리**를 주어야 하고	권리를
아내도 자기 **남편**에게 똑같이 해야 한다.	주라
4. [4]**아내는 자기 몸을 지배하지 못하고**	**남편이**
남편이 지배하며	아내를 지배함
5. 마찬가지로 **남편도 자기 몸을 지배하지 못하고**	**아내가**
아내가 지배한다.	남편을 지배함
6. [5]서로 **분방하지 말라.**	권리를
다만 **기도에 전념하기** 위해	주라
얼마 동안 **합의로** 분방할 때는 예외다.	
7. 그러나 곧 다시 **합하라.**	**부부 관계**
이는 **너희가 절제 못할 때 사탄이 시험하지 못하게 하려** 함이다.	중요한 (절제)

도표 2.5(1). 부부의 권리의 평등(고전 7:1-5)

d. 유대인과 그리스인, 종과 자유인: 너희의 부르심을 지켜라(7:17-24)

e. 결혼하지 않은 자와 임박한 환난(7:25-31)

f. **결혼과 염려**(7:32-35)

g. 남자와 "그의 처녀"(7:36-38)

h. 죽었을 때(7:39-40a)

i. 바울의 결론적인 개인적 호소(7:40)

이 세부 항목들은 각각 따로 검토할 필요가 있다. 바울은 부부의 권리의 평등을 설명함으로써 이 부분을 시작한다.

A. 부부의 권리의 평등(7:1-5)

수사 구조

여기서 바울은 고린도전서 6:13-20에서 사용한 높이뛰기 형식을 다시 사용한다. 이 부분은 일곱 장면으로 이루어진다. 첫째 장면은 독립적이고, 이어서 하나의 단위를 이루는 여섯 장면이 역으로 나온다. 직전 설교에서처럼 첫 장면이 이후의 여섯 장면의 방향을 결정한다. 중앙의 클라이맥스는 결혼 생활에서 그리스도인 부부가 각자 가지는 권리들과 균형을 이루고 있다.

주석

티슬턴은 "이 본문을 다룬 현대의 문헌이 범주도 넓고 양도 많다"라고 하면서 이를 폭넓게 검토하고 있다.[1] 이 본문을 조명하면서 우리는 성경적 수사학과 동양 문화에 초점을 맞출 것이다. 일곱 장면 중 첫째 장면은 이렇게 시작된다.

1. [1]너희가 쓴 문제들에 관하여 말하면
"남자가 여자를 가까이 하지 않는 것이 좋은가?"

수없이 많은 주석가가 오랫동안 이 장면이 고린도전서의 요체 또는 전환점이라고 추정했다.[2] 바울은 고린도전서의 이 지점까지는 논증을 진행시키면서 구술로 주어진 질문에 답변하고 있었다. 그러나 이 지점부터 사도는 자기에게 편지로 주어진 문제를 다룬다는 것이다. 하지만 다른 견해도 존재한다. "너희가 쓴 문제들"이라는 바울의 언급이 "너희가 쓴 [성 관습과 우상 제물에 관한] 문제들"을 의미한다고 이해하는 것도 가능하다. 바울이 고린도에서 온 편지를 언급한다는 점은 정교하게 구성된, 성 관습에 관한 심도 있는 논문의 중앙에 나타나 있다. 고린도 교회 교인들은 다음과 같은 문제들에 관해 **바울에게 편지를 썼다**.

- 남자가 여자를 가까이 하지 않는 것이 좋은가?
- 홀아비와 과부는 어떤가?
- 이혼은 어떤가?
- 비신자와 결혼한 신자는 어떻게 해야 하는가?
- 독신은 어떤가?
- 배우자가 죽은 후에 재혼할 수 있는가?
- 우상에게 바쳐진 재물을 먹을 수 있는가?

1) Thiselton, *First Epistle*, p. 487. Thiselton은 이번 장에 나오는 다양한 주제를 상세하고 충분한 증거에 따라 설명한다(pp. 484-605).
2) 이 구절은 앞의 서론에서 간략히 다루었다.

고린도 교회 교인들은 다음과 같은 사실에 관해서는 편지에 쓰지 않았다.

- 우리는 민족 집단에 따라 분열되었다(그리스인은 아볼로 편, 유대인은 게바 편 등).
- 교회 안에 근친상간 사건이 일어났다. 어떤 이는 이 사건이 개인적 문제라고 주장하고, 다른 이는 이를 법정에 맡기자고 주장한다. 당신은 어떻게 생각하는가?
- 어떤 이는 창녀와 우연히 성관계를 갖는 일을 사소하게 여긴다. 그들은 우리가 지금 율법 아래가 아니라 은혜 아래 있다고 주장한다.

아마 고린도 교회 교인들은 이런 성 관습과 관련된 심각한(그리고 당혹스러운) 문제들에 대해서는 바울이 모르기를 바랐을 것이다. 여기서 우리는 고린도 교회의 닫힌 문 뒤에서 흘러나오는 은밀하고 개인적인 대화를 엿들을 수 있다. 아마 그들은 이렇게 말했으리라.

> 우리는 바울에게 근친상간이나 창녀와의 동침에 관해서는 편지에 **쓸 수 없다**. 게다가 우리가 이런 문제를 가지고 있음을 편지에 써서 보내보라. 그러면 그 편지는 도처의 교회로 돌고 돌 것이다. 그런 일이 벌어지면 다른 교회들이 우리를 어떻게 생각하겠는가? 자존심이 있는 공동체라면 더러운 빨래를 앞마당에 걸어놓지 않을 것이다. 이런 일은 안 된다. 절대로 안 된다. 하지만 우리는 이혼, 재혼, 비신자와의 결혼 같은 일은 바울에게 물어볼 것이다. 여러분도 알다시피 이런 일은 공적 모임에서 안심하고 토론될 수 있으니 말이다. 우리는 개인적 체면과 공동체의 영예를 지켜야 한다. 감람유 장사는 "내가 파는 기름은 냄새가 고약하다"는 말을 절대로 하지 않는다. 우리는 모두 이 속담을 알고 있다. 더욱이 우리가 침묵을 지키면 아마 이 "유감스러운 사건들"은 희미해지고 관련 문제도 사라질 것이다. 위협적인 법정 사건이 있다. 모른다고 딱 잡아

떼는 것이 더 낫다. 절대로 실수하지 말자!

고린도 교인들은 당혹스러운 문제를 숨기고 성 관습에 관한 "안전한" 문제만 선별해서 공개하고자 했으나 성공하지 못했다. 어쨌든 바울은 진실을 알아버렸다. 바울은 중간에 은폐가 있었음을 알아차린 듯하다. 그래서 (지적했듯이) "누구나…그렇게 말했다"라고 말함으로써 근친상간 문제를 거론한다. 말하자면 그는 누구에게서든 이 감추어진 문제에 관해 듣고 있다는 것이다. 아마 이것이 바울이 "너희가 쓴 문제들"을 다루기 **전에** 근친상간과 창녀와의 동침 문제를 거론하기로 정한 이유인 것 같다. 고린도 교인들이 선별해서 적어 보낸 질문들을 받은 일을 공적으로 알림으로써, 바울은 "이런 술수는 다시는 부리지 마라. 내가 방금 쓴 말로부터 너희가 알 수 있듯이, 어쨌든 나는 모든 것을 알고 있다!"라고 교묘하고 은밀하게 말하는 것이다.

이런 맥락 안에서 11:34 끝부분에 중대한 여담이 등장한다. 거기서 바울은 "그 밖의 다른 일들은 언제든 내가 갈 때 바로잡겠다"라고 말한다. 고린도 교회 교인들이 바울에게 제시한 어떤 문제들은 전체 교회로 보면 그리 중요한 일이 아니었다. 그래서 바울은 이 문제들은 고린도 교인들을 직접 만나서 다루기로 결심했다. 고린도전서에서 바울은 **온 교회**와 관련된 중대한 문제에 대해 지침을 제공할 것이다. 요약하면, 고린도 교인들이 사도에게 쓴 편지에는 7:1-11:34에서 다루어지는 주제가 담겨 있었다.

아마도 고린도 교회 교인들은 성찬식에서 술에 취한 사건에 대해서는 바울에게 말하지 않았던 것 같다. 그러나 이외에 7-11장에서 다루어진 나머지 문제들은 크게 당혹스러운 것이 아니었고, 그래서 바울에게 자연스럽게 편지로 알려졌다. 사도는 그 편지를 자신의 다섯째 논문 개요 속에 포함시켰다. 하지만 그 편지 자체가 바울의 개요를 **만들어낸 것은 아니다**.

복음과 조화되는 성 관습 주제를 다루는 장면 1의 첫 부분으로 시선을 옮겨보자. 본문("남자가 여자를 가까이하지 않는 것이 좋은가?")은 **바울의 견해**

에 관한 진술이나 **고린도 교회가 바울에게 제기한 질문**으로 이해될 수 있다. 교회(동양과 서양 교회)는 오랫동안 다른 견해가 있음을 인정하지 않고, 이를 오직 바울의 진술로만 간주했다. 본문을 이렇게 바울의 진술로 이해하게 되면, 바울이 "남자가 여자를 가까이하지 않는 것이 좋다"는 것을 인정하는 것처럼 들리게 된다. 또는 단순히 말해, 사도가 심지어 결혼한 부부에게도 금욕을 강조하는 듯이 들린다. 과연 이것이 바울이 의도하는 뜻인가?

그리스어 문장 구성을 보면, 바울이 쓴 이 말이 질문인지 진술인지 판단하기가 쉽지 않다. 세련된 셈어 표현법으로 이루어진 이 문장에는 be 동사가 없다. 이 책의 연구에 참조한 23가지 시리아어, 아랍어, 히브리어 역본들은 두 가지 견해를 모두 제공한다. 이 역본들 다수는 문제의 문장을 진술로 본다.[3] 반면에 두 개의 9세기 아랍어 역본은 같은 문장을 질문으로 본다.[4] 이 문장을 질문으로 보는 역본 중 하나인 시내산 역본 155번은 그리스어 원문에서 번역되었다.[5] 천 년 넘는 세월 전부터 우리는 이 문장이 질문이 될 가능성이 있음을 알고 있었다.

서양의 문헌을 통해 확인해보면, 티슬턴은 이 문장을 진술로 이해한다. 그러나 그는 이를 바울의 견해를 확언하는 진술이 아니라 **고린도 교회 교인들이 바울에게 쓴 편지에서 나온 인용문**으로 본다.[6] 오르와 발터는 문제의 문장을 고린도 교인들이 바울에게 제기한 **질문**으로 보는 입장을 선호한다. 오르와 발터는 두 행을 다음과 같이 번역한다.

---

3) Syr. Pesh., Vat. Ar. 13 (8-9세기), Sin. Ar. 151 (867), Sin. Ar. 310, Martyn (1826), Yusif Dawud (1899), Heb. (1817), Heb. Jer.

4) Mt. Sinai 155, Mt. Sinai 73. 동양 역본들이 제시하는 충분한 증거에 대해서는 부록 II, 표 D를 보라.

5) Margaret D. Gibson, *An Arabic Version of the Epistles of St Paul to the Romans, Corinthians, Galatians*, Studia Sinaitica 11 (London: Cambridge University Press, 1894), p. 7. 두 번째 자료(Mt. Sinai No. 73)도 9세기에 등장한다. 이 자료의 언어적 기원은 아직 확인되지 않았다.

6) Thiselton, *First Epistle*, p. 497. Moffatt, *First Epistle*, p. 75도 보라.

너희가 쓴 문제들에 관해 말하면,

남자는 여자와 성관계를 갖지 않는 것이 좋은가?[7]

여러 견해를 검토한 다음 오르와 발터는 이렇게 말한다. "고린도 교회 교인들이 금욕 생활에 관해 질문했다고 이해하는 편이 가장 나은 것 같다."[8] 바울은 **자유사상가**를 다룬 다음 **금욕주의자**에게로 시선을 돌린다. 자유사상가는 "무엇이든 해도 좋다"라고 주장한다. 이에 금욕주의자는 "육체는 악하다. 따라서 설사 결혼했다고 해도 성관계는 피하는 것이 참된 영성이다"라고 반박한다. 여기서 바울은 결혼 생활에서 성관계의 타당성을 부인하는 견해를 가진 그리스도인 부부에게 말하고 있음이 분명하다. 이에 대한 바울의 답변은 결혼한 부부의 상호 성관계 관습을 명확히 긍정하는 것이다.

도표 2.5(1)에서 제시했듯이, 바울은 고리 모양 구성으로 이루어진 여섯 장면을 가진 설교에서 자신의 견해를 피력한다. 이 설교에서 짝 장면들은 각각 따로 주목할 가치가 있다. 짝을 이루는 설교의 첫 장면과 마지막 장면(장면 2와 7)은 도표 2.5(2)에 나타나 있다.

2. [2]따라서[*de*] **음행** 때문에[9]	**부부 관계**
각 **남자**는 **자기 아내**와 [관계를] **갖고**	중요한 (유혹)
각 **여자**는 **자기 남편**과 [관계를] 가져야 한다.	
......	
7. 곧 다시 **합하라**.	**부부 관계**

7) Orr/Walther, *I Corinthians*, p. 205.

8) 같은 책, pp. 205-206.

9) BAGD에 따르면 "*de*는 자주 대조를 의도하지 않고 순전하고 단순하게 전환 불변화사로서 '따라서', '그러면'의 뜻으로 판단된다"(p. 171).

이는 **너희가 절제 못할 때 사탄이 시험하지 못하게 하려** 함이다. 중요한 (절제)

도표 2.5(2). 장면 2와 7(고전 7:2, 5b)

장면 1이 질문이라면, 장면 2는 장면 1과 날카롭게 대조되지 않는다. 바울은 "성관계를 피해야 한다(장면 1). 그러나 유혹을 고려해서, 나는 성관계를 허용할 수 있다"라고 말하는 것이 아니다(장면 2). 오히려 바울은 "너희가 질문했는데(장면 1), 우리가 그 문제를 토론해보자"라고 말하는 것이다. 여기서와 고린도전서 5:1의 동사 "갖다"(have)는 "성관계를 가지다"의 의미다. 장면 2에서 바울이 결혼 생활에서 육체관계를 명령한 이유는 "*porneias*[음행] 때문"이다. 장면 2와 평행을 이루는 장면 7에서 바울은 부부에게 **절제하지 못할** 때 사탄이 그들을 유혹하지 못하도록 합하라고 명령한다. 그러므로 이 바깥쪽 짝 장면에서 결혼 생활의 성관계는 잠재적인 죄나 절제의 부족 때문에 합당한 것으로 간주된다.[10]

두 번째 짝 장면(장면 3과 6)은 도표 2.5(3)에서 제시된다.

3.	[3]**남편**은 자기 **아내**에게 [부부의] **권리**를 주어야 하고	권리를
	아내도 자기 **남편**에게 똑같이 해야 한다.	**주라**
6.	[5]서로 **분방하지 말라**.	권리를
	다만 **기도에 전념하기** 위해	**주라**
	얼마 동안 **합의로** 분방할 때는 예외다.	

도표 2.5(3). 장면 3과 6(고전 7:3, 5a)

바깥쪽 짝 장면(장면 2와 7)에서는 부부 관계가 음행을 막는 대비책(장면 2)으로, 그리고 적절히 절제하지 못하는 자들의 버팀목(장면 7)으로 제

10) 이는 일부일처제를 가정하는 신약성경에서 드물게 나타나는 본문이다.

시된다. 여기서는 결혼 생활의 성관계가 소극적 관점에서 언급되고 있다. 그러나 장면 3과 6은 결혼 생활의 성관계에 대한 적극적 태도를 보여준다. 이제 부부 관계는 각 배우자가 상대방에게 **선물로 주는** 적극적 "권리"로 제시된다. 남편과 아내는 이 점에서 동등하다. 어떤 배우자도 그 권리를 독점해서는 안 된다. 오히려 각 배우자는 상대방에게 **선물을 주어야** 한다. 사랑으로 준 선물은 항상 주는 자가 소중히 여기는 것이어야 하고, 그렇지 않으면 주어서는 안 된다. 나아가 정의상 선물은 항상 자유로운 선택에 따라 주어진다. 강요된다면 더 이상 선물이 아니다.

물론 바울은 부부가 특별히 기도할 시간을 내기 위해 분방하는 일은 적절하다고 인정한다. 그렇다고 영적 훈련을 이유로 너무 오랫동안 별거해서는 안 된다. 이는 홀로 있거나 기도하는 시간이 동반된 영적인 깊은 삶이 결혼하지 않은 자에게만이 아니라 결혼한 자에게도 가능하다는 것을 확언한다.

고리 모양 구성에서 흔히 나타나듯이, 도표 2.5(4)를 보면 클라이맥스는 긴밀하게 평행을 이룬 두 장면으로 구성된 중앙에 놓여 있다.

4.	[4]**아내는 자기 몸을 지배하지 못하고** 남편이 지배하며	**남편이** 아내를 지배함
5.	마찬가지로 **남편도 자기 몸을 지배하지 못하고** **아내가 지배한다.**	**아내가** 남편을 지배함

도표 2.5(4). 장면 4–5(고전 7:4)

그리스도인의 결혼 생활에서 남편과 아내의 평등성이 기억에 남을 만한 말로 제시된다. 결혼 생활에서 각 배우자는 상대방의 몸을 지배할 권한을 가지고 있다. 그리스도인의 결혼에서는 섹스 게임이 불가능하다. "내가 원하는 것을 주면 너와 동침하겠다"와 같은 신경전도, 학대도 생각할 수 없다. 각 배우자는 상대방에게 "내가 선물을 주겠다, 내가 권리를 주겠다, 네가 내 몸을 지배할 권한을 갖고 있다"라고 할 수 있을 뿐이다. 각 배우자가 상대방에게 이런 선물, 권리, 권한을 주는 일(평등성을 기초로)이 1세기 문서에서 발견된다는 것은 참으로 놀랍다!

10권으로 된 「미드라쉬 라바」는 토라를 해석하는 문서로, 1-3세기 및 다른 시기의 위대한 랍비들의 유명한 어록을 모은 책이다. 창세기를 다루는 1권에서 창세기 20:8-18을 해석하는 부분을 보면, 결혼 생활에서 각 배우자가 상대방에게 부부의 권리를 거부할 때 어떻게 해야 할지를 설명한다. (주석이 달린) 본문은 다음과 같다.

> 만일 여자가 남편을 거역한다면[주: 부부의 권리를 거부함으로써], 매주 **7데나리온**이 그녀의 재산에서 공제된다[주: 죽거나 이혼할 때]. 그런데 왜 하필이면 7데나리온인가? 여자가 남편에게 의존하는 일곱 가지 일 때문이다. 곡식 빻기, 떡 굽기, 세탁, 요리, 자녀에게 젖 먹이기, 침상 준비, 양털 깎기가 그 일곱 가지다. 반면에 남자가 아내를 거역한다면[주: 부부의 권리를 거부함으로써], 아내의 재산은 매주 **3데나리온** 증가한다. 왜 3데나리온인가? 남자는 아내에게 음식, 옷, 부부의 권리, 이 세 가지에 의존하기 때문이다.

계속해서 이 본문은 부부의 권리를 거역할 때 주어지는 벌칙이 왜 남자보다 여자의 경우에 더 높은지 그 이유를 설명한다.[11] 한 가지 이유는 들릴라가 삼손에 관해 묘사하는 사사기 16:16에서 발견된다. 이 사사기 본문은 "남자의 영혼은 번뇌로 죽을 지경이었으나 여자의 영혼은 번뇌하지 않았다"는 뜻으로 인용된다. 이는 성관계를 박탈당하면 남자가 여자보다 더 고통을 겪는다는 것을 말해주며, 따라서 여자의 벌칙이 더 크다. 이 본문의 논리는 명확하다. 여자는 남편으로부터 더 많은 도움을 "받으며", 그

11) 데나리온은 노동자의 하루 품삯이었다. 여자는 **매주 7일분의 품삯**을 공제했다!

것 때문에 여자는 부부 관계를 거역할 때 더 큰 벌칙을 받는다. 여자는 더 큰 벌칙을 받으므로 더 열심히 노력해야 한다. 또한 남자는 성관계를 거부당할 때 아내보다 더 큰 고통을 겪는다. 물론 본문을 쓴 자는 남자다. 족장 사회에서 남성을 우대하는 이런 식의 편견이 발견되는 일은 놀랍지 않다. 바울은 이런 견해를 반영할 수도 있었지만 그렇게 하지 않았다.

이처럼 미드라쉬에 나타난 통상적인 문화적 경향을 잘 알고 있던 바울이 결혼 생활의 성관계에 관해 남편과 아내의 평등성을 인정하는 것은 대단히 놀랍다. 이 본문에 나타난 바울의 지시에 비추어보면, 높은 지위에 있던 그리스인 여성들이 바울의 설교에 매력을 느낀 이유를 쉽게 파악할 수 있다(행 17:4, 12).

결론적으로, 이 설교에서 바울은 영성과 성 관습이 양립할 수 없다고 확신한 금욕주의자들을 다루고 있다. 바울은 영성과 성 관습이 양립 불가능하다는 것을 부인하고, 대신 그리스도인의 결혼 생활에서 남편과 아내의 성적 동등성을 강조하는 영원한 선언문을 작성한다. 성관계는 죄를 예방하기 위한 단순한 미봉책이 아니다. 성(性)은 각 배우자가 상대방에게 자유롭게 주는 적극적인 권리이자 선물이고, 각 배우자는 상대방의 몸을 지배할 권한을 가진다. 이제 바울은 복음과 조화되는 성 관습의 다양한 국면을 설명하는 일로 관심을 옮긴다.

B. 과부/홀아비(7:6-9)

먼저 과부와 홀아비에 관한 질문이 나온다. 바울은 서론을 포함하는 네 장면을 차례로 제시한다.

1.	[6]내가 이 말을 하는 것은 허락이지 명령은 아니고 [7]나는 모든 사람이 나와 같기를 바란다.	**나는 바란다** 나와 같이 남기를
2.	그러나 각자 하나님으로부터 받은 자기만의 특수한 신령한 은사가 있고 이 사람은 이런 은사를, 저 사람은 다른 은사를 갖고 있다.	**독신의 은사** 은사들
3.	[8]내가 홀아비(*agamois*; 결혼에서 벗어난)와 과부에게 말하는데 그들은 나와 같이 그대로 있는 것이 좋다.	**나는 결혼에서 벗어난 자가** 나와 같기를 **바란다**
4.	[9]그러나 그들은 절제할 수 없으면 결혼해야 한다. 정욕이 불타는 것보다 결혼하는 것이 낫기 때문이다.	**이런 은사가 없는 자는** 결혼하라

도표 2.5(5). 과부와 홀아비(고전 7:6-9)

수사 구조

과부와 홀아비에 관해 말하는 이 네 장면은 단순한 A-B-A-B 구조다.

주석

바울은 "내가 이 말을 하는 것은"이라는 익숙한 어구로 설명을 시작한다. 4:17에서처럼 바울은 뒤를 돌아보지 않고 앞을 내다본다. 장면 1은 뜻이 명확하다. 근친상간이나 창녀와의 동침 주제와 달리, 홀아비와 과부의 재혼 문제는 확실한 해답이 없다. 바울은 자신의 삶의 방식을 추천한다. 하지만 그렇게 하라고 명령하지는 않는다. 이는 바울이 추천하는 삶이 어떤 방식의 삶인가 하는 질문을 불러일으킨다.

오르와 발터는 바울이 홀아비였다고 강력히 주장한다.[12] "신약성경에

12) Orr/Walther, *I Corinthians*, pp. 209-210; Fee, *First Epistle*, pp. 287-288도 보라.

서 바울과 같은 입장에 있던 유대인 지도자들은 대체로 결혼한 자였다."[13] 그러나 바울은 확실히 아내가 없이 선교 여행을 다녔다(9:5). 분명히 말하면 바울의 아내는 죽었다. 그리스어에는 "홀아비"에 해당되는 단어가 있다(*kheros*). 그러나 그 단어는 코이네 그리스어가 사용되던 신약 시대에는 나타나지 않는다.[14] 이 본문 이후에 "결혼하지 않은 자"를 다룰 때(7:25) 바울은 전통적인 그리스어인 "처녀"(*parthenos*)를 사용한다. 그러나 지금 논의 중인 본문에서는 "*agamois*[결혼에서 벗어난 자]와 과부"를 다룬다. 본문을 이해하는 자연스러운 방법은 이 두 단어를 짝 단어로 보고, 바울이 "홀아비와 과부"에 관해 말하고 있다고 이해하는 것이다. 오르와 발터는 *agamois*를 문자적으로 "결혼에서 벗어난 자"로 번역하고, 이 본문에서 그 단어는 "홀아비"를 의미한다고 설명한다.[15] 바울은 같은 단어를 고린도전서 7장에서 세 번 사용한다. 이 세 용례는 모두 "이전에 결혼했으나 지금은 결혼 상태에 있지 않은 자"를 가리키는 것으로 볼 때 가장 잘 이해된다.

몇 구절 뒤에 직접 확언하듯이, 바울은 사역의 이 시점에서 만물의 끝이 다가왔다고 확신한다. 과부와 홀아비는 재혼하기 전에 두 배로 생각하라는 권면을 받는다. 이 본문은 도덕적 삶을 살며 독신으로 지내는 능력이 신령한 은사(*charisma*) 중 하나라고 인정한다(7:7). 바울의 권면은 이 신령한 은사가 없으며 성적 충동이 강한 자는 결혼하라는 것이다.

바울은 과부와 홀아비에 관해 간략히 설명한 다음, 더 복잡한 문제로 시선을 돌린다.

---

13) Orr/Walther, *I Corinthians*, p. 209.

14) Fee, *First Epistle*, pp. 287-288; LSJ, *Greek-English Lexicon*, p. 1990.

15) Ibn al-Sari(기원후 867)는 *a-gamos*를 "아내를 두고 있지 않은 자"(*al-lathin laysa lahum nisa*)로 번역했다. Vatican Arabic 13, folio 107v도 똑같이 번역한다. 이 말은 "결혼하지 않은 처녀"를 함의하지 않는다.

C. 신자와 비신자: 결혼, 갈라섬, 이혼(7:10–16)

바울은 이처럼 서로 관련된 주제들에 관해 일곱 장면으로 구성된 또 하나의 설교를 작성하는데, 이는 도표 2.5(6)에 나타나 있다.

1. [10] [믿는] **결혼한 자들에게** 내가 명령하는데, 명령하는 자는 내가 아니요 주이시다.	
아내는 남편과 갈라서지 말고	**갈라섬**(?)
[11] 만일 갈라선다면, 홀로[*a-gamos*] 지내든지	화합
아니면 남편과 화해하든지 하고	이혼
남편도 아내와 이혼하지 말라.	
2. [12] **나머지 사람들에게** 주가 아니라 내가 말하는데	**믿지 않는 아내**
만일 어떤 형제에게 믿지 않는 아내가 있고	만일 뜻이
그 아내가 남편과 함께 살기를 원한다면	맞으면
남편은 그 아내와 이혼해서는 안 된다.	
3. [13] 만일 어떤 여자에게 믿지 않는 남편이 있고	**믿지 않는 남편**
그 남편이 아내와 함께 살기를 원한다면	만일 뜻이
아내는 그 남편과 이혼해서는 안 된다.	맞으면
4. [14] 왜냐하면 믿지 않는 남편이	**믿지 않는 자가**
아내를 통해/아내 안에서 거룩하게 되고	거룩하게 됨
믿지 않는 아내가 남편을 통해/남편 안에서 거룩하게 되기 때문이다.	
5. 그렇지 않으면 너희 자녀도 깨끗하지 못할 것이나	**자녀는**
지금 그들은 거룩하다.	거룩함
6. [15] 그러나 만일 믿지 않는 배우자가	**믿지 않는 배우자가**
갈라서기를 원한다면 그렇게 하라.	바라면—갈라서라
그런 경우에는 형제나 자매나 구애받을 것이 없다.	목표—화평
하나님은 우리를 화평으로 부르셨기 때문이다.	
7. [16] 아내여, 네가	
네 남편을 지킬지 어떻게 알겠느냐?	**네가 네 배우자를**
남편이여, 네가	**지킬 수 있느냐?**
네 아내를 지킬지 어떻게 알겠느냐?	

도표 2.5(6). 신자와 비신자: 결혼, 갈라섬과 이혼(고전 7:10–16)

수사 구조

여기서 다시 한번 바울은 일곱 장면으로 이루어진 사도적 설교를 작성한다. 이전 설교들 중 세 개와 같이, 이 설교도 독립적인 장면으로 시작한다. 이어지는 여섯 장면은 세 개의 쌍을 이룬다. 그러나 여기서 바울은 "주제의 변화"를 꾀한다. 세 쌍이 7:1-5과 같이 A-B-C-C-B-A 구조가 아니라 A-A, B-B, C-C 구조로 제시된다. 완전수인 7이 부각되지만 각 쌍은 중앙에 클라이맥스를 두고 나란히 배열된다. 전환점은 장면 6의 첫 행에 나타난다.

주석

이 설교는 다음과 같이 시작된다.

1. [10] [믿는] **결혼한 자들에게** 내가 명령하는데, 명령하는 자는 내가 아니요 주이시다.

아내는 남편과 갈라서지 말고	**갈라섬**(?)
[11] 만일 갈라선다면, 홀로[*a-gamos*] 지내든지	화합
아니면 남편과 화해하든지 하고	이혼
남편도 아내와 이혼하지 말라.	

여기서 바울은 두 그리스도인 간의 결혼 생활을 설명하고 있다. 사도는 이 주제에 관해 말하면서 분명히 예수의 가르침(마 5:31-32; 막 10:11-12; 눅 16:18)을 따른다. 장면 1은 모든 결혼한 부부가 이루려고 힘써야 하는 이상(理想)을 제시한다. 이는 법이 아니고 명령이다. 사격장에서 훈련받는 병사는 소대장에게 "어디로 쏠까요?" 하고 묻는다. 그러면 소대장은 "과녁 한복판을 명중시켜라!"고 대답한다. 소대장의 대답은 명령이고 병사는 이 명령을 지키기 위해 최선을 다할 것이다. 그러나 실패하더라도 군사

법정에 가지는 않을 것이다.

이 사도적 설교에 나오는 새로운 요소는 "하나님이 우리를 화평으로 부르셨다"라는 중요한 문구다. "화평" 요소는 이 설교 전체에 적용되는 것으로 볼 수 있다. 여섯 장면 중 첫째 쌍 장면은 도표 2.5(7)에서 확인된다.

2. [12]**나머지 사람들에게** 주가 아니라 내가 말하는데	**믿지 않는 아내**
만일 어떤 형제에게 믿지 않는 아내가 있고	만일 뜻이
그 아내가 남편과 함께 살기를 원한다면	맞으면
남편은 그 아내와 이혼해서는 안 된다.	
3. [13]만일 어떤 여자에게 믿지 않는 남편이 있고	**믿지 않는 남편**
그 남편이 아내와 함께 살기를 원한다면	만일 뜻이
아내는 그 남편과 이혼해서는 안 된다.	맞으면

도표 2.5(7). 장면 2-3(고전 7:12-13)

고린도 교회의 어떤 교인들은 "몸"의 순결을 보호하려면 이혼을 통해 믿지 않는 배우자를 교회의 사회적 교제에서 배제시켜야 한다고 주장했다. 하지만 바울은 이런 주장에 대해 동조하지 않는다. 바울은 남편과 아내의 상호 관계를 인정한다. 이 주제에 대한 바울의 견해는 남편과 아내에게 똑같이 적용된다. 이런 부부는 결혼 생활을 유지할 수 있으며 또 유지해야 한다는 바울의 주장의 이유가 도표 2.5(8)에서 제시된다.

4. [14]왜냐하면 믿지 않는 남편이	**믿지 않는 자가**
아내를 통해/아내 안에서 거룩하게 되고	거룩하게 됨
믿지 않는 아내가 남편을 통해/남편 안에서 거룩하게 되기 때문이다.[16]	
5. 그렇지 않으면 너희 자녀도 깨끗하지 못할 것이나	**자녀는**

지금 그들은 거룩하다.	거룩함

도표 2.5(8). 장면 4-5(고전 7:14)

수사 구조

장면 4는 "대조" 구성 방식을 보여준다. 여기서는 두 개의 수사 패턴이 동일한 네 행 속에 하나로 얽혀 있다. 이 두 수사 패턴은 다음과 같다.

(1) 그리스어 본문의 단어 순서를 따라 **거룩함**, **믿지 않음**, **믿음**이라는 세 주제에 초점을 맞춘다면, 두 장면(4와 5)은 단계 평행법을 보여준다.

거룩하게 됨
　　믿지 않음
　　　믿음
거룩하게 됨
　　믿지 않음
　　　믿음

(2) 초점을 **남편**과 **아내**에게 맞추면, 고리 모양 구성을 확인할 수 있다.

남편
　　아내
　　아내
남편

이렇게 히브리어 시 기법을 세련되게 사용한 것은 이 장면이 (전체 설

16) Bailey 번역. 이 어색한 영어 번역은 그리스어 문장의 단어 순서를 반영한다.

교와 함께) 정교하게 구성되었음을 암시한다.[17]

주석

구약성경 전체에 걸쳐 "정결함과 부정함"에 관한 설명은 부정한 것이 정결한 것을 더럽힌다는 가정에 따라 진행된다. 성전에서 자기 옆에 **거룩한 것**이 있음을 발견한 이사야는 자신이 부정하다고 선언하고(사 6:1-5), 거룩한 것에 다가가지 않는다. 미쉬나 「토호로트」(정결에 관한 것) 편은 랍비들이 이런 태도를 갖고 있었다는 사실을 결정적으로 증명해준다.[18] 그런데 예수의 사역에서는 이런 관점이 달라진다. 마가복음 5:21-43에서는 예수가 혈루증을 앓는 여인을 고쳐주신 사건과 야이로의 딸이 살아난 사건 이야기가 겹쳐서 등장한다. 두 경우 모두 예수는 "부정한 것"에 접촉하거나 접촉을 받거나 하신다. 그러나 예수는 더럽혀지지 않는다. 오히려 그는 병자를 건강으로 이끌고 죽은 자를 부활로 인도하신다. 더 깊이 들어가보면, "정결하게" 되는 것과 "거룩하게" 되는 것이 서로 겹친다. 하나를 설명하려면 다른 하나에 의존하지 않으면 안 된다. 장면 5에서 자녀는 부정하지 않고 거룩하다. 비신자가 **신자를 더럽히지 못하기** 때문이다(장면 4). 실제로는 그 반대가 진실이다. 곧 앞에서 지적한 복음서의 두 이야기에서 예수가 하신 것처럼, **신자**는 비신자를 **정결하게/거룩하게** 만든다.

이 놀라운 본문은 한 가지 중대한 질문을 불러일으킨다. 방금 바울은 결혼으로 두 사람이 "한 육체가 된다"는 사실을 설명했다. 만약 이것이 사실이라면, 결혼의 연합으로 한 배우자에게 일어나는 일이 다른 배우자에

17) Gordon Fee는 고전 7:12-14에서 교차 구조를 본다. 그러나 그렇게 하기 위해 Fee는 세 구절에서 많은 말을 제외시키지 않으면 안 된다(Fee, *First Epistle*, p. 299 n. 14를 보라).

18) Mishnah, *Tohoroth* (Danby, pp. 714-732).

게도 영향을 미칠 것이다. 한 사람의 팔에 항생제가 투여되면 약효가 그 사람 몸 전체에 미친다. 따라서 두 사람이 "한 육체"가 되고 둘 중 한 지체가 믿고 세례를 받는다면, 성령께서 그 사람 속에 들어오고, 또 그를 통해 다른 한 지체 속에도 들어오신다. 그 결과 두 사람은 **어떤 면에서** 똑같이 "거룩하게" 된다.

그러면 이 문맥에서 "거룩함"은 어떤 뜻인가? 오르와 발터는 이 거룩함을 "일종의 아내를 통한 성화"라고 부르면서 이렇게 쓴다. "[결혼 생활의] 긴밀한 접촉은 두 사람 사이에 육체적 연합을 낳고, 따라서 믿지 않는 배우자는 믿는 배우자의 믿음으로 말미암아 실제로 거룩하게 된다. 이는 정말 놀라운 교리다!"[19] 따라서 이것은 고린도전서에 나오는 세 번째 "놀라운 교리"다. 예수를 유월절 어린양으로 비유하는 은유는 바울 서신 전체에서 오직 고린도전서에서만 나타나는데(5:7-8), 바로 이것이 첫 번째 놀라운 교리다. 두 번째 놀라운 교리는 우리가 방금 살펴본 것, 곧 부부의 성관계에서 아내와 남편의 놀랄 만한 평등성이다(7:1-5). 그리고 여기서부터 세 번째 놀라운 교리가 나온다.

솔직히 말해 바울은 이렇게 말하는 것 같다. "구원받는 두 가지 길이 있다. 하나는 믿고 세례를 받는 길이다. 또 하나는 그리스도인과 결혼하는 길이다!" 이것이 바울이 말하는 의도일까? 오르와 발터는 칭의에 대한 이런 식의 이해가 칭의 주제에 대한 바울의 다른 모든 언급과 대립한다는 점을 인정한다. 그럼에도 불구하고 이들은 "바로 이것이 바울이 말하는 의도라고" 말한다. 하지만 다른 견해도 있다.

고든 피도 이 본문에 대해 유용한 설명을 제공한다. 그는 이 본문과 로마서 11:16이 "거룩하다"라는 단어를 사용함에 있어 평행 관계에 있다고 주장한다. 로마서 11:16은 다음과 같다.

---

19) Orr/Walther, *I Corinthians*, p. 213.

첫 열매로 바쳐진 가루 반죽이 거룩하다면

떡 전체도 거룩하다.

또 뿌리가 거룩하다면

가지도 거룩하다.

여기서 바울은 동족인 유대인들에 관해 말하고 있다. 바울은 유대인을 "거부당하고" "끊긴" 자로 묘사한다. 그러나 유대인은 "넘어진" 것은 아니고 "비틀거렸다." 바울은 "그들 중 얼마를 구원하기를" 바란다. 동시에 그렇게 구원받은 자는 모두 "거룩하다." 소수의 믿는 자는 성결하게 되고 거룩하게 되는 "첫 열매" 곧 "온전한 떡"이다. 고든 피는 "하나님을 위해 '구별된다'는 의미에서 부분의 '성결'은 전체를 '성결하게 한다'"라고 말한다. 바울 당시의 이스라엘은, 비록 불신앙 중에 있을지라도, "이런 특별한 의미에서 보면 하나님께" 속했다.[20] 고든 피는 **거룩함**에 대한 이런 특별한 이해가 장면 4를 이해하는 열쇠라고 주장한다.

이런 해석은 믿음에 대한 판단을 할 수 없는 어린 자녀에 대해 언급한 바울의 말에 의해 지지를 받는다. 자녀는 믿는 부모가 "거룩하고" 부모 중 하나가 "거룩하게" 되었기 때문에 하나님과 특별한 관계 속에 있다는 것이다. 종합하면 "거룩한" 부모는 "거룩한" 자녀를 가지고 있다. **이런 특수한 의미**에서 보면 이 자녀는 바울 당시의 "믿지 않는" 이스라엘과 같다. 바울은 이스라엘이 "꺾였으나" **동시에** 첫 열매로 말미암아 "성결하게" 되었다고 보았다. 마찬가지로 믿지 않는 배우자와 자녀도 믿는 배우자를 통해 하나님과 특별한 관계 속에 들어간다. 고든 피는 이렇게 말한다. "바울의 관점에서 보면, 결혼 생활이 지속되는 동안은 믿지 않는 배우자와 자녀의 구원이 실현될 잠재성이 존재한다."[21] 믿지 않는 배우자와 자

20) Fee, *First Epistle*, pp. 300-302.
21) 같은 책, p. 300.

녀를 언급하면서 고든 피는 이렇게 결론짓는다. "따라서 두 경우에 바울은 믿는 배우자를 통해 자기 가족의 지체들에게 하나님의 은혜가 작용한다는 고귀한 견해를 제시하고 있다(참조. 벧전 3:1). 믿는 배우자에게는 이런 견해가 결혼 생활을 지속할 수 있는 충분한 근거가 된다."[22] 티슬턴은 믿는 배우자가 만들어내는 가정의 분위기에 대해 이렇게 설명한다. "믿는 배우자의 본보기, 증언, 기도, 복음을 따르는 삶은 상대 배우자와 자녀를 **이런 의미에서 거룩하게** 만든다."[23] 이 설교의 마지막 쌍 장면은 다음과 같다.

6. [15]그러나 만일 믿지 않는 배우자가	
갈라서기를 원한다면 그렇게 하라.	**믿지 않는 배우자가**
그런 경우에는 형제나 자매나 구애받을 것이 없다.	바라면—갈라서라
하나님은 우리를 화평으로 부르셨기 때문이다.	목표—화평
7. [16]아내여, 네가	
네 남편을 지킬지 어떻게 알겠느냐?	**네가 네 배우자를**
남편이여, 네가	**지킬 수 있느냐?**
네 아내를 지킬지 어떻게 알겠느냐?	

도표 2.5(9). 장면 6-7(고전 7:15-16)

예수는 이방인과 결혼한 결과로 한쪽 배우자만 그리스도인인 부부의 경우를 다루신 적이 없었다. 여기서 바울의 지시는 예수께서 결혼 주제에 관해 말씀하고자 했던 바를 훌쩍 넘어선다. 만약 믿지 않는 배우자가 믿는 아내 또는 남편과 함께 살고 싶어 하지 않는다면, 그들은 갈라설 수 있으

22) 같은 책, p. 302.
23) Thiselton, *First Epistle*, p. 530(Thiselton 강조).

며 이후에 믿는 아내나 남편은 재혼할 수 있다. 그는 얽매어 있지 않다. **목표는 화평이다.**

마지막 장면(장면 7)은 다의적인 의미를 가진 그리스어 *sozo*를 이해하는 데 도움을 준다. 여기서 바울은 "남편/아내의 구원"(즉 남편/아내를 믿음으로 이끄는 일)에 관해 말하는가, 아니면 "결혼 생활의 유지"에 관해 말하는가? 바울의 말은 애매하다. 바울은 전자 아니면 후자, 또는 둘 다를 가리킬 수 있었다. 그러나 **그리스도 안에서** 믿는 자를 구원으로 인도하시는 분은 **하나님**이시다. **아내**는 남편을 구원할 수도 없고 **거룩하게** 만들지도 못한다. 이 큰 비밀에서 행위자는 하나님이시다. 따라서 나는 여기서 바울의 말이 **결혼 생활의 유지**를 가리킨다고 보고 싶다. 티슬턴은 본문 전체를 깊이 숙고한 다음, 이 부분이 "악명 높은 해석의 난제"라고 지적한다.[24]

연구를 통해 이 복잡한 본문에서 어떤 결론을 이끌어내든 간에, 정교하게 구성된 이 설교의 수사학에 주목하는 작업은 해석에 유용하리라고 생각한다. 이제 네 번째 부분인 선교에 관한 여담으로 시선을 돌려보자.

D. 유대인과 그리스인, 종과 자유인: 너희의 부르심 안에 거하라(7:17-24)

네 번째 부분은 도표 2.5(10)에서 확인된다.

24) 같은 책, pp. 525-543.

1.	[17]주께서 각 사람에게 나눠 주신 대로 그리고 하나님이 각 사람을 부르신 대로 행하라. 이것은 내가 모든 교회에 전하는 명령이다.	 너희의 부르심을 **따르라**
2.	[18]할례 받고 부르심을 받은 자가 있느냐?	
3.	할례의 표를 제거하려고 애쓰지 말라. 할례 받지 않고 부르심을 받은 자가 있느냐? 할례를 받으려고 애쓰지 말라.	 **유대인**(아무것도 아님) 그리스인(아무것도 아님)
4.	[19]할례 받는 것도 아무것이 아니고 할례 받지 않는 것도 아무것이 아니지만 하나님의 계명을 지키는 것은 중요하다.	
5.	[20]부르심을 받은 자는 누구든 부르심을 받은 것 안에/대로 남아 있으라.	너희의 부르심 안에 **남아 있으라**
6.	[21]네가 종으로 [있을 때] 부르심을 받았느냐? 그것 때문에 고민하지 말라. 그러나 네가 자유를 얻을 수 있거든 그 기회를 이용하라.	 **종으로 부르심 받음** 자유를 얻음
7.	[22]종으로 있을 때 부르심을 받은 주 안에 있는 자는 주에게 속한 자유인이다. 마찬가지로 자유인으로 있을 때 부르심을 받은 자는 그리스도의 종이다.[25]	**종으로 부르심 받음** 주 안에서 자유함 **자유인으로 부르심 받음** 그리스도의 종
8.	[23]너희는 값을 치르고 샀다. 그러니 사람들의 종이 되지 말라.	**자유롭게 됨** 자유를 유지함
9.	[24]형제들아, 누구든 부르심을 받은 것 안에 하나님과 함께 남아 있으라.	너희의 부르심 안에 **남아 있으라**—하나님과 함께

도표 2.5(10). 유대인과 그리스인, 종과 자유인: 너희의 부르심 안에 거하라(고전 7:17-24)

25) Bailey 번역.

수사 구조

여기서 바울은 또 하나의 이중 샌드위치 설교를 작성한다. 즉 장면 1, 5, 9가 빵이고, 장면 2-4와 6-8이 빵 사이를 채우는 "고기, 치즈, 토마토"다. 이 이중 설교 양식은 이사야 50:5b-11에 나타나듯 매우 오래되었다.[26] 이런 수사 패턴이 사용되는 두 번째 사례가 이사야 51:1-3에 나타나는데, 이는 도표 2.5(11)에서 확인된다.

1. [1a]구원을 구하고 여호와를 찾는 너희는 내게 들으라.	여호와를 **찾는** **너희**
2. 너희를 떠어낸 반석과 너희를 꺼낸 물구덩이를 보라.	**아브라함 반석** 사라 물구덩이
3. [2]너희의 조상 아브라함과 너희를 낳은 사라를 보라.	아브라함과 사라를 **보라**
4. 아브라함이 혼자 있었을 때 내가 그를 불렀고 그에게 복을 주어 창대하게 하였다.	**아브라함이 부르심 받음** 아브라함이 복 받음
5. [3]여호와께서 시온을 위로하되 시온의 모든 황폐한 곳을 위로하실 것이며	**주님께서** 시온을 위로하심
6. 시온의 광야를 에덴같이 시온의 사막을 여호와의 동산같이 만드실 것이다.	에덴 **비유**
7. 시온에서 기쁨과 즐거움이 발견되고 감사와 노랫소리가 있을 것이다.	**시온이** 즐거워함

도표 2.5(11). 이사야 51:1-3

26) 이는 앞에서 고전 1:17-2:2의 십자가 찬송을 설명할 때 살펴보았다.

이 이사야서 본문은 일곱 장면으로 이루어지고 이중 샌드위치 스타일을 보여준다. 바깥 틀은 장면 1, 5, 7로 구성된다. 각각 독립적인 이 세 장면은 그 자체로 완전한 의미를 전달한다. 도표 2.5(12)는 이 세 장면을 하나로 묶어 보여준다.

1. [1a]구원을 구하고	여호와를 **찾는**
여호와를 찾는 너희는 내게 들으라.	**너희**
5. [3]**여호와께서 시온을 위로하되**	**주님께서** 시온을 위로하심
시온의 모든 황폐한 곳을 **위로하실** 것이며,	
7. 시온에서 **기쁨과 즐거움이** 발견되고	**시온이**
감사와 노랫소리가 있을 것이다.	즐거워함

도표 2.5(12). 이사야 51:1, 3

이 세 장면이 설교의 전부라고 해도, 독자는 빠진 부분이 있음을 알아차리지 못할 것이다. 심지어 세 장면 사이에는 사슬과 같은 연관성이 존재한다. 장면 1은 "여호와를 찾으라"는 말로 끝나고, 이 말은 장면 5의 첫 행 "여호와께서 시온을 위로하되"와 맞물려 있다. 장면 5의 둘째 행 "위로하다"도 장면 7의 첫 행 "기쁨과 즐거움"과 맞물려 있다. 이사야가 맞물려 있는 이 세 장면을 먼저 작성한 후 이어서 자기의 주장을 강화하기 위해 역사 속에서 구원하신 하나님의 과거 행적을 특별히 집어넣기로 결정했다는 주장도 가능한 것 같다. 이사야는 이 샌드위치 설교의 윗부분 절반에 아브라함과 사라에 관한 기사(하나님이 언약 백성을 보호하심)를 집어넣고, 아랫부분 절반에는 모든 인간에게 베푸신 하나님의 과거의 은혜를 상기시키기 위해 에덴의 기억을 더듬어 집어넣었다. 이처럼 단순하지만 엄밀한 방식으로 심오한 설교를 작성한 것이 참으로 놀랍다. 이 이중 샌드위치

스타일은 고린도전서에서 무려 여덟 번 등장한다.[27]

주석

고린도전서 7장에서 처음에 유대인과 이방인, 종과 자유인에 대한 설명이 나오고, 이어 중간에 기독교의 성 윤리 내용이 나오는 것은 좀 당혹스럽게 느껴진다. 왜 이 특수한 설명이 하필이면 이 본문에 들어가 있을까? 이런 질문에 대한 대답은 갈라디아서 3:28에서 찾을 수 있다. 여기서 바울은 이렇게 말한다. "그리스도 안에서는…**유대인이나 그리스인**도 없고, **종이나 자유인**도 없고, **남자나 여자**도 없다. 너희는 모두 그리스도 예수 안에서 하나이기 때문이다." 바울은 고린도전서 7:1-16에서 남자와 여자에 관해 다룬다. 이 주제는 바울의 마음을 계속 지배하고 있으며, 여기에 다른 두 주제를 추가함으로써 위의 삼부작을 끝마친다.

동시에 10-16절에서 바울은 "비신자와 결혼한 그리스도인"을 다룬다. 즉 그리스인 그리스도인들과 그들의 믿지 않는 동포 그리스인을 다룬 것 같다. 그러나 **그리스도인**과 **유대인** 사이의 사회-신학적 분열 및 **종**과 **자유인** 사이의 사회-경제적 분열도 있었다. 이런 관점에서 보면, 바울이 (결혼 생활의 마찰 요소들을 다루면서) 이 두 가지 분열 요소에 대한 간략한 언급을 포함시키고 있다고 보는 것은 자연스럽다.

이 설교의 세부 사항에서는 다음과 같은 세 가지 사실을 다룰 것이다. 첫째, 이 설교의 구조를 이루는 장면 1, 5, 9(세 개의 빵 조각)를 먼저 살펴볼 것이다. 둘째, 장면 2-4에 제시된 "할례 받은 자와 할례 받지 않은 자" 주제를 이어서 검토할 것이다. 셋째, 장면 6-8의 "종과 자유인"에 관해 마지막으로 검토할 것이다.

첫 번째로 살펴볼 것은 이 설교의 바깥쪽 틀이다.

---

27) 고전 1:1-9; 1:17-2:2("대조"); 7:17-24, 25-31; 9:12b-18; 14:1-12, 12b-36; 15:35-50.

이사야 51:1-3처럼 고린도전서 7:17-24에서도, 이중 샌드위치를 하나로 묶는 세 개의 빵 조각은 긴밀히 연관되어 있다.

1. [17]주께서 각 사람에게 나눠 주신[*merizo*] 대로 그리고 **하나님이 각 사람을 부르신**[***kaleo***] 대로 행하라. 이것은 내가 모든 교회에 전하는 명령이다.	너희의 부르심을 **따르라**
5. [20]**부르심**[***klesis***]을 받은 자는 누구든 **부르심을 받은**[***kaleo***] 것 안에/대로 남아 있으라.	너희의 부르심 안에 **남아 있으라**
9. [24]형제들아, **누구든 부르심을 받은**[*eklethe*] **것**[*o*] 안에 하나님과 함께 남아 있으라.[28]	너희의 부르심 안에 하나님과 함께 **남아 있으라**

도표 2.5(13). 고린도전서 7:17, 20, 24

부르심에 따라 "행함"과 **부르심** 안에 "거함"이라는 주제가 이 세 장면을 결합시킨다. 이사야처럼 바울도 샌드위치를 완성하기 위해 이 세 장면 사이에 예증의 요소를 채워 넣는다. 윗부분에 채우는 내용은 유대인과 그리스인과 관련되며, 아랫부분은 종과 자유인과 관련된다.

마지막으로 샌드위치의 중앙 빵 조각은 이중 기능을 가진 장면 5다. 장면 5는 샌드위치의 윗부분의 아래쪽을 구성하는 동시에 아랫부분의 위쪽을 구성한다. 말하자면, 이 장면은 양쪽에 다 관여하는 것이다. 때때로 바울은 중앙을 반복한다(1:1-9; 7:25-31; 14:1-12을 보라). (여기서처럼) 다섯 번에 걸쳐 중앙 부분은 하나의 단일한 장면으로서, 처음 절반을 끝맺는 동시에 나머지 절반을 시작하는 역할을 한다(1:17-2:2; 7:17-25; 9:12b-18; 14:26-36; 15:35-50을 보라). 이처럼 중앙이 이중으로 사용된다는 점을 인정

28) Bailey 번역. 본문의 평행 관계를 드러내기 위해 그리스어 단어 순서를 따랐다.

하면, 양쪽은 각각 다섯 장면을 가지게 된다.

그리스어 동사 *kaleo*(부르다)는 고린도전서에서 자주 나타난다. 바울은 같은 어근을 가진 단어를 고린도전서 1장에서만 일곱 번 사용한다.[29] 여성명사 *klesis*(부르심)는 신약성경에서 열한 번 등장한다.[30] 현재 문맥에서 사용된 경우를 제외하면, 이 단어가 다른 곳에 나타나는 열 번의 용례는 명확히 예수 그리스도 안에서의 하나님의 부르심을 가리킨다. 비그리스도인 저술가들이 이 단어를 사용하는 경우에는 "삶의 지위"를 **의미할 수 있다.**[31] 일부 영어 번역자들은 "삶의 지위"라는 의미를 택함으로써, 장면 5(20절)를 "부르심을 받은 자는 누구든 부르심을 받은 **지위** 안에 남아 있어야 한다"(RSV)라고 번역한다. 이어서 RSV는 장면 9(24절)의 관계대명사 "것"(*o*)을 "어떤 지위든 간에"의 의미로 보고, 따라서 장면 9를 이렇게 번역한다. "그러므로 형제들아, **어떤 지위든** 간에 각각 부르심을 받은 그 지위 안에 하나님과 함께 남아 있으라." 이로써 독자는 바울이 종에게 종의 지위에 남아 있으라고 권면한다는 점을 이해하게 된다. 이런 가능성은 여러 차원에서 검토될 필요가 있으며, 우리는 그중 몇 가지를 나중에 살펴볼 것이다. 여기서는 "부르심"이라는 단어를 명확히 하는 일이 중요하다.

1. 시리아어 페시타(4세기)를 시작으로, 9세기에서 19세기까지 열두 개의 아랍어 초기 역본을 거쳐[32] 1817년 히브리어 역본에 이르기까지, 고린도전서 7:20, 24은 "너희는 **부르심을 받은 그 부르심** 안에 하나님과 함께 남아 있으라"는 형태로 번역된다. 이 역본들은 모두 삶의 사회-경제적 지위가 아니라 "하나님의 부르심"을 언급하고 있다.

---

29) 고전 1:1, 2a, 2b, 2c, 9, 24, 26.

30) 롬 11:29; 고전 1:26; 7:20; 엡 1:18; 4:1, 4; 빌 3:14; 살후 1:11; 딤후 1:9; 히 3:1; 벧후 1:10.

31) BAGD, p. 436.

32) Vat. Ar. 13 (8-9세기), Mt. Sinai 151 (867), Mt. Sinai (9세기), Mt. Sinai 310 (10세기), London Polyglot (1657), London Polyglot rev. (1717), Schwair (1813), Shidiac (1851), Bustani-Van Dyck (1860), Bustani-Van Dyck (1865), Jesuit (1880).

에르페니우스 역본(1616)을 시작으로 프로파간디스트 역본(1671)을 거쳐 20세기의 네 개 아랍어 역본에 이르기까지, 이 번역들은 *fe al-hal*(그 조건 속에)라는 의미를 도입시킨다. 이 여섯 개 역본은 "너희는 부르심을 받은 **그 조건 속에** 하나님과 함께 남아 있으라"는 형태를 취한다.[33] 따라서 동양 역본들 속에서 "그 조건"이라는 말이 나중에 부가되었기 때문에, 나로서는 17세기 이전 역본들에서는 어디서도 이런 말을 발견할 수 없었다. 천 년 이상의 세월 동안 중동의 셈족 그리스도인들은 이 본문을 회심 전의 사회-경제적 지위가 아니라 "하나님 앞에서의 부르심"을 언급한다고 해석했다.

2. 만일 신약성경에 나오는 여성명사 "부르심"의 다른 모든 사례가 사람의 삶의 지위나 조건이 아니라 "하나님의 부르심"을 가리킨다면, 확실히 20절과 24절의 부르심도 **하나님의 부르심**을 가리킨다고 해석하는 편이 우선권을 가질 것이다.

3. 이 설교에서 바울은 "너희는 값을 치르고 샀다. 그러니 사람들의 종이 되지 말라"고 확언한다. 그렇다면 사도가 어떻게 하나의 본문에서, 한편으로는 독자에게 종노릇을 재앙처럼 피하라고 말하고, 다른 한편으로는 종은 종노릇 하는 상태에 남아 있으라고 말할 수 있을까?

4. 장면 6에서 바울은 "네가 자유를 얻을 수 있거든 그 기회를 이용하라"고 진술한다. 당연히 이 말은 애매하며, "네가 자유롭게 될 가능성이 있다고 해도 종으로 남아 있으라"로 번역될 수도 있다.[34] 그러나 "사람들의 종이 되지 말라"는 바울의 명백한 명령에 비추어보면, 둘 중 첫 번째 번역이 더 낫다.

5. 이 설교에서 **부르신 대로**라는 말이 **나눠 주신 대로**라는 말에 부속되어 있다(장면 1). 3:5에서 바울은 하나님이 자기와 아볼로에게 특별한 사역

---

33) Erpenius (1616), Propagandist (1671), Martyn (1826), New Jesuit (1969), Yusif Dawud (1899), Fakhouri (1964), Bible Society Arabic (1993). 부록 II, 표 E를 보라.

34) Thiselton, *First Epistle*, pp. 552-565과 Fee, *First Epistle*, pp. 308-322을 보라.

을 "나눠 주셨다"고 선언한다. 로마서 11:29에서는 "하나님의 은사와 부르심"이 연결되어 있다. 나아가 바울은 믿음과 순종이 긴밀히 연관된다고 보기 때문에 "믿음의 순종"(동격의 소유격 용법; 롬 1:5; 16:26을 보라)이라고 말할 수 있다. 믿음은 너희가 행하는[순종하는] 어떤 것이다. 하나님의 부르심은 단순히 그리스도 안에 있게 된 새로운 지위가 아니라 순종하는 삶의 방식이 필수적이라는 점을 수반한다.

6. 장면 9에서 관계대명사 "것"이 "부르심"에 붙어 있고, 어떤 지위나 조건에 대한 언급은 전혀 없다. 이와 평행을 이루는 장면(장면 5)에서도 "부르심을 받은"이라는 말에 비슷한 관계대명사가 붙어 있다.

7. 만약 바울이 모든 신자가 그리스도인이 되기 전 그들의 사회-경제적 지위나 조건 속에 남아 있기를 원했다면, 그 역시 예루살렘에서 랍비로 남아 있어야 했을 것이다. 바울은 농부 비유에서 자신과 아볼로를 "**주께서 각각 나눠 주신 대로** 너희를 믿도록 이끈 종"으로 정의했다. 바울은 "심는 자"의 임무를 **나눠 받았고**, 아볼로는 새로 심은 나무에 물을 주는 책임을 **나눠 받았다**(3:5-9). 두 사람에게 이 일들은 회심하기 전의 사회적 지위와는 상관없는 새로운 업무였다. 또한 바울은 베드로가 예수의 부르심을 받기 전 갈릴리 바다의 어부였다는 사실도 잘 알고 있었다. 여기서 바울은 예수가 자기를 따르라고 베드로, 안드레, 야고보, 요한을 그들을 부르시면서 "너희는 배에 머물러 있으면서 계속 호수에서 고기를 잡으라"고 덧붙이셨다는 말을 하고 있는 것일까? 바울은 다메섹으로 가는 길에서 환상을 보기 전, 예루살렘에서 대제사장 계급에 대한 확신으로 충만한 랍비 세계의 떠오르는 별이었다. 사도는 이런 사회적 배경을 버리고 기독교 신학자와 순회 복음 전도자가 되었다. 지금 바울은 독자에게 "이런 방향 전환이 **내게는** 좋았다. 그러나 나를 본받지는 마라. 이것이 **너희에게는** 적합한 방식이 아니다"라고 말하는 것일까? 세 장 앞에서 바울은 "그러므로 내가 너희에게 권하는데, 너희는 나를 본받는 자가 되라"(고전 4:16)고 했다. 지금 그는 자기 생각을 번복하고, 자신의 제자로서의 방식을 무시하면서 회심

전 공동체 안에서의 사회-경제적 지위 안에 그대로 남아 있으라고 말하는 것일까? 당연히 아니다.

미국 신학생들의 최근 경향을 보면, 많은 학생들이 보조 사역자로 일하는 추세다. 이 신학생들은 보조 사역을 시작하고 몇 년이 지나면 전임 사역자로 부르심을 받는다. 이들은 이런 부르심에 순종하기 위해 "자기가 부르심을 받았을 때 가졌던 지위"에서 떠난다. 그러면 이런 신학생/목사들은 모두 바울의 명령을 위반하는 것인가? 결단코 아니다. 베드로와 같이 그들도 "나를 따르라"는 부르심을 받았고, 그 부르심 때문에 이들은 한 직업에서 다른 직업으로 하는 일을 바꾸었다. 베드로가 예수로부터 "네 배 안에 머물러 있으라"는 말씀을 들었다면, 어부로 계속 있으면서 메시아로서의 예수께 새롭게 헌신했을 것이다. 하지만 베드로는 그런 요구를 받지 않았다.

바울의 편지의 독자인 유대인 그리스도인, 이방인 그리스도인, 자유인 제자, 종 신자는 각자 자기의 특수한 삶의 상황 속에서 제자로서의 삶을 위해 나름대로 기회를 가졌다. 모두가 **부르심을 받았고**, 모두가 주께로부터 은사와 직무를 받았다.

두 번째로는 유대인과 이방인의 문제가 다루어진다. 이 설교의 바깥쪽 틀을 구성하는 세 장면(장면 1, 5, 9)을 검토했으므로, 이제는 **할례 받음과 할례 받지 않음**과 관련된 샌드위치의 윗부분 절반의 내적 내용을 고찰할 것이다(도표 2.5[14]를 보라).

1. [17]주께서 각 사람에게 나눠 주신 대로
그리고 하나님이 각 사람을 부르신 대로 행하라. 너희의 부르심을
이것은 내가 모든 교회에 전하는 명령이다. **따르라**

2. [18]할례 받고 부르심을 받은 자가 있느냐?
할례의 표를 제거하려고 애쓰지 말라.

3.	할례 받지 않고 부르심을 받은 자가 있느냐? 할례를 받으려고 애쓰지 말라.	**유대인**(아무것도 아님) 그리스인(아무것도 아님)
4.	[19]할례 받는 것도 아무것이 아니고 할례 받지 않는 것도 아무것이 아니지만 하나님의 계명을 지키는 것은 중요하다.	
5.	[20]부르심을 받은 자는 누구든 부르심을 받은 것 안에/대로 남아 있으라.	너희의 부르심 안에 **남아 있으라**

도표 2.5(14). 할례 받은 자와 할례 받지 않은 자(고전 7:17-20)

첫 세기의 유대인 학자로부터 이런 말을 듣다니, 정말 놀랍다. 할례는 언약의 표였다. 그런데 여기서는 할례를 받으라는 하나님의 계명이 무시된다(세례로 대체되었기 때문).

바울은 하나님의 **부르심/나눠 주심**에 관해 말하고 있다. 전체 교회에서 하나님 나라의 제자도에 요구되는 특수한 문화적 정체성은 결코 없다는 것이다. 유대인은 돼지고기를 먹는 이방인이 될 필요가 없다. 이방인은 할례를 받고 유대인 그리스도인으로 구성된 교회 공동체에 참여할 필요가 없다. 거룩한 문화와 거룩한 언어가 따로 있는 것이 아니다. 바울은 지금 히브리어가 아니라 그리스어로 편지를 쓰고 있다. 바울은 독자에게 그들의 민족적 기원(유대인 또는 그리스인)과 상관없이 주께로부터 "나눠 주심[직무]"과 "부르심[소명]"이 주어지며, 이때 주님은 그들이 누구든지 간에 그들에게 맞게 역사하시므로 다른 어떤 존재가 될 필요가 없다고 말한다. 콘스탄티누스 시대 이후로 바울의 이런 관점은 많은 시대와 지역에서 존중받지 못했다.

동시에 모든 사람은 나름의 민족적 유산을 가지고 있다. 바울은 이렇게 말한다. "하나님은 너희를 부르실 때 유대인이나 이방인이나 종이나 자유인을 막론하고 너희 자신의 독특한 문화적 정체성에 따라 부르신다." 바울 자신이 그가 지금 말하고 있는 것을 그대로 입증하는 적절한 본보기였다.

바울은 독자에게 율법을 피하라고 권면하고(할례를 무시함으로써), 이어 곧바로 핵심은 "하나님의 계명을 지키는 것"이라고 말한다. 어떤 계명을 말하는가? 최소한 바울은 서로 사랑하라는 계명을 언급하고 있으며, 이 계명은 13장에서 상세히 해설될 것이다. 또한 바울은 주께서 각 제자에게 나눠 주시는 직무(계명?)를 언급하고 있다. 고린도 교회 교인들이 나중에 읽게 될 것처럼, 손(존중받는 몸의 한 부분)은 발(깨끗하지 못한 몸의 한 부분)에게 "우리는 네가 필요 없다"고 말할 수 없다. 교회의 어느 부분도(유대인이나 이방인이나) 저급한 존재로 모욕받을 수 없으며, 어느 부분도 우월성을 주장할 수 없다. 유대인과 그리스인 모두 자기의 새로운 선교적 삶에 충분히 참여할 수 있었다. 표범은 자신의 반점을 전혀 바꾸지 못했다. 하지만 새 시대가 열렸다.

세 번째로는 **종과 자유인** 문제가 다루어진다.

장면 5에서는 이 설교의 전반부가 끝나는 동시에 후반부가 시작된다. 이 샌드위치 설교 후반부의 내적 내용은 종의 주제와 그리스도인 종들이 직면한 곤경에 초점이 맞추어진다. 후반부 전체 본문은 도표 2.5(15)에 제시되어 있다.

5. [20]부르심[*klesis*]을 받은 자는 누구든 너희의 부르심 안에 **남아 있으라**
부르심을 받은[*eklethe*] 것 안에/대로 남아 있어야 한다.

6. [21]네가 종으로 [있을 때] 부르심을 받았느냐?
그것 때문에 고민하지 말라.
그러나 네가 자유를 얻을 수 있거든 **자유를 얻음**
그 기회를 이용하라.

7. [22]종으로 있을 때 부르심을 받은 주 안에 있는 자는 종
주에게 속한 자유인이다. 자유인
마찬가지로 자유인으로 있을 때 부르심을 받은 자는 자유인
그리스도의 종이다. 종

8. [23]너희는 값을 치르고 샀다.
그러니 사람들의 종이 되지 말라. **자유를 유지함**

9. [24]형제들아, 누구든 부르심을 받은 것 안에 너희의 부르심 안에
하나님과 함께 남아 있으라. **남아 있으라**—하나님과 함께

도표 2.5(15). 장면 5-9(고전 7:20-24)

수사 구조

도표 2.5(15)에서는 다섯 장면이 고리 모양 구성을 선명하게 이루고 있으며, 각각의 장면이 긴밀한 평행 관계를 구성하고 있다. 중앙의 클라이맥스는 주 안에서 그들이 모두 "종"인 동시에 "자유인"이라고 천명한다.

주석

이번 장을 시작하면서 우리는 "부르심"에 대한 바울의 용법을 살펴보았다. 계속 진행하기 전에 잠시 멈추어, 종의 신분에 대한 바울의 태도를 검토해 볼 필요가 있다. 신약성경에서 네 번에 걸쳐 노예/종은 주인에게 복종하라는 말을 듣는다(엡 6:5; 딤전 6:1-2; 딛 2:9; 벧전 2:18). 종의 신분에 대한 바울의 이런 태도는 쉽사리 잘못 해석될 수 있다. 러시아에서 스탈린 치하의 교회는 **공적** 선택권이 거의 없었다. 중동에서 아랍어를 사용하는 기독교 공동체의 일원으로 성인 시절의 대부분을 살아온 나는, 이 지역의 기독교

공동체의 사람들 역시 **공적** 선택권이 크게 제한받고 있음을 잘 알고 있다. 천 년 이상의 세월 동안 이들은 이슬람의 바다 속에서 그리스도인으로서 신실한 삶을 살았다. 그들이 이슬람 국가의 사회적·정치적·경제적 기초를 공개적으로 비판하는 일은 절대로 불가능했다.

첫 세기의 설교는 카타콤의 등잔불 아래서 행해졌다. 카타콤 안에서 그들은 자유롭게 말할 수 있었다. 하지만 **성문 문서**를 돌려보는 일은 또 다른 차원의 일이었다. 도대체 문서가 누구의 손에 들어갈지 어떻게 알 수 있단 말인가? 스탈린 치하의 러시아 그리스도인들에게는 한 가지 **공적** 선택만 있었다. 곧 국가에 복종하는 길이었다. 다른 무엇을 선택하는 일은 자멸 행위였다. 당대 러시아에서 그리스도인이 책과 논문을 쓰거나 출판하는 일은 특히 위험했다. 그래서 바울도 **편지를 쓸 때** 노예 제도를 직접 공격할 수 없었다. 만약 공격한다면 살아남기 어려웠을 것이다. 당시 사회에서 종이 취할 수 있는 최고의 선택은 주인에게 복종하는 것이었다. 복종하지 않는 경우에는 십자가 처형을 당했다. 이처럼 중대한 본문에서 바울은 어떻게든 한계를 넘어선다. 결론적으로 그는 다음과 같이 말하고 있다.

> 만약 너희가 종의 신분이라면 자유롭게 되기를 힘쓰라. 만약 너희가 자유하다면 종이 되지 말라. 그러나 너희가 이처럼 (끔찍한) 제도에 붙잡혀 있어도, **임무**를 찾고 수행할 수 있다. 너희는 너희의 **은사**를 행하고 너희의 **부르심**에 반응할 수 있다. 만약 너희가 종이라면 나의 자유와 로마 시민의 특권을 부러워하며 "물론 주님은 **그를** 사용하실 수 있다. 그러나 나는 종이다. **나는 아무것도 할 수 없다**!"고 말하지 말라. **너희의** 부르심을 잊지 말라. **너희가 종이라고 해서 너희에게 부르심이 없다고 절대로 생각하지 말라**.

1975-1991년의 십 년 넘는 세월 동안, 우리 가족은 레바논 내전을 직접 체험했다. 내전이 진행되는 동안에는 할 수 없는 일이 아주 많았다. 수많은 계획이 수포로 돌아가고 수많은 꿈이 사라졌으며, 수많은 친구가 죽

임을 당했다. 그러나 심연 속으로 떨어질 때마다 신실함과 사역에 대한 새로운 가능성이 열렸다. 군대가 줄어들고, 경찰이 거리에서 떠나가고, 전기가 끊어지고, 급수지에 물이 거의 없었다. 전화 통화도 되지 않고, 신호등은 어둡고, 쓰레기는 수거되지 않았으며, 고작 150명의 사병이 파괴된 도시를 통제했다.

이토록 위험한 시기에 익명의 폭파범들이 내가 교수로 있던 베이루트 신학교의 길 아래 있던 그리스 정교회 대성당 현관에 다이너마이트 폭탄을 터뜨렸다. 폭발이 일어난 다음날 아침에 우리는 대성당 주임 사제를 만났다. 그의 요청으로 우리는 하루 동안 신학교 문을 닫고, 전교 학생이 걸어서 대성당으로 갔다. 거기서 우리는, 각자가 보낸 시간을 모두 합하면 500시간 남짓 힘들게 일했다. 청소를 하고 파편을 성소에서 삽으로 퍼냈다. 합판으로 문과 창문의 틈을 틀어막았다. 부스러기들을 치우고 파손되지 않은 의자를 지하실로 옮겨 성도들이 예배드릴 수 있는 공간을 마련했다. 작업을 다 마쳤을 때, 우리는 수천 명의 무리가 우리를 조용히 지켜보고 있었음을 깨달았다. 그날 신학교 강의는 없었다. 다시 말해, 우리는 그날 신학을 전혀 가르치지 않았다. 하지만 과연 실제로도 그랬을까?

지적했듯이, 이 다섯 장면의 초점은 다음과 같다. 즉 신자의 시민적 지위(종이든 자유인이든)가 하나님이 신자를 사역으로 부르실 수 있는 무대라는 사실을 독자에게 설득시키는 것이다. 하나님의 은사와 부르심은 하나의 문화나 사회적 지위로 인해 제약을 받지 않는다. 바울은 고린도 교회 교인들에게 그들 각자에게 **부르심/나눠 주심이 있다**고 말해준다. 바울은 노예 제도에 찬성하지 않지만, 사람들에게 종으로 남아 있으라고 말한다. 노예 제도는 악한 제도다. **하지만** 하나님의 부르심은 노예 제도 안에서도 이해되고 순종될 수 있다.

장면 6은 종에게 가능한 한 자유를 얻기 위해 힘쓰라고 말한다. 장면 7(다섯 장면의 클라이맥스)은 우리 모두가 종이자 자유인이라고 확언한다. 이런 일이 어떻게 가능한가? 장면 8이 답변을 준다. "너희는 값을 치르고 샀다." 고린도전서 6장에서 바울은 십자가를 성적 문란의 늪에 빠진 고린도 교인들을 어둠 속에서 이끌어내는 빛으로 보았다(6:20). 장면 8에서 바울은 종을 자유롭게 하고 자유인을 종으로 만드는 새로운 정체성을 형성시키는 데 십자가가 중심에 있다고 본다.

바울은 그리스도 안에 있는 **유대인과 그리스인**, **종과 자유인**을 다룬 다음, 이제 그리스도 안에 있는 **남자와 여자**를 다루는 문제로 돌아갈 준비를 한다. 바울은 "아직 결혼하지 않은" 자를 다룸으로써 설명을 시작한다(도표 2.5[16]를 보라).

E. 결혼하지 않은 자와 임박한 환난(7:25-31)

수사 구조

여기서 바울은 일곱 장면으로 이루어진 하나의 통일된 설교를 작성한다. 하나의 장면에서는 설교의 주제가 소개되는 반면에, 이어지는 여섯 장면에서는 세부 사항이 제시된다. 따라서 이 여섯 장면은 또 하나의 이중 샌드위치를 구성한다. 샌드위치의 둘째 절반은 첫째 절반과 긴밀히 연관되어 있으나 그것을 넘어선다. 첫째 절반은 "상황이 힘들다"고 말한다. 둘째 절반은 "때가 짧다"고 외친다. 두 절반의 바깥쪽 틀은 독립적이지만 약간의 변화가 나타나 있다. 정교하게 작성된 이 설교는 수사(修辭)를 넘어 시(詩)로 나아간다. 모펫은 이 본문을 "서정미의 폭발"[35]이라고 부른다.

35) Moffatt, *First Epistle*, p. 93.

1. [25]그런데 처녀들[*parthenoi*]에 관해서는 **처녀들**
내가 주에게 받은 계명이 없으나 서론
주의 자비하심으로 신뢰할 수 있는 자로서 내가 의견을 말해보겠다.

2. [26]**임박한 환난**으로 보아 나는 **환난이**
사람이 있는 그대로 지내는 것이 좋다고 생각한다. 위협적이다

3. [27]네가 아내에게 **매어 있느냐**?
벗어나려고 애쓰지 말라.
네가 아내로부터 **벗어났느냐**? **있는 그대로**
결혼하려고 애쓰지 말라. **지내라**
[28]그러나 네가 **결혼한다고** 해도
죄를 짓는 것이 아니다.
미혼 여성[처녀]은 결혼한다고 해도
죄를 짓는 것이 아니다.

4. 그러나 결혼하는 자들은 **세상 괴로움**을 겪을 것이고 **환난이**
나는 너희가 그렇게 하는 것을 용납할 것이다. 위협적이다

5. [29]형제들아, 무슨 말인가 하면 **정해진 때**가 **때가**
매우 짧아졌으니 이후로는 짧다

6. **아내**가 있는 자들은
아내가 없는 것처럼 살고
[30]**슬퍼하는** 자들은 **가정**
슬퍼하지 않은 것처럼 살고 사회적 기회
즐거워하는 자들은 경제적 활동
즐거워하지 않은 것처럼 살고 일시적인 모든 것
매매하는 자들은
소유를 누리지 않은 것처럼 **살며**[36]
[31]**세상을 다루는** 자들은
세상을 다루지 못하는 것처럼 살라.

7. **이 세상의 형태**는 **세상의 형태**
지나가는 것이기 때문이다. 지나가는 것

도표 2.5(16). 결혼하지 않은 자와 임박한 환난(7:25-31)

36) Bailey 번역.

주석

여섯 장면(장면 2-7)의 구조는 고린도전서 서두(1:1-9)의 스타일을 반영한다. 따로 놓고 볼 때 설교의 뼈대를 구성하고 약간의 변화가 가미된 네 장면은 도표 2.5(17)에서 다음과 같이 확인된다.

2.	[26]**임박한 환난**으로 보아 나는 사람이 있는 그대로 지내는 것이 좋다고 생각한다.	**환난이** 위협적이다
4.	그러나 결혼하는 자들은 **세상 괴로움**을 겪을 것이고 나는 너희가 그렇게 하는 것을 용납할 것이다.	**환난이** 위협적이다
5.	[29]형제들아, 무슨 말인가 하면 **정해진 때**가 **매우 짧아졌으니** 이후로는 [다음 사실을 알라]	**때가** 짧다
7.	[31b]**이 세상의 형태**는 **지나가는 것**이다.	**이 세상은** 지나간다

도표 2.5(17). 장면 2, 4-5, 7(고전 7:26, 28c, 29, 31b)

장면 2와 4는 "임박한" 환난/괴로움에 관해 말한다. 장면 5와 7은 "때가 짧다"는 사실을 강조한다. 이 네 장면은 매끄럽게 맞물려 있으며, 현세에서의 삶의 실상을 제시한다(바울이 그렇게 본다). 장면 3과 6에서 바울은 외형적 세상의 빛 속에서 어떻게 살아야 할지에 대한 자신의 지침을 제시한다. 바울은 이 네 장면에서 바깥쪽 틀 속에 여덟 개의 행을 배치하고, 두 개의 중앙 부분에는 아홉 세트의 히브리 평행법을 배치한다. 이 샌드위치 시의 전반부(장면 2-4)는 오로지 결혼 주제에 초점을 맞춘다. 후반부(장면 5-7)는 다음과 같이 폭넓은 다섯 가지 주제를 포함하고 있다.

- 결혼
- 슬퍼함(죽음?)
- 즐거워함(결혼? 탄생?)
- 매매하고 소유를 누림
- 세상을 다룸(상업)

이 목록에서 처음 세 가지는 가정이나 공동체에서 삶이 변화하는 잊을 수 없는 순간들이다. 마지막 두 가지는 고린도에서 특별히 의미가 있었다. 고린도는 동서남북 사방으로 상업 교역이 이루어지는 교차로에 있었다. 고린도에서는 그리스의 다른 어느 도시보다 상품을 더 쉽게 구입할 수 있었다. 물건을 구입할 기회가 아주 많은 부자 도시였던 것이다. 바울은 "매매하는 자들"에게 *katekho*처럼 살지 말 것을 주문한다. 이 단어는 "무엇을 굳게 붙드는 일"을 의미한다.[37] 이 말이 재산과 관련되어 사용되면 "특히 재산의…소유를 누리다"라는 뉘앙스를 전달한다.[38] 로버트슨과 플러머는 "땅의 물건은 소유물이 아니라 위탁물"이라고 지적한다.[39] 여기서 바울은 한 사람과 그가 매매하는 물건 사이에 형성된 집착을 언급하고 있다. 바울이 제시하는 다섯 번째 주제는 외적 세상과의 관계다. 고린도에서 "사업하려면" 상인들은 "세상을 다룰" 필요가 있었으며, 그렇게 다룰 세상은 브르타뉴에서 시리아까지, 북방 족속에서 북아프리카 거주 경계까지 미쳤다.

바울은 만물의 끝이 임박했다고 예상했다. 지금 우리는 바울이 이런 예상을 기록한 이후로 거의 이천 년이나 지난 시대를 살고 있다. 그러나 폭넓은 범위의 인간의 경험과 수고를 탈절대화(de-absolutize) 하는 바울의 권면은 어느 시대에나 유효하다. 결혼, 죽음, 탄생, 소유, 생계는 모두

37) BAGD, p. 423.
38) LSJ, *Greek-English Lexicon*, p. 926.
39) Robertson/Plummer, *First Epistle*, p. 156.

일시적이다. 이런 현실을 기억하는 일이야말로 삶 전체에 대한 우리의 관점에 무한히 중요한 요소를 더해줄 것이다. 고린도전서 15장으로부터 가사를 가져온 흑인 영가 "예수께로 피하세요"는 이렇게 노래한다.

> 그 나팔소리가 내 영혼 속에서 들리네.
> 나는 이곳에 결코 오래 있지 않으리라.

역사가 끝날 때 마지막 "나팔소리가 들릴" 것이다(15:52). 그러나 오늘 "내 영혼 속에서" 그 소리가 들려서는 안 되는가?

F. 결혼과 염려(7:32-35)

바울은 그리스도인의 결혼 주제를 아직 끝내지 않았다. 바울은 세 가지 마지막 질문을 제기함으로써 2.5. 부분을 끝마친다(7:32-40). 그중 첫째 질문은 도표 2.5(18)에 나타나 있다.

수사 구조

여기서 바울은 서론과 결론 사이에, 7:6-9에도 나타나는 A-B-A-B 구조[40]의 네 장면을 집어넣는다.

---

40) 같은 A-B-A-B 구조가 사 43:3-4에 나타난다.

1. [32]나는 너희가 염려에서 벗어나기를 바란다.	**염려에서 벗어남**
2. 그런데 결혼에서 벗어난[*agamos*] 남자는	결혼에서 벗어난 남자
주의 일에 관해	자유롭게 주를 위함
어떻게 주를 기쁘시게 할까 염려하지만	
3. [33]결혼한 남자는	**결혼한 남자**
세상의 일에 관해 어떻게 아내를 기쁘게 할까 염려하고	아내에게 바쁨
[34]그렇게 마음이 갈라진다.	
4. 결혼에서 벗어난[*agamos*] 여자와 처녀[*parthenos*]는	
주의 일에 관해	**결혼에서 벗어난 여자**
어떻게 몸과 영을 성결하게 할까 염려하지만	자유롭게 주를 위함
5. 결혼한 여자는	
세상의 일에 관해	**결혼한 여자**
어떻게 남편을 기쁘게 할까 염려한다.	남편에게 바쁨
6. [35]내가 이렇게 말하는 것은 너희의 유익을 위해서다.	
곧 너희에게 올가미를 씌우려는 것이 아니라	**온전히 충성함**
선한 이치[*euskhenon*]를 장려하여	
너희가 온전히 주를 섬기도록 하려는 것이다.	

도표 2.5(18). 결혼과 염려(고전 7:32-35)

주석

이 구절들(과 이어지는 구절)에 관해 제롬 머피-오코너는 이렇게 말한다. "이 부분은 아마도 고린도전서에서 가장 난해하고 논란이 많은 구절이 아닐까 싶다. 매우 다양한 해석이 있으며, 그중 어느 것도 반박으로부터 자유로운 것은 없다."[41] 문제는 바울이 자기의 집에 교회를 세운 브리스길라와 아굴라를 알고 있었으며 그들과 동역했다는 점이다. 또한 브리스길라와 아굴라는 아볼로를 가르치기도 했다(행 18:26). 우리가 알고 있는 사실에 따르면, 브리스길라와 아굴라는 결혼 때문에 조금도 사역에 방해를 받지 않았다. 데마는 좋게 시작했으나(골 4:14; 몬 1:24) 나중에 "세상의 길"로 갔다(딤후 4:10). 여기서 우리가 내릴 수 있는 가정은 데마가 미혼이었다는 것이다. 미혼이었음에도 데마는 실족하고 말았다. 배우자가 하나님의 일에 헌신하는 자가 아니라면, 결혼 생활은 "주께 헌신하는 데" 큰 방해가 **될 수 있다**. 이 주제에 관한 바울의 생각은 법칙이 아니라 경고로서 가장 잘 이해될 수 있다. **선한 이치**(good order)라는 단어의 어근이 13장에서 사랑을 정의할 때 다시 나타난다.

G. 남자와 "그의 처녀"(7:36-38)

바울은 "그의 처녀" 및 "죽은 경우"와 관련된 두 부분을 간략히 언급함으로써 끝맺는다. 첫째 부분은 남자와 "그의 처녀"와 관련된다(도표 2.5[19]를 보라).

1. [36]만일 누구든 그가 그의 처녀에 대해 합당하게 행동하지 못한다고 생각할 때
그의 열정이 강하고

---

41) Murphy-O'Connor, *1 Corinthians*, p. 71.

또 그래야 한다면, 그가 원하는 대로 하게 하라.

그것은 죄짓는 것이 아니니 그들을 결혼시켜라.

2. [37]그러나 누구든 그의 마음이 굳게 정해지고

그의 욕망을 반드시 통제할 필요가 없으며

그가 마음으로 그렇게 하겠다고 결정했다면

그녀를 자기의 처녀로 지켜주는 것도 잘하는 것이다.

3. [38]그러므로 자기의 처녀와 결혼하는[사위로 주는?] 자도 잘하는 것이고

결혼하지[사위로 주지?] 않는 자는 더 잘하는 것이다.

도표 2.5(19). 남자와 "그의 처녀"(고전 7:36-38)

여기서 바울은 열 개의 행으로 세 장면을 구성한다. 오르와 발터는 이 난해한 본문을 이해하는 데 참고할 만한 견해를 간략하게 요약하고 있다. 본문은 다음과 같은 상황을 설명한다고 볼 수 있다.

1. 젊은 남자와 그의 약혼녀
2. 아버지와 그의 처녀 딸
3. 모종의 "영적 결혼"
4. 형사취수제[42]

우리는 바울이 편지를 쓴 당시 상황에 대해 엄밀하게 알지 못하기 때문에, 이 네 견해 중 어느 것을 선택하기가 어렵다. T. W. 맨슨은 불의한 청지기 비유(눅 16:1-8)에 관해 말하면서 "문학은 매우 방대하며 애쓴 만큼 보람을 돌려주지는 않는다"라고 한 바 있다.

42) Orr/Walther, *I Corinthians*, p. 223.

H. 죽은 경우(7:39-40A)

바울의 마지막 권면은 결혼 생활에서 한 배우자가 죽은 경우와 관련된다. 바울은 일곱 행으로 세 장면을 구성하고 있다(도표 2.5[20]를 보라).

10. [39]아내는 남편이 살아 있는 동안에는
    남편에게 매여 있다[*dedetai*].

11. 만일 남편이 죽으면
    아내는 자신이 원하는 자와 결혼할 자유가 있으나
    오직 주 안에서 해야 한다.

12. [40]그러나 내 판단으로는
    그대로 남아 있는 것이 더 행복하다.

도표 2.5(20). 죽은 경우(고전 7:39-40a)

바울은 시작하면서 한 언급으로 이 하위 부분을 끝마친다. 결혼하지 않는 것이 좋으나 "주 안에서" 결혼하는 것은 인정된다.

I. 결론적인 바울의 개인적 호소(7:40b)

13. [40b]나는 내가 하나님의 영을 소유하고 있다고 생각한다.

바울은 "그러므로 내가 너희에게 권하는데 너희는 나를 본받는 자가 되라"고 말함으로써 첫째 논문을 마무리한다. 이런 개인적 호소는 지금까지 성 관습에 대해 한 설명과는 맞지 않는다. 그래서 바울은 여기서 자신이 독자에게 편지를 쓸 때 자기를 인도하는 주의 영을 느끼고 있다고 말함으로써 개인적 호소를 새롭게 제시한다. 이 권면은 여전히 개인적이지만 이 둘째 논문에서 다룬 주제들의 본질에 적합하다. 이 "서명 결론"(signature conclusion)으로 둘째 논문이 끝난다.

셋째 논문은 다음과 같은 새로운 질문을 제기한다. **비기독교적인 세상 속에서 그리스도인은 어떻게 살아야 할까**? 이제 이 질문으로 시선을 옮겨 보자.

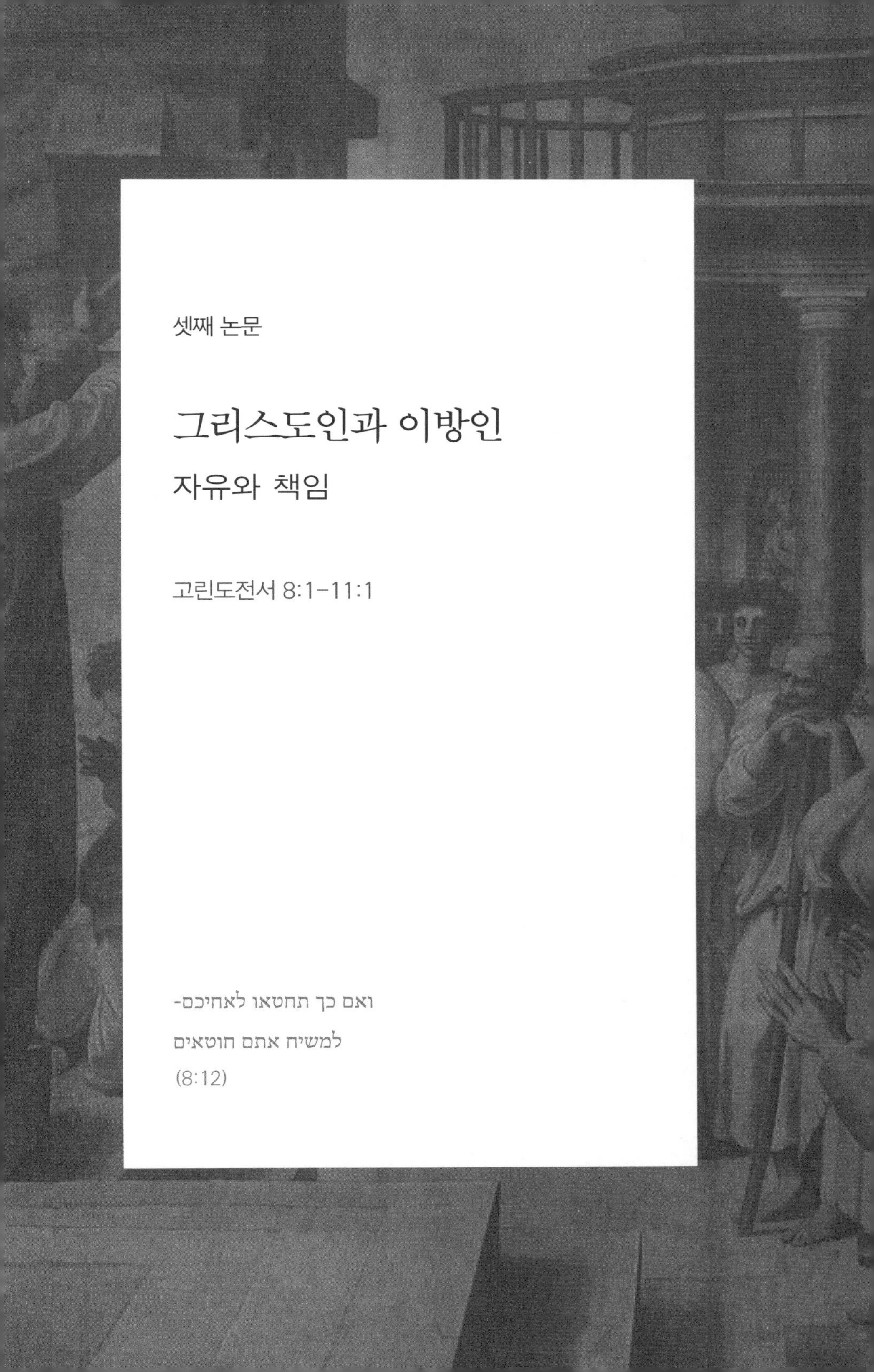

셋째 논문

그리스도인과 이방인

자유와 책임

고린도전서 8:1-11:1

ואם כך תחטאו לאחיכם-
למשיח אתם חוטאים
(8:12)

3.1.
우상 제물
자유와 책임

고린도전서 8:1-13

셋째 논문은 8:1-11:1을 포함한다. 셋째 논문의 개요는 다음과 같다.

3.1. **우상 제물: 자유와 책임(8:1-13)**

3.2. 바울의 개인적 자유와 책임(9:1-18)

3.3. 선교의 자유: 충분한 동일화(9:19-27)

3.4. 옛 언약의 성례와 우상숭배: 부분적 동일화(10:1-13)

3.5. 새 언약의 성례와 우상숭배: 동일화 불가(10:14-22)

3.6. 우상 제물: 자유와 책임(마지막 말; 10:23-11:1)

전체적으로 셋째 논문은 그리스도인이 이교 세계에서 어떻게 살아야 하는지 하는 문제에 초점을 맞춘다. 그리스도인은 이교 세계에 순응해야 하는가? 순응해야 한다면 어느 정도까지 그래도 되는가? 그리스도인은 섞여야 하는가, 아니면 따로 서야 하는가? 바울은 이런 결정적인 관심사를 설명하기 위해 우상 제물 이슈를 구체적인 사례로 제공한다.

보통 바울은 각 논문의 첫 부분을 **전통**에 대한 언급으로 시작하는데, 셋째 논문에서도 마찬가지다. 여기서 바울은 하나님을 아버지로, 예수를 주로 고백하는 초기의 기독교 신앙고백을 제시한다(고전 8:6). 이어서 사도는 셋째 논문 전체의 초점인 **윤리적 문제점**을 다루기 시작한다. 그 과정에서 "자유와 책임" 주제가 소개된다. 또한 이 주제를 다루면서 자신의 개인적인 자유와 책임을 성찰한다(3.2). 셋째 논문 중앙에서는 해당 문제를 해결하기 위한 **신학적 기초**를 다시 세운다.[1] 이 기초에 따라 비기독교적인 세상 속에서 그리스도인이 어떻게 살아야 하는지에 대한 세 가지 삶의 방식이 형성된다. 때로 그리스도인은 자기를 비기독교적인 세상과 완전히 동일시할 수 있다(3.3). 또 때로는 자신을 세상과 **부분적으로 동일시할** 수도 있다(3.5). 마지막으로 그리스도인은 자신과 세상을 **전적으로 분리시켜야** 할 때가 있다(3.5). 머피-오코너는 이 셋째 논문과 다른 논문들의 중앙에 나타나는 바울의 성찰이 "실천 문제들에 대한 그의 설명을 뒷받침하는 원리에 대한 우리의 이해"를 심화시킨다고 올바르게 지적한다.[2] 이 셋째 논문 마지막 부분에서 바울은 우상 제물에 관한 **결론적 설명**으로 되돌아온다(3.6). 다시 한번 바울은 "내가 그리스도를 본받는 자가 된 것처럼 너희도 나를 본받는 자가 되라"(11:1)라는 개인적 호소를 함으로써 논문에 "서명을 한다." 이 셋째 논문의 전체적 개요를 염두에 두면서, 이제 8:1-13의 우상 제물에 관한 바울의 첫 번째 설명으로 시선을 돌려보자.

---

1) Murphy-O'Connor는 A-B-A 패턴을 지적했다. Murphy-O'Connor, *1 Corinthians*, p. 77을 보라.

2) 같은 책.

우상 제물: 자유와 책임(고전 8:1-13)

이 첫 설교는 아홉 장면으로 구성되고 네 가지 제목 아래 도표 3.1(1)같이 분류된다.

수사 구조

(네 부분에 포함된) 이 아홉 장면은 직선적 시퀀스를 따라 전개된다. A 부분은 단계 평행법으로, 느슨하게 연결된 세 행으로 구성된 두 장면(장면 1-2)으로 이루어진다. B 부분은 장면 3의 중앙에서 믿음을 확언하고 있다. 바울은 이 중앙("하나님은 한 분밖에 없다")을 취해 장면 4에서 그 내용을 반복하고 확대시킨다. 장면 4의 여섯 행은 단계 평행법으로 전개되는 세 쌍을 구성한다. C 부분은 세 개의 역(逆)장면(장면 5-7)으로 구성되며, D 부분은 두 장면(장면 8-9)을 사용한다.

이 "약한 자"는 마지막 D 부분에서 "형제"로, 이어서 "너희 형제"로, 마지막으로 "내 형제"로 규정된다. 직선적 시퀀스가 사용된 이 설교는 형제/자매를 무책임하게 대하면 그리스도께 죄를 범하는 결과가 초래된다는 확언으로 클라이맥스에 도달한다. 교회가 그리스도의 몸으로 전제된다. 이 설교를 시작하고 끝맺는 것은 "사랑" 주제다.

주석

설교 전체에 걸쳐 바울의 사상은 명확하고 강력하게 진행된다. 네 부분은 다음과 같이 요약될 수 있다.

A. **지식, 사랑, 하나님.** 사랑이 지식보다 더 중요하다. 사랑은 높이 세우지만 지식은 교만을 낳기 때문이다. 중요한 것은 우리가 알고 있는 내용이 아니라,

A. **지식, 사랑, 하나님**

1. [1]우상 제물[3]에 관해 말해보자. 우리는	**우리는 알고 있다**
"우리가 다 **지식이 있다**"는 것을 **알고 있다.**	지식
그런데 "**지식**"은 교만하게 하고 사랑은 높이 세운다.	사랑
2. [2]만일 누구든지 자신이 뭔가 **알고 있다**고 생각한다면	**그는 알고 있다**
그는 아직 마땅히 **알아야** 할 것을 알지 못하는 것이다.	아직 알지 못함
[3]그러나 만일 누구든지 하나님을 **사랑하면, 하나님도** 그를 **알아주신다**	사랑

B. **지식, 우상, 하나님**

3. [4]따라서 우상 제물에 관해 말하면	**지식**
"우상은 실제로 존재하는 것이 아니고"	실재하지 않는 우상
또 "**하나님은 한 분밖에 없다**"는 것을 **우리는 알고 있다.**	한 하나님
[5]비록 하늘이나 땅에 소위 신들이 있을 수 있고	
실제로 많은 "신"과 많은 "주"가 있다고 해도	
4. [6]우리에게는 **한 하나님** 곧 **아버지**가 계시니	**한 하나님–아버지**
만물이 그에게서 나왔고	창조
우리도 그의 것이다.	우리가 그분의 것임
그리고 **한 주** 곧 **예수 그리스도**가 계시니	**한 주–예수 그리스도**
만물이 그의 손으로 지음 받았고	창조
우리도 그의 손에 지음 받았다.[4]	우리가 그분의 손으로 지음 받음

3) 바울은 통상적으로 사용되던 어구인 "바쳐진 음식"(*hiero-thutos*)보다는 "우상 음식[제물]"(*eidolo-thutos*)이라는 그리스어 단어를 사용한다. LSJ, *A Greek-English Lexicon*, p. 483과 p. 821을 보라.

4) 여기서 나는 신약성경의 히브리어, 시리아어, 아랍어 번역의 강력한 전통을 따른다.

C. **지식, 약한 자, 하나님**

5. [7]하지만 모든 사람이 이 지식을 갖고 있는 것은 아니다. 그러나 어떤 이들은 지금까지 우상에 대한 습관이 있어 실제로 우상에게 바쳐진 제물을 먹고 약한 탓에 그들의 양심이 더럽혀진다.	**지식과 우상** 양심이 약한 자 더럽혀짐
6. [8]음식은 우리를 하나님께 추천하지 못할 것이다. 우리가 먹지 않는다고 해서 더 나빠지는 것도 아니고 먹는다고 해서 더 좋아지는 것도 아니다. [9]다만 이런 너희의 자유가 약한 자들에게 걸림돌이 되지 않도록 조심하라.	 **하나님과 음식** 약한 자—걸려 넘어짐 자유와 책임
7. [10]누구든지 지식이 있는 네가 우상의 집에 앉아 있는 것을 볼 때 양심이 약한 자라면 용기를 얻어 우상에게 바쳐진 제물을 먹게 되지 않겠느냐?	 **지식과 우상** 양심이 약한 자 자유와 책임

D. **지식, 너희/내 형제, 그리스도**

8. [11]그렇게 되면 **너희 지식**으로 말미암아 이 **약한** 자가 **멸망당할 것인데** 그는 그리스도께서 위해 죽으신 **형제**다. [12]이같이 **너희 형제**에게 죄를 짓고 그들의 **약한** 양심에 **상처를 입히는** 것은 **너희가 그리스도에게 죄를 짓는 것이다.**	너희 지식 약한 자—멸망당함 형제/자매 너희 형제/자매 약한 자—상처를 입힘 너희 죄—그리스도에게 지음
9. [13]그러므로 만일 음식이 내 형제를 걸려 넘어지게 하는 원인이라면 나는 절대 고기를 먹지 않음으로써 내 형제를 걸려 넘어지지 않도록 하겠다.	 **내 형제가 걸려 넘어짐** 나는 먹지 않는다

도표 3.1(1). 우상 제물: 자유와 책임(고전 8:1-13)

우리를 알고 계시는 그분이다! 만약 우리가 하나님을 사랑한다면, 하나님은 우리를 "아신다."

B. **지식, 우상, 하나님**. 우리는 우상이 실재하지 않음을 알고 있다. 오직 한 분 주를 통해 만물을 창조하신 한 하나님만 계신다.

C. **지식, 너희 형제/자매, 하나님**. 약한 자는 우상이 실재한다고 생각할 수 있다. 만약 이런 사람이 너희가 우상 제물을 먹는 모습을 본다면, 그의 양심은 더럽혀진다.

D. 지식, 너희 형제/자매, 그리스도. 이 약한 자는 너희 형제나 자매다. 그를 걸려 넘어지게 하면 형제를 사랑하지 못하는 것이고, 그로 말미암아 그리스도에게 죄를 범하는 것이다.

이 네 부분은 따로 떼놓고 성찰할 가치가 있다. A 부분은 다음과 같이 구성된다.

1. [1]우상 제물[5]에 관해 말해보자. 우리는 — **우리는 알고 있다**
   "우리가 다 **지식**이 있다"는 것을 **알고 있다**. — 지식
   그런데 "**지식**"은 교만하게 하고 사랑은 높이 세운다. — 사랑

2. [2]만일 누구든지 자신이 뭔가 **알고 있다**고 생각한다면, — **그는 알고 있다**
   그는 아직 마땅히 **알아야** 할 것을 알지 못하는 것이다. — 아직 알지 못함

---

5) 바울은 통상적으로 사용되던 어구인 "바쳐진 음식"(*hiero-thutos*)보다는 "우상 음식[제물]"(*eidolo-thutos*)이라는 그리스어 단어를 사용한다. LSJ, *A Greek-English Lexicon*, p. 483과 p. 821을 보라.

[3]그러나 만일 누구든지 하나님을 **사랑하면**, 하나님도 그를 **알아주신다**. 사랑

도표 3.1(2). A 부분: 지식, 사랑, 하나님(고전 8:1-3)

A 부분. 장면 1

이 주제는 민감한 사안이었다. 예루살렘 회의(행 15:1-35)에서 사도들은 만장일치로 이방인 신자에게 "우상에게 바쳐진 것"(*eidolo-thuton*; 행 15:29)을 삼가라고 요청했다. 유대인에게는 이런 음식을 먹는 일이 엄격히 금지되었다. 일부 이방인 신자들은 당연히 이 요청이 불필요하다고 생각했다. 만약 우상이 실재하지 않는다면 왜 이런 제한을 둔단 말인가? 시장에서 구입할 수 있는 대부분의 고기는 먼저 수많은 우상 중 하나에 바쳐지고, 이후에 시장에서 팔린다. 고대 고린도에서 중앙 시장은 사실상 이교 신전들에 둘러싸여 있었으며, 거대한 고대 신전이 고기 시장을 거의 장악하고 있었다.[6]

2세기 중반 파우사니아스라는 그리스 이방인은 그리스 지역을 여행하고 「그리스 이야기」라는 책을 썼다. 이 책은 지금도 현존하고 있다. 파우사니아스는 고린도의 중앙 "아고라"(시장 광장)를 설명하면서 디오니소스, 아르테미스, 바쿠스, 포르투나, 포세이돈, 아폴론, 아프로디테, 헤르메스, 제우스, 지하세계의 제우스, 지존자 제우스, 뮤즈 등의 신전과 신상을 언급한다.[7] 개[犬] 종합 시장이 거대한 고대 이교 신전의 벽과 맞닿아 있었고, 생선과 고기 시장이 좁은 거리에 길게 늘어서 있었다. 아고라 서편에는 황제 숭배를 위한 거대한 신전이 있었다. 이 모든 것은 도시 중앙 150

6) Jerme Murphy-O'Connor, *St. Paul's Corinth: Text and Archaeology* (Collegeville, Minn.: Liturgical Press, 2002), p. 26.

7) 같은 책, pp. 24-25.

야드(약 140미터) 안에 위치해 있었다. 바쳐진 제물은 다양한 신전의 사제들의 재산이 되었으며, 사제는 자기가 먹고 남은 고기를 시장에 내다 팔았다. 수많은 축제가 벌어지는 동안 고기 시장에는 어쩔 수 없이 공급 과잉 현상이 벌어졌고, 그 결과 고기 값이 폭락했다. 도시의 수많은 빈민들(여기에는 일부 그리스도인이 포함되었음이 확실함)에게는 그때가 고기를 먹을 수 있는 유일한 기회였을 것이다. 나아가 고기 판매자에게 구태여 물어보지 않는다면, 그 고기가 우상 제물이었는지 아닌지 알 수 없었을 것이다. 어쨌든 우상이 실재하지 않는다면, 어째서 이렇게 드물게 맛볼 수 있는 소고기나 양고기를 즐길 수 없단 말인가?

고린도 같은 도시의 배경에서 보면, 이 모든 것은 충분히 이해되었다. 그러나 같은 내용이 예루살렘에 보고된다면, 이런 관습이 예루살렘 회의의 결정을 쓰레기로 만들어버렸다는 인상을 주었을 것이다. 바울은 다음과 같이 단순히 결정을 내릴 수도 있었다. "바나바와 나는 이 문제에 있어 예루살렘 사도들과 의견을 같이하며, 우리의 결정이 존중받아야 한다고 주장한다. 어떤 그리스도인도 우상 제물을 먹어서는 안 된다. 이것이 최종 결론이다!"

그러나 바울은 새로운 율법을 선포하는 대신, 독자에게 "지식"과 "사랑"에 대해 성찰해보라고 요청한다. 장면 1-2의 여섯 행(도표 3.1[2]을 보라)에서, "지식"과 "아는 것"이라는 말이 각 행에 최소 한 번씩, 도합 일곱 번 나타난다. "알다"와 "사랑하다"는 두 번 함께 나타난다. 장면 1의 마지막 행은 "**지식**은 교만하게 하고 **사랑**은 높이 세운다"라고 말한다. 장면 2c는 "그러나 만일 누구든지 하나님을 **사랑하면**, 하나님도 그를 **알아주신다**"라고 확언한다.

지식과 **사랑**이라는 두 핵심 단어는 고린도전서 13:4의 사랑의 찬가에서 다시 나타난다. 이 찬가에서 바울은 다시 한번 사랑이 부족할 때 드러나는 부정적 요소들을 조용히 제시하고 있다. 그 과정에서 사도는 한편으로는 "지식"의 내적 작용을, 다른 한편으로는 "사랑"의 내적 작용을 묘사한다. 본질상 지식은 쉽게 교만과 오만을 낳을 수 있다. 많은 지식을 가진 자는 많이 알지 못하는 자를 쉽사리 무시할 수 있다.

내가 들은 바에 따르면, 유명한 레슬리 뉴비긴은 공개적으로 서양의 성경 학문을 "카니발리즘"으로 규정했다. 뉴비긴은 "각 세대마다 자녀가 자기 부모를 잡아먹는다"라고 썼다.[8] 참된 학자는 엄격하고 과학적이고 객관적이고 철저하다. 이익에 도움이 되지 않는다면 **사랑**은 무시될 수 있다. **지식**이 우리가 필요로 하는 것의 전부다. 그렇지 않은가?

반면에 "사랑"은 무너뜨리지 않고 **높이 세운다**. 이미 바울은 자기와 자기 동료 아볼로를 "건축자"로 비유했다. 바울은 모든 사람에게 최고의 건축 재료를 사용해서 예수 그리스도의 터 위에 새 성전을 **세우라**고 권면했다. 우상이 실재하지 않는다고 **알고 있던** 고린도 교회 교인들은 바울이 많은 수고를 통해 세워놓은 것을 무너뜨리는 데 지식을 사용하는 심각한 위험에 빠져 있었다. 우상 제물 이슈는 고린도 교회를 위시해서 많은 교회들을, 유대교 배경의 신자와 이교 배경의 신자로 쉽사리 갈라놓을 수 있었다. 북미 연합장로교회(1857-1957)의 인장에 새겨진 문구는 "하나님의 진리—사랑으로 오래 참으심"(The Truth of God—Forbearance in Love)이었다. 바울은 장면 2에서 이 설명을 계속한다.

A 부분. 장면 2

자기가 얼마나 많이 알고 있는지에 초점을 맞추는 자들은 "마땅히 알아야 할" 바를 아직 알지 못하는 사람이다. 바로 이것이 하나님에 관한 지식의 열쇠다. 하나님에 관한 지식을 구하는 자는 하나님을 사랑하는 것인가?

8) Lesslie Newbigin, 1990년 10월 잉글랜드, 버밍엄, 셀리오크 칼리지, 크로더 홀에서 행해진 공개 강좌.

하나님에 대한 사랑은 지식의 통로를 닫지 않고 오히려 열어놓는다. 왜냐하면 그런 사람은 특별히 "하나님이 알아주시는" 자이기 때문이다.

자신을 알아주기를 바라는 갈망은 모든 영혼 속에 깊이 자리 잡고 있는 내적 소원이다. 사랑하는 배우자는 자신의 결혼 상대방에 관해 많은 것을 알고 있다. 동일한 자기 계시가 서로 사랑하는 친구들 사이에서도 일어난다. 그러나 우리는 낯선 땅에서 나그네로 살고 있다. 우리 각자는 오직 우리 자신에게만 알려져 있는 내밀한 개인의 역사를 가지고 있다. 이런 역사를 타인에게 이야기하는 일은 실제로 이를 경험하는 것과는 다르다. 친애하는 독자여, 내가 여러분에게 일곱 번의 중동 전쟁에서 살아남은 경험을 어떻게 제시할 수 있겠는가? 여러분은 자신의 조국에서 수십 년을 떠나 나그네로 사는 것이 무엇을 의미하는지 이해할 수 있겠는가?

바울에 따르면, 스스로 (하나님에 관해) "뭔가 알고 있다고 생각하는" 사람은 잘못된 방향으로 가고 있다. 오히려 자신의 지성과 마음을 열어놓고 "하나님을 사랑하는" 사람은 하나님께 알려진 바 되고 이로 말미암아 마침내 이해하게 될 것이다. 바울은 고린도전서 13장에서 가장 완벽한 형태로 사랑에 대한 설명을 다시 시작할 것이다. 거기서 독자는 오직 모든 것이 끝날 때가 되면 "내가 알아야 할 만큼 알게 되리라"(13:12, KJV)는 사실을 깨닫는다.

하나님을 대변하면서, 아모스는 하나님이 이스라엘인들에게 "내가 땅의 모든 족속 중 너희만 알았다"(암 3:2)라고 말씀하셨다고 했다. 바울은 "그러나 만일 누구든지 하나님을 **사랑하면**, **하나님도** 그를 **알아주신다**"라고 확언한다. 여기서 "안다"는 부부 관계를 가리키는 성경적 용어다. "사랑하는 것"과 "아는 것"이 연계되면 친밀성의 언어가 마음속에 새겨진다. 항상 하나님의 사랑은 신실한 자를 찾고 있다. 그 사랑을 받아들이는 행위를 하면, 하나님으로부터 신자에게로 흐르는 사랑의 물결에 물꼬가 터진다. 탕자의 비유에서 아버지는 처음부터 자기 아들을 사랑했다. 다만 아들이 자신이 아버지의 **사랑을 받고 있다**는 사실을 받아들였을 때, 그 사랑은 아들의 삶을 변화시키는 힘이 되었다(눅 15:11-32). 바울은 하나님을 사랑하는 자는 "하나님이 알아주시는" 자라고 독자에게 말한다.

우리는 전무후무한 정보 기술 시대를 살고 있다. 현시대에는 상상을 초월하는 엄청난 양의 지식이 사이버 공간에서 흘러 다니고 있다. 이런 지식 중 사랑과 연결된 지식은 얼마나 될까? 사랑과 분리됨으로써 왜곡되고 타락한 지식은 또 얼마나 많을까? 바울의 독자는 자기가 지식을 가지고 있다고 믿었다. 하지만 그들 중 일부는 자신이 추구하는 참된 지식의 열쇠인 사랑을 갖고 있지 못했다. 계속해서 B 부분은 이렇게 설명한다.

3. [4]따라서 우상 제물에 관해 말하면	**지식**
"우상은 실제로 존재하는 것이 아니고"	실재하지 않는 우상
또 "**하나님은 한 분밖에 없다**"는 것을 **우리는 알고 있다.**	
[5]비록 하늘이나 땅에 소위 신들이 있을 수 있고	한 하나님
사실은 많은 "신"과 많은 "주"가 있다고 해도	
4. [6]우리에게는 **한 하나님** 곧 **아버지**가 계시니	**한 하나님—아버지**
만물이 그에게서 나왔고	창조
우리도 그의 것이다.	우리가 그분의 것임
그리고 **한 주** 곧 **예수 그리스도**가 계시니	**한 주—예수 그리스도**
만물이 그의 손으로 지음 받았고	창조
우리도 그의 손에 지음 받았다.	우리가 그분의 손에 지음 받음

도표 3.1(3). B 부분: 지식, 우상, 하나님(고전 8:4-6)

B 부분. 장면 3

장면 3은 고린도 교인들이 바울에게 편지로 질문한 내용을 다룸으로써 시작된다. 확실히 우상은 실재하지 않는다. 하늘에 제우스 신은 없다. 땅에 아테나 신도 없고, 바다에 포세이돈 신도 없다. 장면 3의 바깥쪽 네 행은 "하나님은 한 분밖에 없다"는 중요한 신앙고백을 중심으로 하나의 틀을 구성한다. 이 확언은 신명기 6:4의 유대인의 신앙고백에서 나온다. 이 신명기 본문을 보면 "이스라엘아 들으라, 우리 하나님 여호와는 한 분이신 여호와이시다"로 되어 있다. 또한 이는 "하나님 외에 하나님은 없다"라는 무슬림의 신앙고백과도 매우 밀접하다. 이슬람에서는 매일 5회 기도를 드릴 때 "하나님은 하나이시다"로 시작되는, 쿠란에서 나온 "수라" 117을 반복한다. 의미심장하게도 이 기도는 "하나"를 가리키는 단어로 아랍어 *wahad*가 아니라 히브리어 *ahad*를 사용한다. 아브라함의 세 가지 믿음도 이런 확언과 연관된다. 그러나 바울은 이를 더 정교하게 다듬어 설명을 계속한다.

B 부분. 장면 4

장면 4a에서 바울은 또 하나의 놀라운 신학적 진술을 제시한다. "아버지"로 불리는 한 분 하나님이 계신다는 것이다. 아버지라는 이런 본질은 호세아 11장에서 제시되며, 탕자의 비유(눅 15:11-32)에 가장 완벽히 계시된다. 다른 정의는 성경적으로 적합하지 않다.

한 분 하나님 곧 아버지께서 만물을 창조하셨으므로 "우리는 그분의 것이다." 이 장면의 그리스어 본문에는 be 동사가 없다. 이처럼 현재 시제의 be 동사가 없는 것은 히브리어, 시리아어, 아람어, 아랍어의 특징이다. 바울은 초기의 히브리어/아람어 신조 공식을 인용했으며, 그런 이유로 현재 시제 be 동사가 빠졌다고 볼 수 있다. 또는 바울이 이 신앙고백을 직접 작성했을 수도 있다. 우리로서는 정확히 알 수가 없다. 고린도 교회 교인들이 이를 편지에 쓴 것이라면 be 동사가 본문에 포함되어 있었을 것이다.

이를 염두에 두면, 동양의 그리스도인이 대대로 이 그리스어 본문을 어떻게 셈족 언어로 번역했는지에 주목하는 일이 중요해진다. 장면 3-4의 번역은 이 책의 연구를 위해 선택한 23개의 시리아어, 아랍어, 히브리어 본문을 참조한 것이다. 이렇게 작업한 결과, 나는 이 본문이 시편 95:3-5의 히브리어 본문과 연결 가능하다는 점을 깨달았다. 이 시편 본문은 도표 3.1(4)에서 확인된다.

1. a. [3]**여호와**는 크신 하나님이고	**주**
b. **모든 신보다** 크신 **왕**이기 때문이다.	모든 신 위에 있음
2. a. [4]**땅**의 **깊은 곳**이 그의 손에[*biyado*] 있고[9]	**그의 손에 있음—땅**
b. **산들**의 높은 곳도 **그의 것이다**[*lo*].	산들도 그의 것이다[*lo*]
c. [5]**바다**도 **그의 것이니**[*lo*], **그가 만드셨고**	바다도 그의 것이다[*lo*]
d. 육지[뭍]도 그의 손이[*biyado*] 지으셨기 때문이다.	**그의 손—육지**

도표 3.1(4). 시편 95:3-5

시편 95편의 여러 특징이 지금 논의 중인 바울의 신앙고백 본문에서도 선명하게 나타난다. 특히 다음과 같은 사항을 지적할 수 있다.

1. 시편 95편은 "모든 신"을 능가하는 야웨의 크심과 능력을 확언함으로써 시작된다.
   (마찬가지로 바울도 자신과 독자들이 고백하는 한 분 하나님 및 한 분 주를, 아무것도 아닌 "많은 "신" 및 많은 "주"와 비교한다.)

2. 시편 95편은 창조를 선명하게 강조한다. **야웨**는 땅의 깊은 곳, 산들의 높은

9) 본문의 히브리어 "b"(베트)는 창조 행위를 암시한다. "그가 만드셨고"는 이런 번역의 견해를 강화한다.

곳, 바다와 육지를 창조하셨다.

(이 고린도전서 본문에서 바울은 "만물을 나오게 하신" 한 하나님과 "자기를 통해/자기로 말미암아 만물을 지으신" 한 주께 초점을 맞춘다.)

3. 시편 95편에서 하나님은 권리를 갖고 계신다. 하나님이 창조하신 모든 것이 그분께 속해 있다. 소유권을 가리키는 히브리어 표현은 문자적으로 "그를 위해"를 의미하는 *lo*다.

("그를 위해"[*lo*]라는 이런 정확한 문법적 구성은 시리아어와 아랍어에서도 소유권을 나타내는 데 사용된다. 나아가 네 가지 아랍어 역본을 검토해보면, 두 히브리어 역본 중 하나를 따라 동일한 *lo* 곧 "그를 위해"가 나타난다.)

4. 시편 95편에서 창조는 "하나님의 손"의 역사다. 땅과 산들은 "**그의 손으로**" 창조되고 따라서 그분께 속해 있다. "육지도 **그의 손**이 지으셨다." 시편 95편의 이미지에 따르면, 하나님은 (장인처럼) **그의 손을 사용해** 창조하신다.

(12개의 셈어 역본에서 이 고린도전서 본문 번역을 검토해보면, "**그를 통해** 만물이 있고"와 "**그를 통해** 우리가 존재한다"라는 두 어구는 셈어의 "b"를 사용해서 번역되는데, 이 글자가 단어들 앞에 붙어 있다. 이 글자의 일차적 의미 중 하나는 "~을 수단으로"라는 "도구적 의미"다.[10] 영역본은 이를 "**그로 말미암아**[by him] 만물이 있고"와 "**그로 말미암아**[by him] 우리가 존재한다"로 번역한다. 검토해본 나머지 네 역본은 문제의 두 행을 "그의 손으로 말미암아[by his hands] 만물이 있고"와 "우리는 그의 손으로 말미암아[by his hands] 있다"로 번역함으로써 "그로 말미암아"의 의미를 심화시킨다. 시내산 아랍어 역본 310번은 후자를 "그리고 한 주 예수 그리스도께서 만물을 **자신의 악력 안에** 두시고, 우리는 **그로 말미암아**

10) William Holladay, *A Concise Hebrew and Aramaic Lexicon of the Old Testament* (Grand Rapids: Eerdmans, 1971), p. 32.

그리고 **그의 손안에** 있다"로 옮긴다. 이런 번역은 창조를 행하시는 하나님의 손의 이미지를 강력하게 심화시킨다.)

요약하면 4세기/5세기 시리아어 페시타로부터 현대 히브리어 성경의 다섯 역본에 이르기까지, 자료들은 논의 중인 본문을 "그의 손으로 말미암아 만물이 있고"와 "우리는 그의 손으로 말미암아 있다"로 번역했다.[11]

지적했듯이, 바울의 언급과 시편 95:3-5 사이의 네 가지 접촉점을 통해 우리는, 바울이 시편 95:3-5의 언어와 이미지를 "한 하나님 아버지"와 한 하나님과 함께 계시는 "한 주 예수 그리스도"라는 새로운 실재에 관해 빛을 던져주는 창문으로 사용하고 있음을 볼 수 있다. 한 분 하나님은 고린도인들이 도시 광장의 시장에 갈 때마다 보게 되는 소위 모든 신과 주들을 대체하고 파괴한다. 시편 95편 저자의 야웨는 이런 신조에 나오는 하나님이며, 그분은 소위 신들을 크게 초월한다. 야웨는 "자신의 손으로" 만물을 창조하고, 만물은 *lo* 곧 그를 위한 것이다. 세상은 야웨의 소유다.

여기서 바울은 먼저 그리스도의 선재성을 설명한다. 바울이 고린도전서를 쓸 당시, 빌립보서 2:5-11과 골로새서 1:15-20은 아직 구성되지 않았다. 우리는 고린도전서에서 새롭게 언급된 몇 가지 놀라운 진술을 지적한 바 있다. 주 예수 그리스도를 하나님의 창조의 행위자로 확언하는 이런 예상을 뛰어넘는 진술은 상세히 살펴볼 필요가 있다.

요한은 예수를 태초부터 있었으며 창조 당시 하나님의 행위자였던 **신적 말씀**으로 이해했다. 요한복음 1:3은 "만물이 그를 통해 지음 받았다"라고 말한다. 요한은 이 **창조하는 말씀**이 육신이 되어 우리 중에 거하신다고 보았다(요 1:14). 히브리서 저자는 "하나님이 아들을 통해 세계를 창조하신" 일에 관해 말한다(히 1:2). 이런 언급들과 일치하게, 고린도전서 8:6에서도 한 주 예수 그리스도가 창조의 행위자로서 "그의 손으로 말미암아

11) 여기에는 Peshitta Syriac, Sinai Arabic 151, Sinai Arabic 310, Erpenius Arabic, the Modern Hebrew 같은 역본이 포함된다. 부록 II, 표 F를 보라.

만물이 있게 된다." 시리아어, 아랍어, 히브리어 역본에서 이 고린도전서 본문에 관해 들려지고 반복되는 시편 95:3-5의 메아리가 진지하게 고려된다면, 바울의 이 초기 신조는 예수를 하나님이 세상을 창조하실 때 사용하신 **그분의 손**으로 말하는 메아리를 우리에게 들려줄 것이다.

로마 식민지의 이방인 시민들은 "카이사르를 주[*kurios*]"로 인정했다. 이런 도시에서는 사회생활의 기초가 이런 고백 위에 세워졌다. 황제 숭배를 위한 대형 신전이 도시 중앙에 세워지는 일은 이런 신념을 강화시켰다. 바울이 "우리에게는…한 주 곧 예수 그리스도가 계시니"라고 말할 때 그는 황제 숭배를 조용히 부정하고 있었다. 이는 대담한 진술이었다.

설교의 C 부분(장면 5-7)은 지식과 약한 자, 그리고 하나님을 다룬다(도표 3.1[5]을 보라).

5. [7]하지만 모든 사람이 이 지식을 갖고 있는 것은 아니다.	**지식과 우상**
그러나 어떤 이들은 지금까지 우상에 대한 습관이 있어	양심이 약한 자
실제로 우상에게 바쳐진 제물을 먹고	더럽혀짐
약한 탓에 그들의 양심이 더럽혀진다.	
6. [8]음식은 우리를 하나님께 추천하지 못할 것이다.	
우리가 먹지 않는다고 해서 더 나빠지는 것도 아니고	**하나님과 음식**
먹는다고 해서 더 좋아지는 것도 아니다.	약한 자—걸려 넘어짐
[9]다만 이런 너희의 자유가	**자유와 책임**
약한 자들에게 걸림돌이 되지 않도록 조심하라.	
7. [10]누구든지 지식이 있는 네가	
우상의 집에 앉아 있는 것을 볼 때	**지식과 우상**
양심이 약한 자라면	양심이 약한 자
용기를 얻어	자유와 책임

우상에게 바쳐진 제물을 먹게 되지 않겠느냐?

도표 3.1(5). C 부분: 지식, 약한 자, 하나님(고전 8:7-10)

C 부분. 장면 5

바울은 설명을 시작하면서(8:3) 지식을 이해함에 있어 사랑을 계산에 넣으라고 독자에게 촉구한다. 장면 5에서 바울은 이 원리를 현실에 적용시킨다. 이집트와 레바논에서 30년 넘는 세월 동안 나는, 가족 중 최초로 그리스도인이 된 남(南)수단 출신의 미래 기독교 지도자들을 가르칠 기회를 자주 가졌다. 어느 날 나는 그들 중 한 학생과 대화를 나누게 되었다. 나는 그에게 그의 아버지와 아버지의 세계관에 대해 물었다. 여기에 대해 그는 이렇게 대답했다. "아버지는 붉은 뱀을 신으로 숭배합니다. 아버지는 그 뱀을 단칸방밖에 없는 초가집 안에서 키우고 계십니다." 자신의 대가족이 여전히 붉은 뱀을 숭배하는 그런 세계에서, 신자들은 가족을 대하기 위해 정교한 목회 기술이 필요할 것이다. 조금만 잘못했다가는 뱀에게 잡아먹히거나 뱀 주인에게 죽임을 당할 수 있으니 말이다.

우리는 바울의 배경을 쉽게 재구성할 수 있다. 신전에서는 신에게 제물이 바쳐지고, 그 제물로부터 온 고기가 식사로 제공되었다. 개인 가정에는 대가족이 사회적 모임을 가지는 식사가 있었는데, 이때에도 우상에게 바쳐진 고기를 먹는 일이 "주된 절차"였다. 이렇게 공급된 고기가 아마 가족이 먹을 수 있는 유일한 고기였던 것 같다. 바울은 장면 5에서 이 문제를 다룬다. "신들"의 신상이 있는 신전이 상존한다는 데 대해 여전히 겁을 먹고 있던 신자들은 어떨까? 이렇게 신전에 바쳐진 고기를 먹는다는 것은 **그 신을 자기 삶 속에 받아들이는** 일이 아닌가? "바로 이것이 성찬식에서 일어나는 일이 아닌가?"라고 그들은 물을 수도 있었다. 또는 "신들"이 자기를 숭배하지도 않으면서 자기에게 바쳐진 고기만 먹는 이들을 병들게 만들지도 모른다. 기독교 공동체에서 "강한 자"는 "이 신들은 실재하지 않는다. 이 고기는 '배를 위한 음식'에 불과하다. 그 외에 말할 것은 아무것도 없다"라고 주장했을 것이다. 그러나 "약한 자"는 어떠했을까?

장면 3에서 바울은 이 "강한" 신자들이 제기하는 주장의 타당성을 인정한다. 우상은 실재하지 않는다. 그러나 여기 장면 5에서 바울은, 이성적으로 이미 알고 있는 것을 아직 **감정으로는 받아들이지** 못하는 이들이 우상숭배로 되돌아가는 빌미를 주지 않도록 사랑의 행위로서 고기 먹는 것을 삼가라고 독자에게 권면한다. G. G. 핀들리가 말했듯이, "[사랑 없이] 홀로 작용하는 지식은 지식 자체를 파괴의 기계로 만든다."[12]

세월이 흐른 후에 이 본문은 특수한 결과를 낳았다. 예를 들어보자. 양심이 벽돌 건물처럼 탄탄한 어떤 사람이 여성은 교회 안에서 특수한 복장 규정을 지켜야 한다고 끈질기게 주장하고 있다. 이에 교인들은 이 고린도전서 본문을 기억하고, "음, 우리는 그의 견해를 받아들여야 해. 그가 양심을 가지고 있으므로 우리는 그의 양심을 상하게 해서는 안 되기 때문이지"라고 말한다. 하지만 이런 경우에는 바울의 권면이 적용되지 않는다. 방금 말한 예시는 쉽게 실족할 수 있는 새 신자의 마음속에 새겨진 **약한 양심**의 사례가 아니다. 이는 다른 사람에게 자신의 윤리적 선택을 강요하고 싶어 하는 **강한 양심**을 가진 사람의 경우다. 반면에 자기의 선택이 그리스도의 몸에 가져올 끔찍한 결과를 무시하고 자기만의 길을 고집하는 자들도 있다.

C 부분. 장면 6

장면 6에서 (과거 바리새인이었던) 바울은 **하나님이 우리가 무엇을 먹는지에 대해서는 신경 쓰지 않는다**는 주목할 만한 언급을 한다. 바울은 "음식

12) Findlay, *First Epistle*, p. 839.

이 우리를 하나님께 추천하지 못하리라고" 주장한다. 바울은 음식 법에 친숙하며, 그리스도인이 될 때까지 이 율법을 굳게 지켰던 사람이다. 이전 장(7:19)에서 바울은 독자에게 할례가 중요하지 않다고 말했다. 그런데 여기서는 (자기 이전의 예수와 같이[마 15:10-20]) 대대로 가르치고 적용되었던 음식 법을 무시한다. 따라서 바울은 예수가 이미 세워놓으신 방향 안에 있으며, 여기서 그의 언급은 그와 예수의 전통을 다시 한번 연결시킨다.

계속해서 사도는 "우리가 먹지 않는다고 해서 더 나빠지는 것도 아니다"라고 갈파한다. 말하자면 우상 제물을 먹은 자는 과감히 떠들 수 있었다. "우상은 없고 그러니 문제도 없다! 우리는 강한 자니 이 고기를 먹을 수 있다. 고기를 먹는 것은 우리의 믿음이 강함을 증명한다." 따라서 사람들은 이런 맛있고 값싼 음식을 먹을 만큼 강하지 못한 "약한 자"를 자연스럽게 무시했던 것 같다. 여기에 대해 바울은 그러면 안 된다고 대답한다. 우상 제물을 먹지 않기로 한 사람이 더 나빠지는 것(믿음이 약해짐)도 아니며, 우상 제물을 먹는 자가 더 좋아지는 것(믿음이 강해짐)도 아니다. 이 문제는 사랑과 관련되어 있다. "강한 자"는 "약한 자"에게 걸림돌이 될 수 있다. 사랑이 우리가 지식을 사용하는 방법에 영향을 미쳐야 한다.

C 부분. 장면 7

장면 7에서 바울은 더 날카롭게 지적한다. 한 신실한 자가 이교 신전에 앉아 우상 제물을 먹고 있는 너희를 보면 어떻게 될까? 너희는 우상이 실재하지 않는다는 사실을 알고 이 음식을 먹는다. 하지만 다른 사람은 너희의 행동을 보고 따라 함으로써 우상숭배에 빠질 수도 있다.

8. [11]그렇게 되면 **너희 지식**으로 말미암아	너희 지식
이 **약한** 자가 **멸망당할 것인데**	약한 자—멸망당함
그는 그리스도께서 위해 죽으신 **형제**다.	형제/자매
[12]이같이 **너희 형제**에게 죄를 짓고	너희 형제/자매
그들의 **약한** 양심에 **상처를 입히는** 것은	약한 자—상처를 입힘
너희가 그리스도에게 죄를 짓는 것이다.	너희 죄—그리스도에게 지음
9. [13]그러므로 만일 음식이	
내 형제를 걸려 넘어지게 하는 원인이라면	**내 형제가 걸려 넘어짐**
나는 절대 고기를 먹지 않음으로써	나는 먹지 않는다
내 형제를 걸려 넘어지지 않도록 하겠다.	

도표 3.1(6). D 부분: 지식, 너희/내 형제, 그리스도(고전 8:11-13)

D 부분. 장면 8

장면 8의 여섯 행은 고리 모양 구성을 가진다. 중앙의 클라이맥스에는 형제를 **그리스도께서 [구원하기] 위해 죽으신** 자로 규정하는 확언이 있다. 이 주제는 첫째 논문에서 이미 소개되었다. 거기서 바울은 십자가로 말미암아 우리가 "구원받았다"(1:18)고 밝히고 있다. 사도가 전한 십자가는 "믿는 자들을 구원하는 데" 효과적이었고(1:21), 그들의 "구속"은 십자가에서 흘러나왔다(1:30). 나중에 15장에서 바울은 "그리스도께서 우리의 죄를 위해 죽으셨다"고 확언하는 초기 기독교 신조를 인용할 것이다.

장면 8의 중앙에서 바울은 단수형을 복수형으로 바꾼다. 개인에게 저지른 죄는 "너희 형제/자매"를 구성하는 공동체에 저지른 죄와 같다. 그들의 양심의 예리한 칼날은 사랑 없는 지식으로 인해 무뎌질 수 있다.

나아가 교회는 그리스도의 몸이므로 형제나 자매에게 저지른 죄는 곧 그리스도께 저지른 죄와 같다. 여기서 바울은 자신이 12장에서 설명할 내용을 미리 예견하고 있다. "우상 제물"에 관한 논쟁에서 남을 사랑하지 못하는 것은 사소한 윤리적 문제로 그치지 않는다. 이는 죄인을 구원하기 위해 죽으실 정도로 큰 사랑을 가지신 **그리스도께 저지르는 죄**다.

D 부분. 장면 9

결론(장면 9)의 내용은 다음과 같다. 즉 시장에서 구입할 수 있는 우상 제물을 먹는 일이 내 형제나 자매를 걸려 넘어지게 한다면, 나는 자발적으로 내 행동을 제한하고 고기를 먹지 않겠다는 것이다.

바울은 복음을 위해 자신의 개인적 자유를 제한한다. 만약 복음 사역이 개인적 자유의 제한을 요구한다면, 사도는 고기를 먹지 않을 것이다. 사도는 이처럼 자발적으로 자기를 제한하는 태도를 노예 제도의 용납과 결혼 제도에 적용시킨다. 이제 그 개인적 요소로 시선을 옮겨보자.

3.2.

바울의 개인적 자유와 책임

고린도전서 9:1-18

바로 앞부분(8:1-13)에서 바울은 우상 제물에 대해 논의하면서 두 가지 요점을 강조한다. (1) 너희는 우상이 실재하지 않는다는 것을 알고 있다. 그러므로 너희는 우상 제물을 먹을 **자유와 권리**를 가진다. (2) 너희는 다른 신자들을 사랑해야 할 책임이 있으므로 너희 권리를 조절할 필요가 있다.

이 부분에서 바울은 위의 두 규칙을 자기 삶에 적용한다. 바울은 두 개의 사도적 설교에서 자신의 사례를 제시하는데, 이 두 설교는 합하면 하나의 온전한 설교를 구성한다. 첫째 설교에서는 "내 권리/자유가 여기 있다"라고 말한다. 둘째 설교에서는 "나는 이 권리/자유를 복음을 위해 삼갔다"라고 알린다. 두 설교는 각각 세밀하게 구성된 수사 패턴을 보여준다. 첫째 설교는 도표 3.2(1)에 나타나 있다.

1.	9:1 내가 자유인이 아니냐?	**내 정체성**
	내가 사도가 아니냐?	
	내가 예수 우리 주를 보지 못하였느냐?	
	너희는 주 안에서 내가 만든 작품이 아니냐?	
2.	2 다른 사람들에게는 내가 사도가 아닐지라도	
	적어도 너희에게는 내가 사도다.	
	나의 사도로서의 권리를	
	주 안에서 인친 것이 너희이기 때문이다.[1]	
3.	3 나를 비판할 자들에게 주는 내 변명은 바로 이것이다.	
	4 우리가 **먹고 마실 권리**가 없겠느냐?	**내 권리**
	5 우리가 **다른 사도들**과 주의 형제들과 게바가 그런 것처럼	
	믿는 아내[2]를 동반하고 다닐 **권리**가 없겠느냐?	
	6 또는 바나바와 나만 생계를 위해 일하지 않을 권리가 없겠느냐?	
4.	7 누가 자기 돈을 들여 **군인**으로 복무하겠느냐?	**군인**
	누가 **포도원을 가꾸고** 포도 열매를 따먹지 않겠느냐?	포도원의 일꾼
	누가 양 떼를 기르고 양 떼의 젖을 먹지 않겠느냐?	목자
5.	8 내가 인간의 권위로 이것을 말하느냐?	
	율법도 똑같이 말하지 않느냐?	모세의
	9 모세의 율법에 기록된 것처럼	**토라**
6.	"너희는 소가 곡식을 밟아 떨어뜨릴 때	**성경**
	소에게 **망을 씌우지 말라**."	소
7.	**하나님이 소를 염려하여** 그러시겠느냐?	
	10 특별히 우리를 위해 말씀하시는 것이 아니냐?[3]	하나님의
	이는 **우리를 위해** 기록된 것이니	**토라**
8.	**밭 가는 자**는 소망을 갖고 밭을 갈며	**밭 가는 자**
	타작하는 자는 곡식을 얻을 소망을 갖고 타작하는 법이다.	타작하는 자
9.	11 우리가 너희 중 신령한 것을 뿌렸는데	**내 권리**
	우리가 너희의 육적인 유익을 거둔다면 너희가 지나치다고 보겠느냐?	
	12 만일 다른 이들이 너희에게 **이런 권리**를 갖고 있다면	
	우리는 훨씬 더 큰 권리를 갖고 있지 않겠느냐?	

도표 3.2(1). 바울의 정체성과 그의 자유/권리(고전 9:1-12a)

수사 구조

방금 언급한 이 두 사도적 설교는 짝을 이루는 동시에 각각 독립적이기도 하다. 도표 3.2(1)를 보면 일곱 장면으로 구성된 예언적 수사 틀이 있고, 그 앞머리에 서론 격으로 두 개의 추가적 장면이 붙어 있다.[4] 이것은 높이뛰기 형식의 또 다른 사례다. 짧은 질주(장면 1-2)가 있고 이어서 도약이 이루어진다(장면 3-5). 그다음에는 가로대를 뛰어넘는 과정이 오고(장면 6), 마지막으로 뒤편으로 하강하는 착지로 끝난다(장면 7-9). 이어지는 두 번째 설교도 같은 높이뛰기 형식을 수정한 형태다.

도입부의 짧은 질주 부분에서 바울은 사도로서의 자신의 권리를 간략히 옹호한다. 이어지는 일곱 장면의 고리 모양 구성에서 그는 [교회로부터] 경제적 지원을 받을 수 있는 (사도로서의) 자신의 권리를 옹호한다. 이 첫째 설교에서 바울은 몇 가지 특별한 요소를 도입하고 있다. 앞에서 나는 이사야 40-66장에서 고리 모양 구성을 취하는 중앙 부분이 대체로 다음과 같은 세 가지 항목 중 하나로 채워져 있다고 지적한 바 있다.

(1) 비유/은유

(2) 초기의 거룩한 전통이나 성경 본문에 대한 언급

(3) 자연의 이적

이 본문에는 자연의 이적이 포함되어 있지 않다. 하지만 바울은 **이 동**

---

1) Bailey 번역. 그리스어 원문의 장면의 행들을 그대로 보존하기 위한 번역이다.

2) 그리스어 본문은 문자적으로 "자매 아내"(sister wife)로 되어 있다. 즉 "신자"를 가리키는 "자매"로서의 아내를 가리킨다.

3) Bailey 번역.

4) 바울은 이런 형식을 사용하는 설교를 두 개나 이미 제시했다(고전 2:3-10a; 6:13-20을 보라).

일한 설교의 중앙 클라이맥스에서 다른 두 가지 형태(비유/은유 및 전통이나 성경 본문에 대한 언급)를 정교하게 활용하고, 이 두 형태를 하나로 묶어 제시한다. 이는 드문 사례이며, 아마도 유일한 경우인 것 같다. 바깥쪽 틀은 다음과 같이 확인된다.

3. 우리는 먹고 마실 권리와 믿는 아내를 동반할 권리가 있다.

---

9. 우리는 대가를 받을 권리가 있다.

이 바깥쪽 틀에서 바울은 하나가 아니라 다섯 비유/은유를 도입한다. 그 결과는 다음 도표에서 확인된다.

우리는 먹고 마실 권리와 믿는 아내를 동반할 권리를 갖고 있다.

군인 비유

포도원 일꾼 비유

목자 비유

밭 가는 자 비유

타작하는 자 비유

우리는 대가를 받을 권리가 있다.

도표 3.2(2). 다섯 비유/은유(고전 9:4-11)

이어 바울은 이 다섯 비유를 두 목록으로 나누고, 토라에 대한 두 가지 일반적인 언급을 역시 두 부분으로 나누어 덧붙인다. 또한 중앙에 직접 인용한 성경 본문을 배치한다. 요약하면 그 최종 결과가 도표 3.2(3)와 같이 표현된다.

1. 우리는 먹고 마실 권리와 믿는 아내를 동반할 권리를 갖고 있다.

2. **군인** 비유, **포도원 일꾼** 비유, **목자** 비유

3. 모세의 토라

4. "너희는…소에게 망을 씌우지 말라"

5. 하나님의 토라

6. **밭 가는 자** 비유, **타작하는 자** 비유

7. 우리는 대가를 받을 권리가 있다.

도표 3.2(3). 고린도전서 9:4-11 요약

비유 목록을 둘로 나누어 제시하고 중앙에 새로운 내용을 추가한다는 개념은 이사야 44:1-5에 나온다(도표 3.2[4]를 보라).

3. [1]그러나 이제는 들으라. **나의 종 야곱아,**	**야곱 나의 종**
내가 **택한** 이스라엘아!	내가 택한 이스라엘
[2]너를 만드신 여호와께서 이같이 말씀하시니	
그는 너를 모태에서부터 지었고 너를 도와주실 분이니라.	
나의 종 야곱아,	(여호와께서 너를 만드셨다)
내가 택한 여수룬아, 두려워하지 말라.	
4. [3]내가 **목마른 땅**에 **물**을 주고	물과 시내 **비유**
메마른 땅에 시내가 흐르게 할 것이다.	
5. 내가 **내 영**을 네 자손에게	**나의 영**
내 **복**을 네 후손에게 부어줄 것이다.	**나의 복**
6. [4]그들이 **물속의 풀과 같이**	물과 시내 **비유**
흐르는 시냇가의 버들같이 자랄 것이다.	

7. [5]한 사람은 "나는 여호와의 것"이라고 말할 것이며 **야곱—너의 이름**
다른 사람은 자기를 **야곱의 이름**으로 부를 것이며 이스라엘—너의 이름
또 다른 사람은 자기 손으로 "여호와의 것"이라고 기록하고
자기를 **이스라엘의 이름**으로 부를 것이다. (너는 여호와의 것)

도표 3.2(4). 이사야 44:1-5

이사야는 이 짧은 설교의 바깥쪽 틀(장면 1, 7)을 **야곱**과 **이스라엘**에 대한 언급으로 채우고 있다. 이어서 물과 관련된 네 개의 비유가 연속적으로 제시된다. 이 네 비유는 다음과 같다.

- 목마른 땅의 물
- 메마른 땅의 시내
- 물속의 풀
- 흐르는 시냇가의 버들

(바울과 같이) 이사야도 이 네 비유를 두 목록으로 나누고, 그사이 중앙에 클라이맥스를 배치한다. 이 클라이맥스는 다음과 같다.

5. 내가 **내 영**을 네 자손에게
내 복을 네 후손에게 부어줄 것이다.

바울은 자신의 문학적 과거 속에 이 모델을 간직하고 있다. 하지만 논의 중인 고린도전서 설교는 이런 과거의 모델을 뛰어넘어 정교하게 구성된 중앙을 덧붙이고 있다. 수사적 기교의 정밀성의 측면에서 이 본문에 필적하는 사례로서, 내가 발견한 유일한 본문은 누가복음 12:37-38의 인정 많은 주인 비유다.[5] 이 누가복음 본문을 보면 두 행과 함께 비유가 시작되고, 이 두 행은 중앙에 덧붙여진 특수한 두 행과 짝을 이루며 반복된다. 따

라서 이 샌드위치 설교 역시 중앙에 새로운 세 행을 추가하는 것으로 완성된다. 도표 3.2(5)는 그 결과를 보여준다.

1. [37]그 **종들은 복이 있다.**	**종들**—복이 있다
2. **주인**이 **와서** 깨어 있는 것을 **보면**	**주인**—오다/보다
3. 아멘, 내가 말하는데, 주인이 **띠를 매고**	**주인**—준비하다
4. [먹도록] **그 종들을 자리에 앉히고**	**종들**—섬기다
5. **그들에게 나아와 그들을 섬길 것이다.**	**주인**—섬기다
6. [38]주인이 (이경이나 삼경에)[6] 와서 그들이 그같이 하는 것을 **보면**	**주인**—오다/보다
7. 그 **종들은 복이 있다.**[7]	**종들**—복이 있다

도표 3.2(5). 누가복음 12:37-38

누가복음 12:37-38(과 사 44:1-5)처럼 여기서도 바울은 특별한 재료를 넣어 이중 샌드위치를 만든다. 바울은 다섯 개의 비유를 취하고 토라와 성경 본문을 두 번에 걸쳐 언급함으로써 복합적인 중앙 부분을 만들어내는데, 이 요소들은 모두 사도의 권리라는 주제를 다루는 바깥쪽 덮개를 구성한다. 이렇게 만들어진 설교는 둘러싸인 비유, 둘러싸인 토라 언급, 둘러싸인 구약 인용 등을 보여준다. 그 결과 걸작의 수사법이 완성된다. 따라서 이 주제는 바울에게 핵심적인 것으로 간주된다.

5) Kenneth Bailey, *Jesus Through Middle Eastern Eyes* (Downers Grove, Ill.: IVP Academic, 2008), pp. 365-377.
6) 괄호 안 어구는 초기 구성에 덧붙여진 설명인 것 같다.
7) Bailey 번역. 나는 그리스어 본문의 어구 순서를 따랐다.

주석

바울은 사도로서의 자신의 권리를 단호하게 변호함으로써 설명을 시작한다(장면 1-2). 고린도 교회 교인들은 우상 제물을 먹고 바울을 율법의 지배를 받는 사람으로 공격함으로써 자신의 자유를 부각시키고 있었다. 이에 바울은 "아니, 사실은 내가 자유인"이라고 대답한다.

나아가 "나는 게바 편"이라고 내세운 자는 바울이 부활을 목격하지 못했으므로 참된 사도가 아니라고 우길 수도 있었다. 하지만 여기서 바울은 자기가 확실히 "주를 보았다"라고 주장한다. 바울에게는 자신이 부활을 목격한 사건이 다른 어떤 부활 현상만큼, 아니 실제로 예수의 지상 사역 기간 동안 그분과 직접 교제한 것만큼 구체적인 역사적 사건이었다(행 1:21-22).

이런 종류의 일은 서양에 거주하는 우리에게는 생소하다. 그러나 현대 중동에서는 낯설지 않다. 지난 20년 동안 수천 명에 달하는 중동인들이 꿈속이나 각성 상태에서 문자 그대로 예수를 만났다. 작년에 나는 터키인과 수단인, 이렇게 기독교 지도자 두 사람을 만났다. 그런데 이 두 사람은 모두 예수를 개인적으로 만나고 믿음을 갖게 된 이들이었다. 그들 중 한 명은 순례 중이었는데, 대낮에 예수가 갑자기 그에게 나타나셨다. 다른 한 명은 밤에 세 번에 걸쳐 예수께서 그를 깨웠다. 이 증인의 경우, 그의 두 형제와 한 명의 여동생, 그리고 어머니도 예수를 생생하게 만나본 후 그분을 믿는 믿음을 가지게 되었다. 이런 소중한 증인들이 바울처럼, 자기 앞에 나타나 자신의 이름을 부른 예수와 대화를 나눈 일이 타당했다는 것을 인정하기 위해 굳이 탈계몽주의적 세계관을 받아들일 필요는 없을 것이다. 이들은 바울의 영적 여행과 바울이 한낮에 예수를 처음 만난 사건을 자연스럽게 인정한다. 사도는 자신과 대화를 나누었던 분에 관해 추호도 의심하지 않았다. 사도는 "내가 예수 우리 주를 보지 못하였느냐?"라고 묻는다.

사도가 되기 위해서는 부활을 목격하는 일만으로 충분하지 않았다. 바울은 500명 이상의 사람들이 십자가에 달려 죽으시고 다시 살아나신 예수를 보았다고 직접 주장한 적이 있다(15:6). 그 목격자들 모두가 사도였던 것은 아니다. 바울은 부활을 목격했으며 **거기다** 예수로부터 복음을 전하라는 소명도 받았다. 그는 고린도에서 복음 전파에 성공한 일이 자신이 복음 전도자로 부르심 받은 것을 증명한다고 힘주어 말한다. 바울의 독자들은 그가 믿음의 씨를 "심은 일"을 통해 믿음을 가지게 되었다. 바울을 부르신 주께서 그의 설교 사역에 복을 베푸셨으며, 이 일에 대해 **그들은 증인이었다**.

이어서 바울은 자신이 교회로부터 경제적 도움을 받을 권리를 가지고 있다는 문제를 다룬다(장면 3-9). 여기서 그가 제시하는 비유 중 네 개가 본질상 농사와 관련된다. 목록에서 첫째 비유는 군인 비유다(장면 4). 재건된 고린도의 정착민들 중에는 로마 군대에서 퇴역한 군인들이 많았다. 바울은 군인 비유로 설명을 시작함으로써 이 퇴역 군인들의 자손의 관심을 쉽사리 이끌어낼 수 있었다. 그들이 호흡하는 공기와 분위기 속에는 불가피하게 군대의 언어와 전쟁의 역사가 스며들어 있었다. 바울은 퇴역 군인, 농부, 토라(모세의 율법과 하나님의 율법), 마지막으로 천한 소를 제시함으로써 강력한 논거를 마련한다.

농사와 관련된 이런 비유들은 아모스가 야웨의 "날"에 관해 본 환상(암 9:14)과 조화를 이룬다. 이 아모스서 본문에서 농부는 포도원과 정원을 가꾸고 그 결과 열매를 얻을 것이다. 바울은 새날이 이미 도래했다고 이해하고(10:11), 고린도전서를 쓰기 시작하면서(1:2) 아모스 9:12을 패러프레이즈 한다.

이미 지적했듯이, 바울은 자기 손으로 직접 일을 함으로써 고린도 교인들과 마찰을 빚었다. 대부분의 유대인 신자에게는 이것이 아무 문제도 되지 않았을 것이다. 물론 벤 시라는 기공과 상인을 무시했다. 하지만 랍비들은 그렇지 않았다.[8] 자주 랍비들은 거래나 기술을 통해 경제적으로

8) *Ben Sirach* 38:24-34.

자립했다. 아니, 실제로 랍비는 경제적인 독립을 **요구받았다**. 아무에게도 "왕관으로 일하는" 것이 허용되지 않았다. 토라는 "금관"으로 간주되었으며, 따라서 토라를 "삽"으로 사용하는 일(즉 돈 버는 데 사용하는 일)은 누구에게도 허용되지 않았다. 토라의 선생은 제자에게서 음식과 주거지 외에 어떤 물질적 이익도 얻을 수 없었다.[9] 예수보다 한 세대 이전에 살았던 힐렐이 "왕관을 세속적 이득을 위해 사용하는 자는 멸망하리라"고 한 언급은 자주 인용된다.[10] 바울은 이런 랍비 전통에 적합하게 행동했다. 하지만 그리스 배경을 가진 그리스도인들은 상황이 달랐다. 그리스적 문맥에서, 지성인은 경제적으로 독립적인 자라고 기대되었다. 이런 독립적 지위에서 나오는 한가한 여유만이 지성의 계발을 가능하게 했기 때문이다. 따라서 그리스인이 어떻게 천막 만드는 자의 지적·영적 리더십을 받아들일 수 있었겠는가? 영적 지도자가 스스로 생계를 유지하는 일은 동서양을 막론하고 현대의 많은 문화에서도 생소하다. 지역 사제/목사가 자동차 정비공으로 생계를 스스로 유지한다고 주장할 때 존경받겠는가? 교회가 사례금을 지급하고자 할 때, 목사가 "나는 자동차를 고치는 일이 더 좋습니다!"라고 대답한다고 상상해보라.

소에 관한 내용이 나오는 장면(장면 7)에서 RSV와 NRSV는 이렇게 번역한다. "하나님이 우리를 위해 완전히(*pantos*) 말씀하시는 것이 아니냐?" 이 번역은 하나님이 소에 관해서는 조금도 염려하지 않으신다는 것을 의미한다. 그러나 *pantos*는 "특별히"라는 의미일 수도 있다.[11] 이 의미를 취하면 본문은 다음과 같은 뜻을 가질 수 있다. 즉 하나님은 소에 대해서도 염려하지만, **특별히** 우리에 대해 염려하신다는 것이다.[12] 장면 9를 보면,

9) Shemuel Safrai, "Education and the Study of the Torah," in *The Jewish People in the First Century* (Philadelphia: Fortress, 1976), 2:966.

10) Mishnah, *'Abot* 1:17 (Danby, p. 447). 이는 R. Ishmael in *'Abot* 4:5 (Danby, p. 453)에서 반복되었다.

11) LSJ, *Greek-English Lexicon*, p. 1301.

고린도 교인들은 다른 순회 전도자들을 경제적으로 지원했음이 분명하다. 따라서 바울도 동일한 경제적 도움을 기대할 권리를 가지고 있었다.

바울은 경제적 도움을 받을 자유(와 권리)를 가짐에도 불구하고 고린도 교회 교인들로부터 지원을 받지 않았다. 왜 사도는 이처럼 정교하게 제시되고 철저히 예증된 이 권리를 포기할까? 두 번째 설교가 답변을 제공한다(도표 3.2[6]를 보라).

두 설교 중 첫째 설교에서 바울은 자신의 권리를 변호한다. 그리고 둘째 설교에서는 자신이 그 권리를 사용하지 않는 이유를 설명한다. 이 설교도 수사 구조가 풍부한 구성을 갖고 있다.

수사 구조

7:17-24에서 관찰된 이중 샌드위치 구조가 여기서 다시 나타난다. 바울은 "나는 내 권리를 쓰지 않는다"라고 세 번 반복해서 말하고(장면 1, 4, 10), 이어 그 세 진술 사이사이에 설명하는 내용을 집어넣는다. 7:17-24처럼 여기서도 전반부의 설명은 두 장면의 직선적 시퀀스 속에서 제시된다. 첫째 장면(장면 2)은 구약 전통을 언급하고, 이어 둘째 장면(장면 3)은 예수 전통을 환기시킨다. 이 둘러싸인 전통(encased tradition)은 이사야서와 고린도전서 본문에서 문학적 장치로 사용된다. 바울은 이전 설교에서 이 스타일을 사용했다. 여기서 그는 옛 전통과 새 전통을 **함께** 나란히 봉인하고 있다. 이 이중 샌드위치의 후반부는 일곱 역장면을 가진 예언적 수사 틀을 사용한다.

---

12) 지난 천 년 동안 아랍어 역본 대부분은 후자의 번역을 선호했다. 자주 이 역본들은 "더 특별히"를 의미하는 *bil-ahray*를 사용한다.

1. [12b]그럼에도 불구하고 우리가 **이 권리를 쓰지 않고** 범사에 참는 것은 그리스도의 복음의 길에 방해가 되지 않기 위해서다. — **내 권리를 쓰지 않음**

2. [13]**성전을 섬기는 일**에 **종사하는** 이들은
성전에서 나오는 것으로 **양식**을 얻고
제단을 섬기는 이들은
제사의 **제물**을 **나누는** 것을 너희가 알지 못하느냐? — **성전** (구약)

3. [14]이와 같이 **주께서도**
복음을 전하는 자들이
복음으로 말미암아 **생계**를 유지하도록 명령하셨다.[13] — **주의 명령** (신약)

4. [15]그러나 나는 이 권리를 하나도 **쓰지** 않았고
또 이 양식을 보장해달라고 글을 쓰고 있는 것도 아니다. — **내 권리를 쓰지 않음**

5. 나는 차라리 죽을지언정
누구든지 내 **자랑의 근거**를
내게서 빼앗아가지 못하도록 할 것이다. — 자랑의 **근거**

6. [16]내가 **복음을 전한다고** 해도
내게는 그것이 **자랑의 근거가 전혀 아니다.**
그것은 내게 주어진 **당연한 일**이기 때문이다.
그러니 복음을 전하지 아니하면 내게 화가 있을 것이다! — **당연한 일**

7. [17]만일 내가 자의로
이것을 하면[즉 권리를 포기하면]
상을 받을 것이나 — **자의로 하면** 나는 상을 받음

8. 자의로 하는 것이 아니라고 해도
나는 **사명**을 위임받았다. — **사명**

9. [18]그렇다면 내 **상**의 근거는 **어디**에 있는가? 바로 여기에 있다.
곧 내가 복음을 전할 때
값없이 전하고 — **상의 근거**

10. 복음으로 말미암아
내 권리를 충분히 쓰지 않는 데 있다. — **내 권리를 쓰지 않음**

도표 3.2(6). 자신의 권리를 쓰지 않은 바울의 자유(고전 9:12b-18)

주석

바울은 성전과 성전의 구성 요소, 그리고 "주의 명령"을 함께 언급한다. 이 구조 속에 두 언급을 나란히 배치함으로써 이 둘은 동등한 것으로 제시된다. 이는 초기 교회에서 정경의 발전 과정이 어떻게 전개되었는지를 검토할 때 중요하다. 심지어 이 초기 단계(기원후 55년)에서도 바울은 주의 말씀에, 구약 전통에 부여되는 것과 동일한 수준의 권위를 인정하고 있다.

마지막 일곱 장면의 개념들의 종합적 흐름은 도표 3.2(7)에 요약되어 있다.

4. (대가를 받을) 권리를 사용하지 않음
5. 내 자랑의 근거(대가를 받지 않음)
6. 의무에 대해서는 상이 없음
7. 의무에 대한 부르심을 넘어서면 상이 있음
8. 의무에 대해서는 상이 없음
9. 내 상의 근거(대가를 받지 않음)
10. (대가를 받을) 권리를 사용하지 않음

도표 3.2(7). 고린도전서 9:15-18 요약

앞에서 지적했듯이, 바울은 "자랑"이라는 말을 부정적 의미와 긍정적 의미로 다 사용한다. 부정적 의미에서 자랑은 자신의 유산이나 업적으로 하나님 앞에서 으스대는 것을 의미한다. 에베소서 2:8-9에서 바울은 독자들이 "누구도 **자랑하지** 못하도록 행위가 아니라" 은혜로 구원받았음을 상기시킨다. 이런 부정적 의미는 1:29에서도 나타난다. 거기서 바울은 하나님이 "세상에서 천하고 멸시받는 것…을 택하셔서 어떤 인간도 하나님 앞

13) 눅 10:7을 보라.

에서 **자랑하지** 못하게 하려 하신다"라고 주장한다(3:21; 4:7; 5:6도 보라).

반면에 바울은 심판 날에 신자가 "나는 내게 요구된 것 이상의 일을 했다"라고 말할 정도로 의무의 요구를 기꺼이 넘어서는 것에 대해 설명하면서 "자랑"을 긍정적 의미로 사용한다. "우리 주 예수께서 오실 때 그분 앞에서 우리의 소망이나 기쁨이나 **자랑**의 면류관이 무엇이냐? 너희가 아니겠느냐?"(살전 2:19) 바울은 빌립보 교회 교인들에게 "너희는 생명의 말씀을 굳게 지켜, 내가 그리스도의 날에 헛되이 달음질하거나 수고하지 않았다고 **자랑할** 수 있도록" 하라고 토로한다(빌 2:16). 사도가 지금 여기서 다루는 것은 이런 긍정적 의미의 자랑이다.[14]

바울은 복음 전파를 **당연한 일**로 간주했다(장면 6). 정확히 말해 바울에게 복음 전파는 **사명**이었다(장면 8). 복음 전파는 **당연히 해야 할** 일이었으므로, 자랑의 근거나 상 받을 만한 일이 아니었다. "의무에 대해 감사는 없다"는 것이 그의 기준이었다. 하지만 사도가 교회로부터 경제적 지원을 받을 자신의 권리를 포기했다면 이는 **의무의 요구를 넘어서는** 일이었다. 그로 말미암아 바울은 **자랑**의 근거가 생겼으며 **상**도 받을 만했다. 그의 마음속에서는 **자랑**의 이런 긍정적 의미와 **상**의 주제가 긴밀하게 연결되어 있었던 것이다. 바로 이것이 이 두 요소가 장면 5와 9에서 짝을 이루는 이유다.

중앙 부분(장면 7)과 바깥쪽 덮개(장면 4와 10) 사이의 관계도 중요하다. 장면 7에서 "이것"이라는 말은 **직전에 있는 말**을 가리키지 않고, 뒤로는 장면 4를 돌아보고 앞으로는 장면 10을 내다본다. 고리 모양 구성에서 자주 나타나듯이, 중앙(장면 7)은 처음(장면 4) 및 끝(장면 10)과 다 관련된다. 장면 7의 "이것"이라는 단어를 직전 장면(장면 6)과 관련시키려고 시도하면 설교가 혼란에 빠진다. 바울은 상을 받기 위해(장면 7) 이것(즉 자기의 권리를 포기하는 일; 장면 4, 10)을 행한다. 일단 바울의 스타일의 이런 특징이 확인되면 본문의 의미는 명확해진다.

---

14) 자랑은 바울이 고전 13장에서 사랑을 설명할 때 다시 나타날 것이다.

이를 다르게 표현하면, 복음 전파는 "당연한 일"(장면 6)이고 "사명"(장면 8)이다. 그러므로 복음 전파는 바울 자신의 뜻이 아니다. 사도는 복음 전파를 의무로 행해야 하며 그에 대해 하나님은 아무것도 베풀어주시지 않는다. 그러나 생계를 위해 천막 꿰매는 일을 하는 것은 바울이 당연히 해야 할 의무가 **아니다**. 이는 "당연한 일"(장면 6)이나 "사명"(장면 8)의 일부분이 아니다. 그러므로 이 일을 통해서는 상을 기대할 수 있다(장면 7).

동시에 바울은 "예루살렘의 가난한 자"나 자신을 위해(빌 4:14-18) 경제적 지원을 가끔 받은 사실을 인정하고 있다. 16장에서 살펴보겠지만, 사도는 여행 경비를 특수 비용으로 보는 것 같다. 그의 사역 원리는 다음과 같이 나타난다. 나는 내가 너희를 섬기는 일에 대해서는 경제적 도움을 받지 않겠지만 내가 다른 사람들을 섬길 경우에는 너희 도움을 받을 수 있다. 아마 핵심 문구는 "내가 자유인이 아니냐?"라는 질문에 있을 것이다.

만일 바울이 고린도 교회 교인들로부터 경제적 지원을 받는다면, 그들은 사도에 대해 상당한 통제력을 갖게 될 것이다. 그러나 바울이 다만 다른 사람을 돕기 위해 고린도인들의 도움을 받는다면, 그를 통제하기란 훨씬 더 힘들 것이다. 여기서 바울은 고린도인들의 유익을 위해 "복음을 값없이" 전한다. 또한 부르심 받은 곳으로 가라는 성령의 역사에 순종할 때에는 자유롭게 판단한다. 이는 진정한 선교 신학의 기초를 이루는 결정적 자유 중 하나다.

바울은 **종의 길을 선택할** 자유를 가지고 있다. 예수는 대제사장을 만나 세상 죄를 위해 죽도록 예루살렘으로 올라가게 해달라고 허락을 구하지 않으셨다. 만약 예수가 허락을 구했다면, 대제사장의 답변은 "안 돼!"였을 것이다. 마찬가지로 바울도 고린도 교인들이 이방인에 대한 자신의 사명을 통제하는 것을 허용하지 않았다. 이 설교 첫 부분에서 바울은 "내가 자유인이 아니냐?"라고 묻는다. 자신의 자유에 관한 사실을 확립한 다음, 그는 이 자유가 자신의 사역에서 어떻게 작용하는지를 설명한다. 이제 그 설명을 검토해보자.

3.3.

선교에 있어 자유

충분한 동일화

고린도전서 9:19-27

이제 바울은 그리스도인이 이교 사회에서 어떻게 살아야 하는가의 주제를 다루는 셋째 논문 중앙 부분에 도달했다. 계속해서 전체적 초점은 "자유와 책임"이다. 셋째 논문 전체의 개요는 다음과 같다.

1. 우상 제물: 자유와 책임(8:1-13)
2. 바울의 개인적 자유와 책임(9:1-18)
3. **선교의 자유: 충분한 동일화(9:19-27)**
4. 옛 언약의 성례와 우상숭배: 부분적 동일화(10:1-13)
5. 새 언약의 성례와 우상숭배: 동일화 불가(10:14-22)
6. 우상 제물: 자유와 책임(마지막 말; 10:23-11:1)

이번 논의의 대상이 되는 설교(위에서 볼드체 부분)는 셋째 논문의 중앙을 구성하는 세 부분 중 첫째 단락이다. 시대를 막론하고 모든 그리스도인이 물어야 할 질문은 바로 이것이다. "우리는 주변 문화와 어느 정도 보조를 맞추어야 할까?" 바울은 이렇게 답변한다. 우상 제물 문제는 중요하지만 비교적 쉽게 해결될 수 있다. 해결책은 다음과 같다. "너희가 얼마나 알고 있고 누가 지켜보는가에 따라 때로는 '예스'이고 때로는 '노'다. 그러나 이 문제는 토론을 요구하는 심오한 신학적 관심사와 관련되어 있다."

비기독교 세계를 사는 그리스도인에 관해 큰 그림을 제시한 다음, 바울은 다음과 같이 세 가지 대안을 제시한다.

- 전체적 동일화 (모든 사람에게 모든 것이 됨) [구약과 신약의 율법을 생각하라]
- 부분적 동일화 (어떤 사람에게 어떤 것이 됨) [옛 언약의 성례를 생각하라]
- 동일화 불가 (아무에게도 아무것도 되지 않음) [새 언약의 성례를 생각하라]

이 설교들 중 하나에 주목하고 나머지 두 설교를 간과하기가 쉽다. "모든 사람에게 모든 것이 되라"는 말은 자주 발췌되어 인용되지만, 이 본문에서는 세 방식 중 하나에 불과하다. 위에서 언급된 세 방식은 각각 세밀하게 검토할 필요가 있다. 바울은 "전체적 동일화"(total identification)를 먼저 설명하기 시작한다.

갓 출범한 기독교 공동체로서 고린도 교회 교인들은 이교 세계에 둘러싸여 살고 있었다. 맹세할 때 쓰는 By Jove("정말이다!"라는 뜻)라는 말은 유피테르가 죽고 나서도 영어에서 천 년이 넘도록 존속했다. 좋아하는 팀이 축구 게임에서 승리하면, 사람들은 "자기의 행운의 별에게 감사한다." 이런 표현은 순전히 이교 사상의 산물이다. 이런 신들의 흔적이 현대에도 남아 있을 정도로 강하다면, 능동적이고 자기의식적인 이교 사상에 둘러싸인 그리스도인의 삶이란 과연 어떠했을까? 포스트모던 시대의 세속주의가 이교 사상을 재창출하기 때문에 이 문제는 우리의 문제이기도 하다. 이 세 가지 대안 중 첫째 대안은 "전체적인" 즉 거의 전체적인 동일화다(도표 3.3[1]을 보라).

1.	[19]내가 **모든** 사람[1]에게서 **자유하나** 스스로 **모든 사람에게 종**이 된 것은 **더 많은 사람들을 얻기** 위함이다.	**모든 사람**
2.	[20]내가 **유대인들에게** **유대인**과 같이 된 것은 **유대인들을 얻기** 위함이고	**유대인**
3.	**율법 아래 있는 자들**에게 내가 **율법 아래 있지 아니하나** **율법 아래 있는 자**와 같이 된 것은 **율법 아래 있는 자들**을 얻기 위함이다.	**율법** (유대인)
4.	[21]**율법 밖에 있는 자들**에게 **내가 하나님의 율법이 없는 자가 아닌데** (그러나 그리스도의 율법 아래 있는 자다) **율법 밖에 있는 자**와 같이 된 것은 **율법 밖에 있는 자들을 얻기** 위함이다.	**율법이 없음** (이방인)
5.	[22]내가 **약한 자들에게** **약한 자**와 같이 된 것은 **약한 자들을 얻기** 위함이다.	**약한 자** (이방인)
6.	내가 **모든 사람**에게 **모든 것이 된 것은** 어떻게든 **몇 사람이라도 구원하기** 위함이다.	**모든 사람**
7.	[23]내가 **복음**을 위해 모든 것을 행하는 것은 **복음에 참여하는 자**가 되기 위함이다.[2]	**복음** 참여하는 자가 됨(팀 동료?)
8.	[24]경주에서 모든 경주자가 달릴지라도 상을 받는 사람은 딱 한 사람인 줄을 너희가 알지 못하느냐? 그러니 너희도 상을 받도록 달음질하라.	경주자 **비유**
9.	[25]경주자라면 누구나 모든 일에 절제하는 법이다.	**훈련**
10.	그들은 썩을 면류관을 얻고자 그렇게 하지만 우리는 썩지 아니할 면류관을 얻고자 그렇게 한다.	**상**
11.	[26]그러므로 **나는 목표 없이 달리지 않고** **허공을 치는 자처럼 주먹을 휘두르지 않으며** [27]내가 내 몸을 쳐 복종시키는 것은	경주자 **비유** 권투 선수 **비유**
12.	다른 사람들에게 **전파한** 후에 나 자신이 **자격을 잃지** 않기 위함이다.	**전파** 자격을 잃지 않음

도표 3.3(1). 모든 사람에게 모든 것이 됨(고전 9:19–27)

수사 구조

이 설교에서는 두 가지 주제가 제시된다. 타인들과의 **문화적 동일화**(율법[토라]에 비추어 확인됨)와 **훈련**의 필요성이 그것이다. 이 두 주제는 서로 관련된다. 장면 1-6에서 바울은 근본적으로 **동일화**를 촉구한다. 이어서 장면 7-12에서는 이 동일화를 위해 필요한 엄청난 힘에 대해 설명한다. 바울은 요구되는 훈련이 경주자와 권투 선수의 훈련과 같다고 주장한다. 운동 경기에서 나온 이 비유는 두 번째 부분(장면 7-12)에서 등장한다.

이전 본문과 같이 여기서도 바울은 고리 모양 구성을 사용하는데(각각 전반부와 후반부에서), 여기서만 일곱 장면이 아니라 여섯 장면으로 설교를 구성한다.

이 설교 전반부는 중앙(장면 3-4)에 클라이맥스가 있으며 거기서는 율법을 다룬다. 또한 이 전반부 여섯 장면은 도합 21개의 행으로 이루어져 있는데, 그중 한 행은 특수하게 덧붙여졌으며, 나머지 20행은 10행씩 두 단위로 구성되어 있다. "그리스도의 율법 아래 있다"는 행은 짝을 이루는 열 개 행의 바깥에 있으며 짝을 이루는 내용도 없다. 이 부분은 오해의 가능성 때문에 바울이 이를 교정하려고 "각주"로 덧붙인 것으로 보인다.[3]

이 설교 전반부(장면 1-6)에서 바울은 대위법(counterpoint)을 사용한다. 독자가 **여섯 장면**에 초점을 맞춘다면, 곧바로 이 장면들이 고리 모양 구성의 역평행법으로 구성되어 서로 관련된다는 사실이 선명히 드러난다. 그러나 동시에 이 부분은 이사야 28:14-18과 유사하다. 이 이사야서 본문에서는 짝을 이루는 장면들이 각각 단계 평행법을 보여준다.[4] 다시 말해 1a, b, c의 세 행이 6a, b, c의 세 행과 짝을 이루고 있다. 고리 모양 구성과

1) 여기서와 장면 12의 "모든 사람"(all people)에서 그리스어 본문은 "사람들"(men)로 되어 있다.

2) 그리스어 본문에 대한 Bailey의 문자적 번역.

단계 평행법은 동시에 연주가 가능한 두 개의 선율과 같다. 식견 있는 유대인 지도자/청자는 이 둘을 한 번에 들을 수 있었을 것이다.

주석

자주 나는 강연이나 학술 논문에서 다음과 같은 언급을 듣고 읽었다. 즉 "우리 모두는 바울이 '나는 유대인에게는 유대인처럼 되고, 이방인에게는 이방인처럼 되었다'라고 말했음을 알고 있다"는 것이다. 그런데 여기에 심각한 문제가 있다. 바울은 이런 주장을 한 적이 결코 없기 때문이다. 본문의 구조 때문에, 바울이 그렇게 이야기한다는 추측이 나올 수는 있다. 하지만 사도는 그렇게 말하지 않는다. 이 여섯 장면을 가장 간략히 요약하면 다음과 같다.

1. 나는 모든 사람에게 종이 되었다.
2. 　　나는 **유대인**이 되었다.
3. 　　　　유대인을 얻기 위해 나는 토라 아래 살았다.
4. 　　　　이방인을 얻기 위해 나는 토라 밖에서 살았다.
5. 　　나는 **약한 자**가 되었다.
6. 나는 모든 사람에게 모든 것이 되었다.

장면 1과 6에서 바울은 "모든 사람"과의 동일화에 대해 말한다. 중앙(장면 3, 4)에서는 (유대인을 얻기 위해) 유대인처럼 사는 것과 (이방인을 얻기 위해) 이방인처럼 사는 것에 관해 말한다. 각 장면은 짝을 이루는 장면

---

3) 고전 1:17-2:2을 설명하면서 우리는 원래 찬송이 작성된 후 덧붙여진 것으로 보이는 "추가 내용"에 관해 지적한 바 있다. 동일한 내용이 여기서도 해당된다.
4) 앞의 프렐류드, "예언적 설교 수사 스타일과 그 해석"에서 도표 0.4를 보라.

을 가지고 있다! 이는 고리 모양 구성의 설교다. 독자는 장면 2와 5도 짝을 이루고 있음을 충분히 예상할 수 있다. 장면 2에서 바울은 "나는 유대인이 되었다"라고 한다. 따라서 독자는 장면 5에서 바울이 "나는 이방인이 되었다"라고 말하리라고 예상할 것이다. 그러나 놀랍게도 이런 패턴이 깨진다. 바울은 "이방인들에게 내가 이방인이 되었다"라고 말하지 않는다. 왜 그런가? 답은 단순하다. 바울은 유대인이고 그래서 그는 **이방인이 될 수 없기 때문이다!** 심지어 "모든 사람에게 내가 모든 것이 되었다"라고 특별히 언급하는 설교에서도 바울은 한계를 인정한다.

아랍 세계에서 47년을 살고 네 가지 아랍어로 강의할 능력을 구비한 뒤에도, 나는 아랍어를 사용하는 친구들에게 "우리는 아랍인"이라고 결코 말하지 못했다. 건널 수 없는 선이 어디에 그어져 있는지 잘 알고 있었기 때문이다. **삶의 방식**에 관해 말하자면, 바울은 "토라 아래 있는 자"로도(장면 3), "토라 아래 있지 않은 자"로도 살 수 있다(장면 4). 그러나 **정체성**에 관해 말하자면, 바울은 **자신이 이방인이 될 수 없음**을 너무 잘 알고 있었다. 그래서 그는 독자에게 감히 그런 말을 하지 못한다. 우리는 자신이 속한 문화에 깊이 뿌리박고 있을 때라야, 문화적 간격을 넘어 다른 편의 사람들에게 들어가는 모험을 감행할 수 있다. 각각의 끝에 다리가 안전하게 고정되어 있어야 하기 때문이다. 오직 그때라야 다리는 목적을 달성할 수 있으며, 다리를 건너 여행하는 일이 가능하다.

바울은 그리스도의 이름으로 문화적 경계선을 넘기 위해 **할 수 있는 일은 무엇이든** 해볼 것이다. 그는 스스로 종이 되기도 할 것이다. 그러나 어쩔 수 없는 자신의 한계에 관해서 사도는 현실적이다. 다음으로는 짝 장면들을 각각 짤막하게 살펴보자.

장면 1과 6

바울은 "모든 사람에게서 자유하다"(장면 1). 바울은 천막 만드는 일을 함으로써 생계를 스스로 해결한다. 교회의 경제적 지원을 거절함으로써 아무도 자신의 사역의 방향이나 초점을 통제하지 못한다는 점을 확실히 한다. 동시에 "더 많은 사람을 얻기" 위해 기꺼이 **모든 사람에게 종**이 된다. 자유와 속박 사이에서 적절한 균형을 유지하려면 엄청난 힘이 요구된다. 바울은 어떻게든 몇 사람이라도 구원하기를 바라고(장면 6), 그 목표를 이루기 위해 부단히 노력할 것이다.

장면 2와 5

장면 2에서 바울은 동포인 유대인을 다루는 방법을 제시한다. 바울은 유대인과 같이 된다. 그는 회당과 예루살렘 성전에서 공개적으로 그리고 진실하게 자신을 신실한 유대인으로 드러냈다. 이와 짝을 이루는 장면 5에서 사도는 이방인과 같이 된다고 주장하지 않고, "내가 약한 자들에게 약한 자와 같이 되었다"라고 언급한다.

보통 지도자들은 자신의 강한 모습을 보여주기를 원한다. 지도자는 대중에게 강자로 보일 수 있다는 조건하에서는 기꺼이 약자를 섬긴다. 강자의 위치에서 곤궁한 자를 돕는 것이다. 반면에 바울은 의도적으로 "약한 자를 얻기" 위해 **약한 자가 된다**. 아래로부터 나오는 바울의 선교는 그가 행하는 모든 행위가 어떤 것인지 알려준다. 로마 시민으로서 바울은 지위와 특권을 주장할 수도 있었다. 이 단순한 말씀 속에는 심오한 선교 신학이 담겨 있다.

성육신 자체가 "약한 자가 된" 행위였다. 바울은 예수에 관한 유명한 언급을 통해 성육신을 제시한다. "그는 하나님의 형체를 갖고 계셨지만 하나님과 동등한 자리를 취하지 않고 오히려 자기를 비워 종의 형체를 취하셨다"(빌 2:6). 요한복음을 보면, 예수는 사마리아 우물가에서 자기를 비우심으로써, 낯설고 천하고 부정한 한 여인의 도움을 받으실 정도로 낮아지셨다(요 4:7). 또한 예수는 둘씩 짝을 지어 제자들을 파송하시면서 그들에게 아무것도 가지고 다니지 말라고 조심스럽게 당부하셨다. 제자들은 "지팡이나 배낭이나 양식이나 돈"을 가져서는 안 되었다(눅 9:3). 요약하면 제자들은 약하고 가난한 자로 다녀야 했고, **자기가 섬기러 찾아다닌 자들의 필요 속으로 들어가야** 했다. 바울도 주님을 따라 매우 약한 자로 세상 속으로 들어갔다. 그는 자신의 이런 약한 모습을 고린도후서 11:23-29에서 적나라하게 묘사한다. 이런 연약함에 대한 묘사의 나열은 다음과 같은 말로 끝난다. "누가 약하면, 내가 약하지 않은가? 누가 넘어지면 내가 불같이 분개하지(*puromai*) 않는가?"[5]

이 논문 앞부분에서 바울은 "강한 자"에게 반대하고 "약한 자"에게 연민을 표현했다(8:7-13). 다음 (넷째) 논문에서 우리는 바울이 "가진 것이 아무것도 없는" 굶주린 자와 비천한 자를 옹호하는 모습을 볼 것이다(11:21-22).

스리랑카의 D. T. 나일스는 "권력의 자리를 차지하고 섬기는 일은 참된 섬김이 아니라 적선에 불과하다"라고 평가했다. 계속해서 나일스는 다음과 같이 말한다.

> 아시아 지역 기독교 공동체의 삶의 특징 중 하나는 이 공동체에 속한 봉사 기관의 수가 아주 많다는 것이다. 이런 기관으로는 학교, 병원, 고아원, 농장 등이 떠오른다. 그러나 우리가 적절히 깨닫지 못하는 것은, 이런 기관들이 기독교적 섬김의 수단일 뿐만 아니라 세속적 힘의 원천이기도 하다는 것이다. 이 기관들 덕분에 우리는 후원과 통제 업무를 제공할 수 있으며, 때로 돈도 벌어들인다. 그 결과 공동체의 나머지 사람들은 교회를 질투하는 마음으로, 때로는 두려운 마음으로, 심지어 의심하는 마음으로 바라보는 법을 배우게 된다.…두 사람이나 두 집단 사이에 사랑을 세우는 유일한 길은 서로를 필요로 하는 것만큼 서로를 관련시키는 것이다. 기독교 공동체는 섬기는 공동체가 되어야 한다. 또한 섬김을 필요로 하는 자리로 들어가야 한다.[6]

5) Bailey 번역. 고후 4:7-11; 6:3-10도 보라.

바울은 "약한 자를 얻는" 유일한 길이 그들의 약함 속에 참여하는 것이라고 이해했다. 부활절 저녁 예수는 제자들에게 "아버지께서 나를 보내신 것같이 나도 너희를 보내노라"(요 20:21)라고 선포하신다.

이런 점에서 바울의 선교 방식은 그가 선포한 메시지와 조화를 이룬다. 바울은 역사 속으로 들어오신 하나님이 비천한 탄생으로 시작해서 십자가 죽음으로 끝마치셨다고 선언했다(1:17-2:2). 세상은 이 사건을 미련하고 약한 것으로 판단했다. 모든 면에서 바울의 선교 방식은 이런 약함을 반영하는 데 있었다. 콘스탄티누스 황제가 시행한 선교 방식은 기독교 제국이 다른 나라들을 정복함으로써 제국 국민이 패배한 나라의 국민에게 복음을 선포할 수 있도록 만드는 것이었다. 압도적인 힘을 가진 군대가 먼저 들어오고, 그 후 군대의 관할 아래 복음 전도자가 미약한 자들에게 복음을 선포하는 것이다. 하지만 바울의 선교 신학에는 이런 방식이 설 자리가 전혀 없었다.[7] 바울은 복음 전도 팀과 함께 헐벗고 매 맞고 정처 없는 자로 사람들 속으로 들어갔다(4:11). 사도의 메시지는 그의 선교 방식과 아름다운 조화를 이루었다.

장면 3과 4

바울은 유대인들 속에서는 유대인처럼 토라 규정을 지켰다(장면 3). "토라 아래 있는 자들을 얻기" 위해 "토라 아래 있는 자와 같이" 되었다. 장면 3의 네 행은 장면 4의 네 행과 평행을 이룬다. "토라 밖에 있는" 자들("이방인들"로 이해됨)에게 바울은 "토라 밖에 있는 자"와 같이 된다. 따라서 바울은 무엇이든 할 수 있는 율법 폐기주의적인 세상을 따라 사는 것인가? 절

---

6) D. T. Niles, *This Jesus... Whereof We Are Witnesses* (Philadelphia: Westminster Press, 1965), pp. 24-25.

7) 이런 방식은 샤를마뉴 대제와 스페인 정복자들에게서 반복된다.

대로 그렇지 않다. 장면 4에는 다섯째 행이 있다. 바울은 "그리스도의 율법 아래" 있다고 한다. "그리스도의 마음"이 그를 인도한다(2:16).

이어지는 두 설교에서 바울은 구약과 신약의 성례를 다룰 것이다. 마찬가지로 여기서 바울은 "토라"**와** "그리스도의 율법"을 언급한다. "그리스도의 율법"은 "토라"와 평행을 이룬다. 그러므로 여기서 바울은 다시 예수 전통의 권위를 강조하고, 이를 모세의 토라와 동등한 수준에 두고 있다.

유대인으로서의 출생, 문화, 언어, 종족과 같은 한계에도 불구하고, 바울은 어떻게든 "몇 사람이라도 구원하기" 위해 문화적 장벽을 과감하게 뛰어넘는 데 심혈을 기울인다. 이런 과정에서 많은 것이 요구되며, 많은 것이 걸리게 된다. 이제 이 설교의 후반부를 다루어보자(도표 3.3[2]을 보라).

7. [23]내가 **복음**을 위해 모든 것을 행하는 것은 **복음**
복음의 참여자가 되기 위함이다. 참여자가 됨(팀 동료?)

8. [24]경주에서 모든 경주자가 달릴지라도 경주자 **비유**
상을 받는 사람은 딱 한 사람인 줄을 너희가 알지 못하느냐?
그러니 너희도 상을 받도록 달음질하라.

9. [25]경주자라면 누구나 **훈련**
모든 일에 절제하는 법이다.

10. 그들은 썩을 면류관을 얻고자 그렇게 하지만 **상**
우리는 썩지 아니할 면류관을 얻고자 그렇게 한다.

11. [26]그러므로 **나는 목표 없이 달리지 않고** 경주자 **비유**
허공을 치는 자처럼 주먹을 휘두르지 않으며 권투 선수 **비유**
[27]내가 내 몸을 쳐 복종시키는 것은

12. 다른 사람들에게 **전파한** 후에	**전파**
나 자신이 **자격을 잃지** 않기 위함이다.	자격을 잃지 않음

도표 3.3(2). 팀워크, 훈련, 상(고전 9:23-27)

수사 구조

바울은 여섯 역장면을 사용해서 자신의 개념을 제시한다. 앞의 설교처럼 여기서도 몇 가지 은유, 즉 "경주자"와 "권투 선수"가 언급된다. 경주자는 두 번 나타난다. 고리 모양 구성에서 보통 그러듯이, 클라이맥스는 중앙에 있다. 이 경우에는 중앙에 요약(장면 9)과 결론(장면 10)이 포함되어 있다.

이 본문은 바울의 고리 모양 구성이 현대 독자에게 혼란을 일으키는 하나의 명백한 사례다. 우리는 예시 1, 예시 2 그리고 마지막에 결론이 오리라고 예상한다. 다시 말해 다음과 같이 내용이 전개되리라고 예상하는 것이다.

첫째 비유: 24 경주에서 모든 **경주자**가 달릴지라도
(경주자) 상을 받는 사람은 딱 한 사람인 줄을 너희가 알지 못하느냐?
그러니 너희도 상을 받도록 달음질하라.
26 그러므로 **나는 목표 없이 달리지 않고**

둘째 비유: **허공을 치는 자처럼 주먹을 휘두르지** 않으며
(권투 선수) 27 내가 내 몸을 쳐 복종시키는 것은

결론: 25 (확실히) 경주자라면 누구나
모든 일에 절제하는 법이다.
그들은 썩을 면류관을 얻고자 그렇게 하지만
우리는 썩지 아니할 면류관을 얻고자 그렇게 한다.

이런 제시의 순서는 우리의 정신 깊숙이에 이미 자리를 잡고 있다. 그러나 바울은 중앙에 클라이맥스를 위치시키고, 이어 둘째 비유를 덧붙임으로써 현대인의 생각을 혼란시킨다.

주석

고린도에서는 지협 경기대회가 2년마다 개최되었다. 관전자와 경주자는 천막을 치고 기숙하며 대회에 참가했다. 이때 바울 및 바울과 천막 만드는 일을 함께한 동료 브리스길라와 아굴라는 고린도에서 고객을 쉽게 찾을 수 있었다. 게다가 고린도는 스포츠에 열광하는 사람들로 가득한 도시였다. 이전 설교에서 바울은 군인 비유를 취해 자신에게 수고의 대가를 받을 권리가 있음을 명확히 제시했다(9:7). 여기서는 스포츠에 열광하는 환경에서 경주자들의 세계로부터 자신의 메시지를 전달할 수 있는 은유를 찾아낸다.

바깥쪽 짝 장면(장면 7, 12)은 도표 3.3(3)에서 표시된다.

7. [23]내가 **복음**을 위해 모든 것을 행하는 것은	**복음**
복음의 참여자가 되기 위함이다.	참여자가 됨(팀 동료?)
12. 다른 사람들에게 **전파한** 후에	**전파**
나 자신이 **자격을 잃지** 않기 위함이다.	자격 잃지 않음

도표 3.3(3). 장면 7과 12(고전 9:23, 27b)

RSV는 장면 7의 둘째 행을 "복음의 복에 참여하는 자가 되기 위함이다"라고 번역한다. 내가 문자적으로 번역한 그리스어 본문에는 "복"이라는 단어가 들어 있지 않다.[8] 여기서 바울은 복음을 **듣고 받아들일 수** 있도록 자신이 "모든 사람에게 모든 것이 되어야 한다"라고 주장하지 않는다.

그는 하나님이 복음을 통해 이미 문화의 경계선을 넘어 역사하셨다고 보았으며, 그래서 자기가 **그 역사의 참여자**가 되기를 원했다. 복음의 열차는 달리고 있었고, 바울은 그 열차에 올라타거나 뒤처지거나 할 수 있었다. 이런 놀라운 언급은 복음이 자체의 힘을 가지고 활동하기 때문에 우리 힘으로는 복음을 통제할 수 없다는 사실을 묘사하고 있다. 아무도 복음을 매어놓을 수 없다(딤후 2:9).

지금도 온 세계 사람들은 아시아, 아프리카, 남미 등지에서 복음이 급속도로 퍼지는 것을 보고 놀라움과 경탄을 금치 못하고 있다. 바울처럼 우리도 두 가지 선택지를 가지고 있다. 복음의 활동에 참여할 것인가, 아니면 복음의 뒤로 처질 것인가?

참여자(*sugkoinonos*)라는 핵심 단어는 사업 파트너와의 관계를 포함해서 다양한 관계를 가리키는 일반 용어다.[9] 이 본문이 스포츠 게임의 은유로 가득하다는 점에 비추어보면, "참여자"는 "팀 동료"라는 함축적 의미도 가진다고 볼 수 있다. 이런 생각은 짝을 이루고 있는 연(장면 12)으로 인해 강화된다. 장면 12는 "자격을 잃는 일"에 관해 말하고 있다. 바울은 팀에서 자격을 잃기보다 팀의 일원으로 남기를 바란다. 그는 계속 올라갈 수 없으면 떨어질 것이다. 이 두 장면의 두 행은 각각 다음과 같이 서로 짝을 이룬다.

7. a. 내가 **복음**을 위해 모든 것을 행하는 것은

b. 복음의 "**팀 동료**"(*sugkoinonos*; 공동 파트너)가 되기 위함이다.

12. a. 다른 사람들에게 (복음을) **전파한** 후에

b. 나 자신이 (팀으로부터) **자격을 잃지** 않기 위함이다.

---

8) 아랍어와 시리아어 역본을 보라.

9) BAGD, p. 774.

두 번째 짝 장면은 장면 8과 11이다(도표 3.3[4]을 보라).

8.	9:24경주에서 모든 **경주자**가 달릴지라도	경주자 **비유**
	상을 받는 사람은 딱 한 사람인 줄을 너희가 알지 못하느냐?	
	그러니 너희도 상을 받도록 달음질하라.	
11.	26그러므로 **나는 목표 없이 달리지 않고**	경주자 **비유**
	허공을 치는 자처럼 주먹을 휘두르지 않으며	권투 선수 **비유**
	27내가 내 몸을 쳐 복종시키는 것은	

도표 3.3(4). 장면 8과 11(고전 9:24, 26-27a)

오늘날 우리도 올림픽 경기에 참가하는 선수들이 얼마나 혹독한 훈련을 받아야 하는지에 대해 알고 있다. 고린도 도시의 후원을 받는 지협 경기대회가 열릴 때, 시민들은 경주에 참가한 선수가 얼마나 많은 시간을 투자하고 에너지를 투입해야 하는지에 대해 잘 알고 있었음이 분명하다.[10] 바울은 이런 지식에 기반을 두고, 그리스도의 이름으로 문화의 경계선을 뛰어넘으려면 그와 같은 훈련이 요구된다고 독자에게 토로한다. 바울은 천천히 "달리지만" 아무 "목표 없이" 달리지 않는다. 바울은 끊임없이 훈련하고 경주에 참가하는 프로 선수와 같은 목표를 갖고 있다.

여기서 바울이 권투 비유를 사용하는 것은 의미심장하다. 사도는 원수에게 주먹을 휘두르는 것도 아니고, 허공에 대고 마구 휘두르는 것도 아니다. 바울은 자기 자신에게 주먹을 휘두른다. 그렇게 하지 않으면, 팀에서 (자격을 잃고) 쫓겨날 위기에 처할 것이기 때문이다. 바울의 이런 언급은

10) 지협 경기대회를 언급하는 원문에 대해서는 Jerome Murphy-O'Connor, *St. Paul's Corinth: Texts and Archaeology* (Collegeville, Minn.: Liturgical Press, 2002), pp. 12-15, 100, 104-105을 보라.

세월이 흐른 후 극단적인 금욕주의를 정당화하는 데 사용되었다. 수준 높은 영성을 추구하는 자들에게는 목표를 이루기 위해 "자기 몸을 치는" 일이 요구되었기 때문이다.[11] 그러나 본문은 한 가지 주제의 후반부다. 지금 바울은 금욕적 훈련에 대해 말하는 것이 아니다. 그리스도의 이름으로 문화의 장벽을 성공적으로 넘어서려면 높은 헌신이 요구된다는 것을 이야기하고 있다. 지금 바울은 **선교**를 설명하고 있는 중이다! 이집트에 파송된 장로교 선교사 걸리언 랜싱은 1864년에 이렇게 쓴 바 있다. "나는 시간을 다시 내어 아랍어를 익히기보다는, (아랍어 학습이 얼마나 힘든지 차라리) 카이로에서 희망봉까지 아프리카를 횡단하고 싶다."[12]

특히 고린도후서는 바울이 자신이 겪은 고난을 묘사하는 이야기로 가득 차 있다. 고린도후서 4:7-12에서 사도는 독자에게 다음과 같이 알린다. "우리는 사방에서 고통을 겪었으나 박살나지는 않았다. 당혹스러운 일을 겪었으나 절망에 빠지지는 않았다. 박해를 받았으나 버림받지는 않았다. 매질을 당했지만 죽지는 않았다." 고린도후서 6:3-10에서는 "환난, 고난, 재난, 매 맞음, 투옥, 폭동, 수고, 감시, 굶주림"을 겪은 일에 대해 말한다. 마지막으로 바울은 고린도후서 11:23-29에서 이렇게 말한다. "유대인들에게 사십에서 하나가 빠진 매를 다섯 번이나 맞았다. 세 번이나 매질을 당했다. 한 번은 돌로 맞았다. 배를 타고 가다 파선한 적도 세 번이나 있었다. 하루 동안 꼬박 바다에서 표류하기도 했다." 서른아홉 대의 매를 네 번 맞고 난 후, 다시 설교를 하면 다섯 번째 매를 맞을 수 있음을 알고도 계속해서 복음을 전하려면 어느 정도의 훈련이 요구될까? 고린도전서에서 바울은 "내가 어떤 사도보다 더 많이 수고했다"라고 확언한다(15:10). 또한 골로새 교회 교인들에게는 "나는 그가[그리스도가] 내 안에 강하게 일으키시는 역사를 따라 온 힘을 다하여 수고한다"라고 말한다(골 1:29).

11) Thiselton, *First Epistle*, P. 712.

12) Gulian Lansing, *Egypt's Princes* (Philadelphia: William S. Rentoul, 1865), p. 8.

바울은 예루살렘에서 가말리엘의 문하생이었으며 거기서 얼마든지 출세할 수 있었다. 사도행전 22:3을 보면, 바울은 자신이 "이 성[예루살렘]에서 가말리엘의 문하에 들어가 **자랐다**(*anatethrammenos*)"라고 천명한다. 동일한 단어(*anatrepho*)가, 모세가 바로의 딸에게 "길러진" 일을 묘사하는 데 사용된다(행 7:21). F. F. 브루스는 이렇게 지적한다. "바울은 십대 어느 시점에 가말리엘의 학교에 들어갈 수도 있었다. 그러나 바울의 부모는 그가 더 이른 소년 시기에 예루살렘에서 안전한 영향을 받도록 조치를 취했다."[13]

만약 바울이 예루살렘에서 보수적인 유대인으로 자란 것이 사실이라면, 그리스어는 어디서 배웠을까? 여기에 대해서는 명확한 답변이 없다. 보른캄은 이렇게 주장했다. "바울은 유대교 정통주의 노선에 따라 이방인에게 유대교를 전파하는 선교사가 되기로 결심했고, 그래서 그리스도인이 되기 전에 유대교 선교를 이미 시작했다."[14] 유대교 선교를 위해 바울에게는 예루살렘에서 사는 것보다 그리스어를 배우는 일이 당연히 급선무였을 것이다. 또 다른 견해는 바울이 회심하고 예루살렘으로 여행한 후 "수리아와 길리기아 지방으로" 간 사실(갈 1:21)에 주목한다. 거기서 사도는 10년 이상 머물렀다. 그때 바울은 그리스어를 진지하게 공부했을까? 우리로서는 알 수 없다. 바울의 모국어는 아람어와 히브리어였으며, 그리스어의 구어와 문어에 유창하려면 개인적으로 각고의 공부가 필요했을 것이다. 한평생 바울은 어떻게든 문화의 경계선을 뛰어넘어 이방인의 사도로서의 자신의 소명을 이루기 위해 "자기 몸을 쳐" 복종시켜야 했다. 그는 "모든 사람에게 모든 것이 되는" 일이 엄청난 에너지를 필요로 한다고 독자에게 경고한다. 지협 경기대회를 준비하면서 고린도의 경주자들은 자기

13) F. F. Bruce, *Paul: Apostle of the Heart Set Free* (Grand Rapids: Eerdmans, 1977), p. 43.

14) Günther Bornkamm, *Paul* (New York: Harper & Row, 1971), p. 12.

몸을 혹독한 훈련에 복종시켰다. 바울도 복음의 신실한 증인이 되기 위해 "자기 몸을 주먹으로 쳤다."

여기서 바울은 클라이맥스를 중앙에 배치하는데 그 내용은 다음과 같다.

9. [25]경주자라면 누구나 **훈련**
모든 일에 절제하는 법이다.

10. 그들은 썩을 면류관을 얻고자 그렇게 하지만 **상**
우리는 썩지 아니할 면류관을 얻고자 그렇게 한다.

"망각된 신실한 자들" 곧 수백만 명에 달하는 중동의 아랍권 그리스도인 세계의 문화적 경계선을 뛰어넘는 데 40년을 보낸 나는 여기서 바울의 주장을 충분히 증언할 수 있다. 언어, 문화, 역사, 예술, 문학, 정치, 세계관, 음악, 내전과 내란, 이 모든 것은 다른 문화 속으로 효과적으로 들어가려면 반드시 경험되고 파악되고 포용되어야 한다.

잠시 분발하는 것만으로는 충분치 않다. 모든 일에 절제가 요구된다. 지협 경기대회에 참가하는 경주자는 솔잎 관(이나 셀러리 관)을 쓰는 상을 받았다. 금메달조차 얻을 수 없었다! 솔잎이나 셀러리가 얼마나 오래가겠는가? 플루타르코스는 이 문제에 대해 다음과 같이 서술했다.

> 고결한 사람은 자신의 고난을 가장 큰 적대자로 붙들고 밤낮 그 고난과 씨름한다. 이런 분투의 이유는 셀러리 가지를 얻기 위해서가 아니다. 또 수많은 염소들처럼 들감람나무나 솔잎을 얻기 위해서도 아니다. 오직 한평생의 행복과 미덕을 얻기 위해서다.[15]

15) Plutarch, Murphy-O'Connor, *St. Paul's Corinth*, p. 101에서 인용함.

바울의 목표는 현세를 초월해서 썩지 아니할 면류관을 얻는 것이었다. 나아가 바울은 자기를 위해 "행복과 미덕"을 얻는 데 초점을 맞추지도 않았다. 그의 목표는 "모든 곳에 그를[그리스도를] 아는 냄새를 퍼뜨리는" 데 있었다(고후 2:14). 신약성경의 표현에 따라, 바울이 여기서 **의의 면류관, 영광의 면류관** 또는 **생명의 면류관**에 관해 말하고 있다고 볼 때 텍스트가 가장 잘 이해된다.[16]

이제 "모든 사람에게 모든 것이 되는 것"에 관해서는 충분히 논의한 것 같다. 다음으로는 "어떤 사람에게 어떤 것이 되는 일"에 대해 설명하고자 한다.

16) Thiselton, *First Epistle*, p. 714.

3.4.
옛 언약의 성례와 우상숭배
부분적 동일화

고린도전서 10:1-13

그다음 바울의 설교는 도표 3.4(1)에 제시되어 있다.

바울은 이전 설교에서 그리스도인이 주변 세상과 충분히 동일화될 필요가 있다고 주장했다. 그리스도인은 "모든 사람에게 모든 것"이 되어야 한다는 것이다. 사도는 스포츠 세계에서 추출한 은유를 사용해서 이 동일화에 요구되는 훈련을 감수하도록 독자에게 강력한 도전을 주었다.

이번 설교에서는 이런 동일화로 말미암아 일어난 문제를 다룬다. 우리는 음식, 옷, 음악, 사회적 교제 방식 등에 있어 다른 문화와 동일화될 수 있다. 이런 차원의 동일화는 비교적 쉽다. 그러나 타문화의 **성례**가 이슈가 되면 매우 중대한 문제가 발생한다. 고린도전서에서는 전체에 걸쳐 유대인과 그리스인의 문제가 논의의 중심에 있거나 주목을 요구하고 있다. 유대인과 그리스인의 성례도 마찬가지다.

바울은 양자가 다르다는 점을 염두에 두고 각각에 대해 충분한 설교를 제공한다. 이번 장에서 우리가 다룰 설교는 유대인이 과거에 지킨 성례에 대해 논의한다. 먼저 이 설교의 수사 구조를 고찰하고 이어서 그 신학적·

0.	10:1 형제들아, 나는 너희가 알기를 바란다.	
1.	**우리 조상들**은 다 **구름** 아래 있었고 **다 바다를 통과했으며** 2 다 모세에게 **구름**과 **바다 속에서** **세례를 받았고**	**세례**
2.	3 다 똑같은 **신령한 음식**을 먹고 4 다 똑같은 신령한 음료를 마셨다. 왜냐하면 그들은 그들을 따르던 **신령한 반석**으로부터 마셨는데 그 **반석**이 곧 그리스도였기 때문이다.	**성찬**
3.	5 그러나 그들 대부분을 하나님이 기뻐하지 아니하셨고 그 결과 그들은 광야에서 **멸망을 당했다**.	**그들은** 멸망을 당했다
4.	6 따라서 이런 일은 **우리에게 주는 경고**로 **그들이 그런 것처럼** 우리도 악을 바라지 말라는 것이다.	우리에게 주는 **경고**
5.	7 너희는 **우상숭배자**가 되지 말라 그들 중 어떤 이가 그런 것처럼. 기록되었듯이, "백성이 앉아서는 먹고 마시고 일어나서는 놀았다."	**우상숭배**
6.	8 우리는 **음행**에 빠지지 말자 그들 중 어떤 이가 그런 것처럼 그들은 하루에 이만삼천 명이 죽었다.	**음행**
7.	9 우리는 **주를 시험하지** 말자 그들 중 어떤 이가 그런 것처럼 그들은 뱀에게 멸망을 당했다.	**하나님을 시험함**
8.	10 우리는 **원망하지** 말자 그들 중 어떤 이가 그런 것처럼 그들은 멸망시키는 자에게 멸망을 당했다.	**원망**
9.	11 따라서 이런 일이 **그들에게는 경고로** 일어났으나 말세에 들어간 우리에게는 **우리의 교훈으로** 기록되었다.	우리에게 주는 **교훈**
10.	12 그러므로 누구든 자신이 서 있다고 생각하는 자는 넘어지지 않도록 조심하라.	넘어지지 않도록 **누구든 조심하라**
11.	13 (사람이 감당하지 못하는 **시험**이 너희에게는 임하지 **않았다**. 하나님은 신실하시다. 하나님은 **너희가 감당하지 못할 시험을 당하도록** 허락하지 않고 **시험**과 함께 피할 길도 주심으로써 너희가 시험을 **감당할** 수 있도록 하실 것이다.)	

도표 3.4(1). 옛 언약의 성례와 우상숭배: 부분적 동일화(고전 10:1-13)

윤리적 내용을 확인해보자.

수사 구조

설교의 수사 구조는 바울이 가장 선호하는 형식이다. 직선적 시퀀스로 작성된 다수의 장면들이 서론을 구성하고, 이어서 일곱 장면으로 이루어진 정교하게 짜인 고리 모양 구성이 나타난다. 바울은 이 형식을 자유롭게 수정하기도 하지만, 이 특수한 형태는 고린도전서에서 아홉 번이나 사용된다.[1] 이는 **높이뛰기 형식**의 또 다른 사례이기도 하다. 높이뛰기 선수는 짧은 질주로 시작해서 도약을 하고, 이어 클라이맥스(가로대를 넘음)에 달하며, 마지막으로 반대편으로 하강함으로써 높이뛰기를 마친다. 자주 바울의 수사적 높이뛰기도 두 장면으로 시작되는 질주 다음에 예언적 수사틀이라고 불리는 일곱 장면의 가로대 넘기가 이어진다. 9:1-12a과 9:12b-18의 두 설교(방금 검토함)가 이 방식의 적절한 사례가 된다. 지금 논의 중인 설교(도표 3.4[1]를 보라)도 높이뛰기 형식을 따르지만 약간 변화가 있다.

서론의 두 장면에서 바울은 출애굽 이야기로 시선을 옮기고 그 이야기로부터 기독교의 세례와 성찬의 신학적 뿌리를 찾아낸다. 이어지는 고리 모양 구성의 중앙은 출애굽 이야기에서 파생된 네 가지 윤리 문제를 포함한다. 따라서 중앙의 네 장면(장면 5-8)은 경고 및 교훈과 관련된 짝 장면(장면 3-4)으로 둘러싸여 있다. 두 번째 바깥쪽 틀(장면 9-10)은 "멸망"과 "넘어짐"에 관해 말한다. 설교 끝부분(장면 11)에는 목회와 관련된 여담이 일종의 각주처럼 나온다.

1) 고전 2:3-10a; 6:13-20; 9:1-12a, 12b-18; 11:2-16; 13:1-14:1(중대한 수정 있음); 14:13-25; 15:21-28, 35-50(수정 있음).

주석

서론은 도표 3.4(2)에 나타나 있다.

0. [10:1] 형제들아, 나는 너희가 알기를 바란다.

1. **우리 조상**은 다 **구름** 아래 있었고 **세례**
다 **바다를 통과했으며**
[2]다 모세에게 **구름**과 **바다** 속에서
세례를 받았고

2. [3]다 똑같은 **신령한 음식**을 먹고 **성찬**
[4]다 똑같은 **신령한 음료**를 마셨다.
왜냐하면 그들은 그들을 따르던 **신령한 반석**으로부터 마셨는데
그 **반석**이 곧 **그리스도**였기 때문이다.

도표 3.4(2). 장면 1-2(고전 10:1-4)

이 설교는 "형제"에게 주어지는데, 여기서 형제는 민족적 배경과 상관없이 남녀를 포괄하는 모든 신자를 가리킨다. 바울은 "히브리 배경을 가진 자들은 다 구름 아래 있었던 그들의 조상을 회고할 수 있을 것"이라고 말하지 않는다. 대신 "우리 조상"이라고 진술한다. 바울은 자신의 글을 읽는 독자 중 상당수가 히브리적 유산을 갖고 있지 않다는 사실을 망각한 것인가? 그렇지 않음은 확실하다. 만약 바울이 이를 망각했다면, 그는 독자를 심각하게 모독한 것이 된다. 나는 12개국 출신의 그리스도인으로 구성된 중동의 한 성공회 교회에서 벌어진 사건에 대해 들은 적이 있다. 그 교회의 교인 중 영국인은 약 20퍼센트에 불과했다. 하지만 영국인 교구 목사는 영국의 국경일에 영국 본토의 성공회 대성당에서 자주 그러

듯이, 강단을 영국 국기로 감싸는 의식을 했다. 이에 대해 비영국인 교인들은 크게 반발했다. 바울도 여기서 똑같은 실수를 저지르는 것인가? 고린도전서의 이 지점까지, 바울은 유대인과 그리스인 간의 차이에 민감하게 반응했다. 그런데 어떻게 모든 그리스도인이 읽을 편지에 이런 편파적인 말을 담을 수 있을까? 분명히 사도는 그리스인이 여전히 자신의 언어, 역사, 문화를 그대로 간직한 그리스인인 동시에, 그리스도의 몸에 참여할 때에는 새 성전의 하나의 벽돌로 변화되었다고 보았다. 그리스인은 그리스도의 몸에 참여하면서 아브라함의 자손과 하나님의 가족의 일원이 되었다. 따라서 그들이 구약의 역사를 자기의 역사로, 출애굽 이야기를 **자기의 이야기**로, 그 이야기에 연루된 자들을 **자기의 조상**으로 여기는 것은 정당했다. 바울은 독자의 이런 자기 이해가 아주 적절하기 때문에 이를 굳이 설명하거나 변호할 필요가 없다고 믿었다. 이들은 옛날에 홍해를 건넜던 자들이 모든 신자의 아버지(와 어머니)였다고 이해했다. 이런 정체성의 공유를 기초로 해서, 바울은 옛 언약과 새 언약의 성례에 대해 성찰하고 있다.

기독교의 세례와 성찬은 예수와 사도들이 만들어내고 바울과 그의 친구들이 시행한 새로운 상표의 의식이었을까? 아니면 이 성례들은 과거의 거룩한 (히브리) 전통에 깊이 뿌리내리고 있으며, 모든 신자가 이 뿌리를 공유했을까? 바울은 세례와 성찬의 뿌리를 찾아냈다. 출애굽 사건을 겪은 자들은 **구름**과 **바다** 속에 있었다. 그것이 그들의 **세례**였다. 그들은 하나님이 공급해주신 음식을 먹고 **반석**에서 흘러나온 생명수를 마셨다. 알레고리를 통해 바울은 반석을 **그리스도의 예표**로 간주한다. 결론적으로 바울은 독자에게 다음과 같이 말하고 있다.

> 내가 전파하는 복음은 출애굽 기간에 신실한 자가 경험을 통해 확립한 정체성과 연속선상에 있다. "하나님의 이스라엘"에 참여하는 유대인 신자와 이방인 신자는 세례 의식과 성찬식을, 이 신실한 자들이 오랫동안 알고 있었으며 이

미 경험한 것에 대한 더 완전한 표현으로 볼 수 있다.[2]

여기서 바울은 "그들의 기억에 그리스도로 세례를 주는" 방법을 찾고 있다. 지적했듯이 앤드류 월스는 이런 표현을, 시대를 막론하고 새롭게 기독교 신앙으로 나아오는 모든 민족 공동체 앞에 놓인 중대한 임무를 묘사하는 데 사용했다.[3]

그러나 두 성례는 자체로 충분했는가? 핵심 문제는 이스라엘인들이 이 중대한 구원 사건에 어떻게 **반응했는가**에 있었다. 이어지는 여덟 역(逆)장면에서 바울은 그들의 윤리적 반응이 부적절하며 하나님을 분노하게 만들었다는 점을 명확히 하고 있다(도표 3.4[3]를 보라).

3. [5]그러나 그들 대부분을 **하나님이 기뻐하지 아니하셨고** **그들은**
그 결과 그들은 광야에서 **멸망을 당했다**. 멸망을 당했다

4. [6]따라서 이런 일은 **우리에게 주는 경고**로 우리에게 주는
그들이 그런 것처럼 우리도 악을 바라지 말라는 것이다. **경고**

5. [7]너희는 **우상숭배자**가 되지 말라
그들 중 어떤 이가 그런 것처럼. 기록된 것처럼
"백성이 앉아서는 먹고 마시고 **우상숭배**
일어나서는 놀았다."

6. [8]우리는 **음행**에 빠지지 말자

2) 현대에는 일부 기독교 사상가들이 복음과 이슬람의 거룩한 과거 사이의 연계성을 찾아내려고 시도하고 있다.

3) 2009년 10월, 코네티컷 주 뉴헤이번의 해외선교연구센터에서 Walls 교수가 행한 공개 강좌를 내가 듣고 전하는 언급이다.

그들 중 어떤 이가 그런 것처럼 **음행**
그들은 하루에 이만삼천 명이 죽었다.

7. [9]우리는 **주를 시험하지** 말자
그들 중 어떤 이가 그런 것처럼 **하나님을 시험함**
그들은 뱀에게 멸망을 당했다.

8. [10]우리는 **원망하지** 말자
그들 중 어떤 이가 그런 것처럼 **원망**
그들은 멸망시키는 자에게 멸망을 당했다.

9. [11]따라서 이런 일이 **그들에게는 경고로** 일어났으나 우리에게 주는
말세에 들어간 우리에게는 **교훈**
우리의 교훈으로 기록되었다.

10. [12]그러므로 누구든 자신이 서 있다고 생각하는 자는 넘어지지 않도록
넘어지지 않도록 조심하라. **누구든 조심하라**

도표 3.4(3). 장면 3-10(고전 10:5-12)

이 연속적인 여덟 역장면의 "바깥쪽 덮개"(장면 3과 10)는 다음과 같다.

3. [5]그러나 그들 대부분을 **하나님이 기뻐하지 아니하셨고** **그들은**
그 결과 그들은 광야에서 **멸망을 당했다.** 멸망을 당했다

10. [12]그러므로 누구든 자신이 서 있다고 생각하는 자는 넘어지지 않도록
넘어지지 않도록 조심하라. **누구든 조심하라**

이런 위대한 성례 사건에 참여하는 일은 하나님을 기쁘시게 하는 데 충분하지 않았다. 이스라엘인들은 "멸망을 당했다"(수동태). 하나님이 그들을 멸망시키셨다. 장면 3과 균형을 이루는 장면 10에서 바울은 스스로 **서 있다**고 생각하는 자는 "**넘어지지**(능동태) 않도록 조심하라"고 독자에게 경고한다. 하나님은 **멸망시키시고** 그들은 넘어진다. 능동태와 수동태의 이런 맞물림이 1:17-2:2에서 두 번이나 나타났다.

이스라엘인들은 왜 멸망당했는가? 답변은 균형을 이루는 두 번째 짝 장면(장면 4와 9)에서 주어지기 시작한다.

4.	[6]따라서 이런 일은 우**리에게 주는 경고**로 **그들이 그런 것처럼** 우리도 악을 바라지 말라는 것이다.	우리에게 주는 **경고**
9.	[11]따라서 이런 일이 **그들에게는 경고로** 일어났으나 말세에 들어간 우리에게는 **우리의 교훈으로** 기록되었다.	우리에게 주는 **교훈**

도표 3.4(4). 장면 4와 9(고전 10:6, 11)

바울은 하나님이 그들에 대한 **경고**로서 광야에서 이스라엘인들을 멸망시키셨고, 또한 이 사건이 "말세에 들어간" 우리에게 **교훈**으로 기록되었다고 주장한다. 이슬람은 이 두 관심사를 하나로 묶어 예언자 무함마드의 임무가 교훈과 경고를 제공하는 데 있었다고 가르친다. 이슬람에 따르면, 하나님은 알려지지 않는 존재이고 쿠란은 하나님의 **본성**이 아니라 그분의 뜻(인도)을 계시한다. 나아가 쿠란은 하나님의 뜻이 복종되지 않을 때 심각한 결과가 초래되리라는 **경고**를 제공한다. 반면에 바울은 하나님의 법이 아니라 오히려 바다에서의 하나님의 **역사적 구원**과 광야에서 베풀어진 그분의 은사를 제시한다. 이어서 그는 이런 은사들에 대한 이스라엘 백성의 부적절한 반응을 지적한다. 이는 정확히 바울이 고린도 교회 교인들에게서 발견한 반응이기도 하다. 고린도 교인들 역시 많은 은혜를 받았으나 적절하게 반응하지 못했다.

이 설교의 클라이맥스는 다음과 같다. 왜 하나님은 "기뻐하시지 않으셨을까?" 그 답은 고리 모양 구성을 가진 중앙의 네 장면(장면 5-8)에서 나타난다(도표 3.4[5]를 보라).

5.	[7]너희는 **우상숭배자**가 되지 말라	
	그들 중 어떤 이가 그런 것처럼. 기록되었듯이,	
	"백성이 앉아서는 먹고 마시고	**우상숭배**
	일어나서는 놀았다."	
6.	[8]우리는 **음행**에 빠지지 말자	
	그들 중 어떤 이가 그런 것처럼	**음행**
	그들은 하루에 이만삼천 명이 죽었다.	
7.	[9]우리는 **주를 시험하지** 말자	
	그들 중 어떤 이가 그런 것처럼	**하나님을 시험함**
	그들은 뱀에게 멸망을 당했다.	
8.	[10]우리는 **원망하지** 말자	
	그들 중 어떤 이가 그런 것처럼	**원망**
	그들은 멸망시키는 자에게 멸망을 당했다.	

도표 3.4(5). 장면 5-8(고전 10:7-10)

바울이 출애굽 이야기에서 취한 네 가지 윤리적 문제는 중대하다. 이 네 가지는 모두 고린도 교회에서 일어난 문제였다. 사도가 제시한 목록은 단순히 고대 이스라엘의 죄의 목록만이 아니라, 고린도 교인들의 도덕적

타락이기도 했다. 그 죄는 다음과 같다.

1. 우상숭배. 바울은 출애굽기 32:6을 인용한다. 거기 보면 이스라엘 백성이 금송아지를 빚어 그 앞에 번제를 드렸다. 그들은 우상을 만들고 숭배했다. 이어 그들은 "앉아서는 먹고 마시고, 일어나서는 놀았다." 히브리어 "놀다"(*tsakheq*)는 자주 성적인 의미를 함축한다. 창세기 26:8에서 블레셋 왕 아비멜렉은 "이삭이 자기 아내 리브가를 껴안고 있는(*metsakheq*) 것"을 보았다. 이어서 아비멜렉이 화를 내는데, 이는 이삭이 리브가를 자기 누이라고 주장했기 때문이다. 같은 단어가 이삭과 이스마엘이 어린아이일 때 일어난 사건을 기록한 이야기에서도 결정적인 역할을 한다. 창세기 21:9에서 사라는 이스마엘이 "노는" 것을 보았다(그리스어 구약성경[70인역]과 랍비들의 주석은 "그녀의 아들 이삭을 가지고"라는 말을 포함시킨다). 이에 사라는 격분하고 하갈과 그녀의 아들을 쫓아내겠다고 고집했다. "노는 것"(*tsakheq*)은 분명히 순진한 아이들의 놀이 이상의 의미를 함축했다.[4] 랍비 아키바(기원후 40-135)는 출애굽 이야기가 "오직 우상숭배 예배만을 지시한다고 주장했다. 왜냐하면 본문은 이스라엘 백성이 앉아서는 먹고 마시고, 일어나서는 놀았다"(출 32:6)라고 말하기 때문이다.[5] 그러나 아키바와 동시대인으로, R. 엘리에제르의 아들인 갈릴리인 R. 요세는 이렇게 덧붙였다. "여기서(출 32:6) 진술된 노는 것은 오직 음행을 가리킨다. 왜냐하면 보디발의 아내가 보디발에게, 당신이 우리에게 데려온 히브리인 종이 내게 들어와 나와 놀려고 했다고 말하는 사례(창 39:17)가 있기 때문이다."[6] 장면 5에서 "놀다"에 해당되는 그리스어는 *paizo*다. 버트람은 *paizo*를 이렇게 설명한다. "창 26:8(참조. 창 39:14, 17)처럼, צחק(*tsakheq*; 놀다)는 성적 의미를 가진다. 따라서 צחק(히브리어)는 우상숭배와 우상을

4) 같은 단어가 요셉이 보디발의 아내의 유혹을 받는 기사(창 39:7-18)에 나타난다.

5) Tosefta, *Sotah* 6:6 (Jacob Neusner, translator, *Tosefta*, III권 [New York: KTAV, 1979], p. 172).

6) 같은 책.

숭배하는 제사의 방탕함을 모두 의미할 수 있다."[7] 독자는 "백성이 앉아서는 먹고 마시고, 일어나서는 **놀았기**" 때문에 하나님이 분노하셨다는 말씀을 읽을 때 당연히 이런 포괄적인 장면을 염두에 두게 된다. 바울이 언급하는 윤리적 실패의 두 번째 항목이 "음행"인 것으로 보아 사도는 이 단어에 성적 방탕을 내포시킨 것 같다. 고린도 교회 교인들은 이 두 가지 문제를 다 가지고 있었다.

2. 음행. 바울은 이스라엘 백성이 음행의 잘못을 저질렀다는 사실을 상기시킨다(고린도 교회 교인들이 그랬기 때문에).

3. 주를 시험함. 민수기 21:4-9을 보면, 이스라엘 백성은 "여호와를 시험하고" "원망했다." 바울은 한 가지 잘못(주를 시험함)을 상기시킴과 동시에 목록의 그다음 항목(원망)도 내다보는 것 같다. 바울은 십자가 찬송(1:17-2:2)에서 "유대인은 표적을 구한다"라고 말한다. 이 말은 고린도 교인들을 직접 겨냥하지는 않지만, "주를 시험하려는" 시도의 한 본보기다.

4. 원망. 하나님과 모세에 대한 원망은 출애굽 이야기 전체에 걸쳐 흐르는 주제다. 고린도전서 1:10-13과 3:21에 언급된 고린도 교회의 여러 파벌은 확실히 큰 원망과 관련되었다. 그들이 바울의 리더십과 사도직의 진정성을 공격한 일은 동일한 도덕적 실패인 원망의 표현이었다.

"원망"이 "우상숭배"와 "음행"이 명시된 목록에 함께 포함되어 있다는 사실은 주목할 가치가 있다. 바울은 이 목록에서 어떤 항목이 다른 항목보다 더 심각하다는 암시를 전혀 주지 않는다. 내가 알고 있는 현대의 교회 안에도 엄청난 원망이 자주 있다. 원망에 연루된 자가 이 목록을 안다면, 자기를 거기에 집어넣어야 할 것이다.

바울 당시에 어떤 이는 성례만 지키면 우상숭배가 용납될 수 있으리라고 믿었다. 그래서 이 설교에서 바울은 성례에 참여했으나 우상숭배와 음행, 그리고 다른 죄악에 빠져 **멸망을 당한** 조상의 전통을 상기시킨다. 성

7) G. Bertram, "παιζω," in *TDNT*, 5:629-630.

례로는 충분하지 **못했다**. 하나님은 그들의 윤리적 죄악에 분노하셨고, 이 사건은 "우리를 위한 경고"로 기록되었다. 이스라엘은 이런 일에 대해 죄가 있었으며, 이는 고린도 교회 교인도 마찬가지였다.

고대 이스라엘의 성례는 교회 안에서 새로운 형태로 바뀌어 기념되고 축하되는 소중한 보물이었다. 지금 바울의 독자는 고대 이스라엘 및 그들의 성례와 **동일화되라는** 요구를 받고 있다. 그렇더라도 그들은 이런 위대한 성례에도 불구하고 출애굽 기간에 저질러진 것과 같은 윤리적 죄악은 **피해야** 했다. 말씀과 성례는 함께 지켜져야 했다. 이 성례에 적절히 반응하는 방식이 있었다.

편지를 쓰면서 바울은 독자에게 민감했다. 어떤 독자는 스스로 이렇게 물었을 것이다. "만약 하나님이 광야에서 '주를 시험하거나' '원망하는 일'과 같은 것으로 이스라엘 백성을 멸망시키셨다면, 우리에게 과연 희망이 있겠는가?" 고린도전서의 이 부분까지 바울은 "약한 자"에 대한 연민을 이미 보여주었다. 그는 독자가 절망에 빠지지 않기를 바라기 때문에 이런 경고(10:7-10) 후에 독자를 격려하기 위해 긴 여담을 집어넣는다.

11. (사람이 감당하지 못하는 **시험**이 너희에게 임하지 **않았다**. 하나님은 신실하시다. 하나님은 **너희가 감당하지 못할 시험을 당하도록** 허락하지 않고 **시험**과 함께 피할 길도 주심으로써 너희가 시험을 **감당할** 수 있도록 하실 것이다.)

이 여담은 바로 앞에 나오는 설교와 평행 관계가 없다. 비슷한 여담이 1:16에도 나온다. 이 초반의 여담은 설교 마지막 부분에도 나온다. 핀들리의 지적에 따르면, 바울은 "시험의 기원이 아니라 시험에 대한 **통제**를 하나님께 돌리고" 있다.[8] 또한 핀들리는 고린도 교회 교인들이 "우상숭

8) Findlay, *First Epistle*, p. 862.

배의 미혹이나 우상숭배를 포기했을 때 수반되는 박해"에 다 연루되어 있다고도 언급한다.[9] 시대를 막론하고 과거의 믿음에 대한 헌신을 버리고 다른 새로운 믿음을 받아들이는 자는 누구나 특별한 시험의 짐을 예민하게 느끼기 마련이다. 이 문제의 결론은 다음과 같다. "막다른 골목에 다다르면 사람은 절망한다. 그러나 출구를 위해 문이 열리는 것을 보게 하라. 그러면 그는 자기의 짐과 맞서 싸울 것이다."[10] 바울은 하나님이 이런 출구를 제공하신다는 사실을 독자에게 확신시킨다. 이것은 목회를 위한 여담일 수도 있고, 또는 어떤 초기 전도자가 복사해서 본문에 집어넣은 난외주일 수도 있다. 후자의 견해에 대해서는 사본의 증거가 전혀 없기 때문에, 바울이 목회를 위한 여담으로 집어넣었다고 추정하는 편이 더 낫다.

목회를 위한 여담을 제공하면서, 바울은 고린도전서를 시작하면서 제시한 심오한 신학적 진술(1:9)인 *pistos ho theos*(하나님은 신실하시다)를 반복한다. 두 본문 모두에 be 동사가 없다. 바울은 히브리어를 생각하면서 그리스어로 글을 쓰고 있다. 그는 오직 이 두 본문에서만 문제의 어구를 그대로 사용한다.[11] 요한은 "하나님은 사랑이시다"라고 우리에게 말한다. 바울이 "하나님은 신실하시다"라고 확언하는 것도 똑같이 중요하다. 여기서 우리는 그러면 "무엇에 신실하시다는 것인가?"라고 묻게 된다. 하나님은 자신의 언약의 약속을 이루시는 데 신실하시다. 바울은 하나님이 **사랑하고 신실하기로** 자유롭게 선택하신다고 생각한다. 그리고 이런 선택은 하나님의 주권을 제한하지 않고 오히려 이를 완성시킨다.

바울은 신자들이 이스라엘 조상의 과거를 성찰할 때 가질 적절한 태도가 "부분적 동일화"임을 언급한 다음, 주변 문화에 참여하면서 가져야 할 세 번째 접근법을 제시한다. 이 세 번째 대안은 "아무에게도 아무것도 되

9) 같은 책.

10) 같은 책.

11) 살전 5:24의 "너희를 부르신 이는 신실하시니"와 살후 3:3의 "주는 신실하사"를 보라.

지 않는 것"이다.

이제 이 세 번째 대안을 살펴보자.

3.5.

새 언약의 성례와 우상숭배

동일화 불가

고린도전서 10:14-22

이 본문은 문화와의 동일화 문제를 다루는 바울의 삼부작 설교 중 마지막 세 번째 설교다.

처음에 바울은 모든 사람에게 적응하고 "모든 사람에게 모든 것"이 되라고 독자에게 말했다. 이어 사도는 **과거 이스라엘 백성의 성례**에 대해 성찰하고 "어떤 사람들에게는 어떤 것이 되라"고 권면했다. 말하자면, 기독교의 성례는 이스라엘 백성의 출애굽 경험과 연속성이 있다. 그러나 그 경험에 대한 그들의 윤리적 반응은 적절하지 못했다. 이제 바울은 자신의 모든 독자의 주변 환경이 되는 **과거 이방인 신자들의 성례**로 시선을 돌린다. 바울은 이렇게 경고한다.

개인 집이나 신전의 식당에서 우상에게 바쳐진 고기를 먹는 일이 반드시 문제가 되는 것은 아니다. 그러나 이교/이방 숭배에 참여하는 일은 **전혀** 다르다! **이런 숭배에는 절대로 가담하지 마라**. 이 경우에 내 판단은 동일화가 전혀 가능하지 않다는 것이다! 이때 우리가 그리스도께 충성하는 일은 "아무에게도

1.	[10:14]그러므로 내 사랑하는 자들아,	
	우상숭배를 피하라.	우상을
	[15]나는 지혜로운 자들에게 말하는 것처럼 말하는데	**피하라**
	너희는 내가 이르는 말을 너희 스스로 판단하라.	
2.	a. [16]우리가 축복하는 **복의 잔**은	**잔**—교제
	b. **그리스도의 피로** 교제를 갖는 것이 아니냐?	그리스도의 피
	c. **우리가 떼는 떡**은	**떡**—교제
	d. **그리스도의 몸으로** 교제를 갖는 것이 아니냐?	그리스도의 몸
	[17]**한 떡**이 있으므로 우리 많은 사람은 **한 몸**이고	
	이로써 우리는 **다 같은 떡에 참여한다.**	
3.	[18]**육체를 따라** 이스라엘을 보라.	
	a. **제물을 먹는 자들**은	제단과의
	b. **제단**과 교제하는 것이 아니냐?	**교제**
4.	[19]따라서 내가 무엇을 말하느냐?	
	우상에게 바쳐진 제물이 어떤 것이고	우상에게
	또는 **우상은 어떤 것이냐?**	**제사하는 것은**
	[20]그러나 이방인이 제사하는 것은 **귀신**에게 하는 것이고	귀신에게
	하나님께 제사하는 것이 아니다.	**제사하는 것**
5.	a. 나는 **너희**가 **귀신과** 교제하는 것을	귀신과의
	b. **원하지 않는다.**	**교제**
6.	a. [21]너희는 **주의 잔**과	**잔**
	b. **귀신의 잔**을 함께 마실 수 없다.	주의 잔과 귀신의 잔?
	c. 너희는 **주의 식탁**과	**식탁**
	d. **귀신의 식탁**에 함께 참여할 수 없다.	주의 식탁과 귀신의 식탁?
7.	[22]우리가 **질투하도록** 주를 자극하겠느냐?	주를
	우리가 **주보다 강하냐?**	**분노하게 하지 말라!**

도표 3.5(1). 새 언약의 성례와 우상숭배: 동일화 불가(고전 10:14-22)

아무것도 되지 말라"는 말로 표현된다.

수사 구조

여기서 바울은 중앙에 클라이맥스를 두고 일곱 역장면으로 구성된 예언적 수사 틀을 다시 사용한다. 이 설교는 정교하게 구성되어 있다. 일곱 장면은 제자리에 있으며, 평행 관계는 강하고 분명하다. 중앙의 클라이맥스에서는 "귀신"이 도입된다.

앞에서 살펴본 이사야 28:9-14의 예언적 설교의 세부적인 구성은, 일곱 역장면을 가질 뿐만 아니라 단계 평행법을 사용해서 짝 장면들을 서로 관련시키고 있다.[1] 마찬가지로 고린도전서 10:14-22에서도 바울은 장면 2에서 네 행을 제시하는데, 이 네 행은 단계 평행법을 통해서 장면 6의 네 행과 짝을 이룬다. 또한 장면 3의 두 행도 장면 5의 두 행과 정확하게 짝을 이룬다. 하지만 장면 2의 마지막 두 행은 추가 문장으로 장면 6과 짝을 이루지 않는다.

주석

바울의 의도를 제대로 식별하기 위해서는 서로 짝을 이루는 장면들을 검토하는 작업이 필수적이다.

바깥쪽 짝 장면은 도표 3.5(2)에 제시되어 있다.

1. 10:14 그러므로 내 사랑하는 자들아,	
우상숭배를 피하라.	우상을
15 나는 지혜로운 자들에게 말하는 것처럼 말하는데	**피하라**

1) "프렐류드: 예언적 설교 수사 스타일과 그 해석"에서 도표 0.4를 보라.

너희는 내가 이르는 말을 너희 스스로 판단하라.

7. 22 우리가 **질투하도록** 주를 자극하겠느냐? 주를
우리가 **주보다 강하냐**? **분노하게 하지 말라!**

도표 3.5(2). 장면 1과 7(고전 10:14-15, 22)

얼핏 보면, 장면 1과 7은 공통점이 거의 없는 것 같다. 장면 7은 장면 1과 평행 관계가 없으며, 장면 1을 반복하거나 장면 1과 대립하는 것도 없다. 그러나 검토해보면, 장면 7은 장면 1에서 이음매 없이 흘러나온다. 바울은 다음과 같이 말하고 있다. "너희는 만약 하나님을 경배하는 자로서 우상을 숭배하기 시작하면[장면 1] 하나님이 분노하실 것이라는 점(장면 7)을 쉽게 이해할 수 있는 지혜로운 자들이다. 그렇다면 너희가 하나님의 질투하시는 분노에 대처할 만큼 충분히 강하냐[장면 7]?" 설사 이 설교의 나머지 부분(장면 2-6)이 삭제된다고 해도, 독자는 이런 삭제를 알아차리지 못할 것이다. 고린도 교회에서 유대교 배경을 가진 교인들은, 이스라엘이 우상을 숭배했을 때 하나님이 앗수르와 바벨론을 통해 이스라엘을 멸망시키고 성읍들을 파괴하고 이스라엘 백성을 포로로 잡혀가게 하신 일을 잘 알고 있었다. 그렇다면 고린도 교인들이 이런 고통스러운 역사의 속편을 원하겠는가? 만약 그들이 "지혜로운 자들"(장면 1)이라면, 하나님이 모든 우상숭배에 어떻게 반응하실지(장면 7) 정확히 알고 있을 것이다.

장면 1은 "우상숭배를 피하라"는 외침을 담고 있다. 앞에서 고린도 교회 교인들은 **음행을 피하라**(*pheugete*)는 명령을 받았다(6:18). 이 두 외침은 고린도에서 벌어진 우상숭배에 신전 매춘이 포함된 일과 관련된다. 거리 한구석에 서서 신전 매춘부와 잡담을 나누는 것은 좋은 모습이 아니었다. 그들은 거기서 도망쳐야 했다. 마찬가지로 우상숭배자들이 이교 신전 바깥뜰에 모여 있을 때 우연히 그들과 합류하는 것도 나쁜 태도였다. 고린도 교인들은 거기서부터 도망쳐야 했다.

그다음 수사적 짝(장면 2와 6)에서는 플롯이 복잡해진다(도표 3.5[3]를 보라).

2. a.	[16]우리가 축복하는 **복의 잔**은	**잔**—교제
b.	**그리스도의 피로** 교제를 갖는 것이 아니냐?	그리스도의 피
c.	**우리가 떼는 떡**은	**떡**—교제
d.	**그리스도의 몸으로** 교제를 갖는 것이 아니냐?	그리스도의 몸
	[17]**한 떡**이 있으므로 우리 많은 사람은 **한 몸**이고	
	이로써 우리는 **다 같은 떡에 참여한다.**	

6. a.	[21]너희는 **주의 잔**과	**잔**
b.	**귀신의 잔**을 함께 마실 수 없다.	주의 잔과 귀신의 잔?
c.	너희는 **주의 식탁**과	**식탁**
d.	**귀신의 식탁**에 함께 참여할 수 없다.	주의 식탁과 귀신의 식탁?

도표 3.5(3). 장면 2와 6(고전 10:16-17, 21)

제롬 머피-오코너나 G. G. 핀들리처럼, 나도 그리스어 *koinonia*를 "제휴[파트너십]"가 아니라 "친교[교제]"로 번역했다.[2] "제휴"는 조직적이고 심지어 상업적인 뉘앙스도 가진 단어다. "교제"라는 말을 통해 우리는 거룩한 영역으로 들어간다.

장면 2와 6에서 바울은 성찬식을 통해 "주와 교제하는 일"과 우상숭배를 통해 "귀신과 교제하는 일"을 동시에 할 수 없음을 증명한다. 이 두 교제는 양쪽 다 회원이 되어도 문제가 없는 두 개의 컨트리클럽이 아니다. 바울은 우상숭배가 성례적인 의미에서 귀신에게 깊이 참여한다는 것을 함축하며, 고린도 교회 교인들이 "주의 잔"이나 "귀신의 잔" 중 하나를 마

2) Findlay, *First Epistle*, pp. 863-864; Murphy-O'Connor, *1 Corinthians*, p. 97.

실 수는 있으나 **둘 다 마실 수는 없다**고 주장하고 있다!

"그리스도의 **몸**과 교제하게 되면" 우리는 그리스도와 연합함과 **동시에** 그리스도의 몸인 교회와 연합하게 된다. 바울은 독자가 이런 이중 의미를 붙잡기를 바란다. 이런 목적을 위해 사도는 "한 떡"의 신학적 의미를 해석하는 각주를 덧붙인다. 우리는 모두 "한 몸이고 이로써 우리는 다 같은 떡에 참여한다."

장면 2에서 바울은 "잔"과 "떡"에 관해 말하지만, 이와 평행을 이루는 장면 6에서는 "잔"과 "식탁"에 관해 말한다. 나는 이 부분이 시편 23편의 영향을 받았다고 확신한다. 시편 23편에서 다윗은 "그가[하나님이] 나를 돌려보내고"(시 23:3)[3]라고 노래한다. 이 말은 잃은 양을 찾아내 마을로 "돌려보내는" 잃은 양과 선한 목자 비유를 상기시킨다. 4a절에서 사망(깊은 어둠)과 죄(악)가 부각되지만, 사망과 죄에도 불구하고 시편 저자는 두려움이 없다(시 23:4b). 이런 일이 어떻게 가능할까? 그 답은 그다음 행에서 나타난다. 그다음 행은 "주[하나님]께서 나와 함께 계시기 때문이라"로 되어 있다. 이 확언은 "임마누엘"(하나님이 우리와 함께 계시다)이라는 이름과 맞닿아 있다. 계속해서 시편 저자는 "주[하나님]께서 내 앞에 **상**[식탁]을 차려주시고"라고 선언하고 "**내 잔**이 넘치나이다"라고 고백한다. 이 잔치는 큰 대가를 치르는데, 이는 잔치가 "내 원수의 목전에서"(시 23:5) 펼쳐지고, 이 원수가 결코 빼앗아가지 못할 자비/은혜(*khesed*)가 내게 미칠 것이기 때문이다(시 23:6). 분명히 바울은 시편 23편을 선한 목자인 예수의 생애와 속죄 사역(눅 15:4-7)에 비추어 깊이 묵상했다.[4] 그래서 그는 성찬식을 설

3) 이는 히브리어 *yashubeb nafshi*를 내가 문자적으로 번역한 것이다. 아랍어 역본은 일관적으로 이 말을 사용한다. 전통적인 영역본은 "그가 내 영혼을 회복시키고"(NRSV)로 번역한다.

4) 여기서 우리는 누가가 바울의 전도 여행 동료였음을 상기하게 된다. 참조. Kenneth E. Bailey, "The Parable of the Lost Sheep (15:4-7)," in *Finding the Lost: Cultural Keys to Luke 15* (St. Louis: Concordia, 1992), pp. 63-92.

명하면서 쉽고 자연스럽게 "잔"과 "식탁"에 관해 말하는 것이다.

중앙의 클라이맥스는 도표 3.5(4)에서 확인된다.

3.		[18]**육체를 따라 이스라엘을** 보라.	
	a.	**제물을 먹는 자들은**	제단과의
	b.	**제단**과 교제하는 것이 아니냐?	**교제**
4.		[19]따라서 내가 무엇을 말하느냐?	
		우상에게 바쳐진 제물이 어떤 것이고	우상에게
		또는 **우상은 어떤 것이냐?**	**제사하는 것은**
		[20]그러나 이방인이 제사하는 것은 **귀신**에게 하는 것이고	귀신에게
		하나님께 제사하는 것이 아니다.	**제사하는 것**
5.	a.	나는 **너희**가 **귀신과** 교제하는 것을	귀신과의
	b.	**원하지 않는다.**	**교제**

도표 3.5(4). 장면 3-5(고전 10:18-20)

이 세 장면은 "육체를 따라(according to the flesh) 이스라엘을 보라"[5]는 명령과 함께 시작된다. KJV는 이 부분을 "육체를 좇아(after the flesh) 이스라엘을 보라"로 번역한다.[6] 18절을 보면, 이 중요한 말 다음에 성찰과 번역을 필요로 하는 다섯 개의 또 다른 핵심 용어가 나온다. 그 여섯 어구는 다음과 같다.

---

5) Bailey 번역.

6) RSV는 "이스라엘의 관습을 생각해보라"로 되어 있다. 이 책에서 참조한 22개의 히브리어, 시리아어, 아랍어 역본들은 모두 이 본문을 어떤 형식으로든 "육체를 따라 이스라엘을 보라"로 번역한다. 이 역본들은 5세기에서 20세기까지의 번역을 망라한다(부록 II, 표 G를 보라).

1. *ton Israel kata sarka*	"육체를 따라 [난] 이스라엘"(18절)
2. *ta ethne*	"이방인"(20절)[7]
3. *apistos*	"비신자"(27절)
4. *Ioudaiois*	"유대인"(32절)
5. *'Ellesin*	"그리스인"(32절)
6. *te ekklesia tou theou*	"하나님의 교회"(32절)

이 핵심 용어들의 비밀은 다 드러나지 못할 것이다. 따라서 아무리 잘해도 여기에 대한 설명은 만족스럽지 않다. 그러나 우리는 이 미로를 따라 열심히 전진하지 않으면 안 된다. 부분적으로나마 이 용어들을 이해하면 다음과 같다.

1. *ton Israel kata sarka* "육체를 따라 [난] 이스라엘"(18절)

만약 바울의 마음속에 "육체를 따라 [난] 이스라엘"이 있다면, "영을 따라 [난] 이스라엘"도 있어야 할 것이다. 이 다른 이스라엘은 갈라디아서 6:16에서 부각된다. 갈라디아서 본문을 보면, 바울은 그들을 "하나님의 이스라엘"로 부른다. 로마서 9:3에서 바울은 같은 말을 사용해서 "나의 형제 곧 육체를 따라 [난](*kata sarka*) 내 혈족"이라고 말한다. 로마서에서 계속해서 사도는 "약속을 따라 난" 아브라함의 자손에 대해 성찰한다. 또한 호세아가 어떻게 "내 백성이 아닌 자를 내가 '내 백성'으로 부를 것"(롬 9:25)이라고 약속했는지도 고찰한다. 바울은 에베소서 2:11-22에서도 이 주제를 다룬다(도표 3.5[5]를 보라).

에베소서의 이 장엄한 사도적 설교는 고린도전서 1:17-2:2에서 확인된 수사 스타일을 사용한다. 즉 일곱 장면이 나오고 이어서 짝을 이루는

7) *ta ethne*는 고대의 어휘인 것 같다. 여기에 대해서는 강력한 증거가 있으며, 이는 *The Greek New Testament*, ed. Kurt Aland et al. (New York: United Bible Societies, 1966)에 포함되어 있으며 RSV와 NRSV에도 나타난다.

장면들이 역으로 나오는 형식이다. 여기서 "육체로는 이방인"으로 이전에 "이스라엘의 시민권"이 없었던 자들(장면 3)이 이제는 "성도들과 동등한 시민이자 하나님의 가족의 일원"(장면 11)이 되었다. 또한 이들은 "한 새 사람"으로도 불린다. 이는 "십자가의 피"로 말미암아 이루어진다. 이 에베소서 본문(엡 2:11-22)과 현재 논의 중인 고린도전서 본문(고전 10:14-22)은 강하게 중첩된다. 따라서 이 두 본문은 그리스도의 십자가를 통해 유대인 신자와 이방인 신자가 "하나님의 가족으로" 동등한 "시민권"을 공유하는 새로운 실재가 형성된 것을 보여준다.

고린도전서 본문에서 바울은 "육체를 따라 [난] 이스라엘"이라고 말하면서, 예루살렘 성전에서 하루에 두 번씩 제사를 드렸던 경건한 유대인들을 그 범주에 포함시키고 있다. 그들은 제단과 "교제를 가졌다."

2. *ta ethne* "이방인"(20절)

RSV는 이 두 번째 핵심 용어를 "이교도"(pagans)로 번역한다. 시리아어 페시타는 *hanif*라고 번역하는데, 이 단어는 "이교도"나 "이방인"을 의미할 수 있다. 이 책에서 참조한 두 히브리어 역본은 표준적으로 이방인(Gentiles)을 가리키는 히브리어 단어(*goyim*)를 사용한다. 9-19세기에 나온 열 개의 아랍어 역본은 "이방인"으로 번역하지만, 세 개의 역본은 "이교도"로 번역한다. 오랜 세월 대대로 사용된 지배적인 단어는 "이방인"이다.[8] 고린도전서 12:2에서 바울은 "너희가 *ethne*(이방인)로 있었을 때" 이런저런 일을 했다고 말한다. 그러면 지금은 어떤가? 바울은 자신에 대해 "나는 이방인이 되었다"라고 말할 수 없었다. 사도는 이방인이 유대인이 되는 것을 예상할 수 있을까? 절대로 그럴 수 없다. 그들은 할례를 받지 않는다. 그리고 바울은 "할례가 아무것도 아니다"라고 주장했다(7:19). 그러면 지금 그들은 누구인가?

ethne(이방인)는 구약성경 전체에서 이스라엘의 원수였던 "민족들"(the

8) 부록 II, 표 G를 보라.

1.	[11]기억하라…그때 너희는 **육체로는 이방인** 곧 **할례 받지 않은 자**로 불린 자들이었다.	**육체로는** 이방인(할례 받지 않은 자)
2.	**할례 받은** 자로 불린 자들 곧 손으로 **육체에** 할례를 행한 자들에게 그렇게 불렸다.	**육체로는** 유대인(할례 받은 자)
3.	[12]a. 이전에 너희는 **그리스도와 분리되었고** b. **이스라엘의 시민권이 없었고** c. **약속의 언약들**에 대해서는 외인으로	**그리스도와 분리됨** 이스라엘과 거리가 멂 약속에 대해 외인임
4.	a. **세상에서 소망도 없고** b. 하나님도 없는 자였다.	세상에서 **소망이 없음**
5.	[13]a. 그러나 이제는 **이전에 멀리 있던** 너희가 **그리스도 예수 안에서** b. **그리스도의 피**로 가까워졌다.	**멀리 있음**/가까이 있음
6.	[14]a. **그는 우리의 화평으로** b. **둘을 하나로** 만들어 c. **자기 육체로 분리된 적의의 벽을 허무셨고**	우리의 **화평** 적의를 끝냄
7.	[15]**계명과 규례의 법을 폐지시켜** 이 둘로 자기 안에 한 새 사람을 지어	
8.	a. **화평하게 하고** [16]b. **십자가를 통해 이 둘이 한 몸으로** 하나님과 화목하게 하고 c. 그 안에서 적의를 끝내셨다.	**화평** 적의를 끝냄
9.	[17]a. 그리고 오셔서 **멀리 있던 너희**에게 평안을 전하고 b. 또 **가까이 있던 자들**에게도 **평안**을 전하셨다.	**멀리 있음**/가까이 있음
10.	[18]a. 이로써 우리는 다 그를 통해 b. **한 성령 안에서 아버지께 나아간다.**	성령 안에서 **나아감**
11.	[19]a. 그러므로 이제 너희는 **더 이상** 외인과 나그네가 **아니고** b. 성도들과 **동등한 시민**이자 c. **하나님의 가족의 일원**이다.	 **동등한 시민** 하나님의 가족의 일원
12.	[20]너희는 **사도와 선지자들**의 터 위에 세워져 있고 (예수 그리스도께서 친히 모퉁잇돌이 되심으로써 [21]그 안에서 건물 전체가 하나로 연결되고) **주 안에서 성전**으로 자라가게 된다.	 **주 안에서**
13.	[22]너희도 **성령 안에서** **하나님의 거처**가 되기 위해 성전으로 세워져 간다.	**성령 안에서**

도표 3.5(5). 유대인과 이방인이 십자가로 하나가 됨(엡 2:11–22)

nations)을 가리키는 히브리어 *goyim*에 해당하는 그리스어다. 바울은 "우상숭배자들이 귀신에게 제사한다"라고 말할 수도 있었다. 그러나 그렇게 하지 않고 "이방인"이 이런 제사를 드린다고 선언한다. 방금 과거의 이스라엘인들에게서 윤리적 죄악을 찾았던 바울이, 이제는 **이방인**의 죄악을 지적하고 있다. 이스라엘과 마찬가지로 이방인도 우상을 숭배한 죄가 있었다.

여기서와 에베소서 2장에 나오는 말의 함축적 의미는 무엇일까? 바울이 엄밀하게 말하고 있다고 가정하면, 우리는 이 말의 의미를 다음과 같이 이해할 수 있다.

> 예수를 믿는 신자들에 관해 말하자면, 문화적으로 볼 때 유대인 신자는 유대인으로 남아 있고, 그리스인 신자는 계속 그리스인으로 살며, 로마인 신자는 로마인의 정체성을 고수한다. 이 셋은 모두 "하나님의 가족"이 된 새 사람의 친밀한 구성원이다. "십자가의 피"는 이런 민족적·언어적 특수성을 넘어 새로운 연합을 낳는다(엡 2:11-22). "나는 게바 편", "나는 아볼로 편"이라는 편 가르기는 더 이상 있을 수 없다! 그리스도 안에서 고질적인 유대인-이방인 분리는 사라진다.

따라서 바울은 이방인 출신 그리스도인을 비방할 의도를 조금도 갖지 않으면서 우상을 숭배하는 "이방인"을 비판할 수 있다. 또 유대인 신자들에게 부정적 감정을 드러내지 않으면서 출애굽 기간에 이스라엘 조상이 저지른 윤리적 죄악을 비판할 수 있다.

3. *apistos* "비신자"(27절)

이 용어는 바울이 "비신자들"의 잔치에 초청받은 일을 설명하는 이 논문의 마지막 설교에서 나타난다. 바울은 왜 이런 새로운 단어를 도입했을까? 우리로서는 알 수 없다. 추측해보면, 이 비신자들이 그리스도인들의 친구이며 또 때로는 가족이기도 했기 때문에, 바울은 문화적으로 중립적인 이 말을 선택했던 것 같다. 고린도 같은 도시에서는 그리스인, 유대인, 로마인, 이집트인, 시리아인 등이 다 비신자일 수 있었다. 고린도와 같은 거대한 상업 도시에는 이들의 모든 문화를 비롯해서 다른 문화들도 공존했다.

4-5. *Ioudaiois* "유대인"과 '*Ellesin* "그리스인"(32절)

이 두 범주의 사람들은 쉽게 확인된다. 이 두 단어는 "하나님의 교회"에 속하지 않은 유대인과 그리스인의 민족 공동체를 가리킨다.

6. *te ekklesia tou theou* "하나님의 교회"(32절)

이 명칭은 바울의 편지의 수신자인 신자들의 공동체를 가리킨다. 다양한 민족적 배경을 가진 사람들로 구성된 하나님의 교회는 "새 사람"이었다. 그들은 물려받은 유산인 민족적 정체성을 그대로 갖고 있었으나, 깊은 차원에서 보면 각자 새로운 "하나님의 가족"의 동등한 구성원이었다. 여기서는 이 사실이 직접 언급되지 않고 다만 추정되는 것 같다. 바울의 민족적 정체성은 그가 교만하게 자랑했던 것처럼(빌 3:4-5) 바리새파 유대인이었다. 또한 바울은 "새 사람"에 참여했으며 거기서 중심인물이었다. 이처럼 제시된 용어들에 대한 이해를 가지고, 이제 이 설교 중앙의 세 장면으로 돌아가 보자.

중앙의 클라이맥스 장면(장면 4)에서 바울은 자신이 앞에서 말한 내용을 다시 확언한다. 우상 제물은 아무것도 아니며 우상도 마찬가지다. 이사야는 이미 이사야 44:14-17에서 이런 근거를 다룬 바 있다. 거기서 이사야는 나무를 잘라 그 자른 나무로 몸을 녹이는 데 쓰고 떡을 굽고 급기야는 "너는 나의 신이니 나를 구원하라!"고 기도하는 우상을 만드는 자들의 무모한 어리석음을 폭로했다. 이보다 더 어리석을 수가 있을까? 이사야처럼 바울도 신전에 놓인 신상이 돌 조각일 뿐 그 이상도 그 이하도 아니라고 주장한다. 이런 돌 앞에서 짐승을 죽이는 일은 목장의 큰 바위 앞에서 짐승을 죽이는 일과 똑같이 무의미하다.

가시적인 외적 세상에 대해서는 이 정도만 말해두자. 그러나 마음과 사회 속에 존재하는 보이지 않는 세상은 어떤가? 바울은 "그들의 **예배**에서 일어나는 일에는 마귀적인 요소가 있다"라고 주장한다. 핵심은 개인적으로나 공동체적으로 사람들의 지성과 마음속에서 계속되고 있는 일이다. 그들은 귀신에게 빌고 있다. 바울은 "귀신은 실재한다. 귀신을 숭배하지 마라"고 호통을 친다! 이런 예배에의 참여는 귀신과 "교제하는 일"이고 따라서 그리스도를 배반하는 일이다. 오늘날 글로벌 사우스의 그리스도인은 모두 이런 문제점에 직면해 있으며 그래서 바울의 경고가 특히 심오하고 세심하다.

바울은 동일화 주제의 세 가지 국면을 제시했다. 이 세 가지는 다음과 같이 요약될 수 있다.

- 첫째 설교: "모든 사람에게 모든 것이 되라." 여러분 자신의 정체성을 잃지 말고 타인의 문화적 배경에 참여하라. 그것이 여러분이 "복음의 활동에 참여하고" 복음을 타인들에게 추천할 수 있는 길이다.
- 둘째 설교: "어떤 사람들에게는 어떤 것이 되라." 출애굽 당시 시행된 성례는 기념되고 존중되어야 한다. 하지만 이스라엘 백성은 이 성례에 대해 윤리적 반응을 보여주지 못했다. 그들은 우상숭배와 다른 죄악에 빠져 멸망당했다. 그들의 이야기는 우리에게 경고가 된다.
- 셋째 설교: "아무에게도 아무것도 되지 말라." 우상숭배는 **귀신**과 "교제하는 일"이다. 따라서 우상숭배는 성찬에서 가능하게 된 그리스도의 몸과의 연합과 양립할 수 없다.

바울은 "동일화"에 대한 세 가지 접근법을 명확히 제시한 다음, 이 셋째 논문을 "우상 제물"에 관한 마지막 설교로 끝맺는다. 이제 이 논문의 마지막 부분으로 시선을 옮겨보자.

3.6.

우상 제물

자유와 책임(마지막 말)

고린도전서 10:23-11:1

셋째 논문에서 바울이 마지막으로 전하는 설교의 내용은 도표 3.6(1)에 나타나 있다.

바울은 이 논문을 우상 제물에 관한 설명으로 시작했고, 처음 두 논문에서 확립한 방식을 따라 이제 이 주제에 관한 마지막 말을 전하려고 우상 제물 주제로 돌아간다. 이렇게 하면서 바울은 혼란을 느끼지 않으며, 제시하는 내용도 질서를 잃지 않는다. 오히려 본문은 정연하고 균형 있는 방식으로 이 논문의 첫째 설교로 돌아가고, 이 논문 전체에 걸쳐 말했던 내용에 비추어 설명을 완결한다.

수사 구조

여기서 다시 한번 바울은 일곱 장면이 역으로 전개되고 중앙에 클라이맥스가 있는 예언적 수사 틀을 사용한다. 장면 1은 원리를 요약하고 장면 7은 이 원리를 광범위하고 포괄적으로 적용시킨다. 짝을 이루는 장면 2와 6

1. 10:23“**모든** 것이 **합법적**이지만” “**모든 것이 유익한 것은 아니다.**” “**모든** 것이 **합법적**이지만” **모든** 것이 **높이 세우는** 것은 **아니다.** 24너희 자신의 유익을 구하지 말고 남의 유익을 구하라.[1]	**원리의 요약:** 유익한 것과 높이 세우는 것을 구하라 남의 유익을 구하라
2. 25고기 시장에서 **팔리는** 것은 무엇이든 **양심의 근거**를 두고 이유를 묻지 말고 **먹으라.** 26“땅과 땅에 있는 모든 것이 주의 것이기 때문이다.”	**먹으라** 모든 것이 주의 것이다
3. 27만일 비신자 중 하나가 너희를 식사에 초대하고 너희가 갈 마음이 있으면 **너희 앞에 차려진 것은 무엇이든** **양심의 근거**를 두고 이유를 묻지 말고 **먹으라.**	**먹으라** 모든 것이 너희에게 주어졌다
4. 28그러나 만일 누가 너희에게 “이것은 제사에 바쳐진 것”이라고 말하면 너희에게 알려준 그 사람을 위해 그리고 양심을 위해 먹지 말라. 29내가 말하는 것은 그의 양심이지 너희의 양심이 아니다. 그러니 너희는 그것을 먹지 말라.	**먹지 말라**
5. 왜 내 자유가 다른 사람의 양심에 따라 결정되어야 하는가? 30만일 내가 **감사하는 마음**을 갖고 참여하면 왜 내가 **감사하는** 것 때문에 비난을 받겠는가?	**먹으라** 그리고 감사하라
6. 31그러므로 너희는 먹든지 마시든지 무엇을 하든지 **다 하나님의 영광**을 위해 하라.	**먹으라** 모든 것으로—하나님의 영광을 위해
7. 32**유대인이나 그리스인에게** 또는 **하나님의 교회에 해를 입히지 않는** 자가 되라. 33따라서 나는 모든 일에서 **모든 사람**을 **기쁘게 하고** 나 자신의 유익을 구하지 않으며 **그들이 구원받도록** 많은 사람의 유익을 구할 것이다.	**원리의 적용** 해를 입히는 것은 높이 세우지 못한다 나는 모든 사람을 기쁘게 할 것이다 너희의 유익을 구하지 말라 구원을 위해 남의 유익을 구하라
8. 11:1내가 그리스도를 본받는 자가 된 것같이 너희는 나를 본받는 자가 되라.	**개인적인 권면**

도표 3.6(1). 우상 제물: 두 번째 고찰(고전 10:23-11:1)

은 "남을 생각하는 것과, 먹거나 먹지 않거나 하나님의 영광을 위해 하는 데" 초점을 맞춘다. 그다음 짝 장면(장면 3과 5)은 "개인적으로 가정에서 **너희 앞에 차려진 것을 먹고** 감사하라"고 계속해서 말한다. 중앙의 클라이맥스는 사랑이 **먹지 말라**고 요구하는 특별한 경우에 초점을 맞춘다(장면 4).

이 본문 내용은 독자에게 다음과 같이 알려준다.

먹으라
    먹으라
        먹지 말라
    먹으라
먹으라

현대의 독자는 이런 순서에 혼란을 느낀다. 대신 우리는 다음과 같은 구조에 익숙하다.

한편으로는,

(1) 남을 생각하고 남의 유익을 구하라. (7) 허물없는 자가 되라. (2) 시장에서 사는 고기는 주의 것이므로 먹으라(또는 먹지 말라). (6) 하나님께 영광을 돌리라. (3) 이방인 가정에서 식사할 때 너희 앞에 차려진 것은 무엇이든 먹으라. (5) 너희는 자유인이므로 감사하며 **먹으라**.

다른 한편으로는,

(4) 만일 어떤 사람이 너희에게 "이것은 우상 제물이고, 나는 당신이 이를 알기를 바란다"라고 말하면 먹지 말라(너희 양심 때문이 아니라 그의 양심을 존중해서).

바울은 독자가 자기의 생각을 따라올 수 있다고 가정하고, 문서 예언

1) NRSV.

자들이 익숙하게 사용했던 고리 모양 구성으로 설교를 작성한다. 클라이맥스는 장면 4에 나타나고 이 중앙은 첫 부분 및 끝부분과 관련되어 있다. 이 설교는 바울의 서명과 개인적인 호소로 끝난다(장면 8). 이는 자신의 첫째 논문 끝부분의 결론적 호소를 반복하고 확대시킨 것이다.

주석

이미 확립된 방식을 따라 우리는 짝을 이루는 장면들을 바깥쪽부터 안쪽으로 검토해갈 것이다. 이 설교 일곱 장면 중 첫 장면과 마지막 장면은 도표 3.6(2)에서 확인된다.

1. [10:23]"**모든** 것이 **합법적**이지만"	**원리의 요약**:
"**모든 것이 유익한 것은 아니다.**"	유익한 것과 높이 세우는 것을 구하라
"**모든** 것이 **합법적**이지만"	남의 유익을 구하라
모든 것이 **높이 세우는** 것은 **아니다**.	
[24]너희 자신의 유익을 구하지 말고	
남의 유익을 구하라.	
7. [32]**유대인이나 그리스인에게**	**원리의 적용**
또는 **하나님의 교회에 해를 입히지 않는** 자가 되라.	해를 입히는 것은 높이 세우지 못한다
[33]따라서 나는 모든 일에서 **모든 사람을 기쁘게 하고**	나는 모든 사람을 기쁘게 할 것이다
나 자신의 유익을 구하지 않으며	너희의 유익을 구하지 말라
그들이 구원받도록 많은 사람의 유익을 구할 것이다.	구원을 위해 남의 유익을 구하라

도표 3.6(2). 장면 1과 7(고전 10:23-24, 32-33)

장면 1과 7은 모두 "너희 자신의 유익을 구하지 말고 남(들)의 유익을 구하라"는 강력한 진술로 끝맺는다. 두 장면은 이 진술을 통해 명확히 하나로 묶인다. 여기서 설명의 열쇠는 "나는 내 권리를 원한다!"가 아니라 "공동체를 어떻게 세울 것인가?"에 있다. 여기서도 장면 2-6이 빠진다 해도, 독자는 이를 알아차리지 못할 것이다. 장면 1의 개념은 이음매 없이 장면 7과 연결된다.

예수의 비유에 나오는 선한 사마리아인(눅 10:25-28)은, 만약 자기의 유익을 구했더라면 그냥 언덕을 내려가고 말았을 것이다. 그러나 "다른 길로 피해간" 제사장 및 레위인과 달리 이 사마리아인은 길에서 부상을 당한 생면부지의 사람을 섬겨 그에게 가장 큰 유익이 돌아가게 했다.

RSV는 고린도전서 10:24에서 *heteros*를 "이웃"(neighbor)으로 번역하고 "선"(good)이라는 말을 덧붙였다. 그 결과 "그의 이웃의 선"이라는 해석을 낳았다. *heteros*는 "남"인가, 아니면 "이웃"인가? 그리고 이 두 번역에 차이가 있는가? 차이가 있을 수 있다.

"네 이웃을 네 몸과 같이 사랑하라"는 레위기 19:18에서 인용한 부분이다. 이 인용문의 성경적 배경은 다음과 같다.

> 너는 **네 형제**를 마음으로 미워하지 말고 **네 이웃**을 설복시켜라. 그러면 그 때문에 네가 죄를 짓지 않을 것이다. 너는 **네 동포의 아들들**에게 보복하거나 원망하지 말고 네 이웃을 네 자신과 같이 사랑하라. 나는 여호와이니라(레 19:17-18; Bailey 강조).

이 본문에서 "이웃"은 "네 형제"와 "네 동포의 아들들" 중 하나다. 그러나 몇 구절 뒤인 레위기 19:34에서 본문은 다음과 같이 계속된다. "너희는 **너희 속에 살고 있는 외인**을 너희 본토인처럼 여기고 **그를 너희 자신처럼 사랑하라**. 너희도 애굽 땅에서 외인이었기 때문이다. 나는 너희의 하나님 여호와이니라"(Bailey 강조). 예수와 예수에게 질문한 율법 선생은 누가복음 10:25-28에 기록된 대화에서 이 두 가지 열려 있는 대안을 가지고 있었다. 율법 선생이 예수께 "내 이웃이 누구입니까?"라고 물었을 때 그는 두 가지 중 어떤 대안을 선택해야 할지 조언을 구하고 있었다. 예수는 본문에서 근본적인 대안을 가지고 있지 않으셨다. “네 동포의 아들”과 “너희 속에 살고 있는 외인” 외에 제삼의 범주가 있는데, 말하자면 “너희 속에 살고 있지 않은 외인”이다. 예수는 유명한 선한 사마리아인 비유를 제시하시면서, 이 제삼의 대안에 대한 여지를 열어놓으셨다. 비유의 사마리아인은 **이웃이 되었고** 곤경 속에 있는 생면부지의 사람에게 도움을 베풀었다. 예수는 **이 사마리아인**을 이웃으로 보았는데, 그는 어디에 사는지도 모르는 외인을 섬기는 선택을 했다. 그러면 바울은 어떤가?

예수와 같이 바울도 타인에게 관심이 많았다. 바울은 *heteros*를 선택함으로써 “타자”(otherness)에 대한 이런 의식을 강조했다. RSV는 고린도전서 10:24에서 *heteros*를 “이웃”으로 번역했다. 그러나 NRSV는 “남”(the other)으로 번역함으로써 본래 의미를 더 정확히 회복시켰다. 그러면 이 본문은 중동에서는 대대로 어떻게 이해되었을까?

5세기 시리아어 페시타는 *khbr*(친구, 동료)라는 단어를 사용한다. 그러나 이 책의 연구에 사용된, 천 년 이상에 걸쳐 등장한 아랍어 역본들은 그 번역이 일치하지 않는다. 여섯 역본은 “친구”로 번역하고, 한 역본은 “이웃”으로 번역하며, 나머지 열두 역본은 “남”으로 번역한다. “남”으로 번역한 역본들 중 가장 오래된 것이 시내산 아랍어 역본 155번(9세기)이고, 가장 최근의 것은 성서공회 아랍어 성경 1993년 판이다. 1817년 판 히브리어 역본은 “남”으로 되어 있으나 현대 히브리어 성경은 “친구/동료”라고 옮긴다. 중동의 역본들에 두 견해가 사용된 점을 감안하면, 이천 년 이상 동안 이 단어의 지배적인 번역은 분명히 “남”이었다.[2] 여기서 바울이 독자에게 자기와 다른 사람을 도와주라고 권면하고 있다고 이해하는 편이 가장 적합하다. “다른 사람”이라고 할 때 바울이 염두에 둔 이는 아마도, 다른 모국어를 가지거나 다른 역사를 기억하거나 다른 질서 속에서 다른

2) 부록 II, 표 H를 보라.

가치에 우선권을 두는 사람인 것 같다. 사도는 다문화 교회를 세웠으며, "남"(신자나 비신자를 막론하고)의 유익을 위해 행하라고 독자에게 권면하고 있다.

이 두 장면의 첫 행은 특별히 서로 관련되어 있다. 장면 1은 **일반 원리**를 피력하지만 장면 7은 **이 원리의 적용**을 제시한다. 우리로서는 바울과 독자 간의 대화가 어떠했는지 정확히 알 수 없지만, 아마도 이 본문은 다음과 같은 대화처럼 구성된 것 같다.

바울: 일반 원리(장면 1)로 나는 이렇게 말할 수 있다. "모든 것이 내게 합법적이지만 그것들이 다 유익한 것은 아니다. 모든 것이 **높이 세우는** 것은 아니다."

바울의 독자: 이 두 원리를 어떻게 적용할지에 대한 통념을 우리에게 말해줄 수 있는가?

바울: 물론 말해줄 수 있다(장면 7). 내가 방금 말한 내용에서 두 부분에 주목하라.

1. **유익하게 행하는** 일에 관해 말하자면, 유대인이나 그리스인 또는 하나님의 교회에 해를 입히지 말라. 해를 입히는 사람이 되면 아무것도 얻지 못할 것이다. 그들을 화나게 해보라. 그러면 그들은 자기의 반대 입장을 더 굳건히 할 것이다. 해를 입히는 것은 전혀 유익이 되지 않는다.

2. **높이 세우는** 일에 관해 말하자면, **해를 입히지 않을** 때 너희는 구원의 메시지를 **전할** 기회를 갖게 되고, 그 과정에서 공동체 전체를 높이 세우게 될 것이다. 또한 너희는 신앙 공동체를 내적으로 높이 세울 필요가 있다. 무너뜨리지 말고 높이 세우는 데 힘쓰라.

장면 1의 첫 번째 핵심 단어 *sumphero*(유익하다)는 "함께 가져오다"

라는 개념을 표현한다.[3] 또한 이 단어는 "함께 나르다"와 같이 무거운 것을 옮기는 일을 묘사하는 데에도 사용된다. 그 의미에는 "고난을 감수하다"와 "조화를 이루다"의 뉘앙스도 포함되어 있다.[4] 속세에서 사용될 때 이 단어는 두 사람이 결혼해서 함께 가는 일에 활용되었다.[5]

두 번째 단어는 "높이 세우는 것"의 주제로 되돌아간다. 이미 우리는 바울이 고린도전서 전체에서 "높이 세우는 것"에 관한 이미지를 광범위하게 사용하고 있음을 확인한 바 있다. 이 생생한 표현은 특히 건축자 비유에서 두드러진다. 건축자 비유에는 올바른 터, 성전 건물, 좋은 재료의 필요성, 그 결과를 시험할 불이 포함되어 있다(3:10-16). 여기서 바울은 세우는 자를 응원하고 허무는 자는 낙심시키기를 원한다.

장면 7에서 바울은 높은 기준을 제시한다. 그는 복음 전도에 종사하고 있으며 그의 **신학적인 목표**는 분명하다. 동시에 사도에게는 목표뿐만 아니라 **방법** 역시 분명한데, 그 방법의 기준은 다음과 같다. 유대인이나 그리스인, 또는 하나님의 교회에 해를 입히지 말라. 그렇게 하면 타인들로부터 믿음에 대한 공적인 공격을 받지 않을 것이다. 비판은 있으나 공격은 없다! **그리스도인들**에게 편지를 쓰는 동안 바울은 "이방인"이 섬기는 신들이 실재하지 않으며 이방 예배가 그들을 **귀신**과 교제하는 자로 만든다는 점을 숨기지 않는다. 지적했듯이, 고고학은 고린도에 각각 다른 열두 신을 숭배하는 사당들이 있었다는 사실을 증명한 바 있다.[6] 그러나 이런 우상들, 그들의 거룩한 책과 신전과 사제들에 대한 공격은 없다. 아레오바고의 설교에서(행 17:22-31) 바울은 자신의 메시지와 존경받는 그리스 저술가들 사이에 있는 공통 근거를 찾아냈다. 바울의 사역에서는 관용, 열린 마음, 존중이 비판적 분석이나 변증이 없는 복음 전도와 **함께 흘러나왔다**.

---

3) BAGD, p. 780.

4) LSJ, *A Greek-English Lexicon*, pp. 1686-1687.

5) M. & M., p. 586.

6) Jerome Murphy-O'Connor, "Corinth," in *ABD*, 1:1137-1138.

바울의 지침을 21세기로 업데이트한다면 이렇게 표현할 수 있을 것이다. "유대인이나 무슬림 또는 하나님의 교회에 해를 입히지 말라. 너희 자신의 유익을 구하지 말고 그들의 유익을 구하라. **그리고** 적절하게 그들을 존중하고 문화적으로 민감한 태도를 가지며, 변증 없이 기독교의 이야기를 증언하라." 바울의 지침은 명확하다. 하지만 그는 독자에게 추가 질문을 남겨놓는다.

둘째 논문에서 바울은 고린도 교회 교인들에게 근친상간의 죄를 범한 자를 교회에서 쫓아내라고 과감하게 지시한 바 있다. 그런데 셋째 논문에서는 "하나님의 교회에 해를 입히지 말라"고 명령한다. 이 두 본문은 어떻게 조화될 수 있을까? 바울은 범죄자를 쫓아내라고 명함으로써 최소한 교회의 한 부분에 잠재적으로 해를 입힌 것이 아닌가? 물론 사도는 해를 입혔다. 그러나 의사가 치명적인 종기를 잘라낸다고 해서 환자에게 해를 입힌 것은 아니다. 수술은 고통스럽고 회복은 더딜 수 있으나 몸의 건강을 위해 이런 과정은 필수적이다. 고린도 교회의 경우에도 바울의 수술은 치료를 위한 유일한 길이었다. 사도가 말하는 의미를 다음과 같이 이해하면, 두 본문을 결합하는 일이 가능해진다. "어떤 사람의 양심에 해를 입히지 않도록 조심하라. 동시에 공동체의 영적 건강을 보호하고 범죄자를 구원하기 위해 징계가 필요하더라도, 그리스도의 몸 안에서 윤리적 기준을 지켜라."

의미상 서로 맞물려 있는 두 번째 짝 장면(장면 2와 6) 역시 주목할 만하다. 이 두 장면은 도표 3.6(3)에 나타난다.

2. [25]고기 시장에서 팔리는 것은 무엇이든
양심의 근거를 두고 이유를 묻지 말고 **먹으라**.

[26]"땅과 땅에 있는 모든 것이	**먹으라**
주의 것이기 때문이다.	모든 것이 주의 것이다

6. [31]그러므로 너희는 먹든지 마시든지
무엇을 하든지 | **먹으라**
다 하나님의 영광을 위해 하라. | 모든 것으로—하나님의 영광을 위해

도표 3.6(3). 장면 2와 6(고전 10:25-26, 31)

두 장면은 "먹음과 경건" 주제를 결합시킨다. 장면 2는 온 땅이 주의 것이므로 시장에서 팔린 모든 고기는 우상이 아니라 하나님께 속한다고 독자에게 선포한다. 이런 확언으로 바울의 독자는 큰 해방감을 느꼈을 것이 틀림없다. 그리스인 새 신자가 내적으로 큰 고민을 안고 다음과 같이 고뇌하는 장면을 상상해보라. "만일 이 고기가 건강의 신 아스클레피우스에게 바쳐졌다면, 이것은 아스클레피우스 신께 속해 있음이 틀림없다. 내가 이 고기를 사서 먹는다면, 아스클레피우스는 내가 자기를 숭배하지 않는다는 이유로 나를 병들게 하지 않을까?" 여기에 대해 바울은 이렇게 답변한다. "아니다. 고기는 모두 만물을 창조하신 한 주께 속해 있다"(장면 2). 신자의 이런 두려움은 근거가 없다. 그러니 여러분은 그 고기를 먹거나 먹지 않거나 간에 모든 것으로 오직 하나님께 영광을 돌리고(장면 6) 결코 두려워하지 말라.

이제 중앙의 세 장면으로 시선을 옮겨보자(도표 3.6[4]을 보라).

3. [27]만일 비신자 중 하나가 너희를 식사에 초대하고
너희가 갈 마음이 있으면 | **먹으라**
너희 앞에 차려진 것은 무엇이든 | 모든 것이 너희에게 주어졌다
양심의 근거를 두고 이유를 묻지 말고 **먹으라**.

4. [28]그러나 만일 누가 너희에게
"이것은 제사에 바쳐진 것"이라고 말하면 | **먹지 말라**
너희에게 알려준 그 사람을 위해

그리고 양심을 위해 먹지 말라.

29내가 말하는 것은 그의 양심이지 너희의 양심이 아니다.

그러니 너희는 그것을 먹지 말라.

5. 왜 내 자유가

다른 사람의 양심에 따라 결정되어야 하는가? **먹으라**

30만일 내가 **감사하는 마음**을 갖고 참여하면 그리고 감사하라

왜 내가 **감사하는** 것 때문에 비난을 받겠는가?

도표 3.6(4). 장면 3-5(고전 10:27-30)

바울은 두 번째 추정 질문에 대한 답변으로 장면 3을 시작한다. 첫 번째 추정 질문은 "우리는 집에서 은밀하게 우상 제물을 사먹을 수 있는가?"였다. 이 질문에 대한 바울의 답변은 "물론 사먹을 수 있다. 어쨌든 제물은 모두 하나님께 속해 있다"(장면 2)와 "절대로 잊지 말고 하나님께 영광을 돌리라"(장면 6)는 것이었다. 이제 바울은 다음과 같은 질문에 대한 답변으로 관심을 옮겨간다. "**이방인의 집에 손님으로 초대받아 갔을** 때 우리 앞에 놓인 우상 제물은 어떻게 해야 할까?" 이 질문에 대해 바울은 "물론 가서 먹어도 된다! 그것 때문에 양심을 괴롭게 하지 마라"(장면 3)고 대답한다.

장면 3과 짝을 이루는 장면 5에서, 바울은 이런 지시를 확대하여 이를 자신에게 적용시킨다. 결론적으로 사도는 독자에게 이렇게 토로하고 있다. "나는 자유인이다! 나는 이런 고기를 먹고 그것에 대해 하나님께 감사한다! 다른 사람들이 다른 선택을 한다고 해도 나는 그것으로 내 자유를 제한받지 않는다." 장면 5는 장면 3에서 바울이 말한 내용과 짝을 이루는 동시에 이를 완결 짓는다.

흔히 그렇듯이, 이 설교의 클라이맥스도 중앙에 나타나며 여기서는 사랑이 중요하게 부각된다. 바울은 간접적으로 독자에게 이렇게 묻는다. "이 설명에서 너희의 권리와 자유가 유일한 요소는 아니다. 사랑은 어떤가?"

우리로서는 그리스도인 손님의 앞에 놓인 고기가 우상 제물이라고 말하는 자가 손님의 기분을 헤아리는 비신자인 주인인지, 아니면 그 잔치에 함께 초대받은 동료 그리스도인인지 알 수 없다. 그가 누구든 간에, 그리스도인 손님은 고기가 우상 제물이라는 사실을 **특히 그 잔치에서 알게 되었을** 때 어떻게 해야 할까?

여기서 바울의 명령을 풀어서 설명하면 다음과 같이 이해될 수 있다.

> 만일 너희가 비신자의 집에 식사 초대를 받았는데, 어떤 사람이 조용히 너희에게 앞에 놓인 고기가 "우상 제물"이라고 알려준다면, 너희가 어떤 심정이 될지 미리 짐작하고 그 심정에 민감하게 대처하고자 애쓰는 그 사람을 사랑하는 마음으로 고기를 먹지 말라. 그때는 너희의 자유가 사랑으로 제한되어야 한다.

바울은 셋째 논문의 첫 번째 설교(8:1-13)에서 **지식**과 **사랑**을 하나로 결합시킬 것을 요구했다. 셋째 논문 마지막 설교에서는 **자유**와 **사랑**의 결합을 강조한다. 여기서 바울은 다시 13장에 나올 사랑의 찬가를 치밀하게 준비하고 있다.

장면 4에서 자유와 민감성/사랑을 결합시키는 것은 첫 부분인 장면 1 및 끝부분인 장면 7과 연결된다. 장면 1을 요약하면, 바울은 "모든 것이 합법적이지만 모든 것이 유익하거나 높이 세우는 것은 아니다"라고 주장한다. 왜 그런가? 자유는 사랑에 담겨 행사되어야 하기 때문이다(장면 4). 장면 7의 설교 끝부분에서 바울은 이렇게 가르친다. "아무에게도 해를 입히지 말고, 너희 자신이 아니라 그들의 유익을 구하라. 그러면 그들이 구원받게 될 것이다." 이는 중앙 장면에서 권고되는 사랑을 반영한다.

핵심적인 질문은 "우리에게 자유가 어떻게 보장되어 있는가?"(장면 3, 5)가 아니라, "사랑이 네게 무엇을 요구하는가?"(장면 4)다. 고리 모양 구성에 친숙했던 바울의 독자는 민감성/사랑에 대한 이런 요청이 강력하고 명백하다는 점을 잘 알고 있었다.

앞에서 지적했듯이, 현대의 많은 독자에게는 이런 순서가 혼란스럽다. 우리는 다음과 같은 순서에 익숙하다.

> 한편으로는:
> 집에서와(장면 2) 개인적인 잔치에서(장면 3) 감사하며 너희가 원하는 대로 먹고(장면 5), 하나님께 영광을 돌려라(장면 6).
> 그러나(*alla*) 다른 한편으로는:
> 만약 어떤 사람이 너희에게 "이것이 우상 제물"이라고 말한다면, 그를 위해 고기를 먹지 말라(장면 4).

영어권에 사는 사람들에게는 이런 시퀀스가 깊이 각인되어 있기 때문에, RSV는 마치 여담처럼 장면 4에 괄호를 쳐놓았다. 그러나 괄호로 묶이면, 장면 4가 이 설교의 클라이맥스로 중앙에 위치한다는 점이 애매해진다.[7] 그러나 일단 바울이 예언적 수사 틀을 활용하고 있다는 사실이 확인되면, 중앙의 클라이맥스(장면 4)는 적절한 광채로 밝게 빛난다.

바로 이것이 그리스도인이 비기독교 사회 속에서 사는 한 방법이다. 지적했듯이, 이 논문 전체에 걸쳐 울려 퍼지는 바울의 주제는 "자유와 책임"이다. 이런 책임(장면 4)은 사랑과 민감성의 색채를 띤다.

요약하면, 바울은 앞에서 이렇게 설명했다.

1. 신전의 식당에 차려진 우상 제물은 어떤가? 여기에 대한 바울의 답변은 다음과 같다. 만약 너희가 우상이 실재하지 않는다는 것을 진정으로 알고 있고, 그곳에 거짓 신들에 관해 깊은 혼란 속에 여전히 머물러 있는 참석자가 없다면, 우상 제물을 먹을 수 있다.

2. 우상숭배의 예배에서 먹고 마시는 일은 어떤가? 여기에 대한 바울의 답변은 다음과 같다. "절대로 먹지 말라! 이런 경우에 제물을 먹으면 귀

7) 다행스럽게도 NRSV는 이 오류를 시정했다.

신을 제사하는 일에 참여하게 된다."

본문에서 바울은 다음과 같은 두 가지 추가 사실을 검토한다.

3. 나는 이런 우상 제물을 고기 시장에서 사다가 집에서 먹을 수 있는가? 여기에 대한 바울의 답변은 다음과 같다. "고기 시장에서 팔리는 것은 무엇이든 먹어도 된다"(장면 2). 우상은 실재하지 않고 고기 자체는 우상이 아니라 하나님께 속해 있다. 온 땅이 하나님의 것이다.

4. 믿지 않는 친구의 집에서 열린 디너파티는 어떤가? 여기에 대한 바울의 답변은, 예수가 70명의 제자를 둘씩 짝지어 보내실 때 하신 말씀으로부터 직접 인용함으로써 주어진다. 예수(눅 10:8)와 바울 모두 "너희 앞에 차려진 것은 무엇이든 먹으라"(장면 3)고 밝힌다. 그러나 어떤 사람이 너희에게 "이것은 우상 제물"이라고 말하면 그를 사랑하는 마음으로 먹지 말라.

바울이 예수의 말씀을 직접 인용한다는 점을 볼 때, 예수가 70명의 제자를 파송하신 일(눅 10:1-12)과 바울이 이방인을 선교한 일 사이에 연관성이 있음을 파악할 수 있다.[8] 바울 역시 가진 것 없는 상태로 여행하고, 약한 상태로 공동체 안으로 들어갔으며, 예수가 제자들에게 주신 다른 지침에도 순종한 것 같다.

창세기 10장은 70개 이방 민족을 제시하고, 「희년서」 44:34(기원전 150년경에 이스라엘에서 작성됨)도 70개 국가를 언급한다. 누가복음 10:1에 관해 마셜은 다음과 같이 지적했다. "비록 말씀의 내용이 팔레스타인 선교와 관련되기는 하지만, 누가는 이 선교가 이방인에 대한 교회의 선교를 대표한다고 간주했음을 알 수 있다."[9] 따라서 예수께서 70명의 제자를 파송하신 일은 이스라엘 밖의 사람들에 대한 관심을 반영한다.

바울은 그리스도인이 이방 세계 한복판에서 어떻게 살아야 하는지에

8) 바울의 일차 전도 여행의 동료인 바나바는 일부 초기 저자들에게 70명 제자 중 하나로 간주되었다. Jon Daniels, "Barnabas," in *ABD*, 1:611을 보라. 바나바는 예수가 70명 제자들에게 주신 지침을 바울에게 말해주었을까?

9) I. Howard Marshall, *The Gospel of Luke* (Exeter, U.K.: Paternoster, 1978), p. 413.

관해 깊이 성찰한 다음, 서명을 함으로써 셋째 논문을 끝맺는다(장면 8). 고린도 교회 교인들은 모든 측면에서 바울을 본받지 못했다. 하지만 바울이 그리스도를 본받는 한, 그들은 확신을 가지고 사도의 삶을 본보기로 삼을 수 있다.

이 논문이 고린도전서 전체를 구성하는 다섯 논문의 중앙에 나타나는 것은 우연이 아니다. 이방 세계 한가운데서 어떻게 삶을 살아야 하는가라는 질문은 모든 시대 그리스도인에게 결정적인 문제였다(현재도 마찬가지다). 로마서는 중앙 부분(롬 9-11장)에서 "그리스도인과 유대인"을 다룬다. 고린도전서는 중앙 부분에서 "그리스도인과 이방인"을 다룬다. 이 두 논문은 하나의 짝을 이루며, 두 본문 모두 의도적으로 중앙에 배치되어 있다.

둘째 논문에서 "가정에서의 남자와 여자" 문제를 다루었던 바울은 이제 넷째 논문에서 앞과 짝을 이루는 주제를 논의한다. 이 새로운 주제는 "교회에서의 남자와 여자"다. 이제 넷째 논문으로 가보자.

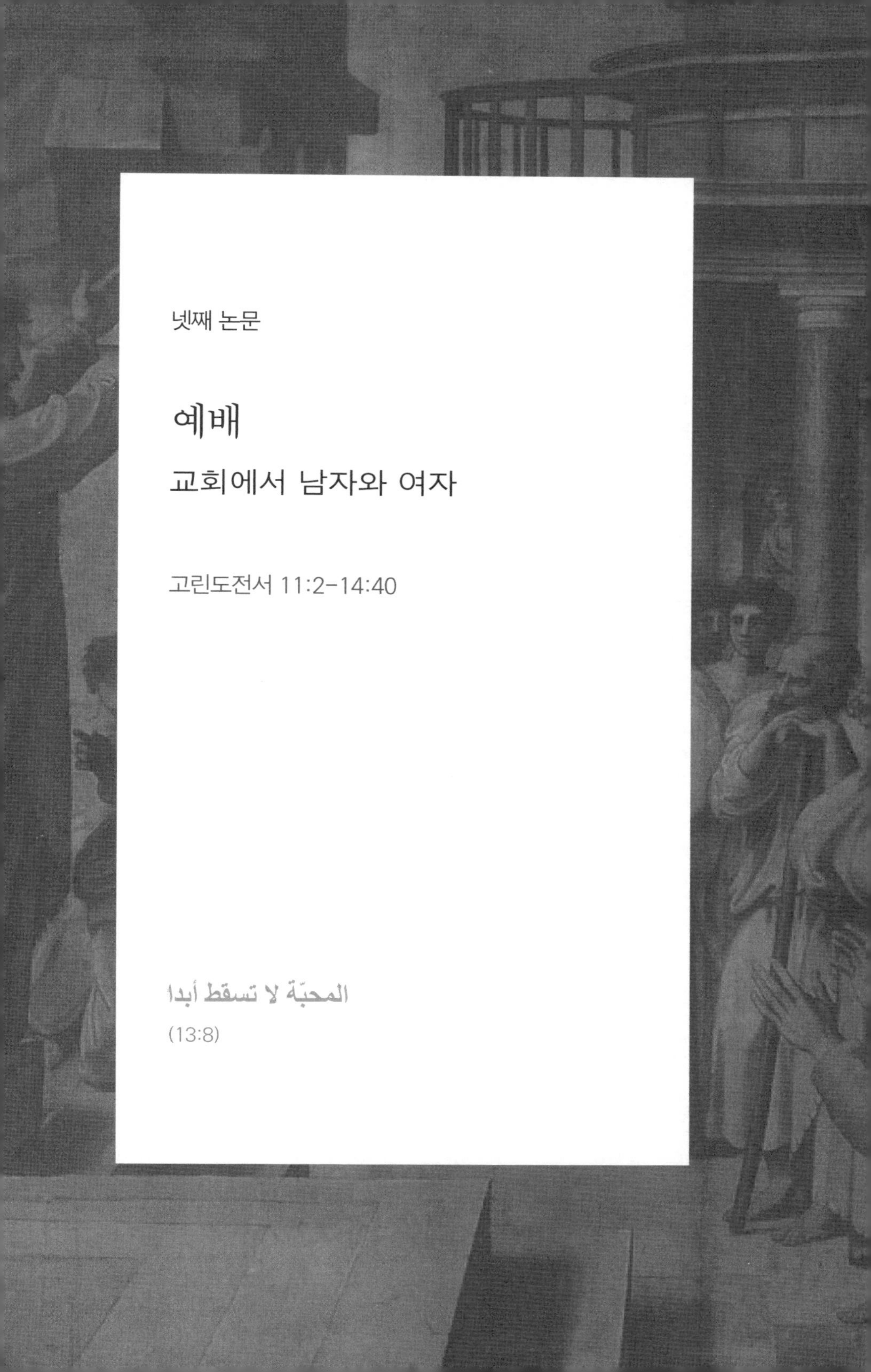

넷째 논문

예배

교회에서 남자와 여자

고린도전서 11:2-14:40

المحبّة لا تسقط أبدا

(13:8)

4.1.

예배를 인도하는 남자와 여자

예언하는 자와 단정한 복장

고린도전서 11:2-16

고린도전서는 서두(1:1-9)와 마지막 말을 제외하면 다섯 개의 논문으로 구성되어 있다. 이 다섯 논문을 개관해보면 다음과 같다.

1. 십자가와 그리스도인의 연합(1:10-4:16)
2. 성: 가정에서의 남자와 여자(4:17-7:40)
3. 그리스도인과 이방인: 자유와 책임(8:1-11:1)
4. **예배: 교회에서의 남자와 여자(11:2-14:40)**
5. 부활(15장)

지금까지 살펴본 세 논문에서 바울은 한 가지 문제와 그 문제가 일으키는 포괄적 국면을 다루었다. 여기서 논의할 넷째 논문의 주제는 예배의 다양한 국면과 관련되는데, 특히 리더와 예배자로서의 남자와 여자의 지위를 강조한다. 넷째 논문의 개요는 다음과 같다.

예배: 교회에서의 남자와 여자(11:2-14:40)

4.1 **예배를 인도하는** 남자와 여자: 예언하는 자와 그들의 단정한 복장(11:2-16)

4.2 예배의 질서: **성례**—주의 만찬(11:17-34)

4.3 은사와 몸의 본질(12:1-30)

4.4 사랑의 찬가(12:31-14:1)

4.5 신령한 은사와 그리스도의 몸을 높이 세움(14:1-25)

4.6 예배의 질서: **말씀**—예언하는 자와 방언하는 자(14:26-33a)

4.7 **예배를 드리는** 남자와 여자: 교회에서 잠잠함(14:33b-40)

고린도전서 전체를 구성하는 다섯 논문 중 이 넷째 논문이 가장 길다. 다른 네 논문은 넷에서 여섯 부분으로 구성된 반면에, 넷째 논문은 일곱 부분이라는 위용을 자랑한다. 이 일곱 부분은 이미 다양한 형태로 확인된 예언적 수사 틀 방식을 따른다. 이 논문의 중앙은 고리 모양 구성이며 유명한 사랑의 찬가를 클라이맥스에 두고 있다. 깨끗한 물이 흐르는 강같이, 사랑에 대한 설명(13장)이 중앙에 자리 잡고 있으면서, 이 찬가를 둘러싼 여섯 설교에서 제시된 예배의 다양한 국면을 성장시키거나 정화하고 있다. 다른 네 논문처럼 바울은 여기서도 전통을 언급함으로써 시작한다.

11:2 너희가 모든 면에서 나를 기억하고 **전통**
또 내가 너희에게 전한 대로 그 전통을 지키므로 너희를 칭찬한다.

1:4-9에서 바울은 고린도 교회 교인들에게 주어진 은혜 및 그들의 "언변"과 "지식"에 대해 감사함으로써 고린도전서 전체를 시작했다. 그때 사도는 그들의 분쟁에 관해 느낀 불쾌감을 곧바로 표현했다. 마찬가지로 여기서도 바울은 그들이 자기를 기억하고 "전통"을 보존한 데 대해 **찬양**함으로써[1] 서두

1) 자주 영역본들은 "찬양하다"(praise)를 "칭찬하다"(commend)로 바꾸어 그 의미를 완

를 연다. 그러나 여러 구절 후 바울은 그들을 찬양할 수 없다고 냉정하게 말한다(11:17-22). 먼저 칭찬을 하고 그런 다음 잘못을 지적하는 것이다.

"전하다"라는 핵심 단어는 랍비의 역사에서 중요한 역할을 한다. 이 말은 공동체의 거룩한 전통을 물려주는 일을 가리키는 랍비 문구의 두 번째 요소다. 가장 오래된 미쉬나 소책자(규칙집) 중 하나는 *'Abot*(열조들)로 불린다.[2] 초기 랍비들의 어록을 수집한 유서 깊은 이 책은 다음과 같이 시작된다. "모세는 시내산에서 토라를 **받았다**. 이를 모세는 여호수아에게, 여호수아는 장로들에게, 장로들은 예언자들에게, 예언자들은 큰 회당의 사람들에게 **전했다**."[3] 여기서 핵심 단어는 "**받았다**"(*qbl*)와 "**전했다**"(*msr*)이다. 이 두 단어는 한 세대에서 다른 세대로 전통을 이전시키는 일에 대해 랍비 세계에서 사용된 공식의 뼈대를 구성한다. 당시 유대교는 이런 활동을 대단히 중요하게 여겼다. 이런 방식으로 보존된 자료를 통해 미쉬나, 바빌로니아 및 예루살렘 탈무드, 토세프타, 마지막으로 미드라쉬 랍바가 만들어졌다. 이를 모두 합하면 80권이 넘는다. 여기서 바울은 자신이 고린도 교회 교인들에게 "전한" "전통"에 관해 말하고 있다. 몇 구절 후에 주의 만찬을 다루면서 바울은 전통의 전달에 대한 온전한 공식을 사용한다. 곧 그는 "내가 너희에게 **전한** 것은 주께 **받은** 것"이라고 설명한다(23절). 또한 15:3에서는 "나도 **받은** 것을 가장 먼저 너희에게 **전하였다**"라고 천명한다.

지금 논의 중인 본문의 내용은 고정된 **기독교 전통**으로 우리가 가장 먼저 전달해야 하는 공식적인 요소다. 예수는 기원후 30년경에 십자가 못 박혀 죽으셨고, 바울은 고린도전서를 기원후 54년이나 55년에 썼다.[4] 바울

화시켰다. 지난 1600년 동안 등장한 시리아어, 아랍어, 히브리어 역본은 "찬양하다"를 일관되게 보존했다.

2) 미쉬나는 대략 기원전 50년부터 기원후 200년 사이의 유대교 랍비들의 어록을 모아 편집한 것이다. 기원후 200년경에 랍비 예후다 하나시가 편집한 미쉬나가 이 어록들의 최초 묶음집이다.

3) Mishnah, *'Abot* 1:1(Bailey 번역).

4) Robert Jewett, *Dating Paul's Life* (London: SCM Press, 1979).

이 이 본문에 쓴 내용으로 보아 기원후 30년에서 55년까지 25년 동안 기독교 공동체는 꾸준히 일단의 전통을 모으고 조직화했다. 그 결과 전통은 당대에 인정받고 한 세대에서 다른 세대로 전할 가치가 있는 것으로 간주되었다. 이 전통에는 (최소한) 예수 전통, 초기의 신조들, 주의 만찬 제정에 관한 말씀이 들어갔으며, 나아가 몇 가지 찬송(빌 2:5-11?)도 포함되었던 것 같다.

바울은 **어떤 운동을 일으킨** 것이 아니라 이미 일어난 **운동에 참여했다**! 바울은 고린도 교인들이 자신이 먼저 **받고** 이어 그들에게 전해준 **기독교 전통**을 기억하고 보존하는 데 대해 찬양한다. 전통에 대한 언급은 바울이 다섯 논문 각각을 시작하는 방식이며, 이런 방식이 사용되었다는 사실은 사도가 이제 새로운 주제를 시작한다는 점을 보여주는 특징이기도 하다.

전통에 대한 언급 후 바울은 "예배: 예배에서 남자와 여자"에 초점을 맞춘 일곱 편의 설교 중 첫째 설교를 시작한다. 이 첫 설교 본문은 도표 4.1(1)에 나타나 있다.

신약성경에서 여성이 어떤 위치를 가지는가라는 포괄적인 질문을 제시할 때, 이 본문은 결정적인 중요성을 가진다. 교회의 역사가 전개되는 내내, 이 본문 내용이 압축된 표어나 슬로건이 자주 대두되었는데, 그 견해는 다양하게 엇갈렸다. 얼핏 떠올려보아도, 그 표어나 슬로건에는 다음과 같은 것이 있다.

- "여자의 머리는 남자다."
- "여자가 머리를 가리지 않고…기도하는 것은 마땅하지 않다."
- "남자가 여자를 위해 지음 받은 것이 아니라 여자가 남자를 위해 지음 받았다."

솔직하게 말해, 이런 문구들에 대한 해석은 종종 다음과 같이 요약된다.

(1) 여자는 남자의 권위 아래 살아야 한다.

(2) 여자는 공적으로 머리를 가려야 한다.

(3) 여자는 남자를 섬기도록 창조되었다!

본문에 대한 이런 해석은 아주 오래되었으며 역사 내내 교회 생활 대부분을 지배했다. 그러나 위의 해석은 바울의 의도를 올바르게 드러내고 있을까? 다른 본문과 마찬가지로, 이 난해하고 비밀스러운 본문은 아무에게나 모든 비밀을 드러내지 않는다. 어떤 해석도 모든 독자를 만족시킬 수는 없다. 그러나 몇몇 사실은 파악될 수 있으며, 이런 사실들을 통해 몇몇 오류는 교정 가능하다. 나는 최선을 다해 그렇게 해볼 생각이다.[5]

수사 구조

이 본문에는 두 가지 차원의 수사 스타일이 작용하고 있다. 첫째는, 이 논문의 첫째 설교와 일곱째 설교 사이의 연관성이다. 이미 지적했듯이, 넷째 논문은 일곱 개의 역(逆)설교로 이루어져 있고 중앙에 클라이맥스가 있다. 바울은 독자가 자신이 구사하는 문학적 형식을 잘 알고 있으리라고 가정한다. 이 첫째 설교에서 바울은 **예언하는 남자와 여자**를 다룬다. 그리고 일곱째 설교에서는 다시 **예언하는 남자와 여자** 주제로 되돌아온다. 교인들 중에는 순서를 지키지 않고 동시에 말하는 자들이 있었다. 어떤 여자들은 듣는 것을 멈추고 말하기 시작했다. 아마 그들은 그리스어를 제대로 몰랐던 것 같다. 이 부분은 나중에 더 깊이 살펴볼 것이다.

내적으로 보면 이 설교는 이미 지적한 높이뛰기 형식의 또 다른 사례

---

5) 이 본문에 관한 문헌은 대단히 많다. Thiselton은 이 구절들만을 다룬 최근 논문을 80편 이상 제시한 바 있다. Thiselton이 제시하는 긴 설명은 깊이 있고 철저하다. 최근 논쟁을 전문적으로 살펴보고 싶은 독자들에게 강력히 추천할 만한 책이다. Thiselton, *First Epistle*, pp. 799-848을 보라.

1.	11:3 그런데[*de*] 나는 너희가 알기를 원하는 것이 있다. 모든 남자의 머리[origin]는 그리스도이고 여자의 머리[origin]는 남자이며 그리스도의 머리[origin]는 하나님이시다.	**신학적** 원리
2.	4 남자가 기도하거나 예언할 때 자신의 머리를 가리면 그 머리를 욕되게 하는 것이고 5 여자가 기도하거나 예언할 때 자신의 머리를 가리지 않으면 그 머리를 욕되게 하는 것이니	**교회 관습** (과 그 이유)
3.	이는 자신의 머리를 민 것과 같기 때문이다. 6 만일 여자[예언하는 여자]가 머리를 가리지 않으려면 머리를 자르라. 만일 여자가 머리를 자르거나 민 것이 부끄럽다고 하면 수건을 쓰라.	**본보기—여자** (머리를 밈=불명예/수치)
4.	7 남자는 머리를 가려서는 안 되는데 이는 남자는 하나님의 형상과 영광이고 여자는 남자의 영광이기 때문이다.	**남자—가리지 않음** (창 1:27)
5.	8 남자는 여자에게서[*ek*] 난 것이 아니고 그러나[*alla*] 여자가 남자에게서[*ek*] 났다.	**남자** 여자
6.	9 또 남자가 여자 때문에[*dia*] 지음을 받은 것이 아니고 여자가 남자 때문에[*dia*] 지음을 받은 것이다.	**의존**(창 2:18)
7.	10 이것 때문에[*dia*] 여자는 그 머리에 권위를 두어야 하는데 이는 천사들 때문이다[*dia*].	**권위**
8.	11 더 특별히[*plen*] 여자는 주 안에서 남자와 독립적이지 않고 남자도 여자와 독립적이지 않다.	**의존**
9.	12 이는 여자가 남자에게서[*ek*] 난 것처럼 남자도 여자를 통해[*dia*] [났기] 때문이다. 그리고 모든 것은 하나님에게서[*ek*] 났다.	**여자**—남자에게서 남 **남자**—여자를 통해 남 (창 1:27)
10.	13 너희 스스로 판단해보라. 여자가 머리를 가리지 않고 하나님께 기도하는 것이 합당한가?	**여자**—가림
11.	14 본성 자체가 너희에게 가르치는 것은 남자가 긴 머리를 갖고 있으면 자기에게 수치가 되지만 15 여자가 긴 머리를 갖고 있으면 자기에게 영광이 된다는 것이 아니냐? 이는 여자의 머리는 그녀를 가리도록 주어진 것이기 때문이다.	**본보기—남자** (긴 머리=수치) **본보기—여자** (긴 머리=영광)
12.	16 만일 누구든 분쟁을 좋아하는 마음을 갖고 있다면 우리는 다른 관습도 하나님의 교회들도 인정하지 못하게 될 것이다.	**교회 관습**

도표 4.1(1). 예배를 인도하는 남자와 여자: 예언하는 자와 단정한 복장(고전 11:3-16)

다. 높이뛰기처럼 이 설교도 네 단계로 이루어져 있다.

접근(장면 1)
도약(장면 2-6)
클라이맥스[가로대를 넘음](장면 7)
반대쪽으로 하강(장면 8-12)

장면 1은 서론이다. 장면 2-6은 바울이 제시하는 사례로 이루어져 있다. 중앙의 장면 7은 클라이맥스를 구성한다. 나머지 다섯 장면(장면 8-12)은 장면 2-6과 긴밀하게 짝을 이룬다. 설교의 많은 부분을 구성하는 고리 모양 구성을 시작하고 끝맺는 내용은 교회 내에서 통용되는 관습과 실행이다. 8:6에서 확인되었듯이, 장면 2는 정교하게 구성된 단계 평행법을 따르는 여섯 행으로 이루어져 있다. 1:17-2:2의 십자가 찬송과 같이, 여기서도 바울은 긴 장면들을 바깥쪽에 두고, 일련의 짧은 장면들은 중앙에 배치한다. 중앙의 일곱 장면은 예언적 수사 틀을 완벽하게 구성하고 있다(장면 4-10).

주석

전반적인 문제점이 무엇인지는 명백하다. 고린도 교회에는 남성과 여성 예언자들이 있었고, 남성과 여성이 모두 예배 인도자로 참여했다. 바울은 "기도하고 예언하는" 남자는 머리를 **가리지 말고**, "기도하고 예언하는" 여자는 머리를 **가려야** 한다고 말한다. 장면 1은 쉽게 이해되는데, 오직 머리를 가리는 문제에만 초점을 맞춘다. 처음부터 문제가 성(性)의 **복종**이 아니라 성의 **구별**에 있었음은 분명하다.

여자와 남자는 같은 사역을 담당하고 있었다. 남녀 모두 기도하고 예언하는 일에 참여하는 것이다. **기도**는 개인적 헌신을 의미할 수 있지만,

예언은 다른 사람들 앞에서 공개적으로 활동하는 공적 기능을 가진다. 은밀한 골방에서 의미 있게 예언하는 일은 불가능하다. 바울은 공적 예배를 인도하는 남자와 여자에 관해 말하고 있다. 이는 설교의 나머지 부분이 전개될 때 그 내용의 이해에 대해 단서를 제공한다.

여성 예언자는 "내게는 모든 것이 합법적이라는" 바울의 말[6]을 "여자는 예배드리는 교인 앞에서 예언할 때 머리를 가릴 필요가 없다"라는 뜻으로 이해했던 것 같다. 그러나 여성 예언자가 이렇게 권리를 행사했을 때 문제가 생겼다. 어떤 교인은 유대교 배경을 가지고 있고, 또 다른 교인은 로마나 그리스 배경을 가지고 예수를 믿었다. 그렇다면 발생한 문제는 무엇이었는가?

유대교 배경의 그리스도인은 여자가 체면상 공식 석상에서 머리를 가리는 일이 자기의 전통이라고 주장했다.[7] 미쉬나는 여자가 공식 석상에서 머리를 가리지 않으면 이혼당해야 한다고 규정했다.[8] 여자의 머리는 오직 남편과 가족만이 볼 수 있었다. (북미의 아만파 공동체는 현대 서양에서 이 고대의 관습을 지키는 집단의 사례다.) 오늘날 보수파 이슬람 국가들에서 공적으로 여성의 머리를 가리는 것은 그녀가 보살필 가족이 있는 훌륭한 여성이라는 것과, 그녀를 괴롭히는 자는 누구든 결과에 책임을 져야 함을 의미한다.[9] 이는 여자를 보호하기 위한 한 제도다.

그리스-로마 세계와 고린도 도시에 관해 말하자면, 디온 크리소스토모스(기원후 40년 출생)는 첫 세기 말 당시의 고린도의 모습을 이렇게 묘사한다. "고린도는 항구와 '헤타이라'[신전 창녀] 때문에 많은 사람으로 붐볐다."[10] 나는 그리스의 박물관에서 조각된 여성 신상들을 관찰한 적이 있는

6) 바울은 분명히 이 원리에 찬성했다(고전 6:12; 10:23을 보라).

7) Lightfoot, *First Corinthians,* pp. 231-241.

8) Mishnah, *Ketubbot* 6:6 (Danby, p. 255).

9) Thiselton, *First Epistle,* p. 801.

10) Dio Chrysostom, *Discourses* 8:5-10. Jerome Murphy-O'Connor, *St. Paul's*

데, 이들 대부분의 머리가 가려져 있음을 확인했다. 어떤 신상들은 머리가 가려져 있지 않았다. 하지만 그중 어떤 것은 머리를 가릴 필요가 없던, 집 안에 있던 신상이었는지도 모른다. 어쨌든 초기의 여성 신상들 대부분은 머리를 가린 모습을 보여준다. 또한 우리는 신전 창녀들이 머리를 가리지 않았다고 추정할 수 있다. 비록 머리를 가리지 않은 여성 예언자가 그리스인 그리스도인에게는 아무 문제가 되지 않았다고 해도, 유대인 그리스도인에게는 여전히 중대한 관심사였다. 아마도 교회에서는 강한 반대가 있었을 것이다. "도대체 어떻게 된 것인가? 이 여자들은 자기의 매력을 선전하고 있는가? 이런 상황에서 우리가 어떻게 예배에 집중하겠는가?"

바울이 예언하는 자들과 그들의 "복장" 문제를 거론할 필요가 있다고 느낀 것은 이해할 만하다. 바울은 여성을 비하하는 것이 아니다. 이 사실에 대해서는 기록이 있다. 사도행전을 보면, 우리는 그리스인 고위층 여성들이 바울의 복음에 매력을 느꼈음을 알게 된다(행 16:14; 17:4, 12, 34). 이 여성들은 자기를 남성과 동등한 존재로 인정하는 운동에 끌렸을 것이다. 빌립보 교회는 자색 옷감 장사인 루디아의 집에서 모였다. 바울이 빌립보를 떠나는 도중에 (아마도 로마 당국자들과 함께) 루디아를 방문한 사실은, 루디아가 교회 지도자였음을 암시한다(행 16:35-40). 겐그레아는 고린도 지역의 두 항구 중 하나였는데, 겐그레아 교회는 뵈뵈가 이끌었다(롬 16:1-2). 뵈뵈는 집사(여집사가 아님)와 *prostates*(지도자)로 불렸다. 고린도에 머무는 동안 바울은 아굴라와 브리스길라 부부의 집에서 살았다(행 18:1-4). 브리스길라는 남편과 함께 유명한 아볼로를 가르친 "신학 교수"였다(행 18:26). 18개월 동안 이 유명한 그리스도인 부부와 함께 살았으며 그들과 절친했던 바울이, 고린도 교인들에게 편지를 쓰면서 브리스길라의 지위를 떨어뜨리려 했다고 상상하는 일은 불가능하다. 바울은 1년 이상 **브리스길**

Corinth: Texts and Archaeology (Collegeville, Minn.: Liturgical Press, 2002), p. 100에서 인용함.

라가 차려준 식탁에서 밥을 먹었다. 브리스길라는 이 설교에서 거론되는 여성 예언자 중 하나였을 가능성이 매우 높다.

그렇다면 본문은 남자와 여자에 관해 어떻게 추론하며, 남녀가 예배를 어떻게 인도해야 한다고 가르치는가? 남자는 머리를 가리지 않고 예배를 인도했(던 것 같)다! 율법으로부터 해방된 데 대해 크게 흥분한 여자들은 황급히 남자를 흉내 내기 시작했다. 그러자 교회에서 일부 교인들은 당황했고, 편지로 이 문제를 바울에게 알렸다(7:1). 이 문제에 대한 가장 쉬운 대답은 "여자는 예배에서 기도하고 예언하는 일을 삼가라"일 것이다. 그러나 바울은 그렇게 말하지 않고 공적 예배에서 남성과 여성이 **똑같이** 리더십을 갖고 있음을 정확히 선포한다. 따라서 바울은 여성 지도자가 **공적 예배를 인도하는 동안** 머리를 가리라고 말함으로써 이 문제를 해결한다. 남자는 머리를 가리지 않고 예배를 인도해야 한다. 여기서 바울의 주장은 무엇인가?

바울은 다음과 같은 서론적인 신학적 진술로 이 설교를 시작한다.

1. 11:3 그런데[*de*] 나는 너희가 알기를 원하는 것이 있다.	**신학적**
모든 남자의 머리[origin]는 그리스도이고	원리
여자의 머리[origin]는 남자이며	
그리스도의 머리[origin]는 하나님이시다.	

그리스어 *kefale*(머리)는 다음과 같이 세 가지 의미를 가진다.[11]

1. 두개골("**내 머리**가 상처를 입다"처럼)
2. 지배하는 권위("존스 씨는 이 회사의 **머리**다"처럼)
3. 원천("나일 강의 **머리** 물은 빅토리아 호수에서 흘러나온다"처럼)

11) 이 단어에 대한 상세한 설명으로는 Thiselton, *First Epistle*, pp. 812-822을 보라.

유대인은 새해를 *Rosh Hashanah* 즉 "그 해의 **머리**"로 기념한다. 한 해의 첫째 날은 그 해의 나머지 날들을 "지배하는 권위"를 가지고 있지 않다. 오히려 그 해가 이 첫째 날"에서 흘러나온다." 구약성경을 보면 "여호와를 경외하는 것이 지혜의 머리[*rosh*]다"(시 111:10). 영역본들은 대체로 "여호와를 경외하는 것이 지혜의 **시작**(beginning)이다"라고 번역한다.

이 서론 장면에서 첫째 의미의 머리는 적합하지 않다. 전통적으로 많은 그리스도인이 둘째 의미를 선택해서 이 본문의 *kefale*(머리)가 "지배하는 권위"를 가리킨다고 이해했다. 그러나 *kefale*의 셋째 의미를 취해 "원천"으로 이해하는 것도 충분히 가능하다. 이 경우 본문은 다음과 같이 이해될 수 있다.

- "모든 사람의 원천은 그리스도다"(즉 그리스도가 창조하실 때 하나님의 행위자다. 8:6에서 바울은 예수 그리스도를 "자기를 통해 만물을 있게 하신" 분으로 천명한다).
- "여자의 원천은 남자다"(즉 창 2:21-23). 여자[*ishah*]는 "남자[*ish*]에게서 취해진다."
- "그리스도의 원천은 하나님이다"(즉 그리스도는 "메시아"이고 메시아의 원천은 하나님이다). 이후 시대 사람들은 이 말을 "아들은 아버지에게서 나오신다"로 표현한다. 그리스도는 **하나님으로부터** 오신다. 이는 "여호와를 경외하는 것이 지혜의 **원천**"(시 111:10)인 것과 같다.

지혜가 야웨에 대한 경외에 원천을 두듯이, "그리스도의 원천은 하나님"이라는 말도 예수께서 오신 신적 원천을 확언하며, 따라서 예수의 신성을 천명하는 말로도 간주될 수 있다.

여기서 창조 순서에 대한 질문이 일어난다. 제2 창조 기사(창 2:4-25)에 대한 매우 인기 있는 견해는 남자가 먼저 창조되고 여자가 그다음에 창조되었다고 지적하고, "먼저 창조된" 것이 "가장 큰 중요성을 가진다"는 의미라고 결론짓는다. 이 견해가 가진 난점은 창조 이야기가 저급한 생명체로부터 창조가 시작되어 점차 진보한 생명체로 창조가 진행되는 것을 보여준다는 데 있다. 만약 먼저 창조된 것이 더 중요하다면, 짐승이 사람보다 더 중요한 존재가 되고 식물이 짐승보다 더 중요한 존재가 되며, "형태가 없고 비어 있던" 태고의 땅이 모든 땅 중 가장 중요한 땅이 되고 만다! 창조 이야기의 이런 명백한 시퀀스에도 불구하고, 창조 기사에 대한 전통적인 견해는 남자가 먼저 창조되었기 때문에 여자보다 더 중요하다고 주장했다. 바울의 독자는 아마 창세기 2:4-25을 인용했던 것 같다. 그래서 바울은 그들을 자신의 견해로 끌어들이려는 의도를 가지고 그들의 관점에 맞추어 설명을 시작한다.

이 첫째 장면에서 우리는 그리스도가 두 번에 걸쳐 언급된다는 점에도 주목하게 된다. 이 설교에서 그리스도를 언급하는 유일한 다른 사례는 중앙 가까운 부분인데, 여기서는 남자와 여자가 "주 안에서" 상호 의존의 관계를 가진다고 말하면서 그리스도가 한 번 언급된다(장면 8). 바울은 강력한 기독론적인 진술로 이 설교를 도입하고 싶었던 것 같다. 남자(와 간접적으로 여자)의 원천은 그리스도이고, 그리스도는 하나님께로부터 오신다. 이런 취지를 갖고 바울은 계속해서 이 문제를 성찰하고 있다.

앞에서 검토했던 고리 모양 구성들처럼, 우리는 여기서도 바울이 제공하는 다양한 짝 장면을 관찰할 것인데, 우선 바깥쪽에서부터 시작할 예정이다. 처음 두 장면 및 이와 짝을 이루는 마지막 두 장면이 도표 4.1(2)에서 확인된다.

2. [4]남자가 기도하거나 예언할 때	**교회 관습**
자신의 머리를 가리면	(과 그 이유)
그 머리를 욕되게 하는 것이고	
[5]여자가 기도하거나 예언할 때	
자신의 머리를 가리지 않으면	
그 머리를 욕되게 하는 것이니	

3. 이는 자신의 머리를 민 것과 같기 때문이다. **본보기-여자**
[6]만일 여자[예언하는 여자]가 머리를 가리지 않으려면 (머리를 밂=불명예/수치)
머리를 자르라.
만일 여자가 머리를 자르거나 민 것이 부끄럽다고 하면
수건을 쓰라.

11. [14]본성 자체가 너희에게 가르치는 것은 **본보기-남자**
남자가 긴 머리를 갖고 있으면 (긴 머리=수치)
자기에게 수치가 되지만 **본보기-여자**
[15]여자가 긴 머리를 갖고 있으면 (긴 머리=영광)
자기에게 영광이 된다는 것이 아니냐?
이는 여자의 머리는 그녀를 가리도록 주어진 것이기 때문이다.

12. [16]만일 누구든 분쟁을 좋아하는 마음을 갖고 있다면
우리는 다른 관습도 **교회 관습**
하나님의 교회들도 인정하지 못하게 될 것이다.

도표 4.1(2). 장면 2-3과 11-12(고전 11:4-6, 14-16)

17세기 중엽에 존 라이트푸트는 다음과 같이 썼다.

유대인은 관습에 따라 반드시 기도하기 전에 머리를 가려야 했다. 이런 의식을 통해 유대인은 자기의 공손함을 드러내고, 또 하나님 앞에서 자신이 부끄러운 존재이며 맨 얼굴로 그분을 뵙지 못할 만큼 무가치하다는 것을 보여줄 수 있었기 때문이다.[12]

12) Lightfoot, *1 Corinthians,* pp. 229-230.

자기의 진술을 증명하기 위해 라이트푸트는 일련의 랍비 본문들을 제시한다. 이것이 유대인의 기준이라면, 왜 바울은 예배를 인도하는 남자가 머리를 가리면 하나님을 **욕되게 한다**고 생각했을까? 이런 질문에 대한 답변을 오래 숙고한 결과, 나는 나 자신의 견해를 제시할 수 있게 되었다. 중동에서 종은 주인 앞에서 자기의 머리를 가리도록 되어 있다. 종과 관련시키면 이 견해는 보편적으로 이해되고 어디서나 적용된다. 그러나 예수는 제자들을 "종/노예"가 아니라 "친구"로 부르셨다(요 15:12-17). 종/노예는 자기 주인이 하는 일을 알지 못한다. 그런데 예수는 제자들에게 "내가 내 아버지께 들은 것을 다" 알려주셨다(요 15:15). 그러나 예수와 제자들의 긴밀한 관계는 훨씬 더 깊은 단계로 나아간다.

요한복음 앞부분에서 예수는 다음과 같이 천명하신다.

나는 선한 목자다.
선한 목자는 양들을 위해 자기 목숨을 버린다(요 10:11).

세 구절 뒤의 본문에서는 이 두 행이, 중앙에 새로운 내용이 더해진 형태로 똑같이 인용된다. 그 결과 샌드위치 구조를 이루게 된 본문은 다음과 같다.

나는 선한 목자다.
　　나는 내 양을 알고 내 양도 나를 아는 것은
　　아버지께서 나를 아시고 내가 아버지를 아는 것과 같다.
그리고 나는 양을 위해 내 목숨을 버린다(요 10:14-15).

중앙에 더해진 이 새로운 내용은 예수와 자기 아버지 사이에, 그리고 **십자가로 말미암아** 예수와 그의 양 사이에 엄청나게 깊은 친밀성이 있다는 사실을 강조한다.[13] 말하자면 아버지와 아들 사이의 친밀성 및 아들과 그의 양 떼 사이의 친밀성에 대한 묘사가, 선한 목자가 양을 위해 죽는 행위를 이야기하는 틀 속에 들어가 있는 것이다. 바울의 관점은 이런 신학과 조화를 이루고 있다.

바울은 신앙 공동체에게 주어지는 의(롬 3:21-31; 5:1-2)가, 왕이나 주인이 무가치한 종에게 과분하게 은혜를 베풀어 용납받는 지위를 얻게 하는 일과 관련된다고 보았다. 일단 이런 지위가 주어지면 종은 왕 앞에서 "가리지 않은 얼굴로" 설 수 있다. 고린도후서 3:12-18에서 바울은 모세가 어떻게 자신의 얼굴을 가려야 했는지를 묘사하면서 이렇게 토로한다. "그러나 사람이 주께 돌아가면 그 수건이 벗겨진다.…우리가 다 수건을 벗은 얼굴로 주의 영광을 보며, 주의 형상으로 변화되어 한 영광의 단계에서 다른 영광의 단계로 들어갈 것이다"(16, 18절).

종합하면, 주(*kurios*)는 자신의 종/노예를 친구로 받아들이고, 그들이 더 이상 단순히 종이 아니라고 천명하신다(요한). 또한 주는 자신의 십자가 죽음으로 말미암아 종들에게 아무 대가 없이 "의인"의 칭호를 주고, 그들의 얼굴에서 수건을 제거하신다(바울). 이런 일이 일어났는데, 종들이 자신을 부끄럽게 여기고 자기 얼굴을 다시 가리는 행위로 반응할 수 있겠는가? 결코 그럴 수 없다. 그들이 다시 얼굴을 가린다면 이는 주를 **욕되게 하는** 일이 아니겠는가? 탕자의 비유에서 탕자는 아버지의 값비싼 사랑을 받아들인다. 탕자는 아버지께 돌아가고 아버지가 제일 좋은 옷을 입혀주는 것을 받아들인다(눅 15:20-24). 그렇다면 탕자가 그 옷을 벗어버리고 누더기 옷을 다시 입고 그날 밤 잔치에 나타날 수 있겠는가? 결코 그럴 수 없다. 만약 그렇게 나타난다면 자기 아버지를 **욕되게 하는** 것이 아니겠는가? 남자에 대해서는 이 정도만 이야기하자. 그러면 여자에 관해서는 어떻게 말할 수 있을까?

우리는 바울이 앞의 내용(즉 머리를 드러낼 수 있음)을 **교회의 예배 회**

13) "알다"에 해당되는 성경의 단어는 결혼 관계에 사용되었다. 이 단어는 친밀한 인격적인 지식을 함축한다.

중 안에 있는 여자에게는 적용한다고 추정할 수 있다(확신할 수는 없을지라도). 그러나 **예배를 인도하는** 예언자에게는 더 특별한 책임이 있었다. 만약 여성 예언자가 머리를 가리지 않고 예배를 인도한다면(유대-로마 문화에서), 모든 교인의 눈이 그녀에게 집중될 것이다(회중석에 있는 여자와는 달리). 어떤 사람은 가리지 않은 그녀의 머리를 부적절한 노출로 간주할 것이다. 랍비 셰셰트(3-4세기)의 어록을 기록한 바빌로니아 탈무드 중에는 이런 말이 나온다. "여자의 머리털은, **네 머리털은 염소 떼와 같다**[아 4:1]고 말하듯이 성적 흥분을 일으킨다."[14] 이처럼 여자가 머리를 가리는 관습은 매우 오래되었으며, 보수 진영에서는 중동 전역에서 오늘날까지도 고수되고 있다.

게다가 제2 창조 기사로 돌아가 보면, 여자의 인간적 "원천"은 남자였다(창 2:21-23). (RSV와 같이) "머리"(장면 2)는 "그 남편"을 의미한다고 볼 수 있다. 이렇게 이해하면, 남편은 머리를 가리지 않고 예배를 인도하는 아내를 볼 때 당혹해했을 것이다. 아마도 꽉 조이고 너무 깊이 파인 옷을 입고 예배를 인도하는 아내를 보는 현대의 남편과 같은 마음일 것이다.

바울은 손쉽게 이렇게 말할 수도 있었다. "예배를 인도하는 여자에 관해 말하면, 문제가 너무 복잡하다. 그러니 여자는 교회에서 조용히 앉아 있는 것이 좋다." 그러나 바울의 명령은 다음과 같다.

> 여성 예언자는 사역을 계속하라! 교회는 여성 예언자의 사역을 필요로 한다. 그러나 제발 부탁하는데, 예언할 때 머리는 가려라. 그래야 교인들이 너희가 예언의 말을 할 때 마음이 혼란스럽게 되지 않을 것이다. 중요한 것은 너희의 메시지다. 그리고 그 메시지야말로 우리가 사람들이 듣고 기억하기를 바라는 것이다.

14) Babylonian Talmud, *Berakot* 14a.

장면 3에서 바울은 다음과 같이 말함으로써 이런 명령과 조화되도록 하고 있다.

> 여성 예언자들아, 너희가 이런 제안을 좋아하지 않는다면 두 번째 제안이 있다. 머리를 몽땅 잘라라. 그러면 문제가 해결된다. 그러나 머리 자르는 일이 편하지 않다면, 제발 내 첫 번째 제안을 고려해보라.

장면 11은 장면 3에서 제안된 머리 자르기 해결책과 짝을 이루고 있다. 장면 3과 장면 11 사이의 의도적인 연관성을 확인하면, 우리는 장면 11을 이해하는 열쇠를 갖게 된다. 계속해서 바울은 "머리를 다 자르는 것"(장면 3)에 대해 설명하면서, 독자에게 (장면 11에서) 여자가 긴 머리를 가져야 함을 상기시킨다. 남자는 긴 머리를 가지면 (그 문화에서는) 자기에게 수치가 된다.[15] 그러나 여자는 그렇지 않다. 여자에게는 그들의 머리가 영광이다. 그래서 바울은 제발 머리를 잘라 남자처럼 보이게 하지 말라고 당부한다. 바울의 해결책은 간단하다. 곧 예배를 인도할 때 머리(얼굴이 아님)를 가리라는 것이다. 그 예쁜 머리는 적절한 때에 적절한 사람들에게 보여주면 된다. 이렇게 하면 문제가 간단히 그리고 제대로 해결된다.

마지막으로 장면 12에서 바울은 남성 예언자의 방식(머리를 가리지 않음)과 여성 예언자의 방식(머리를 가림)이 **온 교회**가 따라야 할 예배 인도의 복장 규정이고, 자신이 칭찬할 수 있는 유일한 방식이라고 말함으로써 장면 2에서의 명령을 끝맺는다. 사도는 "손쉬운 해결책이 있는 문제로 제

---

15) 다마스쿠스의 요한(750년 사망)은 콘스탄티노플을 방문한 당시 자신이 본 장면에 충격을 받았다. "여자들은 일부러 도발적이고 관능적인 모습으로 머리를 가리지 않고 손발을 훤히 드러내고 걸어 다녔다. 젊은이들은 남자답지 못하게 머리를 길게 길렀다"(William Dalrymple, *From the Holy Mountain* [New York: Henry Holt, 1997], p. 37에서 인용함. Kenneth E. Bailey, *Jesus Through Middle Eastern Eyes* [Downers Grove, Ill.: IVP Academic, 2008], pp. 248-249도 보라).

발 싸우지 마라"고 항변하는 것 같다.

세 번째 짝 장면은 장면 4와 장면 10이다(도표 4.1[3]을 보라).

4. [7]남자는 머리를 가려서는 안 되는데 이는 남자는 하나님의 형상과 영광이고 여자는 남자의 영광이기 때문이다.	**남자—가리지 않음** (창 1:27)
10. [13]너희 스스로 판단해보라. 여자가 머리를 가리지 않고 하나님께 기도하는 것이 합당한가?	**여자—가림**

도표 4.1(3). 장면 4와 10(고전 11:7, 13)

이 두 장면에는 "당황해하는 자를 위한 안내"가 필요하다. 나는 바울이 말한 내용을 어느 정도는 이해한다. 그러나 현대의 학자들 사이에 깊은 불일치와 혼란이 나타나는 것을 보면서 나는 장면 4를 전체적으로 보는 명확한 길은 찾을 수 없다. 하지만 내가 보기에, 다음과 같은 점은 분명하다.

1. 바울은 창세기 2:21-23의 제2 창조 기사로부터 발췌한 신학적 내용으로 설교를 시작한다. 이는 일부 독자가 이 제2 창조 기사를 여성을 과소평가하는 데 사용했기 때문인 것 같다. 이어서 바울은 창세기 1:26-27로부터 가져온 개념을 도입한다. 이 창세기 본문은 하나님이 남자와 여자를 **함께** 창조하고, **둘 다 하나님의 형상으로** 지음 받았다고 단언한다. 바울은 남자가 하나님의 형상이라고 주장하지만, 여자가 "남자의 형상"이라고 말하지는 않는다. 그렇게 말하면, "사람"(히브리어: *adam*)이 하나님의 형상과 모양이라고 하는 창세기 1:26에서 벗어나게 된다. 바울은 여자도 (당연히) 창세기 1:26이 확언하듯이 하나님의 형상이라고 가정한다.

2. "여자는 남자의 영광"이라는 말은 "여자는 사람의 영광"임을 **의미할 수 있다**. 여자는 창조 이야기에서 마지막 절정으로 창조되었다. 하나님은 빛을 창조하는 일로 창조 역사를 시작하셨다. 계속해서 그분은 물, 땅, 식

물, 새, 짐승, 남자 그리고 마지막으로 여자를 창조하셨다. 지적했듯이 창조 과정에서 남자의 창조는 (지나가듯이) 언급되고, "남자[사람]의 영광"인 여자의 창조는 클라이맥스로서 이 상승적 진행 과정에서 도드라진다. 예배자들은 (머리를 가리지 않고) 예배를 인도하는 남자를 볼 때 "인간을 창조하신 우리 하나님은 얼마나 위대하신가!"라고 적절하게 생각했다. 그러나 (머리를 가리지 않고) 예배를 인도하는 여자를 바라볼 때에는 "이 절정의 피조물은 얼마나 위대한가!"라고 생각할 수 있었다. 즉 예배자는 마음 속으로 **창조자**가 아니라 피조물에 주목할 수 있었던 것이다. 머리를 가리지 않은 여자는 (그 문화 속에서) 자신의 성(용모)으로 특별한 관심을 끌게 된다.

3. 바울은 자신의 해결책을 명확히 밝힌다. "남자여, (예배를 인도하는 동안) 너희 머리를 가리지 말라. 여자여, (예배를 인도하는 동안) 너희 머리를 가려라."

장면 4에는 이 세 요소 외에도 파악해야 할 비밀이 더 남아 있다.

장면 4와 짝을 이루는 장면 10은 직설적이다(장면 5-9에 비추어보면 더욱 그렇다). 장면 4의 초점은 "**남자**는 머리를 가려서는 **안 된다**"는 것이다. 이는 "**여자**는 머리를 가려야 **한다**"는 전제를 가진 장면 10과 짝을 이룬다. 이 둘은 함께 묶여 바울이 제안한 해결책을 구성한다. 고린도 교회 교인들은 여자가 머리를 가리지 않고 예배를 인도하는 일이 유대와 로마/그리스 배경 속에서 살고 있는 교회에 유익이 되리라고 진정으로 생각하는가? 분명히 그렇지 않다! 이제 이 설교 중앙의 다섯 장면으로 시선을 옮겨보자 (도표 4.1[4]을 보라).

5. [8]남자는 여자에게서[*ek*] 난 것이 아니고 **남자**—여자에게서 나지 않음
그러나[*alla*] 여자가 남자에게서[*ek*] 났다. 여자—남자에게서 남(창 2:21)

6. [9]또 남자가 여자 때문에[*dia*] 지음을 받은 것이 아니고

여자가 남자 때문에[*dia*] 지음을 받은 것이다. **의존**(창 2:18)

7. [10]이것 때문에[*dia*]
여자는 그 머리에 권위를 두어야 하는데 **권위**
이는 천사들 때문이다[*dia*].

8. [11]더 특별히[*plen*] 여자는 주 안에서 남자와 독립적이지 않고
남자도 여자와 독립적이지 않다. **의존**

9. [12]이는 여자가 남자에게서[*ek*] 난 것처럼 **여자**—남자에게서 남
남자도 여자를 통해[*dia*] [났기] 때문이다. 남자—여자를 통해 남
그리고 모든 것은 하나님에게서[*ek*] 났다. (창 1:27)

도표 4.1(4). 장면 5-9(고전 11:8-12)

이 설교의 중앙 클라이맥스는 아래서 검토할 장면 7이다.

장면 5와 9는 매우 정교하게 짝을 이루고 있어서, 장면 6-8이 빠진다 해도 아무도 이를 알아차리지 못할 것이다(도표 4.1[5]을 보라).

5. [8]남자는 여자에게서[*ek*] 난 것이 아니고 **남자**—여자에게서 나지 않음
그러나[*alla*] 여자가 남자에게서[*ek*] 났다. 여자—남자에게서 남(창 2:21)

9. [12]이는 여자가 남자에게서[*ek*] 난 것처럼 **여자**—남자에게서 남
남자도 여자를 통해[*dia*] [났기] 때문이다. 남자—여자를 통해 남
그리고 모든 것은 하나님에게서[*ek*] 났다. (창 1:27)

도표 4.1(5). 장면 5와 9(고전 11:8, 12).

분리된 장면들이 이처럼 엄밀하게 짝을 이루는 것은 저자가 고리 모양

구성을 사용하는 데 매우 능숙함을 보여주는 확실한 표지다. 바울은 장면 5에서 자신이 말한 내용을 반복하고 나서, 계속해서 남성과 여성의 상호 의존 관계를 지적하는 것으로 장면 9를 시작한다. 여기서 사용된 연쇄 사슬의 논리는 강력하다. 분명히 교회 안의 어떤 이는 아담의 갈빗대를 취해 여자가 만들어졌기 때문에(창 2:21-23), 여자가 남자보다 열등한 존재라고 생각했다. 바울은 남성 독자에게 다음과 같이 말함으로써 이런 관점을 반박한다.

> 여자가 **남자에게서** 지음 받은 것은 사실이다(장면 4). 그러면 너희는 어디서 왔느냐? 너희 어머니가 너희 앞에 왔고, 너희는 **그녀의 몸에서** 취해졌다(장면 8). 그러면 우리가 어떻게 주장하는 것이냐? 여자는 **남자의 몸에서** 왔고 (아담 이후로) 모든 남자는 **여자의 몸에서** 왔다. 이 문제의 결론은 "모두(남자와 여자 다) **하나님에게서 온다**"는 것이다(창 1:27).

바울은 독자가 창세기 2:21-23의 제2 창조 기사를 충분히 알고 있다고 단정한다. 제2 창조 기사를 인정하면서 바울은 창세기 1:26-28에 기록된 제1 창조 기사로부터 발췌한 신학적 내용을 능숙하게 소개한다. 이어 중앙의 세 장면에서 사도는 자신의 주장을 매듭짓는다(도표 4.1[6]을 보라).

6. [9]또 남자가 여자 때문에[*dia*] 지음을 받은 것이 아니고 **의존**
여자가 남자 때문에[*dia*] 지음을 받은 것이다. (창 2:18)

7. [10]이것 때문에[*dia*]
여자는 그 머리에 권위를 두어야 하는데 **권위**
이는 천사들 때문이다[*dia*].

8. [11]더 특별히[*plen*] 여자는 주 안에서

남자와 독립적이지 않고

남자도 여자와 독립적이지 않다. **의존**

도표 4.1(6). 장면 6-8(고전 11:9-11)

장면 6-8을 구성하는 일곱 행의 첫 번째 열쇠는 네 번 연속해서 등장하는 그리스어 전치사 *dia*다. 이 전치사는 네 번 모두 동일한 격(목적격)을 취하며, 따라서 네 사례는 함께 묶여 이해되어야 한다. 번역자는 이 *dia*를 "위해" 또는 "때문에"로 번역할 수 있다. 오랫동안 *dia*의 처음 두 용례는 "위해"로, 이후의 두 용례는 "때문에"로 번역되었다. 따라서 많은 역본은 다음과 같은 형태를 취한다.

6. [9]또 남자가 여자를 **위해**[*dia*] 지음을 받은 것이 아니고
여자가 남자를 **위해**[*dia*] 지음을 받은 것이다.

7. [10]이것 **때문에**[*dia*]
여자는 그 머리에 권위를 두어야 하는데
이는 천사들 **때문이다**[*dia*].

이런 번역은 기독교 신학에서 남녀 모두가 여성의 지위를 어떻게 이해하는가 하는 문제에 지대한 영향을 미쳤다. 여자는 왜 존재하는가? 앞의 번역에 따르면 하나님은 **남자를 위해** 즉 남자를 섬기게 하려는 목적으로 여자를 창조하셨다. 최근에 나는 앞의 번역을 취해서 가정·교회·사회에서의 그리스도인 여성의 "적절한" 성경적 위치를 이해하는 시금석으로 삼는 저술들을 다 읽어보았다(거의 여성에 의해 저술된 책임).

이 견해가 가진 난점은 이것이 **본문 자체**가 아니라 본문에 대한 **특수한 번역**을 기반으로 삼는다는 점이다. 문제의 견해는 그리스어 전치사 *dia*를 (처음 두 행에서는) "위해"로 번역하고, (뒤의 두 행에서는) 직후에 나오는

같은 단어를 "때문에"로 번역한다. 이 견해는 본문의 *dia*가 "때문에"로 **번역될 수 있다는** 점을 올바르게 인정한다. 그러나 **네 번 반복해서 나오는** 전치사 *dia*를 모두 "때문에"로 번역한다면 어떻게 될까? 이렇게 할 때 본문은 다음과 같이 번역된다.

6. [9]또 남자가 여자 **때문에** 지음을 받은 것이 아니고
   여자가 남자 **때문에** 지음을 받은 것이다.

7. [10]이것 **때문에**
   여자는 그 머리에 권위를 두어야 하는데
   이는 천사들 **때문이다**.

따라서 장면 6은 아담과 하와의 창세기 기사(창 2:18)를 언급한다. 홀로 있던 존재, [만물을] 잘 다스릴 수 없어 도움을 필요로 했던 존재는 하와가 아니었다. 혼자서 [만물을] 다스릴 수 없었던 자는 바로 아담이었다. 그래서 하와가 *'ezer*(돕는 자)로 창조되었다. *'ezer*라는 히브리어 단어는 종종 하나님이 이스라엘을 돕거나 구원하러 오실 때 그분께 사용된다. 이 단어는 *el-'ezer*라는 이름(그리스어로 *Lazarus*가 됨)에도 나타나 있다. 이 이름은 "하나님은 돕는 자/구원하는 자"라는 뜻이다. *'ezer*는 약간 돕는 자가 아니라 곤경 속에 있는 자를 돕기/구원하기 위해 오는 강한 인물을 가리킨다.

이런 사실을 감안하면, 본문과 여성에 대한 바울의 관점을 이해하는 우리의 입장이 바뀐다. 바울은 여자가 "남자를 위해" 곧 남자에게 숙식을 제공하기 위해 지음 받았다고 믿지 않았다. 오히려 여자는 하와의 후손으로서, 인간 무대에서 곤경에 빠진 자(남자)를 돕기/구원하기 위해 하나님에 의해 보내심 받은 강한 존재로서의 지위를 가진다. 본문을 이렇게 이해하면 중동의 남성우월주의자 바울은 사라진다. 대신 바울은 새 언약 아래

서 남자와 여자의 평등성과 상호 의존성을 담대히 주장하는 자비로운 인물로 등장한다. 나는 바로 이것이 바울이 다섯 장면으로 구성된 이 설교의 중앙에서 선포하고자 했던 핵심이라고 주장하고 싶다. 본문을 이렇게 이해하면, 왜 그리스 귀부인들이 바울의 메시지에 매력을 느꼈으며 바울이 주도하는 운동에 기꺼이 가담했는지를 설명하기가 용이해진다.

장면 6과 8은 대조 관계에 있다고 자주 주장되지만, 실제로 이 두 장면은 하나의 주제가 가진 두 국면으로 이해되어야 한다. 장면 8은 그리스어 *plen*으로 시작된다. 이 단어는 "더 특별히 말하면"이나 "어쨌든"을 의미하는 것 같다. BAGD는 "설명을 중단하고 중요한 것을 강조하는 말"이라고 해설한다.[16] 대조 개념에 통상적으로 사용되는 그리스어 *alla*는 (대조 관계를 도입하는) 장면 5의 둘째 행에서 나타난다. 장면 8이 시작되는 이 지점에서 *plen*은 이전 설명 중 "중요한 것"에 주의를 집중시킨다. 따라서 바울은 다음과 같이 말하고 있다.

> (하와와 같이) 여자는 (아담과 같이) 도움이 필요한 남자 때문에 지음을 받았다(장면 6).
> 더 특별히 말하면[*plen*] **주 안에서** 남자와 여자는 서로 의존하는 자라는 것이 내가 말하는 뜻이다(장면 8).

남자와 여자의 상호 의존 관계를 확언하는 내용은 바울이 **그리스도인의 결혼**(7:2-5)을 설명하는 곳에서도 나왔다. 여기서는 상호 의존 관계가 그리스도 안의 남자와 여자가 **교회에서** 함께 사는 일에 확대 적용된다.

마지막으로 장면 7의 "그 머리에 권위"와 "천사들 때문에"라는 대목은 어떻게 이해되어야 할까? 먼저 장면 7의 첫 행에는 "**이것** 때문에"라는 말이 나오는데, "이것"은 여자가 홀로 애쓰는 남자를 돕기/구원하기 위해 지

16) BAGD, p. 669. 참조. LSJ, *A Greek-English Lexicon*, p. 1419.

음 받았다는 창조 이야기를 가리킨다. 그 지점까지 여자는 창조 이야기의 영웅이었다. 바울은 여자의 고귀한 원래 태생을 상기시키면서, 여자가 "그 머리에 *exousia*[권위]를 가져야" 한다고 주장한다. 아담은 *el-'ezer*였다. 말하자면 아담은 나사로 곧 "하나님이 도와주신 자"였다. 그런데 하나님이 아담을 어떻게 도와주셨는가? 그분은 *'ezer*(돕는 자 즉 하와)를 보내줌으로써 도우셨다. 그리고 이런 이유로 여자는 예배자들 앞에서 예언할 때 자신의 머리에 권위의 표시를 두어야 한다. 여왕 엘리자베스 2세가 왕관을 쓸 때 왕관은 권위의 상징이다. 바울은 이와 똑같은 전제가 예배에서 교인을 인도하는 여성 예언자에게 적용된다고 보았다. 바울은 여성 예언자가 교인들에게 예언의 말을 선포할 수 있는 권위의 가시적 상징으로 머리를 가리는 것을 보고 싶어 했다.

케임브리지 대학교의 모나 후커는 이 본문의 배후에 랍비적 배경이 존재한다고 주장했다. 이런 맥락에서 보면, "창조 질서를 지배하는 권위가 어느 정도 [천사들]에게 넘겨졌고, 그러므로 창조 당시에 확립된 사물의 질서가 지금까지 유지되는 것은 천사들과 관련된다고 예상할 수 있다"는 것이다.[17] 예배를 인도하는 남자들과 함께 사역할 때 여성 예언자가 머리를 가리는 것은 교회 공동체 안에서 그녀가 가진 *exousia*(권위)의 표지였다.

이런 측면에서 「미드라쉬 창세기 라바」는 창조의 6일이 끝나고 처음 맞이한 안식일에 대해 이렇게 설명한다. "안식일 저녁에 해가 졌으나 빛은 계속 비추었다. 그런 중에 모두가 찬송을 시작했는데, 기록된 것처럼 **온 하늘 아래 그들은 하나님께 찬송을 부른다**(욥 37:3)."[18]

아담과 하와도 이 찬송에 참여했을 것이다. 그러나 "온 하늘 아래" 찬송이 폭발할 때 주된 참여자는 천사들이었다. 이미 바울은 천사들이 사도

---

17) Morna D. Hooker, "Authority on her Head: An examination of I Cor. XI. 10," *New Testament Studies* 10 (1963-1964): 412.

18) Midrash Rabbah *Genesis*, 1.12.6 (London: Soncino Press, 1983), p. 92.

들의 활동을 지켜보고 있다고 확언한 바 있다(4:9). 여기서도 마찬가지다. 창조 당시에 하나님을 찬송하던 천사들이 지금도 교회의 삶을 지켜보면서 그분의 새 창조에 대해 열렬히 찬양하는 의무를 수행하고 있다.

그러나 이 설교의 클라이맥스를 구성하는 일곱 행에서는 훨씬 더 큰 일이 일어나고 있다. 열세 장면(세 개의 특수 주해와 함께)으로 구성된 바울의 십자가 찬송(1:17-2:2)에서 그 중앙의 시적 기법은 획기적인데, 이와 동일한 기법이 여기서도 사용되고 있다. 이 일곱 행은 우리가 방금 검토한 세 장면(장면 6-8) 속에 정교하게 들어가 있다. 또한 이 부분은 작은 예언적 수사 틀로 보아도 전혀 무리가 없다(도표 4.1[7]을 보라).

1. 남자가 여자 때문에[*dia*] 지음을 받은 것이 아니고	남자가 여자 때문이 아님
2. 여자가 남자 때문에[*dia*] 지음을 받은 것이다.	여자가 남자 때문임
3. 이것[창조] 때문에[*dia*]	(창조) 때문에
4. 여자는 그 머리에 **권위**를	여자—권위
5. 이는 천사들 때문이다[*dia*].	(창조) 때문에
6. 더 특별히 말하면[*plen*], **주 안에서** 여자는 남자와 독립적이지 않고	여자는 독립적이 아님
7. 남자도 여자와 독립적이지 않다.	남자도 여자와 독립적이지 않음

도표 4.1(7). 장면 6-8(고전 11:9-11)

이처럼 정교하게 구성된 일곱 행은 하나의 단락을 이루어 대위법을 보여준다. 이 일곱 행은 세 장면 속에 정교하게 들어가(장면 6-8) 설교의 전체 구성에 딱 들어맞는다. 동시에 이 일곱 행은 앞에서 확인한 예언적 수사 틀을 따른다. 셋째 행의 "**이것** 때문에"는 "천사들이 증언하고 찬송하는 위대한 창조 사건 때문에"를 의미한다. 셋째 행을 이렇게 이해하면, 독자는 다섯째 행에 나오는 천사들에 대해 성찰하고 이해할 준비를 갖추게 된다. 중앙의 클라이맥스는 예배에서 여성의 리더십을 확언하고, 여성에게 권위의 표지를 부여한다.

요약하면 랍비들은 창조가 이처럼 놀라운 사건이므로, 이 엄청난 업적에 대해 하나님을 찬송하는 소리가 들려진 것은 마땅하다고 주장했다. 그러면 누가 그 찬송을 부르고 있었는가? 답은 천사들이 창조를 증언하고 하나님을 찬송했다는 것이다. 그런데 바울은 하나님의 새 피조물—교회, 새 성전— 주위에 똑같은 천사들이 있다고 언급하는 듯하다. 이 천사들은 동일한 이유, 즉 이 놀라운 사건에 대해 하나님을 찬송하기 위해 거기 있었다. (이런 맥락에서 요한계시록의 일곱 교회는 각각 그 교회를 지키는 천사를 두고 있었다; 계 2-3장). 나아가 (이 본문에 제시되었듯이) 새 창조의 한 가지 요소는 그리스도 안에서 남자와 여자 사이에 평등성과 상호 의존성이 회복된 일이다. 그래서 바울은 고린도 교회 교인들(과 온 교회)에게 다음과 같이 말한다.

> 남자와 여자는 계속 기도하고 예언하도록 하라. 다만 여성은 제발 이치에 맞게 행동하라! 기도하거나 예언할 때 너희 머리를 가려라! 남성과 여성을 막론하고 예배자들이 너희를 오해하지 않도록 유의하라. 너희의 아름다운 머리로 그들의 마음을 산란하게 하지 마라. 만약 너희가 내가 제시하는 해결책을 싫어한다면 다른 대안을 제시하겠다. 머리를 다 잘라버려라(장면 2). 머리를 민 것을 보여주면 문제가 해결될 것이다. 만약 그 방법을 취하고 싶지 않다면, 왜 내가 처음에 제시한 제안을 따르지 않느냐? 너희가 예배를 인도할 때 머리를 가리는 것은 창피한 일이 아니다. 하와는 약하고 곤경 속에 있는 아담을 도와주었다. 남성과 여성은 서로를 필요로 한다. 머리를 가리는 것은 여성 예언자가 남성 예언자와 함께 지도자로서 예언의 은사를 행사할 때 여성 예언자에게 주어진 권위의 표지다. **천사들 때문에** 그렇게 하라. 천사들은 첫 창조 때 하나님을 찬송했다. 너희의 예언의 말을 통해 천사들이 새 창조 때 너희의 지위가 회복된 놀라운 사실을 찬송하게 하고, 그리하여 너희가 지음 받은 하나님의 형상을 밝게 빛나게 하라. 이렇게 할 때 너희는 너희에게 주어진 지도자로서의 정당한 역할을 보존하고, 그 과정에서 교인들을 산만하거나 당혹스럽게 만

들지 않을 것이다.

너희가 살고 있는 사회에서는 여자의 머리가 공개적으로 노출되면, 이를 유혹으로 간주한다는 것을 알아야 한다. 나는 너희에게 집을 떠나 있는 모든 순간에 머리를 가리라고 요구하는 것이 아니다. 너희가 **예배를 인도하여** 모든 교인의 눈이 너희를 향하고 있을 때에만 머리를 가리라는 것이다. 지금 나는 너희에게 너희가 속해 있는 문화적 배경에 민감하라고 요구하는 것이다. 교회에서 조화를 사랑하는 일이 너희가 새로운 자유를 누리는 법의 핵심 요소가 되어야 한다.

그러면 예배 지도자의 단정한 복장에 관한 이 지침을 21세기에는 어떻게 적용할 수 있을까? 우리는 첫 세기 고린도 도시에서 살고 있지 않다. 그러나 본문에는 중요한 신학적 원리가 제시되어 있다. 어느 시대를 막론하고 남자와 여자에게 바울은 이렇게 말하고 있다.

남자와 여자가 모두 가지고 있는 은사가 있다. 예언은 남녀가 다 할 수 있다(행 2:17-18). 예언의 은사를 받은 자는 예배를 인도하는 일에 참여해야 한다. 그러나 예배에서 예언할 때 오해를 불러일으키거나, 신실한 자를 하나님 앞으로 나오게 할 때 품위를 떨어뜨리는 복장은 하지 마라. 남자와 여자는 모두 하나님의 형상으로 지음 받았다. 너희 자신이 아니라 하나님께 초점을 맞추라. 주 안에서 너희는 동등하고 상호 의존의 관계에 있다. 천사들이 다시 한번 기뻐하도록 만들라.

결론적으로 우리는 기독교 리더십에서 남성과 여성의 지위에 관한 정교하게 조율된 신학적인 설명을 볼 수 있다. 그런데 이 설명의 원래 의도가 은혜와 능력으로 밝게 드러나기 위해서는 표면을 깨끗하게 닦은 고대라는 안경을 써야 한다.

그러나 예배와 관련해서 볼 때 이것이 고린도 교회의 유일한 문제는 아니었다. 그들의 성찬식도 엉망이었다. 이제 성찬식 주제로 시선을 옮겨 보자.

4.2.

예배의 질서

성례—주의 만찬

고린도전서 11:17-34

바울은 고린도전서 11:17-34에서 주의 만찬에 관해 세 부분으로 구성된 설교를 전한다. 전체 본문은 도표 4.2(1)에서 확인된다.

수사 구조

여기서 바울의 창조적인 솜씨가 다시 드러난다. 만약 현대의 우리가 이 설교의 요소들을 배열했다면, 먼저 **부정적 요소**를 배치하고 그다음에 **긍정적 요소**를 배치했을 것이다. 이렇게 되면 우리가 제시하는 본문은 다음과 같이 된다.

1. (-) 너희의 소위 주의 만찬 예식은 끔찍하게도 다툼, 술 취함, 가난한 자에 대한 멸시 등을 보여주고 있다.
2. (-) 이런 행동과 너희가 자신을 판단하지 못하는 것 때문에 너희 중 병든 자와 죽는 자가 생겼다.

A. **배고픔, 술 취함, 다툼: 주의 만찬이 아님**(11:17-22)

1. [17]그러나 다음 지시에 있어서는 나는 **너희를 찬양하지 않는데**
이는 너희가 모일 때 더 좋아지지 않고 너희의 모임을
더 나빠지기 때문이다. **찬양하지 않음**

2. [18]우선 먼저 나는
너희가 **교회로서 모일** 때에 **교회**
너희 중 **분란**이 있다는 말을 듣는다. **분란**

3. 그리고 나는 그것을 어느 정도 믿는데
[19]그것은 너희 중 **다툼**이 있어야 **다툼**
너희 중 참된 자가 인정받을 수 있기 때문이다.

4. [20]그러므로 너희가 **모일** 때 **모임**
너희가 먹는 것은 **주의 만찬이 아니다.** 주의 만찬이 아님

5. [21]이는 먹을 때 각자 자기 만찬을 먼저 갖다 먹고
어떤 사람은 배고프고 다른 사람은 취하기 때문이다.
[22]세상에! 너희가 먹고 마실 집이 없느냐? **배고픔과 취함**

6. 또는 너희가 **하나님의 교회**를 멸시하고 **교회**
가진 것이 없는 자들을 **비참하게 만드느냐**? 비참함

7. 내가 그런 너희에게 무슨 말을 하겠느냐?
이것으로 **너희를 찬양하랴**? 너희를
나는 너희를 찬양하지 않을 것이다. **찬양하지 않음**

B. 표준 전통: 주의 만찬(11:23-26)

1.	[23]내가 주께 **받은 것을** 또한 너희에게 **전했으니**	**바울이 받고** 전함
2.	"주 예수께서 배반당하신 날 밤에	**예수** 배반당하신 날 밤
3.	떡을 취하고 [24]감사 기도를 드리고 떡을 떼고 말씀하셨으니	**떡을 취함** 떡을 떼고 말씀하심
4.	'이것은 너희를 위하는 내 몸이니 이것을 행하여 나를 기념하라.'	**내 몸** 기념
5.	[25]똑같은 방법으로 또한 식사 후에 잔을 취하고 말씀하셨으니	**잔을 취함** 말씀하심
6.	'이 잔은 내 피로 세운 새 언약이니 이것을 행하여 마실 때마다 나를 기념하라.'	**내 피** 기념
7.	[26]그러니 너희는 이 떡을 먹고 이 잔을 마실 때마다 주의 죽으심을 주가 오실 때까지 선포하라."	**떡과 잔** 주가 오실 때까지 선포함

C. **너희 자신을 살피고/판단하고 주의 몸을 분별하라**(11:27-33)

1.	[27]그러므로 누구든지 합당하지 못한 태도로 주의 **떡을 먹거나 잔을 마시는** 자는 **주의 몸과 피를 모독하는 죄가 있을** 것이다.	 **먹다** 죄가 있음
2.	[28]사람이 **자기 자신을 살피고** 그런 다음 그 떡을 먹고 그 잔을 마셔야 한다.	**살피다** 자기 자신
3.	[29]누구든지 먹고 마시는 자가 **그 몸을 분별하지** 못할 때 자신에 대한 심판을 먹고 마시는 것이다.	 **심판** 자신에 대한 심판
4.	[30]그것이 너희 중 약하고 병든 자가 많고 죽은 자도 더러 있는 이유다.	**약한 자/병든 자** 죽은 자
5.	[31]그러나 우리가 **우리 자신을 판단한다면** 우리는 판단을 받지 않을 것이다.	**판단하다** 자기 자신
6.	[32]그러나 우리는 주께 **판단을 받을** 때 징계를 받고 따라서 우리는 세상과 함께 **판단을 받지** 않을 것이다.	**판단받다** 주께
7.	[33]그러므로 내 형제들아, 너희는 먹기 위해 함께 모일 때 서로 기다려라. [34a]만일 누구든지 배고프거든 집에서 먹도록 하라. **그래야 너희가 정죄받지 않고 함께 모일 수 있게 될 것이다.**	 **먹다** 정죄받음

---

8. [34b]다른 일들에 관해서는 내가 갈 때 지시를 할 것이다.
(고린도 교회의 개인적인 문제들)

도표 4.2(1). 불법적인 예배와 주의 만찬(고전 11:17-34)

3. (+) 너희는 내가 주께 **받아** 너희에게 **전해준** 성찬을 기념하고 지켜야 하는데 이는 다음과 같다. "주 예수께서 배반당하신 날 밤에 등."

하지만 바울은 고리 모양 구성을 사용해서 다음과 같이 A-B-A 개요를 보여준다.

너희의 성찬식은 엉망이다—술 취함과 다툼으로 가득 차 있다.
　　내가 너희에게 전해준 전통이 여기 있다.
너희의 성찬식은 엉망이다—자기비판을 행하고 너희 자신을 개혁하라!

지적했듯이, 이사야서에서는 자주 설교 중앙의 클라이맥스가 과거의 거룩한 전통에 대한 언급으로 구성되었다.[1] 바울은 일곱 번에 걸쳐 **구약 본문**을 설교의 중앙에 둔다.[2] 그리고 같은 방식을 따라 바울은 여섯 번에 걸쳐 **초기의 교회 전통**을 자신의 설명의 중앙에 둔다.[3] 성찬에 관한 이 설교도 그중 하나다. 그러나 이 설교 전체의 스타일은 독특하다.

이 설교를 구성하는 세 부분은 각각 일곱 장면을 가진다(도표 4.2[1]을 보라). 첫째 부분(A 부분)은 예언적 수사 틀의 고전적인 실례다. 이어서 "성찬 제정의 말씀"(B 부분)은 어느 정도 직선적 시퀀스로 구성된 일곱 장면 속에 대략 맞추어져 있다고 볼 수 있다.[4] 결론 부분(C 부분) 역시 일곱 장면으로 되어 있지만, 수정된 역장면들을 가지고 있다. **설교 전체**의 클라이맥스는 "성찬 제정의 말씀"이다(B 부분). A 부분과 C 부분의 클라이맥스는 각각 중앙에 있다. 쉽게 참조할 수 있도록 각 부분을 다룰 때 본문을 다시 제시할 것이다.

1) 사 43:16-19; 51:1-3; 65:20-23.
2) 고전 6:13-20; 9:1-12a, 12b-15; 10:1-13; 14:13-25; 15:24-28, 42-50.
3) 고전 1:17-2:2; 2:7-10; 11:17-34; 14:37-40; 15:1-11, 12-20.
4) 이 본문은 단계 평행법을 얼마간 보여주지만 여기에 주되게 나타난 것은 직선적 시퀀스다.

주석

이 설교는 다음과 같이 시작된다.

1. [17]그러나 다음 지시에 있어서는 나는 **너희를 찬양하지 않는데**
   이는 너희가 모일 때 더 좋아지지 않고 너희의 모임을
   더 나빠지기 때문이다. **찬양하지 않음**

2. [18]우선 먼저 나는
   너희가 **교회로서 모일** 때 **교회**
   너희 중 **분란**이 있다는 말을 듣는다. **분란**

3. 그리고 나는 그것을 어느 정도 믿는데
   [19]그것은 너희 중 **다툼**이 있어야 **다툼**
   너희 중 참된 자가 인정받을 수 있기 때문이다.

4. [20]그러므로 너희가 **모일** 때 **모임**
   너희가 먹는 것은 **주의 만찬이 아니다.** 주의 만찬이 아님

5. [21]이는 먹을 때 각자 자기 만찬을 먼저 갖다 먹고
   어떤 사람은 배고프고 다른 사람은 취하기 때문이다. **배고픔과 취함**
   [22]세상에! 너희가 먹고 마실 집이 없느냐?

6. 또는 너희가 **하나님의 교회**를 멸시하고 **교회**
   가진 것이 없는 자들을 **비참하게 만드느냐?** 비참함

7. 내가 그런 너희에게 무슨 말을 하겠느냐?

이것으로 **너희를 찬양하랴**? | 너희를
나는 너희를 찬양하지 않을 것이다. | **찬양하지 않음**

도표 4.2(2). A 부분(고전 11:17-22).

A 부분에는 처음과 중간과 끝을 연결시키는 전통적 스타일이 나타난다(도표 4.2[3]를 보라). 이 세 장면은 설교를 세우는 뼈대를 제공한다. 요약하면 다음과 같다.

1. [17]너희가 **모일** 때
   나는 너희를 **찬양하지** 않을 것이다.

4. [20]너희가 **모일** 때
   너희는 **주의 만찬**을 먹는 것이 아니다.

7. [22c]내가 이것으로 너희를 **찬양하랴**?
   나는 **너희를 찬양하지 않을 것이다**.

도표 4.2(3). 장면 1, 4, 7(고전 11:17, 20, 22)

이 세 장면은 긴밀하게 연계되어 있으므로 따로 분리해놓아도 의미가 충분히 연결된다. 바울은 고린도 교인들을 칭찬할 수 없다(장면 1, 7). 왜냐하면 그들의 성찬식이 "주의 만찬이 아니기" 때문이다. 다른 네 장면은 이 세 장면이 만들어놓은 뼈대에 살을 채워 넣는 역할을 한다.

장면 2와 6은 교회에 초점을 맞춘다. 고린도 교회 안에는 분란이 있었다(장면 2). 그러나 이 분란은 1:10-16에 언급된 파벌 싸움이 아니다. 이 문제는 더 심각하고 위협적이다. 고린도 교회 교인들은 자기의 행동을 통해 "하나님의 교회를 멸시하고" "가진 것이 없는 자들을 비참하게 만들었다"(장면 6). 이는 혹독한 지탄이다. 머피-오코너의 이런 지적처럼 말이다.

"교회의 연합은 한정된 공간 속에서 물리적 병렬 관계를 갖는 일 이상이다.…고린도 교인들의 행위는 '가진 것이 없는 자들'을 비참하게 만든 것 말고도, 그들이 참된 공동체를 업신여겼음을 증명한다"(22절).[5] 바울은 고린도 교인들이 "하나님의 교회"가 무엇을 의미하는지 깨닫지 못했으며, 배부른 자들은 더 부유하게 만들고 배고픈 자들은 더 가난하게 만듦으로써 분열되었다는 사실을 폭로한다. 하나 됨을 창출하고 유지하도록 돕고자 하는 의도를 가진 참된 성찬식이, 어떤 이는 실컷 먹고 술에 취하고 다른 이는 배고프고(장면 5) 비참하게 된(장면 6) 하나의 술자리가 되고 말았다.

예수는 교회가 "거지 나사로와 부자"라고 제목을 붙인 이야기를 말씀하셨다(눅 16:19-31). 그 비유에서 나사로라는 이름의 가난한 거지는 부자의 문밖에서 도움을 받지 못하고 쇠약해진다. 나사로와 부자 모두 죽고, 나사로는 (천국) 잔치에서 아브라함 옆에 서 있게 되지만, 부자는 지옥[하데스]의 불 속에서 깨어난다. 이야기가 전개되면서 독자는 나사로의 가장 큰 괴로움이 **상처의 고통**이나 **배고픔**이 아니라, 절실하게 필요한 도움이 몇 발자국 안에 있었지만 그 도움을 받을 수 없음을 깨닫는 **심적 고통**이었다는 것을 발견한다. 매일 호화로운 잔치가 벌어지고 부자와 그의 친구들은 게걸스럽게 음식을 먹어치웠다. 반면에 나사로는 거리에서 **홀로** 헤맸다. 천국에서 나사로는 **위로를 받았다**(눅 16:25). 드디어 자기를 사랑하고 존중하는 아브라함 및 천사들과 함께 있었다.[6] 나사로의 고뇌는 사라졌다.

빈곤한 고린도 교인들은 훨씬 더 큰 고뇌에 빠졌다. 나사로와 달리 그들은 **만찬 자리에** 초대받았지만, 노동이 끝난 후 (저녁에) 교회에 도착했을 때 음식은 떨어졌고 일부 부자는 이미 술에 취해 있었다(장면 5). 할 일이 없는 부자들이 일찍 도착해 차려놓은 음식을 다 먹어치운 것이다.

---

5) Murphy-O'Connor, *1 Corinthians,* p. 111.

6) Kenneth E. Bailey, *Jesus Through Middle Eastern Eyes* [Downers Grove, Ill.: IVP Academic, 2008], pp. 378-396을 보라.

무엇보다 최악은 많은 사람이 이 문제에 무관심했다는 것이다. 가난한 자와 부자는 이론상으로는 같은 식탁에서 먹었으며, 이는 보기 좋은 광경이었다. 그러나 "거룩한 성전"과 "그리스도의 몸"이 된다는 것은 공동체가 각자의 고통에 대해 속속들이 알게 된다는 의미였다(지금도 그러하다). 그러나 그렇게 하지 못하고 부자가 그 고통에 무관심할 때, 부자는 가난한 자에게 고통을 주고 그 결과는 비참했다. 이로 말미암아 성찬식의 주된 목적은 파괴되었다. 바울은 이 첫 부분 중앙의 클라이맥스(장면 4)에서 "너희가 먹는 것은 주의 만찬이 아니다"라고 일갈한다. 이런 시늉만으로는 충분하지 않았다. 바울은 자기에게 이 일을 보고한 교인들에게 감사했으며, 그들이 사건에 대해 논쟁을 벌인 데 대해서도 만족스러워했다. 이런 논쟁은 최소한 교인들 중 **일부**가 성찬식에서 일어난 불상사에 대해 두려운 마음을 가졌음을 암시했기 때문이다(장면 3).

이처럼 단호하게 공개적으로 꾸짖은 다음, 바울은 자신이 "받았고" 그들과 함께 있을 때 그들에게 "전한" 거룩한 전통을 상기시킨다(도표 4.2[4]를 보라).

1.	[23]내가 주께 **받은 것을** 또한 너희에게 **전했으니**	**바울이 받고** 전함
2.	"주 예수께서 배반당하신 날 밤에	**예수** 배반당하신 날 밤
3.	떡을 취하고 [24]감사 기도를 드리고 떡을 떼고 말씀하셨으니	**떡을 취함** 떡을 떼고 말씀하심
4.	'이것은 너희를 위하는 내 몸이니 이것을 행하여 나를 기념하라.'	**내 몸** 기념

5.	[25]똑같은 방법으로 또한 식사 후에 잔을 취하고 말씀하셨으니	**잔을 취함** 말씀하심
6.	'이 잔은 내 피로 세운 새 언약이니 이것을 행하여 마실 때마다 나를 기념하라.'	**내 피** 기념
7.	[26]그러니 너희는 이 떡을 먹고 이 잔을 마실 때마다 주의 죽으심을 주가 오실 때까지 선포하라."	**떡과 잔** 주가 오실 때까지 선포함

도표 4.2(4). B 부분(고전 11:23-26)

바울은 이 전통을 "주께 받았다"라고 선언한다(장면 1). 여기서 바울이 예수께서 이 말씀을 그에게 구술하신 환상을 개인적으로 체험했다고 가정할 필요는 없다. 바울은 "고린도 교회 공동체"를 "그리스도의 몸"으로 보았다(고전 6:15; 8:12; 12:12).[7] "그리스도의 몸"(과 함께 있던 목격자들)으로부터 이 전통을 받았을 때 바울은 이를 주께 받은 것이다.

성찬 제정의 말씀 나머지 부분을 채우는 여섯 장면은 다른 어떤 본문보다 기독교 문헌의 관심을 더 많이 받은 본문인 것 같다. 모든 그리스도인에게 주어진 이 말씀의 신비를 최대한 강조하는 책들이 무수히 출판되었다. 티슬턴은 이 설교(11:17-34)를 학문적으로 깊이 있게 설명하고 관련된 참고 논문을 폭넓게 수록한 51쪽에 달하는 글을 썼다.[8] 예레미아스의 『성찬에 관한 예수의 말씀』은 다양한 관련 본문에 대한 거창다운 연구를 소개하고 있다.[9] 여기서 우리는 이런 학자들의 노고에 깊이 감사하면서도

7) Murphy-O'Connor, *1 Corinthians,* p. 112.
8) Thiselton, *First Epistle,* pp. 848-899.
9) Joachim Jeremias, *The Eucharistic Words of Jesus* (New York: Scribner's, 1966).

전도서의 이런 조언을 상기하게 된다. "하나님은 하늘에 계시고 너는 땅에 있다. 그러므로 너는 말을 적게 하라"(전 5:2).

다이아몬드의 아름다움은 이 보석이 다양한 방향으로 빛을 발산하는 수많은 단면을 가진다는 사실과 관련된다. 이 빛을 어떻게든 한 방향 속에 가두어두려고 시도하는 것은 다이아몬드의 아름다움을 해친다. 성찬식에서 그리스도의 임재의 신비는 아무리 웅대하게 설명할지라도 우리의 모든 설명의 범주를 넘어선다. 나는 다섯 대륙을 여행하면서 수많은 교파에 속한 집례자의 손을 통해 즐겁게 성찬 음식을 받았다. 이 교파들은 남미 가톨릭교회, 그리스 가톨릭교회, 안티오키아 정교회, 미국 복음주의 교회, 콥트 복음주의교회, 영국 성공회, 루터교회, 장로교회, 감리교회, 미국 성공회, 침례교회, 오순절교회 등을 망라한다. 내가 사랑하는 로마 가톨릭교회의 한 친구는 "배타성의 의지가 죽어가고 있다"라고 말했다. 우리는 각자 자신의 거룩한 전통을 굳게 고수할 수 있는 동시에, 우리와 함께 그리스도의 몸을 이루는 "다른 교회"를 통해서도 얼마든지 은혜를 받을 수 있다.

최초의 성찬식에는 유다도 참석했다. 요한은 식사하는 동안 예수께서 떡 한 조각을 떼어 그 조각을 접시에 적신 다음 유다에게 주었다고 말한다(요 13:26). 이는 타인에게 깊은 우정을 표현하기 위해 종종 사용된 중동의 전통적인 사랑의 관습이다. 적셔진 떡 조각은 보통 "이것을 나를 위해 먹으라"는 말과 함께 주어진다. 예수는 이 친교 의식을 유다에게 적용하셨다. 그러나 유다는 이 친교를 거부하고 자리를 떠났다. 불길하게도 요한은 "유다가 그 조각을 받고 곧 나가니 밤이었다"(요 13:30)라고 기록한다. 정말 밤이었다! 그런데 이 모든 것에도 불구하고, 예수는 유다를 택해 그에게 자신의 소중한 사랑을 충분히 보여주셨다. 그렇지만 유다는 자신이 선택한 기만과 사망의 길을 더 좋아했다.

중동의 융숭한 접대 관습은 전설적이다. 성경을 보면 이런 식의 접대가 아브라함이 세 방문객을 후대한 일(창 18:1-15)에서부터 최후의 만찬에 이르기까지 다양한 장면을 통해 나타난다. 어디를 막론하고 중동에서는 가족이 식사를 할 때 배고픈 손님이 찾아오면, 식사를 제공하지 않고 자기들끼리만 식사하는 일은 생각도 할 수 없다. "당신이 우리와 한 가족이 되어야만 당신과 식사를 함께할 수 있다"라고 말하거나 암시하는 일은 주인과 손님 모두에게 상상할 수조차 없다. 온갖 걸림돌에도 불구하고, 나는 수많은 경우에 "주의 식탁"에서 놀라운 은혜를 받은 일을 잊을 수가 없다. 그러나 이것은 다른 이야기다.

머피-오코너도 많은 사람을 대변해서 이렇게 쓴 바 있다.

> 바울에게는…성찬의 참된 기념이 과거와 관련되는 경우는 그 과거가 현재를 구성하고 미래를 불러일으킬 때로 제한된다. 바울이 불러일으키기를 바라는 것은 과거를 현재에 실재하는 것으로 만들고, 따라서 미래를 형성할 수 있는 능력을 풀어놓는 그리스도에 대한 전적 헌신에 대한 적극적 기억이다.[10]

이제 이 설교의 세 번째 부분으로 가보자(도표 4.2[5]를 보라).

1. [27]그러므로 누구든지 **합당하지 못한 태도**로	
주의 **떡을 먹거나 잔을 마시는** 자는	**먹다**
주의 몸과 피를 모독하는 죄가 있을 것이다.	죄가 있음
2. [28]사람이 **자기 자신을 살피고**	**살피다**
그런 다음 그 떡을 먹고 그 잔을 마셔야 한다.	자기 자신
3. [29]누구든지 먹고 마시는 자가	
그 몸을 분별하지 못할 때	**심판**
자신에 대한 심판을 먹고 마시는 것이다.	자신에 대한 심판

10) Murphy-O'Connor, *1 Corinthians*, p. 112.

4. [30]그것이 너희 중 약하고 병든 자가 많고 — **약한 자/병든 자**
죽은 자도 더러 있는 이유다. — 죽은 자

5. [31]그러나 우리가 **우리 자신을 판단한다면** — **판단하다**
우리는 판단을 받지 않을 것이다. — 자기 자신

6. [32]그러나 우리는 주께 **판단을 받을** 때 징계를 받고 — **판단받다**
따라서 우리는 세상과 함께 **판단을 받지** 않을 것이다. — 주께

7. [33]그러므로 내 형제들아, 너희는 먹기 위해 함께 모일 때
서로 기다려라. — **먹다**
[34a]만일 누구든지 배고프거든 집에서 먹도록 하라. — 정죄받음
그래야 너희가 정죄받지 않고 함께 모일 수 있게 될 것이다.

---

8. [34b]다른 일들에 관해서는 내가 갈 때 지시를 할 것이다.
(고린도 교회의 개인적인 문제들)

도표 4.2(5). C 부분(고전 11:27-34)

이 설교 셋째 부분의 처음(장면 1)과 끝(장면 7)도 중앙(장면 4)과 연결된다. 이 세 부분을 함께 묶은 것이 도표 4.2(6)에 나타나 있다.

1. [27]그러므로 누구든지 **합당하지 못한 태도**로
주의 **떡을 먹거나 잔을 마시는** 자는 — **먹다**
주의 몸과 피를 모독하는 죄가 있을 것이다. — 죄가 있음

---

4. [30]그것이 너희 중 약하고 병든 자가 많고 — **약한 자/병든 자**
죽은 자도 더러 있는 이유다. — 죽은 자

7. [33]그러므로 내 형제들아, 너희는 먹기 위해 함께 모일 때
서로를 기다려라. **먹다**
[34a]만일 누구든지 배고프거든 집에서 먹도록 하라. 정죄받음
그래야 너희가 정죄받지 않고 함께 모일 수 있게 될 것이다.

도표 4.2(6). 장면 1, 4, 7(고전 11:27, 30, 33-34)

수사 구조

만약 C 부분의 나머지 네 장면(장면 2-3, 5-6)이 빠진다 해도, 고린도 교회의 독자들은 이를 알아차리지 못할 것이다. 세 장면(장면 1, 4, 7)은 C 부분의 뼈대를 이루고, 장면 2-3과 5-6은 살을 채워 넣는다. 이 경우에 이 네 장면은 직선적 시퀀스를 이루고 있다.

주석

이 본문도 정밀한 탐사의 대상이 되어왔다. 장면 1에서 질문은 이것이다. "합당하지 못한 태도"는 무엇인가? 열쇠는 A 부분(11:17-22)과 C 부분(11:27-34)을 비교하는 데 있다. A 부분에서 고린도 교회 교인들은 서로 경쟁하는 집단으로 갈라져 있었다. 부유한 자는 일찍 와서 음식을 다 먹어치우고 술에 취했다. (일을 해야 했던) 가난한 자는 늦게 와서 먹을 것이 아무것도 없음을 발견하고 배고픔을 견디며 자기가 배제된 데 대해 비참한 심경을 가졌다. 그 과정에서 "하나님의 교회"(전체 기독교 공동체)는 "멸시를 당했다." 분명히 이런 불상사는 바울이 지적하고 있는 "합당하지 못한 태도"였다. 이런 일이 벌어졌을 때 고린도 교인들은 "주의 몸과 피를 더럽히는 죄"를 범했다. 이는 바울이 염두에 두고 있는 한 가지 사실임에는 틀림없다. 그럼에도 불구하고 이는 "성찬 요소의 무시" 이상의 죄를 범한 것이

었다. 이런 불상사는 그리스도의 "몸" 즉 그리스도의 몸인 공동체를 짓밟는 범죄 행위였다.

장면 1에 나오는 중요한 그리스어는 *enokhos*(죄가 있는)다. RSV는 이 단어를 "모독하는 죄가 있는"(guilty of profaning)이라고 적절히 번역했다. 지난 천 년 동안 등장한 중동의 역본들은 *enokhos*(죄가 있는)에 대해 강력한 일련의 단어들을 사용했다. 어떤 역본은 *shajab*(파괴하다)나 *shajib*(파괴자)로 번역한다. "~에 대한 죄가 있는"이 "~에 관해 죄를 지은"과 함께 나타난다. *Khati'a ila*(~에 대한 죄)는 아랍어와 히브리어에서 모두 사용된다. 이 역본들은 모두 어둡고 불길한 어떤 일이 일어나고 있음을 알려준다.

여기서 언급된 중대한 죄는 특정한 예배 방식과는 관계가 없다. 초점은 그리스도가 성찬의 요소들에 대해 어떻게 임하시는지를 정확히 묘사하는 데 있지 않다. 오히려 주된 관심사는 "교회를 업신여기고" "가진 것이 없는 자들을 비참하게 만드는" 배고픔 및 술 취함과 관련된다(A 부분, 장면 6). 이에 대해서는 이후에 더 언급할 것이다.

중앙의 클라이맥스에서는 이런 행동의 심각한 부정적인 결과가 묘사된다. 어떤 이는 병에 걸리고 또 다른 이는 죽었다(C 부분, 장면 4). 육체적 관점에서 보면, 폭식과 과음이 질병의 원인일 수 있다. 그러나 바울은 평소처럼 은밀하게, 그들의 교제의 파괴적인 성격이 그들의 영적·육체적 건강에 부정적인 영향을 미쳤다고 암시한다.

장면 7의 끝부분에는 바울이 무감각한 부자에게 주는 권면이 나온다. 만약 호화로운 식사를 원한다면 집에 가서 먹으라. 주의 만찬에 함께 왔다면 모든 사람이 참석할 때까지 먹어서는 안 된다. 오직 그때에만, 즉 하나님의 교회의 모임이 진정으로 이루어졌을 때에만 함께 먹을 수 있고, 그때 비로소 육적·영적으로 새롭게 될 수 있었다.

나머지 네 장면(장면 2-3, 5-6)은 직선적 시퀀스를 구성한다(도표 4.2[7]를 보라).

2.	[28]사람이 **자기 자신을 살피고**	**살피다**
	그런 다음 그 떡을 먹고 그 잔을 마셔야 한다.	자기 자신
3.	[29]누구든지 먹고 마시는 자가	
	그 몸을 분별하지 못할 때	**심판**
	자신에 대한 심판을 먹고 마시는 것이다.	자신에 대한 심판
5.	[31]그러나 우리가 **우리 자신을 판단한다면**	**판단하다**
	우리는 판단을 받지 않을 것이다.	자기 자신
6.	[32]그러나 우리는 주께 **판단을 받을** 때 징계를 받고	**판단받다**
	따라서 우리는 세상과 함께 **판단을 받지** 않을 것이다.	주께

도표 4.2(7). 장면 2-3과 5-6(고전 11:28-29, 31-32)

시퀀스를 이루는 이 네 장면은 각각 따로 보아도 완전한 의미를 가지고 있다. 각 장면은 이전 장면과 관련되며, 사슬의 고리와 같이 얽혀서 이어지는 장면도 마찬가지다. "먹고 마시는 것"으로 장면 2가 끝나고 장면 3이 시작된다. 장면 3은 자신에 대한 심판으로 끝나고, 동일한 주제로 장면 5가 시작된다. 따라서 장면 5는 주의 심판을 언급하는 신적 수동태로 끝나고, 이 주제로 장면 6이 시작된다. 처음 두 장면(장면 2-3)은 우리 자신을 판단하는 일과 관련되고, 뒤의 두 장면(장면 5-6)은 우리에 대한 주의 심판과 관련된다. 전체 장면이 놀라울 정도로 정밀하게 짜여 있다.

장면 2와 3(장면 1과 함께)은 대대로 교회에서 진지한 성찰의 대상이 되어왔다. 바울이 말하고 있는 이런 친교의 파괴성에 비추어보면, "자기 자신을 살피라"는 말은 "몸을 분별하는 것"과 관련된다. 이는 확실히 다음과 같은 사실을 의미한다. "너희는 치유, 회복, 선포, 능력을 위해 함께 모인 그리스도의 몸의 한 부분으로 이 모임에 들어왔음을 명심하라." 바울의 독자는 이것이 단순히 그리스식의 술잔치가 아님을 기억하라는 요구를 받았다. 이는 단순히 절친한 친구들과 시간을 보내는 사회적 교제 모임이 아니다. 공연을 지켜보는 관객은 없다. 지도자와 지도를 받는 이가 모두 참여자다. 그들은 자신들을 한 몸으로 만든 구원 사건을 기념하고 그 구원을 세상에 선포하도록 그리스도의 몸으로 함께 모였다.

각각의 예배자는 다른 예배자와 긴밀하게 관계를 맺으며, 모두의 고투, 기쁨, 두려움, 실패 등은 서로에게 알려지고 공유된다. 모두가 은혜를 필요로 하는 죄인으로 예배에 나오고, 그 공유된 의식 속에 필요한 치유를 받아들일 열린 마음이 있다. 성찬에 참여하는 데 합당하지 못한 유일한 신자는 자기가 성찬에 참여하기에 합당하다고 생각하는 사람이다.

장면 5는 신적 수동태다. "우리는 **판단을 받지 않을 것이다**"는 "하나님이 우리를 판단하지 않으실 것이다"라는 의미다. 이 주제는 장면 6에서 계속되는데, 거기서는 우리가 주의 판단으로 말미암아 세상과 함께 판단을 받지 않는다.

이 설교에는 바울이 고린도 교회 교인들에게 주는 개인적 언급이 덧붙여져 있다(장면 8). 이 장면을 읽어보면 "다른 일들에 관해서는 내가 갈 때 지시를 할 것이다"라고 되어 있다. 고린도 교인들은 바울에게 많은 일들에 관해 편지를 썼다. 그러나 그들이 구술로 한 질문과 편지로 쓴 질문이 바울의 편지의 개요를 결정한 요인은 아니다. 바울은 자신의 안건을 갖고 있었고, 그래서 **온 교회를 위해** 중요한 주제들을 자신이 직접 선택했다(1:2). 고린도 교회의 특수한 문제와 관련된 주제에 대해서, 바울은 그들을 직접 만나 개인적으로 다룰 것이다.

예배에서의 남자와 여자의 리더십 문제(4.1장)를 다루고, 고린도 교회의 불법적인 성찬식(4.2장)을 다룬 다음, 이제 바울은 교회 예배의 세 번째 혼란의 요소 곧 신령한 은사의 본질과 행사에 관해 다룰 준비가 되었다. 이제 이 주제로 시선을 돌려보자.

4.3.

은사와 그리스도의 몸의 본질

고린도전서 12:1-30

고린도전서 12:1-30의 설교에서 바울은 이 넷째 논문의 주제인 예배와 관련된 세 번째 문제점을 설명한다(도표 4.3[1]을 보라). 개관해보면 세 가지 문제점은 다음과 같다.

1. 예언하는 남자와 여자의 예배 인도와 그들의 단정한 복장(11:2-16)
2. 성찬식에서 벌어진 중대한 불법(11:17-34)
3. **신령한 은사와 그리스도의 몸의 본질(12:1-30)**

수사 구조

신령한 은사에 관한 이 설교는 고린도전서에서 가장 길다. 대체로 그 이유는 중앙을 구성하는 **인간의 몸 비유**가 그만큼 길기 때문이다. 열아홉 개의 장면으로 이루어진 이 설교는 전체적으로 높이뛰기 형식의 또 다른 사례다. 네 장면이 서론을 구성하고(장면 1-4), 이어서 "많은 은사"의 주제가 나온다(장면 5). 그다음 바울은 "그리스도의 몸"으로 시선을 돌려 네 개의 짧은 장면을 제시한다(장면 6-9). 인간의 몸 비유는 다섯 장면으로 구성된다(장면 10-14). 그다음으로 "그리스도의 몸"에 관한 두 번째 설명이 나오고(장면 15-17), 그 뒤로 "많은 은사"에 관한 두 번째 설명이 이어진다(장면 18-19). 개요는 단순하며 다음과 같이 정리될 수 있다.

장면 1-4	서론
장면 5	많은 은사
장면 6-9	그리스도의 몸
장면 10-14	인간의 몸 비유
장면 15-17	그리스도의 몸
장면 18-19	많은 은사

이 세 번째 설명의 본문은 도표 4.3(1)에 나타나 있다.

1) Bailey 번역. 나는 그리스어 본문의 언어유희를 포착하려고 영어 단어를 만들어냈다.

1.	[12:1]그런데 형제들아, **신령한 은사**에 관하여 나는 너희가 무지한 자가 되지 않기를 바란다.	**서론** 인정할 수 없는 무지
2.	[2]너희도 알거니와 너희는 **이방인**이었을 때 **말도 못하는 우상**에게 미혹되어 **어떻게든 끌려갔다.**	충분하지 못한 감정
3.	[3]그러므로 내가 너희에게 알리고 싶은 것은 **하나님의 영**으로 말하는 자는 **누구든** **"예수는 저주받았다!"**고 말하지 못하고 **누구든** 성령으로 말하지 아니하면 **"예수는 주이시다"**라고 말할 수 없다는 것이다.	예수는 주로 공경받으심
4.	[4]그런데 **은사는 여러 가지가** 있고 **성령**은 같다. [5]**직분은 여러 가지가** 있고 **주**는 같다. [6]**힘을 주는 것**(energizing)[1]은 여러 가지가 있고 모든 사람 속에서 그 모든 것을 **힘 있게 하시는 하나님**은 같다.	한 성령 한 주 한 하나님
5a.	[7]각 사람에게 **성령의 나타나심**이 주어지는 것은 **공동의 유익**을 위해서다.	**A. 많은 은사** 신령한 은사— 공동의 유익을 위함
b.	[8]어떤 사람에게는 성령을 통해 **지혜**의 말씀이 다른 사람에게는 같은 성령을 따라 **지식의 말씀**이 [9]어떤 사람에게는 같은 성령으로 말미암아 **믿음**이 다른 사람에게는 한 성령으로 말미암아 **치유의 은사**가 [10]어떤 사람에게는 **이적을 행하는 능력**이 다른 사람에게는 **예언**이 다른 사람에게는 **영을 분별하는** 능력이 다른 사람에게는 각종 **방언**이 다른 사람에게는 **방언 통역**의 능력이 주어진다.	**은사들**
c.	[11]이 모든 일은 하나의 **같은 성령으로 말미암고** 성령께서 자신의 뜻대로 각 사람에게 개인적으로 나누어 주신다.	신령한 은사—개인에게 주어짐
6.	[12]그러니 **몸이 하나이고** **많은 지체**를 갖고 있는 것처럼	**B. 그리스도의 몸** 한 몸—많은 지체
7.	그리고 모든 **몸의 지체**가 많이 있으나 **한 몸**인 것처럼 **그리스도**도 마찬가지다.	**그리스도** (하나와 다수)
8.	[13]한 성령으로 말미암아 **유대인이나 그리스인**, **종이나 자유인**을 막론하고 우리는 **다 한 몸으로 세례를 받았고** 또 다 **한 성령을 마시게** 되었다.	**성령** (하나와 다수)
9.	[14]그러니 몸은 **한 지체**로 구성되는 것이 **아니라** **많은 지체**로 구성된다.	한 몸—많은 지체

10a. [15]만일 **발**이 말하기를 — C. **신체의 몸**
"나는 **손이 아니므로** — (비유)
몸에 **속해 있지 않다**"라고 한다면
그것으로 발이 **몸**의 한 부분이 **되지 않는 것이 아니다.**

b. [16]또 만일 **귀**가 말하기를
"나는 **눈이 아니므로** — **나는**
몸에 속해 있지 않다"라고 한다면 — 속해 있지 **않다**
그것으로 귀가 **몸**의 한 부분이 되지 않는 것이 아니다.

11 [17]만일 온몸이 **눈**이라면
듣는 곳은 **어디가** 되겠느냐? — **모두가**
만일 온몸이 귀라면 — 필요하다
냄새 맡는 곳은 **어디가** 되겠느냐?

12. [18]그러나 사실은 하나님이 **자신이 택하시는** 대로
각 기관을 몸에 배치하셨다. — **하나님이 배치하신다**
[19]만일 모두가 한 기관이라면 — 하나님이 택하신다
몸이 어디에 있겠느냐?
[20]그러나 사실은 **많은 지체**가 있으나 **한** 몸이다.

13. [21]**눈**이 **손**에게 — **모두가**
"나는 **네가 필요 없다**"라고 말하거나 — 필요**하다**
또는 **머리**가 **발**에게
"나는 **네가 필요 없다**"라고 말할 수 없다.

14a. [22]오히려 반대로 **더 약해** 보이는
몸의 지체들이
없어서는 안 되는 것이다.

b. [23]우리는 **덜 귀하게** 여기는 — **나는**
몸의 지체들을 — 부족**하다**
더 귀하게 입혀주고

c. 우리의 **볼품없는 지체들**을
더 볼품 있게 다루되
[24]우리의 볼품 있는 지체에게는 그럴 필요가 없다.

d. 그러나 하나님은 **몸을 매만져서**
부족한 지체를
더 존귀하게 하신다.

15. [25]이로써 몸은 **불화가 없고** **B. 그리스도의 몸**

지체들은 같이 서로를 돌볼 수 있게 된다.

16. [26]만일 **한** 지체가 **고통을 겪으면**

모든 지체가 함께 고통을 겪고

만일 **한** 지체가 **영광을** 얻으면

모든 지체가 함께 즐거워한다.

17. [27]너희는 그리스도의 몸이고

개인적으로 그 몸의 지체들이다.

---

18. [28]하나님이 교회 안에 세우신 것이 있는데 **A. 다양한 은사**

첫째는 사도요

둘째는 선지자요

셋째는 교사요

그다음은 이적을 행하는 자요

그다음은 치유의 은사와

돕는 자와

다스리는 자와

각종 방언을 말하는 자다.

19. [29]다 사도이겠느냐?

다 선지자이겠느냐?

다 교사이겠느냐?

다 이적을 행하는 자이겠느냐?

다 치유의 은사를 가진 자이겠느냐?

다 방언을 말하는 자이겠느냐?

다 방언을 통역하는 자이겠느냐?

도표 4:3(1). 은사와 몸의 본질(고전 12:1-30)

이사야의 예언에서는 설교의 중앙에 비유나 은유를 배치하는 사례가 자주 나타난다. 이런 방식의 세 가지 짧은 사례(사 53:3-8a)가 이사야 52:13-53:12의 유명한 종의 노래에서 잇달아 나온다.

이사야 53:3-8a은 도표 4.3(2)에서 확인된다.

도표 4.3(2)의 세 부분에서 클라이맥스에는 각각 구체적인 비유가 들어가 있다. 첫째 비유는 **바라보는 자가 아무도 없는 사람 비유**다. 둘째 비유는 **우리가 다 양 같다**는 사실을 확언한다. 셋째 비유에서 고난 받는 종은 **양과 같다**. 이는 고난 받는 종이 곧 우리와 같음을 의미할 것이다!

이사야 40-66장에서는 고리 모양 구성의 중앙에 비유/은유가 열다섯 번이나 등장한다.[2] 이런 방식은 누가복음에도 나타난다.[3] 고린도전서 12장에서는 바울의 능숙한 솜씨가 다시 한번 드러난다. 바울은 중앙에 비유를 둘 뿐만 아니라, 중앙 부분을 완전한 고리 모양 구성을 통해 복합적인 다섯 장면으로 확대시킨다.[4] 바울의 방법은 "바퀴 안의 바퀴"(wheels within wheels)로 설명될 수 있다.

---

2) 사 42:1-4; 44:18-20; 48:17-22; 49:1-7; 50:5-8a, 8b-11; 51:4-7; 55:8-9; 58:2-9, 9c-14; 63:12b-14; 64:4-9; 65:20b-23; 66:1-6, 10-14을 보라. 위 본문들의 구조에 대해서는 www.shenango.org/Bailey.Isaiah.htm을 보라.

3) 눅 7:36-50; 11:9-13; 18:18-30을 보라. 다음 자료를 보라. Kenneth E. Bailey, *Jesus Through Middle Eastern Eyes* [Downers Grove, Ill.: IVP Academic, 2008], p. 240; *Poet and Peasant: A Literary Cultural Approach to the Parables in Luke* (Grand Rapids: Eerdmans, 1976), p. 135; *Through Peasant Eyes* (Grand Rapids: Eerdmans, 1983), pp. 157-158.

4) 겔 36:16-36은 길이와 복합성 면에서 고전 12장과 비견된다. 그러나 이 에스겔서 본문은 긴 은유/비유를 중앙에 배치하지 않는다.

1. [53:3]그는 다른 사람들에게 멸시를 당하고 버림을 받았으며	다른 사람들에게 **멸시를 당함**
2. 슬픔을 많이 겪고 질고에 익숙했으며	슬픔/질고에 **익숙함**
3. 마치 다른 사람들이 그에게서 얼굴을 가리는 것처럼 멸시를 받았고 우리도 그를 존중하지 않았다.	**비유**
4. [4]확실히 그는 우리의 질고를 짊어지고 우리의 슬픔을 감당했다.	우리의 질고/슬픔을 **짊어짐**
5. 그러나 우리는 그가 징벌을 받아 하나님께 매를 맞고 고난을 당한다고 생각했다.	**존경받지 못함** 하나님께 매를 맞음
6. [5]그리고[*wa*] 우리의 허물 때문에 그가 상처를 입고 우리의 죄악 때문에 그가 상함을 입었다. 그가 징계를 받으므로 우리가 온전하게 되었고 그가 채찍에 맞으므로 우리가 고침을 받았다.	**그가** 우리를 위해 **고난을 당했다**
7. [6]우리는 다 **양같이** 길을 잃었고 우리는 모두 각기 자기 길로 갔으나	잃은 양 비유
8. 여호와께서 우리 모두의 죄악을 그에게 두셨다.	**그가** 우리를 위해 **고난을 당했다**
9. [7]그는 학대를 받고 괴로움을 당했으나	**그는 학대를 받았다**
10. 입을 열지 않았고	그는 잠잠했다
11. 마치 도살장에 끌려가는 **어린양같이** 털 깎는 자 앞에서 잠잠한 **양같이**	고난 받는 어린양/양 **비유**
12. 입을 열지 않았다.	그는 잠잠했다
13. [8]그는 학대와 심문을 당하고 끌려갔다.	**그는 학대를 받았다**

도표 4.3(2). 고난의 종(사 53:3-8a)

주석

서론은 네 장면으로 구성된다(도표 4.3[3]을 보라).

1. [12:1]그런데 형제들아, **신령한 은사**에 관하여 **서론**
   나는 너희가 무지한 자가 되지 않기를 바란다.

2. [2]너희도 알거니와 너희는 **이방인**이었을 때
   말도 못하는 우상에게 미혹되어
   어떻게든 끌려갔다.

3. [3]그러므로 내가 너희에게 알리고 싶은 것은
   하나님의 영으로 말하는 자는 **누구든**
   "예수는 저주받았다!"라고 말하지 못하고
   누구든 성령으로 말하지 아니하면
   "예수는 주이시다"라고 말할 수 없다는 것이다.

4. [4]그런데 **은사는 여러 가지가** 있고
   성령은 같다.
   [5]**직분은 여러 가지가** 있고 성령
   주는 같다. 주
   [6]**힘을 주는 것**(energizing)은 여러 가지가 있고 하나님
   모든 사람 속에서 그 모든 것을 **힘 있게 하시는 하나님**은 같다.[5]

도표 4.3(3). 장면 1-4(고전 12:1-6)

5) Bailey 번역. 나는 그리스어 본문을 반영하기 위해 거기에 맞는 영어 단어를 만들어내고자 했다.

바울은 고린도전서 서두(1:5-7)에서 독자의 지식과 **신령한** 은사를 찬양했다. 이제 바울은 그들의 **지식의 부족**과 **은사에 대한 오해**에 초점을 맞출 준비를 한다. 다시 말해 먼저 부드럽게 다가가고, 그런 다음 질책과 교정을 제공하는 것이다.

여기서 바울은 *pneumatikon* 곧 "신령한 은사"에 관해 말하고 있다. 영어는 "재능"(gifts)이라고 번역함으로써 이 단어를 "자연적 능력"을 의미하는 것으로 세속화시켰다. 북미의 공립학교에는 "재능 있는 학생[영재]"(gifted students)을 위한 특별 교육 과정이 있다. 이 과정을 거치면 졸업 학위를 받는다. 그래서 부모는 자녀가 "영재 학생"의 자격을 얻도록 하는 데 심혈을 기울인다. 하지만 이는 하나님의 영과는 아무 상관이 없다. 이렇게 영어 성경에서 중요한 단어를 세속화시킨 일은 자업자득이 되었다. 그 결과 수많은 사람들에게 교회의 삶 속에서 "그들의 재능"을 사용해서 하나님 나라를 위해 힘쓰라고 권면하는 일이 벌어지게 되었다. 이렇게 권면하는 의도는 사람들을 자극해서 그들의 시간, 교육, 경험, 자연적 능력을 타인을 섬기는 데 사용하도록 만들기 위함이다. 물론 그렇게 되면 크게 칭찬받을 일이지만, 이는 본문에서 바울이 설명하려는 바와는 초점이 맞지 않는다.

반대로 바울은 여기서 그리스도를 믿고 그리스도의 이름으로 세례를 받은 사람들에게 임하는 성령의 특별한 은사에 관해 성찰하고 있다. 이 은사들은 **자연적 능력**이 아니라 **신령한[영적] 은사**다. 이는 타고난 지성이나 교육의 결과가 아니라 "성령의 나타나심"의 결과다(12:7). 바울은 모든 신자에게 "내가 믿고 세례를 받았을 때 내 삶을 채우신 **성령으로 말미암아** 내게 주어진 신령한 은사와 능력을 사용해서 그리스도의 몸을 어떻게 세울 수 있을까?"라고 성찰해보라고 권면한다. 고린도전서 12장은 이 주제를 다루고 있다.

장면 2는 다음과 같다.

[2]너희도 알거니와 너희는 **이방인**이었을 때
말도 못하는 우상에게 미혹되어
어떻게든 끌려갔다.

바울은 "너희가 *ethne*[이방인]였을 때"라는 획기적인 단어를 사용한다. 이 말을 사용함으로써 사도는 그들이 말도 못하는 우상을 따른 데 대해 깜짝 놀랐다는 감정을 표현한다! 얼마나 어리석은가! 그뿐만이 아니다. 그들은 말도 못하는 이 주인들을 숭배하는 데 **깊이 미혹되었다**. 바울은 "옳다고 느끼는" 감정을 기준으로 판단하는 오래된 시금석이 진리에 대한 정확한 척도가 아니라고 주장한다. 단순히 깊은 감정만으로는 영적 순례를 위한 적절한 안내가 이루어지지 않는다.

나아가 바울은 "너희가 **비신자**였을 때"라고 하지 않고 대신 "너희가 **이방인**이었을 때"라고 말했다. 그들이 유대인이 되었는가? 분명히 말하면 아니다. 왜냐하면 바울은 다만 "할례 받는 것도 할례 받지 않는 것도 아무것이 아니지만 하나님의 계명을 지키는 것은 중요하다"(7:19)라고 설명하기 때문이다. 동시에 10:1에서 바울은 "**우리 조상**이 다 구름 아래 있었다"라고 했다. 앞에서 주장했듯이, 사도가 이 말을 유대인과 이방인 독자 모두에게 전하고 있음은 확실하다. 지금 온 교회는 하나님의 공동체의 일원으로서, 고대 이스라엘을 "우리 조상"이라고 부를 수 있었다. 그러나 앞의 설명에서(9:19-23) 확인했듯이, 바울은 조심스럽게 "이방인에게는 내가 이방인이 되었다"라고 말하지 않았다. 어떤 사람도 그리스도를 믿는 믿음을 가지게 될 때 자신의 민족적 정체성을 내버릴 것을 요구받지 않았으며, 오히려 그 정체성을 순화하고 풍성하게 만들 것을 권고받았다.

바울은 히브리어가 아니라 그리스어로 편지를 쓰고 있었고, 그리스어가 하나님의 비밀을 설명하는 데 부적절하다는 암시를 조금도 내비치지 않았다. 편지를 쓰는 과정에서 바울은 종교적인 언어로 개념을 전하지 않았으며, 그렇게 함으로써 특정한 종교적인 문화에 치우치지도 않았다. 그러면 바울이 "너희가 이방인이었을 때"라고 말한 것은 무슨 뜻일까?

이 문제를 처리하는 한 가지 손쉬운 방법은 *ethne*를 "이교도"(heathen; RSV)로 번역하는 것이다. 그러나 KJV는 "너희는 이방인이었을 때"(ye were Gentiles)로 번역하고, 불가타는 "너희는 이방인과 함께 있었으므로"(*scitis quoniam cum gentes essetis*)로 번역했다. 내가 참조한 신약성경의 두 히브리어 역본은 *goyim*(이방인)이라는 단어를 사용하고, 시리아어 페시타는 *hanefo*(이방인)를 사용한다. 9세기에서 20세기까지 등장한 20개의 아랍어 역본은 번역이 서로 다르다. 초기의 네 역본은 *wathaniyin*(우상숭배자)이라는 말을 사용한다.[6] 그러나 검토해본 여덟 역본은 *umam*(이방인)이라는 단어를 가진다.[7]

초기의 두 아랍어 역본은 이 단어를 빼먹었다. 그중 하나, 즉 현존하는 역본 중 가장 오래된 역본(바티칸 아랍어 역본 13번; 8-9세기)에는 "너희가 우상에 이끌렸다"로 되어 있다. 다른 역본(시내산 역본 155번; 9세기)은 "너희도 알거니와 너희는, 확실히 말도 못하고 목소리도 내지 못하는 우상에게 끌려가고 이끌렸다"라고 번역한다(Bailey 번역). 이 두 역본은 매우 흥미롭다. 아마 번역자들은 독자가 바울이 고린도 교회 교인(과 다른 사람들)을 유대인으로 만들려고 애쓰고 있다고 생각하지 않을까 두려워하는 마음에서 "너희가 이방인이었을 때"라는 부분을 뺐을 것이다. 그런데 그들이 더 이상 이방인이 아니었다면, 그들은 다른 어떤 존재일 수 있었을까?

이 본문에서 *ethne*(이방인)라는 말을 사용한 바울의 의도는 무엇이었을까? 바울 당시에 유대교에 매력을 느낀 그리스인은 유대인이 되기 위해 두 가지 선택을 했다. 그리스인 남자는 유대교 세례인 할례를 받고 그리스 문화를 거부하면 유대인이 될 수 있었다. 또는 "하나님을 경외하는 자"가

---

6) 여기에는 Mt. Sinai 151 (867), Mt. Sinai 310 (10세기), Erpenius (1616), Propagandist (1671) 같은 역본이 포함된다.

7) Mt. Sinai 73, London Polyglot (1657), Shidiac (1851), Bustani-Van Dyck (1851), Bustani-Van Dyck (1845-1860), Jesuit (1880). 부록 II, 표 K를 보라.

됨으로써, 계속 그리스인으로 남아 있으면서 상징적으로 회당 뒤에 앉아 있을 수 있었다. 이런 사람은 자연적으로 유대 공동체에 속하지 않고 외인으로 남아 있었을 것이다. 그러나 바울은 어느 쪽 선택도 받아들일 수 없었다. 바울은 유대인과 그리스인 모두 그리스도 안에서 하나가 되었다고 보았다. 그러나 그들은 각자 자신의 모국어와 민족적 정체성을 그대로 유지할 수 있었다. 세례 받은 그리스인을 이방인으로 분류하는 일은 그들과 우리 사이에 지울 수 없는 선을 그어버리는 큰 위험성을 내포했다. 기원전 150년경에 히브리어로 기록된 「희년서」는 이방인에 대해서 매우 거친 표현을 쓴다. 「희년서」는 아브라함이 야곱을 축복하는 데 사용했다고 추정되는 상상적인 복에 대해 기록하고 있다. 이 "복"의 많은 부분은 권면의 형식을 가지는데, 그 한 부분은 다음과 같다.

이방인과 분리되고
이방인과 함께 밥을 먹지 말고
이방인과 같은 행위를 행하지 말고
이방인과 친구가 되지 말라.
이방인의 행위는 더럽고
이방인의 모든 길은 오염되어 있고 비열하고 가증하기 때문이다.[8]

이미 바울은 갈라디아 교회 교인들에게 (문자적으로 번역하면) 그리스도 안에서는 "유대인이나 그리스인이 없고, 종이나 자유인이 없고, 남자나 여자가 없다. 너희는 다 그리스도 예수 안에서 하나이기 때문이다"(갈 3:28) 라고 말했다. 사도행전 6:1-6은 유대인 명칭을 가진 그리스도인과 그리스인 명칭을 가진 그리스도인 사이의 불화를 묘사한다. 이 두 집단은 "그리

8) O. S. Wintermute trans., *Jubilees* 22:16, in *The Old Testament Pseudepigrapha, ed.* James H. Charlesworth (New York: Doubleday, 1985), 2:98.

스 파"와 "유대 파"로 불린다("이방인"이라는 단어를 피함). 고린도전서 앞부분에서 바울은 유대인이나 그리스인이 다 이해할 수 있도록 십자가를 설명하는 데 심혈을 기울인다(1:17-2:2). 믿고 세례를 받은 그리스인에 관해 말할 때에는 의도적으로 **이방인**이라는 말을 사용하지 않는 것 같다.[9] 그들은 "믿음의 가족"이고(엡 2:19), 우리가 살펴보고 있는 설교에서는 "그리스도의 몸"의 지체로 불린다(12:27). 그들은 "그의 아들과 교제하는 자"로 불렸다(1:9). 따라서 그들은 새 성전으로 세워졌고, 하나님의 영이 이미 그들 속에 계셨다(3:16-17). 바울은 에베소 교회 교인에게 "전에 멀리 있었던 너희가 이제는 그리스도의 피로 가까워졌다"라고 선포했다(엡 2:13). 여기서는 바울이 그리스인 독자에게 다음과 같이 말하는 것이 들리는 것 같다.

> 이전에 우리는 너희를 "이방인"으로 불렀고 그 말로 너희를 따돌렸다. 우리는 너희가 우리와 다른 편에서 났기 때문에, 너희가 절대로 지울 수 없는 선을 너희에게 그어놓았다. 너희는 "하나님의 경외하는 자"가 될 수 있었으나 여전히 외인으로 남아 있었다. 너희는 심지어 개종자가 될 수 있으나 여전히 많은 이에게 신뢰를 주지는 못했다. 그런데 이제는 아니다! 나는 너희의 언어를 하나님의 깊은 일을 표현할 수 있는 거룩한 언어로 받아들였다. 우리는 한 가족이고, 너희는 모두 내 형제이자 자매다. 우리는 각자 자신의 민족적 색채를 유지할 수 있고, 그런 차원의 정체성에서 보면 우리는 각기 다를 것이다. 그러나 우리는 그리스도 안에서 민족성보다 더 깊은 차원에서 우리를 연합시키는 새로운 정체성을 창출할 수 있고 또 창출했다. 따라서 우리는 지금 새로운 정체성을 공유하고 있다. 이런 의미에서 우리 유대인은 너희를 "이방인"으로 생각하지 않는다.

---

9) 골 1:27은 이방인 가운데 선포된 복음에 관해 말한다. 거기서는 믿는 자를 "이방인"으로 부르지 않는다.

바울은 바로 앞에서 "유대인이나 그리스인에게 또는 하나님의 교회에 해를 입히지 않는 자가 되라"(고전 10:32)고 말했다. 바울이 말하는 이 "하나님의 교회"는 주로 유대인과 그리스인으로 구성되었다. 하지만 그들은 자기의 민족적 정체성을 넘어섰다. 그들은 "하나님의 교회", "성전", "그리스도의 몸"으로서 새롭고 더 깊은 정체성을 가졌다.

베드로도 동일한 문제를 숙고하면서 호세아 1:10-2:1 말씀을 빌려 이렇게 알린 바 있다. "너희가 전에는 백성이 아니었으나 이제는 하나님의 백성이고, 너희가 전에는 긍휼을 얻지 못하였으나 이제는 긍휼을 얻었다"(벧전 2:10).[10] 독자는 고린도전서 전체를 통해 이 주제를 엿볼 수 있다. 유대인이 아닌 독자는 이전에는 "이방인"이었다. 하지만 공동체를 분열시키는 이 말이 이제 더 이상 "그의 아들과 교제하는 자"에게 속한 그리스인에게는 적용되지 않는다(고전 1:9).

서론의 셋째 장면은 오랫동안 해석자를 괴롭히는 난해한 본문이었다. 하지만 깊고 폭넓게 성찰해보면, 어느 정도 유용한 해석이 가능하다. 바울의 독자들은 그들이 우상숭배에 빠져서 온전치 못한 감정에 끌려갔던 것처럼, 성령론이 기독론을 대체하거나 심지어 조종하게 되면, 그들의 새로운 믿음도 불건전한 감정에 끌려갈 수 있다. 만약 내가 **느끼는** 것이 **그리스도에 관해 아는** 지식의 통제를 받지 못한다면, 나는 영적·지성적으로 헤매게 되고, 두려운 일들을 성령의 역사에 귀속시키게 될 수도 있다. 하지만 하나님의 영은 "절대로 '예수는 저주받았다!'라고 말씀하시지 않는다."[11]

1950년대에 C. S. 루이스는 이탈리아의 지오반니 칼라브리아 신부와 고전 라틴어로 오랫동안 편지를 주고받았다. 한번은 루이스가 아일랜드를 방문하기 전날 밤에 칼라브리아 신부에게 이렇게 편지를 쓴 적이 있다.

10) 이 본문은 예언자가 자기 가족을 함께 모으고, 적법하지 않은 자녀를 자녀로 삼는 호세아 2:1, 23을 기반으로 한다.

11) 일부 우상숭배자와 유대인은 이런 저주를 일삼으며, 그런 행동을 성령의 인도를 받은 것으로 주장했다.

"거기[아일랜드]서는 확실히 당신이나 우리 모두 '그들이 어떤 영의 인도를 받는지 알지 못합니다.' 그들은 열심에 대한 사랑도 부족하고 정통성에 대해서도 서로 무지합니다."[12]

"예수는 주이시다"라는 고백은 무슨 뜻인가? 매리앤 M. 톰슨은 다음과 같이 사려 깊게 설명한 바 있다. "예수를 주로 고백하는 것은 예수 안에서 우리가 하나님께 나아가는 길을 찾았다는 고백이 아니라 예수 안에서 하나님이 우리에게 나아오시는 길이 열렸다는 고백이다."[13] 아울러 바울은 "예수는 주이시다"라는 고백이 합리적으로 증명할 수 있는 개념은 아니라고 보았다. 이런 고백은 논리를 통해 지성에 강요될 수 없다. 로마 제국은 "카이사르가 *Kurios*[주]다"라고 선언했다. 누구든 "예수는 주이시다"라고 확언하는 자는 동시에 "카이사르는 주가 **아니다**"라고 말하는 것이고, 이런 주장은 로마 제국에서 극히 위험했다. 영지주의자의 입장은 안전했다. 영지주의자는 영혼의 내적 생명과 영혼이 은밀한 지식을 통해 구원을 얻는 방법에만 관심이 있었기 때문이다. 그러나 그리스도인은 하나님 나라가 **이 땅에** 임하기를 원했고(마 6:10), 이런 소망은 로마 제국의 황제 숭배에 대한 반대와 다름없었다. 그러므로 오직 성령만이 이처럼 위험스럽고 신비로운 "예수는 주"라는 고백을 하도록 감정과 지성과 의지를 움직일 수 있었다. 다른 길은 전혀 없었다. 아래와 같이 바울은 서론을 넷째 장면에서도 계속 이어간다.

4. [4]그런데 **은사는 여러 가지가** 있고
성령은 같다.
[5]**직분은 여러 가지가 있고** 성령

12) C. S. Lewis, *Letters: C. S. Lewis and Don Giovanni Calabria* (Ann Arbor, Mich.: Servant Books, 1988), p. 83.
13) Marianne M. Thompson, "Jesus Is Lord: How the Earliest Christian Confession Informs Our Proclamation in a Pluralistic Age," published privately, 2002, p. 13.

주는 같다.	주
[6]**힘을 주는 것**은 여러 가지가 있고	하나님
모든 사람 속에서 그 모든 것을 **힘 있게 하시는 하나님**은 같다.[14]	

도표 4.3(4). 장면 4(고전 12:4-6)

장면 4는 양쪽을 다 바라본다. 곧 이 본문은 장면 1-4로 구성된 서론을 결론 짓는 동시에, 신령한 은사와 그리스도의 몸에 관한 이어지는 설명으로 들어가는 문을 열어놓는다. 장면 4에서 바울은 다시 삼위일체를 환기시킨다. 만약 내가 어떤 임무를 완수하고자 한다면, 세 가지가 필요하다. 필수적인 도구, 구체적인 임무 할당, 그리고 그 일을 완수할 수 있는 적절한 힘이 그 세 가지다. 내게 빗자루를 주고 특정한 방을 청소하라는 임무를 맡겨보라. 여러분이 맡긴 일을 행할 힘이 내게 있다면, 나는 방을 청소할 수 있다. 첫 번째로 요구되는 것은 필수적인 **은사**(빗자루)다. 두 번째로 요구되는 것은 **지정된 임무**(할당)다. 세 번째로 요구되는 것은 우리에게 *energon* 곧 "힘을 주는"(즉 임무를 완수하는 데 필요한 능력을 주는) *energematon*(힘을 주는 것)이다. 그리스도인의 삶과 사역의 이 세 가지 국면을 바울은 삼위일체의 세 인격과 결부시킨다. **성령**은 우리에게 "신령한 은사"를 주신다. 곧 이 은사는 성령으로부터 자연스럽게 흘러나온다. 이미 바울의 독자는 **주**께서 각 신자에게 **임무**를 할당하시는 것을 알고 있다(3:5). 마지막으로 **하나님**이 그 임무를 완수하는 데 필요한 힘을 공급하신다. **하나님**은 우리에게 지정된 사역을 수행하도록 *energon* 곧 힘을 주신다. 조금 뒤에 바울은 자신이 그런 자가 된 것이 하나님의 은혜라고 반복하고, 그 은혜로 말미암아 자신이 "다른 어떤 사도보다 더 많이 수고했다"라고 주장한다(15:10).[15] 이 본문에서 삼위일체에 대한 언급은 2:6-16에

14) Bailey 번역. 나는 그리스어 본문의 언어유희를 포착하기 위해 이에 맞는 영어 단어를 만들어냈다.

나오는 삼위일체에 대한 상세한 설명을 보충하는 역할을 한다.

다른 셈족 언어와 마찬가지로, 히브리어에서도 "영"이라는 단어는 거의 항상 여성명사다. 반면에 그리스어에서는 같은 의미에 해당하는 *pneuma*가 중성명사다. 그러나 신약성경 저자들은 그리스어로 글을 쓰면서 히브리어의 방식으로 생각하는 경향이 자주 있었다. 따라서 성령을 여성명사로 생각하는 것은 충분한 성경적 기초를 갖고 있다. 만약 사람이 "하나님의 형상으로서" **남자**와 **여자**로 지음 받았다면(창 1:27) 여성이나 남성의 용어로 하나님에 관해 성찰하는 일은 성경적인 기초를 가진다. 예언자 이사야가 하나님을 "용사"(사 42:13)로, 또 같은 본문에서 "해산하는 여인"으로 비유하는 것(사 42:14)을 볼 때 이런 개념은 아주 오래되었다.

이제 바울은 우리가 살펴보고 있는 신령한 은사들의 목록을 제시한다.

5a. 7각 사람에게 **성령의 나타나심**이 주어지는 것은 — **성령**
공동의 유익을 위해서다. — 공동의 유익을 위함

b. 8어떤 사람에게는 성령을 통해 **지혜**의 말씀이
다른 사람에게는 같은 성령을 따라 **지식의 말씀**이 주어지고
9어떤 사람에게는 같은 성령으로 말미암아 **믿음**이 — **은사들**
다른 사람에게는 한 성령으로 말미암아 **치유의 은사**가 주어지고
10어떤 사람에게는 **이적을 행하는 능력**이
다른 사람에게는 **예언**이
다른 사람에게는 **영을 분별하는** 능력이
다른 사람에게는 각종 **방언**이
다른 사람에게는 **방언 통역**의 능력이 주어진다.

c. 11이 모든 일은 하나의 **같은 성령으로 말미암아 일어나고** — **성령**

15) 바울은 골 1:29에서 같은 언어유희를 사용한다.

성령께서 자신의 뜻대로 각 사람에게 개인적으로 나누어 주신다. 개인을 위함

도표 4.3(5). 장면 5(고전 12:7-11)

여기서 바울은 신령한 은사에 대한 일부 목록을 제시한다. 이렇게 하면서 사도는 목록을 시작할 때와 마칠 때 두 번에 걸쳐 성령을 중요하게 언급한다. 이 두 북엔드를 나란히 놓으면 다음과 같다.

5a. 7각 사람에게 **성령의 나타나심**이 주어지는 것은 **성령**
공동의 유익을 위해서다. 공동의 유익을 위함

c. 11이 모든 일은 하나이신 **같은 성령으로 말미암아 일어나고** **성령**
성령께서 자신의 뜻대로 각 사람에게 개인적으로 나누어주신다. 개인에게 주어짐

이처럼 신령한 은사가 다양하게 주어지는 것은 신자의 개인적인 영적 풍성함을 돕고자 하는 데 초점이 있지 않다. 신령한 은사의 목적은 *sumpheron*(공동의 유익)을 위해서다. *sumpheron*은 동사 *sumphero*의 명사형으로, 바울은 이 단어를 6:12에서 "유익한" 것을 묘사하는 데 사용한다. 바울에게는 모든 것이 적법하지만, "모든 것이 유익하지는(*sumpherei*) 않다." 여기서 바울은 똑같은 공동의 유익을 위해 성령의 나타나심이 어떻게 구체적으로 주어지는지를 설명하고 있다. 성령은 자기가 원하는 대로 분다(요 3:8). 우리는 성령의 미풍으로 상쾌해지지만 성령의 방향을 조종할 수는 없다.

동시에 이 신령한 은사들은 **하나님이 택하시는 대로** 각 사람에게 개인적으로 배분된다. 각 신자는 중요한 존재이고, 그래서 각자 주어진 은사(들)를 기꺼이 받아들여야 한다. 그러나 어떤 사람도 자신이 원하는 대로 은사를 **취사선택할** 수는 없다. 어떤 공동체도 특수한 은사를 받을 만한 충분한 자격을 가졌다고 주장할 권리가 없다. 하나님이 각 신자를 위해 은사

(들)를 택하시고, 이렇게 주어지는 각 은사는 받아들여지고 존중되고 사용되어야 한다.

목록에 나온 은사(장면 5b)는 두 범주로 쉽게 분류된다. 첫째 범주는 **극적 특징이 없는 은사**로 불릴 수 있고, 둘째 범주는 **극적 특징을 가진 은사**로 불릴 수 있다. 바울은 극적 특징이 없는 "지혜"의 은사로 목록을 시작한다. 고린도 교회 교인들은 자기의 "지식"에 대해 자신만만했다(1:5). 그래서 바울은 "지혜"(바울이 첫째 논문[1:17-2:2]의 첫 부분에서 다룬 주제)를 먼저 언급하기로 결정한다. 여기서 독자는 "지혜"가 중대한 주제이며 **하나님의 지혜**는 십자가에서 드러났음을 상기할 필요가 있다. 물론 사도가 여기서 언급하는 지혜는 수사적·철학적 지혜가 아니라 하나님의 은사로 주어지는 지혜를 가리킨다. 일부 그리스인들도 하나님이 주신 이 지혜를 조금은 알고 있었다.

그리스의 비극 시인 아이스킬로스(기원전 525-456)는 이렇게 토로했다. "배우는 자가 고통을 겪어야 한다는 것은 신이 정한 법칙이다. 따라서 우리가 잠잘 때에도 잊을 수 없는 고통이 마음속에 한 방울씩 떨어진다. 하지만 그럼에도 불구하고 우리 안에서는 우리의 의지에 반하여 놀라운 신의 은혜로 말미암아 지혜가 우리에게 임한다."[16] 아이스킬로스에게 "지혜"는 "후천적 지식"을 크게 넘어서는 무엇이었다. 지혜로운 자의 **지혜**는 반드시 교육의 결과로 주어지는 것만은 아니다. 내가 알고 있는 지혜로운 자 중 더러는 교육을 거의 받지 못한 중동 지방의 농부들이다.

바울이 두 번째로 언급하는 은사(*gnosis*[지식])는 고린도 교회 교인들 중 영지주의 경향을 가진 자가 더러 있었음을 볼 때 또 하나의 핵심 요소였다. 어느 시대를 막론하고 자신의 **지식**이 후천적이지 않고 은사로 주어졌다고 고백하는 성경 주석가와 교의 신학자들이 존재한다.

신약성경에서 **믿음**은 지적 동의, 순종의 반응, 매일 행해지는 신뢰의

16) Aeschylus. Edith Hamilton, *The Greek Way to Western Civilization* (New York: Mentor Books, 1924), p. 44에서 인용함.

삶으로 구성된다. 많은 사람이 믿음의 이런 세 국면 중 하나 혹은 그 이상을 은사로 받는다.

모든 신념(belief)은 어떤 믿음(faith)을 필요로 한다. 그러나 어떤 이는 "큰 믿음"을 은사로 받는다.

이 세 가지 은사(지혜, 지식, 믿음)를 제시한 다음, 바울은 **극적 특징을 가진** 은사를 다룬다. **치유**의 은사는 때로는 의사에게, 때로는 믿음을 가진 보통 사람에게 주어진다. 전통적으로 복음이 막혀 있는 중동 세계에서는 탈계몽주의 시대의 세계관으로는 도저히 이해할 수 없는 놀라운 **이적**이 자주 일어나곤 한다. 이런 이야기를 듣다 보면 다음과 같은 질문이 제기된다. 곧 우리는 이신론자인가, 아니면 유신론자인가? 이신론자는 하나님이 역사 속에서 활동하시지 않는다고 보는 반면에, 유신론자는 활동하신다고 본다. 실제로 **예언**은 최소한의 설교다. 많은 이들이 예언을 설교 이상으로 경험했다. 그러나 예언을 설교 이하로 경험할 수는 없다. **영을 분별하는** 능력은 은사주의 공동체 안에서 잘 알려진 직관 능력(은사)을 가리킨다. 본문은 "방언"을 하나로 묶어 총칭 형태로 말하지 않는다. 바울은 "각종[다양한 종류의] 방언"을 경험했다. 바울은 성령으로 노래하는 것을 방언의 한 형태로 간주했는가? 방언으로 말하는 것과 성령으로 노래하는 것을 다 들어본 나는 바울이 그렇게 간주했다고 생각하고 싶다. 현재 세계 전역의 은사주의 교회와 단체에서 그러듯이, **방언 통역**의 은사는 방언하는 당사자나 다른 제2의 사람이 행하는 통역을 모두 포함한다.

바울이 제시하는 목록은 대략적인가, 아니면 포괄적인가? 12장 마지막 부분에서 다른 은사들이 언급되는 것으로 보아 이는 포괄적인 목록이 될 수 없다. 나아가 바울은 이미 독신을 신령한 은사의 하나로 설명했다(7:7). 또한 같은 본문(7:7)을 통해 바울이 신성한 결혼을 신령한 은사의 하나로 간주했다고 추론하는 것도 가능하다. 어떤 그리스도인은 자기의 자연적 능력을 성령의 은사로 생각한다. 큰 고난을 겪을 때 믿음을 지키는 능력은 신령한 은사인가? "가혹한 운명의 화살"[17]에 대해 그리스도를 닮은 모습으로 반응하는 용기는 어떤가? 이는 신령한 은사와 관련되는가? 이런 식으로 질문은 끝이 없다.

이 목록의 특정 은사들이 어떻게 이해되든지에 상관없이, 바울은 그중 어느 은사도 목록을 둘러싼 서론 및 결론과 분리되어서는 안 된다고 주장한다. 은사는 우리가 태어날 때 가지고 태어난 자연적 능력이나 고된 수고와 힘든 역경을 통해 얻게 된 능력이 아니라, 하나님이 주신 **성령의 은사**다. 이 은사는 **개인**에게 주어지고 **공동의 유익을 위한** 목적을 가진다. 또한 모든 은사가 동일한 성령으로 말미암아 주어지며, 하나님이 (성령을 통해) 자유롭게 **자신이 택하시는 대로** 나누어 주신다.

이어서 바울은 그리스도의 몸에 관한 첫 번째 설명을 제시한다(도표 4.3[6]을 보라).

6.	[12]그러니 **몸이 하나이고** **많은 지체**를 갖고 있는 것처럼	B. **그리스도의 몸** 한 몸—많은 지체
7.	그리고 모든 **몸의 지체**가 많이 있으나 **한 몸**인 것처럼 **그리스도**도 마찬가지다.	 **그리스도** (하나와 다수)
8.	[13]**한 성령**으로 말미암아 **유대인이나** **그리스인, 종이나 자유인**을 막론하고 우리는 **다 한 몸으로 세례를 받았고** 또 다 **한 성령을 마시게** 되었다.	**성령** (하나와 다수)
9.	[14]그러니 몸은 **한 지체**로 구성되는 것이 **아니라**	

17) William Shakespeare, *Hamlet,* 3막, 1장, 47행.

많은 지체로 구성된다.	한 몸—많은 지체

도표 4.3(6). 장면 6-9(고전 12:12-14)

바울은 성 관습을 설명하면서 인간의 육체를 의미하는 "몸"에 대해 성찰했다. 때로 "몸"이라는 말은 그리스도의 몸, 곧 교회를 의미했다(6:12-20). 여기서 바울은 동일한 비유로 돌아와 몸을 신령한 은사에 관한 주제 및 은사가 교회에서 가지는 역할과 관련시킨다. 교회는 많은 사람들로 구성된다. 그들은 서로 다르지만 그리스도의 몸 안에서 하나다.[18]

장면 8에는 두 가지 은유가 나온다. 첫째, 바울은 독자에게 그들이 다 한 몸으로 세례를 받았다는 사실을 상기시킨다. 세례에서 세례를 받는 자는 이를 **수동적으로** 받아들인다. 어떤 이가 세례 주는 일을 행하고, 물은 세례 받는 자 외부에 있다. 그러나 바울은 계속해서 두 번째 은유를 제시한다. 그는 모두가 "한 성령을 마시게 되었다"라고 주장한다. 물 잔이 주어지면 내가 잔을 들어 내 입으로 물을 마셔야 한다. 마실 때 물은 내 입으로 들어가고 그렇게 내 몸의 일부가 된다. 이 본문이 한 세례를 설명하는 것인지 아니면 두 세례를 설명하는 것인지에 관한 오래된 논쟁은 제쳐두고, 우리는 여기서 능동적 세례와 수동적 세례를 지적할 수 있다. 내가 세례를 받은 것으로 충분하지 않다. 내가 아기였을 때 세례 받을지에 대한 판단은 부모가 했다. 그러나 나는 매일 "한 성령을 마실" 책임이 있다. "마시는 것"을 은유로 선택해서 바울은, 신체적 몸이 매일 물을 필요로 하듯이 그리스도인은 성령의 지속적인 영향을 받을 필요가 있다고 확언한다.

이 본문에서 바울은 이런 마심이 어떻게 일어나는지에 관해서는 설명하지 않는다. 그러나 독자는 불가피하게 이 중요한 질문에 대해 고찰해보

18) 바울은 갈 3:28의 항목 중 "유대인이나 그리스인, 종이나 자유인"은 언급하지만 "남자나 여자"는 언급하지 않는다. 그러나 바울이 언급하는 사람들의 네 가지 범주는 모두 남자 아니면 여자이고, 따라서 그 범주에는 불가피하게 두 성이 다 포함되어 있다.

지 않을 수 없다. 고든 피는 이렇게 말한다. "이 생생한 은유(성령에 잠기는 것과 성령을 충분히 마시는 것)는 많은 사람이 이후 교회의 역사 속에서 경험했던 것보다 훨씬 더 경험적인 성령의 가시적인 나타나심을 함축하고 있다고 덧붙여 말할 수 있다."[19]

바울은 모든 그리스도인이 한 성령을 마심으로써 한 몸인 그리스도의 지체가 되었다고 확언한 다음, 계속해서 이 설교의 중앙에서 긴 비유를 제시한다. 정교하게 구성된 이 본문은 장면 10-14로 이루어지며, 이는 도표 4.3(7)에 나타난다.

10a. [15]만일 **발**이 말하기를 　　　　C. **신체의 몸**
　"나는 **손이 아니므로** 　　　　(비유)
　몸에 **속해 있지 않다**"고 한다면
　그것으로 발이 **몸**의 한 부분이 **되지 않는 것이 아니다.**

b. [16]또 만일 **귀**가 말하기를
　"나는 **눈이 아니므로** 　　　　**나는** 속해 있지
　몸에 속해 있지 않다"고 한다면 　　**않다**
　그것으로 귀가 **몸**의 한 부분이 되지 않는 것이 아니다.

11. [17]만일 온몸이 **눈**이라면
　듣는 곳은 **어디가** 되겠느냐? 　　**모두가**
　만일 온몸이 귀라면 　　필요하다
　냄새 맡는 곳은 어디가 되겠느냐?

12. [18]그러나 사실은 하나님이 **자신이 택하시는** 대로
　각 기관을 몸에 배치하셨다. 　　**하나님이 배치하신다**

19) Fee, *First Epistle,* p. 605.

[19]만일 모두가 한 기관이라면 하나님이 택하신다
몸이 어디에 있겠느냐?
[20]그러나 사실은 **많은 지체**가 있으나
한 몸이다.

13. [21]**눈**이 **손**에게 **모두가**
"나는 **네가 필요 없다**"고 말하거나 필요하다
또는 **머리**가 **발**에게
"나는 **네가 필요 없다**"고 말할 수 없다.

14a. [22]오히려 반대로 **더 약해** 보이는
몸의 지체들이
없어서는 안 되는 것이다.
b. [23]우리는 **덜 귀하게** 여기는 **나는**
몸의 지체들을 부족**하다**
더 귀하게 입혀주고
c. 우리의 **볼품없는 지체들**을
더 볼품 있게 다루되
[24]우리의 볼품 있는 지체에게는 그럴 필요가 없다.
d. 그러나 하나님은 **몸을 매만져서**
부족한 지체를
더 존귀하게 하신다.

도표 4.3(7). 신체적 몸 비유(고전 12:15-24)

수사 구조

바울은 고리 모양 구성을 사용해서 이런 획기적인 비유를 구성했다. 그 개요는 다음과 같다.

10. 나는 속해 있지 않다.
11. 모두가 필요하다.
12. 하나님은 자신이 택하시는 대로 배치하신다.
13. 모두가 필요하다.
14. 나는 부족하다.

중앙의 클라이맥스는 하나님이 **자신이 택하시는 대로** 몸의 지체들을 배치하신다는 사실을 확언한다. 중동의 전통 문화의 관점에서 보면, 몸의 지체들이 자유롭게 자신의 기능을 선택한다면 모든 지체가 눈이나 오른손이나 머리가 되고자 할 것이다. 그렇게 되면 몸은 결국 죽고 만다.

바울은 인간의 몸을 하나의 공동체로 상상한다. 몸의 모든 지체가 의인화되어 발, 귀, 눈, 머리가 드라마 속에서 배우가 되고 각자가 대사를 한다. 처음 두 지체(발과 귀)의 말은 독백인 것 같다. 마지막 두 지체(눈과 머리)는 몸의 다른 지체와 대화를 나눈다. 그중 어떤 지체는 무대에 서서 대사를 하는 반면에, 다른 지체는 무대에 등장하지 않지만 대사를 하는 것으로 간주된다. 이 비유는 바울의 창조적인 솜씨를 보여주는 또 다른 실례다.

주석

먼저 바울은 비천한 발의 미니 드라마로 시작한다(장면 10a).

10a. [15]만일 **발이** 말하기를 **C. 신체의 몸**

"나는 손이 아니므로 (비유)

몸에 **속해 있지 않다**"고 한다면

그것으로 발이 **몸**의 한 부분이 되지 않는 것이 아니다.

b. [16]또 만일 **귀**가 말하기를

"나는 **눈이 아니므로** **나는** 속해 있지

몸에 속해 있지 않다"고 한다면 **않다**

그것으로 귀가 **몸**의 한 부분이 되지 않는 것이 아니다.

도표 4.3(8). 장면 10(고전 12:15-16)

중동의 전통 문화에서는 발과 신발이 말할 수 없이 더러운 것으로 간주된다. 왼손 역시 불결하다. 하지만 발보다는 덜 불결하다. 오른손은 존귀하다. 이런 태도는 매우 오래되었고 현재도 존속하고 있다. 하나님은 모세에게 그가 거룩한 땅에 서 있으므로 신을 벗으라고 명령하셨다(출 3:5). 더러운 신을 신고 거룩한 땅을 밟아서는 안 된다. 고대 이스라엘은 에돔과 원수지간이었다. 따라서 "에돔에 내 신발을 던질 것"(시 60:8; 108:9)이라는 시편 저자의 말은 에돔에 대한 심한 모욕이었다. 세례 요한은 자신이 예수의 신발 끈을 푸는 것도 감당하지 못하겠다(막 1:7)고 말함으로써 예수와 비교해서 자신의 비천함을 강조했다. 예수는 유다의 배반을 언급하면서 "내 떡을 먹은 자가 내게 발꿈치를 들었다"라고 말씀하셨다(요 13:18).[20] 랍비들은 신을 만든 자가 새 신을 모루에서부터 내려놓으면서 그것이 지면에 처음 닿는 순간에 더러워진다고 판단했다. 거룩한 책은 지면에 닿아서는 안 된다. 신발 바닥은 집에서나 공적 장소에서나 타인에게 절대로 보여서는 안 된다. 인도의 불가촉천민(Dalits)은 종종 자기가 무가치하다고 **느낀다**. 그들은 무가치한 존재가 아니지만 그렇게 느낀다. 2003년 바그다드에서는 사담 후세인의 동상을 넘어뜨린 후에 많은 이라크인이 신발로

20) 어느 때든 어느 누구에게든 발바닥을 보여주는 것은 중동에서는 의도적인 모욕 방식이다.

동상을 짓밟았다. 2011년 2월 카이로의 마단 알-타리르에 모인 이집트인들은 당시 대통령이던 호시니 무바라크를 철저히 거부한다는 표시로 자기의 신을 높이 들어올렸다. 이집트 정교회의 교회에 들어갈 때에도 그리스도인은 문밖에서 신을 벗고 들어간다. 아랍권 중동 지역에서는 "발"과 "신"이라는 말이 "욕"이다. 이 단어를 말하는 자는 듣는 자에게 사과해야 한다.

그러므로 바울이 이 비유를 "더러운 발"이라는 말로 시작하는 것은 우연이 아니다. 발은 "나는 부족하고 무가치하다. 그러므로 나는 몸에 속해 있지 않다"라고 말하고 있다. 귀는 눈에게 유사한 말을 한다. 귀는 몸에서 없어서는 안 될 소중한 지체이지만, 중동 문화에서 눈만큼 귀하게 여겨지지 않는다. 그러나 발과 귀가 자기에 관해 **생각하는** 결론은 적절하지 않다. 발과 귀가 자신에 대해 느끼는 **무가치한 감정** 때문에 몸에 속해 있지 않다고 결론 내리는 것은, 그것들이 실제로 몸에서 차지하는 중요성과는 아무런 상관이 없다. 이런 감정은 진실을 반영하지 않으므로 무시되어야 한다. "발"이나 "귀"가 아닌 다른 존재만이 발과 귀의 가치를 평가할 수 있다. 발과 귀는 자신이 스스로에 대해 느끼는 바를 무시하고 타자의 확실한 판단을 받아들여야 한다.

여기서 바울은 가족도 없고 건강하지도 않으며 경제적 가치도 없는 고대의 그리스도인 종을 염두에 두고 이런 말을 하는 것 같다. 이런 사람을 향해 사도는 다음과 같이 격려한다. "세상은 너를 무가치하다고 판단할지 모르나 새로운 공동체 안에서 우리는 모두 한 몸이다. 확실히 우리는 그리스도의 몸이고 각 지체는 **헤아릴 수 없는 가치**를 가지고 있다. 모두가 참여하고, 각자가 섬기며, 모두가 한 몸에 속해 있다."

장면 11은 다음과 같다.

11. [17]만일 온몸이 눈이라면

듣는 곳은 어디가 되겠느냐? **모두가**

만일 온몸이 귀라면　　　　　　　　필요하다
냄새 맡는 곳은 어디가 되겠느냐?

도표 4.3(9). 장면 11(고전 12:17)

몸의 각 지체는 몸을 가치 있게 만드는 데 있어 각자 유일한 기능을 가진다. 자본주의 사회에서는 회사 조직이 강력하며, 그런 이유 때문인지 이런 조직 모델이 교회의 사고방식을 지배하는 경향이 있다. 그러나 현대 서구의 교회가 바울의 모델을 진지하게 취한다면 어떤 일이 벌어질지 정말 궁금하다. 우리는 "발"보다 "손"에 훨씬 더 높은 가치를 부여한다. 그 이유는 다음과 같다. 손은 발보다 더 많은 것을 생산한다! 그러므로 손이 더 높은 가치를 가진 것이 틀림없다. 그러나 바울은 이런 논리에 동조하지 않는다.

중앙의 클라이맥스는 다음과 같이 구성된다.

12. [18]그러나 사실은 **하나님이 자신이 택하시는** 대로
각 기관을 몸에 배치하셨다.　　　　**하나님이 배치하신다**
[19]만일 모두가 한 기관이라면　　　　하나님이 택하신다
몸이 어디에 있겠느냐?
[20]그러나 사실은 **많은 지체**가 있으나
한 몸이다.

도표 4.3(10). 장면 12(고전 12:18-20)

만약 몸의 기관이 스스로 자신의 기능을 선택한다면 결과는 재앙일 것이다. 하나님은 **자신이 택하시는 대로** 기관을 배치하신다. 성령께서 신령한 은사를 주신다. 그러면 각 신자는 성령이 주신 은사를 받아들인다. 이때 신자는 받은 은사의 가치를 무시하면서 "왜 나는 존귀한 오른손이 아니고 불결한 발인가? 좋지 않다!"라고 불평하기보다는, 어떤 것이든 받은 대로 은사를 사용해서 몸을 섬길 것을 요구받는다. 몸은 어느 지체를 막론

하고 모든 지체를 똑같이 필요로 한다. 하나님은 이 지체들을 자신의 뜻대로 한 몸에 배치하신다. 이런 점에서 장면 12가 비유의 중앙 클라이맥스에 위치하는 것은 우연이 아니다.[21]

장면 13은 다음과 같이 계속된다.

13.	[21]**눈**이 **손**에게	**모두가**
	"나는 **네가 필요 없다**"고 말하거나	필요하다
	또는 **머리**가 **발**에게	
	"나는 **네가 필요 없다**"고 말할 수 없다.	

도표 4.3(11). 장면 13(고전 12:21)

장면 13은 자만의 문제에 강조점을 두고 있다. 장면 13은 개별 그리스도인의 지위를 넘어 교회에도 적용된다고 이해될 수 있다. 바울이 편지를 쓸 당시, 기독교 교회는 지중해 동부 연안의 여러 지역에 세워져 있었다. 이 기독교 공동체들은 서로 도울 필요가 있었다. 교회가 성장하고 확대되면서 불과 몇 년 만에 그리스인, 로마인, 유대인, 시리아인, 콥트인 교인이 생겼으며 이들은 각자 자기 모국어와 문화를 유지했다. 그때나 지금이나 각각의 전통은 자만하며 나머지 기독교 세계를 향해서 "우리는 너희가 필요 없다! 우리는 우리 자신의 언어, 전례, 역사, 신학, 전통, 문화를 가지고 있다. 우리가 필요로 하는 것은 우리 안에 다 있다"라고 말하는 경향을 강하게 가지고 있었다. 최소한 1600년 동안 그리스도인들은 교회의 본질

21) 「미드라쉬 라바 창세기」에는 사망 직후에 입과 배 사이에서 일어나는 일에 대한 흥미로운 설명이 나온다. 입은 배에게 "내가 폭력으로 빼앗고 탈취한 모든 것을 네게 주었다"라고 말한다. 사흘 뒤에 배는 불쑥 이렇게 대답한다. "네가 폭력으로 빼앗고 탈취한 모든 것이 여기 있다"(Midrash Rabbah, *Genesis* [London: Soncino, 1983], 2:995). 이는 2-3세기 팔레스타인 출신의 랍비 Bar Kappara의 말이다. 바울의 비유는 상호 의존성에 이의를 제기하는 것이 아니라 오히려 상호 의존성을 확증한다.

에 관한 비밀이 교회에 대한 우리의 모든 정의를 넘어선다는 사실을 잊어버리고, 서로에게 앞과 같이 말했다. 만약 고린도전서가 "모든 곳에서 우리 주 예수 그리스도의 이름으로 불리는 모든 자들"에게 쓴 편지라면(1:2), **우리는 모두 함께** "그리스도의 몸"이고 "거룩한 성전"이다. 이 하나의 몸은 하나님에 의해 창조되었고, 건강할 때는 다양한 지체가 조화를 이루어 함께 일한다. 이런 조화가 파괴되면 이는 질병의 징조다. 하나님의 영은 우리의 다양한 조직 집단 속에서가 아니라 그리스도의 한 몸에 대해 우리가 충성할 때에만 유일하게 우리에게 약속된다. 여기서 정죄받는 죄는 교만(pride)이 아니라 자만(self-sufficiency)이다. 가장 심각한 문제점은 "내가 너보다 더 잘났다"가 아니라 오히려 "나는 네가 필요 없다"이다. 데스몬드 투투 대주교는 이렇게 말했다. "자만하는 사람은 인간 이하의 존재다.…하나님은 우리가 서로를 필요로 하도록 지으셨다."[22] 교회는 섬이 아니다.

바울의 비유는 장면 14에서 놀라운 결론에 도달한다. 이 본문(문자적으로 번역됨)은 도표 4.3(12)에서 제시된다.

14a.	22 오히려 반대로 **더 약해** 보이는	
	몸의 지체들이	
	없어서는 안 되는 것이다.	
b.	23 우리는 **덜 귀하게** 여기는	**나는**
	몸의 지체를	부족**하다**
	더 귀하게 입혀주고	
c.	우리의 **볼품없는 지체**를	
	더 **볼품 있게** 다루되	
	24 우리의 볼품 있는 지체에게는 그럴 필요가 없다.	

22) Eliza Griswold, *The Tenth Parallel: Dispatches from the Fault Line Between Christianity and Islam* (New York: Farrar, Straus & Giroux, 2010), p. vii에서 인용함.

d. 그러나 하나님은 **몸을 매만져서**
부족한 지체를
더 존귀하게 하신다.

도표 4.3(12). 장면 14(고전 12:22-24)

네 항목으로 구성된 이 장면은 얼핏 보면 "말로 표현할 수 없는" 생식기관을 설명하고 있다고 파악된다. 장면 14a는 양쪽을 다 바라본다. 즉 뒤를 돌아보고 앞을 내다본다는 것이다. 그러나 장면 14의 마지막 세 항목은 생식기관을 언급한다. 언어는 정중하지만 명백하다. 왜 이 비유는 이런 특수한 강조점으로 끝나는가? 여기에 대한 단순한 답변은 몸이 재생산을 필요로 한다는 것이다. 이 본문에서 바울은 복음 전도의 중요성을 설명하고 있다.

비유의 결론에 나오는 이 특수한 강조점은 복음 전도에 대한 바울의 일곱 가지 중첩된 이해에 빛을 던져준다. 그 일곱 가지는 다음과 같다.

1. 복음 전도는 무엇보다 먼저 **사적인 사역**이다. 한 사람이 다른 사람의 내면생활의 거룩한 공간 속으로 들어간다. 물론 공적 모임은 중요하다. 바울은 로마서 10:17에서 믿음은 설교를 들을 때 온다고 확언한다. 그러나 여기서는 그 동전을 뒤집고 마음과 마음의 소통이 가진 사적 본질에 관해 말한다.

2. 복음 전도는 **깊은 인격적 관계**를 함축한다. 두 사람 사이에 진정한 신뢰 관계가 있을 때에만 하나님의 깊은 것이 적절히 설명되고 마음에서 마음으로 전달될 수 있다.

3. 복음 전도는 **거룩하고 존귀한** 사역이 되어야 한다. 거기에 조작이나 교활한 술책, 영적·지성적 폭력이 있어서는 안 된다.

4. 장기적인 헌신이 전제된다. 그렇지 않으면 사랑은 승리하지 못하고 사랑하는 자를 놓치고 만다. 내가 과거와 단절하고 주 예수를 믿는 믿음을 가진다면, 내게 어떤 일이 벌어질까? 진정한 복음 전파는 복음 전달에 수반되는 장기간의 책임을 깊이 의식하고 있다.

5. 개인적 이득에 연루되어서는 안 된다. 진정한 믿음은 사거나 팔 수

없다. "내게 X를 지불하면 네게 Y를 주겠다"가 절대로 될 수 없다. 복음에서 믿음은 상을 가지고 있으나 이 상은 그것을 구하지 않는 자에게 주어진다. 이 상은 의심이 없는 물고기를 낚기 위해 낚시 바늘에 꿰어둔 미끼가 아니다. 베드로는 그 과정에서 고기를 죽이지 않고 **살아 있는 상태로** 잡도록 부르심을 받았다(눅 5:10).

6. 복음 전도는 권력에의 의지가 아니라 **항상 사랑이 동기가 되어야** 한다. 복음 전도의 목표는 조직을 키우기 위한 성공적인 "회원 모집 운동"이 아니다. 복음 전도의 목적은 깨어진 사람들에게 가장 깊은 사랑을 보여줌으로써, 잃어버린 자가 찾아지고 상처받은 자가 치유될 수 있도록 만드는 것이다.

7. 바울이 이 주제를 연이어 네 번 반복한다는 것은 이것이 극히 중요함을 암시한다.

이 비유의 고리 모양 구성은 이렇게 완결된다. 하지만 질문은 남아 있다. (종종 고리 모양 구성에서 나타나듯이) 이 비유의 시작과 끝과 중앙 사이에는 어떤 관련성이 있는가? 중앙에서 바울은 **하나님**이 자신이 택하시는 대로 몸에 기관들을 배치하신다고 확언한다. 이 중앙 부분은 확실히 비유의 첫 부분 및 끝부분과 관련된다. 그러나 중앙 부분은 다섯 장면 전체의 요약인 동시에 그 이상의 내용이 들어 있다.

고린도전서 앞부분에서도 확인했듯이, (히브리어식으로 사고하는) 바울은 현재 시제에서 be 동사를 자주 생략한다. 장면 12의 중앙이 그런 경우다. 영역인 "몸이 어디에 있겠느냐?"(where would the body be?)에 해당되는 그리스어 본문에는 be 동사가 없다. 그리스어 본문은 그냥 "몸이 어디에?"(Where the body?)로 되어 있다. 이 책에서 검토한 23개의 아랍어, 시리아어, 히브리어 역본 중 3분의 2가 이런 의미와 언어적 특징을 보존하고 있다.[23] 이 문구의 배후에 놓인 가정은 "몸이 사라질 것인가?"다. "빌리

23) 이 본문들은 미래 시제 be 동사를 덧붙이지 않는다. 문법적으로는 be 동사를 덧붙일 수도 있었다. 부록 II, 표 L을 보라.

는 어디에 있느냐?"는 말은 셈어로 번역하면 "빌리는 어디에?"가 된다. 요약하면, 빌리가 없다는 것이다. 몸은 재생산될 수 없으면 죽을 것이고, 몸이 표상하는 바는 불가피하게 사라질 것이다. 교회도 마찬가지다.

여기서 바울은 자신의 비유를 완결 지은 후, 계속해서 "그리스도의 몸"에 관한 두 번째 설명으로 나아가는데(장면 15-17), 이는 같은 주제를 다룬 첫 번째 설명(장면 6-9)과 짝을 이룬다. 이 두 번째 부분은 도표 4.3(13)에서 제시된다.

15. [25]이로써 몸은 **불화가 없고**
 지체들은 같이 서로를 돌볼 수 있게 된다.

16. [26]만일 **한** 지체가 **고통을 겪으면**
 모든 지체가 함께 고통을 겪고
 만일 **한** 지체가 영광을 얻게 되면
 모든 지체가 함께 즐거워한다.

17. [27]너희는 그리스도의 몸이고
 개인적으로는 그 몸의 지체들이다.

도표 4.3(13). 그리스도의 몸(고전 12:25-27)

이 부분의 처음과 끝은 짝을 이루는 이전 부분(장면 6-9)의 개념을 확대하고 강화시킨다. 장면 17에 사용된 언어는 과감하고 강력하다. "너희[복수형]는 그리스도의 몸이다." 바울은 개인이 아니라 "모든 곳에서 우리 주 예수 그리스도의 이름으로 불리는 모든 자들"(1:2)에게 편지를 쓰고 있다. 이처럼 바울이 상정하는 독자의 포괄적 범주를 깨닫고 나면 이 본문의 중요성이 잘 드러난다.

이 부분은 그리스도의 몸에 대한 이전 설명에 두 가지 결정적 요소를 덧붙인다. 첫째 요소는 고린도전서에서 반복적으로 나오는 **불화** 주제를 소개한다. 건강한 몸은 균형과 조화를 유지한다. 몸의 불화는 질병이다.

새로 덧붙인 둘째 요소는 고난 및 존귀와 관련된다. 이 본문은 "즐거워하는 자들과 함께 즐거워하고 우는 자들과 함께 울어라"고 권면하는 로마서 12:15과 조화를 이룬다. 우는 자들과 함께 고난을 겪고/울 수 있으려면 힘을 많이 비축하는 일이 필요하다. 고난을 당하는 자들과 함께 살면서 동정심이 사라지는 것은 심각한 문제다. 성령의 임재가 없으면 이런 과제를 수행할 수 없다. 바울은 고난 당하는 자들의 말을 "주의 깊게 들으라"고 독자에게 요구하지 않는다. 대신 고난 당하는 자와 고통을 함께하라고 명령한다. 전문 상담사는 객관적 자세를 취할 수 있고 고통을 멀리서 관찰할 수 있다. 그렇지만 그리스도의 몸에 대해서는 이런 전문적인 객관성이 추구되지 않는다. 대신 "모두가 함께 고난을 겪으라"는 요구가 있다. 이런 일을 누가 할 수 있을까? 여기에 또 다른 문제가 있다.

몸 전체가 고난 당하는 지체와 결합하는 일은 **비교적** 쉽다. 많은 경우에 그리스도의 몸의 지체들은 고난 당하는 다른 지체와 분리되어 있다. 그러나 타인의 고난에 동참하는 특권은 자체로 은밀한 상을 가지고 있다. 바울의 명령의 후반부는 더 난해하다.

"영광을 얻다"는 *doxazetai*(문자적으로 "광채로 옷 입다")다. 손목은 발이 받지 못하는 금팔찌를 받는다. 면류관을 받는 것은 손이 아니라 머리다. 손가락은 다이아몬드 반지를 받지만, 다리는 받지 못한다. 당신의 책은 출판되고, 거절당한 내 원고는 선반에 그대로 놓여 있다. 나는 당신의 책 출판을 축하하는 기념 파티에 참석해달라는 초청을 받는다! 당신의 학급은 학생들로 가득하다. 반면에 내 일부 과목은 정원 미달로 취소된다. 학기가 끝날 때 당신은 그 해의 교수로 영광을 얻는다. 이때 우리는 "모두 함께 즐거워한다." 과연 우리가 그렇게 하는가? 이런 일은 내가 당신과 한 몸이 되어 당신의 마음이 즐거울 때 내 발이 춤추기 시작하는 경우에만 일어난다!

이 설교의 마지막 부분은 (예상대로) 다양한 은사에 대한 두 번째 설명으로 되돌아간다(도표 4.3[14]을 보라).

18. [28]하나님이 교회 안에 세우신 것이 있는데
첫째는 사도요
둘째는 선지자요
셋째는 교사요
그다음은 이적을 행하는 자요
그다음은 치유의 은사와
돕는 자와
다스리는 자와
각종 방언을 말하는 자다.

19. [29]다 사도이겠느냐?
다 선지자이겠느냐?
다 교사이겠느냐?
다 이적을 행하는 자이겠느냐?
다 치유의 은사를 가진 자이겠느냐?
다 방언을 말하는 자이겠느냐?
다 방언을 통역하는 자이겠느냐?

도표 4.3(14). 다양한 은사(고전 12:28-30)

여기서 다시 "하나님이 세우셨다"는 사실에 강조점이 두어진다. 지금 바울은 선출된 교회 직원이나 자연적 능력에 관해서가 아니라 신령한 은사에 관해 설명하고 있다. 예수는 제자들을 택하셨고, 요한복음에서 예수는 제자들에게 "너희가 나를 택한 것이 아니라 내가 너희를 택하여 세웠고, 이는 너희가 가서 열매를 맺고 너희 열매가 항상 맺어지도록 하려 함이다"라고 말씀하신다(요 15:16).

제임스 던은 *antilempseis*를 "돕는 행위"로, *kuberneseis*를 "회의하는 것"으로 번역하기를 선호한다. 여기서 후자의 단어는 배를 조종하는 조타

수를 가리키는 데 사용되며 "공동체를 지휘하는 일"을 함축적으로 의미한다.[24] 또한 던은 이 두 단어가 "사람보다는 기능, 행동을 가리킨다"라고 지적한다. 두 단어는 복수형이다. 던은 이렇게 설명한다. "그러므로 이 두 은사는 다양한 경우에 구체적으로 돕는 행위와 실제로 지침을 주는 것을 의미한다."[25] 달리 말해, **은사는 잠재적 힘이나 능력이 아니며**, 따라서 때에 따라 보이기도 하고 보이지 않기도 하는 것이 아니다. **은사는 오직 실제 행위나 말로 나타난다.**[26] 이 목록에는 "권리"는 없고 오직 은사만 있다. 특권은 없고 오직 책임만 있다.

바울은 이 긴 설교를 "그리고[*de*] 더 높은 은사를 열심히 구하라"는 말로 끝맺는다. 이 언급은 이전 설교의 결론이자 이어지는 사랑에 관한 설교의 서론이다. 13장을 설명하면서 확인하겠지만, 이 말은 대조가 아니라 연속으로 이해할 때 가장 잘 해석된다.

---

24) James D. G. Dunn, *Jesus and the Spirit* (Philadelphia: Westminster Press, 1975), p. 252

25) 같은 책, p. 253.

26) 같은 책(James Dunn 강조).

4.4.
사랑의 찬가

고린도전서 12:31-14:1

많은 교회에서 "사랑 장"(고전 13장)은 결혼식에서만 읽힌다. 물론 사랑 장은 결혼식에 완전히 적합하고, 기독교 결혼에 대해 비견할 수 없는 지침을 제공한다. 하지만 바울은 분명히 이 **사랑의 찬가**를 모든 삶의 규범으로 삼으려는 의도를 가지고 있었다(도표 4.4[1]를 보라). 넷째 논문(11-14장)에서 바울은 기독교 예배에 초점을 맞춘 여섯 편의 설교의 중앙에 이 사랑에 대한 설명을 위치시킨다. 그러므로 바울은 사랑을 넷째 논문에 제시된 다양한 문제를 해결하는 근본적인 대책으로 추천한다.[1] 이 본문의 즐거움을 맛보기 전에, 간략한 서론을 제공하는 편이 유익할 것이다.

바울이 "사랑하다"에 사용하는 그리스어 동사는 *agapao*다. 당시 그리스어에는 "사랑하다"에 해당되는 핵심 단어가 두 개 있었다. 첫째 단어는

1) 지금까지 고린도전서의 많은 곳에서 "사랑" 주제가 직간접적으로 나타났다. 그중 두드러지는 본문은 고전 1:10-16; 2:9; 3:3; 4:14; 8:1, 11-12; 10:24, 28-29, 32-33; 12:26이다. 개인적 자유와 지식은 사랑으로 규제를 받아야 한다.

*eros*다. 이 단어는 종교적이거나 성적인 차원의 정열적 사랑과 관련된다. 둘째 단어는 *phileo*다. 이 단어는 친구들 간이나 건강한 가족 간에 나누는 사랑을 묘사하는 데 사용되었다. 그러나 이 두 단어는 어느 것도 바울과 다른 신약성경 저자들이 묘사하고자 했던 사랑에 적합하지 않았다. 그들은 더 차원 높은 단어를 원해서 새로운 단어를 선택했는데, 바로 그것이 *agapao*다.

그리스어 구약성경을 보면 명사형 *agape*가 아가서에만 나온다. 이 단어는 고전 그리스어에서는 드물게 나타나며, 이 말이 사용될 경우 의미는 어떤 것을 "향한 경향"과 관련된다. 바울과 그의 친구들은 그리스어에 뚜렷한 발자국이 없던 이 단어를 선택해서 거기에 새로운 의미를 채워 넣었다. 신약성경에서 일반적으로, 이 본문에서 특수하게 나타나듯이, "아가페"에 관해서는 다음 다섯 가지 사항을 말할 수 있다.

첫째, 아가페는 **보편적**이다. 아가페는 모든 사람에게 미치는 사랑이다. 누가복음 10:25-37에 나오는 예수의 선한 사마리아인 비유가 결정적인 본보기다. 이 사랑 안에는 "유대인이나 그리스인이 없고, 종이나 자유인이 없고, 남자나 여자가 없다. 너희는 다 그리스도 예수 안에서 하나이기 때문이다"(갈 2:28). 심지어 원수도 사랑의 대상이다(마 5:44). 독일의 위대한 순교자 디트리히 본회퍼는 마태복음 5:44을 설명하면서 다음과 같이 말한다. "여기서 예수는 우리의 원수가 완악하고 우리의 사랑에 완전히 무감각하며, 우리가 그들을 용서할 때조차 그들은 우리를 절대로 용서하지 않고, 우리의 사랑을 미움으로, 우리의 섬김을 조롱으로 갚는 자를 의미한다고 보신다."[2]

여기서 본회퍼의 요점은 원수가 사랑으로 마음이 부드러워져 친구가 되는 사람이 아니라는 것이다. 대신 원수란 제공된 사랑을 거부하고 사랑을 베푸는 자를 완강하게 계속 반대하는 자를 가리킨다.

---

2) Dietrich Bonhoeffer, *The Cost of Discipleship* (London: SCM Press, 1954), p. 127.

둘째, *agape*(사랑)는 모든 신자에게 하나님과 자신의 이웃을 사랑하라고 명령하는 새로운 "최고 법"이다. 앞의 7:19에서 바울은 할례가 아무것도 아니며, 중요한 것은 "하나님의 계명을 지키는 것"이라고 말했다. 확실히 이 비밀스러운 목록 맨 위에 사랑의 계명이 놓여 있었다. 9:21에서 바울은 "그리스도의 법"을 언급했다. 이 논문 끝부분인 14:37에서 바울은 "주의 계명"을 받아들일 것을 권면한다. 주의 계명은 하나님을 사랑하고 서로 사랑하라는 것이다. 이상의 언급은 모두 사랑을 "최고 법"으로 제시한다.

셋째, 아가페의 가장 적절한 본보기는 그리스도의 삶이다. 그러므로 그리스도인은 "내가 너희를 사랑한 것같이"(요 15:12) 서로 사랑해야 한다.

넷째, 사랑의 찬가에서 확인되듯이 사랑은 각 은사에 없어서는 안 될 필수 성분이다. 사랑이 없으면 은사는 아무런 가치가 없다. 동시에 사랑의 찬가 마지막 부분을 보면, 사랑은 자체로 존속하고 모든 은사 중 최고의 은사가 된다. 고린도 교인들은 많은 은사를 가지고 있었으나(1:7) 결정적으로 사랑이 부족했다. 사랑이 빠지면 다른 모든 은사는 심각하게 결함이 있게 된다.

다섯째, 아가페의 원천은 그리스도의 사랑을 신자의 삶 속에 흐르게 하는 내주하시는 하나님의 영이다. 성령이 없으면 아가페 사랑은 불가능하다. "우리가 사랑하는 것은 그가 먼저 우리를 사랑하셨기 때문이다"(요일 4:19). 우리는 하나님을 사랑하고 **그래서** 우리의 이웃도 사랑한다.

해석자는 이런 일반적인 특성을 염두에 두고, 사랑의 찬가가 어디서 시작되고 끝나는지를 먼저 결정해야 한다. 이는 이 설교의 클라이맥스에 나타나는 "바퀴 안의 바퀴"를 확인해야만 결정될 수 있다.

수사 구조

이 논문 전체가 사랑에 관한 설교의 바깥쪽 바퀴다. 사랑에 관한 이 설교는 일곱 부분으로 구성된 이 논문(11-14장) 중앙에 자리 잡고 있다. 개관

1.	[12:31]그리고 가장 높은 **신령한** 은사들[*Charismata*]을 위해 계속 열심을 내라. 또한 내가 고개를 넘는 길[*huperbolen hodon*]을 너희에게 제시하겠다.		
2.	[13:1]만일 내가 사람의 **방언**과 천사의 말을 하더라도 **사랑이 없으면** 나는 쨍그랑거리는 놋쇠와 울리는 꽹과리가 되고 만다.		**사랑과** 방언 예언 지식
3.	[2]그리고 내가 **예언하는 능력**이 있어 모든 **비밀**과 모든 **지식**을 알고		
4.	또 내가 산을 옮길 만한 모든 **믿음**을 갖고 있더라도 **사랑이 없으면** 나는 아무것도 아니다.	**사랑과** 신령한 은사들	
5.	[3]그리고 내가 내 모든 소유로 구제하고 또 **내가 자랑할 수 있도록** 내 몸을 내어주더라도 사랑이 없으면 나는 아무것도 얻지 못한다.		**사랑과** 믿음 소망
6.	[4]사랑은 오래 참고 사랑은 온유하다.	**사랑의** 긍정적 **정의**	**사랑과** 지식 ??
7.	질투하지 않고 자랑하지 않고 [5]오만하지 않고 무례하지 않고	??	
8.	**자기의 유익을 구하지 않고**	**사랑의**	
9.	성내지 않고 악한 일을 기록하지 않고[3] [6]불의를 즐거워하지 않고 공동체 안에서 진리가 이길 때 즐거워하고	부정적 **정의**	
10.	[7]모든 것을 덮고 모든 것을 믿고 모든 것을 바라며 모든 것을 꿋꿋하게 견딘다.	**사랑의** 긍정적 **정의**	**사랑과** 믿음 소망

11.	[8]사랑은 결코 떨어지지 않는다.		**사랑과**
	예언에 관해 말하면 예언은 **폐해질 것이고**		예언
	방언에 관해 말하면 방언은 그칠 것이며		방언
	지식에 관해 말하면 지식도 **폐해질 것이다**.		지식
			(−세 가지는 폐해짐)
12.	[9]우리의 지식은 **불완전하고**		−불완전함
	우리의 예언도 **불완전하다**.		+완전함
	[10]그러나 완전한 것이 올 때		
	불완전한 것이 **폐해질** 것이다.		
13.	[11]내가 어렸을 때에는		어린아이와
	어린아이와 같이 **말했고**	**사랑과**	어른 **비유**
	어린아이와 같이 **생각했고**	신령한 은사들	(성숙과
	어린아이와 같이 판단했다.		폐지)
	하지만 내가 장성했을 때에는		
	어린아이의 일을 **버렸다**.		
14.	[12]우리가 지금은 **거울**로 **희미하게** 보지만		−불완전함
	그때에는 얼굴을 **마주보고** 볼 것이다.		+완전함
	지금은 내 지식이 **불완전하지만**		
	그때에는 내가 **다 알고** 있었던 것처럼 온전히 **알** 것이다.		
15.	[13]따라서 항상 있을 것은		**사랑과**
	믿음, **소망**, **사랑**,		믿음
	이 세 가지인데		소망
	그중에 **가장** 높은 것은 **사랑**이다.		(+세 가지는 항상 있음)
16.	[14:1]사랑을 향해 달려라.	**신령한 은사들을 위한 열심**(사랑을 위해 힘쓰라)	
	그리고 신령한 은사들(*pneumatika*)을 위해 계속 열심을 내라.		

도표 4.4(1). 사랑의 찬가(고전 12:31–14:1)

해보면, 일곱 부분은 다음과 같다.

1. 예배를 인도하는 남자와 여자: 예언하는 자와 단정한 복장(11:2-16)
2. 예배의 질서: **성례**—주의 만찬(11:17-34)
3. 은사와 몸의 본질(12:1-30)
4. **사랑의 찬가**(12:31-14:1)
5. 신령한 은사와 그리스도의 몸을 높이 세움(14:1-25)
6. 예배의 질서: **말씀**—예언하는 자와 방언하는 자(14:26-33a)
7. 예배를 드리는 남자와 여자: 교회에서 잠잠함(14:33b-40)

사랑의 찬가는 일곱 부분으로 이루어진 이 포괄적인 예언적 수사 틀 안에서 다음과 같은 이차 고리 모양 구성을 가진다.

1. **신령한 은사들**(12:1-31)
2. 사랑과 **신령한 은사들**(13:1-3)
3. 사랑의 정의(13:4-7)
4. 사랑과 **신령한 은사들**(13:8-13)
5. **신령한 은사들**(14:1-25)

이 이차 고리 모양 구성은 사랑의 찬가(13장)가 이전 부분 및 이후 부분과 완전하게 융합되어 있다는 점을 부각시킨다. **신령한 은사들**은 이런 융합을 만들어내는 실과 같다. 이차 고리 모양 구성 안에는 일곱 부분으로 구성된 삼차 고리 모양 구성이 들어 있다. 이 구성은 요약하면 다음과 같다.

---

3) Bailey 번역.

1. 더 높은 은사들을 위해 계속 열심을 내고 내가 그 길을 보여주겠다(12:31)

2. **사랑과 신령한 은사들(13:1-3)**

3. **사랑의 긍정적 정의(13:4a)**

4. **사랑의 부정적 정의(13:4b-6)**

5. **사랑의 긍정적 정의(13:7)**

6. **사랑과 신령한 은사들(13:8-13)**[4]

7. 은사들을 위해 계속 열심을 내고 사랑을 향해 달려라(14:1)

이 일곱 부분은 예언적 수사 틀의 또 다른 사례를 만들어낸다. 13:4-7에서 바울이 제시하는 사랑의 정의가 넷째 논문의 **중앙**의 **중앙**의 **중앙**에 위치한다.

주석

사랑에 관한 이 설교를 성찰하려면, 바깥쪽 틀의 검토에서부터 시작해야 한다. 오랫동안 13장을 12:31 및 14:1과 부분적으로나 전체적으로 분리시키는 것이 문제였다. 따라서 이 두 구절과 사랑의 찬가 사이의 연관성을 검토하는 것이 본질적으로 중요하다.[5] 몇 가지 중요한 질문을 제기하는 12:31과 함께 검토를 시작해보자. 그 질문은 다음과 같다.

1. 12:31의 두 문장은 하나의 연관 개념을 구성하는가, 아니면 분리되어야 하는가? 어떤 역본과 주석가들은 두 문장을 분리시키고, 첫째 문장은 12장 마지막 부분에 두고 둘째 문장은 13장 첫 부분에 둔다. 이런 역본에는 라틴어 역 불가타에서부터 RSV까지 포함된다. 또 다른 역본은 두 문장을 한 단위로 본다. 5세기의 시리아어 페시타는 이렇게 되어 있다. "그러나

4) 도표 4.4(1)에서 볼드체로 된 부분에 주목하라.
5) 바티칸 사본과 라틴어 불가타 역본은 12:31a을 13장에 덧붙인다.

만일 너희가 더 큰 은사를 추구하면, 내가 너희에게 더 훌륭한 길을 보여주겠다."[6] 이븐 알-사리도 이 독법을 지지하고 12:31을 다음과 같이 번역했다. "만일 너희가 가장 큰 은사를 진지하게 구한다면, 나 역시 너희를 훌륭한 길로 인도하겠다."[7] 이어서 이븐 알-사리는 다음과 같이 설명한다.

> 그[바울]는 여기서 그들이 사람들의 칭찬을 구하며 서로 다투고 있었음을 증명했다. 바울은 이렇게 말한다. "만일 너희가 훌륭한 은사를 사모한다면, 왜 너희 자신에게 더 낫고 유익하고 좋은 것을 받지 못하느냐? 바로 이 문제를 내가 너희에게 지적한다." 여기서 바울은 사랑에 대해 말하고 있다.[8]

이 아랍어 역본의 원문과 이븐 알-사리의 주석은 모두 12:31의 두 문장을 하나의 연합된 문장으로 통합시킨다. 다른 초기 아랍어 역본들은 "더 탁월한"이라는 말을 반복함으로써 12:31의 두 문장 사이의 연관성을 강화시킨다. 그 결과 번역은 "만일 너희가 **더 훌륭한** 은사를 사모한다면 내가 너희에게 **더 훌륭한** 길을 보여주겠다"라는 형태가 된다(Bailey 강조).[9] 물론 바울이 다른 두 단어를 사용하고 있다는 점에서 볼 때 이것은 해석이 가미된 번역이다. 동시에 이 두 단어는 높이와 관련되어 있다. 첫째 문장은 독자에게 **더 높은** 은사를 위해 계속 열심을 내라고 권면한다. 둘째 문장은 **고개**를 넘는 **높은 길**을 지시한다. 이븐 알-사리는 두 문장을 결합시킴으로써 확실히 그 안에 제시되는 본문의 한 국면을 강조하고 있다. 현대의 상황을 보면, 예루살렘 성경과 프랑스어 세공 역본(1962)도 마찬가지다. 나는 두 문장이 함께 이해되어야 한다고 생각한다.

---

6) Peshitta, Lamsa.

7) Bishr ibn al-Sari, *Sinai Arabic 151* (867) (영어 본문), p. 79.

8) 같은 책, n. 27.

9) Gibson, Mt. Sinai (9세기), Erpenius (1616), Propagandist (1671), Yusif Dawud (1899), 기타.

2. 두 번째 질문은 문법과 관련된다. 동사 *zeloute*를 명령으로 보고 "더 높은 은사를 위해 계속 열심을 내라"로 번역할 것인가? 아니면 이 동사를 직설법 동사로 간주해서 "**너희는** 더 높은 은사에 **열심이고** 또한[*eti*][10] 내가 너희에게…보여주겠다"라고 번역할 것인가? 후자의 견해는 시리아어 페시타에 반영되어 있는데 이 역본은 "너희는 [더 높은 은사를] 구하고 있다"라고 번역한다. 10세기의 시내산 아랍어 복음 310번은 이렇게 되어 있다. "너희가 더 큰 은사를 사모하고 부러워했으므로 내가 너희에게 더 훌륭한 길을 보여주겠다." 이 본문을 명령으로 보는 전통적 독법이 더 나은 견해로 보인다. 왜냐하면 마지막 짝을 이루는 구절(14:1)에서 두 명령어가 설교를 결론짓는 역할을 하기 때문이다.[11]

3. 세 번째 질문은 위치와 관련된다. 우리는 이 두 문장을 오로지 12장의 결론으로 보아야 하는가? 아니면 고린도전서에서 흔히 그러듯이, 바울이 이음매 구절을 작성한 것인가? 특히 바울은 독자가 12:31을 12장의 결론으로 보는 **동시에** 13장의 서론으로 보기를 원했을까? 유사한 이음매가 15:58에 나타나며 이는 15장을 16장과 결합시킨다. 12:31을 12장과 13장 사이의 이음매 구절로 보는 것이 가장 좋은 견해인 것은, 31절이 확실히 12장의 결론인 동시에 13장의 중요한 서론을 제공하기 때문이다.[12] 따라서 12:31은 14:1과 비교해서 검토할 필요가 있다.

이 두 구절은 여러 가닥의 실로 연결되어 있다. 첫 번째 실은 본문 자체다. 이 두 구절을 함께 놓으면 다음과 같다.

1. [12:31] 그리고[*de*] 더 높은 신령한 은사[*Charismata*]를 **위해 계속 열심을 내라**.
또한 내가 고개를 넘는 길[*huperbolen hodon*]을 너희에게 제시하겠다.

---

10) BAGD, p. 316.
11) 부록 II, 표 M.
12) 마찬가지로 14:1도 13장을 결론짓고 14장을 도입하는 역할을 한다.

16. 14:1사랑을 향해 달려라.

그리고 신령한 은사들(*pneumatika*)을 위해 계속 열심을 내라.

이 두 장면에 대한 전통적 이해는 RSV에 반영되어 있으며 다음과 같다.

1. 12:31그러나 더 높은 은사들을 간절히 사모하라.

그리고 내가 훨씬 더 훌륭한 길을 너희에게 보여주겠다.

16. 14:1사랑을 너희 목표로 삼으라.

그리고 신령한 은사들을 간절히 사모하라.

이 번역 배후에 놓여 있는 본문에 관한 견해는 매우 오래되었다. 이 독법에서 나온 인기 있는 가정은 다음과 같다.

고린도 교회 교인들은 신령한 은사에 관해 서로 주장하고 다투고 있었다. 바울은 "더 높은 은사"를 언급하며 이렇게 말한다. "내가 훨씬 더 나은 것 곧 사랑의 길을 너희에게 보여주겠다. 이 골치 아픈 신령한 은사들의 **전체 목록**은 피하라. 진정으로 중요한 것은 훨씬 더 나은 길 곧 사랑의 길이다."

게르하르트 델링은 키텔 사전의 *huperbole* 항목에서 이 견해를 지지하면서 다음과 같이 썼다. "고린도전서 12:31b은 [υπερβολη의] 형용사 용법으로, 13:1-7에 묘사된 그리스도인의 삶의 방식 곧 12:28-30의 *charismata*[은사들]로 지배되는 삶을 '크게 능가하는' 삶('훨씬 우월한 길')을 촉구한다."[13]

13) Gerhard Delling, "υπερβαλλω, υπερβαλλοντως, υπερβολη," in *TDNT*, 8:521.

그러나 이 견해에는 결함이 있다. 문제는 사랑의 찬가 마지막 부분에서 바울이 입장을 바꾸는 것처럼 "신령한 은사들을 위해—특별히 예언할 수 있도록—계속 열심을 내라"(14:1)라고 독자에게 말한다는 점이다. 말하자면, 한편으로 12:31에서 바울은 **분란을 일으키는** 이런 모든 은사는 피하라고 말하는 것 같다. 하지만 다른 한편으로 14:1에서 바울은 **신령한 은사들을 솜씨 있게 다시 도입한다**! 이런 외관상의 불연속성 때문에 어떤 이는 "대략적인 연결 관계"만 보고 사랑의 찬가가 잘못된 위치에 있다고 주장하기도 한다. 사랑의 찬가는 14장 끝에 와야 하지 않는가? 그렇게 되면 은사에 관한 두 설명(12, 14장)이 함께 놓일 것이다. 그러면 바울은 다음과 같이 말하는 것이 된다. "신령한 은사들이 여기 있다[12, 14장]. 그러나 나는 너희에게 **그 모든 것보다 훨씬 더 나은** 것을 제시할 수 있다. 그것은 바로 사랑의 길이다[13장]." 그렇다면 12-14장은 혼동되거나 또는 위치가 잘못되어 있는가? 또한 12:31과 14:1 사이의 관계는 무엇인가? 뭐라고 말할 수 있을까?

1. 먼저 우리는 장면 1이 *de*로 시작된다는 데 주목하게 된다. 이 그리스어 불변화사는 보통 연결사인 히브리어 *wa*를 번역한 말이다. 여기서 이 단어는 "그러나"보다 "그리고"로 번역하는 편이 더 낫다. 여기서 바울은 날카로운 대조를 보여주는 것이 아니다. 대신 그는 두 개의 은사 목록을 제시하고 있다. "방언, 예언, 지식"으로 구성된 첫째 목록은 교회가 필요로 하는 중요한 은사를 선택한 것이고, 그리스도인은 이 은사들에 관해 계속 열심을 내야 한다. 둘째 목록은 첫째 목록에 언급된 은사보다 **더 중요한** 은사 곧 "더 높은 은사"(믿음, 소망, 사랑)로 구성되어 있다. 사랑의 찬가에서 바울은 이 두 목록이 모두 중요하지만 첫째 목록은 **일시적**이나 둘째 목록은 **영속적**이라고 주장한다. 동사 *zeloute*는 현재 명령형(계속 열심을 내라)으로, 논의 중인 두 구절(12:31과 14:1)에서 각각 나타난다. Zealot은 이 동사에서 파생되었다. 바울의 독자는, 비록 첫 번째 목록은 "지나가고" 두 번째 목록은 "항상 있는" 것이기는 해도, **각 목록**의 은사들에 종사

하는 데 **열심을 내야** 한다. *Zeloute*(계속 열심을 내라)의 이중 용법을 주목할 때, 독자는 12:31과 14:1이 사랑의 찬가를 하나로 묶는 “북엔드” 역할을 한다는 것을 볼 수 있다.

2. 이 두 구절을 연결하는 두 번째 실은, 12:31은 *charismata*(신령한 **은사**들)를 언급하지만 14:1은 *pneumatika*(신령한 것들[선물들])에 관해 말한다는 점이다. 첫째 단어는 모든 것이 **은혜**(*charis*)로 말미암는다는 사실을 강조한다. 은사들은 충성된 섬김에 대한 상이 아니고 **선물**이다. 둘째 단어는 은사들이 자연적 능력이나 물질적 소유가 아니라 **신령한** 선물이라는 데 초점을 맞춘다. 이 두 단어는 짝을 이루어 서로를 보완하며, 사랑의 찬가를 하나로 짜 맞추는 역할을 한다.

3. 세 번째 더 중요한 고찰 내용은 12:31b에 나오는 둘째 문장의 번역에 있다. 이 문장은 종종 “내가 너희에게 더 훌륭한 길을 보여주겠다”로 번역되었다. “내가 너희에게 보여주겠다”는 “내가 여정을 설명하겠다”라는 뜻이다. 이는 **길** 자체가 아니라 길을 따라가는 **여정**을 설명하는 일이다. 어떤 종류의 여정인가? 여기서 핵심 어구인 *kath' huperbolen hodon*(*huperbolen*; 길을 따라)은 보통 “더 훌륭한 길”로 번역되었다. 그러나 이 번역은 난점을 가지고 있다.

*huperbolen*에서 영어 단어 hyperbole(과장[법])이 파생되었는데, 이 영어 단어는 그리스어 단어처럼 윤리적으로 중립적이다. 그리스어에서 이 단어는 좋거나 나쁘거나 간에 어떤 초과(excess)의 형식과 관련된다. 이 단어는 복합어로 *huper*(너머)와 *ballo*(던지다)로 구성된다. 어근의 의미는 “너무 높이 쏘는 것”과 “너머로 던지는 것”이다.[14] 이 단어를 사용한 유일한 신약성경 저자가 바로 바울이다. 바울은 도합 열두 번 이 단어를 (동사와 명사로) 활용한다. 사도는 “초월적 능력”(고후 4:7), “영원한 영광의 무게”(고후 4:17), “풍성한 계시”(고후 12:7) 등에 관해 말하면서 이 단어의 동사형을

14) BAGD, p. 840.

긍정적인 의미로 사용한다. 또한 "완전히 끊어짐"(고후 1:8), "잴 수 없을 만큼 죄를 지음"(롬 7:13)을 언급하면서 이 동사형을 부정적인 의미로 사용한다. 명사형을 보자면, 바울은 이 단어를 "지극히 크심"(엡 1:19), "그의 은혜의 잴 수 없는 풍성함"(엡 2:7), "뛰어난 영광"(고후 3:10), "뛰어난 은혜"(고후 9:14), "뛰어난 지식"(엡 3:19)을 이야기하면서 긍정적인 의미로 사용한다. 또한 "내가 [교회를] 심히 멸하려고 했다"(갈 1:13)라고 회상하는 부분에서는 그 명사형을 부정적으로 사용한다. 이 경우들은 각각 **긍정적이든 부정적이든** 무언가가 **정도가 심해진** 것을 나타낸다. "길"의 경우에는 "구부러진 길"이 들어간 문장에 *huperbole*를 덧붙여 "**심히** 구부러진 길"로 활용할 수 있다. 또는 "곧은 길"이 들어간 문장에 *huperbole*를 붙여 "**지극히** 곧은 길"로 사용 가능하다. 그러나 "지극히 길"(extremely way)이라는 말로부터는 의미를 추출할 수 없다. 지적했듯이, *huperbole*는 "길"과 마찬가지로 도덕적으로 중립적이다. 요약하면 바울의 용법을 따르면 은혜는 선하고, 따라서 바울은 은혜에 *huperbole*를 덧붙여 "풍성한 은혜"라고 말할 수 있다. 그러나 우리는 12:31에서 "지극히 길"을 어떻게 이해해야 할까?

어떤 식이든 긍정적 의미가 필요하기 때문에 번역자들은 전통적으로 "길"을 "훌륭한 길"(excellent way)로 바꾸었으며, 그래서 *huperbole hodon*을 "더 훌륭한 길"로 번역했다. 그러나 다른 견해도 있다. *huperbole*는 "고개"를 가리킬 수도 있다. 이 말은 다른 길보다 더 위로 올라가는 길, 곧 **높은 길**(낮은 길이 아니라)을 가리킨다.[15] *huperbole hodon*의 이런 의미는 디오도루스 시쿨루스의 「역사가」(19:73), 크세노폰의 「아나바시스」(3.5.18, 4.1.21, 4.4.18), 스트라보(7.1.5)와 다른 곳에서 발견된다.[16] 이는 또 다른 질문을 불러일으킨다.

방금 제시했듯이, 바울이 사랑의 길을 힘들게 고개를 넘는 일로 비유

15) 같은 책. 이 견해는 BAGD, p. 840에서 간과되었다.
16) LSJ, *Lexicon,* p. 1861.

한다면, 우리는 바울이 이 이미지를 다른 적절한 어구와 은유들로 제시하리라고 예상할 수 있다. 실제로 바울은 그렇게 한다. 이 설교에서 바울이 사용하는 언어가 고개를 넘는 여정을 반영하거나 제시하는 사례는 모두 여섯 번이다. 이 사례들은 다음과 같다.

a. **더 높은 은사들**(12:31). 이 은사들은 믿음, 소망, 사랑으로 규정될 것이다.
b. **고개를 넘는** 여정(12:31). 이는 사랑의 길이다.
c. **산을 옮기는** 믿음(13:2). 만약 산을 옮긴다면 여러분은 산을 올라갈 필요가 없다.
d. 사랑은 **결코 떨어지지 않는다**[실패하지 않는다](13:8). 산을 오르는 것은 떨어질 위험성을 수반한다. 그러나 사랑은 떨어지지 않는다.
e. 그중에 **가장 높은 것**은 사랑이다(13:13). 바울이 12:31에서 시작한 이미지가 여기서 다시 나타난다.
f. **사랑을 향해 달려라**(14:1). 고개를 넘는 여정이 힘든 것은 그것이 오르막길이기 때문이다. 여러분은 이런 오르막길에도 불구하고 달려가야 한다.

제임스 모펫은 본문을 이런 식으로 해석하는 관점을 취하고 다음과 같이 번역했다. "그러나 나는 훨씬 더 높은 길을 너희에게 보여주겠다."[17] 등산은 격렬하고 힘들고 위험하다. 그 길은 오르막길이다. 이런 길을 오르는 일은 계획, 훈련, 에너지, 단련, 헌신, 많은 시간 투자, 장기적인 목표 설정을 요구한다. 또한 그 길은 흥분되고 흥미롭고 성취감과 보상이 있으며 활력을 준다. 맑은 날 정상에서 내려다보는 광경은 굉장히 스릴 있다. 더 높이 올라갈수록 떨어질 때의 고통도 그만큼 크다. 이 모든 것은 사랑의 여정(길)에 적용된다.

4. 이 두 구절은 운동 경기와 관련된다. 12:31에서 바울은 등산을 설명

17) Moffatt, *First Epistle,* p. 191.

하고 있다. 14:1에서는 독자에게 "사랑을 향해 달리라"고 권면한다. 고린도는 스포츠로 유명한 도시였다. 등산은 공인된 경기가 아니었으나 달리기는 공인된 경기 종목이었고, 산을 오르는 것은 경주자에게 유익한 훈련이었다. 이 두 활동은 강한 발을 필요로 한다. 애석하게도, 영역본에서는 이 구체적인 두 비유가 빠지고 말았다.

5. 마지막으로 사랑의 찬가 첫 부분(12:31)과 마지막 부분(14:1)에 관해 지적할 사항이 하나 있다. 12:7에서 바울은 각 신자에게 "성령의 나타나심"이 "주어진다"(수동태)고 말한다. 나아가 하나님은 "자신의 뜻대로" 은사를 나누어 주신다(12:11). 게다가 하나님은 "교회 안에…를 세우셨다"(12:28). 아무도 하나님께 특정 은사를 요구하거나 하나님이 자기 백성을 위해 행하신 선택을 멸시할 수 없다. 동시에 선물은 선물로서의 목적이 달성되려면 받는 자에게 **받아들여져야** 한다. 만약 내가 100달러 수표를 친구에게 보냈는데 받은 즉시 친구가 수표를 태워버린다면, 선물은 "받아들여지지" 않은 것이고, 그로 말미암아 선물은 그 목적을 달성하지 못한다. 하나님은 성령을 통해 신령한 은사를 나누어 주시지만 신자가 은사를 받아들여 사용해야 한다. 그렇게 하지 않으면 은사는 아무 소용도 가치도 없게 된다. 지적했듯이, 12:31은 "계속 열심을 내라"(continue in zeal)는 의미로 가장 잘 이해된다. 오르와 발터는 현재 명령형을 충분한 의미로 받아들인다. 독자는 자신이 **이미 행하고 있는** 바를 **계속** 행하라는 권면을 받는다.[18] 하나님은 은사를 주는 일을 행하시고, 신자는 이 은사를 받아들여 사용함으로써 반응한다. 여기서 바울은 다시 독자를 온화한 태도로 대하고 있다.

사랑의 찬가 자체를 살펴보기 전에, 이 설교가 전개될 때 연주되는 또 다른 "선율"에 주목하는 것이 중요하다. 이는 앞에서 언급된 두 개의 은사 목록 간의 비교와 관련된다. **중요한(하지만 일시적인) 은사**는 다음과 같다.

---

18) Orr/Walther, *I Corinthians*, p. 288.

- 방언
- 예언
- 지식

바울이 **가장 높은**(**영속적인**) **은사**로 생각하는 것은 다음과 같다.

- 믿음
- 소망
- 사랑

사랑의 찬가 세 부분 중 두 부분이 이 두 은사 목록으로 시작하고 끝난다(도표 4.4[2]를 보라). (중앙 부분은 두 목록의 절반만 담고 있다.)

1. 사랑과 신령한 은사들(13:1-3)
방언, 예언, 지식으로 시작한다.
믿음, 소망, 사랑으로 끝난다.

2. 사랑의 정의(13:4-7)
(지식에 대한 간접적 언급으로 시작한다.)
믿음, 소망, 사랑으로 끝난다.

3. 사랑과 신령한 은사들(13:8-13)
방언, 예언, 지식(일시적인 은사들)으로 시작한다.
믿음, 소망, 사랑(영속적인 은사들)으로 끝난다.

도표 4.4(2). 고린도전서 13장의 두 은사 목록

문학적인 측면에서 명문장인 이 사랑의 찬가는 수사적·윤리적 선율을

조화롭게 연주하고 있다. 이제 사랑과 은사들에 관한 첫 번째 설명으로 들어가 보자.

사랑과 신령한 은사들(고전 13:1-3)

사랑의 찬가의 이 부분을 구성하는 네 장면은 하나씩 따로 고찰해볼 가치가 있다. 바울은 다음과 같이 설명을 시작한다.

2. 13:1 만일 내가 사람의 **방언**과	**사랑과**
천사의 말을 하더라도	방언
사랑이 없으면	예언
나는 쨍그랑거리는 놋쇠와 울리는 꽹과리가 되고 만다.	지식

기원전 146년 로마인들에게 멸망당하기 전, 고린도의 옛 도시는 놋쇠와 청동 산업과 정밀한 귀금속 기공으로 로마 제국 전역에서 유명했다. 기원전 44년 도시 재건이 시작되어 진행되는 동안, 놋쇠 제조 산업은 다시 본 궤도에 올랐다. 어쨌든 초기의 고린도 산 놋쇠의 명성은 전설적이었다. 수많은 부유한 로마인들이 "고린도 산 청동"을 수집했다. 제롬 머피-오코너는 입수 가능한 모든 증거를 검토한 후 이렇게 설명한 바 있다. "엄청나게 많은 청동 제조가 도시 한복판에서 이루어졌기 때문에 다른 설비들은 변방 지역으로 밀려났던 것 같다. 청동 교역은 로마 식민지인 고린도의 상업을 활성화하는 데 중대한 공헌을 했다고 간주되어야 한다."[19]

머피-오코너는 특히 조상(彫像)과 같은 거대한 작품을 제조할 때 주물 작업이 있었다는 증거도 제시한다. 그러나 보통 가정용품을 만들 때에는

19) Jerome Murphy-O'Conner, *St. Paul's Corinth: Texts and Archeology* (Collegeville, Minn.: Liturgical Press, 2002), p. 218.

부드러운 놋쇠를 망치로 두들겨서 만들었음이 분명하다. 시리아의 알레포에는 청동 직공들이 활동하는 시장이 아직도 도시 중앙에 형성되어 있다. 좁은 도로 양편을 따라 각각 2-3미터 크기로 작은 가게들이 수없이 즐비하게 늘어선 모습을 곧바로 찾아볼 수 있다. 직공들은 각자 거리에 앉아 청동 제품을 직접 만들어 판다. 1980년대에 알레포에서 강의하며 거주하는 동안, 나는 이 유명한 시장에 흥미를 느끼고 찾아가 보았다. 처음에는 옛 도시의 좁은 보행자 도로를 따라 열심히 걸었으나 어느 쪽인지 방향을 몰라 길을 묻지 않으면 안 되었다. 그러나 약 500미터 거리에 이르자 시끄러운 소음을 따라 쭉 나아가기만 하면 되었다! 시장에 도착한 다음에는 곧장 한복판으로 들어갔다. 그곳에는 200명도 넘는 기공들이 구리나 놋쇠 평판을 망치로 두들겨서 요리를 담는 그릇, 물을 마시는 병, 치즈를 만드는 국자 등을 만들고 있었다. 이 모든 작업이 야외에서 이루어졌는데, 귀가 먹먹할 정도로 시끄러웠다. 기공과 잠시 말을 나누기 위해서는 몸을 굽혀 기공의 귀에 입을 바짝 들이대고 큰 소리로 외쳐야 했다. 소음이 귀를 찢어놓을 정도로 엄청나게 울려 나왔기 때문이다.

바울과 아굴라와 브리스길라는 천막 만드는 자로서 거래를 하고 고객을 만나기 위해 시장에 나갈 필요가 있었던 것 같다. 일상적으로 고린도인들은 시장을 찾을 때마다 귀를 찢을 것 같은 놋쇠 소리를 참아야 했을 것이다. 바울은 사랑과 신령한 은사들에 관한 설명을 시작하면서 이 강력한 이미지를 환기시킨다. 고린도 교회 교인들의 방언의 은사는 천사가 아니라 사람의 말과 관련되어 있었다. 바울도 확언하듯이, 천사들은 다른 언어를 사용했다. 바울이 "사람의 언어로 말하고" 그리고 이를 넘어서서 천사에게 이야기할 수 있었다고 해도, **사랑이 없으면** 그의 말은 시장에서 놋쇠 두드리는 거센 소음처럼 무의미한 것이 될 것이다. 고린도 교회의 어떤 교인들은 자신의 신령한 은사를 자랑하고 동료 그리스도인을 무시했다. 그들은 "모든 언변에 있어 풍족했으나"(1:5) 동시에 서로 다투고 있었다(1:11). 이처럼 사랑이 부족했기 때문에 방언이라는 소중한 그들의 은사는 놋쇠 시장에서 귀청 떨어지게 울려 퍼지는 소음의 수준으로 전락했다.

장면 3은 다음과 같이 세 가지 은사를 소개한다.

3. [2]그리고 내가 **예언하는 능력**이 있어
모든 **비밀**과 모든 **지식**을 알고

장면 2, 4, 5에서 바울은 다음과 같이 4행 패턴에 맞추어 말하고 있다.

이것이 사실이고
또 이것이 사실이라고 해도
사랑이 없으면
이런 일이 있을 것이다.

이런 패턴이 확립되면 독자는 장면 3에서 다음과 같은 언급을 예상할 수 있다.

만일 내가 예언하는 능력이 있고
모든 비밀을 알고 있다고 해도
사랑이 없으면
나의 예언은 아무 가치가 없다.

왜 바울이 장면 3에서 다른 세 장면에서는 사용했던 4행 패턴을 깨뜨렸는지 고민하는 일은 별로 적합하지 않다. 간단히 정리해도 이 대답은 지면 한 장으로도 부족할 테니 말이다. 중요한 지점은 장면 3이 **예언의 능력**, **지식**, **비밀**을 다 포함한다는 것이다. 방언에 관한 장면 직후에 **예언**과 **지식**을 언급하기 때문에, 장면 2와 3을 함께 묶으면 장면 11에 나오는 것과 똑같이 예언, 방언, 지식을 다 포함하게 된다. 그대로 놓고 보면, 장면 3은 사랑이 없으면 모든 **예언**과 **비밀**을 아는 것, 그리고 모든 지식을 얻는 것이 다 무가치하다고 역설한다. "나는 아무것도 아니다"라는 표현은 "나는 **쨍그랑거리는 놋쇠**다"라는 말보다 더 심하게 자기를 깎아내리는 표현이다.

예언은 최소한 설교이지만, 성령의 감동을 받은 설교로 더 잘 이해된다. 만약 사랑이 이 설교를 비추지 않는다면 예언은 무가치하다. 고린도전서 앞부분에서 바울은 자신과 자신의 친구 아볼로를 "하나님의 **비밀**을 맡은 청지기"로 규정했다(4:1). 여기서는 자신이 아무리 모든 (기독교와 이교의) 비밀을 꿰뚫고 있다 해도, 사랑이 없으면 아무것도 아니라고 주장한다. **지식**에 관해 말하자면, 지식을 얻으면 교만해지는 일이 흔히 벌어진다. "사랑 없는 지식은 아무것도 아니다"라는 오래된 바울의 공식은 시대를 막론하고 반(反)문화적인 목소리다. 학계에 팽배한 분위기를 보면, 지식이 사랑과 필수적인 관계가 없음을 인식할 수 있다.

나아가 **지식**(*gnosis*)은 영지주의 세계관의 핵심 단어였다. 영지주의 사상에 따르면, 사람은 참된 신봉자와 보통 사람을 구별시키는 비밀스런 지식을 취득할 때 구원받았다. 참된 신봉자는 구주가 필요 없고 지식이면 족하다. 그리고 하나님은 역사 속에서 구원을 행하시지 않았다. 그러나 바울은 만약 사람이 **모든 지식**을 얻더라도 사랑이 없으면 **아무것도 아니라**고 주장한다.

(사랑이 없는) **방언**, **예언**, **지식**을 설명한 다음, 바울은 이제 (**사랑**이 없는) **믿음, 소망**에 대한 설명으로 옮겨간다. 장면 4는 다음과 같다.

4.	[2b]또 내가 산을 옮길 만한	**사랑과**
	모든 **믿음**을 갖고 있더라도	신령한 은사들
	사랑이 없으면	
	나는 아무것도 아니다.	

12:9에서 믿음은 신령한 은사 중 하나로 제시된다. 분명히 여기서는

큰 믿음이 전제된다. 산을 옮길 수 있는 믿음의 이미지는 예수로부터 나왔다(마 17:20; 21:21). 여기서 바울은 다시 개인적인 글을 쓰고 있다. 만약 바울이 예수가 설명하신 믿음의 수준에 도달했으며 그 과정에서 작은 믿음을 가진 자를 무시한다면, 사도는 **아무것도 아니다**. 저자는 책과 논문을 출판하고, 교수는 강의를 하고, 연출가는 연극을 연출할 수 있다. 그러나 이런 과정에서 타인에 대한 사랑을 보여주지 못한다면 그는 **아무것도 아니다**. 믿음 다음에는 **소망**이 나온다.

5.	[3]그리고 내가 내 모든 소유로 구제하고	**사랑과**
	또 **내가 자랑할 수 있도록** 내 몸을 내어주더라도	
	사랑이 없으면	믿음
	나는 아무것도 얻지 못한다.	소망

장면 5는 강력한 이미지로 시작된다. 장면 5 첫째 행의 핵심 단어는 *psomiso*(내가 구제하면)다. 이 장면은 관대한 성품의 사람, 상을 받으리라는 소망을 가지고 기회가 있을 때마다 자신의 모든 소유를 남에게 나누어 주는 어떤 사람을 그리고 있다. 여기서 바울은 선행을 통해 구원을 얻기를 바라는 마음으로 예수께 나아가 "선한 선생님, 내가 어떻게 해야 영생을 얻겠습니까?"(눅 18:18)라고 질문했던 부자 관리의 이야기를 반영하는 것일까? 그때 예수는 이렇게 대답하셨다. "네가 가진 것을 모두 팔아 가난한 자들에게 나눠주라"(눅 18:22). 그러나 부자 관리는 이 명령에 순종하지 못했다. 반면에 여기서 바울은 예수의 명령에 순종하는 사람에 관해 성찰한다. 그에게는 어떤 일이 일어날까? 여기에 대한 답변을 제시하기 전에, 우리는 장면 5에서 나타나는 본문의 문제를 먼저 처리해야 한다.

우리는 장면 5b가 "**내 몸을 불사를 수 있도록** 내어주더라도"로 되어 있는 본문에 익숙하다. 그러나 가장 나은 그리스어 본문은 "내가 자랑할 수 있도록 내어주더라도"로 되어 있다. 어떤 본문이 가장 낫고 바울이 말한 바일까?

가장 오래되고 믿을 만한 초기 그리스어 본문들은 *kaukhesomai*(내가 자랑할 수 있도록)로 되어 있으나 라틴어, 시리아어, 아르메니아어로 된 고린도전서 **초기 역본**과 많은 교부 저술가들은 *kauthesomai*(내가 불살라질 수 있도록)를 취한다. 차이는 딱 한 글자다. 전자는 중앙에 χ를 가지지만, 후자는 θ를 가지고 있다.[20] 브루스 메츠거는 전자가 "더 일찍 나타났고 더 유력한" 증거라고 주장한다.[21] 간단히 말해 초기 그리스어 본문들을 감안하면, "내가 자랑할 수 있도록"이 더 나은 견해다. 그러면 우리에게 더 익숙한 "내가 불살라질 수 있도록"이라는 번역은 어디서 나왔고 무엇이 문제인가?

바울이 편지를 쓸 당시에는 그리스도인이 믿음 때문에 산 채로 불태워지는 일은 없었다. 그러나 다니엘 3:1-25에서 불 속에 던져진 세 청년 이야기는 (유대인들 사이에서) 유명했다. 그런데 기원후 64년(바울이 고린도전서를 쓰고 10년이 지난 시점) 로마 당국은 그리스도인들을 불살라 죽였다. 희생양을 찾던 네로는 그리스도인들을 불태워 죽였고, 그렇게 교회에 대한 로마 제국의 첫 번째 박해가 시작되었다. 잔인하게도 한번은 이런 일이 있었다. 네로는 일단의 그리스도인에게 송진을 묻혀 꽁꽁 묶은 다음 불을 붙여 "황제가 바티칸 원형경기장에서 벌이는 밤 경주를 밝히는" 횃불로 사용했다.[22] 이처럼 끔찍한 공포를 일으키는 장면을 목격한 후로 기독교 공동체는 믿음을 지키려고 불에 타 죽은 순교자들에 대한 기억을 불가피하게 마음속 깊이 각인시켰을 것이다. 그러므로 기원후 64년 이후로 일부 필사자가 καυχησωμαι(내가 자랑할 수 있도록)가 아니라 καυθησωμαι(내

---

20) 본문의 문제에 관한 상세한 설명은 Bruce Metzger, *A Textual Commentary on the Greek New Testament* (New York: United Bible Societies, 1971), pp. 563-564을 보라.

21) 같은 책, p. 563.

22) Miriam Griffin, "Nero," in *ABD,* 4:1078 (Tacitus, *Annals* 15:44, Suetonius, *Nero* 16.2).

가 불살라질 수 있도록)로 옮겨 적은 일은 충분히 이해할 만하다. 이런 잘못된 번역은 금방 널리 퍼졌고, 그리스도인 독자는 자연스럽게 잘못 필사된 새로운 본문을 선호하게 되었던 것 같다. 이런 번역 오류는 당시의 순교자에 관해 생각하도록 만들었다. 일반적으로 바울이 "자랑"에 대한 관심사를 생각하고 있었다고 여기는 것보다, 자기 몸을 "불사를 수 있도록" 내어주는 일을 염두에 두고 있었다고 보는 것이 더 그럴듯했고 또 지금도 그렇다. 그러나 실제로 바울은 어떤 단어를 사용했을까?

첫 번째 문제점은 "내가 불에 탈 수 있도록"이 원래 쓰인 대로도 번역되지 못했다는 점이다. 심지어 이런 번역을 선호한 사람들에 의해서도 말이다. "**내가** 불살라질 수 있도록"(that I might burn)이 뜻이 통하는 문장이 되려면 (본문의 증거도 없이) "**그것이** 불사를 수 있도록"(that it might burn; KJV, RSV, NIV)과 같은 형태로 바뀌게 된다. 본문에서 "불살라지다"라는 단어(burn)에 직면한 번역자는 자연스럽게, 바울이 불살라질 수 있는 "그것"(it; 방금 언급한 그의 몸)을 제공하도록 만들어야 한다는 압박을 느끼게 된다.

그러나 우리가 "**내가 자랑할** 수 있도록"이라는 해석을 취한다면, 인칭의 이동이 필요 없게 된다. 지금 바울은 **자기의** 자랑에 관해 말하고 있지 않다. 나아가 장면 5의 마지막 행은 장면 4에서 나타나듯이 "나는 아무것도 아니다"가 아니다. 대신 바울은 "나는 아무것도 **얻지 못한다**"라고 말한다. 그렇다면 무엇을 그리고 언제 얻는다는 것인가? 여기서 바울은 심판날에 자랑할 수 있는 바에 대한 자신의 소망을 묘사하고 있다. 이 부분이 무엇이든지 다 의미할 수 있는가?

앞에서 지적했듯이, 바울에게는 "자랑"이 두 가지 의미를 가진다. 첫째는 **부정적인** 의미로, 사람의 영적 성취나 증명서에 관한 자랑과 관련된다. 첫 부분인 1:29-30에서 바울은 "인간적인 힘이 하나님 앞에서 아무런 자랑을 할 수 없도록" 어떻게 그분이 약한 것을 사용해서 강한 것을 부끄럽게 하시는지를 설명한다. 둘째는 **긍정적인** 의미로, **요구되는 의무를 넘**

어설 정도로 주님을 섬기는 것과 관련된다. 사도는 고린도 교회 교인들에게 자랑의 이런 긍정적인 측면도 언급했다. 9:15-16에서 그는 이렇게 말했다. "나는 차라리 죽을지언정 누구든지 **내 자랑의 근거**를 빼앗아가지 못하게 할 것이다. 내가 복음을 전한다고 해도, 내게는 그것이 **자랑의 근거**가 전혀 아니다. 이는 내게 주어진 **의무**이기 때문이다." 여기서 바울의 요점은 자신이 자기의 사명을 이루기 위해 복음을 전할 **의무가 있다는** 것이다. 그러나 바울은 복음 전파를 위한 경제적인 지원을 거절할 **의무는 가지지 않는다**. 그러므로 그가 복음을 전하고 대가를 받지 않는다면, 심판 날에 주께 "주님, 저는 주님이 제게 하도록 맡겨주신 것보다 더 많이 행했습니다! 어디를 가든 제가 스스로 경제적인 문제를 해결했습니다"라고 자랑할 수 있을 것이다. 이와 동일한 자랑의 긍정적인 측면이 데살로니가전서 2:19에서 나타난다. "**우리 주 예수께서 오실 때 그분 앞에서** 우리의 소망이나 기쁨이나 **자랑**의 면류관이 무엇이냐? 너희가 아니겠느냐?" 빌립보서 2:16에서도 바울은 "그리스도의 날에 헛되이 달음질하거나 헛되이 수고하지 않았다고 자랑할 수 있도록" 생명의 말씀을 굳게 지키라고 독자에게 권면한다. 바울은 **자랑**의 이런 긍정적인 측면이 모든 것이 끝나는 **심판 날**과 관련되어 있다고 본다.

바로 여기에 바울이 로마서에서 한 명령이 추가된다. "너희 몸을 거룩하고 하나님이 받으실 수 있는 산 제물로 드려라"(롬 12:1). 마찬가지로, 고린도전서 13:3에서도 바울은 이렇게 말하는 것 같다.

> 만일 내가 내 소유를 다 없어질 때까지 나누어 준다고 해도, 그리고 주의 날에 내게 요구된 것보다 더 많은 일을 행했다고 자랑할 즐거운 소망을 품고 나 자신을 비우고 증언과 섬김에 한평생을 바치고 내 몸을 내어준다 해도, **사랑이 없으면** 모두 헛된 일이다. 사랑이 없으면 마지막 큰 날에 내게 주어질 상이 전혀 없을 것이다! **나는 아무것도 얻지 못할 것이다**!

곤궁한 자들에게 자선을 베푸는 일은 사랑과 관련해서 특별한 문제를 야기한다. 자선과 사랑의 역학 관계를 깨닫지 못하거나 사랑으로 민감한 마음이 없이 자선을 베풀면, 주는 자는 교만한 마음을 가지고 받는 자는 비참한 마음을 가질 수 있다. 때로 우리는 도움을 필요로 하는 사람의 절실한 필요와 상관없이, 우리 자신의 필요에 따라 자선을 행할 수 있다. 중앙아프리카의 그리스도인들에게 예배당을 건축하도록 돈을 보내는 일은 쉽다. 그러나 예배당 안이 너무 덥고 그래서 큰 나무 그늘 아래서 예배드리는 것이 더 좋다면 어떻게 될까? 만약 받는 자에 대한 **진정한 사랑이 없다면**, 베푸는 자가 물질적인 자원이나 자기 자신을 주는 일이 모두 헛되다고 사도는 경고하고 있다. 분별력 있는 사랑이 모든 것의 필수 요소다.

이런 관점에 따라 확인해보면, 초기 교부와 초기 역본들이 최초의 그리스어 본문을 번역하면서 약간의 오류를 범했다는 점이 인정된다. 잘못 번역된 본문을 적절하게 고치면, "내가 자랑할 수 있도록"이 된다(NRSV).[23] 지금 바울은 소망, 곧 심판 날에 상을 받으리라는 자신의 소망에 관해 말하고 있다. 정확히 말해, 바울은 장면 1-2에서는 **방언**, **예언**, **지식**을 다루었고, 장면 4-5에서는 **믿음**, **소망**, **사랑**에 대해 언급한다. 그런데 **사랑**이 스며들지 않는다면 **믿음**과 **소망**은 아무런 가치가 없다. 이제 바울은 "사랑"으로 불리는 이 중대한 요소를 정의할 준비가 되었다.

사랑의 정의(고전 13:4-7)

바울의 독자는 *eros*(정열)가 무슨 뜻인지 잘 알고 있으며 *phileo*(친구가 되는 것)도 충분히 파악하고 있다. 그러나 그리스도인들이 항상 언급하는 이

23) 네슬레 판과 세계성서공회 그리스어 신약성경은 이 이문을 선택했다. Kurt Aland, *The Greek New Testament* (New York: United Bible Societies, 1968); Eberhard Nestle ed., *Novum Testamentum Graece* (Stuttgart: Deutsche Bibelstiftung, 1979)를 보라.

agape(사랑)는 무엇인가? 바울은 이 사랑에 대해 긍정적인 정의를 먼저 제공하고 이어서 부정적인 정의를 제공하며, 마지막으로 두 번째 긍정적인 정의를 제공한다(도표 4.4[3]를 보라).

6.	[4]사랑은 오래 참고	**사랑의**	**사랑과**
	사랑은 온유하다.	긍정적 **정의**	지식
7.	질투하지 않고		
	자랑하지 않고		
	[5]오만하지 않고		
	무례하지 않고		
8.	**자기의 유익을 구하지 않고**	**사랑의**	
9.	성내지 않고	부정적 **정의**	
	악한 일을 기록하지 않고		
	[6]불의를 즐거워하지 않고		
	공동체 안에서 진리가 이길 때 즐거워하고		
10.	[7]모든 것을 덮고 모든 것을 믿고	**사랑의**	**사랑과**
	모든 것을 바라며 모든 것을 꿋꿋하게 견딘다.	긍정적 **정의**	믿음, 소망

도표 4.4(3). 사랑의 정의(고전 13:4-7)

수사 구조

이 부분의 수사 구조는 단순하고 직설적이다. 사랑의 긍정적인 정의로 시작해서 긍정적인 정의로 끝마친다. 사랑의 부정적인 정의는 중앙에 나타나는데, 이 중앙은 하나의 행, 즉 "자기의 유익을 구하지 않고"로 쪼개진다. 이 행은 전체 설교의 시작과 끝을 반영한다.

주석

이 다섯 장면(장면 6-10)에는 열다섯 가지 사랑의 정의가 나타난다. 이 정의들은 각각 하나씩 주목할 가치가 있지만, 먼저 전체적인 평가를 제시하는 것이 유익할 것 같다.

장면 1에서 독자는 "가장 높은 신령한 **은사들**을 위해 계속 열심을 내라[*zeloute*]"고 권면받는다. 이 설교의 마지막 장면(장면 16)에서도 "신령한 은사들을 위해 계속 열심을 내라[*zeloute*]"는 권면을 받는다. 앞에서 확인했듯이, 이사야 28:14-18에서 예언자는 고리 모양 구성의 중앙 부분을 설교의 처음 문구 및 마지막 문구와 관련시킨다. 여기서도 장면 1, 8, 16을 비교해보면 동일한 특징이 나타난다. 중앙 한복판(장면 8)에서 본문은 사랑이 "자기의 유익을 구하지[*zetei*] 않는" 것이라고 규정한다. 그들은 "공동의 유익을 위해야"(12:7) 함을 명심하고, **사랑은 자기의 유익을 구하지**[*zetei*] **않는** 것임을 유념하며, 신령한 **은사들을 위해 계속 열심을 내야** 한다(12:31; 14:1).

의도적으로 바울은 사랑의 부정적인 정의를 중앙(장면 7-9)에 위치시켰다. 그는 **긍정적인 정의**를 중앙에 두고 **부정적인 정의**를 이 둘째 부분의 처음과 마지막에 둘 수도 있었다.[24] 그렇다면 왜 부정적인 정의를 중앙에 위치시켰을까? 바울이 그렇게 한 이유는 명확하다. 여덟 가지의 부정적인 정의 목록에서 **독자의 실상을 묘사하고 있기** 때문이다.[25] 이런 부정적인 정의들은 고린도전서 1-12장에서 주로 나타난다. 논의 중인 설교에서는 이것들을 전부 모아 목록에 담고 있다.

첫 부분(장면 2-5)에서는 개인적인 내용이 나타난다. 여기서 바울은 크

---

24) 물론 장면 9의 마지막 행은 긍정적인 정의로 전환되고, 사랑은 "진리가 이길 때 공동체 안에서 즐거워한다"라고 말한다.

25) 고전 3:3; 4:6, 7; 5:6, 9-12; 8:1; 12:7; 14:12을 보라.

고 작은 은사들과 결정적인 은사인 사랑과 관련해서 자기가 겪은 여정을 성찰하고 있다. 그러나 중앙 부분(장면 6-10)에서는 사랑 자체가 **인격이 되어** 무대에 선다.[26] 사랑은 주요 미덕들을 구현하고 악덕은 거부한다. 바울은 메시아이자 주이신 예수를 자신의 윤리적 본보기로 삼았다.

이런 사랑의 의인화가 가지는 두 번째 놀라운 특징은, 사랑의 속성들의 목록이 신약성경이 **인내**에 관해 말하는 중요한 두 가지로 시작하고 끝난다는 사실이다. 장면 6a는 "사랑은 오래 참는다[*makro-thumei*]"라고 독자에게 말한다. *makro*(멀리 보냄)가 *thumos*(분노)와 결합되어 있다. *makro-thumos*를 가진 자는 "분노를 멀리 보낼" 수 있는 사람이다. 호스트의 지적처럼, 그리스어 성경은 "노하기를 더디 하다"라는 히브리어를 이 말로 번역한다.[27] 이는 보복할 만한 힘을 충분히 가지고 있는 강한 자가 보복하지 않고 참는 것을 선택할 때 나오는 인내를 가리킨다.

다윗은 사울이 자신을 죽이려고 삼천 군사를 데리고 추적할 때 이런 종류의 인내를 보여준다. 당시 다윗은 자기 수하의 사람들과 함께 엔게디 굴에 숨어 있었다. 사울은 굴속에 다윗이 숨어 있는 것을 전혀 모른 채 그곳으로 들어가 쉬었다. 이때 다윗은 뒤에서 몰래 움직여 사울을 죽이지 않고 살짝 그의 옷자락만 잘랐다. 사울은 굴에서 나왔고 다윗은 사울을 따라가 잘라낸 옷자락을 손에 들고 흔들며 자신이 그를 죽일 수도 있었음을 알렸다. 이에 사울은 울면서 "나는 네게 악으로 갚았으나 너는 나를 선으로 갚았다"고 고백했다(삼상 24:17). 다윗은 자신의 분노를 멀리 떼어냄으로써 *makrothumia*(인내)를 증명했다. 이로부터 두 장 뒤를 보면, 사울은 다시 다윗을 추적하고 있고 다윗은 십 광야로 들어갔다. 다윗은 자기 수하의 사람 중 하나인 아비새와 함께 한밤중에 사울의 진영으로 몰래 침투해

26) 사람의 몸 비유(12:15-25)를 보면, 인체의 다양한 지체들이 드라마 속에 들어가 말을 하고 있다. 여기서는 "사랑"이 "말하는 지체"와 함께 무대에 서는 배우가 된다.
27) J. Horst, "μακροθυμια" in *TDNT,* 4:376.

들어가 잠자는 왕을 바라보고 섰다. 이때 아비새가 왕을 죽이겠다고 자청했다. 그러나 다윗은 거절하고 대신 사울의 창과 물병만 갖고 그곳을 떠났다. 아침에 다윗은 계곡 건너편에서 사울과 그 수하들에게 소리치며 창과 물병을 흔들었다. 다시 한번 다윗은 *makrothumia*를 가지고 행동했다. 미국 역사는 (남북 전쟁이 끝날 때) 에이브러햄 링컨 대통령이 보여준 한 본보기를 기록하고 있다. 북군의 승리가 확실해지자 많은 군인이 남군을 "반역죄"로 처벌하기를 원했다. 때는 1865년 3월 4일이었다. 그날 링컨은 두 번째 취임 연설에서 이렇게 말했다. "아무에게도 원한을 품지 말고 모두에게 사랑을 베풀고, 하나님이 우리에게 정의를 보여주시듯이 정의를 굳게 확신하고…우리 사이에서 그리고 모든 나라와의 관계에서, 정의롭고 영원한 평화를 성취하고 보존하기 위해 할 수 있는 모든 일을 합시다." 링컨은 *makrothumia*를 보여주었다. 영어에는 이런 중요한 속성을 정확히 의미하는 단어가 없지만 아랍어에는 있다. 바로 *halim*이라는 단어다. 이런 인내의 형태는 원수를 파멸시킬 힘을 가지고 있으나 사랑(인내)으로 원수를 파멸시키지 않기로 선택하는 사람의 특징이다.

사랑의 정의를 담은 바울의 목록 끝부분(장면 10d)으로 미리 가보면, 거기서 우리는 사랑이 모든 것을 *panta hupomenei* 곧 꿋꿋하게 견딘다는 말을 듣는다. 이 경우에 바울이 선택하는 말은 *hupo-meno*다. *hupo*는 "아래"와 관련되고 *meno*는 "남아 있다"를 의미한다. 복합어로서 이 단어는 "사람이 고통 아래 굳건하게 남아 있음"을 묘사한다.[28] *makrothumia*가 강한 자의 인내를 의미한다면, *hupomene*는 꿋꿋하게 고통을 견디는 **약한 자의 인내**를 가리킨다. 십자가 밑에서 묵묵히 서 있던 마리아의 모습은 모든 그리스도인에게 이렇게 중대한 인내하는 사랑을 보여주는 독보적인 증거가 된다. 마리아는 자기 주변에서 일어나고 있는 끔찍한 일들을 바꿔놓기 위해 아무것도 할 수 없었다. 마리아의 유일한 선택은

28) BAGD, p. 846.

*hupomene*를 행사하고, 고통의 무대에서 떠나는 것이 아니라 큰 대가를 치르며 그곳에 그대로 머물러 있는 것이었다. 예수 자신도 이 미덕을 보여 주는 최고의 본보기가 되신다.

makrothumia(장면 6a)와 *hupomene*(장면 10d)는 바울이 사랑의 다른 속성들을 제시하는 부분을 둘러싸면서 완전한 북엔드를 구성한다.

사랑을 긍정적으로 정의하는 두 번째 단어(장면 6b)는 *khresteuomai*(온유하다)다.[29] 4세기에 크리소스토모스는 온유한 사람이 분노의 불길을 끄고 "진정과 위로를 통해 아픈 곳을 고치고 감정의 상처를 치료한다"라고 설명했다.[30]

이어서 바울은 여덟 가지 부정적 정의를 사용해서 사랑을 설명한다. 바울은 (장면 7a에서) 사랑은 "질투하지(*zeloi*) 않는다"라는 정의로 설명을 시작한다. 이 설교의 첫 부분과 끝부분에 나오는 이 단어의 긍정적인 측면은 이미 확인한 바 있다. 여기서는 그 부정적인 측면을 부각시킨다. 바울은 고린도 교인들 속에 "질투와 분쟁"이 있다는 데 대해 이미 비판했다(3:3). 2:26에서 그는 그리스도의 몸이 "한 지체가 영광을 받으면 모든 지체가 함께 즐거워한다"라는 사실을 상기시켰다. 그렇다. 질투의 녹색 눈을 극복한다면 성도들은 함께 즐거워할 수 있다. 그러나 그렇지 못할 때 몸의 한 지체에게 영광이 주어지면 몸을 파멸시킬 수 있는 질투의 암이 생겨난다.

레바논의 베이루트에서 들었던 우스갯소리 하나가 생각난다. 레바논 자본주의자와 시리아 사회주의자 사이의 차이에 관한 유머였다. 한 레바논인이 최신형 메르세데스 벤츠를 몰고 드라이브를 하는 이를 보고 "언젠가 나도 저런 차를 가질 거야"라고 말했다. 다음 구역에서는 한 시리아인이 똑같은 장면을 보고 이렇게 말했다. "언젠가 우리는 저 치를 차 밖으로 끌어내 두드려 패고 우리와 똑같이 걸어 다니게 만들 거야." 두 사람 다 질

29) 이 단어는 동사로서 모든 그리스어 문헌 중 오직 여기서만 나타난다.
30) Chrysostom, *First Corinthians,* 33.1, p. 195.

투에 눈이 멀어 있다. 전자의 경우에는 질투가 부러움을 낳지만, 후자의 경우에는 타인의 성공에 대한 분개를 낳는다. 그러나 사랑은 이 두 본능 중 어느 것에도 희생되지 않는다.

"사랑은 **자랑하지** 않는다"(장면 7b)는 말에 관해 바클리는 이렇게 말한다. "참사랑은 항상 자신의 공로보다 자신의 무가치함을 훨씬 더 깊이 인식한다."[31] 자랑은 양면을 가진 동전과 같다. 한편으로 자랑하는 사람은 자기를 사랑하지 않으며, 사랑받거나 칭찬받거나 인정받기를 바라면서 개인적인 성공 이야기로 타인을 만족시켜야 한다는 압박감을 느낀다. 또는 자신의 우월성을 납득시키려고 애쓰며 "자신의 집단"이나 "자신의 똑똑한 아들"에 관해 자랑할 것이다. 다른 한편으로, 타인을 향한 칭찬은 그를 교묘하게 조종하려는 목적을 가진 아첨의 한 형태일 수 있다. 여러분은 내가 여러분에 관해 좋은 말을 해주면 아주 좋아할 것이고, 이는 내가 여러분에게 영향력을 행사하는 데 도움을 줄 것이다. 그러나 사랑은 자기 자랑을 필요로 하지 않고, 아첨을 통해 상대방을 조종하려고 애쓰지도 않는다.

계속해서 바울은 "사랑은 **오만하지** 않다"(장면 7c)고 말한다. 누군가는 "전문가"란 모든 해답을 갖고 있어서 [남의 의견을] 듣지 않는 자라고 말했다. 또한 전문가는 타인이 가진 자료를 취할 수 없는 사람이다. "오만하다"에 해당되는 그리스어 동사의 어근은 무언가를 부풀리는 행위와 관련된다. KJV는 이것을 "우쭐대지 않다"(is not puffed up)로 번역한다. 이런 형태의 사랑의 실패는 방금 언급한 자랑과 긴밀하게 연계되어 있다. 칭송을 받든 무시를 당하든, 자기 자신의 정체성에 만족하며 사랑하는 자는 높임 받을 필요가 전혀 없다. "오만하다"(arrogant, RSV)와 "교만하다"(proud, NRSV)라는 번역은 다 유효하다. 고린도전서 4:6, 18, 19에서 바울은 이 단어를 사용해서 한 파벌에 반대하고 다른 파벌에 열광하는 자들을 묘사하며, 자기 아버지의 아내와 동침한 남자를 자랑으로 여기는 자유사상가들

31) William Barclay, *1 Corinthians* (Philadelphia: Westminster Press, 1975), p. 121.

을 비판한다. 두 기사 모두에는 오만이 등장한다.

사랑은 **무례하지** 않다(장면 7d). 여기서 사용된 그리스어는 *askhemonei*(선한 질서가 없는)다. 헤이스는 바울이 로마서 1:27에서 이 단어의 명사형을 부끄러운 남색(남성 동성애) 행위를 묘사하는 데 사용한 것으로 보아 이 단어가 단순한 "무례함"이 아니라 "부끄러운 행위"와 관련된다고 주장한다.[32] 이 단어는 7:36에도 나타나는데, 거기서는 처녀에게 적절한 태도를 가지고 행동하는 일과 연관된다. "선한 질서가 없는" 것은 개인적 품행과도 연계되어 있다. 예복을 입지 않고 결혼 잔치에 참석한 손님은 *askhemonos*로 불릴 수 있었다(마 22:11-12). "나는 내가 어떻게 보이는가는 신경 쓰지 않는다"라는 무례한 말은 겸손의 표지가 아니라 사랑이 없는 표지다. 타인은 이런 식으로 신경 쓰지 않는 사람에게 주목하지 않을 수 없으며, 그렇기 때문에 그는 타인들에게 정신적 고통을 가하고 있는 것이다. 사랑으로 말미암아 나는 주변 사람에게 나의 사랑과 존경을 보여주는 태도에 적합한 방식으로 옷을 입을 것이다. 내가 원하는 대로 옷을 입을 자유는 반드시 타인들에 대한 내 사랑을 통해 제한받아야 한다. 사랑은 개인적인 체면 및 삶의 방식과 관련된 모든 문제에 있어 (자기가 아닌) 타인에게 관심을 가진다.

중앙의 클라이맥스(장면 8)는 사랑이 "자기의 유익"을 구하지 않는다고 말한다. 이 미덕은 바울의 목록의 한 항목(여기서는 이기적인 추구)이 고린도전서 앞의 본문과 긴밀하게 관련되어 있음을 보여주는 또 다른 사례다. 앞에서 바울은 독자에게 자기의 유익을 구하지 말고(10:24), 많은 사람의 유익을 구하라고 말한 바 있다(10:33). 세상이 자기를 중심으로 돌고 있지 않음을 아는 사랑하는 사람은 자아를 삶의 중심에 두지 않는다.

더 나아가 진정한 의는 내가 단순히 나 자신의 권리가 아니라 여러분의 권리에 관심을 두고 있다는 것을 의미한다. 레슬리 뉴비긴은 『오픈 시

32) Hays, *First Corinthians*, p. 226.

크릿』에서 이렇게 쓴다.

> 성경의 하나님을 인정한다면 우리는 사회 정의를 위한 투쟁에 헌신하게 될 것이다. 정의는 각 사람에게 그의 정당한 권리를 주는 것을 의미한다. (복음에 비추어볼 때 확인되듯이) 우리의 문제점은 우리 각자가 자기 이웃에게 마땅히 돌아가야 할 것과 비교해서 자기에게 돌아가야 할 것을 더 높이 평가하는 데 있다. 그렇게 되면 정의는 이루어질 수 없다. 왜냐하면 모든 사람이 자신에게 유리하게 판단할 것이기 때문이다. 정의는 오직 각 사람이 자기에 대해 권위를 가지고 있는 심판자를 인정할 때에만 이루어진다. 이때 그는 이 심판자와 관련해서 자기 판단을 상대화해야 한다.…정의 사회는 오직 사회 구성원들이 십자가에서 나타나고 확증되는 하나님의 공의를 인정할 때에만 구현될 수 있다. 만약 최고의 정의가 존재하고 그 정의가 나 자신이 헌신하고 있는 정의를 판단하고 있음을 인정하지 않는다면, 나는 정의를 행하는 자가 아니라 불법적인 학정을 행하는 자가 되고 만다.[33]

이렇게 "사랑은 자기 것을 구하지 않는다"(KJV).

또한 바울은 사랑이 **성내지** 않는다고 말한다(장면 9a). 바레트는 이 문장을 "사랑은 **까다롭지** 않다"로 번역한다.[34] 현대에 자주 쓰이는 표현에 따르면, 이런 측면은 "사랑은 긴 퓨즈를 가진다"(Love has a long fuse; 금방 화내지 않는다는 뜻)로 묘사된다. 사랑은 "부드러운 대답이 분노를 사라지게 한다"(잠 15:1)는 것을 이해하고 있다. 노련한 외교관은 절제력을 잃는 것이 토론을 좌우하는 능력을 잃는 것과 같음을 잘 알고 있다. 그러나 사랑하는 자는 다른 동기를 가진다. 사랑하는 자는 적의를 흡수할 때 적의가

---

33) Lesslie Newbigin, *The Open Secret* (Grand Rapids: Eerdmans, 1978), pp. 124-125. 『오픈 시크릿』(복있는 사람 역간).

34) Barrett, *First Epistle,* p. 303.

사라질 수 있음을 알고, 타인을 위한 사랑으로 적의를 기꺼이 흡수한다.

사랑은 "악한 일을 기록하지 않는다"(keeps no record of wrongs; NIV, 장면 9b). 여기서 사용된 단어는 회계학 용어다. 사랑은 과거의 상처를 사라지게 한다. 바울의 목록에 나온 것 중 이 권면이 가장 지키기 힘들 것이다. 깊은 상처를 입으면 상처의 고통이 아주 오래간다. 그렇다면 그 고통은 영원한가? 고통을 주는 악한 일은 심각하지만, 세월이 흐르면 상대적으로 그 영향력은 제한되고 상처는 사라질 수 있다. 이런 경우에는 바울의 권면이 비교적 쉽게 적용된다. 이집트에는 이런 아랍어 속담이 있다.

> 네 친구는 너를 위해 자갈을 삼킬 것이다(*Habibak bi-yibla'lak al-zalat*).
> 네 원수는 너의 잘못을 최대한 확대시킨다(*'Aduuak bi-yukattirlak al-ghalat*).

이전 단락에서 확인했듯이, 사랑은 악을 흡수할 수 있다. 여기서 우리는 사랑이 고통스러운 악한 일들의 원장(元帳)을 지워버리는 것을 보게 된다. 반면에 지성은 아무도 시키지도 않았는데 그 내역서를 쉽게 다시 들춰낸다. 하지만 깊은 상처로 고통 당할 때에는 문제가 훨씬 더 복잡해진다.

바울이 친히 겪은 고통에 비추어볼 때, 그가 이런 권면을 했다는 사실은 매우 놀랍다. 고린도전서 앞부분(4:9-13)에서 바울은 자신이 겪은 악한 일의 목록을, 이런 상황에서 자신이 어떻게 반응했는지를 언급하는 보고서와 함께 기록했다. 그는 "모욕을 당할 때 축복하고 박해를 받을 때 참았다"라고 쓴다. 고린도후서 6:4-10과 11:23-29에 나오는 사도가 겪은 악한 일의 목록은 정신이 번쩍 들 정도로 길고 길다. 바울은 이런 고통스러운 사건들을 하나도 잊지 않았으며 그 사건 목록을 즉각적으로 기억해낼 수 있었다. 두 번째 목록(고후 11:23-29)은 "누가 약하면 내가 약하지 않은가? 누가 실족하게 되면 내가 분개하지 않는가?"(고후 11:29)라고 결론을 맺는다. 바울은 자신의 힘이 아니라 약함을 예증하기 위해, 그리고 "실족하는" 모든 사람에 대한 자신의 동정과 공감을 보여주기 위해 이 목록을 제시하고 있다. 그러나 악한 일들은 **기억되었다**. 사랑은 "악한 일을 기록하지 않는다"라는 바울의 확언과, 이렇게 생생하게 기억되는 자세한 사건 목록 사이의 괴리를 우리는 어떻게 조화시켜야 할까? 1942년부터 1995년 사이에 일곱 번이나 발생한 중동 전쟁에서 우리 가족은 살아남았다. 하지만 그 수십 년 동안 우리는 고난과 불의에 파묻혀 있었으며, 그중 어떤 악은 우리 삶을 정말 깊숙이 파고 들었다. 따라서 나로서는 이 문제에 대해 누구보다 더 엄중하게 질문하지 않을 수 없다.

물론 바울은 자신이 겪은 고난의 목록을 간직하면서 그 악한 일들을 기억했다. 그러나 그는 자신이 얼마나 크게 고난을 겪었는지 자랑하거나 "보복하기" 위해 그 목록을 제시하지 않았다. 셋째 논문 마지막 부분에서 바울은 "나는 유대인들이 나를 어떻게 돌로 치고, 내가 어떻게 사지에 버려졌는지 결코 잊을 수 없다"라고 투덜대지 않았다. "나는 아레오바고에서 오만한 그리스인들로부터 공개적으로 악랄한 조롱을 당했다"라고도 말하지 않았다. 대신 바울은 "유대인에게나 그리스인에게 해를 입히는 자가 되지 말라"고 조용히 권면한다(10:32-33). 사도의 고난은 그가 자신을 박해한 자들에게 어떻게 반응했는지를 말해주고자 하는 데 초점이 있지 않았다. 그러나 이것을 인정해도 다음과 같은 질문이 남게 된다. 그렇다면 왜 바울의 마음속에는 고난의 목록이 여전히 생생하게 남아 있는가? **잊어버리는**(기록하지 않는) 사랑에 관한 바울의 설명과, 자신의 고난에 대해 바울이 간직하고 있는 **기억**을 우리는 어떻게 조화시킬 수 있을까? 우리는 무엇을 어떻게 기억해야 할까?

20세기는 아르메니아의 대량 학살 사건으로 시작되었다. 이 사건은 1890년대에 시작되어 제1차 세계대전을 거치며 계속되었다. 아르메니아인들은 대량 학살과 인종 청소[민족 정화]로 고통을 겪었다. 터키 정부는 (전시에) 일어난 비일상적인 사건들을 완강하게 부인하고 있으며, 이로 인해 오늘날에는 이 일들을 기억해야 한다는 압력이 오히려 강해지고 있다.[35] 1947년에서 1949년까지 이스라엘 정부가 자행한 팔레스타인의 인

종 청소는 거룩한 땅에 정착한 팔레스타인 인구의 약 50퍼센트를 무자비하게 쫓아냈다. 이스라엘의 역사가 일란 파피는 80만에서 100만에 달하는 팔레스타인인들이 1947년 9월에서 1949년 1월 사이에 살던 집에서 쫓겨났다는 사실을 기록하고 있다.[36] 그 과정에서 537개의 도시와 마을이 폭동으로 먼저 "청소되었고" 이로 말미암아 대대로 그곳에서 살던 사람들이 죽임을 당하거나 추방당했고 (대부분의) 건물이 파괴되었다. 터키 정부처럼, 이스라엘 정부도 처음부터 이런 인종 청소를 부인했으며 지금도 부인하고 있다. 동일한 비극이 남수단에서도 일어났다. 1955년부터 현재까지 수백만 명이 폭동과 전쟁이 가져온 기아로 죽었다. 터키와 이스라엘처럼, 수단 정부 역시 (멸절[genocide]에 가까운) 인종 청소 행위를 눈 딱 감고 부인했다.

역사를 거슬러 올라가면, 19세기에 남미와 오스트레일리아에서는 원주민이 잔혹하게 학살당하는 일이 벌어졌다. 그리스도인과 유대인, 무슬림의 손은 깨끗하지 않다. 우리 중 어느 누구도 도덕적으로 죄가 없다고 주장할 수 없다. 모든 사람의 죄가 폭로되고 그 죄가 무엇인지 규명되어야 한다. 여기서 주어지는 질문은 다음과 같다. "악한 일을 기록하지 말라"는 바울의 명령은 이런 끔찍한 고통에도 적용되는가? 이런 일들은 망각되어야 하는가?

노벨평화상을 수상한 엘리 위젤은 『밤』이라는 책을 썼다.[37] 이 유명한 책에서 위젤은 1944-1945년에 아우슈비츠와 부헨발트 수용소에서 자신이 직접 겪은 고난과 생존에 대해 묘사한다. 한번은 그가 강제 노동 공장에서 감독관에게 죽도록 얻어맞는 일이 있었다. 마지막 매질이 끝났을 때

---

35) Peter Balakian, *The Burning Tigris: The Armenian Genocide and America's Response* (New York: HarperCollins, 2003).

36) Ilan Pappi, *The Ethnic Cleansing of Palestine* (Oxford: Oneworld, 2008), pp. 86-198.

37) Elie Wiesel, *Night,* trans. Marion Wiesel (New York: Hill & Wang, 2006).

한 어린 프랑스인 소녀가 위젤에게 다가와 얼굴을 닦아주며 이렇게 말했다. "다른 날을 위해, 나중을 위해 이 분노와 미움을 잊지 마세요. 그날이 지금은 아니지만 반드시 올 테니까요.…기다리세요. 이를 악물고 기다리세요."[38]

이 프랑스인 소녀의 악을 기억하라는 당부는 큰 용기, 자기 훈련, 정의를 위한 고귀한 외침을 반영한다. 이런 외침은 미로슬라브 볼프가 최근에 출판한 『기억의 종말: 잊히지 않는 상처와 포옹하다』(IVP 역간)[39]라는 훌륭한 책에서도 계승된다. 이 책은 "잘 기억하는 것과 과거를 구속하는 것 사이의 관계는 무엇인가?"[40]라는 질문에 대한 볼프의 답변을 담고 있다. 기억하는 행위 자체는 결코 충분하지 않다. 우리는 "잘 기억해야" 한다. 볼프의 책의 모든 페이지는 고난의 주제와 고난에 대한 인간의 기억에 관해 깊은 반성을 담고 있다. 따라서 이 책을 간단히 요약하는 일은 불가능하다.

유고슬라비아인인 볼프는 투옥되어 여러 달 동안 공산당 보안 부대의 가혹한 심문을 받았다. 이 책은 볼프가 그 경험에 대해 그리스도인으로서 행한 반응을 담고 있다. 아래와 같은 책의 한 단락은 매우 통렬하며, 우리가 현재 다루는 주제에도 적용할 수 있다.

> 믿음을 통해 하나님의 사랑에 마음을 터놓음으로써, 우리의 몸과 영혼은 성스러운 공간 곧 사도 바울이 말하듯이(고전 6:19) 하나님의 "성전"이 된다. 이때 우리에게 새로운 정체성을 주는 하나님의 임재의 불꽃이 우리 안에서 도저히 끌 수 없이 활활 타오른다. 바람과 홍수에 황폐화된 건물처럼 우리의 몸과 영혼은 파괴될 수 있으나, 그럼에도 불구하고 우리는 여전히 하나님의 성전이다. 때로는 성전이 무너지기도 하지만 그럼에도 불구하고 성스러운 공간

---

38) 같은 책, p. 53.
39) Miroslav Volf, *The End of Memory* (Grand Rapids: Eerdmans, 2006).
40) 같은 책, p. 42.

이다. 하나님의 임재의 지속적인 불꽃만큼 그리스도인을 적절히 정의하는 것은 절대로 없다. 이 불꽃이 우리가 행하거나 겪는 모든 일을 따스한 불빛으로 감싼다.[41]

자기 책의 마지막 장에서 볼프는 이렇게 쓴다. "하나님 안에 있으면 우리의 삶은 학정, 곧 불가역적인 세상의 압제로 얼룩진 변경할 수 없는 과거로부터 해방된다. 하나님은 우리의 과거를 제거하지 않으신다. 하나님은 과거를 우리에게 돌려주신다. 그때 파편들이 하나로 모이고, 이야기가 재구성되고, 자아가 진실로 구속받으며, 사람들은 영원히 화해했다."[42]

볼프는 마지막 장을 다음과 같이 끝맺는다.

기뻐할 수 있기 위해 우리는 "잊어버리지" 않을 것이다. 우리는 기뻐할 것이고, 그럼으로써 이 기억들이 우리 마음으로부터 빠져나가게 할 것이다! 나쁜 일을 기억하지 않는 이유는 그것의 원인과 같다. 하나님의 선하심과 그분의 새로운 세상의 선함 안에서 우리 마음은 황홀할 것이다. 그리고 나쁜 일에 대한 기억은 물 없는 식물처럼 시들어버릴 것이다.[43]

아마 이것이 바울이 "[사랑은] 악한 일을 기록하지 않는다"라고 말하면서 전한 의미인 것 같다. 고난에 관한 바울의 기억은 밤의 악몽이나 마음을 쓰리게 하는 낮의 회상의 형태로 그의 마음의 화면에 불청객으로 다시 등장하지 않는다. 사도의 기억은 여전히 남아 있으나 그의 현재나 미래를 통제하지 못한다.

동시에 그 기억은 매장되지도 곪아터지지도 않았으며, 바울이 행하고

41) 같은 책, p. 79.
42) 같은 책, p. 201.
43) 같은 책, p. 214.

말한 모든 것에 무의식적으로 영향을 미치지도 않았다. 고름은 상처에서 빠져나갔다. 물론 바울은 타인에게 알리고 전할 필요가 있을 때에는 얼마든지 이 기억을 상기할 수 있었다. 그러나 그의 기억은 불청객으로 돌아와 밤에 잠을 자지 못하도록 만들지 않았다. 바울은 악한 일을 기록하지 않았다. 볼프는 단순히 기억하지 않은 것이 아니다. 볼프는 "잘 기억했다." 잘 기억하는 일은 "학정 곧 불가역적인 세상의 압제로 얼룩진 변경할 수 없는 과거로부터 해방되기" 위해서 필요하다. 중동인(유대인, 그리스도인, 무슬림)들 속에서 수십 년을 살면서 나도 이런 종류의 상처를 받았으며 대답 없는 질문들이 여전히 남아 있다. 나는 그 이상을 말할 수 없다. 그러나 그 이하로도 말하지 않겠다.

바울은 사랑이 "불의를 즐거워하지 않고 공동체 안에서 진리가 이길 때 즐거워한다"(장면 9c, d)라고 말함으로써 부정적인 정의들의 목록을 끝맺는다. 대체로 소문은 사실보다 사람들을 훨씬 더 흥분시킨다. 다만 사랑하는 자는 예외다. 진정한 사랑은 기록된 악이 사실이 아니라는 것을 발견할 때 즐거워한다.

앞에서 바울은 자기 아버지의 아내와 동침한 사람에 대해 슬퍼하기보다는 오히려 즐거워한 고린도 교회 교인들의 오만함을 상세히 언급했다(5:1-5). 그러나 여기서 제시하는 이 포괄적 장면은 더 깊은 문제를 다룬다. 현대에 이 권면을 표현하는 한 가지 방법은 "사랑은 폭력에서 즐거움을 찾지 않는다"고 말하는 것이다.

고대 로마인들은 콜로세움에서 검투사들의 싸움을 즐겼고, 현대 세계는 검투사 싸움을 담은 폭력 영화를 즐긴다. 둘 다 예수의 십자가와 부활에서 충분히 계시되는 하나님의 사랑에서 벗어난다.

성의 포르노가 있다. 헤로인과 같은 쾌감을 가져다주는 폭력의 포르노도 있다. 그것에 취할수록 거기에 더 만성이 되기 때문에, 똑같은 효과를 얻으려면 복용량도 그만큼 더 많이 요구된다. 전쟁의 가공할 만한 흥분은 이런 단순한 쾌락과는 비교도 되지 않는다. 하지만 사랑은 결코 폭력에 매력을 느끼거나 폭력을 즐거워하지 않는다. 심지어 폭력이 우리 의지에 반하여 우리 안으로 침투할 때조차도 그러하다. 자신 속에서 용솟음치는 아드레날린에 중독된 자들에게 화가 있으리라!

초기 교회는 그리스도인들이 로마의 원형경기장에서 벌어지는 폭력의 다양한 볼거리를 구경해서는 안 된다고 권고했다. 그리스도인에게 폭력은 즐길 대상이 아니었다. 당시 그리스도인들은 폭력이 영혼을 파괴하는 마술적인 힘을 가지고 있다고 올바르게 이해했다. 「고백록」에서 아우구스티누스는 친구 알리피우스에 대한 이야기를 한 적이 있다. 알리피우스는 검투사 경기에 반대하지만, 결국 동료들의 유혹을 이기지 못하고 경기장 관람석으로 다시 끌려간다. 알리피우스는 한동안은 간신히 폭력으로부터 눈을 돌리지만, 곧 다음과 같은 상황이 되고 만다.

> 검투사의 싸움에서 한 사람이 쓰러지자 온 관중이 고함을 질러댔다. 이 고함 소리에 강하게 자극을 받아 알리피우스는 그만 호기심에 사로잡히고 말았다.…이 강력한 소리는 그의 귀로 들어가 그의 눈을 뜨게 만들었고, 결국은 그의 영혼을 쳐서 넘어뜨렸다.…왜냐하면 검투사가 흘린 피를 (보자마자) 알리피우스는 야만인처럼 그 피를 들이마시고, 시선을 돌리지 않고 눈을 고정시켰으며, 자기도 모르게 열광의 술을 마시고 악한 상황을 즐기고 잔인한 유희에 취하고 말았기 때문이다. 이제 알리피우스는 그곳에 들어올 때의 자신이 아니었고 관중과 하나가 되었으며…자기를 그곳으로 끌고 온 자들의 참된 동지가 되었다.…알리피우스는 보고 소리치고 흥분했으며, 그곳을 떠나서도 흥분이 사라지지 않아 다시 그곳을 찾게 되었다.[44]

빌립보서 4:8은 깊이 있는 "TV 가이드"를 제공한다.

---

44) Augustine, *Confessions* 6.8. Whitney Oates, ed., *Basic Writings of Saint Augustine* (New York: Random House, 1948), 1:82에서 인용함.

마지막으로 형제자매들아, 참된 것이 무엇이든, 경건한 것이 무엇이든, 옳은 것이 무엇이든, 정결한 것이 무엇이든, 사랑스러운 것이 무엇이든, 은혜로운 것이 무엇이든 간에, 어떤 미덕이 있으면, 어떤 칭찬할 만한 것이 있으면, 이것들을 생각하라.

위와 같은 범주에 적합한 영화라면 훌륭한 관람이 될 것이다.

한 국가가 전쟁을 하게 되면, 국가 전체가 가까운 곳에서 이 어두운 본능적인 스릴을 소름 끼칠 정도로 느끼게 된다. 텔레비전을 통해 이 나라는 무수한 시청자로 하여금 "검투사 게임"을 관람하도록 만든다. 그러나 사랑은 악한 일을 즐거워하지 않는다. 대신 원수가 괴물들이 아니라 우리 자신과 같이 잘못 인도받은 인간 집단이라는 사실을 발견하고 즐거워한다. 이것을 찾아낼 때 우리는 정신이 번쩍 들고, 우리 역시 스스로가 한 일을 모르고 있다는 사실을 상기하게 된다.

바울은 이렇게 명확하게 사랑의 부정적인 정의들을 담은 목록을 제시한 다음, 네 가지 결론적인 정의를 제시함으로써 긍정적인 정의들의 목록으로 되돌아간다.

이 긍정적인 정의들의 목록은 "사랑은 모든 것을 덮고"로 시작된다(장면 10a). NIV는 사랑이 "항상 보호하고"(always protects)라고 번역한다. 여기서 동사 *stego*는 다양한 뉘앙스를 가진다. 이 단어의 어근은 무엇을 덮는 것과 관련된다. 지적했듯이, 티슬턴은 "대다수의 영역본, 특히 NRSV와 NIV는 강력한 정서적인 의미를 가지고 있는 본문의 은유로부터 단순히 개념적 내용만을 추출해낸다"[45]라고 적절히 비판하고 있다. 동사 *stego*는 액체를 안에 보관하거나 액체가 밖으로 새지 못하도록 막는 일과 관련되어 사용되었다.[46] 다시 말해 *stego*는 "새지 않는 것"을 의미하며 방수와 관

45) Thiselton, *First Epistle,* p. 1053.

46) LSJ, *Greek-English Lexicon,* p. 1626.

련되었다. 이 단어의 명사형(*stegos*)은 "지붕"을 의미했다. 좋은 지붕은 집 안으로 물이 새지 않도록 차단함으로써 집안에 있는 사람을 보호한다. 좋은 배에 관해서도 똑같이 말할 수 있다. 두 경우 모두 물이 막혀 들어오지 못한다. *stego*의 이런 의미를 선호하는 번역자는 이 본문을 "사랑은 모든 것을 덮고" 또는 "사랑은 모든 것을 보호하고"라고 옮긴다.

동사 *stego*는 **용기 안에** 액체를 보관하는 데에도 사용되었다. 말하자면 이 단어는 물을 담을 수 있는 그릇을 묘사했다. 놋쇠 제작자였던 고린도의 금속 세공업자들은 물이 새지 않는 주전자, 접시, 마실 잔 등을 정성을 다해 만들었을 것이다. 기공이 접시를 만들면서 한 곳에 너무 많이 망치질을 하거나, 접시 외면을 다듬는 과정에서 금속을 너무 깊이 파내거나 또는 주전자에 주둥이를 부주의하게 붙이거나 하면, 그릇은 물이 새어 아무 가치가 없게 된다. 오르와 발터는 이런 의미를 취해서 "그것은[사랑은] 모든 신뢰를 지키고"라고 번역했다.[47]

여러분은 나를 사랑하기 때문에 **나를 덮어줄** 것이고, 그렇게 외적인 해악으로부터 나를 보호할 것이다(일차 의미). 또한 여러분은 **신뢰할 만하다**. 여러분이 나를 사랑해서 아무에게도 그 비밀을 "누설하지" 않을 것을 알고 있으므로, 나는 내 마음의 비밀을 여러분에게 털어놓을 수 있다(이차 의미).

그러나 삼차 의미도 있다. KJV, RSV, NRSV는 "모든 것을 참고"(bears all things)라는 전통적인 번역을 취한다. 그리스 문헌에서는 이런 세 번째 의미가 지배적이지 않다고 해도, 데살로니가전서 3:1, 5에서는 이 의미가 매우 적합하며, 고린도전서 13:7에서도 바울이 의도한 의미 중 하나일 수 있다. 7절의 *stego*가 이 세 번째 의미를 가진다고 볼 때, 문제는 "모든 것"이라는 말이 포함된 목록의 넷째 항목("모든 것을 꿋꿋하게 견딘다")과 의미가 크게 중복된다는 점이다. 다시 말해 "모든 것을 참다"와 "모든 것을 견

47) Orr/Walther, *I Corinthians*, p.289.

디다" 사이의 차이는 무엇인가? 둘의 구별은 가능하다. 나는 무거운 여행 가방을 들 때 그 무게를 **참고**(bear), 또 그 가방을 자동차로 운반하는 힘든 일을 **견딘다**(endure). 그러나 이 두 단어는 매우 밀접하다. 키텔 사전에서 빌헬름 카쉬는 이 짧은 목록에서 바울이 완전히 같은 사실을 가리키기 위해 두 단어를 선택하지는 않았으리라고 주장한다. 카쉬는 "모든 것을 덮고"라는 번역을 선호한다. 이때 카쉬는 이 번역에 "모든 것에 침묵을 지키다"라는 의미가 함께 담겨 있다고 본다. 9:12에서도 카쉬는 이 두 의미가 "모든 것을 참다"보다 더 적합하다고 주장한다.[48] 즉 고린도에서 사역하는 동안 바울은 고린도 교인들을 위한 자신의 사역에 대해 수고의 대가를 받을 권리에 관해 (사랑으로) "침묵을 지켰다."

결론적으로, 우리는 예수께서 제자들에게 "너희는 세상의 소금"이라고 말씀하신 것을 기억한다. 소금은 보존하는 역할과 맛을 내는 역할을 다 가지고 있다. 독자는 소금의 이 두 가지 본질 중 어느 하나를 택해야 할 의무가 있는 것은 아니다. 두 가지 모두 예수의 의도에 적합하고, 독자는 둘 다 취할 때 더 풍성해진다. 동일한 사실이 여기서도 적용될 수 있다. 위에서 말한 세 가지 의미 모두 사랑의 의미와 본문에 참되다. 아마도 "모든 신뢰를 지키고"와 "모든 것을 덮고"를 결합하는 것이 가장 좋은 선택인 것 같다.[49]

계속해서 바울은 사랑은 "모든 것을 믿고"라고 말한다(장면 10b). 그러나 여기서도 바울은 더 깊은 지식을 주지 않고 독자의 애를 태운다. 티슬턴은 이 문구를 "결코 믿음을 잃지 않고"로 번역한다. 그러면 바울이 의미하는 바는 무엇일까? 한 가지 국면은 확실하다. 사랑은 거짓말쟁이의 거짓말에 대해 순진하게도 "나는 네 말을 믿는다"라고 반응함으로써 결코

48) Wilhelm Kasch, "στεγω" in *TDNT,* 7:587.

49) 동양 역본 중 세 역본이 "모든 것을 덮고"로 번역한다(Martyn[1826], Bustani-VD[MSS], New Jesuit[1969]). 오래된 초기 아랍어 역본들은 "모든 것을 견디고"와 "모든 것을 인내하고"로 번역이 나뉜다. 부록 II, 표 N을 보라.

이를 승인하지 않는다. 사랑에 관한 이 네 가지 긍정적인 정의들 중, 두 가지는 인간에게 주는 지침으로 보고, 다른 두 가지는 하나님께 초점을 맞추고 있다고 보는 견해가 가능하다.

10. a. 모든 것을 덮고(주로 인간에게 주는 지침)
 b. 모든 것을 믿고(주로 하나님께 초점이 있음)
 c. 모든 것을 바라며(주로 하나님께 초점이 있음)
 d. 모든 것을 꿋꿋하게 견딘다(주로 인간에게 주는 지침)

간단히 말해 바울은 지금 신자의 관점에서 글을 쓰고 있다. "모든 것을 덮고"(장면 10a)는 사랑하는 자가 사랑받는 자를 끝까지 보호하는 것과 관련된다. 장면 10b와 c에서 바울은 사랑을 (주로) 하나님과의 관계에서 작용하는 것으로 묘사한다. 마찬가지로 이 목록의 네 번째 특징(장면 10d)은 사람들과, 이 사람들이 (자연 재앙, 사고 또는 질병으로) 또 다른 사람들이 겪는 고통을 견뎌야 할 필요성에 대한 초점으로 되돌아간다.

더 깊이 들어가 보면, 사랑은 자연과 예언의 말 그리고 예수의 인격을 통해 자신을 알리시는 하나님의 모든 계시를 믿는다. 그렇게 하지 못하는 것은 "불신앙"으로 불릴 수 있다. 그러나 더 깊은 차원에서 보면, 불신앙은 하나님이 예수 그리스도를 통해 베풀어주신 사랑에 반응하지 못하는 것이다. "나는 하나님이 존재하시는 것을 믿지만 그분이 역사 속에 개입하신다는 것은 받아들일 수 없다"라고 말하는 태도는, 바울에 따르면 구원하기 위해 역사 속에서 값비싼 사랑으로 행하신 분을 사랑하지 못하는 일로 판단된다.

동일한 사실이 "소망"에도 해당된다(장면 10c). 물론 사랑하는 인간은 사랑받는 자에 대해 모든 좋은 것을 **믿고** 모든 좋은 것을 **바란다**. 그러나 소망은 그 이상이다. 바울은 소망이 십자가에 못 박히고 죽은 자 가운데 부활하신 예수 그리스도를 중심에 두고 있다고 본다. 다음에 나오는 다섯째 논문에서 바울은, 만일 그리스도가 부활하지 않으셨다면 그들은 **소망이 없고** "모든 사람 중 가장 불쌍한 자가 되리라고" 말한다(15:19). 그리스도인의 소망은 부활로 말미암아/부활 안에서/부활을 통해 클라이맥스에 달하는 죄와 사망에 대한 승리에 강하게 초점이 맞추어져 있다. 그리스도인의 소망은 "나는 내 아들의 사업이 잘 되기를 바란다" 또는 "나는 내 친구의 건강이 회복되기를 바란다"와 같은 것을 크게 능가한다. 그리스도인의 소망은 "너희 안에 계신 그리스도가 영광의 소망"이라는 사실을 포함한다(골 1:27).

사랑의 찬가 첫째 부분은 "믿음, 소망, 사랑"을 언급함으로써 끝맺었다(장면 4-5). 이 둘째 부분도 동일한 방식으로 끝맺고(장면 10), 셋째 부분도 똑같이 끝맺을 것이다(장면 15). 중앙 부분은 첫째 부분과 같이 "방언, 예언, 지식"을 반영함으로써 시작하는가? 실제로는 그렇지 않다. 우리는 다만 "지식은 교만하게 하지만 사랑은 높이 세운다"라는 8:1을 지적할 수 있다. 사랑의 이런 국면은 사랑의 찬가 장면 7에서 "(사랑은) 자랑하지 않고(우쭐하지 않고)"라는 확언에 반영되어 있다.

앞에서 지적했듯이, 이 목록의 마지막 항목은 *hupo-menei*(장면 10d)다. 이 단어는 자기 자신이나 타인의 고난을 완화시킬 만한 일을 거의 또는 전혀 할 수 없지만 품위를 잃지 않고 자기에게 닥치는 고통 "아래 남아 있으면서" 그 고통을 견디는 용기를 가진 **힘없는 사람**의 인내를 가리킨다. 동일한 단어(덧붙여진 전치사가 없는)가 바울이 항상 있을(*menei*) 세 가지를 언급하는 사랑의 찬가 마지막 부분에서 다시 나타난다.

이처럼 사랑에 관한 긍정적·부정적 정의들을 독자 앞에 두고, 이제 바울은 "사랑과 신령한 은사들"에 관한 두 번째 설명으로 옮겨간다(도표 4.4[4]를 보라).

수사 구조

설교의 이 마지막 부분은 다섯 장면(장면 11-15)으로 구성된다. 첫째 장면(장면 11)은 결국 **폐해질**(또는 중단될) 예언, 방언, 지식의 한시적인 성격을 제시한다. 이와 짝을 이루는 장면(장면 15)은 **항상 있을**(또는 영원한) 믿음, 소망, 사랑에 대해 말한다. "불완전함 대 완전함"의 주제가 장면 12를 구성하고, 이 주제는 "희미하게 보는 것" 대 "얼굴을 마주보고 보는 것" 그리고 "불완전한 지식" 대 "온전히 아는 것" 간의 대조를 다루는 장면 14와 짝을 이룬다. 중앙의 클라이맥스에는 둘러싸인 짧은 비유 곧 어린아이와 어른 비유가 있다.

여기서 바울은 다시 고리 모양 구성을 문학 양식으로 선택한다. 본문은 다음과 같다.

11. [8]사랑은 결코 떨어지지 않는다.	**사랑과**
예언에 관해 말하면 예언은 **폐해질 것이고**	예언
방언에 관해 말하면 방언은 그칠 것이며	방언
지식에 관해 말하면 지식도 **폐해질 것이다.**	지식
	(-세 가지는 폐해짐)
12. [9]우리의 지식은 **불완전하고**	-불완전함
우리의 예언도 **불완전하다.**	+완전함
[10]그러나 **완전한 것이 올 때**	
불완전한 것이 **폐해질 것이다.**	
13. [11]내가 어렸을 때에는	어린아이와
어린아이와 같이 **말했고**	어른 **비유**
어린아이와 같이 **생각했고**	(성숙과

어린아이와 같이 판단했다.	폐지)
하지만 내가 장성했을 때에는	
어린아이의 일을 **버렸다**.	
14. [12]우리가 지금은 **거울로 희미하게** 보지만	−불완전함
그때에는 **얼굴을 마주보고** 볼 것이다.	+완전함
지금은 내 지식이 **불완전하지만**	
그때에는 내가 **다** 알고 있었던 것처럼 온전히 **알** 것이다.	
15. [13]따라서 항상 있을 것은	**사랑과**
믿음, **소망**, **사랑**,	믿음
이 세 가지인데	소망
그중에 **가장 높은 것**은 **사랑**이다.	(+세 가지는 항상 있음)

도표 4.4(4). 사랑과 신령한 은사들(고전 13:8-13)

주석

이 다섯 장면 중 첫째 장면(장면 11a)에서 바울은 "사랑은 결코 떨어지지 않는다"라고 말한다. 동양 역본들은 이런 구체적인 이미지를 그대로 보존하고, 일관되게 이 본문을 문자적으로 번역했다.[50] 다이너마이트, 불도저, 굴삭기와 같은 장비가 발명되기 이전 시대에, 지중해 연안의 대부분의 "산길"은 아주 좁았다. 언제든지 밑으로 떨어질 위험이 있었다. 스트라보(9.4.1)는 아테네에서 고린도에 이르는 길에 관해 이렇게 묘사한다. "그 길

50) 이 번역을 포함하고 있는 역본들은 다음과 같다. Peshitta Syriac (3-5세기), Mt. Sinai 151 (867), Mt. Sinai 155 (9세기), Mt. Sinai 310 (10세기), Erpenius (1616), Propagandist (1671), Bustani-Van Dyck (1865), Hebrew (1817). 부록 II, 표 N을 보라.

은 바위와 매우 가깝게 연결되어 있어서 곳곳에서 벼랑 끝을 따라 걸어야 한다. 왜냐하면 길 위에 있는 산은 너무 높아 다닐 수가 없기 때문이다."[51]

바울은 그런 길을 따라 걸었다. "고개"를 따라 걷는 위험에도 불구하고 사랑은 떨어지지 않는다. 확실히 바울을 그리스도의 삶을 본보기로 삼고 있다. 그리스도는 십자가에 못 박혀 있던 동안에도 결코 "떨어지지" 않는 사랑을 갖고 계신 분이었다.

그러나 **예언**과 **지식**은 폐해지고 방언도 그칠 것이다(장면 11b, c, d). 이 은사들은 **지금** 교회의 삶에서 중요한 역할을 한다. 그러나 영원에 비추어 보면 이 은사들은 **영속적이지 않다**. 모든 책, 논문, 연극, 기록된 강의는 지속되지 못할 것이다. 왜 그런가?

장면 12가 답변을 제공한다. 이런 것들의 가치는 영원에 비추어 판단되어야 한다. 바울은 영원의 빛을 들어올리고 독자에게 촉구하기를, 그들에게 분쟁을 가져온 **방언**, **예언**, **지식**을 다시 바라보라고 한다. 우리의 지식과 예언은 불완전하고, 완전한 것이 오면 불완전한 것은 폐해질 것이다. 아랍권의 중동인들은 거의 모든 경우에 대해 속담을 가지고 있다. 경건한 사람은 기도하기 전에 손을 씻어야 한다. 그러나 물을 구할 수 없는 사막을 여행하고 있다면 예배자는 모래를 사용해서 손 씻는 동작을 취할 수 있다. *In hadar al-ma, batula al-tayammum*(물을 구할 수 있을 때에는 모래로 씻는 일은 멈춘다)이라는 속담도 있다. 실체를 취하면 대역은 사라진다. 우리의 모든 지식은 모래다. (최후의 부활을 기다리는 중에) 주님이 오시면 또는 우리가 죽어 주님을 만나면, 우리의 부분적인 지식(모래)은 주님의 완전한 지식(물)의 빛 속에서 폐해질 것이다.

그러나 중앙에는 또 다른 비유가 나와 있다(장면 13). 살펴보면, 고리 모양 구성을 이루고 있는 중앙은 자주 역장면들의 처음 및 마지막과 관련된다. 이 장면들의 처음과 중앙과 마지막은 다음과 같다.

---

51) Strabo, Murphy-O'Conner, *St. Paul's Corinth*, p. 60에서 인용함.

처음: **방언**, **예언**, **지식**(폐해짐)

중앙: 나는 **어린아이**였고 나는 **어른**이 되었다.

끝: **믿음**, **소망**, **사랑**(항상 있음)

여기서 바울은 자신의 어린 시절에 관해 말하고 있지 않다. "어린아이"에 해당되는 그리스어는 *nepios*이고, 3:1에서 바울은 이 말을 사용해서 고린도 교회의 (어른) 교인들을 묘사한다. 바울은 그들이 아직 *nepioi* 곧 어린아이였기 때문에 그들에게 "단단한 음식" 곧 밥을 먹일 수가 없었다. 여기서는 자기 자신에 관한 비유를 제시하는데, 그 이유는 고린도 교회 교인들에 대한 자신의 비판을 완화시키기 위함인 것 같다. 바울은 **자신이** *nepios*(어린아이)였을 때 자신의 말(그는 어린아이같이 말했다), 자신의 기질과 목표(그는 어린아이같이 생각했다), 자신의 정신적 활동(그는 어린아이같이 판단했다)이 어린아이 같았다고 고백한다.[52] 이는 바울이 "처음 그리스도인이 되었을 때 내게도 너희가 가지고 있는 잘못을 어느 정도 저지른 죄가 있었다"라고 말한 의미로 가장 잘 이해된다. 바울은 그리스도 안에서 처음 삶을 시작하고 십 년 동안 어떻게 했는가? 그는 **방언**, **예언**, **지식**에 관해 치열하게 논쟁을 벌였는데, 이 은사들은 모두 영속적인 것이 아니었다. 그런데 지금은 어른이기 때문에 즉 믿음이 성숙해졌기 때문에 바울은 중요한 은사가 영속적인 은사임을 알고 있다. 그래서 지금은 **믿음**, **소망**, **사랑**이 그의 관심의 중심에 놓여 있다. 이 부분의 중앙에 있는 비유는 다섯 장면의 의도를 부각시키고 명확히 한다.

바울이 능숙하게 은유를 구사하는 사례는 장면 14에서도 나타난다. 고대 세계의 거울은 놋쇠로 만들어졌다. 유명한 고린도의 놋쇠 기공들이 거울을 만들었으며, 놋쇠 거울은 쉽게 식각(蝕刻)이 되었을 것이다. 기공은 거울을 주문받으면 당연히 고객의 요구에 맞추어 거울의 앞면이나 뒷면

52) Findlay, *First Epistle,* p. 900.

에 식각을 해주었을 것이다. (예를 들어) 거울을 사는 이가 포세이돈을 숭배하면, 친절하게도 기공은 거울 위에 포세이돈의 얼굴(과 다른 신들의 얼굴)을 식각해주었다. 그러면 거울을 산 자는 아침에 일어나 거울을 들여다보면서 "신들 속에 있는 자신의 모습을 보고" 즐거워할 수 있었다. 이런 경향을 가진 사람들에게는 신의 형상이 식각된 것이 참으로 마음에 들었을 것이다. 고린도에서 주조된 동전 중 하나를 보면, 아크로코린트 중앙에 서 있는 아프로디테가 거울처럼 기능하는 빛나는 놋쇠 방패 앞에 서서, 자기 자신을 응시하는 모습이 묘사되어 있다. 아프로디테가 새겨진 거울을 사는 사람은, 그 거울의 빛나는 표면 위에서 자신의 모습과 아프로디테의 형상을 가까이 결합시킬 수 있었다. 그러나 안타깝게도 거울은 녹이 슬고 심리적인 효과는 금방 사라졌다. 아무리 들여다보아도, **실제로** 그는 신들 속에 끼지 못하며 신들이 그에게 말을 걸지도 않았다. 확실히 "우리가 지금은 거울로 희미하게 본다." 하지만 그때에는 "얼굴을 마주보고" 볼 것이다. 그 큰 날에 거울은 신자의 손에서 떨어지고, 신자는 부활하신 구주와 얼굴을 직접 마주보게 될 것이다. 이는 [우리가 지금 가지고 있는] "지식이 불완전하다"는 것을 의미한다. 그러나 영광스러운 미래가 되면 "다 알고 있던 것처럼 온전히 알 것이다." 지금 **나에 대한** 하나님의 지식은 온전하다. 그런데 그때에는 **하나님에 대한** 내 지식도 온전해질 것이다.[53]

따라서 13장에서 바울은 직간접적으로 세 번에 걸쳐 놋쇠로 만든 물건을 언급했다.

1. 쨍그랑거리는 놋쇠와 울리는 꽹과리(1절)
2. 물이 새지 않는 놋쇠 그릇(7절)
3. 쉽게 녹스는 놋쇠 거울(12절)

---

53) 드디어 나는 공관복음 문제에 대해서도 결정적인 해결책을 갖게 될 것이다!

놋쇠로 만든 물건에서 취한 이런 이미지들은 산과 등산에 대한 언급에 덧붙여질 수 있다. 고린도는 바라보면 북쪽을 향한 산과 남쪽을 향한 산들이 있었고, 놋쇠 제조는 고린도 도시의 주요 산업이었다.

세 번째 부분(장면 11-15)의 마지막 장면(장면 15)은 **믿음**, **소망**, **사랑이** 영속적이며 예언, 방언, 지식이 폐해지듯이(장면 11) 폐해지지는 아니하리라는 점을 확언한다. 앞에서 바울은 믿음을 신령한 은사 중 하나로 제시했다(12:9). 또한 "**누구든** 성령으로 말하지 아니하면 '**예수는 주이시다**'라고 말할 수 없다"라고 독자에게 선언했다. 말하자면, 믿음은 성령의 은사이기도 하다는 것이다. 나아가 사랑은 모든 은사에 의미와 가치를 부여하는 필수 요소일 뿐만 아니라 하나님의 참된 본성이기도 하다. "우리가 사랑하는 것은 그가 먼저 우리를 사랑하셨기 때문이다"(요일 4:19). 바울은 로마의 교인들에게 "우리가 아직 죄인이었을 때 그리스도께서 우리를 위해 죽으셨으므로 하나님이 우리에 대한 자기의 사랑을 확증하신다"(롬 5:8)라고 말했다. 신자에게 신령한 은사로 임하는 것은 바로 이 하나님과 같은 사랑이다. 사랑을 다른 두 영속적인 은사(믿음, 소망)와 함께 열거한 것으로 보아, 바울은 소망도 똑같이 성령의 은사라는 것을 가리키고 있음이 틀림없다. 여기서 우리는 더 깊은 비밀 속으로 들어간다.

사랑은 영원히 지속된다. 그러나 "믿음"이 "보는 것"이 될 때 어떤 의미에서 믿음은 남아 있을 수 있는가? 아마 그 답변은 바울에게는 믿음이 곧 순종이었음을 알 때 주어질 것이다. 나는 내가 행하는 것을 **진실로** 믿는다. 로마서 1:5에서 바울은 "믿음**의** 순종"(obedience of faith)에 관해 말한다. 거기서 바울은 "순종**인** 믿음"(순종 곧 믿음)을 가리키는데, 이는 믿음이 우리가 행하는 어떤 것을 포함하기 때문이다. 바울은 로마서를 끝맺으면서 이와 동일한 표현("믿음의 순종")을 집어넣는다(롬 12:26). 바울은 순종으로서의 믿음이 영원히 남아 있다는 의미도 말하는 것 같다.

우리가 소망에 대해 성찰하면서 비밀은 더 깊어진다. 소망이 이루어질 때 믿음이 소망에 대해 하는 일은 무엇일까? 핀들리는 이렇게 말한다. "믿음과 소망은 완전하고 영속적인 상태를 함축하는 요소들이다. 신뢰와 소원의 새로운 대상은 영생의 폭넓은 시야를 가질 때 보이기 시작할 것이다."[54] 티슬턴도 다음과 같이 유용한 결론을 내린다. "어떤 의미에서 믿음과 소망은 항상 있을 것이다. 그러나 그 형태는 변하여 믿음은 보는 것과 동화되고, 소망은 완전한 것 속으로 흡수될 것이다. 영원히 이런 형태 안에서 그리스도와 십자가가 이 완전한 것을 계시했다."[55] 하지만 우리가 아무리 애써도 비밀은 여전히 남아 있다.

사랑의 찬가를 끝맺는 마지막 장면(장면 16)은 다음과 같다.

사랑을 향해 달려라.
그리고 **신령한** 은사들(*pneumatika*)을 위해 계속 열심을 내라.

바울은 사랑을 모든 것 중에 **가장 높은 것**으로 확언한 다음, 독자에게 "사랑을 향해 달려라"고 권면함으로써 사랑의 찬가를 끝맺는다. 여기서 동사 *diokete*(쫓다)는 "재촉하다, 추적하다, 찾다, 얻으려고 힘쓰다"도 의미한다.

이로써 바울은 "달음질"의 이미지를 다섯 번에 걸쳐 제시했다.

음행을 피하라[음행에서 도망쳐라]	6:18
우상숭배를 피하라[우상숭배에서 도망쳐라]	10:14
상을 받도록 달음질하라	9:24
(바울같이) 마음속에 목표를 두고 달려라	9:26
사랑을 향해 달려라	14:1

54) Findlay, *First Epistle,* p. 901.
55) Thiselton, *First Epistle,* p. 1074.

고린도 도시가 격년제로 치러지는 지협 경기대회를 후원했다는 사실을 잘 알고 있던 바울은 신속하게 경주 이미지를 사용해서 자신의 메시지를 전달하고 있다. 달음질에 대한 이 마지막 언급(14:1)은 다섯 장면(장면 11-15)에 나오는 사랑의 정의들의 목록을 적절하게 클라이맥스로 이끈다.

동시에 "사랑을 향해 달려라"는 명령은 사랑의 찬가 첫 부분에 나오는 등산 이미지(12:31)를 반영하는 것 같다. 등산은 큰 에너지를 필요로 하는 정력적인 활동이다. 마찬가지로 사랑의 여정도 즐거운 일인 동시에 산을 오르는 것만큼 끝없는 노력을 필요로 한다(달음질과 같이).

여기서도 언어유희가 작용할 수 있다. 고린도의 지협 경기대회는 페리안드로스(기원전 625-585)가 만든 *diolkos*로 불리는 돌판 길을 달렸다. 비록 3.4마일(약 5.5킬로미터)에 불과할 정도로 짧기는 했지만, 그 길은 산등성이 때문에 지협을 건너는 것을 방해받았다. 길이 너무 좁아 *diolkos*는 한 번에 한쪽에서 한 명만 통과할 수 있었다. 그러니 작은 배(10톤까지)는 소가 끄는 이륜마차에 실려 지협을 건너야 했다. 한쪽에서는 들어오는 배에서 적재된 짐을 내려야 했고, 다른 쪽에서는 나가는 배에 짐을 다시 실어야 했다. 당연히 그 과정에서 매우 힘든 노동이 요구되었다. 네로 시대 이후로 운하를 만들려는 다양한 시도가 있었으나 가파른 산등성이 때문에 실패했다(기원후 1893년까지). *diolkos*(돌판 길)를 통해 짐과 배를 옮기려면 일이 진행되도록 수많은 사람에게 *diokousi* 곧 재촉하지[추진하지] 않으면 안 되었다.[56] 일부 고린도 교회의 (그리스도인) 종과 자유인 노동자도 매일 이 힘든 일에 종사했을 것이다. 여기서 바울은 다음과 같은 사실을 암시하고 있다. "매일 많은 사람이 *diolkos*(돌판 길)에서 일하는데, 그들은 산등성이를 넘어 바다 뒤 저편으로 짐을 옮긴다. 그렇다면 고개를 넘어 사랑의 여정을 행하는 큰 업무를 위해서는 얼마나 더 *diokomen*(우리가

56) LSJ, *Greek-English Lexicon*, p. 440.

재촉해야) 하겠는가!"

바울은 "*pneumatika* 곧 신령한 은사들을 위해 계속 열심을 내라"는 명령으로 결론을 맺는다(장면 16b). 그는 **가장 높은 은사들**(항상 있는)을 위해 계속 열심을 내라는 권면으로 사랑의 찬가를 시작했다. 우리는 이 은사들이 믿음, 소망, 사랑이라는 것을 잘 알고 있다. 바울은 이 설교를 마치면서 고린도 교회 교인들에게 (폐해질) **신령한 은사들**, 특히 예언에 대한 열심을 증명하라고 촉구한다. 비록 한시적인 것이기는 해도, 이 두 번째 목록은 교회의 삶에서 여전히 중요하다. 여기서 우리는 자연스럽게 다음 설교로 넘어가게 된다.

이 독보적인 사랑의 찬가는 이천 년 동안 지구촌의 무수한 그리스도인의 마음을 감동시키고 그들의 의지를 이끌었다. 최소한 여기서는 셀 수 없이 많은 군중 가운데 하나의 목소리를 듣는 일이 적절해 보인다. 레바논 내전이 한창이던 1984년 2월 2일, 바함둔(레바논) 마을에 사는 열네 살 먹은 한 소년이 베이루트, 아쉬라피야의 친척 집에서 다음과 같이 묵상한 내용을 기록하고 있다.

> 나는 아직도 천둥치는 것 같은 대포 소리를 들을 수 있다. 그 소리는 어디선가 가까운 곳에서 사람들이 죽어가고 있음을 말해준다.
>
> 우리가 마을을 떠난 이후로 나는 내 안에 무언가가 산산조각 난 것처럼 느껴진다. 우리는 모든 것을 잃었다. 우리 집은 불탔다. 내 책은 갈기갈기 찢어졌다. 가구는 도둑맞았다. 그러나 더 중요한 것은 마을의 조용한 밤과 상쾌한 아침이 사라지고, 그와 함께 나도 뿌리를 잃고 시편 저자가 말하듯이 "바람에 날리는 지푸라기와 같이" 되었다는 것이다.
>
> 시간은 이제 더 이상 할아버지 집 입구에 있던 큰 시계의 바늘이 가리키는 시와 분의 연쇄적인 사슬이 아니다. 리듬에 맞추어 소리를 내며 온 집안에서 심장 박동 같은 역할을 했던 그 큰 시계가 박살이 났다. 그리고 시계 속 시간도 그대로 멈추어 있다. 내게 시간이란 잠자고 일어나고 밭에서 일하는 시간

이었다. 곧 삶의 시간이었다. 그러나 지금은 시간이 나를 떠났다. 시간은 천둥 치는 대포 뒤에 서 있는 자에게 속해 있다. 그것은 죽음의 시간이다.

9월 초 어느 날 밤, 마을은 폭격을 당했고 우리는 마을에서 도망쳤다. 우리는 미친 밤이 잠잠해지기를 기다리면서 작은 시내 곁 한 동굴에 숨어 들었다. 그러나 대포 소리는 멈추지 않았으며 그래서 우리는 다시 계곡을 따라 도망쳐 베이루트로 갔다.

우리는 전쟁을 피했다고 믿었다. 그러나 어두운 밤이 미친놈처럼 우리의 발목을 붙잡고 있었다. 내가 악몽을 꾸고 있는 것인가? 할아버지 집 벽에 붙어 있던 큰 시계가 박살이 난 후로 시간은 정말 그대로 멈추었는가?

어느 날 누군가가 찾아와 마을의 우리 집(내 할아버지의 집)이 약탈당하고 불에 탔다고 알려주었다. 젊은이들이 집을 몽땅 턴 다음 불을 질렀다는 것이다. 내 괴로움은 미움으로 변해갔다. 미움은 다양한 형태를 취하기 때문에 익숙하지 않다. 내게는 미움이 종기와 같다. 미움은 내 안에 뿌리를 두고 내 마음속에 사망의 씨를 뿌렸다. 미움은 안에 고름밖에 없는 종기처럼 자라 퍼졌다.

나는 큰 대포 소리에 놀라 잠에서 깬 다음 이렇게 자문했다. "어떻게 젊은 사람이 대포 뒤에 서서 우리에게 로켓포를 발사할 수 있을까?" 나는 그 젊은 사람에 대해 생각했다. 내 생각 속에서 그 사람은 할아버지의 집을 약탈하고 불태운 다른 젊은이의 얼굴과 겹쳐졌다.

천둥 같은 대포 소리 한가운데서 깊은 절망과 고통에 사로잡힌 상태에서도 나는 결국 이렇게 이해했다. "만일 내가 사람의 방언과 천사의 말을 하더라도 사랑이 없으면" 나는 다만 큰 대포의 비어 있는 탄약통과 같이 쨍그랑거리는 놋쇠에 불과하다. 오직 사랑만이 살아 있는 자의 짐을 견딜 수 있다. 사랑은 모든 것을 꿋꿋하게 견디기 때문이다. 사랑은 대포 뒤에 서 있는 이 젊은이를 견딘다. 할아버지의 집에 불을 지른 다른 젊은 사람도 견딘다.

우리는 우리의 죽음을 열린 상처처럼 가지고 다닌다. 우리는 모두 이런 상처를 갖고 있다. 삶은 다르다. 삶은 죽음을 이기는 사랑의 영역이다. 나는 살아 계신 주님이 죽음이 아니라 우리 삶을 통치하시기를 기도한다.

-한나 하다드[57]

57) 이 묵상 본문은 1984년 3월 한나 하다드 양이 레바논 베이루트에 있는 근동 신학교의 아침 기도에서 낭송한 것이다. 나는 본문을 그녀에게서 직접 얻었으며 내용을 약간 단축했다.

4.5.

신령한 은사와 그리스도의 몸을 높이 세움

고린도전서 14:1-25

바울은 논문의 이 긴 부분에 두 개의 설교(14:1-12, 13-25)를 포함시킨다.[1] 도표 4.5(1)는 두 설교 중 첫 번째 설교를 보여준다.

수사 구조

장면 1의 첫 행은 이전 설교(12:31-14:1)의 결론이자 현재 본문의 서론으로 작용한다. 이전 부분과 이후 부분에 이음매를 덧붙여 이처럼 두 본문을 관련시키는 것(한 설교 안에서 또는 두 설교 사이에서)은 바울이 고린도전서에서 여러 번 사용하는 문학적 장치다.[2]

14:1-12의 전반부(1-5절)는 일반적으로는 신령한 은사를, 특수하게는

1) 이렇게 설교를 두 부분으로 구성하는 방식은 고전 1:1-9; 4:17-5:6; 7:17-24; 14:1-12, 15, 21-34; 15:35-50에도 나타난다.

2) 고전 3:5-17; 7:17-24; 9:12-18; 14:26-36; 15:36-50, 51-58을 보라.

1. [14:1] **신령한 은사들을 구하되** — **은사를 구하라**
특별히 **예언할** 수 있도록 힘쓰라. — 특별히 예언을 하라

2. a. [2] **방언하는** 자는 — **방언**
b. 사람들이 아니라 하나님께 **말하고** — 하나님께 말함
c. 그러니 아무도 그를 이해하지 못하고 — 비밀
d. 그는 **영**으로 **비밀을 말한다.**

3. a. [3] 반면에 **예언하는** 자는 — **예언**
b. **사람들에게 말하고** — 사람들에게 말함
c. 그러니 **사람들을 높이 세우고** — 높이 세움
d. **격려**와 **위로를 베푼다.**

4. a. [4] **방언하는** 자는 — **방언**
b. **자기 자신**을 높이 세우지만 — 자기를 높이 세움

5. a. **예언하는** 자는 — 예언
b. **교회**를 높이 세운다. — 교회를 높이 세움

6. [5] 따라서 나는 너희가 **다 방언하는 것**을 바라지만 — **은사를 구하라**
특별히 예언하기를 바란다. — 특별히 예언을 하라
방언은 누군가 통역하고 그래서 교회를 더 높이 세우지 못하면[3]
예언하는 자가 **방언하는 자**보다 더 낫기 때문이다.

7. [6]그런데 형제들아, 내가 너희에게 **나아가 방언으로** 말하고
너희에게 어떤 **계시나 지식이나 예언이나 가르침**을 주지 않는다면 **나—유익을 주다**
너희에게 **내가 어떻게 유익을 주겠느냐**? 교회

8. a. [7]만일 **피리**나 **거문고**와 같이 생명 없는 악기도 **비유**
b. **구별된 음색**을 나타내지 않으면 피리 비유
c. 무엇이 **연주되는지를 어떻게 알겠느냐**? 거문고 비유
a. [8]만일 **나팔**이 나팔 비유
b. **구별되지 못한 소리**를 내면
c. 누가 **전투**를 **준비하겠느냐**?

9. [9]너희 자신도 마찬가지다. 만일 너희가 혀로
알아들을 수 없는 말을 하면 교회에게
말해진 것을 어떻게 알겠느냐? **분명하지 않음**
그러면 너희는 허공에 말하는 것이 될 것이다.

10. [10]의심할 여지 없이 세상에는 **다른 언어**가 많이 있고
뜻이 없는 언어는 하나도 없다. **비유**
[11]그러나 내가 **그 언어**의 뜻을 **알지 못하면** 외국인 비유
나는 말하는 자에게 **외국인**이 되고 언어 비유
말하는 자도 **내게** 외국인이 될 것이다.

11. [12]너희 자신도 마찬가지다.
너희는 **영성에 열심을 갖고** 있으므로 **너희—높이 세우다**
교회를 높이 세우는 일을 교회
넘치도록 구하라.

도표 4.5(1). 신령한 은사와 그리스도의 몸을 높이 세움: 교회 안에 있는 자들(고전 14:1-12)

예언의 은사를 구하라는 권면으로 시작하고(장면 1) 끝난다(장면 6). 여기서 바울은 방언과 예언 간의 A-B, A-B 비교 구성법을 제시한다. 동일한 스타일이 7:32-40에서도 사용되었으며 14:26-36에서 다시 나타날 것이다.[4] 여기 전반부에서는 장면 2의 네 행이 단계 평행법을 따라 장면 3의 네 행과 균형을 이루고 있다(도표 4.5[1]에서 확인되듯이). 장면 4의 두 행과 장면 5의 두 행 역시 동일한 방식으로 균형을 이룬다.

이 설교의 후반부(6-12절)는 다섯 개의 역(逆)장면을 사용한다. 이 후반부의 두드러진 특징은 피리, 거문고, 나팔, 외국어로 구성된 네 가지 비유 목록이 나온다는 점이다. 이 비유 목록은 장면 7-11의 중앙으로서의 역할을 한다. 동시에 바울은 이 목록을 둘로 나누어 한가운데의 클라이맥스(장면 9)에 초점을 더 맞춘다. 일련의 비유를 이처럼 극적으로 사용하는 사례는 고린도전서의 다른 곳에서도 나타난다.[5] 동시에 장면 8은 단계 평행법을 따라 짝을 이루는 여섯 행으로 이루어져 있다.

마지막으로 이 설교 전반부의 중앙(장면 3)에서 바울은 예언의 긍정적인 유익을 담은 목록을 제시한다. 그 유익은 높이 세움, 격려, 위로다. 나아가 설교 후반부의 처음(장면 7)과 끝(장면 11)은 이 목록을 반복하고 확대시킨다. 장면 7은 **계시**, **지식**, **예언**, **가르침**을 언급한다. 장면 11은 **높이 세움**의 주제를 반복한다. 이처럼 한 부분의 중앙에서 개념들을 선택하고, 이 개념들을 이어지는 부분의 처음과 끝에서 사용하는 방식은 특히 이사야 56:6-11에서 두드러진다. 거기 보면 이런 수사 장치가 나란히 두 번 나타난다.[6] 이 설교는

3) Bailey 번역.

4) Kenneth E. Bailey, "The Parable of the Pharisee and the Tax Collector," in *Jesus Through Middle Eastern Eyes* (Downers Grove, Ill.: IVP Academic, 2008), p. 344도 보라.

5) 고전 3:10-17(수정 형태); 9:1-12; 12:1-31(장면 10-14); 15:35-42(이 경우에는 목록이 나뉘어 있지 않음)을 보라.

6) Kenneth E. Bailey, *Through Peasant Eyes* (Grand Rapids: Eerdmans, 1983), p. xviii.

복합적인 예언적 수사 패턴을 정교하게 사용하는 한 사례를 보여준다.

주석

이제 바울은 12장에서 시작한 신령한 은사에 관한 설명으로 되돌아간다. 이 설교에서 바울은 **예언이 방언보다 낫다는 데** 초점을 두고 있다. 이 설교는 전반부와 후반부로 나누어 고찰해볼 가치가 있다.

전반부의 바깥쪽 틀(장면 1, 6)은 도표 4.5(2)에서 확인된다.

1. [14:1] **신령한 은사들**을 **구하되**	**은사를 구하라**
특별히 **예언할** 수 있도록 힘쓰라.	특별히 예언을 하라
6. [5]따라서 나는 너희가 **다 방언하는 것**을 바라지만	**은사를 구하라**
특별히 예언하기를 바란다.	특별히 예언을 하라
방언은 누군가 통역하고 그래서 **교회를 더 높이 세우지 못하면**	
예언하는 자가 **방언하는** 자보다 더 낫기 때문이다.	

도표 4.5(2). 장면 1과 6(고전 14:1, 5)

자주 지적했듯이, 만약 이 전반부에서 장면 2-4가 빠진다 해도 독자는 이를 알아차리지 못할 것이다. 장면 1에서 장면 6으로 개념이 매끄럽게 이어지기 때문이다. 이는 이 여섯 장면(장면 1-6)이 가진 북엔드로서의 역할을 강화시킨다. 앞에서처럼 바울은 예언이 방언보다 우월하다는 점을 확고히 한다. 방언과 예언은 비록 한시적인 은사이기는 해도(13:8) 현재 교회의 삶에서 중요하며, 그래서 바울은 방언과 예언이 가진 각각의 중요성을 확언한다. 그러나 문제가 있다.

장면 1은 명확하다. 바울은 고린도 교회 교인들이 특별히 예언하기를 간절히 바란다. 그러나 장면 6은 방언과 예언 사이의 관계에 두 가지 새로운 요소를 도입함으로써 "물을 흐려놓는" 것처럼 보인다. 바울은 12:7-10에서 은사들이 (성령으로 말미암아) "주어진다"고 했고, 11절에서는 성령이 "자신의 뜻대로" 각 사람에게 나누어 주신다고 말했다. 하나님은 성령을 통해 각 개인에게 어떤 은사를 주실 것인지를 **결정하신다**. 교회는 하나님의 선택을 받아들이고 존중한다. 이런 관점은 "몸"에 관한 바울의 길게 확장된 비유를 통해 강화된다. 발은 손을 보고 자기는 몸의 한 부분이 아니라고 판단할 수 없다. 바울의 비유를 적용하면, 몸의 기관들을 **하나님이 배치하시고** 교회의 각 지체에게 어떤 은사를 주실 것인지는 **하나님이 결정하신다**. 이 모든 것은 명명백백하다.

그러나 갑자기 장면 6에서 바울은, 마치 방언이 누구나 가져야 할 특별한 은사이고 이 은사를 가지지 못한 자는 구해야 한다는 듯이 "따라서 나는 너희가 다 방언하기를 바란다"라고 말한다. 그렇다면 이 언급은 바울이 12장에서 한 말과 모순되는가? 눈은 볼 수 있을 때까지 만족할 수 없는가?

여기서는 다음과 같은 비유가 유익할 것 같다. 어떤 중학교가 있는데 거기서는 농구가 학교생활에서 중요한 위치를 차지하게 되었다고 상상해 보라. 그 학교에는 시즌 중에 한 번도 진 적이 없는 챔피언 팀이 있다. 그 학교의 학생은 누구나 **농구**에 관해 생각하고 말하고 꿈꾸고 있다. 무패의 팀이 나타나자, 이 특정 스포츠가 학생들의 마음을 다 빼앗아간 것이다. 학교 공부를 포함해서 다른 모든 활동은 농구의 열기에 밀려난다. 그렇다면 뭔가 대책이 세워져야 한다. 결국 교장 선생이 조회를 소집해서 다음과 같이 말씀한다. "우리가 좋은 팀을 갖고 있어서 기쁘고, 우리가 패배하지 않는 것이 정말 놀랍습니다. 이 위대한 팀을 지원해준 여러분은 칭찬받을 만합니다. 그러나 제발 오해하지는 맙시다. 나는 농구에 반대하지는 않습니다. 사실은 **여러분 모두가 농구하는 법을 배우기를 바랍니다**! 그러나 지금은 우리가 공부의 중요성을 기억하고 공부로 다시 돌아갈 때라는 것을 명심합시다!"

바울이 고린도 교인들에 대해 가지고 있는 입장은 이 교장 선생님과 비슷하다. 바울의 독자는 성령의 복을 받았음을 손쉽게 드러내는, 극적인 은사인 방언에 지나치게 열광했던 것 같다. 사도는 이 신령한 은사(방언)가 확실히 하나님으로부터 왔으며, 방언의 은사를 가진 자는 하나님께 말하는 것임을 긍정적으로 확언한다. 나아가 방언하는 자는 개인적으로 높이 세움을 받는다. 그러나 부정적인 측면에서 보면 방언의 은사는 공동체를 **높이 세우지 못한다**. 물론 누군가가 방언을 통역한다면 교회가 **세워질 수 있다**(장면 6). 바울은 방언 은사의 타당성을 무시하거나 방언하는 자들에게 잠잠하라고 말하지 않는다. 나아가 그는 방언 통역자를 통해 교회를 높이 세우는 일에 문을 열어놓는다. 하지만 동시에 바울은 교회의 삶 속에서 예언이 더 중요하다는 사실을 천명한다.

중앙의 네 장면(장면 2-5)의 의미 역시 명명백백하다(도표 4.5[3]를 보라).

2.	a. [2]**방언하는** 자는	**방언**
	b. 사람들이 아니라 하나님께 **말하고**	하나님께 말함
	c. 그러니 아무도 그를 이해하지 못하고	비밀
	d. 그는 **영**으로 **비밀을 말한다**.	
3.	a. [3]반면에 **예언하는** 자는	**예언**
	b. **사람들에게 말하고**	사람들에게 말함
	c. 그러니 **사람들을 높이 세우고**	높이 세움
	d. **격려**와 **위로**를 베푼다.	
4.	a. [4]**방언하는** 자는	**방언**
	b. **자기 자신**을 높이 세우지만	자기를 높이 세움
5.	a. **예언하는** 자는	예언

b. **교회**를 높이 세운다. 교회를 높이 세움

도표 4.5(3). 장면 2-5(고전 14:2-4)

방언하는 자는 **하나님**께 말하고(장면 2) **자신**을 높이 세운다(장면 4). **예언하는 자**는 **사람들**에게 말하고(장면 3) **교회**에 유익을 준다(장면 5). 교회는 예언을 통해 "높이 세움과 격려와 위로"를 받는다.

그리스어 *oikodome*(높이 세움)는 건축자가 힘들게 일한 결과로 나타나는 "**과정으로서의** 세움"과 "**건물로서의** 세움"이라는 이중의 의미를 가진다.[7] 영어에서는 빌딩(building)이라는 단어가 똑같은 경우다. 우리는 이렇게 말할 수 있다. "그 집은 **세우는 일**(building)에 2년이 걸렸고, 다행스럽게 폭풍이 왔을 때 그 **건물**(building)은 피해를 입지 않았다." 전자의 building은 "건축하는 일"을 의미하지만 후자는 "완성된 건물"을 가리킨다. 앞에서 지적했듯이, 바울은 번성하는 상업 도시인 고린도에서 18개월 정도 살았으며 거기 사는 동안 중요한 [천막] 건축 일에 종사할 수 있었다. 바울은 고린도에서 흔한 이런 삶의 요소들을 활용해서 3:10-17에서 터 비유와 건축자 비유를 만들어냈다. 이 설교에서도 "세움"(building) 은유가 두드러진다. 이 은유는 설교 전반부에 네 번, 후반부에 한 번 사용된다. 그리고 전반부와 후반부는 각각 "교회를 높이 세우는 일"을 지적함으로써 결론을 맺는다. RSV는 이 단어를 영어로 "교화하다[덕을 세우다]"(edify)로 번역하는데, 형식상으로 더 정확하고 부드럽다. 그러나 이 단어는 건축자 비유와 이 설교 간의 관련성을 암시하지는 못한다. 게다가 현재의 용법을 보면 "교화하다"(edify)는 이 말을 형성한 구체적인 은유(edifice; 건물, 체계)를 보존하지 못하고 있다. 고린도전서 3장에서 바울은 건축자였다. 여기서는 초점이 **교회를 세우는** 일을 계속해야 하는 **고린도 교회 교인들**에게 있다. 아마 바울은 고린도 도시 전역에 울려 퍼지는 석공

7) BAGD, pp. 558-559.

들의 망치 소리를 통해 고린도 교인들이 **교회를 세워야 하는** 그들 자신의 부르심을 상기하기를 원했던 것 같다.

또한 바울은 공동 예배에서 방언하는 것도 가능하다는(통역자가 있다면) 것을 확언한다. 그러나 방언은 예언에 비해 부차적인 것으로 남아 있다.

두 번째 부분(14:6-12)은 독자에게 다섯 개의 역장면을 제공한다. 바깥쪽 틀은 도표 4.5(4)에서 확인된다.

7. [6]그런데 형제들아, 내가 너희에게 **나아가 방언으로** 말하고
너희에게 어떤 **계시나 지식이나** **나—유익을 주다**
예언이나 가르침을 주지 않는다면 교회
너희에게 **내가 어떻게 유익을 주겠느냐**?

---

11. [12]너희 자신도 마찬가지다.
너희는 **영성에 열심을 갖고** 있으므로 **너희—높이 세우다**
교회를 높이 세우는 일을 교회
넘치도록 구하라.[8]

도표 4.5(4). 장면 7과 11(고전 14:6, 12)

이 경우에는 두 장면이 **핵심 단어**가 아니라 **평행 개념**에 따라 결합된다. 장면 7에서 바울은 **자신**을 본보기로 제시하지만, 장면 11에서는 자신이 했던 일 곧 **교회를 높이 세우는** 일을 **그들**에게 기대한다는 점을 강력히 천명한다! 고린도 교인들은 경기장에 편안히 앉아 경주를 지켜보는 구경꾼이 아니다. 그들은 릴레이 경주에 참여하는 선수들이다. 그들은 성전을 건축하는 석공들이다. 바울은 터를 닦고 교인들은 그 위에 집을 지어야 한다. 만약 장면 8-10이 빠진다 해도, 본문은 장면 7에서 장면 11로 자연

8) Bailey 번역.

스럽게 넘어갈 것이다. 바울은 그들이 "영성에 열심을 가지고 있으며"(장면 11), 진정한 영성은 "교회를 높이 세우는 일"에 깊이 헌신하는 것이라고 주장한다. 이 일은 어떻게 이루어질까? 그들이 어느 정도 **계시나 지식, 예언이나 가르침**을 구비할 것이 기대된다(장면 7).

G. G. 핀들리는 이렇게 지적한다. "네 번의 *be*(또는) 절에서 둘째 짝은 첫째 짝과 맞물려 있다. 계시는 예언하는 자를 통해 오고, 지식은 가르치는 자를 통해 온다."[9] 이 두 짝을 알고 나면 언급된 네 항목에 동의어들이 모여 있는 것이 분명해진다. 교회는 믿음의 본질에 대한 **새로운 통찰력**(**예언하는 자**를 통해 오는 **계시**를 의미함)을 필요로 한다. 또한 이미 얻은 **지식**도 받고, 지식과 관련해서 핵심 역할을 하는 **교사**도 받아야 한다.

나아가 이 목록은 두 부분 사이의 연결 고리를 제공한다. 이는 다음과 같이 확인된다.

- 장면 3은 **높이 세움, 격려, 위로**에 초점이 있다(이것들은 고난 받는 교회에서 필요하다).
- 장면 7은 **계시, 지식, 예언, 가르침**에 초점이 있다(이것들은 더 깊이 **믿음을 깨닫는 것**과 관련된다).

이 두 목록은 (통역자가 없으면) 방언이 제공할 수 없는 필요들을 제시한다. 고리 모양 구성을 가진 중앙은 장면 8-10을 망라한다(도표 4.5[5]를 보라).

8. a. [7]만일 **피리나 거문고**와 같이 생명 없는 악기도 **비유**
b. **구별된 음색**을 나타내지 않으면 피리 비유
c. 무엇이 **연주되는지를 어떻게 알겠는가**? 거문고 비유

9) Findlay, *First Epistle*, p. 903. (미국성서공회 성경에 따르면, 이 구절에 η εν의 사례가 네 번 포함되어 있다.)

a. [8]만일 **나팔**이 　　나팔 비유

b. **구별되지 못한 소리**를 내면

c. 누가 **전투**를 **준비하겠느냐**? 　　교회에게

9. [9]너희 자신도 마찬가지다. 만일 너희가 혀로 　　**분명하지 않음**

알아들을 수 없는 말을 하면

말해진 것을 어떻게 알겠느냐?

그러면 너희는 허공에 말하는 것이 될 것이다.

10. [10]의심할 여지 없이 세상에는 **다른 언어**가 많이 있고

뜻이 없는 언어는 하나도 없다. 　　**비유**

[11]그러나 내가 **그 언어**의 뜻을 알지 못하면 　　외국인 비유

나는 말하는 자에게 **외국인**이 되고 　　언어 비유

말하는 자도 **내게** 외국인이 될 것이다.

도표 4.5(5). 장면 8-10(고전 14:7-11)

장면 8과 10에서는 흥미롭게도 비유의 목록이 둘로 나뉘어 있다. 피리와 거문고는 마음을 평정시키고 불안한 영혼을 진정시키는 역할을 하는 악기다. 특히 거문고는 듣는 자가 연주에 감동을 받으려면 "구별된 음정"을 내야 한다.[10] 예언(설교의 한 부분)도 그렇게 할 수 있어야 한다. 그러나 나팔 비유를 선택하면서 바울은 전혀 다른 형태의 은유를 사용한다. 나팔/트럼펫은 전투를 준비하도록 군인들을 소집하고, 전투에서 그들을 지휘하는 역할을 한다. 예언도 "통치자들과 권세들"에 맞서는 싸움에서 리더십을 제공할 준비가 되어 있어야 한다. 핀들리가 지적하듯이 "결정적인 순간에 나팔이 진격을 알리는지, 퇴각을 알리는지 의심해야 한다면 얼마나

10) 아모스는 나팔 이미지를 두 번 사용한다(암 2:2; 3:6을 보라).

치명적으로 위험할까!"[11] 재건된 고린도에는 퇴역 군인이 많이 정착했다. 장면 8의 단계 평행법은 평화의 소리와 전쟁의 소리 간의 대조를 강화시킨다.

장면 8과 짝을 이루는, 외국어에 대한 장면 10은 "방언을 말하는 것"이 단순히 "외국어를 말하는 것"과는 차원이 다르다고 강조한다. 방언의 은사를 가진 그리스도인은 외국어를 말하는 외국인**으로 비유된다**(동일시가 아니고 비유). 바울은 히브리어, 아람어, 그리스어를 알았다. 바울 당시에 고린도 지역에 남아 있던 돌 비문의 90퍼센트 이상에는 라틴어 문구가 새겨져 있었다.[12] 고린도와 같은 국제 상업 도시의 노동 시장에서 중요한 문제는 혼잡한 언어였다. 이런 혼잡한 언어로 야기된 소통의 문제가 14장 끝부분에서 전면적으로 부상한다. 바울의 요점은 (이해할 수 없는) 외국어가 사람들을 갈라놓는다는 것이다. 외국어는 사람들을 연합시키지 못한다. 누군가가 외국어로 말하면, 듣는 자는 말하는 자가 "우리 중 하나"가 아님을 즉각 알아차린다.

중앙(장면 9)에서는 방언의 약점이 크게 부각된다. 방언하는 자는 교회를 향해서가 아니라 "허공에 말하는 것"이다. 이 다섯 장면의 클라이맥스는 방언하는 자가 한 일을 이처럼 신랄하게 부정적으로 평가한다. 그리고 이와 균형을 이루는 긍정적인 평가는 교회를 높이 세우는 일에 강조점을 둔 고리 모양 구조의 첫 부분(장면 7)과 끝부분(장면 11)에 나온다.

마지막으로 이 설교 전체의 처음과 끝은 하나로 연결되어 있다. "신령한 은사들을 구하는(*zeteite*)" 고린도 교회 교인들의 열심(장면 1)은 그들이 교회를 높이 세우는 일을 넘치도록 구하는(*zeteite*) 것(장면 11)과 맞물려 있다. 고린도 교회 교인들은 신령한 은사들을 통해 교회를 높이 세우는 공

11) Findlay, *First Epistle*, p. 904.

12) Jerome Murphy-O'Connor, *St. Paul's Corinth* (Collegeville, Minn.: Liturgical Press, 2002), p. 8.

통 과제를 수행할 때 연합해야 했다. 그런데 슬프게도 그들은 도리어 신령한 은사들로 말미암아 분열되고 말았다.

두 부분으로 이루어진 이 설교는 주로 **교회를 내적으로 높이 세우는 데** 초점이 있다. 바울은 여기에 방언과 예언을 **외국인**, **비신자**, **외인**과 관련시켜 설명하는 두 번째 중요한 설교를 덧붙인다. 이제 이 두 번째 설교로 시선을 돌려보자(도표 4.5[6]를 보라).

수사 구조

이 설교는 고린도전서에서 자주 나타나는 높이뛰기 형식을 반복하는데 그 구조는 다음과 같다.

1. 접근	(서론)	(장면 1-2)
2. 도약	(논증의 시작)	(장면 3-5)
3. 가로대 넘기	(클라이맥스)	(장면 6)
4. 균형 잡힌 하강	(논증의 완결)	(장면 7-9)

이 수사 스타일은 고린도전서에서 여덟 번 나타나는데, 바울이 선호하는 수사 기법임이 분명하다.[13] 9:1-12의 설교와 장면의 배열은 앞과 동일하다. 바울은 서론(장면 1-2) 다음에 일곱 개의 연으로 하나의 예언적 수사 틀을 구성하고 그 중앙에 클라이맥스를 배치한다. 고린도전서에서는 (이 본문을 포함해서) 고리 모양 구성의 클라이맥스에 구약 인용문을 배치하는 경우가 일곱 번이나 된다.[14] 이는 바울의 글쓰기의 전형적인 특징 중 하나다.

13) 고전 2:3-10; 3:1-17; 6:13-20; 7:1-5; 9:1-12; 10:1-13; 14:13-25; 15:21-34을 보라.
14) 고전 6:13-20; 9:1-12; 10:1-13; 14:13-25; 15:21-28, 42-50을 보라. 우리는 이 목록에 고전 15:1-11을 추가할 수 있다. 이 본문의 중앙에는 고정된 사도 전통으로부터 온 인용문이 포함되어 있다. 이는 신약성경의 시작으로 불릴 수 있다.

1.	[14:13]그러므로 **방언하는** 자는 통역하는 능력을 위해 기도해야 한다. [14]만일 내가 방언으로 기도하면 내 영은 기도하지만 **내 마음은 열매를 맺지 못할 것이다.** [15]그러면 나는 어떻게 해야 할까?	**방언으로는** 마음에 열매를 맺지 못함
2.	나는 **영으로 기도하고** 또 **마음으로 기도할** 것이다. 나는 **영으로 찬송하고** 또 **마음으로 찬송할 것이다.**	영과 마음으로 **기도하라/찬송하라**
3.	[16]그렇지 않으면 네가 영으로 축복할 때 **질문하는 자**[15]의 위치에 있는 자가 네가 무슨 말을 하는지 모를 때 네 감사에 어떻게 **"아멘"을 말할** 수 있겠는가? [17]너는 정말 크게 감사할 수 있으나 **다른 사람은 높이 세움 받지 못한다.**	**질문하는 자를 위해** 방언 파악할 수 없음 효력이 없음 높이 세우지 못함
4.	[18]나는 내가 너희 모두보다 방언을 잘하는 것을 하나님께 감사한다. [19]그러나 **교회에서** 나는 일만 마디의 방언을 말하는 것보다 차라리 **남을 가르치기** 위해 **내 마음으로** 다섯 마디의 **말**을 하겠다.	**교회에서:** 방언하지 않음 차라리: 가르침
5.	[20]형제들아, 너희는 **생각**에 어린아이가 되지 말라. 악에는 아기가 되고 **생각**에는 **성숙한 자가 되어라.**	성숙하게 **생각하라**
6.	[21]**율법에** 기록된 것처럼 "내가 생소한 방언을 말하는 자와 외국인의 입술로 이 백성에게 말할 것인데 그렇더라도 그들은 내게 여전히 듣지 아니할 것이라고 주께서 말씀하신다."	**성경**
7.	[22]따라서 **방언**은 표적으로 작용하되 **믿는 자**들이 아니라 **믿지 않는 자**들을 위하고 **예언**은 **표적이 아니지만** **믿지 않는 자**들이 아니라 **믿는 자**들을 위한다.	**방언** 예언
8.	[23]그러므로 만일 **온 교회가 함께 모여** **다 방언**으로 말하는데 **질문하는 자**나 **믿지 않는 자**가 들어오면 그가 너희가 **미쳤다**고 말하지 않겠느냐?	**교회에서:** 믿지 않는 자가 들어옴 방언=미친 짓
9.	[24]그러나 만일 **다 예언을 하는데** **믿지 않는 자**나 **질문하는 자**가 들어오면 그는 모두에게 설득을 받고 모두에게 책임을 추궁받으며 [25]그의 마음의 비밀들이 드러나게 될 것이고 이에 그가 엎드려서 하나님을 **경배하며** "하나님이 참으로 너희 중에 계신다"고 선언할 것이다.	**믿지 않는 자/** **질문하는 자를 위해** 예언하라: 설득 자기가 드러남 엎드림 경배 증언

도표 4.5(6). 신령한 은사와 교회를 높이 세움(고전 14:13-25)

주석

이 설교(14:13-25)는 난제로 가득하다. 관련 문헌에는 방대하고 셀 수 없이 많은 설명이 서로 엇갈린다. 통상적으로, 티슬턴과 고든 피를 위시해서 수많은 학자들이 칭송할 만큼 상세하게 이 문제들을 설명한 바 있다. 하지만 우리는 관점을 좁혀 바울의 수사 스타일이 그의 의도에 어떤 빛을 던져주는지를 알기 위해 그 스타일을 살펴볼 것이다. 서론을 구성하는 두 장면이 도표 4.5(7)에서 제시된다.

1.	[14:13]그러므로 **방언하는** 자는	방언으로는
	통역하는 능력을 위해 기도해야 한다.	마음에 열매를 맺지 못함
	[14]만일 내가 방언으로 기도하면 내 영은 기도하지만	
	내 **마음은 열매를 맺지 못할 것이다.** [15]그러면 나는 어떻게 해야 할까?	
2.	나는 **영으로 기도하고**	
	또 **마음으로 기도할** 것이다.	영과 마음으로
	나는 **영으로 찬송하고**	기도하라/찬송하라
	또 **마음으로 찬송할 것이다.**	

도표 4.5(7). 장면 1-2(고전 14:13-15)

여전히 바울은 방언과 전달의 중요성을 염두에 두고 있다. 바울은 방언을 무시하지 않으며 다만 그 유효성을 제한할 따름이다. 비록 방언의 일차 용도를 개인적인 경건의 한 양식으로 보기는 해도, 사도는 이 장 전체에서 (만약 통역이 이루어진다면) 방언이 공적 예배의 합법적인 요소라고

15) 나는 그리스어 *idiotes*의 의미로 NIV의 (난외주) 번역인 "질문하는 자"(inquirer)를 택했다.

단호하게 확언한다. 바울은 시작하면서 언급한 "~하는 자"(3인칭)에서 자기 자신으로 관심을 옮긴다. 바울의 개인적인 경건 생활에는 "영으로" 그리고 "마음으로" 기도하고 찬송하는 일이 포함되어 있었다. 그가 "영으로" 행한다고 묘사한 경건의 형식들은 분명히 마음과는 아무 관련이 없었다. "영으로" 행하는 경우에 바울의 마음은 "열매가 없었다." 키루스의 테오도레토스(대략 466년 사망)는 이 구절을 주석하면서 "말하는 자의 열매는 듣는 자가 얻는 유익에서 발견된다"라고 썼다.[16] 말하는 자(정치가, 학자, 종교인) 중 많은 이가 자기 자신의 이익을 챙기려고 애쓴다. 그런데 바울은 그렇게 하지 않았다. 앞에서 말했듯이 바울의 목표는 듣는 자들을 **높이 세우고 위로하고 가르치는** 것이었다(14:3, 6). 그는 이 목표를 추구하기 위해 영과 마음을 다 사용할 것이다.

개인적으로 나는 영으로 찬송하는 은사가 충만한 자들과 함께 예배를 드리는 경험을 한 적이 있다. 그때 나는 그들의 찬양이 훌륭하다는 것을 발견했으며, 내가 이런 풍성한 예배를 경험한 것은 내 주위에 은사를 가진 사람들이 있었기 때문이라고 확신하고 있다. 그러므로 바울이 여기서 "마음으로" 기도하고 찬송하는 일과 함께 "영으로" 기도하고 찬송하는 것이 타당하다고 주장하는 것은 놀랍지 않다. 이 서론 부분은, 비록 바울이 "마음으로" 예배하는 일을 더 중요하게 여기기는 하지만, 영의 예배와 마음의 예배가 바울에게 모두 중요했음을 보여준다. 이런 이중 초점을 기억하는 일은 이 설교의 나머지 부분을 이해하는 데 중요하다.

서론 다음에 바울은 일곱 개의 역장면으로 예언적 수사틀을 구성하고 중앙에 클라이맥스를 배치함으로써 자신의 사례를 제시한다. 이 수사 틀의 바깥쪽 덮개는 장면 3과 장면 9로 구성되는데, 이는 도표 4.5(8)에서 확인된다.

16) Theodoret of Cyr, *Commentary on the First Epistle to the Corinthians*. Findlay, *First Epistle*, p. 907에서 인용함.

3. [16]그렇지 않으면 네가 영으로 축복할 때	**질문하는 자를 위해**
질문하는 자의 위치에 있는 자가	방언
네가 무슨 말을 하는지 모를 때	파악할 수 없음
네 감사에 **어떻게 "아멘"을 말할** 수 있겠는가?	
[17]너는 정말 크게 감사할 수 있으나	효력이 없음
다른 사람은 높이 세움 받지 못한다.	높이 세우지 못함
9. [24]그러나 만일 **다 예언을 하는데**	**믿지 않는 자/**
믿지 않는 자나 **질문하는 자**가 들어오면	**질문하는 자를 위해**
그는 모두에게 설득을 받고	예언하라:
모두에게 책임을 추궁받으며	설득
[25]그의 마음의 비밀들이 드러나게 될 것이고	자기가 드러남
이에 그가 엎드려서	엎드림
하나님을 **경배하며**	경배
"하나님이 참으로 너희 중에 계신다"고 선언할 것이다.	증언

도표 4.5(8). 장면 3과 9(고전 14:16-17, 24-25)

이 예언적 수사 틀을 이루는 일곱 장면(장면 3-9)을 이해하는 데 결정적인 역할을 하는 네 개의 핵심 단어가 있다.

- 외국인(*heteros*)
- 믿지 않는 자(*apistos*)
- 믿는 자(*pistos*)
- 질문하는 자(*idiotes*)

"외국인"(*heteros*)은 이사야 28장으로부터 온 인용문에서만 나타난다(장면 6). 이사야서 본문에서 이 단어는 이해할 수 없는 언어로 말하고 외국 문화에 속한 사람을 가리킨다. "믿지 않는 자"는 믿지 않는 그리스인이나 유대인을 의미하는 것 같다. 세 번째 단어 "믿는 자"는 신앙을 고백하는 그리스도인을 가리킨다. 그러나 네 번째 단어는 불확실하다. *idiotes*는 어떤 신령한 은사도 받지 못한 신자를 의미할 수도 있고, "무지한" 사람을 가리킬 수도 있다. BAGD는 이렇게 설명한다. "*idiotes*는 *apistoi*(비신자)와 유사한 사람도 아니고, 완전한 자격을 갖춘 그리스도인도 아니다. 분명히 그들은 일종의 개종자나 구도자로서 이 두 집단 사이의 어느 지점에 서 있는 자다. 아마 이들은 **질문하는 자**였던 것 같다."[17] 여기에 속한 예배자들은 기독교 예배에서 자기에게 일어나는 일을 충분히 알고 "아멘"으로 화답하고 싶어 한다. 히브리어-아람어 "아멘"은 유대교 예배에서는 흔히 사용되나 그리스인들은 잘 모르는 말이었다. *idiotes*는 이 단어를 알고 있었으며, 이 말을 사용함으로써 기독교 예배에 적극적으로 참여하고 싶어 했다. 여기서 바울은 다음과 같이 말하는 것 같다. "너희는 이 가련한 자들에게 '아멘'을 말할 기회를 주지 않고 있다. 너희가 (통역자 없이) 방언으로 말할 때 그들은 너희가 어떤 말을 하는지 모르고 그러니 참여할 수가 없다." 두 행 뒤에 바울은 "다른 사람(*idiotes*를 의미함)은 높이 세움 받지 못한다"라고 언급한다. 분명히 *idiotes*는 특수한 목적을 가지고 예배에 참석한 자들이었다. BAGD의 설명과 NIV 난외주를 따르면, **질문하는 자**가 적절한 뜻으로 보인다.

장면 9에서는 결정적인 대조가 제시된다. 여기서 바울은 자신이 진정한 기독교 예배로부터 기대하는 바에 대한 가장 완전한 그림을 제시한다. 만약 모두가 예언을 한다면, 믿지 않는 자와 질문하는 자도 자기 주위에서 일어나는 일을 이해하고 참여할 수 있다. 이런 예배에서 예상되는 결과가 인상적인데, 여기서는 다섯 가지 역사가 일어난다.[18]

---

17) BAGD, p. 370.

18) Gordon Fee는 *First Epistle*, pp. 686-687에서 네 가지 역사를 유용하게 설명한다. 이 역사를 다섯 가지로 보는 입장도 가능하다.

1. “그는 모두에게(즉 예배자가 아니라 예언의 말에 의해) 설득된다.” 성령께서 감정과 생각의 내면세계 속에 역사해서 죄에 대한 가책과 진실에 대한 고백을 이끌어내신다.

2. “모두에게(즉 모든 예언의 선포를 통해) 책임을 추궁받는다.” 예배자는 예언을 통해 자신의 헌신과 행동을 돌아보고 헌신과 행동에 대한 책임을 가지도록 자극받는다.

3. “그의 마음의 비밀이 드러난다(내면생활이 폭로된다).” 예언은 기분 좋게 해주는 설교가 아니다. 예언은 예배자의 지성과 마음의 어두운 구석을 통찰하고 폭로한다. 고든 피는 이렇게 말한다. “말할 필요도 없이 고린도 교회 교인들은 방언을 선호했다. 그들은 방언이 더 ‘신령한’ 은사라고 느꼈을 뿐만 아니라 더 안전한 은사라고 느꼈다.”[19]

4. “그는 엎드려서 하나님을 경배할 것이다(하나님께 복종하고 그분을 예배한다).” 여기에 상응하는 현대적인 표현이 있다면, “그는 무릎을 꿇을 것이다” 정도가 될 것이다.[20]

5. 그는 “하나님이 참으로 너희 중에 계신다”라고 선언할 것이다(자신의 믿음을 증언할 것이다). 유대인과 그리스도인 모두 자기가 믿는 신이 성전 곧 그의 “집”에 “산다”고 보았다. 그러므로 여러분이 하나님께 가까이 나아가기를 원한다면 하나님의 집으로 갈 필요가 있다. 바울은 독자에게 “너희는 하나님의 성전이고…하나님의 영이 너희[복수형] 안에 거하신다”라고 말했다(3:16). 공적 예배에서 예언적 증언이 목적을 달성하면, 믿지 않는 자와 질문하는 자는 이 놀라운 실재가 참되다는 것을 발견하고 이렇게 고백하기 마련이다.[21]

예배자들은 오락거리를 얻으려고 예배에 참석한 것이 아니다. 그들은

---

19) 같은 책, p. 687.

20) Thiselton, *First Epistle,* p. 1129.

21) 사 45:14에서는 이집트인, 구스인(에티오피아인), 스바인이 비슷한 고백을 한다.

장엄하게 전개되는 드라마에 참여한 자들이었다. 그들은 능동적인 행위자였다. 성직자와 평신도 사이에 어떤 차별도 없이, 자기의 (신령한) 은사에 따라 누구나 예배에 참여할 수 있는 공간과 기대감이 있었다.

이 설교의 두 번째 덮개는 장면 4와 장면 8로 구성되며, 이는 도표 4.5(9)에서 확인된다.

4. [18]나는 내가 너희 모두보다 방언을 잘하는 것을 하나님께 감사한다.	**교회에서:**
[19]그러나 **교회에서** 나는 일만 마디의 방언을 말하는 것보다	방언하지 않음
차라리 **남을 가르치기** 위해	차라리: 가르침
내 마음으로 다섯 마디의 **말**을 하겠다.	
....	
8. [23]그러므로 만일 **온 교회가 함께 모여**	
다 방언으로 말하는데	교회에서:
질문하는 자나 **믿지 않는 자**가 들어오면	믿지 않는 자가 들어옴
그가 너희가 **미쳤다**고 말하지 않겠느냐?	방언=미친 짓

도표 4.5(9). 장면 4와 8(고전 14:18-19, 23)

이 두 장면은 긴밀하게 융합되어 있기 때문에 앞의 장면에서 뒤의 장면으로 개념들이 자연스럽게 흘러간다. 만약 장면 5-7이 빠진다 해도 독자는 이를 알아차리지 못할 것이다. 바울은 방언의 은사를 가지고 있었고 (장면 4), 방언을 다른 누구보다 더 잘했으나 교회에서는 이를 사용하지 않았다. 듣는 자가 말하는 자보다 더 중요하기 때문이었다. 여기서 바울의 관심사는 "듣는 자가 어떤 유익을 받게 될까?"다. 독자는 바울이 통역자가 있으면 예배에서의 방언이 가능하다고 본다는 점을 잘 알고 있다. 장면 8의 열쇠는 "만일…**다** 방언으로 말한다면"이다. 말하자면, 예배에서 예언이 없고 선포되는 것이 방언이 전부라면, 결과는 재앙이 될 것이다. 그렇게 되면 알아들을 수 없는 비합리적인 말로 횡설수설하는 신비 종교보다 더 못한 제사라는 결론이 내려지고, 질문하는 자는 질문을 멈추고 믿지 않는 자는 질문하는 자의 편을 들 것이다. 여기서 바울의 명령은 다음과 같다. 일부 교인들이 방언을 하는 것(통역과 함께)은 괜찮다. 하지만 **주도적인 요소는 어디까지나 예언의 말이어야 한다**!

중앙의 세 장면(장면 5-7) 역시 함께 묶어 검토할 필요가 있다(도표 4.5[10]를 보라).

5. [20]형제들아, 너희는 **생각**에 어린아이가 되지 말라.
악에는 아기가 되고 — 성숙하게
생각에는 **성숙한 자가 되어라**. — **생각하라**

6. [21]**율법에** 기록된 것처럼
"내가 생소한 방언을 말하는 자와
외국인의 입술로 — **성경**
이 백성에게 말할 것인데
그렇더라도 그들은 내게 여전히 듣지 아니할 것이라고
주께서 말씀하신다."

7. [22]따라서 **방언**은 표적으로 작용하되 — **방언**
믿는 자들이 아니라 **믿지 않는 자들**을 위하고 — 예언
예언은 **표적이 아니지만**
믿지 않는 자들이 아니라 **믿는 자들**을 위한다.

도표 4.5(10). 장면 5-7(고전 14:20-22)

다시 한번 바울은 고리 모양 구성에 따라 작성된 설교의 중앙에 성경 인용문을 배치한다. 그런데 이 경우에 사도는 고리 모양 구성을 따른 구약 본문의 중앙을 인용해서, 그 인용문을 다시 자신이 작성한 새로운 고리 모

양 구성의 중앙에 두었다. 인용된 이사야서 본문은 도표 4.5(11)에서 확인된다.

분명히 바울은 고린도전서를 쓰는 동안, 여섯 장면으로 이루어진 이 예언적 설교를 마음속에 간직하고 있었다. 여러 곳(볼드체로 표시된 부분에 주목하라)에서 바울의 설교와 이사야서 본문은 그 관심사가 서로 겹쳐 있다. 다음과 같은 점들은 주목할 만하다.

1. 이사야서 본문의 장면 1은 **지식의 가르침**과 **메시지를 설명하는** 임무에 초점을 맞추면서 시작된다. 이 주제들은 바울이 방언보다 예언이 우월하다는 점을 거듭 주장함으로써 확인되는 것처럼 고린도전서 14장 전체에서 두드러지게 나타난다. 고린도전서 14:19(장면 4)에서 바울은 "남을 가르치기를" 간절히 바란다.

2. 이사야서 본문의 장면 1 마지막 부분에 젖 먹이는 행위의 이미지가 나타난다. 바울은 이미 고린도전서 3:1-2에서 아기에게 (단단한 음식이 아니라) 젖을 먹이는 일에 관해 말했다. 이 주제는 14:20(장면 5)에서 다시 나타나는데, 거기서 바울은 어린아이나 **아기**처럼 되지 말고 **성숙한 자**가 되라고 독자에게 권면한다.

3. 바울은 이사야서 본문의 설교 중앙에서 "이상한 말을 하는 사람들"에 관한 부분을 인용한다. 바울은 이사야서 본문의 말을 단축시키기는 해도, 이 본문의 중앙 두 부분으로부터 신중하게 언어를 인용한다. 바울은 이사야서 본문의 장면 3의 첫 부분과 장면 4의 마지막 부분에서 단어들을 취사선택한다.

4. 이사야는 "넘어짐"의 이미지를 사용해서 이를 **뒤로 넘어질** 완고한 이스라엘에게 적용한다. 바울은 자신의 설교를 동일한 이미지로 끝맺지만, 이를 통해 이사야의 묘사와는 반대 상황을 이야기한다. 즉 새로운 예언 메시지를 받아들이는 자는 **엎드려서** 하나님을 경배하고 자신의 믿음을 선언할 것이다.

5. 이사야는 예언의 메시지를 듣지 않는 이스라엘의 불순종을 비판하

1. 28:9"그가 누구에게 **지식**을 가르치고	
누구에게 **메시지를 설명할** 것인가?	**누구에게 메시지를?**
젖을 뗀 자들,	아기들에게?
품에서 떠난 자들인가?	
2. 10그것은 교훈에 교훈을 더하고	
교훈에 교훈을 더하며	**교훈에 교훈을 더하고**
줄에 줄을 더하고 줄에 줄을 더하며	줄에 줄을 더하고
여기서 조금, 저기서 조금 하는구나."	여기서/저기서 조금
3. **11그렇다고 해도 이상한 입술과**	**다른 말을 통해**
다른 말을 가진 사람들을 통해	여호와께서 백성에게
여호와께서 자기 백성에게 말씀하실 것이다.	말씀하신다.
4. 12여호와께서 그들에게 말씀하셨으니	
"이것이 안식이다.	**이것이 안식이다**
피곤한 자에게 안식을 주라.	이것이 쉼이다
바로 이것이 쉼이다."	그들은 듣지 아니할 것
그러나 그들은 듣지 아니할 것이다.	
5. 13그러므로 여호와의 말씀이 그들에게 있을 것이니	
교훈에 교훈을 더하고	**교훈에 교훈을 더하고**
교훈에 교훈을 더하며	줄에 줄을 더하고
줄에 줄을 더하고 줄에 줄을 더하며	여기서/저기서 조금
여기서 조금, 저기서 조금 할 것이니	
6. 그들은 가다가	
뒤로 넘어지고	**그들은 가다/넘어지다**
부러지고	부러지고 덫에 걸리고 붙잡히다
덫에 걸려 붙잡히게 될 것이다.	

도표 4.5(11). 야웨와 그의 백성: 이사야와 이스라엘 그리고 다른 말(사 28:9-13).

고 있다. 바울은 고린도에서 자기를 따르는 사람들 속에서 사역을 시작했다. 바울은 "안식일마다 회당에서 강론했다"(행 18:4). 그는 "설교에 붙잡혀 유대인들에게 그리스도가 예수라고 증언했다"(행 18:5). 이 일은 여러 달 동안 계속되었다. "줄에 줄을 더하고, 교훈에 교훈을 더하며, 여기서 조금 저기서 조금 하는" 일(사 28:10, 13)의 한 사례였다. 어떤 이는 바울의 메시지를 믿었지만, 다른 이는 그의 메시지를 거부하고 로마법에 따라 법정에 바울을 기소했다(행 18:12-17). 바울은 고린도에서 자기를 거부한 유대인들이 예언의 메시지를 거부한 옛 이스라엘인과 같다고 생각했다. 그래서 사도는 이사야 28:11-12에서 말을 인용한다.

어쨌든 이사야의 예언적 설교의 여섯 장면 중 다섯이 고린도 교회 교인들(과 온 교회)에게 보내는 편지에 반영되어 있다.

이사야 28:9-13과 고린도전서 14:16-25 사이의 이런 관계를 염두에 두고 장면 7을 간략히 살펴볼 필요가 있다. 침략군들이 사용한 앗수르 말은 자기와 소통하기를 원하시는 하나님의 뜻을 깨닫지 못한, 귀먹고 어린아이 같은 이스라엘 백성에게 주시는 그분의 말씀과 같았다. 바울은 방언이 "믿지 않는 자들을 위한 표적"이라고 주장한다. 어떤 면에서 그런가? 백 년 전 플러머의 주장에 따르면, 바울은 고대 이스라엘이 예언자들의 말을 듣지 않는 이유로 하나님께 징계를 받고 있음을 잘 알고 있었다. 마찬가지로 바울은 당대에 **자신의** 메시지를 믿지 않는 자들에게는 방언이 징벌이 되리라고 이해한다.[22] 방언은 두 기사 모두에서 부정적인 심판의 표적이었다. 고린도전서의 모든 주석가는 이 구절을 붙들고 씨름했다.[23] 나는 두렵고 떨림으로 다음과 같이 말하겠다.

크리소스토모스는 이렇게 썼다. "예언이 믿는 자와 믿지 않는 자 모두

22) Robertson/Plummer, *First Epistle,* pp. 316-317.

23) Thiselton, *First Epistle,* p. 1120-1126; Fee, *First Epistle,* pp. 679-685; Kistemaker, *1 Corinthians,* pp. 500-502; Hays, *First Corinthians,* pp. 238-240.

에게 가르침을 위해 주어지는 것과 달리, 방언은 믿지 않는 자들을 놀라게 하려는 표적으로 주어진다."[24] 다음과 같은 장면을 상상해보라. 질문하는 자와 믿지 않는 자가 고린도의 기독교 공동체의 예배 모임에 참석한다. 예언하는 자가 자기의 메시지를 전한다. 예언하는 자를 통해 구약 본문들이 예수의 생애와 사역에서 성취되었다고 제시된다. 십자가와 부활이 설명된다. "교훈에 교훈을 더하여" 제시된다. 그럼에도 불구하고 믿지 않는 자는 여전히 깨닫지 못하고 있다. 이 예언은 열정적으로 전해졌음에도 매우 합리적이다. 질문하는 자 역시 다양한 열광적인 신자들이 자기 견해를 제시하는 것을 들었으나 아직 깨닫지 못하고 있다. 이어서 예언하는 자 중 하나가 자신의 말을 마치자 갑자기 다른 사람이 방언으로 기도하기 시작한다. 방언을 마치자 또 다른 사람이 나와 그의 기도를 통역한다. 방언하는 자는 통제 불능 상태에 있지 않다. 그는 예언하는 자가 예언을 마칠 때까지 기다렸으며, 오직 그런 후에 성령 충만하여 방언으로 알아들을 수 없는 기도를 시작했다. 이에 믿지 않는 자는 놀라 겁을 먹었다. 한평생 이런 기도를 들어본 적이 없었기 때문이다. 노래, 춤, 드럼, 제사, 격렬한 음악으로 감정을 고조시켜 무리를 열광 속으로 이끄는 일도 없었다. 얼핏 보면 이상하지만 흥미로운 알아들을 수 없는 말이 느닷없이 튀어나왔다. 이후에 신비스럽게도, 두 번째 사람이 그 말을 합리적인 언어로 통역한다. 믿지 않는 자가 도저히 설명할 수 없는 어떤 일이 일어나고 있다. 아마도 하나님이 임하셔서 이 가정집에 모인 그리스도인들 속에서 말씀하시는 것인지도 모른다. 믿지 않는 자는 "신성한 존재가 땅에 임했는가?"라고 묻는다. **질문하는 자**는 이런 일에 익숙하다. 그에게는 이것이 표적이 아니다. 그는 예언자의 메시지에 초점을 맞추고 "아멘"으로 화답하고, 그것이 자기 삶에

---

24) Chrysostom, *1 Corinthians* 36.2. *1-2 Corinthians*, ed. Gerald Bray, Ancient Christian Commentary on Scripture (Downers Grove, Ill.: InterVarsity Press, 1999), 7:142에서 인용함.

어떤 의미가 있는지 성찰해보고 싶어 한다. **믿는 자**는 동일한 예언 메시지를 듣고 믿음이 더 깊어진다. 그러나 **믿지 않는 자**에게는 성령 충만한 이 이상한 말이 휘장 너머에 있는 신적 실재를 지시하는 표적이다. 바울의 확언처럼, 방언은 "믿지 않는 자들을 위한 표적"이지만 예언은 "믿는 자들을 위한 표적"이다. 결론적으로 말해, 크리소스토모스는 오랫동안 이어져온 이 난제를 푸는 열쇠를 우리에게 제공한다.

세례 받은 그리스도인에게 예언과 방언에 관한 지침을 제시하고(14:1-12), 이어서 그리스도인의 예배에 참석할 수도 있는 질문하는 자와 믿지 않는 자에 대해 다룬(14:13-27) 다음, 이제 바울은 새로운 형태의 "예배의 무질서"로 시선을 돌린다. 이 주제에 대해서는 또 하나의 설교가 필요하다.

4.6.

예배의 질서

말씀—예언하는 자와 방언하는 자

고린도전서 14:26-33

예배의 질서 주제를 다루는 바울의 두 번째 설교는 간단하다. 이 설교는 다음과 같이 일곱 부분으로 구성된 긴 넷째 논문의 한 자리(여섯째 부분)를 차지한다.

예배: 교회에서 남자와 여자(11:2-14:40)

1. 예배를 인도하는 남자와 여자: 예언하는 자와 단정한 복장(11:2-16)
2. 예배의 질서: **성례**—주의 만찬(11:17-34)
3. 은사와 몸의 본질(12:1-30)
4. 사랑의 찬가(12:31-14:1)
5. 신령한 은사와 그리스도의 몸을 높이 세움(14:1-25)
6. **예배의 질서: 말씀—예언하는 자와 방언하는 자(14:26-33a)**
7. 예배를 드리는 남자와 여자: 교회에서 잠잠함(14:33b-40)

이제 부분 6(볼드체)을 다룰 차례다. 고린도 교회 교인들의 예배에는

1. 14:26 그러면 형제들아, 무엇을 할까? 너희는 모일 **때**	
각자 **찬송**, **가르침**,	
계시, **방언** 또는 **통역**을 갖고 있다.	**질서**
그러니 **모든 일을 높이 세우기 위해** 하라.	높이 세우기 위함
2. A. 27 만일 누가 **방언**으로 말하려면	
둘이나 많아야 세 사람이	**방언?**
차례대로 하고, 한 사람은 통역을 하라.	둘이나 셋
3. B. 28 그러나 만일 통역하는 자가 없으면	
각자 교회에서는 **잠잠히 있고**	**잠잠함**
자기 자신과 하나님께 말하도록 하라.	(필요할 때)
4. A. 29 예언은 둘이나 세 사람이 말하고	**예언?**
다른 이들은 말해진 것을 **평가하도록** 하라.	둘이나 셋
5. B. 30 만일 옆에 앉아 있는 다른 이에게 계시가 주어지면	
먼저 예언하던 자는 잠잠히 있으라.	**잠잠함**
31 너희는 다 하나씩 예언함으로써	(필요할 때)
모두가 배우고 모두가 권면을 받을 수 있도록 하라.	
32 그리고 예언하는 자의 영은 예언하는 자에게 예속되어 있다.	
6. 33 하나님은 **혼란의 하나님이 아니고** 화평의 하나님이시니	**질서**
모든 교회에서 성도들도 이와 같다.	모든 교회에서

도표 4.6(1). 말씀 – 예배의 질서(고전 14:26–33)

말씀과 **성례**가 포함되었다. 그러나 그들의 예배의 각 측면에는 문제가 있었다. 주의 만찬을 거행할 때, 어떤 교인은 먹을 것이 떨어져 배가 고팠고 다른 교인은 술에 취했다. 바울은 이 문제를 11:17-34에서 다룬 바 있다. 여기 14:26-33에서는 같은 동전의 다른 면을 다루는데, **설교**와 **기도**의 무질서에 관해 말할 준비를 한다. 본문은 도표 4.6(1)에 나타나 있다.

수사 구조

여기서 수사 스타일은 **서론** + A-B, A-B + **결론**으로 되어 있다. 이 패턴은 고린도전서에서 모두 다섯 번 나타난다.[1] 이 설교에서 마지막 장면(장면 6)은 양쪽으로 다 작용한다. 곧 장면 6은 이전 부분의 결론인 동시에 이후 부분의 서론이다. 이 점 역시 고린도전서에서 흔하게 나타나는 특징이다.[2]

주석

장면 1은 초기 교회의 예배를 더 깊이 들여다보게 만드는 창문 같은 역할을 한다. 초기 교회에서는 모두가 예배에 참여했으며 구경꾼은 없었다. 여기서는 다섯 가지 예배 방식, 즉 찬송(*psalmon*), 가르침(*didakhen*), 계시(*apokalupsin*), 방언(*glossan*), 통역(*hermeneian*)이 제시된다. 첫째 방식(찬송)은 찬송과 관련되고, 둘째와 셋째 방식(가르침과 계시)은 예언과 관련되며, 마지막 두 방식(방언과 통역)은 방언과 관련된다. 바울은 이 세 가지 요소 모두가 예배에서 자리를 차지하고 있다고 주장한다. 기독교 찬송가의 역사가 없음에도, 신자들은 찬송가를 자체적으로 만들어 불렀던 것 같다. (사도들과 사도들의 동료 여행자 외에) 성직자를 훈련시키는 신학교가 없

1) 고전 7:6-8(수정 형태); 7:32-35; 14:1-5, 26-33; 15:51-58(수정 형태)을 보라.
2) 고전 3:17; 7:17 (5); 6:13-20; 9:12b-18 (4); 14:26-33; 15:35-50을 보라.

음에도, 그들은 교회에서 예언하는 자와 교사에게 의존했다. 여기에 방언하는 자와 방언 통역자가 추가되었다. 당시 신자들은 **받을** 것이 아니라 **바칠** 것을 생각하고 예배에 참석했음이 분명하다.

그런데 예배가 너무 길어지는 바람에 부작용이 있었던 것 같다. 바울은 방언하는 자부터 설명을 시작해서, 방언하는 자는 둘이나 세 명으로, 통역하는 자는 한 명으로 제한했다(장면 2-3). 분명히 방언하는 자는 방언의 은사를 절제해서 사용해야 했다. 그들은 "자기 차례를 기다려야" 했다. 만약 통역자가 없다면, 방언하는 자는 "교회에서는 잠잠히 있어야" 했다. 이럴 경우 방언하는 자는 방언의 은사를 조용히 "자기 자신과 하나님께" 말하는 것으로 사용해야 했다.

예언하는 자에게 주어지는 평행적인 권면도 흥미롭다. 예언하는 자도 둘이나 세 사람으로 제한되었고, 예언 이후에는 성찰하는 시간을 가져야 했다. 바울의 언급에 나타난 다음과 같은 국면들은 주목할 만하다.

1. 예언하는 자는 남자와 여자로 구성되었다. 바울의 논문 구분을 파악하게 되면, 독자는 남녀가 모두 예언자에 포함되었다고 언급하는 11:4-5의 의미를 충분히 깨닫게 될 것이다.[3] 14:34-36(나중에 검토할 것임)을 고찰할 때에는 이 권면을 염두에 두어야 한다. 그런데 자주 이 본문은 여성 예언자를 언급하는 11장 본문과 분리되어 인용되거나 연구된다.

2. 예언하는 자는 조용히 "한 번에 둘이나 세 사람이 말하는 것이 적당하다"는 언급이 나온다. 이때 예언의 과정에 몇 가지 순서가 도입된다. 동시에 본문에 약간 애매한 말이 나오기도 한다. 분명히 예배에 참석한 자들(남자와 여자)은 자유롭게 예언의 은사를 받았고, 그들은 모두 "한 사람씩 예언할" 자유가 있었다. 그러면 "예언은 둘이나 세 사람이 말하라"는 부분의 의미는 무엇일까? 장면 4와 장면 5는 서로 모순되는가? 바울은 "둘이

---

3) 오순절에 베드로는 요엘의 예언을 인용했다. 그 인용문은 남종과 여종들이 성령을 받고 **예언할** 것이라고 천명한다(행 2:18).

나 세 사람"이 말한 다음에, 말해진 예언에 대해 반성하는 시간을 가져야 한다고 말한 것으로 이해할 수 있다. 그러면 둘이나 세 사람 이상이 예언할 수 있다. 이는 다음과 같은 사항과 관련된다.

3. 예언자가 예언한 다음에는 "다른 이들"이 "예언된 내용을 평가해야" 한다. *diakrino*는 "판단하다, 숙고하다, 결정하다"로 번역된다.[4] 신자들은 세 명까지 예언한 것을 간단히 평가한 다음, 예언 내용에 관해 전체 토론을 가졌던 것 같다. 이 토론은 질문자와 답변자가 있는 비공식 회의로 보인다. 9세기에 고린도전서를 연구한 비쉬르 이븐 알-사리는 이 평가자들에 관해 설명하면서 "영을 분별하는 은사를 가진 자들이 예언자가 말한 것을 분별하고 검증해야 한다"[5]라고 썼다. 이는 일리 있는 주장이다. 12:10에서 바울은 "영 분별의 능력"을 가진 자를 언급한다. 이런 은사를 가진 자는 당연히 설교 후에 벌어진 토론에 참석했을 것이다. 자기 순번에 따라 짧게 전해진 설교들은 그 순번마다 **공적** 평가를 받아야 했고, 이런 평가의 시간은 예배의 한 부분이었다. 그런데 여기서 더 깊이 생각할 지점이 있다.

4. 만약 예배드리는 자리에 앉아 있던 신자가 갑자기 성령의 감동을 느껴 예언하게 된다면, 그때 예언하던 자는 예언을 멈추고 "잠잠히 있어야" 한다.

5. 일어서서 예언하고 있던 자는, 예언자가 예언자의 영에게 **복종해야 함**을 상기하고, 필요하면 **잠잠히 있어야** 한다. 잠잠히 있으라는 명령은 예언하는 자들에게 주어지고, 이 명령은 예배드리는 여성을 설명하면서 다시 나타난다. 처음에는 "방언하는 자"가 특정 상황 속에서 잠잠히 있어야 했다. 이번에는 예언하는 자가 다른 이가 예언하고자 할 때 잠잠히 있어야 한다는 지시가 내려진다.

6. 바울은 "너희는 다 한 사람씩 예언해야 한다"라고 권면한다. 12장

---

4) BAGD, p. 185.

5) Bishr ibn al-Sari, *Pauline Epistles,* p. 84 n. 27.

에서 바울이 다양한 은사에 관해 언급한 모든 내용과 조화되도록, 여기서 "다"(all)는 "예언의 은사를 가진 모든 자"를 의미하는 것 같다. 이 본문(12:29)은 모든 자가 예언하는 자는 아니라는 것을 암시한다.

7. 예언의 목표는 모두가 *manthemeno* 즉 배우고,[6] *paraklontai* 즉 위로/화해/격려를 받도록 하는 데 있었다. 그리스어 *parakaleo*는 탕자의 비유에서 아버지가 큰아들과 화해하려고 연회장에서 나와 아들에게 나아감으로써 자신을 비우는 일(눅 15:28)을 설명하는 단어다. 이런 강력한 단어를, 바울은 고린도 교인들에게 보내는 편지에서만 무려 23회 사용한다. 고통을 안고 예배하러 나아온 자는 **위로**를 찾아야 한다. 불화 속에 있는 자는 **화해**에 문을 열어놓아야 한다. 의기소침한 자는 **격려**를 받아야 한다. 바울의 말은 이런 뉘앙스를 다 포함한다.

이상의 명령은 방언하는 자와 예언하는 자 모두에게 질서를 주려는 의도를 가진다. 왜냐하면 "하나님은 **혼란의 하나님이 아니고** 화평의 하나님이시기" 때문이다. 여기서 "혼란"으로 번역된 그리스어 *akatastasia*는 강한 단어로 "무법천지", "무질서 상태"라는 의미를 전달한다.[7] 우리는 이 편지의 행간에서 **말씀 사역**과 관련된 고린도 교회의 문제점이 **성찬식**에서의 부정행위만큼이나 심각했다는 사실을 엿볼 수 있다. 조직과 자유, 열광과 질서, 말하는 일과 조용히 듣는 일 사이의 절묘한 조화가 인상적이다. 본문에는 더 숙고해볼 만한 지점이 많이 남아 있다.

바울은 고린도 교회에서 크게 논란이 된 예배에서의 여자(와 남자)의 지위에 관한 설교로 예배에 관한 이 논문을 끝맺는다. 이제 이 설교로 시선을 옮겨보자.

---

6) 이 단어는 교훈이나 순종을 통해 배운다는 의미를 전달한다. BAGD, p. 490.
7) BAGD, p. 30.

4.7.

예배에서 여자와 남자

교회에서 잠잠함

고린도전서 14:33b-40

예배에 관한 이 넷째 논문의 첫째 부분은 예언하는 남자와 여자의 역할을 다루었다(11:2-16). 거기서 바울은 오해를 피하도록 기도하고 예언할 때 남자와 여자는 복장을 다르게 해야 한다고 주장했다. 바울은 예배에 관한 이 논문 마지막 부분(14:33-36)에서 예배에서의 여자와 남자 문제로 되돌아온다. 첫째 부분(4.1. 부분)에서 바울은 **예배의 리더십**(남자와 여자)에 초점을 맞추었다. 이제 예배에 관한 이 논문을 끝맺으면서(4.7. 부분) 바울은 **예배를 드리는 남자 및 여자**와 특별히 관련된 문제를 다룬다. 중요한 지점은, 이 결론적 설명을 다음과 같은 개요를 가진 전체 논문의 한 부분으로 보는 것이다.

예배: 교회에서 남자와 여자(11:2-14:40)

4.1 예배를 인도하는 남자와 여자: 예언하는 자와 그들의 단정한 복장(11:2-16)

4.2 예배의 질서: **성례**—주의 만찬(11:17-34)

4.3 은사와 그리스도의 몸의 본질(12:1-30)

4.4 사랑의 찬가(12:31-14:1)

4.5 신령한 은사와 그리스도의 몸을 높이 세움(14:1-25)

4.6 예배의 질서: 말씀—예언하는 자와 방언하는 자(14:26-33a)

4.7 **예배를 드리는 남자와 여자: 교회에서 잠잠함(14:33b-40)**

(결론적 요약과 개인적 호소[14:37-40])

4.1장과 4.7장(볼드체)은 짝을 이루고 있다. 4.1장은 **예배를 인도하는** 남자와 여자에게 초점을 맞춘다. 반면에 4.7장은 **예배를 드리는** 남자와 여자를 고찰한다. 동시에 4.7장의 네 구절은 이전 설교와 관련되어 있다. 4.6장에서 바울은 **방언하는 자**와 **예언하는 자**는 모두 다른 이가 말할 때에는 **잠잠해야** 한다고 말했다. 각자 차례대로 말해야 한다는 것이다. 사도는 예배 동안 (잠잠하지 않고) 말을 한 여자들에게도 똑같이 권면한다.

이 넷째 논문도 이전의 세 논문과 마찬가지로 개인적인 호소로 끝맺는다. 이 경우에는 개인적인 호소(14:37-40)에 논문의 요약이 담겨 있다. "잠잠하지 않고 말하는 여자들"에 관한 설명과 논문의 요약 둘 다를 고찰할 필요가 있다. 논의 중인 설교는 도표 4.7(1)에서 보듯이 다섯 장면으로 이루어진다.

수사 구조

이 짧은 설교와 이어지는 결론에서는 다섯 개의 역(逆)장면이 나타난다. 처음 두 행(혼란과 화평에 관한)은 이전 설교를 끝맺고, 현재 논의 중인 고리 모양 구성의 설교를 시작하는 역할을 한다. 이런 이중 연결 고리는 바

1.	14:33하나님은 **혼란의 하나님이 아니고** 화평의 하나님이시니 **모든 교회에서** 성도들도 이와 같다.	모든 교회에서도 이처럼 **질서가 필요함**
2.	34**아내는** 교회에서 **잠잠히 있어야 한다.** 그들은 **말하는 것이 허용되지 않았으니** **복종해야** 하고 이것은 율법이 말하는 것과 같다.	예배드리는 동안 **아내—말하지 못함**
3.	35만일 그들이 알고 싶은 것이 있다면 **집에서 남편에게 물어**보라.	집에서 **질문함**
4.	**아내가 교회에서 말하는** 것은 **부끄러운** 일이기 때문이다.	예배드리는 동안 **아내—말하지 못함**
5.	36**하나님의 말씀이 너희에게서 나왔느냐,** 아니면 너희가 하나님의 말씀이 임한 유일한 자들이냐?	모든 교회에서도 이처럼 **질서가 필요함**

도표 4.7(1). 예배를 드리는 남자와 여자: 교회에서 잠잠함(고전 14:33b-36)

울이 앞에서 이 수사 장치를 사용한 사례만큼 자연스럽지는 않지만, 여전히 두 본문 사이를 연결하는 역할을 한다.

중앙의 클라이맥스(장면 3)는 바울이 여성 그리스도인 전체가 아니라, 예배에 규칙적으로 참석하는 신자를 남편으로 둔 기혼 여성을 다루고 있음을 암시한다. 바울은 중앙에서 이 문제의 해결책을 제시한다.

주석

얼핏 보면, 이 짧은 설교는 바울이 교회에서 여성이 예언할 수 있는 권리를 가진다고 언급한 논문의 첫 부분(11:2-16)과 직접적으로 충돌하는 것처럼 보인다. 고린도에 있는 동안 바울은 아굴라와 브리스길라의 집에서 살았다. 브리스길라는 (남편과 함께) 알렉산드리아 출신의 유명한 설교자인 아볼로를 직접 가르쳤다. 바울의 동료이자 동역자인 누가는 교회가 읽고 깊이 성찰해보도록 이 사실을 사도행전에 기록했다. 또한 누가는 오순절에 베드로가 한 설교에도 "하나님이…너희 아들**과 너희 딸들**이 예언하리라고 선언하신다"라고 썼다(행 2:17-18). 요엘 2:28-32에서 인용한 이 본문은 이렇게 계속된다. "그때에 내가 내 영을 내 남종과 **내 여종들**에게 부어줄 것이니 그들이 예언할 것이다"(Bailey 강조).

집안의 아들과 딸은 말할 필요도 없고, 남종과 여종도 예언하게 됨으로써 이들은 사회 질서 속에서 자신이 가지고 있던 지위에서 벗어나 아들과 딸의 그룹에 합류할 것이다. 게다가 누가는 마리아의 찬송도 기록했는데(눅 1:46-56), 그렇게 함으로써 누가복음이 읽히는 동안 마리아를 온 교회를 가르치는 신학과 사회 윤리의 선생으로 부각시켰다. 천한 위치에 있던 일부 여자들은 예수 및 사도들과 함께 다니며 복음을 전한 제자 공동체의 일원이었다(눅 8:1-3). 이런 여인들 가운데 헤롯의 청지기였던 구사의 아내인 요안나가 있었다. 이 부유하고 지체 높은 여인은 예수 및 예수의 복음을 전하러 다니던 제자들을 경제적으로 도왔다. 또한 그녀는 **그들**

과 합류했고 예수의 부활을 목격한 여자들 중 하나가 되었다(눅 24:10).

누가는 천사가 빈 무덤에서 여자들에게 다음과 같이 말했다고 기록한다. "갈릴리에 계셨을 때 **그가 너희에게 어떻게 말씀하셨는지** 기억하라. 인자가 죄인들의 손에 넘겨져 십자가에 못 박히고 사흘 만에 다시 살아날 것이라고 말씀하셨다"(눅 24:6-7; Bailey 강조). 여기서 묘사된 사건은 누가복음 9:18이나 누가복음 9:43-45 중 하나다. 두 경우 모두에서 예수는 "자기 제자들"에게 말씀하셨고, 그 제자들 중에는 요안나가 있었다. 이는 요안나가 "제자들"의 일원이었음을 확증한다.[1] 겐그레아(고린도의 동쪽 항구)에서 뵈뵈는 **집사**(여성명사가 아니라 남성명사)였다. 뵈뵈는 그냥 "섬긴 자"가 아니었고 "집사" 직분을 가졌다. 신약성경의 다른 곳에서 *diakonos*는 보통 "사역자"(minister)로 번역된다. 뵈뵈는 고린도 지역 겐그레아 항구의 미성숙한 교회에서 일한 **잘 알려진** 지도자(사역자)였음이 틀림없다. 예수의 어머니 마리아는 사도행전 1:14에서 마지막으로 언급되는데, 사도와 여자들, 예수의 아우들과 함께 기도하러 모인 경건한 여인으로 묘사된다.[2] 초기 교회에서 마리아가 지도자로서 맡은 역할의 범주를 정확히 역사적으로 확인할 수는 없지만, 그녀가 아무런 목소리도 가지지 못했다고 추정하는 것은 불가능하다. 디모데전서 5:1-2은 다음과 같이 번역될 수 있다. "**장로**를 꾸짖지 말고 아버지에게 하듯이 간곡히 권고하라. 젊은이는 형제와 같이 대하고 **여자 장로들**은 어머니같이 대하며, 젊은 여자는 온전히 순결하게 자매같이 대하라"(Bailey 강조).[3] 바울은 지금 논의 중인 본문(14:33-36)에서 이상의 사실을 모두 무너뜨리는 것일까? 고린도에 머무르

1) Richard Bauckham, "On the Road with Jesus and His Disciples," in *Gospel Women: Studies of the Named Women in the Gospels* (Grand Rapids: Eerdmans, 2002), pp. 110-121.
2) 에베소 교회회의(기원후 431)의 회의록은 마리아가 에베소에 와서 그곳에서 살고 죽고 장사되었다고 기록한다.
3) Leonard Swidler, *Biblical Affirmations of Women* (Philadelphia: Westminster Press, 1979), p. 315을 보라.

면서 18개월 동안이나 브리스길라의 집에서 먹고 잤던 바울이, 그녀가 거주하던 그 지역의 신도들에게 편지를 쓰면서, 교회에서 모든 여자는 잠잠하라고 말함으로써 브리스길라를 모욕하는 것일까? 우리는 이 본문을 어떻게 이해할 수 있을까?

티슬턴은 이 본문(14:33-36)을 두고 벌어진 다방면의 논쟁을 상세히 설명하고 있다. 세밀한 분석과 특별한 참고 문헌을 제공하면서 티슬턴은 현재 출판된 연구서 속에 제시된 주요 견해들을 명쾌하게 제시한다. 이런 논쟁에 대해 자세히 알고 싶은 독자에게는 18쪽에 이르는 티슬턴의 글이 훌륭한 지침이 될 것이다.[4] 하지만 나는 여기서 몇 가지 주석만을 제공할 수 있을 뿐이다.

이 본문(14:33-36)은 11:2에서 시작해서 14:40에서 끝나는 예배에 관한 논문 전체와 균형을 이루고 있다. 앞에서 지적했듯이, (이 본문이 포함된) 일곱 부분은 예언적 수사 틀을 구성하며 중앙에 클라이맥스를 가지고 있다. 전략상 12:31-14:1의 사랑의 찬가는 중앙에 배치되어 있는데, 이 논문에 언급된 다양한 문제들에 대한 아가페(사랑)의 치료 능력이 작용하도록 하기 위해서다. 만약 14:33-36이 빠진다면, 섬세하게 균형을 이루는 일곱 장면 속에 느닷없이 뻥 뚫린 구덩이가 하나 생긴 것과 같다. 만약 이 부분이 빠진다면, 독자는 11:2-16의 바울의 처음 설명과 균형을 맞추기 위해 예배에서의 남자와 여자에 관한 다른 어떤 설명을 예상하게 될 것이다.

벤 위더링턴은 다음과 같은 예리한 지적을 한 바 있다. "한 개인이 어떤 잘못을 시정하기 위해 말한 내용이, 특정한 주제에 대한 그의 견해의 전체적이고 확정적인 진술로 간주될 수는 없다. 이 점을 반드시 인식해야 한다."[5] 이런 자명한 사실은 바울이 "나는 너희가 다 방언하는 것을 바란

---

4) Thiselton, *First Epistle,* p. 1146-1162.

5) Ben Witherington, *Women in the Earliest Churches* (Cambridge: Cambridge University Press, 1988), p. 25.

다”(14:5)라고 말한 데서도 확인된다. 바울의 이런 언급은 잘못을 바로잡기 위한 한 방편이었다. 그러므로 이 언급은 하나님이 신자들이 원하는 대로가 아니라 **자신이 택하시는 대로** 신령한 은사를 나누어 주신다고 말한 앞의 확언(12:11)과 모순되지 않는다.

지금 논의 중인 본문의 열쇠는 아마도 고린도 교회의 구성에서 발견될 수 있을 것 같다.

고린도는 그리스에서 가장 큰 도시였으며 그래서 이 도시의 특징은 불가피하게 다양성이었다. 고린도에서는 제조업이 폭넓게 발달하고 노동 인구도 굉장히 많았다. 동서남북 사방으로 교역이 이루어졌으며 고린도 지협을 넘어가는 6킬로미터에 달하는 돌판 길(*diolkos*)을 통해 상품(과 작은 배들)이 운반되었는데, 이때 엄청난 노예 노동이 요구되었다. 2년에 한 번씩 열리는 지협 경기대회를 관람하기 위해 전 세계에서 인파가 몰려들었다. 이런 상황에서 그들의 유일한 공통 언어는 그리스어였다. 하층 계급에 속한 사람들이 제대로 일을 하려면 그리스어를 충분한 정도로 구사하는 조건이 결정적이었다. 그러나 가정에 있는 여성은 어떠했을까? 가족이 노예이거나 상인이거나 일용 노동자이거나 전문 직공이거나 간에, 가정에서 사용된 언어는 매우 다양했을 것이다.

거기다 사투리 문제도 있었다. 대중 앞에서 말하는 자가 제2의 언어로 말하는 경우에는, 아무리 유창하더라도 사투리 때문에 소통에 큰 어려움이 생길 수 있었다. 말하는 자의 단어와 어구가 이해되지 않으면 듣는 자가 서로 “뭐라고 말한 거지? 그 말이 무슨 뜻이야?”라고 묻는 낮은 수군거림이 일어날 것이다.

(현대의 텔레비전 중독자와 같이) 단순한 사람들의 짧은 집중력도 확실히 또 다른 문제점이었다. 1957-1962년, 나는 이집트 그리스도인들로 구성된 팀에 합류하여 이집트 남부의 교육받지 못한 시골 사람들에게 모국어(아랍어)를 읽는 법을 가르치는 사역을 하는 특권을 누린 바 있다. 그런데 본의 아니게도 그곳 여인들에게는 특별한 문제가 있었다. 사회적 접촉

이 제한되어 있는 탓에 그녀들의 집중력은 15초에 불과했던 것이다. 이런 이유로 우리는 한 번에 세 명 이상은 가르칠 수가 없었으며, 15초 단위로 가르칠 내용을 나누어야 했다. 말하자면 이런 식이다. 첫 번째 여성의 이름을 부르고 그녀를 15초 동안 가르친다. 그러면 그 15초 동안 다른 두 여성은 전혀 듣지 않았다. 대신 그녀들은 서로에게 또는 옆 학급에 있는 할머니에게, 12피트(약 3.5미터) 정도 떨어진 마을 뒷골목의 이웃 사람에게 또는 발밑에서 놀고 있는 어린아이에게 말을 걸었다. 첫 번째 여성에게 15초 동안 가르치고 난 후에는 두 번째 여성의 이름을 부르고 그녀에게도 똑같이 15초 동안 동일한 내용을 가르쳤다. 두 번째 여성을 가르치는 동안 첫 번째 여성의 관심은 다른 곳에 있었고 세 번째 여성도 마찬가지였다. 나는 세 번째 여성에게도 똑같은 과정을 반복하고, 그렇게 두 번째 여성에게 가르친 것을 15초 동안 처음부터 다시 시작했다. 실제로 이 여인들은 그 지역에서 지적이고 헌신적이며 호기심이 많은 이들이었다. 그녀들은 우리가 마을 주민들로 조직한 학급의 자발적인 감독자였다. 그녀들은 어떤 주제에 관해 일정한 시간 동안 정신을 다해 주의를 기울여본 적이 없었으며, 그래서 집중하는 시간이 당연히 짧았다. 이것을 알게 되자 나는 그녀들이 내가 힘들여 터득한 말하고 듣는 방식에 맞출 것을 기대하기보다는, 내가 기꺼이 그녀들에게 맞추게 되었다. 무식하고 교육받지 못한 대다수 여성들은 특별한 문제점을 안고 있었다.

고대 문화에서는 자주 공식 언어와 구어가 동시에 발달했다. 개인적으로 나는 이런 현실에 맞추어 아랍어, 시리아어, 현대 그리스어를 익혔다. 바울이나 아볼로 같은 사람들이 교회에서 공식적으로 사용한 언어는, 그리스어 사용자들이 거리와 가정에서 개인적으로 대화를 나누며 사용한 언어와는 다를 수 있다. 우리는 바울의 글쓰기 방식을 알고 있으며, 누가는 아볼로가 "달변가"였다고 말한다(행 18:24). 1세기에 지중해 연안 세계의 사람들 중 글을 읽고 쓸 수 있던 사람은 극소수였으며, 약 10퍼센트 정도로 추정된다. 당연히 개인적인 편지도 **문학적인** 코이네 그리스어로 글을 쓰는 10퍼센트에 해당하는 사람들의 작품이기 때문에, 우리는 당대인들이 어떻게 말했는지에 대해 정확히 모른다.

누가복음의 처음 네 구절(1:1-4)은 39개의 단어로 구성된 하나의 세련된 문장이다. 나는 이런 문장을, 문맹인 고린도의 부두 노동자의 아내가 자신의 제2(또는 제3)의 언어로 듣는다면 이해할 수 없었으리라고 생각한다. 이런 여인들이 구사하는 그리스어 어휘는 시장에서 식료품을 사는 데 무리가 없는 몇 개의 그리스어 단어로 제한되었을 것이다. 나는 중동 지방을 섬기고 "아랍어 표준말"을 배우기 위해 열심히 공부하며 아랍어 예배의식에 **완전히 빠져 있던** 서양인들과 몇 십 년을 함께 일했다. 물론 신약성경 저자들은 고전 그리스어 저술가를 모방하려고 애쓰지 않았다. 그들은 코이네 그리스어로 글을 썼다. 그래도 그녀들은 읽지 못했다!

나는 여성과 남성 신자가 양쪽으로 분리되어 앉아 있는 이집트의 한 시골 교회에서 설교를 한 적이 있다. 남녀 사이에는 6피트(약 1.8미터) 높이의 나무 칸막이가 설치되어 두 집단을 갈라놓고 있었다. 나는 단순한 **구어체** 아랍어로 설교를 했다. 그러나 여자들은 가끔 알아듣지 못했으며, 그럼에도 설교자는 적어도 한 시간은 설교를 하도록 되어 있었다. 여기서 문제가 생겼다. 여자들은 집중력이 금방 사라졌다. 어린아이들은 엄마와 함께 앉아 있었고, 그러다 보니 불가피하게 여자들 사이에서 대화가 흘러나왔다. 때때로 말소리가 너무 커서 설교자의 말을 아무도 들을 수 없을 정도였다. (이런 시골 마을에는 전기도 없고 확성기도 없다.) 교회 원로 중 한 명이 일어나 온 힘을 다해 "제발 여자는 교회에서 잠잠하시오!"라고 외쳤고, 그런 다음에 우리는 예배를 계속할 수 있었다. 한 10분 뒤에 이런 상황은 똑같이 반복되었다. 나는 안디옥의 요한 크리소스토모스가 동일한 문제를 겪은 데서 위로를 받았다.

다음은 4세기 후반에 안디옥 대성당에서 설교한 크리소스토모스의 말을 속기사들이 받아쓴 것이다.

본문: 만일 알고 싶은 것이 있으면 집에서 남편에게 물어보라. 크리소스토모스: 따라서 확실히 여자들은 이 가르침에 따라 잠잠히 있어야 한다. 그러나 지금은 그들 속에서 큰 소리가 나고 많은 소란과 수다가 있으며, 이곳[대성당] 만큼 시끄러운 곳이 없게 되고 말았다. 그들은 모두 시장이나 목욕탕에서보다 여기서 더 말이 많은 것 같다. 왜냐하면 그들은 마치 이곳에 놀러온 것처럼 모두가 무익한 주제로 대화를 나누는 데 열심이기 때문이다. 따라서 모든 것이 혼란하다. 그들은 조용하지 않으면 유익한 것을 조금도 배울 수 없다는 사실을 전혀 모르는 것 같다. 우리의 강론[설교]이 그들의 대화에 방해를 받아 아무도 말해진 내용에 신경 쓰지 못할 때, 그들에게 무슨 유익을 줄 수 있겠는가?[6]

4세기에 대도시 안디옥의 대성당에서 이런 일이 벌어졌다면, 우리는 바울 당시에 고린도에서도 어떤 일이 벌어졌을지 상상할 수 있지 않을까? 앞에서 바울은 고린도 교회 교인들이 주의 만찬에서 술에 취했으며 예언하는 자와 방언하는 자가 모두 동시에 말했다고 지적했다! 일부 여자들은 듣는 것을 포기하고 말을 한 것 같다. 누가 그들을 비난할 수 있겠는가? 그러나 의미 있는 예배를 드리는 데 필수적인 "품위와 질서"를 이끌어내려면 모두가 협력할 필요가 있었다.

그래서 여자들은 "복종하라"는 요구를 받는다. 그런데 누구에게 복종하라는 말일까? 분명히 바울은 "예배 지도자에게 복종하라"는 뜻을 전하고 있으며, 독자는 남성과 여성 예언자가 예배 지도자에 포함되어 있음을 잘 알고 있다. 또한 이는 14:26-36에서 예배를 교란시키는 세 부류의 사람을 열거하고 있다는 사실과도 관련된다. 그 세 부류란 다음과 같다.

6) Chrysostom, "Homily IX [I Timothy ii. 11-15]," in *Nicene and Post-Nicene Fathers* (Grand Rapids: Eerdmans, 1979), 13:435.

1. 다음과 같은 지시를 받는 (남성과 여성) **예언자**:
- 모두가 동시에 예언하지 말라.
- 교회에서 **잠잠히 있으라**.

2. 다음과 같은 지시를 받는 (남성과 여성) **방언하는 자**:
- 만일 통역하는 자가 없으면
- 교회에서 **잠잠히 있으라**.

3. 다음과 같은 지시를 받는 (예배에 참석하는) 그리스도인 남편을 둔 **기혼 여성**:
- 예배드리는 동안 질문하지 말고 말하지 말라.
- 집에서 남편에게 묻고 교회에서는 **잠잠히 있으라**.

이 세 집단은 각각 예배를 어지럽힐 경우 잠잠히 있으라는 권면을 받는다. 여기서 바울은 11장에서 언급된 여성 예언자에게 예언을 하지 말라고 하고 있지 않다!

주목해야 할 또 다른 현실이 있다. 중동 사회는 구술(口述) 문화가 지배하는 곳이다. 나는 이집트에서 17년, 시리아와 레바논에서 17년, 이스라엘과 팔레스타인에서 10년을 지내면서 이를 경험했다. 여기 사람들은 조용히 앉아 묵상하는 것보다 말하는 것으로 정보를 처리한다. 이는 각종 사회 분야에서 확인된다. 대학 교수는 학생들이 수업에 집중하도록 만들고자 할 때 칠판에 글을 쓰기 시작한다. 교수가 글을 쓰기 시작하는 순간 학생들은 말하기 시작한다. 하지만 이것이 학생이 수업에 부주의하거나 교수에게 버릇없이 구는 행동은 아니다. 단순히 동료 학생에게 시선을 돌려 주제에 관해 대화를 나누는 것이다. 이런 사회 양식은 여성들의 모임에서 특히 두드러진다. 자주 여인들은 한숨 돌리기 위해 큰 소리로 말하기 시작한다. 때로는 자기들끼리 말이다. 그녀들은 지식을 더 잘 흡수하거나 잊지 않으려고 단순히 들은 것을 말로 나누는 것이다.

이처럼 다양한 요소를 감안해야 한다. 집중력 문제, 제한된 그리스어

지식, 사투리 문제, 수준이 다른 그리스어의 사용 능력, 잘 들리지 않는 목소리, 학습의 한 방편으로 사용되는 말하기 등이 그런 요소다. 여자는 방언하는 자와 예언하는 자의 명단에 다 들어가 있다. 이 세 범주의 사람들은 예배를 방해하는 경우에 사도로부터 "교회에서 잠잠히 있으라"는 말을 듣는다. 말하자면 바울은 이렇게 말하고 있다. "여자들아, 제발 말하는 것을 멈추고 너희에게 예언하는 데 힘쓰고 있는 여자(와 남자)의 말을 들으라. 그들의 말을 들을 수 없이 시끄럽다면, 듣고 싶어도 아무도 들을 수가 없다."

이렇게 말하는 바울의 태도는 예의 바르다. 크리소스토모스와 달리 바울은 이렇게 말하지 않는다. "너희 여자들은 시장이나 목욕탕에서보다 설교를 듣는 동안 더 말을 많이 하고 있다!" 어떤 여인들은(언어 집단에 따라 무리지어 앉았던 것 같다) 그리스어에서 이런저런 말이 무슨 뜻이냐고 이웃에게 물었음이 틀림없다. 바울은 이런 정당한 질문을 취해서 이렇게 말하고 있다.

> 나는 너희가 그리스어를 잘 모른다는 것을 알고 있다. 그러나 너희 남편은 너희가 배우고자 애쓴 것보다 좀 더 많이 배웠다. 남편은 직업을 위해 더 많이 배워야 한다. 너희는 그럴 기회가 없었고, 그것은 너희 잘못이 아니다. 그러나 여러 측면에서 감당할 수 없는 사태가 벌어졌다. 그러니 집에 돌아가 남편에게 도움을 받고 질문을 하라. 방금 나는 말하는 자가 잠잠히 있어야 할 경우에 관해 말했다. 바로 이것이 너희가 조용히 듣고 있을 필요가 있는 상황이다. 비록 너희가 전해진 내용을 이해할 수 없다 해도 말이다.

이 본문에서 또 다른 문제점은 "부끄러움[수치]"(shame)이다. 서구 문화는 부끄러움을 중히 여기는 문화가 절대로 아니다. 서구에서는 "부끄러움"이 중대한 사건에만 사용된다. 하지만 중동 지역에서는 명예와 수치가 언제나 핵심적인 요소다. 고상한 사람이라면 누구나 명예롭게 행동하고 부끄러운 일은 어떻게든 피하고자 한다. 삶의 모든 국면에 스며든 부끄러움의 개념이 사소하고 우연한 사건에도 사용될 수 있다. 남편과 아내 사이에 벌어지는 다음과 같은 대화를 들어보라.

> "여보, 어제 만났으니까 오늘은 그 친구를 찾아갈 필요가 없잖아요."
> "아니야, 가야 해. 그 친구가 감기에 걸렸거든. 찾아가 봐야지. 그렇게 하지 않으면 내게 수치야."

바울은 "이것이 불법이다"라고 말하지 않는다. 또 여인들이 말하는 것을 "부도덕한 일"로 규정하지도 않는다. 오히려 "부끄러운" 일이라고 말한다(위의 남편과 아내 간의 대화에서 암시된 의미로). 영국에서 이와 동등한 문화적인 요소를 찾는다면, 빅토리아 시대의 "몰염치"(improper)가 될 것이다. **숙녀들**은 예배드리는 동안 말을 하지 않는다. "염치없는 행동을 하지 않는" 것이다.

여기서 바울의 결론적 언급은 14:26-36을 돌아볼 때 가장 잘 이해된다. 그들은 하나님의 말씀을 설명하지 않았지만 그 말씀은 다른 사람들에게 영향을 미쳤다(장면 10). 다른 교회들은 방언하는 자들의 말을 듣고, 예언하는 자들의 순서에 따르며, 심지어 전해진 내용을 다 이해할 수 없을 때에도 조용히 앉아 있었다. 바울은 고린도 교회 교인들에게 이런 교회와 똑같이 행동하라는 도전을 준다. 품위와 질서에 대한 당부 역시 이 논문을 끝맺는 결론의 마지막 부분에 나타난다.

"교회에서 남자와 여자"에 관한 결론적 요약(고전 14:37-40)

11:2-14:40을 망라하는 바울의 넷째 논문의 결론적 요약이 도표 4.7(2)에 나타나 있다.

6.	[37]만일 누구든지 자신을 **예언하는 자**로[11장]	**예언**(질서가 필요함)
7.	또는 **신령한 자**로[12장] 생각한다면	**은사**(질서가 필요함)
8.	내가 너희에게 쓰고 있는 글이	
	주의 명령이라는 것을 인정해야 한다[13장].	**명령**
	[38]만일 누구든지 이를 인정하지 않으면	사랑하라
	그는 인정받지 못할 것이다.	
9.	[39]그러니 내 형제들아,	**은사**
	예언하는 것을 **간절히 사모하고**[14:1-12]	예언과 방언
	방언하는 것도 금하지 말라[14:13-25].	
10.	[40]그러나 모든 것을	모든 것을
	품위 있고 질서 있게 하라[14:26-33].	질서 있게

도표 4.7(2). "예배에서 남자와 여자"에 관한 설교의 요약(고전 14:37-40)

수사 구조

바울은 고리 모양 구성을 사용해서 논문 전체 내용을 돌아보고 몇 가지 주요 요점을 요약함으로써 예배에 관한 논문인 넷째 논문을 결론짓는다. 주의 만찬에서 술에 취한 사건은 언급되지 않는다. 이 요약의 클라이맥스는 13장의 사랑의 찬가에 대한 언급이다.

주석

바울은 셋째 논문(이교 세계에서의 그리스도인의 삶에 관한 논문)도 요약(10:32-33)으로 끝맺었다. 그리고 두 번째로 여기서도 동일한 방식을 따른다.

요약 부분의 중앙에 있는 "주의 명령"은 13장에서 정의된 사랑의 왕명이다. 만일 이 요약을 순차적인 시퀀스로 읽는다면, "주의 명령"은 이전 구절들에 따라 정의되고, 여자에게 교회에서 잠잠히 있으라는 명령이 되고 만다. 유감스럽게도 오랫동안 이 본문은 여자가 교회에서 예배를 인도하는 데 자기의 신령한 은사를 충분히 사용하지 못하도록 공격하는 곤봉으로 사용되었다. 여기서 바울이 주는 명령은 최고 왕명인 사랑하라는 명령이다. 11:2-14:40을 망라하는 이 긴 논문에서 다루어진 많은 예배의 문제들은 오직 바울이 13장에서 탁월하게 정의한 사랑을 통해서만 적절히 해결될 수 있다.

바울의 요약에는 그의 통상적인 개인적 호소도 포함되어 있다. **나를 본받으라**는 말은 나오지 않는다. "나는 주의 영을 갖고 있다"라는 언급도 없다. 대신 바울은 "내가 너희에게 쓰고 있는 글이 **주의 명령**이라"가 결론적인 답변으로 충분하다고 본다.

이제 부활에 관한 중대한 장이 우리를 기다리고 있다.

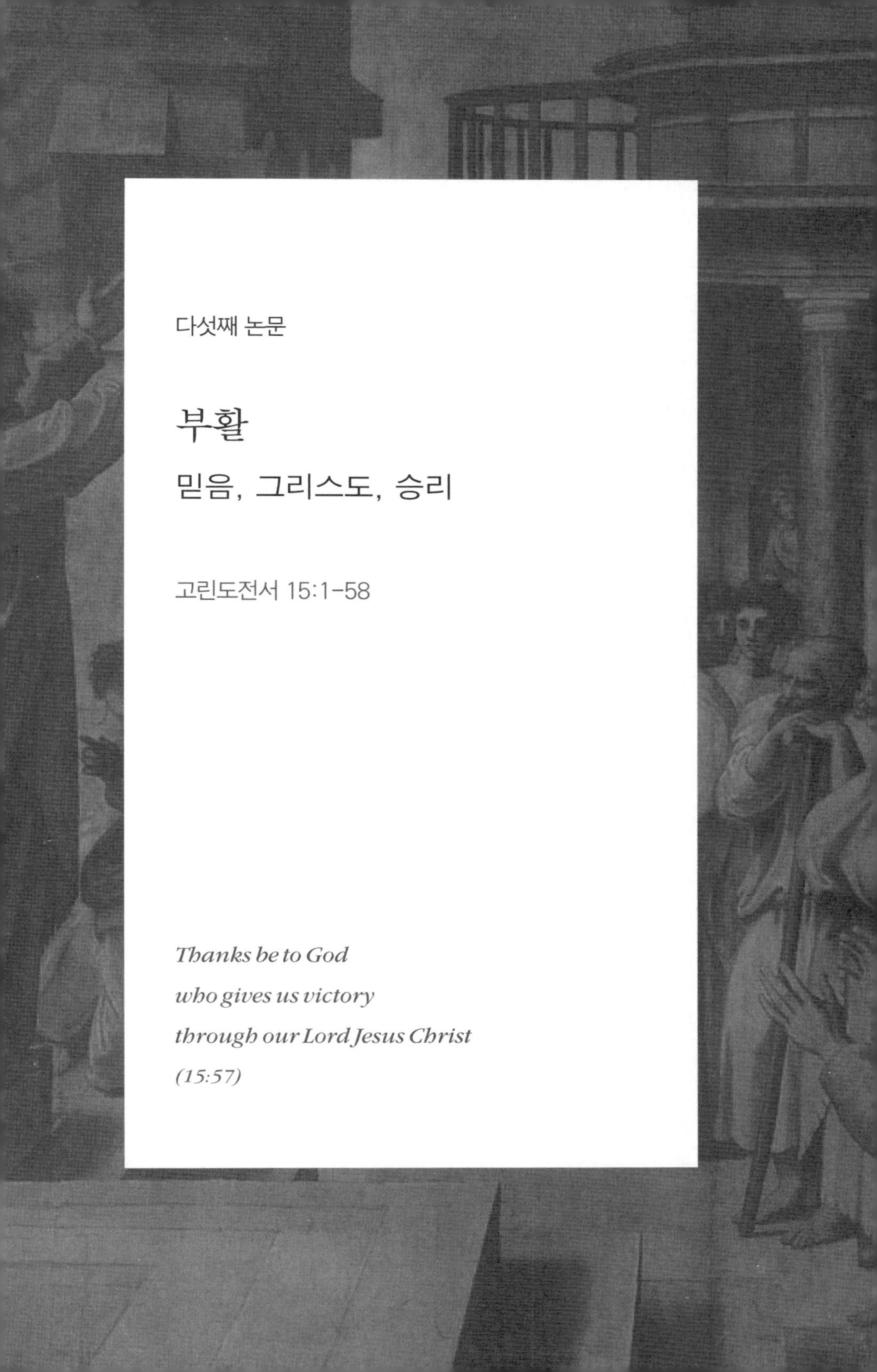

다섯째 논문

부활

믿음, 그리스도, 승리

고린도전서 15:1-58

Thanks be to God
who gives us victory
through our Lord Jesus Christ
(15:57)

5.1.

부활

메시지와 믿음의 타당성

고린도전서 15:1-20

이 마지막 논문은 고린도전서를 구성하는 다섯 논문이 그리는 원(圓)을 완결 짓는다.

1. 십자가와 그리스도인의 연합(1:10-4:16)
2. 성: 가정에서 남자와 여자(4:17-7:40)
3. 그리스도인과 이방인: 자유와 책임(8:1-11:1)
4. 예배: 교회에서 남자와 여자(11:2-14:40)
5. **부활: 믿음, 그리스도, 승리(15:1-58)**[1]

첫째 논문에서 약간 길게 십자가를 다룬 바울은 이제 십자가를 다시 확언하고 부활을 상세히 다룰 준비가 되어 있다. 여기서 바울이 제시하는 부활(15:1-58)도 정밀하게 작성되어 있고 다음과 같이 다섯 부분으로 이

1) 여기에 제시된 개요는 N. T. Wright, *Resurrection,* p. 312의 개요와 거의 동일하다.

루어진다.

1. 부활: 메시지와 믿음의 타당성 (1-20절)
2. 부활: 아담과 그리스도 (21-28절)
3. 부활과 윤리 (29-34절)
4. 부활: 아담과 그리스도 (35-50절)
5. 부활: 승리 (51-58절)

이 다섯째 논문의 첫 번째 부분은 두 개의 설교로 구성되어 있다. 첫째 설교는 부활 메시지에 초점을 맞추고 둘째 설교는 믿음의 타당성을 다룬다.

부활: 메시지(고전 15:1-11)

첫째 설교의 본문은 도표 5.1(1)에 나타나 있다.

수사 구조

여기서 바울은 의미상 일곱 단락으로 구성되며 중앙에 긴 부분을 가진 설교를 작성한다. 만약 이 긴 중앙 부분(장면 4-7)이 한 장면으로 읽힌다면 전체 설교는 일곱 역(逆)장면을 가진 예언적 수사 틀에 맞추어진다(이런 구조는 고린도전서에서 빈번하게 나타난다).[2] 고린도전서 전편에서 바울은 일곱 번이나 고리 모양 구성의 중앙에 이런 식의 긴 부분을 배치시킨다.[3] 이

2) 나는 이 부분들에 대한 논의를 용이하게 만들기 위해 중앙을 네 장면으로 구성하는 방식을 택했다.

3) 고전 3:18-4:7; 6:9-11; 7:17-20, 25-31(2회); 10:5-12; 13:4-7; 15:35-42을 보라. 만약 A-B, A-B 중앙의 사례와 가끔 나타나는 은유들의 묶음을 포함시킨다면, 목록은 더

1. 15:1형제들아, 이제 내가 너희에게 **복음**에 관해 상기시킬 것인데	**나는 전했다**
복음은 너희에게 **내가 전한** 것으로 **너희가 받은 것이고**	너희는 받았다
2. 너희가 그 가운데 **서 있으며** (!)	
2그것으로 너희가 **구원을 받게 되는데** (!)	**은혜로 받았다**
만일 너희가 그것을 굳게 지키고 (?)	헛되이?
헛되이 믿지 않으면 그렇게 될 것이다. (?)	
3. 3**나도 받은 것**을 **내가** 너희에게	**사도**
가장 중요한 것으로 **전하였노라.**	전통을 전하다
4. a. **"그리스도께서 우리의 죄를 위해 죽으셨으니**	
성경대로 일어났고"	**십자가**
b. 4"그는 장사되어"	
5. c. **"사흘 만에 다시 살아나셨으니**	**부활**
성경대로 일어났다."	처음
d. 5"그는 게바에게 나타나셨고	나타나심
그 후에 **열두 제자**에게 나타나셨다."	
6. 6그 후에 **오백 명 남짓의 형제들**에게	
동시에 나타나셨으니	**그 후에**
그중 대다수는 아직 살아 있고	나타나심
어떤 사람은 잠이 들었다.	
7. 7그 후에 **야고보**에게 나타나셨고	
그 후에 모든 사도에게 나타나셨다.	**그 후에**
8마지막으로는 조산한 자 같은	나타나심
내게도 나타나셨다.	
8. 9나는 **사도 중에 가장 작은 자**로	**사도**
사도로 불리는 것이 **합당하지 않으니**	합당하지 못한 박해자
내가 하나님의 교회를 박해했기 때문이다.	
9. 10그러나 **하나님의 은혜**로	
나는 지금의 내가 되었고	
나를 향하신 **그의 은혜**는 **헛되지 않았다.**	**은혜로 받았다**
그렇지만 **내가 누구보다 더 열심히 일했으니**	헛되지 않음
나를 그렇게 만든 것은 **내가 아니고**	
내 안에 있던 **하나님의 은혜**였다.	
10. 11그러므로 나나 그들을 막론하고	**우리는 전했다**
이같이 **우리는 전했고** 이같이 **너희는 믿었다.**	너희는 믿었다

도표 5.1(1). 부활: 메시지(고전 15:1-11)

와 관련해서는 네 장면으로 구성된 긴 중앙 부분을 가지고 있는 10:5-12이 특별한 관심을 끈다.

이 설교 안에는 네 개의 진술로 이루어진 초기 기독교 신조가 들어 있다. 나는 이 진술을 a, b, c, d라는 문자로 표시했다. 이 네 진술은 두 장면(장면 4, 5)에 나뉘어 있다. 아울러 바울은 예수를 따르는 자들이 부활의 증인이라는 사실을 여섯 번에 걸쳐 제시한다. 이들은 다음과 같다.

- 게바
- 열두 제자
- 500명의 형제들
- 야고보
- 모든 사도
- 바울

고린도전서를 쓸 당시 바울은 직접적으로 그리고 편지를 통해 베드로와 대립하고 있었다(갈 2:11-14). 그런데 여기서 바울은 게바(베드로)를 예수의 부활의 첫 번째 목격자로 제시하고, 자기를 마지막 증인으로 제시한다. 절묘한 방법이다. 바울은 고린도전서를 고린도 교회의 분열을 지적함으로써 시작했다. 이 분열에서 어떤 이는 "나는 바울 편"이라고 주장했고, 다른 이는 "나는 게바 편"이라고 주장했다(1:12-13). 지금 논의 중인 본문에서는 그 순서가 바뀌어 부활하신 예수의 목격자로 게바 그리고 바울의 순서로 제시된다.

나아가 이 여섯 항목의 목록에는 바울이 단계 평행법을 사용할 때 나오는 확고한 **기대**가 나타나 있다. 바울이 제시한 신조(장면 4, 5)는 단계 평행법에 따라 여섯 문구로 제시된다. 놀랍게도 그는 이 단순한 패턴을 끝으

길어질 것이다.

로 반복하는 것처럼 보인다.

게바

열두 제자

500명

야고보

사도들

"600명?"

(그런데 아니다! 오히려 본문은 조산아—바울을 제시한다.)

첫 번째 목록인 세 항목은 게바와 열두 제자, 이어서 500명의 목격자에 대해 고찰한다. 바울이 익숙하게 사용하는 단계 평행법과 신조(장면 4-5) 속에 나타난 단계 평행법에 주목한다면, 자연스럽게 독자는 두 번째 목록에서 야고보와 사도들, 마지막으로 어느 정도 많은 수를 언급하는 표현이 나올 것으로 예상하게 된다.[4] 그런데 그렇지 않다. 바울은 깜짝 놀랄 만큼 많은 수를 언급하는 대신 조산으로 태어난 아기 곧 자기 자신으로 끝맺는다.

주석

이전 네 논문에서 각각 그랬듯이 여기서도 바울은 전통을 상기시킴으로써 논문을 시작한다. 이 마지막 논문에서는 전통이 전체 설교의 중심이 된다. 실제로 편지의 전개와 함께, 다섯 번의 전통에 대한 언급을 통해 다음과 같은 진행이 가속화되고 있음을 식별해낼 수 있다.

---

4) 고전 6:11; 7:12-13; 8:1-3a, 6; 11:4-5; 13:2b-3; 15:13, 14, 16-17을 보라. 이 본문들은 각각 셋씩 두 단위를 제시한다.

- 논문 1. "**그리스도에 대한 증거**가 너희 속에 견고해져서"(1:6)라는 간단한 언급이 있다.
- 논문 2. "그리스도 예수 안에서 내가 행한 일 곧 내가 **모든 곳의 모든 교회에서** 가르치는 것"(4:17)에 대한 간략한 언급이 있다.
- 논문 3. 전통에 대한 언급이 초기의 짧은 신조 형태로 주어진다. "그러나 우리에게는 한 하나님 곧 아버지가…한 주 곧 예수 그리스도가 계시니"(8:6).
- 논문 4. 전통이 환기되고 이후에 성찬 제정의 말씀이 인용된다. "너희가 **모든 일에 나를 기억하고** 내가 너희에게 전해준 그대로 **전통들을 지키므로** 너희를 칭찬하겠다"(11:2). 여기에 성찬 제정의 말씀이 덧붙여진다(11:23-26).
- 논문 5. 이 결론적 논문은 전통을 더 깊이 언급함으로써 시작된다. 바울은 이렇게 말한다. "형제들아, 이제 내가 너희에게 **복음**에 관해 상기시킬 것인데, 복음은 **너희에게 내가 전한 것으로 너희가 받은 것이고**…"(15:1-2). 바울은 "**나도 받은 것**을 **내가 너희에게** 가장 중요한 것으로 **전하였노라**"라는 관용적 표현을 사용하여 계속해서 말한다. 따라서 여기서 바울은 두 번째로 초기 기독교 신조를 인용한다(15:3-5).

이처럼 "전통"에 대한 언급이 점차로 확대되는 모습은 인상적이다. 전해 받은 전통을 소중히 여기라고 독자에게 촉구하는 바울의 조용한 음성이 뒤로 갈수록 점점 더 커진다.

여기서 바울이 "옷깃을 여미는 모습"이 다시 명확해진다. 고린도 교회 교인들은 각종 윤리적인 악습에 빠져 파멸을 자초했으며, 전통과 조화를 이루지 못하는 신학적인 태도에 심취해 자신의 정체성에 손상을 입히고 있었다. 바울은 이런 신도들에게 이미 확립된 교회의 전통을 상기시키고자 했다. 교회의 전통은 교회에 정체성을 부여했으며, 첫 세기의 초반 50

년에 이미 공인된 형태를 가지고 있었다. 다시 말해 사도는 어떤 운동을 새로 시작한 것이 아니었으며 그 운동에 참여했을 뿐이다. 바울의 방법은 독자가 굳건하게 전통을 기억하고 지킨 데 대해 칭찬하는 동시에, 점차적으로 그 전통의 포괄적인 부분을 제시하는 것이었다. 다섯째 논문에서는 전통이 첫 번째 설교의 중앙 클라이맥스에 위치하고 있다.

고리 모양 구성으로 작성된 이전의 설교 사례를 살펴볼 때처럼, 여기서도 우리는 바울이 중앙의 클라이맥스 둘레에 배치한 일련의 덮개들을 고찰하고, 이어서 중앙 자체를 검토할 것이다. 바울이 클라이맥스 둘레에 배치한 첫 번째 (바깥쪽) 덮개는 장면 1과 장면 10이다(도표 5.1[2]을 보라).

1. [15:1]형제들아, 이제 내가 너희에게 **복음**에 관해 상기시킬 것인데	**나는 전했다**
복음은 너희에게 **내가 전한** 것으로 **너희가 받은 것이고**	너희는 받았다
10. [11]그러므로 나나 그들을 막론하고	**우리는 전했다**
이같이 **우리는 전했고** 이같이 **너희는 믿었다.**	너희는 믿었다

도표 5.1(2). 장면 1과 10(고전 15:1a, b, 11)

바울은 "복음"을 전했으며(장면 1), 이는 다른 사도들도 마찬가지였다(장면 10). 바울은 자신의 전파가 다른 사도들과 조화를 이루었으며 고린도 교회 교인들이 모든 사도들로부터도 동일한 복음을 들었다고 확언한다. 이런 사도적 설교의 단일성에 대한 언급은 이 마지막 논문을 첫째 논문과 연결하는 주제다. 이 두 논문(다섯째 논문과 첫째 논문)은 십자가와 부활로 연계될 뿐만 아니라 사도적 설교의 단일성에 의해서도 연계된다. 고린도 교회 교인들이 일으킨 분쟁은 어리석은 일이었다(1:10-16). 모든 사도들이 **같은 복음**을 전했기 때문에 교인들은 "나는 바울 편"이나 "나는 게바 편"으로 갈라져서는 안 되었다. "이같이 우리는 전했고, 이같이 너희는 믿었다." 중간 부분(장면 1부터 10)에서 바울은 자기가 다른 어느 사도보다 더 열심히 일했음에도 불구하고 자신을 사도가 되기에 합당하지 못한 자로 묘사한다.

이 바깥쪽 덮개에서 중요한 지점은, 독자가 복음을 **받았고**(장면 1) 동시에 이를 **믿었다**(장면 10)는 것이다. "받다"는 확고한 전통을 이전시키는 일에 관한 랍비들의 공식 전반부에 사용된 말이었다. 이는 좋은 말이자 중요한 말이다. 전통은 전달되기 전에 먼저 받아야 한다. 그러나 "믿었다"라는 말을 사용할 때는 더 깊은 차원의 헌신이 확증된다. 나는 보고를 받아 그 내용을 믿지 않고 이를 남에게 전할 수 있다. 바울은 첫째 단어("받다")로 시작해서(장면 1) 둘째 단어("믿다")로 마친다(장면 10). 그들은 믿었다!

수사적인 차원에서 중앙을 둘러싸고 있는 두 번째 덮개는 장면 2와 장면 9다. 이 두 장면도 하나의 전체의 두 부분으로 검토할 필요가 있다(도표 5.1[3]을 보라).

2. 너희가 그 가운데 **서 있으며**	(!)	
[2]그것으로 너희가 **구원을 받게 되는데**	(!)	**은혜로 받았다**
만일 너희가 그것을 굳게 지키고	(?)	헛되이?
헛되이 믿지 않으면 그렇게 될 것이다.	(?)	

---

9. [10]그러나 **하나님의 은혜**로	
나는 지금의 내가 되었고	
나를 향하신 **그의 은혜**는 **헛되지 않았다.**	**은혜로 받았다**
그렇지만 **내가 누구보다 더 열심히 일했으니**	헛되지 않음
나를 그렇게 만든 것은 **내가 아니고**	
내 안에 있던 **하나님의 은혜**였다.	

도표 5.1(3). 장면 2와 9(고전 15:1c-2, 10)

바울은 구원이 과거, 현재, 미래의 세 국면을 가진다고 보았다. 이 본문에서는 현재적 구원을 확언한다. 고린도 교회 교인들은 복음으로 말미암아 **서 있을** 수 있으며 복음으로 **구원받는다**. 바울은 그들이 "구원받았다"(were saved)라고 하지 않고 "구원받는다"(are saved)라고 말한다. 따라서 그들(과 바울)은 매일 제자의 길을 가도록 주어지는 요구와 압력 속에서 "두려움과 떨림으로" 자기의 구원을 이룰 수 있다(빌 2:12; 고전 2:3).

"그들이 헛되이 믿었는가?"라는 질문에는 깊은 염려가 내포되어 있다. 이 염려는 장면 2에서 일어나고 장면 9에서 해소된다. 장면 9에서 바울은 자기에게 임한 은혜에 대해 자신이 보인 **반응**을 반성한다. 장면 9는 **하나님의 은혜**로 시작하고 끝난다. 마지막 부분에서 바울은 하나님의 은혜가 **자기 안에** 있었다고 선언한다. 서로 짝을 이루는 행들의 안쪽 짝에서 바울은 먼저 "나는 곧 나"라고 확언한 후, 이어서 "나를 지금의 나로 만든 것은 내가 아니라 내 안에 있던 하나님의 은혜였다"라고 덧붙인다. 바울의 가장 깊은 정체성은 "이스라엘인들에게 속한" 것이나 "흠 없이 율법 아래" 있던 것(빌 3:5-6)으로 형성되지 않았다. 바울이 지금의 바울이 된 것은 그의 안에 있던 "하나님의 은혜" 때문이었다.

바울은 하나님의 은혜가 "**헛되지 않았다**"고 확언한다. 여기서 "헛된"(*kenoo*와 *kenos*)은 "비어 있는" 또는 "효과 없는" 것과 관련된다.[5] 바울의 확신은 하나님의 은혜가 자기 삶의 역동적 힘이었다는 자각에 기반을 두고 있었다. 그는 "자신이 누구보다 더 열심히 일했다"라고 단언한다. 사도는 의무가 요구하는 것 이상으로 수고했다(9:1-18). "헛된" 믿음은 순종의 반응을 낳지 못하는 믿음이다. 확실히 믿음은 진리에 대한 특수한 견해에 지적으로 동의하는 일을 포함하지만 동시에 믿음은 **우리가 행하는 어떤 것**이기도 하다.

누가복음 7:36-50에 나오는 여인은 결코 목소리를 내지 않는다. 이야기 전체에서 그녀는 조용하다. 그러나 이야기 마지막 부분에서 예수는 그

5) BAGD, p. 427.

녀에게 "네 믿음이 너를 구원했다"라고 말씀하신다. 여인의 극적 행동이 그녀의 깊은 믿음을 반영하고 입증했다. 믿음의 결과는 "믿음의 순종"이다(롬 1:5; 16:26). 바울의 확신은 자신이 행한 일의 성공이 아니라 그의 신실한 순종에 기반을 두고 있다.

세 번째 "덮개"(장면 3과 8)는 중앙의 클라이맥스(장면 4-7)와 함께 검토하는 것이 가장 좋다. 이 여섯 장면(장면 3-8)은 도표 5.1(4)에서 제시된다.

3. [3]**나도 받은 것**을 **내가** 너희에게	**사도**
가장 중요한 것으로 **전하였노라**.	전통을 전하다
4. a. "**그리스도께서 우리의 죄를 위해 죽으셨으니**	
성경대로 일어났고"	**십자가**
b. [4]"그는 장사되어"	
5. c. "**사흘 만에 다시 살아나셨으니**	**부활**
성경대로 일어났다."	처음
d. [5]"그는 게바에게 **나타나셨고**	나타나심
그 후에 **열두 제자**에게 나타나셨다."	
6. [6]그 후에 **오백 명 남짓의 형제들**에게	
동시에 나타나셨으니	그 후에
그중 대다수는 아직 살아 있고	**나타나심**
어떤 사람은 잠이 들었다.	
7. [7]그 후에 **야고보**에게 나타나셨고	
그 후에 모든 사도에게 나타나셨다.	그 후에
[8]마지막으로는 조산한 자 같은	**나타나심**

내게도 나타나셨다.

8. [9]나는 **사도 중에 가장 작은 자**로 사도

사도로 불리는 것이 **합당하지 않으니** 합당하지 못한 박해자

내가 하나님의 교회를 박해했기 때문이다.

도표 5.1(4). 장면 3-8(고전 15:3-9)

장면 3과 8은 사도직과 관련된다. 사도는 (메시지를 가진) "보내심을 받은 자"였다. 바울은 사도로서 핵심적인 신성한 직무를 유능하게 감당했다. 바울은 자신이 **받은** 것을 **전했다**(장면 3). 동시에 자신이 "하나님의 교회를 박해했기" 때문에 자기를 사도들 중 가장 작은 자로 느꼈다(장면 8).

자신이 "사도로 불리는 것이 합당하지 않다"라는 바울의 고백은 9:1-12에서 자기가 가진 사도 직분을 강력히 옹호하는 부분과 앞뒤로 놓여 있다. 9:1-12에서 바울은 도전적으로 "내가 사도가 아니냐? 내가 예수 우리 주를 보지 않았느냐?"라고 묻는다. 마치 주먹으로 책상을 내리치며 "이것은 내 권리"라고 외치고, 그런 후에 가쁜 숨을 몰아쉬며 몸을 뒤로 젖히고 조용히 "그러나 나는 사도 직분에 합당한 자가 못 된다"라고 덧붙이는 사람 같다. 바울의 깊은 믿음과 투명한 순수성은 편지를 쓸 때 드러나며, 이런 관점을 통해 우리는 바울의 겸손함을 발견하게 된다.

네 연으로 이루어진 중앙은 이 설교의 클라이맥스를 구성한다. 처음 두 장면은 초기의 기독교 신조로 가장 잘 이해된다. 장면 4에서 바울은 그리스어 *hoti*로 설명을 시작하는데, 이 단어는 (간접 화법을 도입하는) "것"(that)을 의미하거나 또는 (직접 화법을 도입하는) 일단의 인용 부호로 이해될 수 있다.[6] 영어에서는 이 두 문장 사이의 차이를 알아보기가 쉽다.

6) BAGD, pp. 588-589.

나는 내가 이 원고를 끝마칠 것이라고 말했다.

(I said that I will finish this manuscript.)

나는 "내가 이 원고를 끝마칠 것이다"라고 말했다.

(I said, "I will finish this manuscript.")

독자는 인용 부호로 인해 두 문장 사이의 차이를 쉽게 포착할 수 있다. 그러나 첫 세기 당시 그리스어에는 인용 부호가 없었다. 코이네 그리스어에서는 위의 두 문장이 종이 위에 정확히 똑같이 나타날 것이다. 그 결과 신약성경 본문에서 *hoti*라는 단어를 마주했을 때 번역자는 간접 화법과 직접 화법 중 하나를 선택해야 한다. 지금 논의 중인 본문에서 *hoti*는 연달아 네 번 나타난다. 이 네 개의 *hoti* 문장은, 문법적으로나 역사적인 차원에서, 바울이 받았으며 그가 고린도 교인들에게 전한 전통으로부터 뽑아온 네 개의 인용문으로 이해하는 것이 적합하다. 네 인용문은 두 개의 사건을 묘사하며, 여섯 어구가 포함된 네 개의 문장으로 이루어져 있다. 이 여섯 어구는 다음과 같이 단계 평행법을 보여준다.

1. 사건:	"**그리스도께서** 우리의 죄를 위해 **죽으셨으니**
2. 이 사건의 거룩한 뿌리:	성경대로 일어났고"
3. 이 사건의 역사적 증거:	"그는 **장사되어**"
4. 사건:	"**사흘 만에 다시 살아나셨으니**
5. 이 사건의 거룩한 뿌리:	성경대로 일어났다."
6. 이 사건의 역사적 증거:	"그는 게바에게 나타나셨고 그 후 열두 제자에게 나타나셨다."

그리스어 *hoti*의 이런 사중 용법(큰따옴표로 표시됨)과 단계 평행법으로 인해 이 여섯 행은 자체로 완벽한 하나의 단락을 구성한다. 이 본문에

관해 N. T. 라이트는 다음과 같이 썼다.

> 이는 공동체가 함부로 고칠 자유가 없는 일종의 근원-이야기(foundation-story)다. 아마 이것은 부활 사건이 있고 2, 3년 안에 만들어졌을 것이다. 왜냐하면 바울이 이것을 "받았을" 때에는 이미 공식처럼 되어 있었기 때문이다. 여기서 우리는 최초의 기독교 전통, 곧 바울이 이 편지를 쓰기 20년 전이나 그 이전에 이미 말해진 내용을 만나고 있다.[7]

이 여섯 행은 하나의 전체로서 검토할 필요가 있다. 다양한 방향으로 빛을 반사하는 이 초기 신학의 다이아몬드에 다가갈 때에는 두려움과 떨림을 가지는 것이 적절하고 불가피한 태도인 것 같다. 여기서 우리는 여러 요점을 발견할 수 있다.

1. 이 신조의 핵심 초점은 기독교 신앙의 심장을 차지하고 있는 속죄 교리에 있다. 15:14-16에서 바울은 부활이 없으면 그리스도인의 믿음은 헛것이고 그리스도인은 **여전히 죄 중에 있다**고 확언한다. 또한 십자가와 부활이 연계되어 있음도 틀림없는 사실이다. N. T. 라이트는 이를 다음과 같이 유용하게 설명한다. "부활이 없으면 예수의 십자가 사건이 죄들 혹은 죄를 처리했다고 가정할 하등의 이유가 없다. 그러나 부활로 인해 죄에 대한 신적 승리가, 따라서 사망에 대한 신적 승리가 보증된다."[8]

2. 위의 사실을 염두에 두고 우리는 계속해서 "교회는 왜 출범 초기부터 예수의 죽음이 세례 요한의 죽음과 달랐다고 결론을 내렸을까?"라고 질문할 필요가 있다. 세례 요한의 죽음(막 6:14-29)은 다음과 같이 중대한 특징을 함축하고 있었다.

---

7) Wright, *Resurrection,* p. 319; Hays, *First Corinthians,* pp. 257-258을 보라.

8) Wright, *Resurrection,* p. 320.

- 한 복음 전도자가 그의 선포로 말미암아 강력한 원수들을 만났다.
- 복음 전도자는 부당하게 투옥되었다.
- 한 통치자가 이 죄수(복음 전도자)를 칭송했으나 자신의 신념에 따라 행동하기에는 너무 약했다.
- 통치자는 자신의 이익을 보호하기 위해 행동하고 정의의 요구를 무시했다.
- 음모와 권력 정치가 개입되었다.
- 통치자의 아내도 연루되었다.
- 유대교의 율법과 율법 준수가 쟁점이었다.
- 무고한 사람이 잔혹하게 살해되었다(정의가 침해되었다).
- 통치자는 다른 누군가를 기쁘게 하려고 살인을 명령했다.
- 군인들은 소름 끼치는 임무를 부여받았다.
- 살해당한 자의 제자들이 시체를 가져가 장사 지냈다.
- 헤롯은 부활을 예상했으나 그 일은 일어나지 않았다.[9]

요한의 죽음에 관한 위와 같은 특징은 마지막 특징 하나만 빼고 예수께서 처형당하실 때 그대로 반복되었다. 헤롯은 예수가 죽은 자 중에서 살아난 세례 요한이라고 추정했으나(막 6:14) 이는 착각이었고, 아무도 세례 요한이 살해당한 후에 다시 살아난 것을 보지 못했다. 그러나 예수는 십자가 죽음 이후에 제자들에게 나타나셨고, 이는 세례 요한의 경우와는 완전히 달랐다. 부활 자체는 죄와 사망에 대한 명백한 승리를 가져왔다. 부활을 목격한 이들이 생각 끝에 내린 결론은 "그리스도께서 **우리의 죄를 위해** 죽으셨다"는 것이다.

3. 제자들에게 있어 죽은 예수는 단순한 랍비가 아니라 **하나님의 메시**

9) Kenneth E. Bailey, *Jesus Through Middle Eastern Eyes* (Downers Grove, Ill.: IVP Academic, 2008), p. 228.

아였고, 그래서 제자들의 고백은 "메시아[그리스도]가 우리의 죄를 위해 죽으셨다"는 것이었다.

4. 나아가 "우리 죄를 위한" 죽음과 예수의 부활은 "성경대로" 역사 속에서 실제로 일어난 사건이었다. 이와 관련해서 자주 인용되는 본문이 이사야 52:13-53:12이다. N. T. 라이트처럼 십자가와 부활을 이스라엘 역사의 절정으로 보는 견해는 타당하다. 중요한 "귀환"은 예루살렘이 아니라 하나님께 돌아오는 것이었고, 이는 이사야 49:5의 두 번째 종의 노래로 보아 분명하다. 이런 맥락에서 볼 때 종은 "야곱을 **그에게로** 돌아오게 하고, 이스라엘이 **그에게로** 모이도록" 태속에 있을 때 이미 지음 받았다. 독자는 종의 직무가 "야곱을 **예루살렘으로** 돌아오게 하고, 이스라엘이 **유대로** 모이도록" 하는 데 있다고 기록되리라고 예상한다. 그러나 귀환은 **하나님께** 돌아가는 일로 이루어진다. 그렇다고 해도 예수의 죽음과 부활에서 구원에 관한 예언적인 환상은 로마 점령군을 물리치는 승리가 아니라 죄와 사망에 대한 승리에서 절정에 이른다. 이와 관련해서 많은 사람이 염두에 두는 본문은 이사야 40:1-11, 예레미야 31:31-34, 에스겔 36:22-32이다. 부활과 관련해서는 호세아 6:2이 자주 인용된다.

5. 십자가와 부활의 역사성에 대한 증거가 이 짧은 신조 속에 포함되어 있다. 우리는 예수께서 죽은 것을 어떻게 아는가? 답변은 예수가 장사되신 것을 보아 안다는 것이다. 우리는 예수가 다시 살아나신 것을 어떻게 아는가? 답변은 부활하신 예수를 베드로와 열두 제자가 목격한 것을 보아 안다는 것이다. 부활 자체는 처음부터 많은 사람들에게 결코 믿을 수 없는 사실이었다. 따라서 교회는 이 두 역사적 사건에 목격자들이 있었다고 증언하는 데 열심을 냈다.

6. 바울은 이 신조의 창작자가 아니다. 이것은 여러 이유로 분명하다. 첫째, "열두 제자"라는 말은 복음서에서는 흔히 나타나지만 바울 서신에서는 여기서 딱 한 번 나타난다. 둘째, 바울이 구약 본문을 인용할 때 대체로 사용하는 문구는 "기록된 것처럼"이다. 이때 바울은 "성경대로"라는 말을

사용하지 않는다. 셋째, 바울은 죄를 단수형으로 묘사함으로써, 일련의 개인적 행위가 아니라 사람들을 종으로 지배하는 하나의 권능으로 이해한다. 복수형 "죄들"을 사용하는 것도 바울이 이 신조를 쓴 저자가 아니라는 것을 추가로 암시한다. (*hoti*의 사중 용법과 함께) 이 세 가지 특징은 바울이 자신이 만들어내지 않은 본문을 인용하고 있음을 보여주는 강력한 암시다. 요약하면 바울은 그리스도께서 우리 죄를 위해 죽으셨다는 개념을 만들어내지 않았다. 대신 바울은 기독교 전통을 통해 자기에게 주어진 이 초기의 신조를 믿음으로 고백했다.

7. 여기서 관건은 "내 죄"가 아니라 "우리의 죄"다. 그리스도인은 "나의 아버지"가 아니라 "우리 아버지"에게 기도하고, 이 신조에서 공동체는 자기들의 집단적인 죄를 고백한다. P. T. 포사이스는 십자가를 통한 하나님과의 화목이 단순히 "남자와 여자 개개인들이 자기의 주관적인 경험에 감동받고 동조하는 것"이 아니라고 주장한다.[10] 그리스도는 "우리의 죄"를 위해 죽으셨다. 하나님이 이처럼 "세상"을 사랑하셔서 독생자를 주셨다(요 3:16).

8. 복음서에서는 부활의 주요 목격자가 여인들이었다. 고린도전서 15:1-12에는 여인들이 빠져 있다. 그렇다고 해서 목격자가 원래 전부 남자였는데, 얼마 후에 복음서 저자들이 여자 목격자를 날조해 복음서에 집어넣었다고 상상하는 것은 불가능하다. 오히려 당시는 남성 지배 사회였기 때문에, 최초의 교회가 부활의 신빙성의 비중을 여인들의 증언에 더 크게 둔다면 그 증언이 사람들에 의해 무시당할까봐 염려했다고 보는 입장이 가능하다. 따라서 최초의 교회는 그들의 **신조** 속에 "게바"와 "열두 제자"를 부활의 일차 목격자로 포함시켰다(여자들의 이름은 조용히 뺐다). 최초의 교회는 꿈이나 신비적인 환상이 아니라 역사적 사건을 다루고 있었다. 그래서 가능한 한 많은 사람(여자의 증언을 무시하는 자들을 포함해서)이

10) P. T. Forsyth, *The Work of Christ* (London: Independent Press, 1958), p. 100.

교회의 증언을 진지하게 받아들인다는 보장을 받고 싶어 했다.

9. 이 본문을 다루기 위해서는, 큰 영향력을 끼친 대리적 속죄 교리를 전개한 중세의 신학자 안셀무스(기원후 1033년 출생)의 견해를 언급해야 한다. 안셀무스는 "그리스도는 우리의 죄를 위해 죽었다"는 말이 그리스도께서 죄를 지은 인간의 대리인이었다는 의미라고 보았다. 이 이론의 주된 난점 중 하나는 "위해"(for)라는 말이 상업적 의미를 함축한다고 보는 데 있다. "나는 차를 **위해** 15,000달러를 지불했다"라고 말할 수 있는데, 이는 내가 15,000달러짜리 수표를 끊자 차 판매자가 내게 차를 넘겨주었다는 뜻이다. 마찬가지로 그리스도가 우리의 죄를 **위해** 죽으셨다는 것도 죄에 대한 값을 치르셨음을 의미한다. X만큼의 죄의 양은 X만큼의 고통의 양을 요구했고, "예수는 그 양을 모두 지불했다." 예수는 죄로 말미암아 진 빚을 청산하는 데 요구되는 고난을 모두 겪으셨다. 물론 바울은 "너희는 너희 자신의 것이 아니다. 너희는 값을 치르고 샀다"(6:19)라고 말했다. 이런 언급은 확실히 십자가의 의미에 관한 큰 비밀의 **한 부분**이다. 그러나 이는 우리가 성찰하는 십자가의 더 큰 전체 개념과 일치해야 한다. 과연 이런 견해가 지금 논의 중인 초기 기독교 신조를 이해하는 데 적합한가?

나는 젊었을 때 안셀무스가 11세기에 이런 이론을 전개했다는 것을 알고 신학적으로 큰 충격을 받았다. 그래서 대리적 속죄 이론이 십자가를 이해하는 데 유일하게 가능한 대안이라고 가정하면서, 순진하게도 다음과 같이 생각하게 되었다. **그렇다면 그리스도인은 십자가를 이해하도록 도와주는 대리적 속죄 이론을 갖지 못한 첫 천 년 기간에는 어떻게 신자가 되었을까?** 여기에 대한 간단한 대답은, 초기 그리스도인들은 안셀무스의 견해를 필요로 하지 않았다는 것이다. 그들은 이리와 싸우며 양을 위해 자기 목숨을 내놓은 선한 목자(요 10:11-15)를 생각할 수도 있었다. 잃은 양에 대한 사랑으로 충만한 선한 목자는 양을 찾아 어깨에 메고 집으로 돌아온다(눅 15:4-7). 선한 목자는 결코 다음과 같이 스스로에게 말하지 않는다. "잃은 양이 5마일(약 8킬로미터) 정도 떨어져 헤맸으니, 양의 잘못에 대한 값을 치르기 위해 나는 광활한 광야를 5마일 정도 헤매야겠다." 여기서 초점은 **형벌**이 아니라 **구출**에 있다.

탕자의 비유에 나오는 아버지는 둘째 아들이 적대적인 공기에 휩싸인 마을에 도착하기도 전에, 아들과 화해하기 위해 인파로 들끓는 거리로 달려 나갔으며 그럼으로써 공개적으로 자신을 낮추었다. 그렇게 하면서 아버지는 오직 사랑만을 생각했다.[11] 아버지는 아들에게 달려가 **값비싸고 과분한 사랑을 보여주었다**. 아버지는 빚을 갚아준 것이 아니다. 물론 아들은 마을 사람들에게 조롱을 당하도록 되어 있었으며, 그래서 아버지는 달려가 그런 모욕을 막아주었던 것 같다. 그러나 이것은 "이만큼 큰 죄는 그만큼 큰 고통을 요구한다"라는 법칙에 따른 상업적인 거래가 아니다. 대신 화해를 이루고자 하는 마음으로 **값비싼** 사랑을 쏟는 행위다.[12]

누가복음 15장에서 예수는, 다른 비유나 극적 행위와 함께, 자신이 짊어지는 십자가를 해석하고 있음이 분명하다. 탕자의 비유에서 아버지는 **분노를 은혜로 바꾸고**, 아직도 자기 자신을 신뢰하는 아들에게 **값비싸고 과분한 사랑을 보여줄** 수 있었다. 아들은 자기 죄를 "일해서 갚을" 계획이었다. 아들은 자기 죄가 돈을 잃어버린 것이라고 생각하고, 만약 일자리만 얻을 수 있다면 언젠가 자신이 탕진한 모든 재산을 갚을 수 있으리라고 추측했다. 그러나 아들은 자기 아버지의 사랑의 깊이, 고통을 겪는 사랑을 보았을 때에야 비로소 자신의 죄의 깊이를 깨닫게 되었다. 그때라야 비로소 그는 순전한 은혜의 행위로 자신이 **되찾아졌음을 인정하고** 회복될 수 있었다.[13]

---

11) Kenneth E. Bailey, *The Cross and the Prodigal* (Downers Grove, Ill., InterVarsity Press, 2005); Kenneth E. Bailey, *Jacob and the Prodigal* (Downers Grove, Ill., InterVarsity Press, 2003), pp. 95-117을 보라.

12) George Carey는 사려 깊은 연구를 속죄론의 전체 역사를 제시한다. Carey는 제한적인 대리 관점을 전체 속죄 교리의 한 부분으로 설득력 있게 주장한다. George Carey, *The Gate of Glory* (Grand Rapids: Eerdmans, 1993), pp. 139-149을 보라.

13) Kenneth E. Bailey, "Jesus Interprets His Own Cross," DVD, www.cdbaby.com/

이 본문에 대한 더 나은 (적합한) 아랍어 번역은 "그리스도가 우리의 죄 때문에 죽으셨다"이다. 우리 죄가 예수의 죽음을 가져왔기 때문이다. 속죄에 대한 수많은 인기 있는 견해가 가진 중대한 위험은 제삼자의 등장과 관련된다. 가장 단순하게 말해 이 이론은 다음과 같다. 즉 하나님은 죄에 대해 분노하고 따라서 당연히 우리를 처벌하실 수 있었다. 그러나 예수께서 무대에 등장해서 우리 대신 형벌을 받으신다. 여기까지는 괜찮다. 이런 의미에서 예수는 우리를 위한 **대리인으로 정당하게 이해된다**. 그러나 예수께서 제삼자인가? 성부 하나님은 성자 하나님과 분리되신 하나님인가?

이런 견해를 인정하는 일은 조로아스터교의 향기를 강하게 풍긴다. 조로아스터교에는 선한 신(아후라 마즈다)과 악한 신(아흐리만) 곧 빛의 신과 어둠의 신이 있다. 조로아스터교 신자의 임무는 우리를 악한 신으로부터 보호해주는 선한 신을 섬기는 것이다. 그러나 신약성경은 그런 식으로 말하지 않는다. 바울은 이렇게 선포한다. "우리가 아직 죄인이었을 때 **그리스도께서 우리를 위해 죽으셨기** 때문에 **하나님께서 우리에게 자신의 사랑을 증명하신다**"(롬 5:8). 바울은 이렇게도 말했다. "**하나님께서** 그리스도 안에서 세상을 **자기와** 화목하게 하시고, 그들의 죄를 그들에게 돌리지 아니하셨다"(고후 5:19). 여기에 제삼자는 없다. **하나님은** 우리를 **자기와** 화목하게 하려고 사랑으로 **그리스도 안에서** 행하시는 분이다. 하나님의 마음속에는 성부 하나님이 성자 하나님을 반대하는 분리가 전혀 없다.

나는 이 중대한 비밀에 빛을 던져줄 만한 비유를 하나 만들어보았다. 물론 이 비유가 다른 모든 비유처럼 약점을 가지고 있음을 알고 있다. 토머스 프리드먼처럼 나도 은유/비유 용법을 통해 "훨씬 더 큰 설명 능력을 얻고자 학문적인 엄밀성을 얼마간 희생시키고자" 한다.[14] 그 비유는 다음과 같다(약간의 주석이 달려 있음).

---

cd/revdrbailey(13 half-hour lectures)를 보라.

14) Thomas Friedman, *The World Is Flat* (new York: Farrar, Straus & Giroux, 2007), p. x.

어떤 엄마(자니라고 불리는 어린 아들을 둠)가 친구들과의 교제 모임을 준비하고 있다. 주방 식탁 위에 식탁보를 펼치고 그 위에 레몬주스가 담긴 큰 유리 주전자를 놓는다. 그런 다음 아들에게 "자니야, 식탁보를 잡아당기면 안 된다. 그렇게 하면 주전자가 네 위로 떨어져 네가 다칠 거야"라고 경고한다. 그러고는 음식을 계속 준비하려고 싱크대로 향한다. 그런데 엄마가 등을 돌리는 순간 자니는 식탁보를 잡아당기기 시작한다. 놀랍게도, 엄마는 어깨 너머로 자니가 식탁보와 레몬주스가 담긴 주전자를 잡아당기는 모습을 보게 된다. 주전자가 아무 보호막도 없는 아들의 머리 위로 추락할 순간이다. 엄마는 일순간 깊은 실망감과 분노에 빠져 스스로에게 이렇게 말한다. **자니가 내 말을 듣기만 했어도, 이런 사고는 일어나지 않았을 텐데!**

[주: 이 이야기에는 세 가지 가능한 결말이 있다.]

결말 1. 엄마가 이성을 잃는다. 엄마는 분노에 차 주방으로 돌진해서 레몬주스 주전자를 움켜쥐고 이렇게 말한다. "자니야, 엄마가 분명히 식탁보를 잡아당기지 말라고 했지. 그런데 너는 도대체…." [**엄마는 자니의 머리에 레몬주스를 쏟아붓는다**.]

[주: 이것은 익숙한 관점이다. 하나님은 율법을 주신다. 인간은 율법에 순종하라는 말을 듣고 불순종하게 되면 형벌이 있을 것이라는 경고를 받는다. 인간이 율법을 어길 때 결과는 처벌이다.]

결말 2. 이 드라마에서 세 번째 배우가 소개된다. 자니의 형 빌리다. 빌리는 옆방에서 숙제를 하고 있다. 엄마는 다시 이성을 잃는다. 엄마는 주방으로 돌진해서 주전자를 움켜쥐고 분노에 차 자니에게 이렇게 말한다. "자니야, 너는 불순종에 대해 벌을 받아 마땅하므로 이것을 네게 쏟아야겠다. 그러나 그렇게 하면 네가 지독한 감기에 걸리겠지."

엄마는 거칠게 큰소리로 외친다. "빌리!"

빌리가 주방으로 들어오고, 엄마는 빌리에게 레몬주스를 쏟아부은 후에 자니에게 이렇게 말한다. "네가 엄마를 어떻게 만들었는지 좀 봐."

죄책감을 심하게 느낀 자니는 식탁 아래로 기어들어가 울기 시작한다. [주: 이것은 제삼자 대리적 속죄 이론이다.]

결말 3. 엄마는 레몬주스 주전자가 자니의 머리 위로 떨어지려는 것을 알아차린다. 자니의 불순종에 대한 엄마의 분노는 자니에 대한 깊은 사랑을 감소시키지 못한다. 엄마는 분노를 은혜로 바꾸고 주방으로 달려간다. 엄마가 식탁에 다다랐을 때 주전자가 떨어질 찰나였고, 그래서 엄마는 재빨리 주전자를 옆으로 밀어낸다. 주전자는 산산이 깨지고 엄마는 팔에 깊은 상처를 입는다. 엄마의 팔에서는 피가 철철 흐르기 시작한다. 엄마는 신속하게 어깨에 걸려 있던 수건으로 자기 팔을 단단히 동여맨다. 피는 계속 수건 속에 스며들고 바닥으로 뚝뚝 떨어진다. 겁먹은 자니가 울기 시작한다.

엄마는 다음과 같이 **말하지 않는다**. "울지 마, 자니야! **겁내지 마라**. 너를 때리지 않을 거야. 대신 빌리를 혼내줄 거야."

이런 말은 아무 효력이 없을 것이다. 지금 자니는 맞을까봐 두려워서 우는 게 아니다. 그러므로 엄마가 빌리를 혼내줄 것이라고 말할 때 안도감을 느끼거나 즐거워하지 않을 것이다. 자니가 우는 이유는 **자기 탓에 엄마가 상처를 입는 것을 보고, 그것이 자신의 잘못임을 알기** 때문이다!

이 세 번째 결말에서는 **옆방에 빌리가 없다**. 엄마는 겁먹은 자니에게 다가가 따스하게 포옹하고 조용히 이렇게 말해준다. "괜찮아, 자니야. 어쨌든 엄마는 너를 사랑하고 용서한다. 괜찮아, 자니야. 사흘만 있으면 이 흉한 붕대를 풀 수 있을 거야. 그때는 엄마 팔이 다 나을 거야."

모든 것을 감싸는 엄마의 포옹 안에서 그리고 아들의 의식을 꿰뚫는 엄마의 용서의 말을 들으면서, 자니의 죄책감은 사르르 녹고, 그와 함께 엄마에게 불순종하려는 자니의 의지도 소멸된다. 자니는 엄마가 **자기 때문에 상처를 입었으며 그럼에도 엄마가 자기를 여전히 사랑한다는 것**을 알고 있다. 제삼자는 없다. 엄마는 **자니를 위해 상처를 입는다**. 옆방에 빌리는 없다. 자니의 불순종으로 불가피하게 누군가는 상처를 입도록 되어 있다. 엄마가 자니 대신 고통을 겪는 선택을 한다. 하지만 엄마의 초점은 **형벌**이 아니라 **대속**에 있다.

이제 자니는 식탁보를 잡아당기지 말라는 엄마의 경고가 독단적인 뜻에서 나오지 않았음을 깨닫는다. "내가 그렇게 말하니까 너는 내가 말하는 대로 해야 한다!"는 식의 태도는 없었다. 엄마의 뜻은 자니를 위해 사랑을 베푸는 데 있었다. 유리 주전자, 식탁, 어린 소년, 중력의 힘과 같은 실재들을 감안하면, 엄마가 정한 "법"은 사랑의 표현이었다. 자니는 엄마가 자기를 위해 주전자를 쳐내다 팔에 상처를 입는 모습을 보고서야 비로소 엄마의 사랑이 얼마나 깊은지를 발견한다! **값을 크게 치른** 사랑을 보고서야 **자니는 변화된다**.

바울은 "그리스도가 **우리 죄를 위해** 죽으셨다"라고 선언하는 전통을 인용한다. 이 전통을 해석하면서 바울은 "하나님께서 그리스도 안에서 세상을 **자기와** 화목하게 하셨다"(고후 5:19)라고 했다. 제삼자는 없다.

신학자 미로슬라브 볼프는 다음과 같이 썼다.

> 우리는 그리스도께서 경건하지 않은 자를 대신해서 죽으셨다는 것—신학자들이 자주 그리스도의 "대리적" 죽음으로 부르는 것—이 무슨 뜻인지를 설명하는 몇몇 견해에 큰 문제가 있음을 주의해야 한다. 만약 십자가 위의 그리스도를 죄인들의 죄에 대해 처벌을 받는 제삼자로 간주한다면, 우리는 과녁에서 크게 벗어나고 만다. 왜냐하면 경제적인 빚과 달리 도덕적인 빚은 남에게 양도할 수 없기 때문이다. 그러나 그리스도는 제삼자가 아니다. 그리스도는 자신의 신성으로 말미암아 "빚"을 받으실 채권자이신 하나님과 하나이시다. 그러므로 **하나님께서** 그리스도의 죽음을 통해 하나님을 거역한 우리의 죄악의 짐을 자신이 짊어지심으로써 우리를 정당한 징벌에서 벗어나게 하신다. 그러나 그리스도는 자신의 인성으로 말미암아 또한 채무자인 우리와 하나가 되시므로, **우리는** 그리스도 안에서 죽고 그 결과 죄책에서 벗어난다. 채권자 및 채무자와 하나가 되시는 그리스도는 오직 이 두 범주의 "당사자"로 남아 계신다.

따라서 그리스도가 제삼자로서 참여하신다는 개념은 부정된다.[15]

윌리엄 템플은 항상 신약성경이 하나님의 진노가 아니라 그분의 사랑과 함께 시작된다고 지적한다.

> 종에게는 명령이 주어지며 만약 종이 그 명령에 불순종하면 처벌받는다. 잘못을 저질렀을 때 종의 유일한 감정은 두려움이다. 반면에 아들은 자기 아버지의 사랑을 알고 있고, 사랑의 이름으로 아버지께 요구한다. 따라서 그리스도가 우리를 위해 얻으신 승리는 일차적으로 형벌의 면제가 아니다. 아들이 아버지와의 사랑이 넘치는 친밀한 관계를 회복하는 것이다. 바로 이것이 아버지가 바라는 것이다.[16]

하나님은 죄에 대해 노하신다. 그러나 그 분노는 템플의 다음과 같은 주장과 같다.

> 만약 분노를 상처를 입은 데 대한 이기적인 정서적 반응으로 이해한다면, [하나님의 분노]는 분노가 아니다. 만약 분노를 의에 기초를 둔 의지가 다른 곳으로 향한 의지를 결연하게 그리고 가차 없이 반대하는 것을 의미한다면, 하나님의 분노는 분노다. 하나님은 모든 죄인을 소멸시켜야 한다. 하지만 하나님은 그들을 죄에서 건져내 그들의 아버지의 집에서 자녀로서 충성과 사랑을 다하도록 인도하심으로써 죄인들을 소멸시키고자 하신다.…사람들이 전가된 형벌 교리를 만들어낸 것은 다만 처벌에 대한 선입관 때문이다.…속죄는 죄인의 영혼을 하나님의 뜻에 순응하도록 인도하는 것으로 이루어진다.[17]

---

15) Miroslav Volf, *The End of Memory: Remembering Rightly in a Violent World* (Grand Rapids: Eerdmans, 2006), p. 117.
16) William Temple, *Christus Veritas* (London: Macmillan, 1954), p. 258.
17) 같은 책, p. 259.

고난은 하나님의 선택으로 우리가 겪는 것이다. 템플은 이렇게 쓴다.

> 죄에 대한 반대를 표현하는 두 가지 방법이 있다. 하나는 죄인에게 고통을 가하는 것이고, 다른 하나는 고통을 참는 것이다.…사도 바울에 따르면 그리스도와의 연합이란, 그리스도께 일어난 모든 일이 그것이 무엇이든, 제자들에게도 일어났다고 말할 수 있을 정도로 완전하고 친밀한 무엇이다.[18]

관건은 죄인의 개혁이다. 템플은 이렇게 결론짓는다.

> 나는 처벌에 대한 두려움 때문에 죄를 짓는 행동을 억제할 수는 있지만, 나의 악한 욕망을 변화시킬 수는 없었다.…그러나 내 이기심이 그리스도가 보여주는 것과 같은 사랑으로 나를 사랑하시는 아버지에게 무엇을 의미하는지를 깨닫게 되자, 나는 이기심에 대한 두려움에 사로잡히고, 사랑에 반응하는 자가 되기를 부르짖는다.…우리는 아버지의 고난을 이전된 형벌이 아니라 자기희생의 행위, 즉 우리를 우리의 원래 형상으로 다시 만드는 행위로서 주장한다.[19]

"그리스도는 우리 죄를 위해 죽으셨다." 그리고 "엄마는 자니를 위해 상처를 입었다." 자니는 다시는 같은 짓을 저지를 수 없다. 우리 역시 그럴 수 없다.

계속해서 바울은 부활에 대한 다른 목격자들을 추가로 제시한다. 중앙의 결론 부분에서 바울은 자기를 목격자로 제시한다. 이 신조는 네 가지 원리적인 진술을 담고 있으며, 여기에 바울은 부활에 대한 네 가지 증언을 추가한다.

---

18) 같은 책, p. 261.
19) 같은 책, pp. 263-264.

부활과 믿음의 타당성(고전 15:12-20)

부활(목격자들과 함께)에 관한 진술이 담긴 신조를 제시하고, 목격자들 중 자신을 포함시킨 바울은 이제 부활의 결정적인 본질에 초점을 맞추고 있는 두 번째 설교를 구성한다. 정교한 수사 구조를 가진 이 본문은 도표 5.1(5)에 나타나 있다.

수사 구조

이 설교는 일곱 개의 역장면으로 구성되고 중앙에 클라이맥스가 있는 예언적 수사 틀의 또 다른 사례다. 이번 경우에는 처음(장면 1)과 끝(장면 7) 그리고 중앙(장면 4)에 **긍정적인 요소**가 담겨 있다. 나머지 네 장면(장면 2-3, 5-6)은 완전히 **부정적인 요소**로 채워진다.

이 설교의 또 다른 두드러진 특징은 많은 장면들을 하나로 묶는 사슬 고리 관계다. 장면 2는 "부활은 없다"로 끝난다. 장면 3은 "만일 부활이 없다면"으로 시작된다. 장면 4는 장면 5와 동일한 방식으로 연결되고, 장면 5도 장면 6과 같은 방식으로 연계된다. 사슬 고리 구성을 폭넓게 사용하는 사례는 고린도전서의 이 부분에서만 나타난다.[20]

장면 3과 장면 5를 연결하는 단계 평행법 역시 이 설교의 두드러진 특징이다. 장면 3의 다섯 행은 각각 장면 5의 다섯 행과 짝을 이룬다. 예언적 수사 틀 안에서 두 장면을 연계시키는 이런 단계 평행법은 앞에서 분석한 이사야 28:11-17[21]에 나타나는 엄밀한 방식이다.

바깥쪽 네 장면(장면 1-2와 장면 6-7)은, 만약 중앙의 세 장면(장면 3-5)이 빠진다 해도 이를 알아차리지 못할 정도로 정교하게 맞물려 있다. (통

20) 이런 형태의 사슬 고리 구성은 설명에서 지적했듯이 11:28-32에서 나타난다.
21) "프렐류드: 예언적 설교 수사 스타일과 그 해석"에서 도표 0.1(4)을 보라.

1.	[15:12]그리고 만일 **그리스도께서**	**그리스도는 다시 살아나셨다**(+)
	죽은 자 중에서 **다시 살아나신** 것으로 **전파되었다면**	죽은 자 중에서
2.	**너희** 중 어떤 이들이 **어떻게**	**너희의 관점**:
	"죽은 자의 부활은 **없다**"고 말할 수 있겠느냐?	부활은 없다(−)
3.	a. [13]그리고 **만일** 죽은 자의 **부활이 없다면**	**부활은 없다**(−)
	b. 그리스도도 **다시 살아나지 못하셨을** 것이고	그리스도는 다시 살아나지 못했다
	c. [14]또 **만일 그리스도께서 다시 살아나지 못하셨다면**	전파—헛됨
	d. **우리의 전파도 헛되고**	믿음—헛됨
	e. **너희의 믿음도 헛되다.**	
4.	[15]또 우리는 **하나님을 잘못 전하는** 자로 발견될 것이니	**우리**—**거짓말**(−)
	이는 **우리가 하나님에 관해**	우리의 증언(+)
	"그가 **메시아를 다시 살리셨다**"고 증언하기 때문이다.	**그리스도는 다시 살아나셨다**
	만일 죽은 자는 다시 살아나지 못하는 것이 사실이라면	다시 살아나지 못했다(−)
	하나님은 그를 **다시 살리지 아니하셨을** 것이다.	부활은 없다(−)
5.	a. [16]**만일 죽은 자가 다시 살아나지 못한다면**	**부활은 없다**(−)
	b. **그리스도도 다시 살아나지 못하셨을** 것이다.	그리스도는 다시 살아나지 못했다
	c. [17]또 **만일 그리스도께서 다시 살아나지 못하셨다면**	믿음—헛됨
	d. 너희의 **믿음도 헛되고**	구원—없음
	e. **너희는 여전히 죄 중에 있을 것이다.**	
6.	[18]또한 그리스도 안에서 **잠자는 자도 망했을** 것이다.	**결과**
	[19]**만일** 그리스도 안에서 우리가 **이 세상에만 소망을** 두고 있다면	너희의 관점(−)
	모든 사람 중 우리가 **가장 불쌍할** 것이다.	우리가 가장 불쌍하다
7.	[20]그러나 이제는 **그리스도께서 죽은 자 중에서 다시 살아나셔서**	그리스도는 다시 살아나셨다(+)
	잠자는 자들의 **첫 열매**가 되셨다.	첫 열매

도표 5.1(5). 부활과 믿음의 타당성(고전 15:12-20)

상적으로 그렇듯이) 중앙의 클라이맥스는 "우리가 하나님에 관해 '그가 메시아를 다시 살리셨다'라고 증언한다"라는 강력한 진술을 가지고 있다.

주석

이 마지막 논문에서 바울은 1:17-2:2의 십자가 찬송과 대응을 이루고 이 찬송을 반영하는 즐거운 부활 찬송을 작성한다. 십자가 찬송과 부활 찬송은 다음과 같이 구성되어 있다.

- **십자가 찬송**(1:17-2:2)
  처음(장면 1): 나는 그리스도의 십자가를 전한다.
  (-그 메시지를 부인하는 부정적 요소)
  중앙(장면 7): 우리는 십자가에 못 박힌 그리스도를 전한다.
  (-그 메시지를 부인하는 부정적 요소)
  끝(장면 13): 나는 예수 그리스도와 그가 십자가에 못 박히신 것…을 선포한다.

- 이와 대응을 이루는 **부활 찬송**(15:12-20)
  처음(장면 1): 그리스도께서 죽은 자 중에서 다시 살아나신 분으로 선포된다.
  (-그 메시지를 부인하는 부정적 요소)
  중앙(장면 4): 우리는 하나님에 관해 "그가 메시아를 다시 살리셨다"라고 증언한다.
  (-그 메시지를 부인하는 부정적 요소)
  끝(장면 7): 그러나 이제는 그리스도께서 죽은 자 중에서 다시 살아나셨다.

십자가 찬송은 열세 장면으로 구성되는 반면에, 부활 찬송은 일곱 장면만으로 구성된다. 그러나 두 찬송 모두 처음과 중앙 사이에, 그리고 중앙과 끝 사이에 놓인 장면들이 두드러지게 부정적인 요소를 담고 있다. 바울은 생각이 깊은 독자라면 위의 평행 관계를 파악하고 따라올 수 있으리라고 전제한다. 바울은 독자에게 역사, 신학, 윤리, **예술**을 제공하고 있다. 이런 식의 기교를 통해 바울은 첫째 논문(십자가에 관한)과 마지막 논문(부활에 관한)을 하나로 결합시킨다.[22] 바흐 전문가는 바흐의 위대한 푸가에 포함된 대위법을 들으면서 전율을 느낀다. 우리도 바울의 "음악"을 들으면서 같은 종류의 전율을 느낄 수 있다.

고린도 교회 교인들은 신학적으로 혼란에 빠져 있었다. 그들 중 어떤 이는 부활을 부정했다(장면 2). 바울은 단호한 언어를 사용해서 단도직입적으로 그들이 위기에 빠져 있다고 선언한다. 만약 부활이 없다면 그들의 전파도 헛되다. 그들은 하나님에 관해 거짓말을 하는 것이고, 그들의 믿음도 헛되다. 또한 구원도 없고 그들은 여전히 죄 가운데 있다(장면 3-5). 나아가 이미 죽은 사람들은 망할 것이고, 아직 살아 있는 신자들은 아무 소망이 없으며 모든 사람 중 가장 불쌍한 자가 될 것이다(장면 6).

이는 **형벌**에 초점을 맞추는 제삼자 대리적 속죄 이론이 잘못된 방향으로 나아갈 수 있는 또 다른 사례라고 할 수 있다. 예수가 "다 이루었다!"라고 외친 직후에, 하나님이 그를 순식간에 하늘로 올려 가시는 장면을 상상해보라. 이런 일이 일어났다면 신자들에게 어떤 구원이 있게 될까? 만약 초점이 **형벌**에 두어진다면, 어쨌든 "예수께서 그 값을 모두 치르셨기" 때문에 구원은 있을 것이다. 예수가 "다 이루었다!"라고 외치지 않으셨는가? 이는 위대한 구원 사역이 이루어졌다는 뜻이지 않은가? 그런데 바울에게는 그렇지 않았다. 바울은 **부활이 없다면**, 모든 믿음도 헛되고 신자는 여전히 그들의 죄 가운데 있다고 보았다. 지적했듯이, **중심** 초점은 **형벌**이 아니라 **구원**에 있다. 만약 **부활이 없다면** 예수의 죽음은 세례 요한의 죽음

22) 십자가 찬송(1:17-2:2)과 부활 찬송(15:12-20)은 각각 그것이 속해 있는 논문에서 두 번째 설교로 나타난다.

과 같다. 만약 부활이 없다면 예수는 이스라엘을 새롭게 하려다 결국 실패한 또 한 사람의 랍비에 불과하다. 이런 경우라면 베드로, 야고보, 안드레, 요한은 고기 잡던 배로 다시 돌아가 그물을 던지며 고향에서 생계를 유지하며 살아갈 것이다.[23]

부활은 죄와 사망이 마지막 말이 아니라는 것을 확증한다. 고대 세계에서 가장 세련된 종교(유대교)와 고대 세계에서 가장 수준 높은 정의 체계(로마 제국)가 결탁해서, 이 선한 사람을 십자가에 못 박고 고통을 가해 죽였다. 그것들은 악한 세력이 아니었다. 그것들은 고대 세계가 제공하는 가장 좋은 제도였다. **그렇지만** 그들은 함께 공모하여 십자가 죽음을 이끌었다. 그러나 이것이 끝은 아니었다. 십자가 죽음 이후에 부활의 승리가 임했다. 십자가 이후로는 우리를 놀라게 하는 어떤 악도, 우리를 겁먹게 만드는 어떤 야만적인 기관도 없다. 왜냐하면 **우리는 십자가로 나아가** 십자가 너머에 부활이 있음을 알고 있기 때문이다. 우리는 십자가 곁에 서 있으며(첫째 논문), 빈 무덤을 증언했다(마지막 논문)!

위에서 살펴본 신조(15:3-5)는 십자가와 부활을 하나의 동전의 양면으로 제시한다. 복음의 메시지는 "그가 메시아를 살리셨다"(장면 4)라는 것과 메시아가 "잠자는 자들의 첫 열매"라는 것을 확언한다. 그리스도가 살아 계시므로 우리도 이 첫 열매로 말미암아 살 것이다(장면 7).

부활에 관한 바울의 첫 번째 부분은 이런 수사적·신학적 보석으로 끝맺는다. 두 번째 부분은 첫째 아담과 둘째 아담에 대한 설명에 집중한다.

---

23) 이 장에 대한 상세한 학문적인 설명으로는 Wright, *Resurrection,* pp. 312-361을 보라.

5.2.

부활

아담과 그리스도—만물의 끝

고린도전서 15:21-28

바울은 신조(15:1-11)를 확언한 후, 부활이 없다면 모든 기독교 신앙이 헛되다는 사실(15:12-20)을 강조한 다음, 이제 **역사의 포괄적 범주**와 **부활**에 관해 말할 준비를 한다. 바울은 그리스도와 아담에 관한 첫 번째 설명 안에서 이것을 다룬다(도표 5.2[1]를 보라).

수사 구조

이 설교도 일곱 장면으로 이루어진다. 여기서 바울은 이 일곱 장면을 "높이뛰기 형식"에 따라 작성한다. 이 설교는 접근을 위한 두 장면으로 시작되고, 곧바로 도약을 위한 두 장면이 이어진다. (통상적으로 그렇듯이) 클라이맥스(장면 5)는 가로대 넘기이고(중앙), 그다음에 반대편으로 하강하는 두 장면이 덧붙여진다. 이런 높이뛰기 형식은 고린도전서에서 열두 번 나타난다.[1] 이는 바울이 가장 좋아하는 기법으로서, 그는 자신의 상상력과 창의성을 통해 이 기교를 마음껏 활용한다.

1.	15:21**한 사람**으로 인해 **사망**이 온 것처럼	
	죽은 자의 부활도 **한 사람으로 인해 왔다.**	**아담과**
	22그러니 **아담 안에서 모든 사람이 죽은 것**같이	그리스도
	그리스도 안에서는 모든 사람이 살게 될 것이다.	
2.	23그러나 각각 자기 질서를 따를 것이니	
	그리스도가 첫 열매이고	**그리스도—처음**
	24다음에는 그가 **오실** 때	다음은 그리스도 안에 있는 자들
	그리스도에게 속한 자들이다.	
3.	그다음에는 **끝**이 오고	
	그때 그가 **모든 통치**와	**끝—모든 것**
	모든 권세와 능력을 **멸하신** 후에	하나님 아버지에게 바쳐짐
	나라를 하나님 아버지께 바치실 것이다.	
4.	25이로써 그는 자신의 모든 **원수를**	**모든 원수**
	자기 발아래 두실 때까지 다스리실 것이다.	그의 발아래 있음
5.	26멸망당할 마지막 원수는 **사망**이다.	사망과 모든 것
	27"하나님이 **만물**을	그의 발아래
	그의 발아래 복종하게 하신다"[시 8:6].	복종하게 함
6.	그러나 "**만물이 자기 아래 복종한다**"고	
	말씀하실 때	**만물**
	만물을 자기 아래 두신 이는	복종하게 함
	그 아래 있지 아니한 것이 분명하다.	예외: 아버지
7.	28하나님이 **만물을 자기에게 복종하도록 하실** 때	
	아들 자신도 똑같이	**끝—모든 것**
	만물을 자기 아래 두신 **이**에게 복종하게 될 것이니	하나님/아버지에게 복종함
	이로써 하나님은 만유 중의 만유가 되신다.[2]	

도표 5.2(1). 부활: 그리스도와 아담—만물의 끝(고전 15:21-28)

중앙은 다시 구약 인용문으로 채워지는데, 이는 고린도전서에서 일곱 번 나타나는 특징이다.[3] 이 일곱 번은 모두 높이뛰기 형식에 따라 구성된다.

주석

바울은 3:21-23에서처럼 여기서도 긴 안목으로 아담의 창조에서부터 만물의 종말까지 폭넓게 돌아본다. 장면 1은 깜짝 놀랄 만한 사실을 언급함으로써 시작된다.

1. [15:21]**한 사람**으로 인해 **사망**이 온 것처럼
죽은 자의 부활도 **한 사람으로 인해 왔다**. **아담과**
[22]그러니 **아담 안에서 모든 사람이 죽은 것**같이 그리스도
그리스도 안에서는 모든 사람이 살게 될 것이다.[4]

아담은 사망을 가져왔고 "아담 안에서 모든 사람이 죽는다." 여기서는 아담에 관한 두 가지 사실이 언급되고, 그리스도에 관해서도 똑같이 두 가지 사실이 진술된다.

- 일어난 일: 아담이 사망을 가져왔다.
  결과: 아담 안에서 모든 사람이 죽는다.
- 일어난 일: 그리스도가 부활했다.

---

1) 고전 2:3-10; 3:1-17; 6:13-20; 9:1-12, 12b-18(수정 형태); 10:1-13; 10:23-11:1; 11:2-17; 12:31-14:1(수정 형태); 14:13-25; 15:21-34, 35-40(수정 형태).
2) KJV, NRSV.
3) 고전 6:13-20; 9:1-12a; 10:1-13; 14:13-25; 15:1-11, 21-28, 35-50.
4) Garland는 이 네 개 행의 평행 관계에 관해서 동일한 결론에 이르렀다. Garland, *1 Corinthians,* p. 706을 보라.

결과: 그리스도 안에서 모든 사람이 살아난다.

하와가 언급되지 않는다는 점이 의미심장하다. 벤 시라는 하와에게 모든 책임을 돌린다. "죄는 여자와 함께 시작되었고 여자 때문에 우리는 모두 죽어야 한다"(집회서 25:24). 바울과 같이 벤 시라의 진술도 두 부분으로 이루어져 있다.

- 일어난 일: 죄가 여자와 함께 시작되었다.
  결과: 여자 때문에 우리는 모두 죽어야 한다.

바울의 언급은 유대 전통에 속한 것이기는 하지만, 벤 시라의 관점을 따르지는 않는다. 물론 고린도후서 11:3에서 바울은 지나가듯이, 하와가 미혹을 받은 것을 지적하지만 사망이 들어온 데 대한 책임을 하와에게 묻지 않는다.[5] 로마서 5:12-21과 일치하게, 바울은 그 책임을 단호하게 아담에게 돌린다. 한 사람(아담)은 세상에 사망을 들여온 책임이 있었고, 한 사람(그리스도)은 생명을 가져오신다. 이처럼 하와가 아니라 아담에게 책임을 돌리는 관점은 교회에서의 여자와 남자에 대한 바울의 태도를 평가하는 데 중요한 역할을 한다.

여기서 바울은 "그리스도에게 속한 자들"에 관해 설명하고 있다. 이는 그 표현이 사용되는 24절로 보아 분명하다. 아우구스티누스는 장면 1을 다음과 같은 의미로 설명한다. "아담을 통하지 않고는 아무도 사망에 이르지 않고, 그리스도를 통하지 않고는 아무도 생명에 이르지 못한다."[6]

---

5) 딤전 2:14에는 다른 문제가 있다. 이 본문은 속은 것이 아담이 아니라 하와였다고 주장한다.

6) Augustine. *1 Corinthians: Interpreted by Early Christian Commentators,* trans. and ed. Judith L. Kovacs (Eerdmans: Grand Rapids, 2005), p. 351에서 인용함. Thiselton, *First Epistle,* p. 1227-1128; Robertson/Plummer, *First Epistle,* p. 353;

장면 2는 그 설명을 다음과 같이 계속한다.

2. [23]그러나 각각 자기 질서를 따를 것이니	
그리스도가 첫 열매이고	**그리스도—처음**
[24]다음에는 그가 **오실** 때	다음은 그리스도 안에 있는 자들
그리스도에게 속한 자들이다.	

"질서"(*tagma*)는 부대나 군대 계급과 관련된 군사 용어다.[7] 여기서 바울은 은퇴 군인들이 주로 정착한 식민지 도시의 주민들에게 메시지를 원활하게 전달하기 위해 군사적 이미지를 다시 선택한다. 첫째 계급은 "첫 열매"인 부활하신 그리스도이시다. "그리스도에게 속한 자들"로 이루어진 둘째 계급이 그리스도가 오실 때 군대 행렬에 참여한다. 바울은 예수의 부활에서부터 만물의 종말까지 미리 예측하고 있다.

셋째 계급은 없다. 비신자들은 어떤가? 본문은 그들에 대해서는 아무 답변도 주지 않는다. 핀들리는 이렇게 쓴다. "구약 성도들(고전 10:4; 히 11:26, 40; 요 1:11), 아니 실제로 의로운 이교도(행 10:35; 마 25:32, 34; 요 10:16)도 '그리스도에게 속한 자들'의 *tagma*(계급)로부터 배제되는 일은 없다."[8] 바레트는 "비그리스도인의 미래의 삶에 관해서는 아무 말이 없으며 우리는 이 침묵에 만족해야 한다"[9]라고 쓰면서 이 질문에 답변하지 않은 채 그대로 놔둔다.

여기서 *parousia*(오심)를 설명할 필요가 있다. 기원후 66년 네로는 고린도를 방문했다. 당시 황제나 고관의 방문은 *adventus*로 불렸으며, 이 라틴어 단어는 그리스어 *parousia*에 해당했다. 네로의 방문을 기념해

Findlay, *First Epistle,* p. 926도 보라.
7) Thiselton, *First Epistle,* p. 1229.
8) Findlay, *First Epistle,* p. 927.
9) Barrett, *First Epistle,* p. 355.

서 *Adventus Aug[usti] Cor[inthi]*(황제가 고린도를 방문하다)라고 새겨진 동전이 특별히 주조되었다. 동전의 다른 면에는 *Adventus Augusti*(황제가 방문하다)라는 글이 새겨졌다.[10] 하드리아누스의 방문을 기념하는 동전도 고린도에서 수없이 발견된다. 황제가 방문하는 날은 자주 "거룩한 날"로 불렸다. 다이스만의 지적에 따르면, "그리스에서 새 시대는 124년에 하드리아누스 황제가 처음 방문했을 때 시작되었다"라는 주장도 있다고 한다.[11] 황제가 방문하는 행렬과 상황은 장엄하고 화려했을 것이다. 신이 방문하러 왔으니 말이다! 이보다 경배와 찬양에 합당한 일이 또 있겠는가? 바울은 로마 식민지 도시에 편지를 쓰면서 부활하신 그리스도의 *adventus*(오심)에 모든 경배와 존귀를 돌릴 것을 촉구한다.

이런 웅장한 배경을 염두에 두고 바울은 높이뛰기를 구성하는 다섯 장면을 제시한다. 여기서 이런 식으로 높이뛰기 형식을 활용하는 바울의 마음을 이해하려면, 서로 평행을 이루는 장면들을 면밀히 검토하는 작업이 필수적이다. 장면 3과 7은 바깥쪽 짝 장면이다(도표 5.2[2]를 보라).

3.	그다음에는 **끝**이 오고	
	그때 그가 **모든 통치**와	**끝—모든 것**
	모든 권세와 능력을 **멸하신** 후에	하나님 아버지에게 바쳐짐
	나라를 하나님 아버지께 바치실 것이다.	
7.	[28]하나님이 **만물을 자기에게 복종하도록 하실** 때	
	아들 자신도 똑같이	**끝—모든 것**
	만물을 자기 아래 두신 **이**에게 복종하게 될 것이니	하나님/아버지에게 복종함

10) Adolf Deissmann, *Light from the Ancient East* (Grand Rapids: Baker, 1980, c. 1909), p. 371.
11) 같은 책, pp. 371-372.

이로써 하나님은 만유 중의 만유가 되신다.

도표 5.2(2). 장면 3과 7(고전 15:24b, 28)

장면 3은 "모든 *arkhen*[통치]과 모든 *exousian*[권세]과 모든 *dunamin*[능력]"을 언급한다. "통치, 권세, 능력"은 유대 및 그리스의 비밀 결사나 비교(秘教)의 신화를 배타적으로 의미하는 희귀한 단어가 아니다. 이 단어들은 정부와 세상 통치자를 가리키는 데 사용되는 표준 용어다. 로마서를 쓰면서 바울은 로마 국가에 대한 순종을 제시할 때(롬 13:1-7) *arkhontes*(통치자들)와 *exousia*(권세)로 국가 당국자들을 가리킨다.

지적했듯이 고린도가 재건을 시작한 기원전 44년, 이 도시에 정착한 퇴역 군인들은 로마 제국으로부터 가옥과 일정한 토지를 하사받았다. 그러므로 그들과 그들의 후손이 자기의 후원자(로마 제국)를 굳게 지지했다고 추정하는 것은 자연스럽다. 바울이 "우리에게는 한 주 곧 예수 그리스도가 있다"(8:6)라고 말했을 때 그는 자신의 믿음을 고백한 것일 뿐만 아니라 정치적인 신념을 표현한 것이기도 했다. 만약 예수께서 *kurios*(주)라면, 카이사르는 주가 아니다. 마찬가지로 24절에서도 바울은 세상의 결정적인 종말에 대해 말하고 있기는 하지만, 동시에 자기를 둘러싸고 있는 통치자들과 권세들, 능력들을 상대화하고 있는 것이다. 로마 제국 어디에서든, 이런 언급은 발설은 말할 것도 없고 생각조차 위험한 일이었다. 그러므로 이렇게 불순한 글을 써서 로마 외곽 지역에서 가장 큰 도시인 고린도에 보내는 일은 **위험천만**했다. 바울은 부활하신 그리스도의 목표 중 하나가 영원한 로마를 멸망시키는 데 있다고 선언한 것과 다름없었다. 이렇게 하면서 바울은 누구도 두려워하지 않았으며, 누가 이런 자신의 견해를 발견할지에 대해서도 모든 통제를 포기했다.

고린도전서의 이전 설교들처럼, 만약 이 두 장면을 본문 속에 나란히 놓고 장면 4-6을 뺀다 해도, 독자는 설명의 흐름이 어디서 끊어지는지 알아차리지 못할 것이다. 아들은 "하나님 아버지"께 나라를 바치고(장면 3),

따라서 세상이 끝날 때 하나님이 "만유 중의 만유"가 되실 수 있도록 그분께 기꺼이 복종한다(장면 7). 바울의 기독론은 결코 삼신론으로 빠지지 않는다. 그러나 이것이 바울이 말하고자 하는 전부가 아니다. 다른 세 장면(장면 4-6)이 다섯 장면의 중앙에 놓여 있다(도표 5.2[3]를 보라).

4.	[25]이로써 그는 자신의 모든 **원수를**	**모든 원수**
	자기 발아래 두실 때까지 다스리실 것이다.	그의 발아래 있음
5.	[26]멸망당할 마지막 원수는 **사망**이다.	**사망과 모든 것**
	[27]"하나님이 **만물**을	그의 발아래
	그의 발아래 복종하게 하신다"[시 8:6].	복종하게 함
6.	그러나 "**만물이 자기 아래 복종한다**"고	
	말씀하실 때	**만물**
	만물을 자기 아래 두신 이는	복종하게 함
	그 아래 있지 아니한 것이 분명하다.	예외: 아버지

도표 5.2(3). 장면 4-6(고전 15:25-27)

사망은 아담이 **가져왔고** 그리스도의 부활(첫 열매)로 **정복되었으며** 결국은 역사가 끝날 때 그리스도의 궁극적 승리로 **멸망당할** 것이다. 부활로 시작된 그리스도의 통치 안에서 모든 원수가 그리스도의 발아래 엎드릴 것이다(장면 4). 그러나 성경이 확언하듯이(장면 5), 원수라기보다는 "만물"이 "그의 발아래 복종할" 것이다. 물론 아버지는 유일한 예외가 되신다(장면 6).

이번 경우도 클라이맥스는 성경 인용문으로 채워진다. 시편 저자는 8:6과 110:1에서 발의 은유를 활용한 바 있다. 저자는 하나님이 모든 짐승(가축과 들짐승)과 물고기를 인간의 **발아래** 두셨다고 보았다. 바울은 이 본문을 인용하면서 거기에 새로운 의미를 집어넣는다. 따라서 **만물**은 사망을 정복하신 메시아 왕의 발아래 있다. 이 인용문은 시편 8:6에서 나오지만, 메시아의 통치의 범주는 시편 110:1에서 확인된다. 여기서는 하나님이 메시아를 위해 왕과 나라, 우두머리들을 정복하시리라고 언급된다. 이 승리의 범위를 반영하는 "발아래"의 이미지는 중동에서 자주 사용되는 강력한 은유의 하나다.

카이로의 고대 박물관에는 투탕카멘 무덤의 소장물이 전시되어 있다. 주목할 말한 한 가지 전시물은, 발이 발등상 위로 높여지고 보좌에 앉아 있는 실물 크기의 파라오 나무 조각상이다. 발등상 아래 표면에는 왕의 원수들이 등 뒤로 손이 묶인 형상으로 얕게 조각되어 있다. 이 원수들은 파라오의 "발아래" 있다. 투탕카멘은 기원전 14세기에 죽었다.

내가 예루살렘의 에큐메니컬 신학 연구소(탄투르)에서 가르칠 당시, 동료 교수 중에는 이탈리아에서 온 고(故) 마리아 노라 자매가 있었다. 두 개의 박사 학위를 취득하고 라틴어, 이탈리아어, 프랑스어, 영어로 신학을 가르치는 능력을 구비한 마리아 노라 자매는 대학을 세우라는 명령을 받고 에리트레아로 파송을 받았다. 그녀는 목표를 이루었고, 그 과정에서 하일레 셀라시에 에티오피아 황제와 막역한 사이가 되었다. 멩기스투 하일레 미리암의 사회주의 정권이 나라를 전복시켰을 때, 하일레 셀라시에 황제는 살해당하고 그의 시체는 사라졌다. 그때 마리아 노라 자매는 목숨을 보존하기 위해 도망치지 않으면 안 되었다. 몇 년 뒤 그녀는 예루살렘에서 우리 연구소의 교수가 되었고, 다음과 같은 이야기를 내게 들려주었다.

에티오피아에서 멩기스투의 사회주의 정권이 무너진 후, 마리아 노라 자매는 이 나라의 고위직에 있던 몇몇 친구들과 조용히 접촉할 수 있었다. 그들을 통해 자매는 멩기스투 정부가 무너졌을 당시 에티오피아의 새 지도자들이 하일레 셀라시에 황제의 시체를 찾고자 했다는 이야기를 들었다. 궁전 시종들은 질문을 받자 당국자에게 "멩기스투의 집무실 책상 아래 타일 바닥을 파보라"고 말했다. 당국자가 바닥을 파자 셀라시에 황제의 시체가 발견되었다. 멩기스투는 자신의 책상 바닥 아래에 황제의 시신을 은밀하게 매장했고, 그렇게 매일 책상에 앉을 때마다 "원수"를 "자기의 발아래" 두었다.

바울은 **만물**이 그리스도의 **발아래** 있으리라고 보았다. 이 말은 완전한 복종의 이미지와, 원수들이 "복귀"를 상상조차 할 수 없을 정도로 무력한 상태에 있다는 의미를 전달한다.

그러므로 바울은 독자에게 이렇게 말하고 있다. "만약 그리스도께서 다시 살아나지 않았다면 만물의 끝에 관한 이런 관점은 거짓말이다. 그러나 그리스도는 **다시 살아나셨고**, 우리 사도들은 다시 살아나신 그리스도를 목격했다. 만일 너희가 부활하신 그리스도를 다스리시는 주로 인정하지 않는다면 너희는 패배한 자다."

이렇게 독수리의 날카로운 눈으로 시대를 설명한 바울은 이제 시선을 돌려, 부활에 결정적으로 중요한 윤리 문제를 직접 다룰 것이다.

5.3.

부활과 윤리

고린도전서 15:29-34

바울은 앞의 네 논문에서 자신의 신학적 교훈을 논문의 중앙에 두고, 다루고자 하는 윤리적 문제는 중앙을 둘러싸고 있는 바깥쪽 장면들 안에 배치했다. 예를 들어 첫째 논문에서 윤리적 문제는 고린도 교회 교인들이 바울, 아볼로, 게바 편으로 갈라져 다툰 분쟁이었다. 바울은 먼저 **윤리적** 문제를 소개한 다음, 모든 사람 곧 유대인과 그리스인을 위한 **십자가의 신학**을 설명했다. 이어서 바울은 바울, 아볼로, 게바 편으로 분리되어 있다는 **윤리적** 문제를 두 번째로 다루었다. 그의 패턴은 윤리 다음에 신학을 제시하고, 마지막으로 다시 윤리로 돌아오는 방식이었다. 바울은 이후 세 논문(둘째부터 넷째 논문)에서도 각각 이 패턴을 따랐다. 그러나 이 마지막 논문(다섯째 논문)에서는 순서가 바뀐다. 바깥쪽 장면들에는 부활에 중점을 둔 두 개의 **신학적** 설명이 배치되어 있다. 그러나 중앙에는 부활과 깊이 관련되어 있는 일련의 구체적인 **윤리** 문제가 간략히 제시된다. 중앙 부분의 윤리적 설명을 언급하는 본문은 도표 5.3(1)에 나타나 있다.

1.	15:29 그렇지 않으면 사람들이	**만일 죽은 자가 다시 살아나지 못하면**
	죽은 자들을 위해 세례를 받는 것이 어떤 뜻이 되겠느냐?	
	만일 죽은 자들이 결코 다시 살아나지 못하면	그들을 위해 왜
	사람들이 왜 **죽은 자들을 위해 세례를 받겠느냐?**	세례를 받겠는가?
2.	30 왜 우리가 매순간	**왜 견디겠는가?**
	위험을 무릅쓰겠느냐?	
3.	31 형제들아, 내가 너희 안에 있는 나의 자랑 곧	**내 자랑을 걸고**
	그리스도 예수 우리 주 안에서 내가 갖고 있는 것을 걸고	그리스도 안에서
	단언하는데 나는 날마다 죽는다!	나는 날마다 죽는다!
4.	32 인간적으로 말하면, 내가 에베소에서 맹수와 싸웠다면	**무슨 상이 있겠는가?**
	내게 무슨 유익이 있겠느냐?	
5.	**만일 죽은 자가 다시 살아나지 못한다면**	**만일 죽은 자가 다시 살아나지 못하면**
	"우리가 내일 죽을 것이니	먹고 마시고 죽자!
	먹고 마시자" 할 것이다.	

[여담]

6. 33 미혹받지 말라. "악한 친구는 선한 행실을 파괴한다." 34 의로운 마음을 갖고 더 이상 죄를 짓지 말라. 어떤 이들은 하나님을 아는 지식이 없다. 내가 이렇게 말하는 것은 너희를 부끄럽게 하고자 함이다.

도표 5.3(1). 부활과 윤리(고전 15:29-34)

수사 구조

이 짧은 본문은 여러 가지 윤리적 문제를 간략히 설명하는 다섯 장면으로 이루어져 있다. 이 다섯 장면은 고리 모양 구성에 따라 서로 관련된다. 흔히 그렇듯이 클라이맥스는 중앙에 있고, 거기서 바울은 "예수 그리스도 우리 주"의 이름에 호소하며 "나는 날마다 죽는다"라고 괴로워 부르짖는다. 끝에는 고린도전서에 나오는 다른 세 번의 경우와 같이 간략한 여담이 배치된다.[1]

장면 1과 5 사이에 세 장면(장면 2-4)이 없다 해도, 독자는 생각의 흐름이 단절되었다고 전혀 느끼지 못할 것이다. "만일 죽은 자들이 다시 살아나지 않는다면"에 관한 설명은 장면 1에서 장면 5로 이음매 없이 자연스럽게 이어질 것이다. 이는 장면 2와 4도 마찬가지다. 클라이맥스인 장면 3을 본문에서 뺀다 해도, 아무도 이를 알아차리지 못할 것이다. 이것은 바울이 고리 모양 구성으로 정교하게 본문을 구성했음을 암시한다.

주석

장면 1은 논란이 많은 난점을 포함하고 있다.

1. [15:29] 그렇지 않으면 사람들이 **만일 죽은 자가 다시 살아나지 못하면**
죽은 자들을 위해 세례를 받는 것이 어떤 뜻이 되겠느냐?
만일 죽은 자들이 결코 다시 살아나지 못하면 그들을 위해 왜
사람들이 왜 **죽은 자들을 위해 세례를 받겠느냐?** 세례를 받겠는가?

"죽은 자들을 위해 세례를 받는"다는 바울의 말은 뜻일까? 1914년 로

1) 이전의 세 개의 여담은 고전 1:14-15; 10:13; 11:34b에 나온다.

버트슨과 플러머는 이 구절에 대해 35가지 설명이 있다고 한 바 있다.[2] 티슬턴은 현재로서는 40가지가 넘는다고 지적한다.[3] 이어서 티슬턴은 주목할 만한 해석으로 13가지를 더 제시한다(그중 어떤 설명들은 다양한 하위 구분을 제공한다).[4] 그러나 이처럼 복합적이고 다채로운 해석에도 불구하고, 다음과 같은 견해가 백 년 이상 강력한 지지를 받았다.

1900년 G. G. 핀들리는 바울이 다음과 같은 공통적 경험을 언급한 것이라고 주장했다.

> 그리스도인의 죽음은 살아 있는 자의 회심을 불러일으킨다. 이때 살아 있는 자는 먼저 "죽은 자들을 위해", 그다음은 그들과 다시 만나는 것을 바라면서 그리스도에게로 돌아선다. 예컨대 죽어가는 어머니는 아들에게 "천국에서 만나자!"라고 호소함으로써 아들을 회심시킨다.[5]

1960년 요아힘 예레미아스는 (독자적으로) 이와 동일한 결론에 이르렀다. 예레미아스는 15:29에 관해 다음과 같이 설명했다.

> 예를 들어 한 젊은 여성이 교회에 다니다가 죽었는데, 그녀의 이교도 남편이 "그녀를 위해", 말하자면 부활할 때 아내와 다시 만나기 위해 세례를 받은 경우를 생각해보자. 이런 해석은 고린도전서 15:12-19을 변증적으로 고찰해보면 문맥에 적절하게 일치한다.…바울은 18절에서 만일 그리스도께서 다시 살아나지 않으셨다면, "그리스도 안에서 잠자는 자도 망했을" 것이라고 말했다. 따라서 바울은 잠자는 자가 부활할 때 그들과 다시 만나기 위해 세례를 받은 그들의 이방인 친족(남편, 아내, 사랑하는 자들)에게도 똑같이 해당된다고 덧

---

2) Robertson/Plummer, *First Epistle,* p.359.
3) Thiselton, *First Epistle,* p. 1240.
4) 같은 책, pp. 1242-1248.
5) Findlay, *First Epistle,* p. 931.

붙인다.[6]

티슬턴은 다양한 견해들을 상세히 설명한 다음, 같은 관점을 다음과 같이 설명한다.

> 죽은 자들을 위한(*huper*) 세례는 사람들이 믿음을 갖고 죽은 친족과 다시 만나기를 바라는 마음으로 세례를 요구하고 받기로 결정하는 일을 가리킨다. 이는 그들이 죽은 자들이 부활할 때 그리스도 안에서 그리고 그리스도를 통해 다시 만날 것에 대한 굳건한 확신을 갖고 있음을 전제로 한다.[7]

계속해서 티슬턴은 이 견해가 "모든 견해 중에서 가장 문제점이 적고 가장 신뢰할 만하다"라고 결론짓는다.[8] 따라서 이 견해는 20세기와 그 외의 시대에 걸쳐 다수의 지지자를 가지고 있다. 나도 이런 입장이 충분히 신뢰할 만하다고 생각한다.

장면 1과 짝을 이루는 장면 5를 살펴보자.

5. **만일 죽은 자가 다시 살아나지 못한다면**	**만일 죽은 자가 다시 살아나지 못하면**
"우리가 내일 죽을 것이니	먹고 마시고 죽자!
먹고 마시자" 할 것이다.	

만약 부활이 없다면 끝내라! 그렇게 되면 쾌락주의가 이 짧은 인생에 대한 적절한 삶의 방식이고 그러니 "빨리 끝내라." 죽기 위해 마시자. 왜 아니겠는가? 바울은 전도서 8:15에서 말을 빌려온다. 예수는 어리석은 부

6) Joachim Jeremias, *Infant Baptism in the First Four Centuries* (London: SCM Press, 1960), p. 36, 36 n. 3.
7) Thiselton, *First Epistle,* p. 1248.
8) 같은 책, 1249.

자 비유에서 동일한 본문을 사용한 것 같다(눅 12:19).

이 고리 모양 구성 설교의 중앙이 도표 5.3(2)에 나타나 있다.

2.	[30]왜 우리가 매순간 위험을 무릅쓰겠느냐?	**왜 견디겠는가?**
3.	[31]형제들아, 내가 너희 안에 있는 나의 자랑 곧 그리스도 예수 우리 주 안에서 내가 갖고 있는 것을 걸고 단언하는데, 나는 날마다 죽는다!	**내 자랑을 걸고** 그리스도 안에서 나는 날마다 죽는다!
4.	[32]인간적으로 말하면, 내가 에베소에서 맹수와 싸웠다면 내게 무슨 유익이 있겠느냐?	**무슨 상이 있겠는가?**

도표 5.3(2). 장면 2-4(고전 15:30-32)

바울이 장면 3의 첫 부분에서 쓴 말은 맹세의 한 방식이다. 그리스어 *ne*는 신약성경에서 오직 여기서만 나타난다. 이 단어는 그리스어 구약성경(70인역)에서도 한 곳에서만 사용되는데, 그 본문을 보면 요셉이 자기 형들에게 이렇게 말한다.

> 내가 너희에게 말하듯이, 너희는 정탐꾼이다. 그러니 이렇게 해야 너희의 진실이 증명될 것이다. **바로의 생명을 걸고 [말하는데]**, 너희 막내 동생이 여기로 오지 아니하면, 너희는 이곳을 나가지 못할 것이다. 너희 중 하나를 보내 너희 막내 동생을 데려오게 하고, 너희는 갇혀 있도록 하라. 내가 너희의 말을 시험해서 너희에게 진실이 있는지 알아볼 것이다. 그렇지 않으면 **바로의 생명을 걸고 [말하는데]**, 너희는 정탐꾼이 맞느니라(창 42:14-16; Bailey 강조).

그리스어 구약성경에서 "바로의 생명을 걸고 [말하는데]"라는 표현은 바울이 장면 3에서 사용하는 그리스어 *ne*와 동일한 단어로 시작된다. 이 단어의 표준 용법은 신이나 귀중한 어떤 존재의 이름으로 맹세할 때 사용하는 것이다. 요셉의 맹세는 "바로의 생명을 걸고"였다. (바로는 이집트인들에게 신이었다). 이는 오늘날에도 현대 아랍어에서 "내 목숨을 걸고"나 "신의 생명을 걸고"와 같이 흔하게 사용되는 맹세의 용법에 반영되어 있다. 바울은 "하나님의 생명을 걸고"나 "부활하신 주님의 생명을 걸고"라는 말로 맹세하지 않고 자기에게 **매우 소중한 존재**를 걸고 맹세한다. 곧 "너희에게 내가 자랑하는 것 곧 내가 그리스도 예수 우리 주 안에서 갖고 있는 것"으로 맹세한다. 13:3에 대한 설명에서 이미 지적했듯이, 바울은 "심판날에 하나님 앞에서 자랑하는 것"에 관한 개념을, 이와 평행을 이루는 심판자에게서 상을 받을 소망의 개념과 결합시킨다. 여기서도 "너희 안에 있는 곧 그리스도 예수 우리 주 안에 있는 자랑"의 개념을 장면 4에 나오는 "유익"의 개념과 결합시키고 있다.

바울은 에베소에서 자신이 겪을 위험을 잘 알고 있다. 에베소와 같은 도시에 감히 들어가 "기득권층"의 경제적인 안정을 파괴하는 메시지를 선포하는 외국인이라면 누구를 막론하고 큰 위험에 직면할 것이다. 이런 위험은 도시의 수호 여신이 연루된다면 특히 더 심각해질 것이다. 바울은 에베소에서 설교를 통해 그 도시의 여신을 공격하고 "관광" 수입을 위협했다. 이런 혼란을 일으킨 외국인의 시체가 어느 날 달이 없는 깜깜한 밤에 항구의 바다 속으로 내던져진다 해도, 누가 불평을 할 수 있겠는가? 물론 바울은 로마 시민이고, 법정에서는 로마 시민권이 도움이 될 것이다. 그러나 법정까지 가지 못한다면 어떻게 될까? 바울은 경기장에서 맹수와 사투를 벌이는 싸움의 언어를 활용해서 에베소에서 자신이 겪은 상황을 묘사한다.

레바논 내전이 계속되던 9년의 세월 동안, 그리고 1982년 여름에 이스라엘이 레바논을 침입한 이후 거기서 생활하면서, 나는 "날마다 죽는다"라는 바울의 말을 정확히 이해하게 되었다. 이는 매일 그날이 마지막 날이 되리라고 생각하면서 사는 사람의 말이다. 이 말 안에는 거친 검문소에서 중무장한 민병대원들에게 저지를 받을 때 갖게 되는 결코 잊지 못할 두려움이 포함되어 있다. 이런 경우에 사람은 "나는 이제 5분 안에 죽을 것"이라고 생각하기 마련이다. 2009년 가을, 나는 "호텔 르완다"의 총지배인인 폴 씨를 만났다. 폴 씨는 1994년 르완다에서 대량 학살 사건이 지속되던 석 달 동안 "날마다 죽었다." 바로 그것이 눈앞의 현실이었다. 우리는 서로를 이해할 수 있었다. 사도 바울은 **매우 강력한 말**, 아니 실제로는 맹세의 언어를 사용해서 "나는 날마다 죽는다"라고 선언한다.

만약 부활이 없다면 삶은 살 만한 가치가 없다. 인생을 즐기며 살다가 죽을 뿐이다. 바로 이것이 사두개인이나 세속적인 사람들을 막론하고, 부활을 부인하는 사람의 자연스러운 결론이다![9] 갈랜드의 지적처럼 "부활은 끝없는 희망을 의미하지만, 부활의 부재는 희망 없는 종말을 의미한다. 그리고 희망의 부재는 방탕을 낳는다."[10]

이처럼 정교하게 구성된 설교 이후에, 다음과 같은 일반화된 여담이 나온다.

> 6. [33]미혹받지 말라. "악한 친구는 선한 행실을 파괴한다." [34]의로운 마음을 갖고 더 이상 죄를 짓지 말라. 어떤 이들은 하나님을 아는 지식이 없다. 내가 이렇게 말하는 것은 너희를 부끄럽게 하고자 함이다.

이 여담은 메난드로스의 희곡 「타이스」에서 뽑은 인용문을 포함하고 있다.[11] 악한 친구와 선한 행실에 대한 언급은 당시에 인기 있던 속담일 수도 있다. 같은 문장이 이사야 22:13을 반영한다. 이것은 초기의 실수일까? 초기 단계에서 누군가가 바울의 편지의 난외주에 주석을 삽입했고, 이후

9) Findlay, *First Epistle,* p. 932. 이것 역시 대중적인 에피쿠로스 사상에 적합하다.
10) Garland, *1 Corinthians,* p. 721.
11) Menander, *Thais,* frag. 218. Wright, *Resurrection,* p. 339에서 인용함.

에 편지가 필사될 때 그 주석도 원문의 일부로 필사된 것인가? 아니면 바울이 선정한 대필자가 요구대로 "깨끗하게 복사한" 후에, 바울 자신이 덧붙인 주석일까? 바울은 십자가 찬송(1:17-2:2)에서 그리스인과 유대인이 다 공감할 수 있는 단어를 사용하려고 애썼다. 이것은 메난드로스와 이사야서로부터 **동시에** 인용함으로써, 유대인과 그리스인 공동체 양쪽에게 이야기하는 뛰어난 능력을 입증하는 두 번째 사례인 것 같다. 이것은 고린도전서에 나오는 네 번째 간략한 여담으로, 정교하게 구성된 설교 마지막 부분에 덧붙여진다.[12]

바울은 이런 윤리적인 반성을 마친 후 "아담과 그리스도"에 관한 두 번째 설교와 균형을 이루는 설교를 제시함으로써 부활에 관한 논문을 계속한다.

12) 다른 세 본문은 고전 1:14-16; 10:12; 11:34b이다.

5.4.
부활
아담과 그리스도—부활한 몸의 본질

고린도전서 15:35-50

수많은 학자들이 "부활: 아담과 그리스도—부활한 몸의 본질"에 관한 바울의 설교를 해석하기 위해 노력했다.[1] 여기서 우리의 목표는 바울이 이 설교에서 사용한 수사 스타일을 상세히 고찰하고, 몇 가지 결론을 강조하며, 동양의 역본과 주석가들의 핵심 요점들을 지적하는 것이다.

이 설교 전체의 본문이 도표 5.4(1)에 나타나 있다.

수사 구조

이 설교에 사용된 수사 장치는 단순하면서도 정교하다. 그 장치들은 다음과 같다.

1) Garland, *1 Corinthians,* pp. 725-738; Fee, *First Epistle,* pp. 775-795; Kistemaker, *1 Corinthians,* pp. 566-580; Wright, *Resurrection,* pp. 340-356; Thiselton, *First Epistle,* pp. 1275-1292.

1.	15:35 그러나 어떤 이는 이렇게 물을 것이다. "**죽은 자들이 어떻게 다시 살아나고** **어떤 몸으로** 나타나는가?"	죽은 자들이 **어떻게** 다시 살아나는가?
2.	36 너 어리석은 사람아! 네가 **심는** 것은 **죽지** 않으면 **살아나지** 못한다. 37 또 **네가 심는 것**은 앞으로 있을 몸이 아니고 아마 밀이나 다른 곡식의 **단순한 낟알**일 것이다. 38 **그러나 하나님이** 자신이 택하신 대로 **그것에 몸을 주시는데** 각 종자에게 그 자체의 몸을 주신다.	식물
3.	39 **모든 육체가 같은 것이** 아니니 하나는 사람의 육체와 같고 또 하나는 **짐승**의 육체와 또 하나는 새의 육체와 또 하나는 **물고기**의 육체와 같다.	**사람, 짐승** 새, 물고기
4.	40 하늘에 속한 몸이 있고 땅에 속한 몸도 있으나 **하늘에 속한 것의 영광**이 하나이고 **땅에 속한 것의 영광**이 또 다른 하나다.	하늘에/땅에 속한 **영광**
5.	41 **해**의 한 영광이 있고 **달**의 또 한 영광이 있으며 **별**의 또 한 영광이 있으니 별과 별의 영광이 각기 다르다.	천체의 영광
6.	42 **죽은 자들의 부활**도 이와 같다. 심겨진 것은 **썩을 것**이고 다시 살아나는 것은 **썩지 아니할 것**이다.	**부활은 이와 같다** 썩을 것 썩지 아니할 것
7.	43 **수치** 속에서 **심기고** **영광** 속에서 다시 살아난다. **약함** 속에서 심기고 **능력** 속에서 다시 살아난다.	**약함에서** 영광과 능력으로
8.	44 **육적인 몸**으로 심기고 **신령한 몸**으로 다시 살아난다. 만일 **육적인 몸**이 있다면, **신령한 몸**도 있다.	**육적인** 몸 신령한 몸
9.	45 이같이 기록되었으니 "**첫 사람** 아담은 **산 존재**가 되었다." **마지막 아담**은 **생명**을 주는 **영**이 되었다.	**첫째 아담-생명을 받음** 둘째 아담-생명을 주심
10.	46 그러나 첫 번째는 **신령한** 사람이 아니고 **육적인** 사람이며, 그다음이 **신령한** 사람이다. 47 **첫 사람**은 땅에서 났으니 **흙에 속한** 사람이고 **둘째** 사람은 **하늘**에서 나셨다.	**육적인** 사람 신령한 사람
11.	48 **흙에 속한 사람**은 **흙에 속한 자들**과 같고 **하늘에 속한 사람**은 **하늘에 속한 자들**과 같다. 49 우리는 흙에 속한 사람의 형상을 입은 것처럼 또한 **하늘에 속한 사람의 형상**을 입을 것이다.	**흙에서** 그리스도의 형상으로
12.	50 형제들아, 내가 이것을 너희에게 말하는데 혈과 육은 하나님 나라를 유업으로 받을 수 없고 또한 **썩을 것**은 **썩지 아니할 것**을 유업으로 받지 못할 것이다.	**썩을 것** 썩지 아니할 것

도표 5.4(1). 아담과 그리스도 – 부활한 몸의 본질(고전 15:35-50)

1. 이 설교(15:35-50) 전체는 고린도전서에서 여러 번 나타난 높이뛰기 형식을 사용하는 또 다른 사례다. 다만 이 경우에는 높이뛰기 구성이 동시에 이중 샌드위치 구조를 이룬다. 이 설교의 요약된 수사 구조는 도표 5.4(2)에서 제시된다.

1. 죽은 자들이 어떻게 다시 살아나는가?
2. 식물, 사람들을 보라
3. 짐승, 새, 물고기를 보라
4. 하늘에 속한 것과 땅에 속한 것의 영광
5. 해, 달, 별의 영광
6a. 죽은 자가 다시 사는 방법은 이와 같다:
6b. 썩을 것과 썩지 아니할 것
7. 수치/약함에서 영광/능력으로
8. 육적인 몸에서 신령한 몸으로
9. 아담과 그리스도(성경)
10. 육적인 사람에서 신령한 사람으로
11. 흙에 속한 사람에서 하늘에 속한 사람으로
12. 썩을 것에서 썩지 아니할 것으로

도표 5.4(2). 고린도전서 15:35-50의 수사 구조

장면 1, 6, 12로 구성된 바깥쪽 틀은 이중 샌드위치를 이룬다. 두 개의 질문이 나오는 장면 1은 설교의 서론이고, "유업"과 "하나님 나라"라는 드문 말이 나오는 장면 12는 결론이다.

2. 장면 6은 설교의 전반부를 끝맺는 동시에 후반부를 여는 역할을 한다. 따라서 나는 전반부와 후반부 양쪽에 장면 6을 집어넣기로 결정했다. 중앙 장면의 이런 이중 용법은 고린도전서에서 여덟 번 등장한다. 그중 세 번은 (이중 샌드위치의) 중앙이 긴밀하게 연계된 두 장면으로 구성되어 있

다.[2] 나머지 다섯 번은 중앙이 하나의 장면을 가지고 있다.[3]

3. 이 설교의 전반부는 서론과, 이와 짝을 이루는 결론을 가지고 있다. 전반부 중앙에서 바울은 일련의 비유를 제공한다. 이는 바울이 동일한 방식을 보여주는 다섯 번째 경우다. 그중 한 번은 비유들이 하나로 묶여 제시되었다(10:5-12). 세 번은 비유들의 목록이 있고, 이 목록은 중간에 특수 장면이 들어감으로써 목록이 나뉘어 있다(7:25-31; 9:1-12; 14:6-12). 현재 다루고 있는 이 설교는 약간 독특하다. 비유들의 목록은 도표 5.4(3)에서 확인된다.

2.	[36]너 어리석은 사람아!	
	네가 **심는** 것은 **죽지** 않으면 **살아나지** 못한다.	
	[37]또 **네가 심는 것**은 앞으로 있을 몸이 아니고	**식물**
	아마 밀이나 다른 곡식의 **단순한 낟알**일 것이다.	
	[38]그러나 하나님이 자신이 택하신 대로 **그것에 몸을 주시는데**	
	각 종자에게 그 자체의 몸을 주신다.	
3.	[39]**모든 육체가 같은 것이** 아니니	
	하나는 사람의 육체와 같고	**사람, 짐승**
	또 하나는 **짐승**의 육체와	새, 물고기
	또 하나는 새의 육체와	
	또 하나는 **물고기**의 육체와 같다.	

2) 고전 1:1-9; 7:25-31; 14:1-12.

3) 고전 6:13-20; 7:17-24; 9:12b-18; 15:21-28, 35-50을 보라. 고전 15:58은 한 가지 설명을 끝맺고 관련 없는 두 번째 주제를 시작한다.

4.	[40]하늘에 속한 몸이 있고,	
	땅에 속한 몸도 있으나	하늘에/땅에 속한
	하늘에 속한 것의 영광이 하나이고	**영광**
	땅에 속한 것의 영광이 또 다른 하나다.	
5.	[41]**해**의 한 영광이 있고	
	달의 또 한 영광이 있으며	천체의
	별의 또 한 영광이 있으니	**영광**
	별과 별의 영광이 각기 다르다.	

도표 5.4(3). 고린도전서 15:35-50의 비유들

우리는 이 네 장면을 두 가지 방식으로 고찰할 수 있다. 첫째 방식은 장면 2와 3이 식물, 사람, 짐승, 새, 물고기 비유를 제시하는 데 주목하는 것이다. 장면 5에서는 해, 달, 별을 추가함으로써 비유들의 목록이 계속된다. 장면 4는 새로운 "몸"을 도입하지 않고, 대신 첫째 목록(땅에 속한 것)의 아래와 둘째 목록(하늘에 속한 것)의 위와 연결된다. 이런 관점에 따르면 이 목록은 이전의 세 본문(7:25-31; 9:1-12; 14:6-12)과 일치한다. 앞의 세 본문에서 비유 목록은 중앙(또는 중앙 부근)에 배치된 특수 장면을 기준으로, 양쪽으로 나뉘어 있다. 고든 피의 지적처럼, 이는 장면 3-5로부터 교차 구조를 만들어낼 것이다.[4]

그러나 동시에 이 네 장면은 처음에 식물, 이어서 짐승/사람, 마지막으로 하늘에 속한 것의 영광으로 이어지는 직선적 시퀀스도 구성하고 있다. 식물에 관한 장면 2는 사람, 짐승, 새, 물고기를 다루는 장면 3과 시퀀스를 구성한다. 장면 4는 처음으로 "영광" 개념을 도입하고, 이 개념은 장면 5에서 계속 전개된다(강화된 직선적 시퀀스). 15:36-41의 각 장면은 도

4) Gordon Fee는 이 관점을 택했다. Fee, *First Epistle,* p. 783.

표 5.4(3)의 더 넓은 문학적 구조 안에 자리를 잡고 있다.[5]

4. 이 설교 후반부는 일곱 역장면으로 구성된 예언적 수사 틀의 또 다른 사례를 보여준다.

5. 마지막으로 이 설교의 클라이맥스는 (자주 그렇듯이) 역장면들로 이루어진 후반부의 중앙에서 나타난다. 여기서도 **성경 본문**이 중요한 자리를 차지하고 있다. 또한 "마지막 아담"(그리스도)이 처음으로 도입되고, 이 마지막 아담의 등장은 그것이 위치한 전체 일곱 장면의 구조와 공명을 이룬다.

주석

장면 1은 다음과 같다.

1. 15:35 그러나 어떤 이는 이렇게 물을 것이다.	
"죽은 자들이 어떻게 다시 살아나고	죽은 자들이 **어떻게**
어떤 몸으로 나타나는가?"	다시 살아나는가?

라이트처럼, 이 장면을 두 가지 질문으로 보는 것이 더 유용하다. 첫째 질문은 "부활은 어떻게 가능한가?"이고, 둘째 질문은 "부활한 몸의 본질은 무엇인가?"다.[6] 바울은 이 설교 전반부에서는 첫째 질문에 대답하고, 후반부에서는 둘째 질문을 다룬다.

바울이 첫째 질문에 대한 답변을 제공하는 네 장면의 목록은 다음과 같이 말한다.

5) 이 네 장면을 방해받는 목록으로 보는 것도 가능하다. 하지만 이 경우에 중앙은 그렇지 않다. 이것은 설교를 중앙에서 나눠는 비유 묶음을 담고 있는 네 설교의 목록으로 통합시킬 것이다.

6) Wright, *Resurrection,* pp. 342-343.

2. [36]너 어리석은 사람아!

네가 **심는** 것은 **죽지** 않으면 **살아나지** 못한다.

[37]또 **네가 심는 것**은 앞으로 있을 몸이 아니고 **식물**

아마 밀이나 다른 곡식의 **단순한 낟알**일 것이다.

[38]**그러나 하나님이** 자신이 택하신 대로 **그것에 몸을 주시는데**

각 종자에게 그 자체의 몸을 주신다.

원래 고린도는 상업, 운송, 제조업이 중심을 이루는 도시였다. 그러나 고린도 평원은 농업에 크게 유리했고, 거기서 나온 이 본문의 농사 비유는 단순하면서도 심원하다. 씨는 먼저 죽어야 할 "몸"이다. 그 몸은 알몸(단순한 낟알)으로 죽고, **하나님은** 이렇게 죽는 몸과는 다른 **새로운 몸을 주신다**. 그러나 각각의 씨가 "그 자체의 몸"을 가진다는 점에서 마찬가지다. 이 비유에는 연속성과 불연속성이 함께 있다. 하나님은 부활**과** 변화를 **다** 일으키신다.

이어서 바울은 다음과 같은 사실로 시선을 옮긴다.

3. [39]**모든 육체가 같은 것이** 아니니

하나는 사람의 육체와 같고 **사람, 짐승**

또 하나는 **짐승**의 육체와 새, 물고기

또 하나는 새의 육체와

또 하나는 **물고기**의 육체와 같다.[7]

여기서 바울은 *sarx*(육체)라는 단어를 도입하고 이 단어를 네 번 사용한다. *sarx*(육체)는 죽고 해체되고 사라진다. 인간도 짐승, 새, 물고기와 함께 이런 존재 질서에 참여한다. 그리스어 본문에서 *sarx*(육체)가 네 번 반

7) Bailey 번역.

복되는 것은 주목할 만하다. RSV에서는 이 단어가 나타나는 네 경우 중 세 번이 나타나 있지 않은데, 이는 유감스러운 일이다. NRSV는 두 번을 뺐고, KJV는 네 번 모두 보존하고 있다. 바울은 정밀한 방식으로 진술하고 있다. 이 본문을 읽은 첫 세기의 그리스도인은 바위 무덤에서 사랑하는 자의 뼈가 흙으로 돌아갔다고 해도 걱정할 필요가 없었다.[8]

독자는 네 장면으로 구성된 이 목록이 씨 비유로 시작되는 데서 지혜를 엿볼 수 있다. 흙에서 나오는 새로운 식물은 씨에서 발견되는 식물질(植物質)로부터 만들어지는 것이 아니다. 바울은 부활이 있을 때 *sarx*(육체)가 죽었을 때 가졌던 것과 동일한 뼈와 살이 사용되어 마술적으로 바뀌고 형성되리라고 말하지 않는다. 이것이 이 특정 장면(장면 3)의 주된 요점인 것 같다.

바울은 이 설교에서 다음과 같은 세 단어를 사용해서 *soma*(몸)를 설명한다.

- *sarx*를 가지고 있는 *soma*(몸; **육체**를 가진 몸)
- *psychikos*로서의 *soma*(몸; **살아 있는 인간적 인격**으로 구성된 몸)
- *pneumatikos*로서의 *soma*(몸; **성령**으로 **구성된** 몸)

계속되는 고찰에서 우리는 **몸**의 이 세 국면을 염두에 두어야 한다. 바울은 "하늘에 속한 것"으로 설명을 계속하면서 "영광"이라는 요소를 도입한다(도표 5.4[4]를 보라).

4. [40]하늘에 속한 몸이 있고
   땅에 속한 몸도 있으나 하늘에/땅에 속한

8) 마찬가지로, 21세기 그리스도인도 화장(火葬)으로 "부활할 몸"이 손상되는 것은 아닌지 걱정할 필요가 없다.

하늘에 속한 것의 영광이 하나이고 **영광**
땅에 속한 것의 영광이 또 다른 하나다.

5. [41]**해**의 한 영광이 있고
달의 또 한 영광이 있으며 천체의
별의 또 한 영광이 있으니 **영광**
별과 별의 영광이 각기 다르다.

도표 5.4(4). 장면 4-5(고전 15:40-41)

영어와 마찬가지로, 그리스어 *soma*(몸)는 다양한 의미를 가진다. 이 단어는 (1) 인간이나 짐승의 신체적 몸, (2) 사람/인간 또는 (3) "어떤 유형적 물질"[9]을 가리킬 수 있다. 바울은 해, 달, 별의 "몸"에 관해 말하면서 세 번째 의미를 염두에 두는 것처럼도 보인다. 이런 의미에 따라 바울은 목록에 유용한 비유들을 덧붙인다. 영어로 "천체"(heavenly bodies)라는 말을 상기하면 훨씬 더 이해가 쉽다.

비록 바울이 이를 언급하지는 않지만, 해는 매일 저녁 "죽고" 매일 아침 "다시 태어난다." 눈으로 볼 때 달과 별은 매일 아침 "죽고" 매일 저녁 다시 살아난다. 사람이 창공을 바라보면, 대부분 아침과 저녁에 어떤 천체는 죽고 또 다른 천체는 다시 살아난다. 죽는 것과 살아나는 것 사이의 연속성은 매우 강력하다. 그러나 바울이 언급하는 새로운 요소는 "영광"에 관한 문제다.

하나님이 창조하신 다양한 몸들은 식물로부터 천체에 이를 뿐만 아니라 그것들의 영광도 각기 다르다(장면 5). 하늘에 속한 몸들의 영광은 광채와 관련된다. 그러나 그리스어 *doxa*(영광)는 그 배후에 히브리어 *kabod*(무게)를 두고 있으며, *kabod*는 사람에게 적용될 때 영예, 명성, 높

9) LSJ, *Greek-English Lexicon,* p. 1749.

6. 42 **죽은 자들의 부활**도 이와 같다.	**부활은 이와 같다**
심겨진 것은 **썩을 것**이고	썩을 것
다시 살아나는 것은 **썩지 아니할 것**이다.	썩지 아니할 것
7. 43 **수치** 속에서 **심기고**	
영광 속에서 다시 살아난다.	**약함에서**
약함 속에서 심기고	영광과 능력으로
능력 속에서 다시 살아난다.	
8. 44 **육의 몸**으로 심기고	
신령한 몸으로 다시 살아난다.	**육적인** 몸
만일 **육의 몸**이 있다면, **신령한 몸**도 있다.	신령한 몸
9. 45 이같이 기록되었으니	
"**첫 사람** 아담은 **산 존재**가 되었다."	**첫째 아담-생명을 받음**
마지막 아담은 **생명을 주는 영**이 되었다.	둘째 아담-생명을 주심
10. 46 그러나 첫 번째는 **신령한** 사람이 아니고	
육적인 사람이며, 그다음이 **신령한** 사람이다.	**육적인** 사람
47 **첫 사람**은 땅에서 났으니 **흙에 속한** 사람이고	신령한 사람
둘째 사람은 하늘에서 나셨다.	
11. 48 **흙에 속한 사람**은 **흙에 속한 자들**과 같고	
하늘에 속한 사람은 **하늘에 속한 자들**과 같다.	
49 우리는 **흙에 속한 사람의 형상**을 입은 것처럼	**흙에서**
또한 **하늘에 속한 사람의 형상**을 입을 것이다.	그리스도의 형상으로
12. 50 형제들아, 내가 이것을 너희에게 말하는데	
혈과 육은 하나님 나라를 유업으로 받을 수 없고	**썩을 것**
또한 **썩을 것**은 **썩지 아니할 것**을 유업으로 받지 못할 것이다.	썩지 아니할 것

도표 5.4(5). 장면 6-12(고전 15:42-50)

은 존경을 받는 것과 관련된다.[10] 확실히 땅에 속한 몸들은 그 자체의 영광의 형태(영예)를 가지고 있어서 해, 달, 별의 영광의 형태(발광)와는 다르다.

이 비유들의 목록을 제시한 다음(각각의 비유는 "몸들"과 그 몸들의 거듭남 또는 재탄생을 이해하는 데 기여한다), 바울은 높이뛰기 형식의 접근 부분을 마치고 도약 부분을 시작한다. 도약 부분은 또 하나의 예언적 수사 틀의 형태를 취하고 있다(도표 5.4[5]를 보라).

바울은 부활의 "무엇"에 초점을 맞추고 있다. 이 부분 역시 일곱 장면이 정교하게 구성되어 있고 장면 6과 12 사이의 관계가 매우 긴밀하다. 따라서 장면 6과 12만 따로 남기고 장면 7-11을 뺀다 해도, 독자는 바울의 주장의 흐름이 끊긴 것을 조금도 느끼지 못할 것이다. 장면 6에 도입된 **썩을 것-썩지 아니할 것**의 주제는 이음매 없이 장면 12의 결론까지 이어진다.

나아가 이처럼 긴밀한 관계가 바깥쪽 짝에서 나타날 때, 독자는 이 바깥쪽 짝(장면 6, 12)과 중앙(장면 9) 사이에 특별한 관련성이 있으리라고 예상하게 된다. 장면 9를 얼핏 보면, 이런 관계가 분명히 있다는 것이 확인된다. 일곱 장면(장면 6-12)의 중앙(장면 9)에서, 우리는 긴 사슬을 이루는 "썩을 것"에 속한 인간적 몸들(장면 6)을 출범시킨 첫 아담에 관해 읽는다. 같은 장면(장면 9)의 두 번째 행은 "마지막 아담"(그리스도)을 도입하고, 이 마지막 아담은 새 창조 속에서 썩지 아니할 것이 영원한 나라를 유업으로 받을 새 시대를 출범시키셨다(장면 12). 여기서 바울은 세상이 끝날 때 온전한 형태로 임할 하나님 나라를 가리키고 있다.

이 일곱 연의 "단순한 뼈대"가 도표 5.4(6)에 나타나 있다.

6. 썩을 것/썩지 아니할 것

7. 수치/약함에서 영광/능력으로

10) LVTL, *Lexicon,* pp. 418-419.

8. 육적인 몸에서 신령한 몸으로

9. 아담과 그리스도(성경)

10. 육적인 사람에서 신령한 사람으로

11. 흙에서 그리스도의 형상으로

12. 썩을 것/썩지 아니할 것

도표 5.4(6). 장면 6-12의 요약(고전 15:42-50)

평행을 이루는 장면들은 **각각 단위별로** 고찰해볼 필요가 있다. 바깥쪽 짝은 장면 6과 12로 구성되는데 이는 도표 5.4(7)에서 확인된다.

6. [42]**죽은 자들의 부활**도 이와 같다.	**부활은 이와 같다**
심겨진 것은 **썩을 것**이고	썩을 것
다시 살아나는 것은 **썩지 아니할 것**이다.	썩지 아니할 것
12. [50]형제들아, 내가 이것을 너희에게 말하는데	
혈과 육은 하나님 나라를 유업으로 받을 수 없고	썩을 것
또한 **썩을 것**은 **썩지 아니할 것**을 유업으로 받지 못할 것이다.	썩지 아니할 것

장면 5.4(7). 장면 6과 12(고전 15:42, 50)

장면 6도 이 세상의 육체적인 몸과 부활할 때 신자를 기다리고 있는 새 부활의 몸을 차별화하는 일련의 구별 요소를 언급하기 시작한다. 그중 첫 번째 요소는 이미 지적했듯이 "썩지 아니할 것 대 썩을 것"이다. 이 대조에 관해 N. T. 라이트는 다음과 같이 주장한다(KJV에 사용된 "부패함/부패하지 않음"이라는 용어를 선호함).

> 부패함/부패하지 않음의 대조는 단순히 현재의 몸과 미래의 몸 사이의 차이의 목록에 들어 있는 데 그치지 않고, 함축적으로 나머지 주장의 배후에 놓여

있는 핵심 개념으로 남아 있다. 특히 *choikos*("땅에 속한") 상태에 있고 흙으로 돌아갈 준비를 하고 있는 현재의 인간과, 새 창조 속에서 주어질 새로운 형태의 인간 사이의 차이를 함축하고 있다.[11]

라이트의 지적은 앞에서 확인한 일곱 장면(장면 6-12)의 처음(장면 6)과 끝(장면 12) 사이의 관련성으로 더 강화된다.

두 번째 짝 장면은 장면 7과 11이며 도표 5.4(8)에 나타나 있다.

7. a.	[43]**수치** 속에서 **심기고**	
b.	**영광** 속에서 다시 살아난다.	**약함에서**
a.	**약함** 속에서 심기고	영광과 능력으로
b.	**능력** 속에서 다시 살아난다.	
11. a.	[48]**흙에 속한 사람**은 **흙에 속한 자들**과 같고	
b.	**하늘에 속한 사람**은 **하늘에 속한 자들**과 같다.	
a.	[49]우리는 **흙에 속한 사람의 형상**을 입은 것처럼	**흙에서**
b.	또한 **하늘에 속한 사람의 형상**을 입을 것이다.	그리스도의 형상으로

도표 5.4(8). 장면 7과 11(고전 15:43, 46)

두 장면(장면 7과 11) 사이의 평행 관계를 파악하면, 바울이 말하는 내용을 제대로 이해하는 데 도움이 된다. 바울은 "수치 속에서 심기고"라고 말하면서 인간의 몸의 죽음에 대해 생각할 뿐만 아니라, 장면 7과 균형을 이루는 장면 11을 미리 내다보고 있기도 하다. 장면 11은 "수치"의 유산을 남겨놓은 첫 아담 곧 "흙에 속한 사람"을 언급한다. 아담은 하나님 앞에서 불순종하고, 거짓말을 하고, 아내에게 책임을 돌리고, 급기야 하나님께 책

11) Wright, *Resurrection*, p. 347.

임을 전가하는 죄를 범했다. 아담의 최후의 카드는 "**하나님이 주셔서** 나와 함께 있게 하신 여자"(창 3:12, KJV)에게 책임이 있다고 말하는 것이었다. 단순히 아담은 "내가 아니라 여자에게 책임이 있다!"라고 말하는 데서 그치지 않는다. 여기서 아담의 요점은 다음과 같다. "만일 하나님이 내게 **고상한 여자**를 주셨다면 이런 일이 결코 일어나지 않았을 것이다! 내가 여자를 선택한 것이 아니다! **하나님이 여자를 내게 주셨다**. 그러니 모든 것은 **하나님의 잘못이다**!" 말하자면 이런 뜻이다. 여러분의 잘못에 대한 책임을 인정하지 마라. 다른 누군가에게 책임을 돌려라. 심지어 하나님께라도 돌려라! 이것이 "흙에 속한 사람"에 대한 기록이고, 모든 죄인은 이 유산의 한 부분이다. 그래서 바울은 "흙에 속한 사람은 흙에 속한 자들과 같다"라고 말한다. "수치"가 여전히 우리에게 있다.

"수치"의 반대는 "영광"이다. 인간에게 영광은 탁월함이 아니라 성실성과 신뢰성, 지혜와 관련된다. 그리고 수치-영광의 대조에 약함-능력의 대조가 덧붙여진다. 독자는 약함-능력의 대조를 통해 바울이 1:17-2:2의 십자가 찬송에서 십자가에 나타난 약함과 하나님의 능력에 관해 제시하는 약함과 능력의 정의를 돌아보게 된다. 여기 장면 7에서는 부활할 때 주어질 것으로 약속되는 "능력"이, 하나님이 십자가를 통해 증명하신 삶을 변화시키는 사랑의 능력보다 더 완전하다.

정교한 a+b 패턴이 장면 7과 11의 여덟 문구를 관통하고 있다(도표 5.4[8]를 보라). 각각의 경우에 a 부분은 부정적 요소를, b 부분은 이와 짝을 이루는 긍정적 요소를 담고 있다. 이 두 장면은 엄밀하게 맞물려 균형을 이루고 있다. 그러나 이 설교의 클라이맥스는 다음과 같이 중앙의 세 장면이다.

8.	[44]**육의 몸**으로 심기고	
	신령한 몸으로 다시 살아난다.	**육의** 몸
	만일 육**의 몸**이 있다면, **신령한 몸**도 있다.	신령한 몸

9. [45]이같이 기록되었으니

"**첫 사람** 아담은 **산 존재**가 되었다." **첫째 아담-생명을 받음**

마지막 아담은 **생명을 주는 영**이 되었다. 둘째 아담-생명을 주심

10. [46]그러나 첫 번째는 **신령한** 사람이 아니고

육적인 사람이며, 그다음이 **신령한** 사람이다. **육적인** 사람

[47]**첫 사람**은 땅에서 났으니 **흙에 속한** 사람이고 신령한 사람

둘째 사람은 **하늘**에서 나셨다.

도표 5.4(9). 장면 8-10(고전 15:44-47)

이 세 장면(장면 8-10)은 쉽게 잘못 해석된다. 플라톤과 그리스의 철학 전통은 인간을, 순수한 불의 신적 영혼을 가지고 있으나 그 영혼이 현세에서는 육체 속에 감금된 존재로 이해했다. 그런데 인간이 죽으면 영혼은 육체의 감옥으로부터 벗어나 처음에 나왔던 신적 불로 돌아가고 거기서 하나의 별이 된다. 몸의 부활은 그리스 정신에 깊이 스며들어 있던 사상이었다. 그래서 아테네의 아레오바고에서 바울의 강론을 들은 철학적인 청중은, 바울이 예수께서 죽은 자 중에서 부활하셨다고 언급했을 때 조용히 경청했다. 그렇게 바울의 강론은 끝났다. 어떤 이는 조롱했으나 소수의 사람들은 바울의 두 번째 강론을 듣고 싶어 했다. 그러나 바울은 그곳을 떠났다(행 17:22-18:1). 몸에 관해 말하자면, (그리스인에게) 목표는 죽을 때까지 견디는 것이었고, 죽으면서 몸은 "보기 싫은 것이 없어져서 시원하다"라는 말을 들으며 버림받았다.

반면에 바울은 하나님이 만물을 창조하고 그것들이 좋다고 선언하신 창조 이야기(창 1-2장)로 사유를 시작했다. 본질상 몸은 악하지 않다. 따라서 문제는 몸이 아니라 오히려 죄와 사망에 있었다. 그러면 이것이 현재 논의 중인 본문과 어떻게 관련되는가?

바울은 몸이 *soma psychikos*(육적인 몸)로 심기고 *soma pneumatikos*

(신령한 몸)로 다시 살아난다고 주장한다. 앞에서 우리는 바울이 몸을 세 가지로 묘사하는 것을 확인했다. 모든 인간의 몸은 *sarx*(육체를 가진 몸)를 가진다. 나의 *sarx*는 내가 씻고 먹이고 단장하고 운동하고 휴식하고 건강을 지키려고 애쓰는 이 "몸"이다. 또한 바울은 *soma psychikos* 곧 육적인 몸이 있다고 보았다. 이 몸은 **살아 있는 인격**을 의미했다. 최근에 유디스 코바치는 이렇게 언급한 바 있다. "*psychikos*라는 그리스어는 '영혼'(*psyche*)에서 파생된 형용사다. 이 말은 하나님의 영과 분리되고 자연 세계에 속해 있는 것을 가리킨다."[12] 한 **인격**으로서 나는, 비록 내 인격이 내 몸을 포함한다고 해도, 단순히 몸 이상의 존재다. 그러나 바울은 *psychikos*가 정의상 하나님의 일을 알지 못하는 인격이라는 점을 강조했다(2:14). 마지막으로 바울은 *soma pneumatikos*(성령으로 구성된 몸)도 있다고 보았다. 이 말은 이해하기가 어렵다. 고린도 교회 교인들은 자기가 이미 이 세 번째 존재 양식(*soma pneumatikos*)에 속해 있다고 믿었다. 어쨌든 그들은 성령으로부터 신령한 은사를 많이 받지 않았는가? 바울은 자기로서는 고린도 교인들을 *pneumatikois*(신령한 자, 가장 높은 존재 방식)로 부를 수 없으며, 그들의 질투와 분쟁으로 볼 때(3:1-3) 그들은 단지 *sarkinois*(육신에 속한 자, 가장 낮은 존재 양식)에 불과하다고 말했다. 바울의 정신 속에서도, 고린도 교인들의 정신 속에서도, 이런 범주들 중 하나에 속한 "육체에서 벗어난 영"은 없었다. 바울이 2-3장에서 말한 내용에 비추어 우리는 이 말을 어떻게 이해해야 할까?

장면 8에서 바울은 신자에게는 논의 중인 부활한 몸이 죽을 *psychikos*(몸을 가진 살아 있는 인격)로서 시작되고, 죽을 때 이 *psychikos*가 밀알처럼 "심긴다"고 확언한다. 그러나 이후에 *psychikos*는 *soma pneumatikos*(성령으로 구성된 몸)로 다시 살아난다. KJV는 이 부분을 "**자연적** 몸(natural

---

12) Judith L. Kovacs trans. and ed., *1 Corinthians: Interpreted by Early Christian Commentators* (Grand Rapids: Eerdmans, 2005), p. 271 n. 21.

body)으로 심기고 **신령한** 몸(spiritual body)으로 다시 살아난다"라고 번역했다(Bailey 강조). RSV는 "**육적인** 몸(physical body)으로 심기고 **신령한** 몸으로 다시 살아난다"로 바꾸어 번역했다(Bailey 강조). 라이트가 적절히 지적했듯이, 후자의 번역은 그가 "플라톤의 더러운 도랑"이라고 부르는 것으로 쉽게 빠진다.[13] 그렇게 되면 우리는 몸을 벗고("보기 싫은 것이 없어져서 시원하다"), 이후에 부활한 몸은 육체를 벗어난 영 곧 "신령한 몸"이다. 그러나 이런 이해는 고린도전서 2-3장에서 한 바울의 설명과 어긋난다. 또한 이 이해는 바울이 모든 부활한 몸이 따라갈 본보기 곧 첫 열매로 제시한 예수의 부활하신 몸도 무시하고 있다. 부활하신 예수는 빈 무덤을 남겨놓았고, 바울은 회심한 다음 다메섹으로 가는 길에서 부활하신 예수의 몸을 직접 목격했다. 그때 바울은 자신이 천사나 **환영**(유령)과 말을 나눈 것이 아님을 잘 알고 있었다. 그는 고린도 교회 교인들에게 격분해서 "내가 예수 우리 주를 본 것이 아니냐?"라고 날카롭게 질문한다(9:1). 바울은 꿈속에서 "그리스도의 영"을 보았다고 주장한 것이 아니다. 바울은 **예수 우리 주**를 직접 보았다! 또한 그는 부활의 많은 목격자 중에 베드로 및 열두 제자와 함께 자기 자신을 (마지막 순번에) 집어넣는다(15:8).

기원후 867년 초 시리아 학자 비쉬르 이븐 알-사리는 15:44을 아랍어로 번역하면서 자신의 주석을 포함시켰다. 알-사리는 이렇게 번역했다. "그것[몸]은 사람의 몸으로 심기고, 영의 몸으로 다시 살아난다."

그런 후 알-사리는 이렇게 주석했다. "여기서 그것이 '사람의 몸'으로 불리는 이유는 사람이 몸을 보존하고 몸을 주관하기 때문이다. 그리고 이 구절 두 번째 부분에서 그것이 '영의 몸'으로 불리는 것은 성령이 몸을 보존하고 몸을 주관하기 때문이다."[14]

---

13) Wright, *Resurrection,* p. 348.

14) Bishr ibn al-Sari, *Pauline Epistles,* p. 85과 n. 46. (Bailey의 번역은 이집트의 Victor Makari의 도움을 받았다.)

이븐 알-사리는 부활한 몸을 비물질적인 몸이 아니라 물질적인 몸으로 이해했다. 이 물질적인 몸은 성령에 의해 보존되고 주관될 것이다. 오랜 세월 동안 동양 역본들은 이런 견해를 지지했다. 아랍어 역본의 본문은 "그것은 인격적인 몸으로 심긴다"(*Yuzra' jasad nafsani*)로 되어 있다. 아랍어 *nafas*는 다양한 뉘앙스를 가진 중요한 히브리어 *nefesh*와 같은 어족에 속한다. *nafsani*라는 아랍어 형태(인간성 및 인격성과 관련됨)는 *nafas*를 인격성을 묘사하는 형용사로 바꾼 것이다. 동일한 사실이 두 번째 아랍어 단어인 *ruhani*(영과 관련됨)에도 해당한다. 여기서도 이 단어는 성령으로 충만한 사람의 성품을 묘사한다. 이 단어는 사람의 물질과는 아무 관련이 없고 오직 사람의 성품과 관련된다. *ruhani*한 **육적인 사람**이란 **성령으로 충만한 육적인 사람**이다. (성품을 묘사하는) 이 두 개의 핵심 단어 중 하나 또는 둘 모두가 4세기부터 21세기까지 등장한 20가지 시리아어, 아랍어, 히브리어 역본에 나타나지만, 그중 어디에도 "육체를 떠난 영" 개념은 포함되어 있지 않다.[15]

크리소스토모스는 15:44에 대한 유용한 설명을 제공하면서, 성령이 물론 지금 우리와 함께하시지만, 죄가 성령을 "멀리 떼어놓는다"라고 주장한다. 그러나 부활한 몸을 갖게 되면 달라질 것이다. 크리소스토모스는 이렇게 쓴다. "그때는 성령이 의인의 육체 속에 계속해서 거하고, 그 안에 존재하는 영혼과 함께 육체를 통제할 것이다."[16]

맹인 디디모스(396년 사망 추정)는 15:42-44을 주석하면서 "그렇다면 어쨌든 다시 살아나는 것은 죽는 몸과 다르면서 동시에 같은 몸이다"[17]라

15) Peshitta Syriac (5세기), Vat. Ar. (8-9세기), Sinai 151 (867), Sinai 155 (9세기), Sinai 310 (10세기), Erpenius (1616), London Polyglot (1657), Propagandist (1671), Schwair (1813), Martyn (1826), Shidiac (1851), Bustani-Van Dyck (1860, 1865), Jesuit (1880), Yusif Dawud (1899), Fakhouri (1964), New Jesuit (1969), Jerusalem Hebrew (연대 불명). 부록 II, 표 P를 보라.

16) Chrysostom, *1 Corinthians: Interpreted by Early Christian Commentators,* trans. and ed. Judith L. Kovacs (Grand Rapids: Eerdmans, 2005), p. 272에서 인용함.

고 썼다. 티슬턴과 고든 피 그리고 라이트는 부활한 몸의 **물질적** 본성과 **그 몸을 재구성하는** 성령의 활력적 임재를 강조한다.

(고리 모양 구성에서 당연히 예상되듯이) 클라이맥스는 중앙에 있다. 첫 사람은 하나님이 "살아 있는 영[생령]"으로 창조하셨다. 창세기의 기사는 첫 사람이 창조로 말미암아 그 출발점이 되었고, 모든 인간이 첫 사람에게서 나왔다고 선언한다. 첫 사람은 **생명을 받은 자**였다. 둘째 아담은 **생명을 받은 자**가 아니라 **생명을 주는 자**였다. 새 창조에서 예수의 부활은 성령이 새로 형성하고 지시한 부활한 몸의 첫 열매로 자리 잡고 있다.

이는 부활에 관한 전체 설교의 중앙 지점은 아니지만 확실히 이 설교의 클라이맥스다. 여기서 첫 창조와 새 창조 사이의 연속성을 확언하기 위해 성경이 인용된다.

아마도 바울은 자신이 사용하는 예언적 수사 틀의 균형을 맞추기 위해 장면 10을 작성했던 것 같다. 장면 10이 생략된다 해도, 바울의 신학적 진술은 완전할 것이다. 물론 흙에서 난 사람은 첫 사람이고, 하늘에서 난 사람은 둘째 사람이다. 바울은 이를 장면 9에서 진술하고 장면 11에서 반복한다. 그러나 바울은 설교의 바로 이 지점에서 "육적인 것과 신령한 것"의 주제를 다루는 네 개의 행을 필요로 하는데, 이는 같은 주제를 다루는 장면 8의 네 행과 짝을 이루기 위해서다. 이런 이유로 사도는 장면 10을 만들어낸다.

바울은 이 주제를 주의를 기울이면서 다루고 있다. 신체적 몸은 해체되지만 부활한 몸은 해체되지 않을 것이다(장면 6). 부활한 몸은 영광과 능력 속에서 다시 살아나는데(장면 7), 이는 성령으로 구성되고 성령으로 충만하며(장면 8), 성령이 부활하신 둘째 아담으로부터 나오기 때문이다(장

---

17) Didymus of Alexandria, *1 Corinthians: Interpreted by Early Christian Commentators,* trans. and ed. Judith L. Kovacs (Grand Rapids: Eerdmans, 2005), p. 271에서 인용함.

면 9). 부활하신 그리스도의 몸은 “우리도 입게 될” “형상”이다(장면 11).

부활할 때 신자는 성령으로 구성된 신체적 몸을 가질 것이다. 옛 몸의 노쇠와 부패는 사라질 것이다. 새 몸은 그리스도의 부활한 몸과 같은 신체적 몸이 될 것이다. 참으로 영광스러운 이런 환상과 약속에 대해 우리는 승리의 찬가를 부르지 않을 수 없다. 바울은 바로 이 승리의 찬가를 다음 설교에서 들려준다.

5.5.

부활

승리

고린도전서 15:51-58

바울의 마지막 설교인 "부활: 승리"에 관한 본문은 도표 5.5(1)에 나타나 있다. N. T. 라이트는 이 마지막 단락이 "지속적으로 흥분된 경축의 감정"을 가지고 있다고 적절히 판단한다.[1] 또한 이 설교는 "승리의 찬가"로 불릴 수 있다. 고린도전서를 십자가 찬송으로 시작한 바울은 이제 이와 균형을 이루는 부활 찬송으로 이 책을 끝맺는다.

수사 구조

마지막 설교의 전체 구조는 단순성을 통해 예술적인 만족감을 준다. 이 설교는 열두 장면으로 구성되는데, 이 열두 장면은 네 장면씩 세 부분으로 나뉘어 있다. 고린도전서에서 이렇게 세 부분으로 나뉘어 있는 설교는

1) Wright, *Resurrection,* p. 356.

0.	[15:51]보라! **내가 너희에게 비밀을 말하겠다.**	드러난 비밀
1.	우리는 다 잠을 잘 것이 아니고 **다 변화될 것이니**	**모두가 잠자지 않음** 우리—다 변화됨
2.	[52]**한순간에** **눈 깜박할** 사이에	**한순간** 눈 깜박할 사이
3.	**마지막 나팔**이 불릴 때 그리될 것이다. **나팔 소리가 나면**	**나팔** 소리가 날 것임
4.	**죽은 자들**이 **썩지 아니할 것**으로 다시 살아나고 우리도 **변화될** 것이다.	**다시 살아남—썩지 아니할 것** 우리—변화됨
5.	[53]이 **썩을** 본성은 **썩지 아니할 것**을 입고	**썩을 것** 썩지 아니할 것
6.	이 죽을 본성은 **죽지 아니할 것**을 입을 것이다.	**죽을 것** 죽지 아니할 것
7.	[54]이 썩을 것이 **썩지 아니할 것**을 입고	**썩을 것** 썩지 아니할 것
8.	이 죽을 것이 **죽지 아니할 것**을 입을 때에는	**죽을 것** 죽지 아니할 것
9.	"**사망이 삼켜지고 이길 것**"이라고 기록된 말씀이 이루어질 것이다.	**승리** 사망이 삼켜짐
10.	[55]"**오 사망아**, 너의 **승리**가 어디 있느냐? **오 사망아, 너의 쏘는 것**이 어디 있느냐?"	**사망** 패배함
11.	[56]**사망의 쏘는 것은 죄이고** **죄의 권능은 율법이다.**	**사망** 권능이 사라짐
12.	[57]그러나 **우리 주 예수 그리스도**로 말미암아 우리에게 **승리**를 주시는 **하나님**께 감사하라.	**승리** 우리 주 예수 그리스도로 말미암음
13.	[58]그러므로 내 사랑하는 형제들아, 견고하고 흔들리지 말며 항상 주의 일을 넘치게 하되 주 안에서 너희의 수고가 헛되지 않은 줄을 알라.	**결론적인** 개인적 호소

도표 5.5(1). 승리의 찬가(고전 15:51-58)

아래와 같이 다섯 편밖에 없다.[2]

- 십자가에 관한 설교(1:17-2:2)
- 주의 만찬에 관한 설교(11:17-33)
- 사랑의 본질에 관한 설교(13:1-13)
- 부활의 승리에 관한 설교(15:51-58)
- 선교를 위한 연보에 관한 설교(16:1-14)

이 다섯 편의 설교는 각각 중앙 부분이 처음과 끝부분에 대해 매우 중요하다. 다섯 설교에서 중앙 부분이 빠진다 해도, 첫째와 셋째 부분이 긴밀하게 하나로 묶이고, 독자는 빠진 부분을 알아차리지 못할 것이다. 이는 다음과 같이 확인된다.

1. **십자가**에 관한 설교(1:17-2:2)에서, 첫째 부분(장면 1-3)은 셋째 부분(장면 11-13)과 자연스럽게 연결된다. 중앙(장면 4-10)은 설교의 메시지를 상황에 맞게 제시한다.

2. **주의 만찬**에 관한 설교(11:17-33)에서, 첫째와 셋째 부분은 주의 만찬 자리에서 저질러진 불법을 다룬다. 중앙에서 바울은 성찬 제정 말씀을 인용한다. 여기서 설명의 열쇠는 중앙 부분에 있다.

3. **사랑**의 본질에 관한 설교(13:1-13)에서, 바울은 사랑과 신령한 은사들에 대한 설명으로 설교를 시작하고 끝낸다. 그리고 이 처음과 끝 사이 중앙에서는 사랑을 **정의한다**. 이 정의가 13장 나머지 부분의 기초를 이룬다.

4. 세 부분으로 구성된 설교의 다섯 번째 사례를 건너뛰면, 우리는 16장에서 바울이 **선교 재정을 조달**하고 있는 모습을 보게 된다. 바울은 교회

---

2) 고린도전서는 두 부분으로 작성된 설교가 네 개가 있고, 한 부분으로 작성된 설교는 29개가 있다. 사 40-66장은 세 부분으로 구분된 설교가 여덟 개가 있다. 이 설교들은 사 43:14-24; 44:21-28; 45:14-19; 49:1-7; 56:1-8; 58:9-14; 61:1-7; 65:17-25이다. www.shenango.org/Bailey/Isaiah.htm을 보라.

가 선교 재정을 사용할 수 있는 세 가지 좋은 기회를 제시한다. 첫 번째는 예루살렘 교회를 돕는 것이고, 세 번째는 디모데를 경제적으로 돕는 일이다. 그리고 중앙에서 바울은 자기를 위해 헌금할 것을 예의 바르게 요청한다. 바울은 자신이 "아웃리치 팀"(outreach team)의 핵심 인물이라는 것을 알고 있다. 만약 바울이 교회들을 방문하고 새로운 중심지를 개척할 수 없다면 기독교 운동은 크게 제약을 받을 것이다. 따라서 바울은 자신의 여행 경비에 대한 요청을 이 세 청원 안에서 중앙에 둔다.

5. 지금 논의 중인 **부활**의 승리에 관한 설교(15:51-58)에서도, 중앙은 설교의 클라이맥스는 아님이 분명하지만, 다른 두 부분 곧 처음과 끝부분에 대해 본질적인 역할을 한다. 이 설교는 사망에 대한 승리를 역설하는 끝부분에 클라이맥스가 있는 특이한 직선적 시퀀스로 볼 때 더 잘 이해된다. 그러나 여기서도 세 개의 구별된 부분이 있으며, 둘째 부분을 생략한다 해도 독자는 이를 알아차리지 못할 것이다. 이는 도표 5.5(2)를 보면 명백하다.

첫째 부분의 끝과 셋째 부분의 처음을 나란히 두면, 둘 사이의 관련성이 쉽게 확인된다.

4. **죽은 자들이 썩지 아니할 것**으로 다시 살아나고	**다시 살아남—썩지 아니할 것**
우리도 **변화될** 것이다.	우리—변화됨
......	
9. "**사망이 삼켜지고 이길 것**"이라고	
기록되어 있는 말씀이	**승리**
이루어질 것이다.	사망이 삼켜짐

도표 5.5(2). 장면 4와 9(고전 15:52c, 54c)

중앙 부분(장면 5-8)도 독특한 특징을 가지고 있다. 바울은 다음과 같이 설명한다.

(장면 5) 썩을 것—썩지 아니할 것 + (장면 6) 죽을 것—죽지 아니할 것

이어서 바울은 장면 7-8에서 거의 같은 말을 반복한다. 바울은 이 마지막 두 장면(장면 7과 8)을 제외시킬 수도 있었다. 그렇다고 불필요하게 여분의 말을 덧붙이는 것도 아니다. 의식적으로 바울은 각 부분을 네 장면을 가진 세 부분으로 작성하고, 그렇게 함으로써 문학적 균형을 유지하고 싶었던 것 같다. 만약 첫째와 셋째 부분이 각각 네 장면을 가진다면, 둘째 부분도 역시 네 장면을 가져야 한다. 나아가 바울은 **놀라울 정도로 균형을 이루고 있는** 서두의 십자가 찬송(1:17-2:2)을 확실히 기억하고 있었다. 그렇다면 부활에 관한 이 결론적 찬송도 정교하게 균형을 맞추어 작성되어야 하지 않겠는가?

마지막으로 바깥쪽 두 부분은 여덟 장면으로 구성되며, 각각 A-B-B-A 패턴을 따른다. 고린도전서 서두(1:1-9)에는 이와 동일하게 여덟 장면으로 이루어진 수사 패턴이 나온다. 의도적으로 바울은 고린도전서 서두를 모델로 삼아 이 "부활 승리"에 관한 설교의 첫째와 셋째 부분을 구성하고, 그런 다음 중앙에 장면 5-8을 덧붙이기로 했던 것 같다.

이전 설교에서 바울은 썩지 않고, 영광과 능력으로 다시 살아나며, 성령으로 채워지고, "하늘에 속한 사람의 형상"을 따라 형성되는 새로운 몸에 관해 말했다. 이제 더 말해야 할 것이 무엇일까? 바울은 답변을 제시한다.

주석

이 부활 찬송에서는 수사 스타일과 신학적 내용을 분리시키기가 불가능하다. 첫째 부분은 다음과 같다(도표 5.5[3]를 보라).

1. 우리는 다 잠을 잘 것이 아니고	**모두가 잠자지 않음**
다 변화될 것이니	우리—다 변화됨

2.	[52]**한순간에** **눈 깜박할** 사이에	**한순간** 눈 깜박할 사이
3.	**마지막 나팔**이 불릴 때 그리될 것이다. **나팔 소리가 나면**	**나팔** 소리가 날 것임
4.	**죽은 자들이 썩지 아니할 것**으로 다시 살아나고 우리도 **변화될** 것이다.	**다시 살아남—썩지 아니할 것** 우리—변화됨

도표 5.5(3). 부분 1: 장면 1-4.

첫째 부분에서 "우리"는 누구인가? 만약 바울이 엄밀하게 자기가 살던 시대를 염두에 두는 것이라면, 자신이 살아 있을 때 주님이 오고 부활이 있으리라고 예견하는 것이 분명하다. 어떤 이는 잠을 자지만 "우리"는 아직 살아 있다. 이 경우에 바울은 죽은 자와 아직 살아 있는 자가 다 새로운 부활의 상태 속에 들어가는 변화를 경험하리라고 주장하는 것이다. 이런 견해를 주장하는 현대의 학자들은 바울이 고린도후서 5:1-10을 쓸 무렵에는 생각을 바꾸었다고 이해한다. 고린도후서 본문을 보면, 바울은 자신이 살아 있을 때 그리스도의 재림을 볼 것이라고 기대하지 않는다.[3]

이 본문에 대한 티슬턴의 설득력 있는 주장을 살펴보자. 티슬턴은 여기서 바울이 시대 전체를 들여다보고 있다고 주장한다. "우리는 다 잠을 잘 것이 아니고"라는 말은 그리스도 재림의 날이 언제 오든(빠르든 늦든) 간에, 그날에 어떤 신자들은 아직 살아 있으리라는 점을 의미하지만, 이것이 별로 중요하지 않은 것은 "우리가 **다** 변화될 것이기" 때문이라는 것이다. 만약 "우리"라는 말이 역사가 시작될 때부터 끝날 때까지의 모든 신자를 가리킨다면, 바울은 고린도후서를 쓰기 전에 마음이 바뀐 것이 아니다.[4]

3) Wright, *Resurrection,* pp. 356-357.

설교의 마지막 장면(장면 12)에서 바울은 "우리에게 승리를 주시는 하나님께 감사하라"고 명한다. 이 경우에도 바울은 시대 전체를 내다보고 있다. 티슬턴의 입장처럼, 이 설교의 처음과 끝에서 바울이 역사를 긴 안목으로 살피고 있다고 보는 견해는 적절하다.

장면 2와 3에서 바울은 성령으로 구성된 몸으로의 최종적 변화가 갑작스럽게 일어난다고 강조한다. 이 일은 한순간에 일어난다. 모든 신자는 "하나님의 아들의 형상을 본받는" 과정이 한평생 느리고 느슨하게 지속되는 긴 여정이라는 것을 잘 알고 있다. 그러나 부활할 때 성령으로 구성된 새로운 몸으로 최종적으로 변화되는 일은 "눈 깜박할 사이에" 일어날 것이다. 나팔 이미지가 이런 영광스러운 순간에 대한 예견에 흥분과 풍성함을 더한다. 첫째 부분은 우리가 변화되리라고 선언함으로써 시작되고, 이를 반복함으로써 끝마친다. 둘째 부분은 도표 5.5(4)에 나타나 있다.

5. [53]이 **썩을** 본성은	**썩을 것**
썩지 아니할 것을 입고	썩지 아니할 것
6. 이 **죽을** 본성은	**죽을 것**
죽지 아니할 것을 입을 것이다.	죽지 아니할 것
7. [54]이 **썩을 것**이	**썩을 것**
썩지 아니할 것을 입고	썩지 아니할 것
8. 이 **죽을 것**이	**죽을 것**
죽지 아니할 것을 입을 때에는	죽지 아니할 것

도표 5.5.(4). 부분 2: 장면 5-8

4) Thiselton, *First Epistle*, pp. 1293-1295.

둘째 부분은 **클라이맥스**는 아니지만 이 설교 전체의 **기초**다. 13:1-13처럼 여기서도 바울은 이 찬송의 기초를 중앙에 둔다. 만약 새로 부활한 몸이 썩지 않고 죽지 않는 것이 아니라면, **우리는 변화되지 않은 것이다**(결과: 장면 1-4는 사실이 아니다). 이 새로운 몸이 썩지 않고 죽지 않는 것이 아니라면, **사망은 정복된 것이 아니다**(결과: 장면 9-12는 사실이 아니다). 여기서 바울은 표현할 수 없는 것을 표현하는 데 심혈을 기울이고 있다. "한 순간에" 새로운 몸으로 변화되는 일은 신비이고, 바울은 어떻게든 이를 설명하려고 최선을 다하고 있다. 옛 정체성은 그대로 남아 있다. 제자들은 부활하신 주님을 알아보았다. 부활하신 주님은 똑같았다. 하지만 달랐다.

이 중앙 부분에는 두 가지 새로운 요소가 덧붙여진다. 수십 년 동안 레닌의 시신은 공산당 당국에 의해 썩지 않게 보존 처리되어 붉은 광장에 전시되었다. 그러나 레닌은 죽었다. 레닌의 시체는 썩지 않을 것이 아니었다. 바울은 다메섹으로 가는 길에서 환한 대낮에 어떤 음성을 듣기만 한 것이 아니었다. 그는 한 사람을 보았다. 그때 그는 자신이 본 그 사람의 몸이 썩지 않고 죽지 않을 몸임을 깨달았다. 썩지 않을 몸은 부패하지 않고, 죽지 않을 사람은 결코 죽지 않는다. 이런 기초는 바울의 설명에서 중요한 역할을 한다. 따라서 바울은 반복을 통해 이것을 강조해야 할 신학적(동시에 문학적) 이유를 가지게 된다.

두 번째 새로운 요소는 수여식의 언어와 관련된다. "썩을 것"이 "썩지 않을 것을 **입고**" "죽을 것"이 "죽지 않을 것을 **입도록**" 되어 있다. 이 그림은 왕이나 황제나 고관의 수여식 장면이다. 왕은 동일한 몸을 가지고 있지만 수여식 후에는 새로운 제복을 입고, 그러면 새 사람이 된다. 모든 은유가 그렇듯이, 이 수여식 그림도 해결 불가능한 난점을 가지고 있다. 모든 것이 말해지고 행해졌음에도 불구하고 바울은 여전히 비밀을 다루고 있다. 이 비밀의 얼마나 많은 부분을 드러내려 애쓴 것과는 상관없이 말이다.

수여식 이후에도 우리는 똑같은 사람일 것이다. 하지만 다른 사람이 될 것이다.

셋째 부분은 바울이 외치는 승리의 함성을 기록하고 있다(도표 5.5[5]를 보라).

9. **"사망이 삼켜지고 이길 것"**이라고	
기록된 말씀이	**승리**
이루어질 것이다.	사망이 삼켜짐
10. [55]**"오 사망아**, 너의 **승리**가 어디 있느냐?	**사망**
오 사망아, 너의 쏘는 것이 어디 있느냐?"	패배함
11. [56]**사망의 쏘는 것은 죄이고**	**사망**
죄의 권능은 율법이다.	권능이 사라짐
12. [57]그러나 **우리 주 예수 그리스도**로 말미암아	
우리에게 **승리**를 주시는	**승리**
하나님께 감사하라.	우리 주 예수 그리스도로 말미암음

도표 5.5(5). 부분 3: 장면 9–12(고전 15:54–57)

이 마지막 부분에서 바울은 이사야 25장 중에서 한 본문을 인용한다. 이 이사야서 본문은 하나님이 "모든 민족"을 위해 "이 산(예루살렘) 위에서" 펼치실 큰 잔치에 대한 환상을 묘사한다. 이 환상에는 다음과 같은 내용이 들어가 있다.

1. [25:8]그가 사망을 영원히 삼키실 것이다.
   그리고 주 여호와께서

모든 얼굴에서 눈물을 닦아주실 것이다.

2. 그리고 자기 백성의 치욕을
  온 땅에서 제거하시리니
   여호와께서 이같이 말씀하셨다.

3. [9]그날에 말해질 것이니
 "보라, 이런 분이 우리의 하나님이시다.
  우리가 그를 기다렸으니
   그가 우리를 구원하실 것이다.

4. 이런 분이 여호와이시다.
  우리가 그를 기다렸으니
   그의 구원을 기뻐하며 즐거워하자."

도표 5.5(6). 패배한 사망(사 25:8-9)

예수는 큰 잔치 비유(눅 14:15-24)를 말씀하면서 이사야 25:6-9(위의 네 장면이 포함됨)을 기초로 삼으셨다.[5] 바울 역시 자신의 승리의 함성을 표현하기 위해 같은 본문으로 시선을 돌린다.

바울은 이사야서 본문에 호세아 13:14에서 뽑은 내용을 덧붙여 사망을 조롱하는 찬송을 구성한다. N. T. 라이트의 지적처럼, "패배한 원수에게 승리를 거둔 전사와 같이, 바울은 지금은 무력화된 사망의 능력을 조롱한다."[6]

계속해서 바울은 사망, 죄, 율법에 관한 자신의 견해를 한 줄로 요약한다(장면 11). 로버트슨과 플러머는 이 견해에 대해 다음과 같이 적절히 정

5) Kenneth E. Bailey, *Through Peasant Eyes* (Grand Rapids: Eerdmans, 1983), pp. 88-90.

리한 바 있다.

> 죄로 말미암아 사망이 사람에게 권능을 가졌고, 죄가 가능한 것은 범법에 대한 율법이 있기 때문이다(롬 5:13; 7:7). 율법이 없는 곳에는 잘못도 있을 수 없다. 거역이 있을 수 없으면 권세에 대한 의식적인 저항도 있을 수 없다. 그러나 율법에 대해 거역이 있을 수 있으며 거역은 사망을 낳는다.[7]

여기에 우리는 바울이 율법을 지키는 자는 율법을 지키지 못하는 자에 대해 교만함과 우월의식을 갖게 된다고 본다는 말을 덧붙일 수 있다. 바울은 승리의 함성을 제공하면서 다시 역사를 긴 안목으로 바라보며 결론을 내린다.

이 마지막 설교는 "보라! 내가 너희에게 **비밀**을 말하겠다"라는 진술로 시작된다. 바울은 십자가 찬송에서 자신이 "하나님의 비밀"을 선포하러 왔음을 독자에게 상기시켰고(2:1), 나중에는 동일한 논문에서 자기와 자기 친구들을 **하나님의 비밀을 맡은 청지기**로 보라고 요청했다(4:1). 임무를 다 마치면 "하나님의 **비밀**을 맡은 청지기"는 **비밀을 밝히는 일을** 자신의 주된 임무로 감당하게 될 것이다! 십자가는 비밀을 간직하고 있으며 부활도 마찬가지다.

또한 바울은 첫째 논문을 시작하면서 **우리 주 예수 그리스도**라는 표현을 네 번 사용했으며,[8] 이후로는 이런 말이 본문에서 사라졌다. 그런데 마지막 논문이 끝나는 지점에서 사도는 **이 말을 정확히** 다시 사용하고(15:57), 그 과정에서 십자가에 대한 설명과 부활에 관한 성찰을 결합하는 마지막 한마디를 덧붙인다.

---

6) Wright, *Resurrection,* p. 358.

7) Robertson/Plummer, *First Epistle,* pp. 378-379.

8) 다른 본문으로는 1:2, 7, 8, 10을 보라. 같은 단어가 다른 순서로 사용된 경우는 1:9; 15:31에서 나타난다.

십자가에서 죽으신 분은 "우리 주 예수 그리스도"였고, 첫 아담을 대신하는 둘째 아담으로서 죽은 자 중에서 다시 살아나심으로써 잠자는 자들의 첫 열매가 되신 분도 "우리 주 예수 그리스도"였다. 만약 바울의 독자가 이 네 마디 어구("우리 주 예수 그리스도")를 깊이 성찰할 수 있다면 정말 좋을 것이다. 여기서 사도는 과거에 죽은 역사적인 인물이 아니라 자신이 개인적으로 만나본 부활하신 예수를 설명하고 있다. 예수께서 *kurios*(주)라는 사실은, 카이사르는 *kurios*가 아니라는 것을 의미한다. 여기에 대해 그리스인과 로마인이 어떻게 반응할지에 주목해보라. 또한 예수는 "메시아"(그리스도)시다. 여기에 대해 유대인이 어떻게 반응할지 생각해보라. 마지막으로 예수는 **나의** 주가 아니라 **우리의** 주시다. 동시에 우리는 한 주와 한 하나님을 가지고 있다.

이 네 마디 말은 고린도전서에서 거론된 온갖 문제를 사라지게 만드는 강력한 힘을 소유한다. 고린도 교회 교인들의 분쟁도 사라질 것이다. 그들의 공동체를 파괴하는 성적 음행도 중단될 것이다. 타인의 양심을 해치는 죄악도 끝날 것이다. 예배 전쟁도 마감될 것이다. 부활을 부인하는 주장도 더 이상 없을 것이다. 부활하신 예수는 "우리 주 예수 그리스도"**이시다**.

다른 네 논문과 마찬가지로, 다섯째 논문 끝에서도 바울은 결론적인 개인적 호소를 덧붙인다. 바울은 다섯 논문 중 세 논문을 마칠 때에는 "나를 본받으라"는 모종의 당부로 글을 마무리했고(4:16; 7:40; 11:1), 넷째 논문은 요약 내용을 개인적 호소와 결합시킴으로써 끝을 맺었다(14:37-40). 그런데 부활을 설명할 때에는 "나를 본받으라"는 권면은 적합하지 않다. 그래서 바울은 대신 다섯 논문 전체에 적용되는 다른 권면으로 논문을 끝마친다. 그 본문은 다음과 같다.

13. [58]그러므로 내 사랑하는 형제들아, 견고하고 흔들리지 말며
항상 주의 일을 넘치게 하되
주 안에서 너희의 수고가 **결론적인**

헛되지 않은 줄을 알라.　　　　개인적 호소

이 마지막 개인적 호소는 세 가지 이유로 주목할 만하다.

1. 바울은 고린도 교회 교인들을 "사랑하는" 형제로 부름으로써 개인적 권면을 시작한다. 바울은 분쟁, 십자가 모독 행위, "영성"에 대한 교만, 음행, 타인의 양심에 대한 무관심, 예배 리더십에 관한 다툼, 주의 만찬에서의 술 취함, 신령한 은사와 관련된 오만, 서로 사랑하지 못한 잘못, 교회에서 잠잠하지 못한 태도, 부활을 부인하는 사상 등의 이유로 이들을 비판했다. 고린도 교인들은 신학과 윤리에 있어 "견고하고 흔들리지 않는" 모습을 보여주지 못했다. 그럼에도 그들은 **사랑하는 형제자매**였다. 바울은 고린도전서 서두(1:4-9)에서 그들에게 좋은 말을 했다. 그리고 끝낼 때에도 목회적인 권면의 형식으로 좋은 말을 덧붙인다.

2. 바울은 "헛되지 않은" 수고에 대해 설명한다. 부활에 관한 이 논문의 첫 부분에서 바울은 독자에게 "너희가 받은 것이고, 너희가 그 가운데 서 있으며, 너희가 이를 굳게 지키면 곧 **너희가 헛되이 믿지 않으면** 그것으로 너희가 구원받는" 복음(15:1-2)을 상기시켰다. 또 같은 곳에서 바울은 "나를 향하신 그의 은혜가 헛되지 않았다"라고 고백했다(15:10). 확실히 바울은 다른 어느 사도보다 더 열심히 일했다. 몇 구절 뒤에서 바울은 만일 예수께서 다시 살아나지 못하셨다면 "너희의 믿음은 **헛되다**"라고 경고한다(15:14). 그렇다면 그는 끝마치면서 교인들의 크게 잘못된 제자도에 관해 말하는 것인가? 그들의 믿음이 헛되다고 생각하는가?

"헛되지 않다"라는 진술은 두 가지 요소를 가진다. 첫째 요소는 예수의 부활에 대한 역사적 사실을 믿는 믿음이었다. 둘째 요소는 부활하신 주에 대해 신자가 순종으로 반응하는 일이었다. 바울은 이 두 요소를 다 사용한다. "(부활하신) 주의 일을 넘치게 하면" 그들의 수고가 "헛되지 않다"는 **확실한 지식**이 따라온다(바울의 수고가 헛되지 않음과 같은 방식으로). 여기서 바울은 확신과 도전을 함께 제공한다.

3. 이 개인적 호소는 **현재에** 도전을 주기 때문에 놀라운 말이다. 바울은 사망이 멸망하고 "우리가 변화될" 때 나타날 만물의 결말에 대한 비밀을 방금 밝혔다. 그의 결론적 언급은 모종의 평안에 대한 성찰로 쉽게 이루어질 수도 있었다. 바울은 "그러므로 이 위대한 최후의 사건들을 예견하는 소망, 확신, 기쁨으로 미래를 바라보되 인내하며 기다리자"라고 말할 수도 있었다. 그러나 바울은 부활과 부활이 **미래**에 대해 의미하는 모든 것이 올바로 이해된다면, 이는 신자에게 **지금 부활하신 주를 섬길** 능력을 준다고 보았다. 예수를 주로 믿는 신자는 마지막 결말을 조용히 기다리는 어떤 운동의 일원이 아니다. 부활의 복음은 사람들로 하여금 다음 세상을 수동적으로 예측하도록 만드는 현실 도피적인 기계론이 아니다. 바울은 **현재**에 관심이 있었다. 최후의 전체적인 승리는 이미 확보되었다. 새 시대는 이미 밝았고 새 창조는 예수의 부활로 확증되었다. 바울이 아테네에서 교회를 세우고자 했던 노력은 실패로 돌아갔다(우리가 알고 있는 한 그렇다). 그러나 바울의 수고는 "헛되지 않았다." 왜냐하면 하나님 나라를 **땅에** 세우는 포괄적인 목표에 기여했기 때문이다. 바울은 **지금** "주의 일에" 힘쓰라고 독자에게 도전한다. 빌 프레이 주교의 말처럼 "소망은 미래에 대한 음악을 듣는 것이고, 믿음은 오늘 그 음악에 따라 춤추는 것이다."[9]

이 "결론적 호소"(15:58)는 바울이 양방향으로 활용하는 장면의 또 다른 사례를 보여준다. 이 호소는 뒤를 돌아보면서 다섯째 논문을 결말 짓는(그리고 다섯 논문 전체에 답을 주는) 정교한 개인적인 호소를 제공한다. 동시에 이 호소는 앞을 내다보면서 앞으로 살펴볼 바울의 결론적 언급의 서론을 제공한다.

---

9) Bill Frey. 2001년 9월, 펜실베이니아 주 앰브리지의 트리니티 목회 학교에서 전한 설교.

6.

결론적 언급

연보와 리더십, 인사와 마지막 권면

고린도전서 16:1-23

여기서 바울의 결론적 언급은 세 부분으로 구성된다. 첫째 부분은 "선교를 위한 연보"인데 이는 도표 6.1에 제시되어 있다.

수사 구조

이 설교는 일반적 권면으로 시작하고 끝맺는다. 시작과 끝 사이에는 연보에 관한 세 개의 호소가 들어가 있다. 이제 시작과 끝의 두 일반적 권면을 간략히 살펴보고, 이어서 경제적 지원에 관한 세 개의 요청을 순서대로 살펴보자. 각 요청은 중앙에 클라이맥스를 둔 고리 모양 구성을 이루고 있다.

주석

두 개의 일반적 권면은 설교의 북엔드 역할을 하고 있다(도표 6.2를 보라).

1.	a. [15:58]그러므로 내 사랑하는 형제들아, 견고하고 흔들리지 말며 b. 항상 주의 일을 넘치게 하되 주 안에서 너희의 수고가 헛되지 않은 줄을 알라.	**일반적** 권면
2.	[16:1]따라서 **성도들을 위한** 연보에 관해 말하면 내가 갈라디아 교회들에게 지시한 것처럼 너희도 그렇게 해야 한다.	성도를 위한 **연보**
3.	[2]매주 첫째 날에 너희 각 사람은 **버는 것에 따라** **일부를 따로 떼어** **비축해둠으로써** 내가 갔을 때 연보를 하지 않도록 하라.	연보의 **기초**
4.	[3]그리고 내가 도착할 때 나는 너희가 **편지로** 인정하는 자들을 보내 **예루살렘에 너희의 선물을** 전달하도록 할 것이다. [4]만일 내가 가는 것도 괜찮다면 그들과 함께 가도록 하겠다.	예루살렘을 위한 **연보**
5.	[5]내가 마케도니아를 거칠 생각이므로 마케도니아를 거친 후에 너희를 방문하여	**마케도니아를** **거침**
6.	[6]어쩌면 **너희에게 머물며** 겨울을 보낼 수도 있으니	**내가** 너희를 **방문함**
7.	너희는 **내가 어디로 가든지** **나의 여정을 도와줄** 수 있을 것이다.	바울을 위한 **연보**
8.	[7]그러니 지금은 지나가는 길에 너희를 만나보고 싶지는 않다. 만일 주께서 허락하시면 **너희에게 얼마 동안 머물러 있기를 바란다.**	**내가** 너희를 **방문함**
9.	[8]그러나 내가 오순절까지 **에베소**에 머물러 있고자 하는데 [9]이는 효과적인 사역을 하도록 내게 큰 문이 열렸고 또 대적하는 자가 많이 있기 때문이다.	에베소**에** **머무름**
10.	[10]**디모데**가 오면 그가 너희 속에서 아무런 두려움을 갖지 않도록 하라.[1] 그도 나와 같이 주의 일을 행하는 자다. [11]그러므로 아무도 그를 멸시하지 말라.	디모데의 **방문** (감)
11.	그가 내게 돌아올 수 있도록 평안하게 **그의 길을 도우라.** 나는 그가 형제들과 함께 오기를 기다리고 있다.	디모데를 위한 **연보**
12.	[12]우리의 형제 **아볼로**에 관해 말하면, 내가 그에게 다른 형제들과 함께 너희에게 가라고 강력히 권했으나 그가 지금은 갈 뜻이 전혀 없다. 그는 기회가 되면 갈 것이다.	아볼로의 **방문** (가지 않음)
13.	a. [13]깨어 믿음에 굳게 서고 용기를 내고 강해져라. b. 너희가 행하는 모든 일을 사랑으로 행하라.	**일반적** 권면

도표 6.1. 선교를 위한 연보(고전 15:58-16:13)

1. a. [15:58]그러므로 내 사랑하는 형제들아, 견고하고 흔들리지 말며
b. 항상 주의 일을 넘치게 하되
주 안에서 너희의 수고가 **일반적**
헛되지 않은 줄을 알라. 권면

13. a. [13]깨어 믿음에 굳게 서고
용기를 내고 강해져라. **일반적**
b. 너희가 행하는 모든 일을 사랑으로 행하라. 권면

도표 6.2. 두 개의 일반적 권면(고전 15:58; 16:13)

15:58의 끝에서 확인되듯이, 다시 바울은 이전 설교를 결론짓는 동시에 다음에 오는 설명을 새로 시작하는 장면(장면 1)을 집어넣는다. 고린도전서 15:58은 부활에 관한 논문(15:1-57)을 끝맺는 구절이다. 동시에 이 본문은 예루살렘을 위한 재정적인 선물과, 사도로서의 사역 여행에 필요한 경비에 대한 설명을 시작하는 역할을 한다.

마지막 권면(장면 13)은 사령관이 소속 군인들에게 주는 연설과 같은 다섯 가지 명령을 담고 있다. 다만 모든 일을 사랑으로 행하라는 마지막 명령은 여기서 제외된다. 처음 네 명령에서는 군사적인 체취가 물씬 풍긴다. 사랑하라는 마지막 명령은 이 설교에 적합한 결론을 제공한다.

이 북엔드(장면 1, 13)를 함께 묶으면 두 부분으로 구성된다. 첫째 부분은 **성품의 특성**과 관련되고, 둘째 부분은 **주 안에서 행하는 일**에 초점을 둔다. 바울이 제시하는 성품의 특성은 다음과 같다.

- 견고하고 흔들리지 말라(장면 1a).
- 깨어 믿음에 굳게 서고 용기를 내며 강해져라(장면 13a).

1) NRSV.

주 안에서의 사역에 관해서는 다음과 같이 권면한다.

- 항상 주의 일을 넘치게 하되
  주 안에서 너희의 수고가 헛되지 않은 줄을 알라(장면 1b).
- 너희가 행하는 모든 일을 사랑으로 행하라(장면 13b).

고찰해보면, 독자는 성품의 이런 다양한 특성들을 고린도전서에서 다른 몇몇 주제와 연결시킬 수 있을 것이다. 고린도 교회 교인들은 "예수 그리스도와 그가 십자가에 못 박히신 데" 대해 헌신할 때 "견고하고 흔들리지 말아야" 한다. 그들은 공동체 안에서 훈련을 받으며, 이교적 환경 속에서 살아가면서 "믿음에 굳게 서고 용기를 내고 강해져야" 한다. 그들은 "나팔 소리"를 기다리면서 "깨어" 있어야 한다.

둘째 부분은 고린도 교회 교인들이 행하는 "주의 일"에 초점을 맞춘다. 이 부분은 부활을 막연히 기다리는 것만으로는 충분하지 않다는 점을 분명히 한다. 오히려 교인들은 부활에 적극적으로 참여해야 한다. 모든 일을 사랑으로 행하라는 마지막 호소는 마지막 논문뿐만 아니라 편지 전체와 관련된다.

고린도 교회 교인들이 행해야 할 "주의 일"로 추천되는 한 가지 길은 선교를 위해 연보를 하는 것이다. 첫 번째로 재정적인 지원을 호소하는 본문은 도표 6.3에 제시되어 있다.

2.	[16:1]따라서 **성도들을 위한** 연보에 관해 말하면	
	내가 갈라디아 교회들에게 지시한 것처럼	성도를 위한
	너희도 그렇게 해야 한다.	**연보**
3.	[2]매주 첫째 날에	
	너희 각 사람은 **버는 것에 따라**	연보의

일부를 따로 떼어 **기초**

비축해둠으로써

내가 갔을 때 연보를 하지 않도록 하라.

4. [3]그리고 내가 도착할 때

나는 너희가 편지로 인정하는 자들을 보내 예루살렘을 위한

예루살렘에 너희의 선물을 전달하도록 할 것이다. **연보**

[4]만일 내가 가는 것도 괜찮다면

그들과 함께 가도록 하겠다.

도표 6.3. 예루살렘 교회 성도들을 위한 연보(고전 16:1-4)

9:1-18에서 바울은 고린도 교회 교인들에게 자신이 재정적인 지원을 받을 권리가 있음을 확언하고, 교인들은 그들을 위해 수고한 복음 전도자에게 대가를 지불할 책임이 있다고 말했다. 개인적으로 바울은 복음을 값없이 전하는 데 열정을 다했고, 자신의 사명에 요구되는 것 이상으로 열심히 수고했으나, 그에 대한 보수는 받지 않았다. 그런데 바울은 "선교를 위한 연보"의 주제를 다루면서는 이와 다른 언급을 한다.

바울은 고린도 교회(와 고린도전서를 읽게 될 다른 모든 교회)가 "선교하는 교회"가 되기를 원한 것 같다. 바울은 "반드시 너희 설교자들에게 보수를 주라"고 말하지 않았다. 그렇다고 "너희는 너희 지체 가운데 종들이 많다. 그러니 반드시 그들의 특별한 필요를 돌보도록 하라"고도 말하지 않았다. "베드로와 바나바가 결혼한 자임을 잊지 말라. 너희는 독신인 사역자보다 결혼한 사역자에게 더 많은 보수를 주어야 한다"라거나 "교회 예산을 짤 때 너희가 모이는 가정 교회의 집주인에게 추가로 들어간 비용을 줄 수 있도록 반드시 그 항목을 포함시켜라"고도 주장하지 않았다. 대신 독자에게 그들의 자선에 관해 세 가지 제안을 하는데, 이 세 제안은 모두 **그들 자신의 공동체를 넘어 펼치는 선교**와 관련된다.

바울은 예루살렘 성전의 한구석에 자리를 잡고 앉아 토라의 정확한 요점에 대해 논쟁을 벌이고 있지 않았다. 그는 새로운 교회를 세우기 위해 분주하게 움직이고 있었다. 사도는 독자들이 단순히 설교자에게 보수를 주는 문제가 아니라, 그들 자신을 넘어 타인을 돕는 일을 바라보기를 원했다. 바울은 고린도 교회 교인들에게, 먼저 그들이 신학적으로 누구인지 그리고 복음의 윤리적 요청에 따라 어떻게 살아야 하는지를 정리해보라고, 그렇게 해야 언젠가 미래에는 (재정적인 지원금을 손에 들고) 타인을 도울 수 있으리라고 주장하지 않았다. 대신 사도는 그들이 심각한 신학적 혼란과 윤리적 탈선 상황 속에 있음에도 불구하고, **고린도 교회 밖에 있는** 사람들의 필요를 채워주라고 권면했다. 바울은 먼저 "모(母)교회"인 예루살렘 교회를 바라보았다.

키스 니클은 고린도 교회 교인들이 예루살렘 교회를 위해 행한 연보에 관해 상세히 연구했다.[2] 이 주제를 충분히 다루는 작업은 이 책의 초점에서 벗어나므로, 여기서는 고린도 교인들의 연보에 대한 바울의 목적에 최소한 다음과 같은 요소가 포함되어 있음을 간단히 지적하고 넘어가고 싶다.

1. 바울이 예루살렘에서 (예루살렘 교회의) "가난한 자들을 기억하겠다"라고 사도들에게 약속한 것(갈 2:10)을 이루기 위함이다.
2. 유대적인 기독교 요소와 이방적인 기독교 요소를 더 폭넓은 교제 안에서 하나로 만들고 싶어 하는 관심 때문이다.
3. 예루살렘 교회의 중심으로서의 특별한 지위를 공적으로 확언하려는 열심 때문이다.
4. 각 교회가 안쪽이 아니라 바깥쪽을 볼 수 있도록 하려는 마음 때문이다.

2) Keith Nickle, *The Collection: A Study in Paul's Strategy*, Studies in Biblical Theology 48 (Naperville, Ill.: Allenson, 1966).

여기서 우리의 관심은 바울의 구제 신학을 제시하고, 그 신학을 적용하는 바울의 방법을 지적하는 데 있다.

바울은 자신의 구제 신학과 구제 방법론을 단순한 고리 모양 구성의 중앙에 배치함으로써 이 두 관심사를 강조한다(장면 3). "매주 첫째 날" 그들은 각자 예루살렘 교회를 위해 얼마간의 돈을 비축해두어야 했다. 바울은 자신이 그곳에 갔을 때 "구제 캠페인을 벌이거나" 심지어 "따로 헌금하는 시간을 갖는" 것도 바라지 않았다. 바울은 개인이나 고린도 교회 교인을 위해 연보하라고 제안하지 않았다. 그들 중 일부는 확실히 거의 수입이 없는 종의 신분이었다. 각 교인은 "자신이 버는 정도에 따라" 연보를 해야 했다. 바울은 다음과 같은 질문이 나오기를 바라지 않았다. "당신은 얼마만큼의 돈이 필요한가? 다른 교회는 얼마나 연보를 하는가? 우리가 분담해야 할 몫은 얼마인가?" 교회는 컨트리클럽이 아니며, "선교"는 "클럽하우스에 새 지붕을 올리는 일"이 아니다. 각자가 "자신이 버는 정도에 따라" 규칙적으로 연보를 해야 한다. 바울은 자신이 그곳에 도착하기 전에 매주 체계적인 연보가 이루어지기를 원했다.

장면 4에서 바울은 돈을 다룰 자와 관련된 문제를 다룬다. 바울은 자신은 돈을 다룰 자가 되지 않겠다고 말함으로써 자기에 대한 비판을 차단한다. 그는 돈을 예루살렘에 전달할 재정 책임자로 그들이 원하는 자를 세우라고 요청한다. 교인들 중 누가 정직한지 바울은 몰라도 그들은 알기 때문이다. 나아가 바울은 누군가가 자기에게 살짝 "당신은 아무개를 믿을 수 있으나 다른 아무개에 대해서는 조심해야 합니다"라고 말해주는 것도 바라지 않았다. 이런 문제에 관해 외부인에게 조언을 주는 일은 정말 부질없다. 고린도 교회 교인(과 다른 사람들)은 연보한 돈을 횡령하지 않고 제대로 전달할 믿을 만한 책임자를 결정해야 했다.

또 다른 문제도 있었다. 돈을 전달할 자에게 편지가 필요한지, 필요하다면 누가 누구에게 편지를 써야 하는지의 문제였다. 본문에서는 이를 파악하기가 애매하다. RSV는 (KJV를 따라) 3절을 다음과 같이 번역한다. "내가 도착할 때, 내가 **너희가 편지로 인정하는 자들**(those whom you accredit by letter)을 보내 그들이 너희의 선물을 예루살렘에 전달하도록 할 것이다." 그러나 NIV는 다음과 같이 번역한다. "내가 너희가 인정하는 사람들에게 **소개 편지를 써주어**(give letters of introduction), 예루살렘에 너희의 선물을 전달하도록 그들을 보낼 것이다."

나는 KJV, RSV, NRSV, JB의 번역이 정확하다고 확신한다. 그다음 구절에서 바울은 자신이 그들과 동행할 수 있다는 점을 언급한다. 바울은 "만일 내가 대표단과 함께 **가지 않는다면**, 대표단을 내 친구들에게 소개하는 편지를 쓰는 것으로 만족할 것이다"라고 말하지 않는다. 바울이 대표단과 동행할 것이 분명하다면, 예루살렘 교회의 지도자들에게 굳이 소개 편지를 쓸 필요가 없을 것이다. 여기서 바울이 언급하는 편지는, **비록 그가 그들과 함께 예루살렘에 간다고 할지라도**, 중요했다. 방금 인용한 영어 역본처럼, 중동의 역본들도 이 본문의 번역에 있어 서로 다르다. 어떤 역본은 이 편지를 바울이 쓴 것으로 본다. 다른 역본은 돈을 전달할 권한을 대표단에게 위임한다는 뜻으로 고린도 교회의 지도자들이 이 편지를 썼다고 본다.

로버트슨과 플러머는 바울이 지금 **자신이 쓸** 편지(들)에 관해 말하고 있음이 틀림없다고 주장한다. 그래서 이들은 바울이 도착할 때까지 대표단은 떠나지 않으리라고 지적한다. 그러고는 "그러므로 고린도 교회 교인들이 편지를 쓸 필요가 무엇이겠는가?"라고 묻는다.[3] 이런 관점의 배후에 있는 가정은 명확하다. 즉 **바울이 간다면** 소개 편지는 필요가 없다는 것이다. 그러나 **가지 않는다면** 그는 예루살렘 교회의 사도들에게 전할 소개 편지를 대표단에게 줄 것이 확실하다. 따라서 로버트슨과 플러머에 따르면, (바울이든 바울이 아니든) 고린도 교회 교인들이 이 편지를 쓸 필요가 있었다는 가정은 불가능하다.

그러나 약 백 년 전에 핀들리는 이렇게 썼다. "고린도 교회 교인들에

---

3) Robertson/Plummer, *First Epistle,* p. 386.

의해 선정된 대표단으로서, 그들은 그 교인들이 쓴 추천서를 가지고 갔음이 확실하다"(참조. 고후 3:1; 행 15장).[4] 이런 실제적인 필요를 기반으로 해서 생각하면, 바울로서는 대표단이 그 선물을 **기증한 자들로부터** 받은 추천서를 가지고 가야 한다고 주장할 강력한 이유가 있게 된다.

이 주제와 관련해서 요세푸스는 티베리우스 황제(기원후 37년 사망)의 통치 기간에 일어난 절도 사건을 기록했다. 이 이야기에는 로마에서 모세 율법의 선생으로 자칭한 한 남자가 등장한다. 이 남자는 세 명의 다른 사람들을 끌어들여, "예루살렘 성전을 위해 자주 옷감과 금"을 바치도록 풀비아라는 이름의 부유한 로마 여성(유대교로 개종한)을 설복시키는 데 성공했다. 풀비아는 요청받은 자주 옷감과 금을 주었고, 이런 식으로 그들은 절도했다. 풀비아의 남편 사투르니누스는 이런 사실을 확인하고 티베리우스 황제에게 보고했다. 티베리우스는 이에 대한 조치로 "모든 유대인을 로마에서 추방하라"고 명령했다.[5] 그러나 이 명령은 엄격하게 시행되지 못했음이 분명하다. 왜냐하면 기원후 49년 클라우디우스 황제 역시 "모든 유대인은 로마를 떠나라"고 명령했기 때문이다(행 18:2). 그러나 이전에 일어났던 그 사건이 상기되었다. 그러므로 로마 식민지에서 유대인이 돈을 모금하는 문제(그 돈이 예루살렘을 위한 것이라고 주장하면서)는 주의를 끌 수밖에 없는 민감한 사안이었다. 대표단은 기증에 대해 서명을 할 수 있는 책임 있는 고린도 교인들(로마인?)이 쓴 **추천서를 갖고 있어야** 했다. 바울의 편지로는 충분하지 않았다!

게다가 대표단은 대표단 자체의 성실성을 보증하기 위해 이런 추천서를 필요로 할 것이다. 선물은 다 현금으로 가지고 가야 했다. 다른 길은 전혀 없었다. 얼마나 많은 돈이 있었을까? 대표단이 훔칠 수 있는 길은 얼마

4) Findlay, *First Epistle,* p. 946.

5) Josephus, *Antiquities* 18.3.5, trans. William Whiston (Peabody, Mass.: Hendrickson, 1993), p. 481.

나 많았을까? 합법적으로 여행 경비로 쓸 수 있는 돈은 얼마나 되었을까? 그러므로 헌금한 자들이 **헌금 액수**와 **헌금한 자들의 뜻**에 대해 적은 일종의 성문 문서가 있어야 했다. 이것만이 대표단의 성실성을 증명하고 보장할 것이다. 예루살렘에 도착했을 때 헌금한 자들이 서명한 증서는 선물의 규모와 기증자들의 의도에 관해 예루살렘 교회의 사도들에게 성문 증거로 제공될 것이다.

이런 증서를 가진 대표단은 임의대로 기증 액수를 재조정할 수 없었을 것이다. 만약 예루살렘으로 가는 도중에 동료 여행자 중 궁핍한 자가 발생한다면, 대표단은 그를 개인적으로 도와줄 수는 있겠지만, 고린도 교회에서 보낸 헌금 중 일부를 떼어내고 액수를 재조정할 수는 없었다. 헌금 액수는 공적 문서에 기록되었을 때 이미 공개적으로 정해졌다. 교인들은 모금된 액수를 알고 있었다. 현대의 중동에는 유명한 아랍어 속담이 하나 있다. "느슨하게 맡겨진 돈은 사람들에게 훔치라고 가르친다." 주는 자와 받는 자 사이의 거리가 멀수록 돈이 중간에서 사라질 가능성은 그만큼 더 커진다. 경제적 부패는 세계 전역의 모든 문화 속에 흔히 퍼진 질병이며 중동도 예외는 아니다. 바울은 이 점을 충분히 파악하고 있었으며, 그래서 이 편지에서 **경제적 투명성과 책임성**을 간략히 설명하는 일은 그의 세심한 생각과 계획을 반영한다. 바울은 어느 문화나 시대를 막론하고 교회가 합당하게 따를 수 있는 교회 재정의 표준을 제시한다.

바울은 열심당 운동이 유대 지역에서 활발하게 전개되었다는 사실도 알고 있었다. 로마와 유대 당국은 예루살렘의 한 작은 집단을 위해 많은 액수의 헌금을 갖고 불쑥 나타난 이방인(과 유대인?) 대표단에게 **큰 관심을 가졌을** 것이다. 그들이 돈을 전달하고자 하는 대상은 **정확히** 누구였을까? 열심당원들은 예루살렘에서 활발하게 활동했다. 열심당 지도자들은 국경을 넘어 헌금을 전달하는 일에 **특히 신경이 쓰였을** 것이다. 따라서 엄밀한 문서화는 정치적인 측면에서도 매우 중요했다.

바울은 자신이 헌금 전달자들(대표단)을 신뢰한다는 사실을 헌금한 자들이 알기를 원했다. 그래서 사도는 자신이 대표단과 동행할 수도 있다고 말하고 그 선택의 가능성을 열어놓았다. 그가 편지를 쓸 당시 고린도의 상황은 불안정했다. 바울은 모든 것을 염두에 두고 있었던 것 같다. 그리고 그 중심에는 자신을 넘어 타인을 섬기는 데 지속적으로 헌신할 것을 요구하는 사도의 간청이 놓여 있었다. 바울은 고린도전서의 독자가 **선교하는 교인**이 되기를 원했다.

바울의 두 번째 경제적 요청은 자기 자신과 관련된다(도표 6.4를 보라).

5.	[5]내가 마케도니아를 거칠 생각이므로 마케도니아를 거친 후에 너희를 방문하여	마케도니아를 **거침**
6.	[6]어쩌면 **너희에게 머물며** 겨울을 보낼 수도 있으니	내가 너희를 **방문함**
7.	너희는 **내가 어디로 가든지** **나의 여정을 도와줄** 수 있을 것이다.	바울을 위한 **연보**
8.	[7]그러니 지금은 지나가는 길에 너희를 만나보고 싶지는 않다. 만일 주께서 허락하시면 **너희에게 얼마 동안 머물러 있기를 바란다.**	내가 너희를 **방문함**
9.	[8]그러나 내가 오순절까지 **에베소**에 머물러 있고자 하는데 [9]이는 효과적인 사역을 하도록 내게 큰 문이 열렸고 또 대적하는 자가 많이 있기 때문이다.	에베소**에** 머무름

도표 6.4. 바울의 두 번째 경제적 요청(고전 16:5-9)

수사 구조

이 다섯 장면의 구조는 다음과 같이 요약될 수 있다.

5. 고린도를 넘어 펼쳐진 바울의 사역(마케도니아)
6. 　바울의 고린도 방문
7. 　　바울의 "여행 경비"의 필요
8. 　바울의 고린도 방문
9. 고린도를 넘어 펼쳐진 바울의 사역(에베소)

주석

앞에서 지적했듯이, 마케도니아와 에베소에서 바울이 펼친 사역은 이 부분의 처음과 끝에서 언급된다. 독자는 바울이 "나는 날마다 죽는다"(15:31)라고 한 말과 "내가 에베소에서 맹수와 싸웠다"(15:32)라고 한 언급에 익숙하다. 바울은 세부 사항을 상세히 말할 필요가 없다. 스데바나, 브드나도, 아가이고는 아마도 바울의 편지를 고린도로 가져갈 이들이었던 것 같다. 그들은 얼마든지 모든 내용을 구술로 설명할 수 있다. 만약 바울이 세부 사실을 기록한다면, 읽지 말아야 할 사람들이 읽고 오히려 사태를 악화시킬 수도 있었다. 바울은 "대적하는 자가 많이 있다"라고 썼고 그것으로 충분했다.

다른 곳(장면 5, 9)에서 바울은 자신의 사역을 지적한 후, 고린도를 방문하기를 오랫동안 갈망하고 있음을 재차 확언한다(장면 6, 8). 바울은 자신이 그들과 함께 겨울을 나고 싶다는 것도 암시한다. 우리는 바울이 이런 마음을 가지게 된 이유가, 자신이 방문한 다른 어떤 도시보다도 고린도에서 더 쉽게 천막 일거리를 찾을 수 있었기 때문이라고 추정할 수 있다. 2년마다 개최되는 고린도의 지협 경기대회의 구경꾼들에게는, 당연히 천막 만드는 자가 절실히 필요했을 것이다. 또한 고린도에는 번잡한 항구가 둘이나 있었다. 천막 만드는 자는 배의 돛도 만들었으며, 이 도시에서 겨울을 보내는 작은 배들은 자연스럽게 겨울 동안 다가올 시즌에 대비하여 정비가 이루어졌을 것이다. 바울은 어디선가 겨울을 나야 했고, 그런 면에서 고린도가 가장 좋은 장소였다.

바울은 고린도 교회 교인들을 저버리지 않았다. 바울은 그들의 윤리적·신학적 탈선에도 불구하고, 그들을 사랑하고 그들과 함께 살기를 원했다. 고린도 교인들에 대한 사도의 애정은 그가 그들의 잘못을 지적하면서 어쩔 수 없이 사용한 거친 말로 방해받지 않았다.

여기서 바울의 언급의 클라이맥스는 중앙에 나타난다. BAGD는 핵심 단어 *propempo*(나의 여정을 돕다)[6]를 "양식과 돈을 제공하거나 동반자, 여행 수단 등을 준비함으로써 사람의 여행을 돕다"라는 의미로 정의한다.[7] 여기서 사도는 자신과 디모데를 위해 고린도 교인들에게 돈과 다른 도움을 요청하고 있다. 그들 세 명(바울, 디모데, 아볼로[16:5-12])의 긴 여행을 미리 준비하는 일을 상세히 설명하는 것은 평상시의 소식이 아니다. 여기서 바울은 **자신의 선교 여행 예산에 필요한 재정을 조달하고** 있는 것이다. 간접적으로 사도는 "물론 우리는 여행 경비가 필요하다. 이런 모든 여행을 보라!"고 말하고 있다.

바울은 고린도 교인들에게 복음을 전파한 일에 대한 대가로 돈을 바라는 것이 아니다. 그렇다고 그들에게 고린도에 적절한 숙소를 마련하라고(이전에 고린도에서 숙소를 제공했던 아굴라와 브리스길라가 지금은 에베소로 이주했기 때문에) 요구하는 것도 아니다. 대신 바울은 (결론적으로) 다음과 같이 설명한다.

---

6) Fee, *First Epistle,* p. 819.

7) BAGD, p. 709.

> 너희에게 말했듯이 나는 스스로 벌이를 하며 먹고살 수 있다. 그러나 선교 여행을 하면, 당연히 여행 동안 많은 시간을 빼앗기고 선교하는 동안에는 천막을 만들거나 고치는 일을 할 수 없다. 그러므로 나(와 우리 사역 팀)는 선교 여행 경비가 필요하고, 이 비용에 대해 너희가 도와주기를 바란다. 나는 내 설교에 대해서는 대가를 받지 않았다. 그렇지만 내가 다른 곳으로 여행할 때에는 확실히 너희가 내 경비를 대주어야겠다.

바울은 고린도 교회 교인들에게 자신이 어디로 가는지에 대해 말하지 않는다. 이는 단순히 어디로 갈지 아직 결정하지 않았기 때문인 것 같다. 그러나 이 대목에는 선교 신학이 나타나 있음을 확인할 수 있다. **고린도 교회 교인들이 아니라 바울이** 자신의 목적지를 정할 것이다. 물론 사도는 고린도 교인들에게 여행 경비를 요청하고 있지만, 그렇다고 그들이 다음과 같이 말하는 것이 허용되지는 않는다.

> 우리는 당신이 아테네에서 충분히 성공했다고 생각하지 않는다. 우리는 당신이 그곳으로 돌아가면 매우 만족스러울 것 같다. (으흠!) 아테네에서 오래 머무는 데 드는 비용은 쉽게 모일 것이다. 아테네는 우리에게 중요하다. 만일 당신이 다른 곳으로 가기를 고집한다면, 우리는 회의를 해서 당신의 제안을 토의할 수 있다. 어쨌든 우리가 비용을 댄다면, 당신이 어디로 가야 할지에 대해 우리에게도 말할 권리가 얼마간 있다!

4:1에서 바울은 자신과 자신의 선교 여행의 동료들을 "그리스도의 종"으로 정의했다. 고린도후서 4:5에서는 한 걸음 더 나아가 "(우리는) 예수를 위해 너희의 종이 되었다"라고 덧붙임으로써 자신과 고린도 교인들과의 관계를 규정했다. 물론 바울은 종이며 교인들을 (아무 대가 없이) 섬길 것이다. 하지만 **바울은 그 종의 섬김의 방향과 본질을 자신이 선택하는 권리는 포기하지 않을 것이다.** 이것은 바울과 그의 사도 집단이 스스로 결정할

일이다.

일반적으로 말해, 여러분이 하나의 대상에게 대가를 지불하면 그 대상은 어떤 의미에서 여러분의 통제 아래 있게 된다. 왜 고린도 교회 교인들은 바울이 복음을 전하면서 자기들로부터 보수를 받지 않는다고 속상해 했을까? 사도는 자신이 보수를 받지 않은 데 대해 강력히 변명해야 했다(9:3-18). 내 친구 중에는 몇 년간 부유한 중동 국가에서 영어권 교회의 목사로 섬겼던 이가 있다. 그는 미국으로 돌아가 어느 교회에서든 보수를 받지 않고 목회할 수 있을 만큼 돈이 많았다. 그는 많은 교회가 자기를 목사로 데려가려고 서로 다툴 것이라고 예상했지만, 그건 그의 착각이었다. 친구는 훌륭한 목사이자 뛰어난 설교자였지만, 교회들은 그에게 별 관심이 없었다. 그에게 보수를 지불하지 않으면 그를 통제할 수 없었기 때문이다.

아마도 바울에게는 계획이 있었을 것이다. 하지만 바울은 고린도 교인들이 자신의 다음 행선지를 결정할 수 있다고 상상하기를 원하지 않았다. "제발 **내가 어디로 가든지** 내게 필요한 여행 경비를 도와달라"는 것이 그의 요청이었다. 이런 요청이 경비 조달에 관한 설교의 중앙 클라이맥스에 있다.

바울은 설교를 세 부분으로 나눌 때 다른 두 부분보다 중앙에 더 중점을 둔다. 최소한 부분적으로 이 원칙은 여기서도 적용될 수 있다. 바울은 고린도 교인들에게 "내가 그리스도 예수 안에서 복음을 통해 너희의 아버지가 되었다"(4:15)라고 말했다. 이런 특수한 관계 속에서 바울은 **사도로서 이방인에게 복음을 전하는 자신의 활동**이 디모데의 필요를 돕는 일보다 더 우위에 있음을 암시할 수 있었다. 이전에 예루살렘을 위한 연보가 바울에게 중요했으나(고후 8-9장) 자신의 활동을 스스로 결정하는 일이 그의 지속적인 사역에 결정적으로 중요했다.

바울의 세 번째 연보 요청도 고린도의 바깥 지역의 선교를 위해서였다(도표 6.5를 보라).

10. [10]**디모데**가 오면

그가 너희 속에서 아무런 두려움을 갖지 않도록 하라. 디모데의 **방문**

그도 나와 같이 주의 일을 행하는 자이다. (감)

[11]그러므로 아무도 그를 멸시하지 말라.

11. 그가 내게 돌아올 수 있도록

평안하게 **그의 길을 도우라**. 디모데를 위한

나는 그가 형제들과 함께 오기를 기다리고 있다. **연보**

12. [12]우리의 형제 **아볼로**에 관해 말하면, 내가 그에게

다른 형제들과 함께 너희에게 가라고 강력히 권했으나 아볼로의 **방문**

그가 지금은 갈 뜻이 전혀 없다. (가지 않음)

그는 기회가 되면 갈 것이다.

도표 6.5. 바울의 세 번째 연보 요청(고전 16:10-12)

수사 구조

셋째 부분의 수사 구조는 단순하다. 추가로 요청하는 연보가 중앙에 나오고(장면 11), 디모데와 아볼로의 사역에 관한 소식이 바깥쪽 두 장면(장면 10, 12)에 나온다.

주석

"두려움"에 관한 언급이 처음에 나타난다. 비기독교 세계 속에서 기독교 사역은 아무 힘이 없는 위치에 있기 때문에 대체로 심각한 위기와 위험에 직면할 때가 많다. 물론 바울은 로마 시민이었으나 그 특권적 지위에도 불구하고 로마 식민지인 빌립보에서 공개적으로 매를 맞았다(행 16:19-24).

고린도에서는 로마 법정에 끌려갔으나 아무런 해를 입지 않았다. 하지만 새로운 회당장인 소스데네가 로마 당국자들이 눈감아주는 가운데 공개적으로 동포 유대인들에게 매를 맞았다(행 18:17). 바울이 직접 겪은 고난의 목록은 결코 가볍게 여겨져서는 안 된다(고전 4:11-13; 고후 6:4-6; 11:23-29). 폴 바넷은 바울이 고린도를 떠난 것이 갈리오 총독이 고린도를 떠난 일과 관련된 것 같다고 신중하게 주장한다. 로마의 지방 재판관은 1년 동안 재직한 후 다른 곳으로 이동했다. 갈리오는 기독교 운동을 유대교의 한 분파로 보았고, 그래서 크게 박해하지 않고 법대로 다스렸다(행 18:12-17). 갈리오가 총독으로 "재직하는" 동안 바울은 고린도에서 안전했다. 그러나 갈리오는 기원후 51년 7월 1일 총독 자리에서 물러났다. 후임 총독은 상황을 다르게 보았던 것 같다. 갈리오가 고린도를 떠나자 바울도 떠났다.[8] 디모데(바울의 제자)는 고린도에 도착해서 어떤 상황을 맞이하게 될까?

바울이 고린도 교회 교인들에게 디모데를 두렵게 만들지 말라고 권면할 때, 이 말은 디모데가 바울과 가깝다는 이유로 교회 안에 있던 바울의 대적들이 디모데의 사역을 위협할 수 있다는 의미일 수도 있다. 하지만 나는 바울의 주된 관심이 (교회 너머에서 오는) 상존하는 위험에 있었으리라고 생각한다.[9]

우리는 디모데가 어떻게 스스로 생계를 유지했는지에 대해서는 아무런 말도 듣지 못한다. 디모데는 자신이 사역했던 교회로부터 보수를 받았을 수도 있다. 그러나 분명한 점은 디모데도 선교 여행 경비에 대해서는 경제적 도움을 받아야 할 필요가 있었다는 것이다. 바울은 고린도 교회 교인들에게 다음과 같이 말한다. "나/우리(사도 집단)는 디모데를 너희에게

8) Paul Barnett, *Jesus and the Rise of Early Christianity* (Downers Grove, Ill.: InterVarsity Press, 2002), p. 335.

9) 현대 서양에서는 선교 여행이 크게 유행하고 있다. 그러나 이런 노력은 "선교 교육 여행"으로 불려야 한다. 종종 이런 선교 여행자들은 의학적으로도 물리적으로도 위험을 무릅쓰지 않는다.

보낼 용의가 있다. 그러나 너희는 디모데를 내게 돌려보내는 데 대해 책임을 져야 한다. 나는 디모데가 돌아오기를 기다리고 있다. 그러니 내 필요를 무시하지 마라!"

데이비드 에이크먼은 『베이징의 예수』에서 중국의 가정 교회 운동에 대해 설명한다. 에이크먼은 헤난 지역에서 탕기 협회가 전개한 구제 활동에 관해 이야기한다. 1994년 탕기 협회는 70명의 젊은 복음 전도자를 선발해서 훈련시킨 다음 파송했다. 그들은 각각 약 200달러를 가지고 중국 30개 지역 중 22개 지역으로 파송되었다. 돈과 함께 그들에게는 목적지로 가는 편도 차표만 주어졌으며, 그들이 새로 개척할 가정 교회로부터 받은 보수로 6개월 후에 돌아오라는 명령이 주어졌다. 정확히 6개월 후인 1994년 10월 10일, 그들은 기한에 맞추어 돌아오는 데 힘썼고, 그렇게 모두가 본부로 돌아왔다.[10] 한 명도 죽지 않았다. 단지 두 명만 짧은 기간 동안 억류되었다. 그 결과 기독교 공동체가 많은 지역에서 새롭게 출범했다. 동시에 각각 다른 다섯 지역에서 젊은 복음 전도자들이 자기의 6개월 사역을 보고했다. 탕기 협회의 지도자 중 한 사람인 징 씨는 에이크먼 대표에게 다음과 같이 보고했다.

> 우리는 그들의 증언을 들으면서 모두 울었다. 그들의 신발은 해졌고 그들은 사람들에게 거부당했다. 그들은 도랑에서, 숲 속에서 살았다. 그들 중 어떤 이는 돼지와 함께 지냈다. 모임에서 하나님은 우리에 대한 자신의 사랑을 보여 주셨다. 우리는 그들이 모두 살아 돌아왔기 때문에 기뻤다.[11]

바울의 전통에 따르면, 새로 세워진 교회는 교회를 세운 복음 전도자가 파송자들에게 안전하게 돌아가도록 비용을 지불하라는 권면을 받았다.[12]

---

10) David Aikman, *Jesus in Beijing* (Washington: Regnery, 2003), p. 83.
11) 같은 책, p. 84.

바울은 연보에 관한 이 세 번의 요청(장면 5-9)을 위에서 검토한 두 번째 일반적인 권면으로 끝맺는다(장면 13; 도표 6.2를 보라).

끝맺는 말을 계속하면서, 바울은 고린도로부터 자기에게로 왔으며 다시 고린도 교회에 자신의 편지를 가지고 갈 세 사람에 대해 간단히 칭찬했다(도표 6.6을 보라).

수사 구조

여기서 바울은 단계 평행법을 따라 자신의 견해를 제시한다. 고린도전서 전체에서 자주 바울은 떨어져 있는 두 장면을 단계 평행법을 통해 엄밀하게 하나로 융합하는 방식을 사용한다.[13] 물론, 이렇게 관련된 두 장면은 나란히 배치되어 있는 경우가 더 흔하다.[14] 이 본문에서 바울은 긴밀하게 연계된 세 개의 주제를 제시하는데, 이 주제들은 도표 6.6에서 확인되듯이 두 번씩 설명된다.

주석

이 여섯 장면의 열쇠는 *tasso*([자신을] 바치다)와 *hupo-tasso*(복종하다)라는 단어에 있다. 누구도 스데바나의 집을 선정하거나 지정해서 어떤 일을 하도록 만들지 않았다. 그들은 성도들을 섬기는 일에 자기를 **바치기로**(*tasso*) 스스로 선택했다. 바울은 이렇게 말한다. "자원하여 자기를 비우고 다른 사람들을 섬기고 그들을 따르는 데 자신을 바치는 자들을 보라." 여기서 슬로건은 "너희도 그런 종들 뒤로 줄을 서라"다. 바울은 "복종하

12) 서양 그리스도인들의 "선교 여행"은 이런 성경적 선례를 얼마나 따르고 있을까?
13) 고전 3:5-9; 10:14-22; 15:13-17. 앞에서 지적했듯이, 그 선례로는 사 28:15, 18이 있다.
14) 고전 5:9-11; 6:11, 13-14a; 7:36-37; 8:6; 11:4-5. 그 선례로는 사 55:10-11이 있다.

1. [15]그런데 형제들아, 너희가 **스데바나의 집**을 알 것이다. 아가야의 첫 열매였고[15]	스데바나의 **집**
2. 그들은 **성도들을 섬기는 데 자기들을 바쳤다**[*tasso*].	성도들을 **헌신적으로** 섬김
3. [16]내가 너희에게 권하는데, 너희는 **이 사람들**과 **모든 동료 사역자와 일꾼**에게 **복종하라**[*hupo-tasso*].	이 사람들에게 **복종하라**
4. [17]나는 **스데바나**와 **브드나도**와 **아가이고**가 온 것을 기뻐하는데	**스데바나** 브드나도, 아가이고
5. 이는 그들이 **너희의 부족함을 채워주었기** 때문이다. [18]그들이 **나의 영**과 또 너희의 영을 **시원하게 했다**.	**채워줌** 나를 시원하게 함
6. 그러므로 너희는 **이 사람들을 인정하라**.	이 사람들을 **인정하라**

도표 6.6. 바울의 칭찬의 말(고전 16:15-18)

다”(*hupo-tasso*)가 권세와 능력에 관한 말이 아니라고 본다. 이 단어는 자원해서 타인을 겸손하게 섬기는 자들을 지지하는 일과 관련된다. “그리스도의 몸”과 “새 성전”으로 불리는 이 새로운 공동체 속에서 리더십은 세상의 마더 테레사들을 찾아내며 그들의 섬김에 참여하는 것을 의미한다.

여기서 바울은 예수의 지침을 따르고 있다. 예수는 이렇게 말씀하셨다. “너희 중 가장 큰 자는 가장 작은 자가 되고, 지도자는 섬기는 자가 되라.…나는 너희 중 섬기는 자로 있노라”(눅 22:26-27). 바울도 자기 이전의 예수와 같이 로마 제국의 후원자 제도를 뒤집고, 자원해서 종이 되는 길을 선택한 자가 새로운 지도자라고 주장한다.

바울은 세 사람(스데바나, 브드나도, 아가이고)이 이미 “너희의 영을 시원하게 했고” 지금은 그들이 자기를 위해 똑같은 일을 했다고 말한다. 처음 세 장면(장면 1-3)의 내용은 각각 짝을 이루는 뒤의 세 장면(장면 4-6)에서 반복되거나 완결된다. **바울은 선교사였으나** 스데바나와 그의 친구들은 선교사가 아니었다. 그들은 “맹수와 싸워야” 하는 일도 없었고 “날마다 죽어야” 하지도 않았다. 그러나 바울은 그렇게 해야 했다. 그들의 임무는 에베소 땅에서 선교하던 자들의 “영을 시원하게 하는 데” 있었다. 스데바나와 그의 친구들은 단기 “선교 여행”에 참여했고 그들의 수고는 높이 평가되었다. 그러나 포괄적인 선교 사역은 이런 식으로 자원하는 단기 참여자가 아니라 바울과 그의 사도 팀이 감당했으며, 누구나 그렇게 알고 있었다.

바울은 마지막 말을 계속하면서, 소아시아의 그리스도인들의 안부를 폭넓게 전한다. 이 안부는 다음과 같다.[16]

7. [19]아시아의 교회들이 너희에게 안부를 전하고

---

15) KJV와 그리스어 본문.

16) 장면 7과 8은 다양한 사람이 묻는 “안부”다. 나는 이 두 장면을 장면 1-6과 하나로 묶어 분류했다. 왜냐하면 이 여덟 장면은 전체적으로 “결론적 언급”이라는 주제 아래 들어와 있기 때문이다.

아굴라와 브리스가가 그들의 집에 있는 교회와 함께
주 안에서 너희에게 간절히 안부를 전한다. 형제자매들이
[20]모든 형제도 너희에게 안부를 전한다. 전하는 **안부**
너희도 거룩한 입맞춤으로 서로 안부를 전하라.

이 간략한 본문은 수많은 사실을 들여다볼 수 있도록 우리에게 작은 창문을 열어놓는다. 소아시아의 모든 교회는 (이메일이나 페이스북이 없이도) 하나의 공동체였다. 바울은 자신의 안부와 함께 그들의 안부를 고린도 교회에 전한다. 바울은 편지를 쓰는 동안 아굴라와 브리스가의 집에 다시 머무르고 있었을 수도 있다. 여기서 사도는 더 친밀한 애칭인 "브리스길라"가 아니라 그녀의 공식 이름(브리스가)을 신중하게 사용한다. 그가 이렇게 하는 것은 매우 적절하다. "모든 형제"라는 말은 바울이 속한 사도 집단을 가리키는 것 같다.

바울은 고린도 교회 교인들에게 진정한 애정의 표시로 그들 간에 서로 안부를 전하라고 권면함으로써 글을 끝맺는다. 미국인이라면 "서로 포옹하라"(Give one another a hug)고 말할 것이다. 이런 결론적 지침은 고린도전서 서두(1:10-13)에서 거론된 다양한 파벌 문제를 상기시킨다. 바울이 바라는 것은 다투는 파벌 간의 형식적인 휴전이 아니라, 모든 적대감이 소멸되고 진정한 사랑이 점화되는 것이다. "바울 편"인 자와 "게바 편"인 자가 "거룩한 입맞춤"으로 서로 안부를 전해야 한다.

이제 바울은 자신이 직접 펜을 들어 추신을 쓴다.

8. a. [16:21]나 바울은 친필로 너희에게 이 안부를 전한다.
b. [22]만일 누구든지 주를 사랑하지 않으면, 저주를 받게 될 것이다.
c. 마라나타! 바울이 전하는
d. [23]주 예수의 은혜가 너희와 함께 있을 것이다. **안부**
e. [24]나의 사랑이 그리스도 예수 안에서 너희 모두에게 함께 있기를 바란다. 아멘.

이 다섯 행은 각각 다른 주제를 다루는데, 이 주제들은 간략히 살펴볼 가치가 있다.

8a. "나 바울은 친필로 너희에게 이 안부를 전한다."

장면 8의 첫 행은 자주 바울이 고린도전서를 구술했다는 가정을 입증하는 증거가 된다. 이 가정에 따르면, 바울이 구술을 다 마친 다음 펜을 들어 친필로 마지막 말을 썼다는 것이다. 이런 견해는 보통 고린도전서의 내용에 두서가 없고 한 주제에서 다른 주제로 갑자기 도약하며, 압박을 받으며 급히 작성된 특징을 보여준다는 널리 퍼진 가정에 기초를 두고 있다. 그러나 고린도전서 전체에서 엄밀성과 깊이 있는 조직적인 사상이 발견된다는 점에서, 바울이 이미 작성해놓은 내용과 자신이 많은 교회에서 이미 가르친 다른 내용을 활용해서 전체 서신을 주의를 기울여 작성했다고 보는 주장은 가능하다. 만약 바울이 두란노 서원에서 2년간 매일 강론했다면, 순간적으로 떠오르는 기억에 대해 신학적인 반성을 많이 했을 것이고, 그중 일부는 편지에 기록되기도 했을 것이다(행 19:9-10). 앞에서 바울은 십자가, 성령, 기독교적 성행위, 이교 세계에서의 그리스도인의 삶, 주의 만찬, 신령한 은사, 기독교적 사랑의 본질, 예배에서 예언자의 위치, 부활 등을 다루지 않았는가? 십자가 찬송(1:17-2:2), 기독교적 사랑의 찬가(13:1-13), 부활 찬송(15:35-58)이 온종일 은세공인과 씨름하고 난 후에 즉흥적으로 작성되고 구술되었다고 상상하는 일이 가능한가?

바울은 시력이 매우 좋지 않았던 것 같다. 갈라디아서 마지막 부분에서 바울은 이렇게 고백한다. "내가 내 손으로 너희에게 이렇게 큰 글자로 쓰고 있는 것을 보라"(갈 6:11). 데살로니가후서에서 바울은 다음과 같이 끝맺는다. "나 바울은 친필로 이 안부를 전한다. 이것은 내 모든 편지의 특징이고 내가 편지를 쓰는 방식이다"(살후 3:17). 바울이 쓴 글은 글자가 큼지막하고 읽기가 어려웠을 것이다. 인쇄술이 발명되기 전에는 좋은 필체를 가진 대필자를 고용하는 일이 중요 문서를 작성하는 데 필수적이었다. 읽기 어려운 난필을 본문으로 진지하게 취하기는 힘들다. 천 년이나 된,

손으로 필사한 아랍어와 시리아어 사본을 40년 동안 수없이 연구해온 나는, 명확하고 아름다운 필체로 쓰인 본문에 더 큰 관심이 기울여지는 것이 자연스러운 경향임을 알고 있다. 이런 필체는 저자/대필자가 독자에게 주는 소중한 선물이다. 바울은 독자가 거의 알아볼 수 없을 정도로 휘갈겨 쓴 긴 편지를 읽으려고 애쓸 때 좌절감을 가지게 됨을 잘 알고 있다. 그런 바울이 어떻게 "내 사랑이 너희 모두에게 함께 있기를 바란다"(16:24)라고 휘갈겨 쓸 수 있겠는가?

틀림없이 바울은 하나님의 진리에 관한 진술이 미묘한 뉘앙스를 가지고 있음을 확신했으며, 글의 작성에 긴 시간을 들임으로써 고린도전서를 매우 신중하게 집필했을 것이다. 이 편지에 몇 가지 초안이 있었다고 추정하는 것도 가능하다. 바울은 작성할 수 있을 만큼 본문이 엄밀하고 완전한 상태가 되었을 때, 깨끗하고 매력적인 필체를 가진 형제를 불러 다음과 같이 말했을 것이다.

> 이 편지를 깨끗한(명확한) 필체로 다시 써주게. 나는 고린도 교회 교인들이 누구나 이 편지를 쉽게 읽을 수 있기를 바라네. 이 편지는 중요하고 교회를 구원할 수 있네. 사실 나는 필사본이 각 교회에 주어지는 것을 보고 싶다네. 만일 판독할 수 없는 단어가 있다면 내가 알려주겠네. 나는 이 사람들을 사랑한다네. 자네의 아름다운 필체는 페이지마다 그들에 대한 사랑을 간접적으로 보여줄 것이네.

로마서 16:22에서 대필자(신자)는 자신의 이름을 제시하고, 로마에 있는 교회에 자신의 안부를 전한다. 바울은 로마서를 엄밀하게 작성했고, 작성을 다 마치자 대필자에게 필사를 맡겼다. 내가 친필로 쓴 긴 문서를 읽어야 하는 누군가가 있다면 정말 안됐다! 바울의 필체는 읽기 어렵고 글자가 너무 크며, 따라서 비용이 많이 들어간 긴 문서가 되지 않았을까? 만일 바울의 큰 필체를 그대로 옮겨 썼다면 고린도전서는 훨씬 더 긴 파피루스 두루마리를 필요로 했을 것이다. 이 점을 알고 바울은 서기/대필자를 고용했다.

8b. "만일 누구든지 주를 사랑하지 않으면 저주를 받게 될 것이다."

바울에게는 "주"가 "구술 전승"의 안개 속에 휩싸인 미지의 인물이 아니었다. 그는 **목격자들의 증언**을 들었다.[17] 바울은 십자가에 달리시기 전에 육체로 나사렛 예수를 보고 들은 수백 명의 사람과 개인적으로 대화를 나눴다. 예수는 주이고, 내주하시는 성령과 교회 전통을 통해 자기를 찾는 모든 자에게 나타나실 수 있다. 후기에 영지주의자는 복음서에 기록된 예수를 좋아하지 않고 자기 자신의 예수를 만들어냈다. 7세기에 이슬람은 중동 세계를 침략해서 차례로 각 지역을 정복했다. 무슬림이 예수께 관심을 가졌던 것은, 예수의 이름이 쿠란에 나타나고 그 책에서 예수가 존귀하게 여겨졌기 때문이다. 그러나 무슬림은 복음서에서 발견한 예수를 좋아하지 않았으며, 그리하여 무슬림 학자들이 "무슬림 예수"라고 부른 인물을 따로 만들어냈다.[18] 이어서 현대 세계도 예수에 관한 많은 다양한 환상을 창작해냈다.

바울이 주를 사랑하지 않는 자들을 저주하는 데 대해, 리처드 헤이스는 다음과 같이 예리하게 지적한다.

> 사랑의 공동체로서 기독교 공동체는 무조건 포용적이지는 않다. 예수를 거부하는 자는 기독교 공동체의 일원이 아니며 또 그 일원이 될 수도 없다. 바울의 관점에 따르면, 어떤 이들이 사도들이 선포한 복음을 거부하면서 그리스도인이라고 자처할 때 교회 안에 큰 위험이 닥친다.[19]

---

17) Richard Bauckham, *Jesus and the Eyewitnesses: The Gospels as Eyewitness Testimony* (Grand Rapids: Eerdmans, 2006). 『예수와 그 목격자들』(새물결플러스 역간).

18) Tarif Khalidi, ed. and trans., *The Muslim Jesus: Sayings and Stories in Islamic Literature* (Cambridge, Mass.: Harvard University Press, 2001).

19) Hays, *First Corinthians,* pp. 291-292.

바울에게는 "다른 복음"이 없다(갈 1:8-9). 그리고 고린도전서에서 바울은 "예수는 저주받았다"(12:3)고 말하는 자들에 대해 자신의 생각을 밝힌다. 바울은 신적 수동태를 사용해서 주를 사랑하지 않는 자들에게는 하나님의 저주가 있으리라고 선언한다.

이것은 바울이 반대 견해를 제시하고, 독자에게 자신이 얼마나 힘들게 이 반대자들과 긴장 속에서 살고 있는지를 보여주는 세 번째 경우다. (1) 반대 견해를 제시하는 첫째 경우는 바울이 자신이 겪은 고난과 악행의 목록을 기록하는 4:9-13이다. 그런데 13:5에서 그는 사랑이 "악한 일을 기록하지 않는다"라고 한다.[20] (2) 둘째 경우는 바울이 우상은 실재하지 않고 우상숭배자는 **귀신을 경배하는 것**이라고 단호히 말하는 10:19-22이다. 바울은 모든 그리스도인에게 이런 관습을 피하라고 엄중히 경고한다. 열 구절 후에 바울은 "**유대인이나 그리스인에게** 또는 **하나님의 교회에** 해를 입히지 않는 자가 되라"고 충고한다(10:32). 고린도에서 바울이 주피터나 아테나를 섬기는 자들에게 "너희의 신은 실재하지 않고 너희는 귀신을 경배하는 것"이라고 말한다면, 그는 이들에게 해를 입히는 것이 아닌가? 그러나 아레오바고에서 강론하면서 바울은 그리스 문학의 자료를 공감하는 의미로 인용했고(행 17:28-29), 동시에 "우리는 하나님을 금이나 은이나 돌과 같다고 생각해서는 안 된다"라고 했다. 바울은 과감하지만 예의 바르고 정중했다. (3) 장면 8은 반대 견해로 보이는 세 번째 사례를 제시한다. 16:14에서 바울은 "너희가 행하는 모든 일을 사랑으로 행하라"고 명한다. 여섯 구절 뒤에서는 이렇게 덧붙인다. "만일 누구든지 주를 사랑하지 않으면 저주를 받게 될 것이다"(16:22). 확실히 바울은 모든 일을 사랑으로 행하라고 촉구한 후, 몇 문장 뒤에서는 이 촉구를 위반한다. 하지만 여기에 표현된 분노의 섬광은 "상처 받은 자존심의 감정적 반응"이 아니며[21] 오히려 자신의

20) 13:5 아래로, 반대로 읽힐 수 있는 이 첫 세트의 본문에 대한 긴 설명이 있다.

21) William Temple, *Christus Veritas* (London: Macmillan, 1954), p. 259.

kurios 곧 주에 대한 깊은 헌신을 단호하게 옹호하는 외침이다. 나중에 사도는 고린도 교인들에게 "우리는 하나님을 아는 지식을 대적하는 주장과 모든 교만한 장애물을 무너뜨리고, 모든 생각을 사로잡아 그리스도께 복종한다"라고 선포할 것이다(고후 10:5).

영국의 전통적인 정의에 따르면, "신사"(gentleman)는 목적이 없이는 누군가를 절대로 모욕하지 않는 사람이다. 이는 결코 우연이 아니다. 그러나 적절한 때 적절한 문제에 직면하고 적절한 사람과 마주 대한다면, 악의 대표자 앞에서 분노를 퍼붓는 일은 적절한 행위가 된다. 마태복음 23:13-36에 기록된 특정 바리새인들에 대한 예수의 공격은 이런 범주에 들어간다고 간주될 수 있다. 바울은 "예수는 저주받았다"(12:3)라고 하면서 하나님의 영의 인도를 받는다고 주장하는 자들이 고린도에 있다고 이미 지적했다. 어쩌면 그는 이런 어처구니없는 주장을 기억하면서 거기에 답변하고 있다. 우리는 바울이 "하나님의 분노를 간구하는 것이 사랑의 표현일 때가 있다"라고 말하고 있다고 볼 수 있다.

고린도후서는 짧은 편지들을 묶어놓은 글처럼 보인다. 고린도후서에는 고린도전서를 성찰하는 내용을 찾아볼 수 있다. 고린도후서 2:4에서 바울은 이렇게 진술한다. "내가 마음속에 큰 고통과 고민이 있어 너희에게 많은 눈물로 편지를 썼으니, 이는 너희에게 고통을 주고자 함이 아니라 내가 너희에게 넘치는 사랑을 갖고 있음을 알려주고자 함이다." 물론 바울은 그들이 읽기 힘들 정도로 기분을 상하게 하는 말을 썼다. 그러나 그 거친 말들은 눈물로 쓰였고, 자신의 사랑을 보여주려는 의도를 담고 있었다. 필요한 경우에는 "거친 사랑"이 깊고 변함없는 사랑의 중요한 한 요소다.

8c. **"마라나타!"**

바울은 이 마지막 장면에서 예수에 관해 네 가지 진술을 하는데, 이 말이 두 번째 진술이다. 두 개의 아람어 단어(*maran atha*)가 그리스어 문서에 갑자기 등장하는 것은 놀랍다. 출범 초기에 교회는 몇 가지 중대한 히브리어-아람어 단어를 자주 사용했다. 이런 단어로는 *amen*, *abba*, *halleluiah*, *mammon*, *hosanna*, *maranatha*가 있다.

자주 지적했듯이, *maranatha*는 *maran atha*(우리 주께서 오셨다)로 읽힐 수 있다. 이 번역은 독자에게 현재 상황(그가 여기 계신다)을 전달하고 확언한다. 이 두 아람어 단어는 *marana tha*(우리 주-오신다!)로 나뉠 수도 있다.[22] 이는 만물이 끝날 때를 바라보며 "제발 오시옵소서!"라고 탄원하며 부활하신 주께 간청하는 말이다. 이 둘째 견해의 한 변형이 "우리 주가 오고 계신다!"이다. 이 번역 역시 미래와 관련되지만, 간청보다는 사실에 관한 진술이고, 예수께 주어지는 말이 아니다. 세 견해 모두 언어학적으로 가능하고 바울의 신학에도 적합하다.[23] 아람어 *maran atha*가 나타나는 유일한 다른 사례가 「디다케」("가르침")로 불리는 기독교의 초기 문서에 나온다. 여기서는 성찬을 다루는 장에 그 말이 나온다(「디다케」 10:6). 어떤 학자는 *maranatha*와 요한계시록 22:20의 그리스어 "아멘, 오소서, 주 예수여!" 사이의 관계에 주목했다. 이 관계는 어떻게 설명될 수 있을까?

현대의 많은 학자가 두 개의 주요 견해(현재와 미래)의 타당성을 인정하고 미래를 가리키는 견해를 취했다.[24] 어떤 이는 *atha*가 "오셨다"(has come)를 가리키는 과거 시제임을 인정하면서도, 그렇게 되면 바울이 말할 수 없는 개념을 반영하게 된다고 보고 이 견해를 거부했다.[25]

그러나 초기 교부들이 선호한 견해는 과거 시제("오셨다")였다. 요한 크리소스토모스는 이렇게 썼다. "*maranatha*는 무슨 뜻인가? 우리 주님이

---

22) 신약성경의 모든 초기 사본에는 단어 사이의 구분이 전혀 없다. 독자가 스스로 이를 구분해야 한다. 학자들은 지금 논의 중인 문구가 두 단어로 되어 있으며 위의 두 구분이 모두 가능하다는 데 대체로 동의한다.

23) 관련 언어들에 대한 전문적 설명으로는 K. G. Kuhn, "μαραναθα" in *TDNT*, 4:466-472을 보라.

24) Fee, *First Epistle,* p. 839; Moffatt, *First Epistle,* p. 284; Thiselton, *First Epistle,* pp. 1349-1353; Kistemaker, *1 Corinthians,* p. 612; Hays, *First Corinthians,* pp. 292-293; Barrett, *First Epistle,* p. 397.

25) Findlay, *First Epistle,* p. 952; Orr/Walther, *I Corinthians,* p. 366.

오셨다는 의미다. 왜 바울은 이런 말을 하는가? 바울 자신이 하나님의 구원 계획에 관해 했던 말, 특히 부활의 씨에 관한 설명(15:1-58)에서 증명되는 바를 확증하기 위해서다."[26]

지난 1500년간 크리소스토모스의 성경 해석은 중동에서 높이 평가되었으며, 지금도 중동의 교회에 영향력을 미치고 있다. 나아가 시리아어, 아랍어, 히브리어 번역은 일관되게 *maranatha*를 *maran atha*로 읽고 "우리 주가 오셨다"로 번역한다.[27] 이 대목에서는 시리아어 페시타가 특히 중요하며, 이 역본의 증언은 쉽사리 무시될 수 없다. 시리아어는 아람어와 자매 언어이고, 시리아어 페시타의 뿌리는 아주 먼 옛날까지 거슬러 올라간다. 일부 초기 아랍어 역본들은 두 단어로 된 이 아람어를 시리아어 역본처럼 두 단어로 분리시키고 "우리 주께서 오셨다"라는 의미로 보았다.[28] 다른 역본들은 이 두 단어를 아랍어로 번역하거나, 아람어로 그대로 쓰고 거기에 "우리 주께서 오셨다"라는 아랍어 번역을 덧붙였다.[29] 이 책에서 검토한 23개의 셈어 역본 중 이런 전통에서 벗어난 역본은, 19세기에 두 사람(한 명은 인도, 다른 한 명은 레바논에서)이 본문을 "우리 주께서 오고 계신다"로 번역할 때까지 나타나지 않는다.[30] 마지막으로 20세기 후반에 등장한 두 역본은 "우리 주–오시다"를 난외주에 넣고, 가장 최근에 등장한 역본(1993)은 이 번역을 본문 안으로 집어넣는다.[31] 매튜 블랙은 이 말이 인

26) John Chrysostom, *1 Corinthians,* trans. and ed. Judith Kovacs (Grand Rapids: Eerdmans, 2005), p. 292.

27) 두 히브리어 역본은 시리아어 역본과 일치한다. London 1817, Jerusalem (Bible Society)을 보라.

28) Mt. Sinai 151 (867), Mt. Sinal 155 (9세기), Mt. Sinai 73 (9세기), Propagandist (1691), London Polyglot rev. (1717), Shidiac (1851), Martyn (1826), Bustani-Van Dyck (1865), Jesuit (1880), Yusif Dawud (1899), New Jesuit (1969).

29) Vat. Ar. 13 (8-9세기), Mt. Sinai 310 (10세기), London Polyglot (1657), Schwair (1813), Bustani-Van Dyck (1845-1860), New Jesuit (1969).

30) Henry Martyn (1826), Shidiac (1851).

31) Fakhouri (1964), New Jesuit (1969), Bible Society Arabic (1993), 부록 II, 표 Q를

기가 있는 것이 "애매성 따라서 신축성 때문이다. 성찬이나 저주를 빌 때 또는 신앙고백을 할 때('주께서 오셨다') 등 다양한 배경에서 이 말은 적용된다"라고 주장했다.[32] 이 모든 내용으로 볼 때, 최소한 1600년 동안 이 단어에 대한 중동의 번역은 "우리 주께서 오셨다"였다. 확실히 이런 선택은 진지하게 고려될 만하다.[33]

논의 중인 두 단어를 "주께서 오셨다"로 번역하는 중동의 역본들의 일관성과 아람어 어원을 고려할 때, 다음과 같은 점들이 관찰된다.

1. 이는 고린도전서에서 바울이 아람어를 집어넣은 유일한 사례다. 8:6에서 바울은 그리스어 *kurios*를 사용해서 자신의 주를 언급한다. 우리에게는 "한 주[*Kurios*] 예수 그리스도"가 있다. 그리스 민족에 대해서는 이 정도로 해두자. 그렇다면 유대인은 어떤가? 유대인에게는 예수가 *Mar*(주)였다. 만약 하나님이 *Abba*(아버지/우리 아버지)로 불릴 수 있고 또 이것이 옳다면, 예수께서 *Mar*, 실제로 *Maran*(우리 주)으로 불리는 것도 옳고 또 사실이다. 자신의 글 전체에서 바울은 하나님의 깊은 것을 그리스어로 적절하게 표현하는 데 심혈을 기울였다. 그러나 이 본문에서 (유대 배경을 가진) 바울은 자신의 마음의 언어를 사용해서 *Maran*(우리 주)이라고 외쳤다.

2. 예수와 관련해서 이렇게 사용되는 *Mar*는 초기 아람-유대인의 마음에서 나오는 외침이다. 바울이 아람어를 사용한다는 사실은 이것이 교회들 속에서 "고정된 용어"로 사용되었음을 확증한다.[34]

보라.

32) Matthew Black, "The Maranatha Invocation and Jude 14, 15 (1 Enoch 1:9)," in *Christ and Spirit in the New Testament: Studies in Honor of Charles Francis Digby Moule,* ed. B. Lindars, S. S. Smalley (Cambridge: Cambridge University Press, 1973), p. 196.

33) 흥미롭게도 그 문헌에서는 Matthew Black에게 아람어 학자로서의 적절한 존경이 주어진다. 그러나 동시에 자신의 모국어가 시리아어/아람어였던 Syriac Peshitta의 4, 5세기 번역자들은 무시된다.

34) K. G. Kuhn, "μαραναθα" in *TDNT,* 4:470.

3. 크리소스토모스의 지적은 매우 적절하다. 만약 **다시 살아나지 아니하셨다면** 예수는 사라진다. 그러나 **살아나셨다면** 예수는 계속 우리와 함께하신다. 확실히 "우리 주께서 오셨다"라는 말은 크리소스토모스의 주장처럼 성육신과 부활을 의미할 수 있다.

4. 여기서 언급되는 분은 "내 주"가 아니라 "우리 주"다. 이는 주의 기도가 "우리 아버지"로 시작되는 것과 같다. 기독교 신앙 공동체는 주를 부를 때 이 호칭으로 부른다.

5. 이 외침과 바울이 예수를 사랑하지 않는 자에게 선포하는 저주(16:22) 사이에는 다음과 같은 관계가 있다. 왕궁 입구에는 함께 모여 "왕위에서 물러나라!"고 외치는 일단의 저항자들이 있다. 이에 대해 이 소리를 잠재우며 "왕이여 만수무강하소서!"라고 외치는 반대 목소리가 나타난다. 만약 예수를 좋아하지 않는 자가 있다면 그렇게 외쳐봐라! 그러나 우리는 *maran atha*(우리 주께서 오셨다)라고 외친다. 다른 사람들이 극히 싫어하는 참된 주 예수는 이미 여기 계신다. 그분은 "오셨다." 그리고 자신의 부활과 성령의 선물로 말미암아 그분은 우리 중에 계신다. 이 사실에 익숙해져라!

6. 이 외침은 성찬식과 관련해서 주어졌을 가능성이 크다. 지적했듯이, 이는 「디다케」(10:6)에서 사실로 나타난다. 거기 보면 *maran atha*라는 두 단어가 나타난다. 성찬식에서 예배자들이 "우리 주께서 오셨다"거나 "우리 주께서 여기 계신다"라고 외치는 것은 적합하다.[35] "이것은 너희를 위한 내 몸이다"는 어떻게 정의되더라도, 우리의 정의를 뛰어넘는 심오한 의미에서 그리스도의 임재를 확언하는 말이다.

7. 고린도전서에서 바울은 예수의 재림에 대한 높은 기대를 표현하고

35) 아랍어 *qad ja'a*(그가 오셨다)가 Vat. Ar 13 (8-9세기), London Polyglot (1657), Schwair (1813)에서 나타난다. 이 불변화사(*qad*)의 용법은 "그가 **확실히** 오셨다!"라는 의미를 함축한다.

있다. 7:29에서 바울은 "정해진 때가 매우 짧아졌으니"라고 말한다. 또한 "내가 예수 우리 주를 보지 못하였느냐?"라고 주장한다(9:1). 다메섹으로 가는 길에서 바울에게 나타나신 주는 바울을 포기하지 않으셨다. 성령을 통한 예수의 임재가 고린도전서 전체에 전제되어 있다. 1:1-9에 언급된 예수의 인격에 관한 여덟 가지 확언은 예수의 지속적인 임재를 확증한다. 확실히 "우리 주는 여기 계신다!"

이상의 고찰에 비추어보면, 오랜 세월에 걸쳐 중동 그리스도인들이 이 본문에 대해 이해했던 내용은 진지하게 고려될 필요가 있다. 우리 주는 여기 계신다!

8d. "주 예수의 은혜가 너희와 함께 있을 것이다."

감사 말고는 다른 것을 찾을 수 없었던 바울은 **"그리스도 예수 안에서"** 고린도 교회 교인들에게 주어진 하나님의 **은혜**에 감사의 기도를 드림으로써 고린도전서를 시작한다(1:4). 그리고 끝맺음하면서도 바울은 그들에게 **똑같은 은혜가 더 주어지도록** 간구한다. 여기서 다시 한번 바울은 편지를 하나로 묶는 실을 선택한다.

8e. "나의 사랑이 그리스도 예수 안에서 너희 모두에게 함께 있기를 바란다. 아멘."

고린도 교회 교인들과 온갖 씨름을 끝낸 후에도 바울의 사랑은 그대로 남아 있었다. 그 사랑은 영원했다. 고린도 교인들은 바울과의 유대 관계를 끊을 수 없었고, 바울은 그들이 자신과의 관계의 힘을 기억하기를 원했다. 고린도 교인들은 그들 간에 서로 다투었고 십자가를 좋아하지 않았다. 음행이 있었고 어떤 이는 우상 제물로 다른 사람을 시험 들게 했다. 성찬식은 치욕의 현장이 되었고, 여성 리더십과 신령한 은사에 대해 불협화음이 있었다. 또 다른 이는 부활을 부인하고 신조를 무시했다. 그러나 그리스도 예수 안에서 **바울은 그들을 모두 사랑했다**!

아멘, 또 아멘!

이 긴 편지를 다루며 시공간적으로도 매우 긴 여정을 거친 후에 우리는 뭐라고 말할 수 있을까? 한 세기 전에 핀들리는 자기 책의 서론을 이런 언급으로 끝맺었다.

> 바울은 이교 사상의 본거지이자 그리스의 부패의 진원지[고린도] 안에 자신의 구속자의 십자가를 심었고, 약함과 두려움에서 벗어나 한량없는 용기를 얻었다. 바울은 "예수 그리스도와 십자가에 못 박히신 그분"을 바라보며 세상의 영광과 오명에 직면했다. 그는 자신이 전한 십자가의 말씀 속에 교만을 정복하고 고린도의 부정한 삶을 억누르는 마법이 있음을, 이 극한 부패의 도시에서 이방인 사회에 대해 하나님의 지혜와 능력을 입증할 힘이 있음을 확신했다. 온갖 결함과 미련함을 가지고 있는 "고린도의 하나님의 교회"에도 이 구속의 능력은 들어가 있었다.[36]

여기서 나는 기도한다. 먼 옛날 바울이 탁월하게 제시했던 것과 동일한 많은 문제를 가지고 우리가 씨름할 때, 사도 바울에게 이 걸작을 쓰도록 영감을 주신 주님이 우리의 마음과 지성에도 역사하시기를.

36) Findlay, *First Epistle,* p. 734.

부록 I

고린도전서와 아모스서의 공통 주제

아모스서는 "다윗의 장막"이 "내 이름으로 불릴 모든 이방인"을 상속받을 미래에 관한 환상으로 끝맺는다(암 9:12; Bailey 번역). 이는 바울이 "모든 곳에서 내 이름으로 불리는 모든 자"(Bailey 번역) 및 고린도 교회 교인들에게 편지를 쓰고 있다고 확언하는 고린도전서 첫 부분과 수상쩍을 만큼 유사해 보인다. 이 두 본문은 관련이 있는가?

아모스의 예언과 바울의 고린도전서는 네 가지 측면에서 연계되어 있는 것 같다. 그 네 측면이란 (A) 신적 소명, (B) 수사 스타일, (C) 은유의 선택, (D) 신학적/윤리적 내용이다. 비교되는 이 요점들은 각각 검토할 필요가 있다.[1]

1) 여기서 언급되는 아모스서와 고린도전서 간의 비교 지점 몇 가지는 다른 히브리 예언서들에서도 발견된다. 여기서 내 주장의 요지는 고린도전서와 아모스서 사이의 중첩된 요점이 더 광범하다는 것이다.

A. 아모스서와 고린도전서에 나타난 신적 소명과 그 소명의 표현

이 주제는 여러 가지 국면을 포함하고 있다.

1. 아모스와 바울 모두 신적 소명을 확언한다.

벧엘의 제사장인 아마샤의 도전을 받자 아모스는 이렇게 대답한다. "내가 양 떼를 따르고 있을 때 여호와께서 나를 데려가셨고, 여호와께서 내게 '가서 내 백성 이스라엘에게 예언하라'고 말씀하셨다"(암 7:15).

바울은 자신을 "하나님의 뜻에 따라 그리스도 예수의 사도로 부르심을 받은" 자로 규정한다(1:1). 나중에는 "내가 사도가 아니냐? 내가 예수 우리 주를 보지 못하였느냐?"라는 수사적 질문을 한다(9:1). 같은 본문에서 바울은 복음 전하는 일이 "내게 주어진 당연한 일"이라고 천명하고(9:16), 이어서 자신을 "사명을 위임받은" 사람으로 규정한다(9:17).

2. 아모스와 바울은 둘 다 공격받고 있다.

아모스는 예언자로서 공격을 받았다. 아모스는 잠잠히 있고 나라를 떠나라는 압력을 받는다. 이에 아모스는 자신을 단호하게 변호하고, 자기를 고소하는 대제사장 아마샤에게 자기는 하나님으로부터 **예언하라**는 사명을 받았다고 말한다(암 7:10-17).

바울은 사도로서 공격을 받았고, 이에 자신을 강력하게 변호한다(9:1-18). 바울은 **복음을 전파하라**는 사명을 하나님으로부터 받았다.

3. 아모스와 바울은 둘 다 천한 직업을 가지고 있다.

아모스는 목자였다. 아마샤의 공격을 받을 때 아모스는 두려움 없이 "나는 예언자가 아니고 예언자의 아들도 아니다. 나는 목자요 뽕나무를 재배하는 자다"(암 7:14)라고 응수했다. 뽕나무 열매는 당도가 낮고 아무 맛도 없으며, 가장 가난한 자의 먹을거리였다. 아모스의 직업은 공동체 안에서 존중받지 못했지만, 아모스는 그것 때문에 괴로워하지 않았다.

바울은 천막 만드는 자로 생계를 유지했다. 그리스인 중 지성인과 지도자들은 손으로 하는 일을 선호하지 않는다. 바울이 고린도 교인들로부터 경제적 지원을 받아들이고 싶은 압박감을 느낀 것은, 아마 그들이 손으로 하는 "평범하고 종종 멸시받는 노동"을 해야 하는 직업을 좋아하지 않았기 때문인 것 같다.[2]

4. **아모스와 바울은 둘 다 선교사다.**

아모스는 (남)유다 토박이였는데, (북)이스라엘에서 예언을 했다.

바울은 조국 밖에서 이방인들에게 복음을 전하는 사역을 주로 감당했다.

B. 아모스서와 고린도전서에 나타난 수사 스타일

아모스서와 고린도전서에 사용된 문학 양식들 사이에서는 많은 공통점이 발견된다. 아모스는 일곱 개의 역장면으로 이루어지고 중앙에 클라이맥스가 배치된 예언적 수사 틀을 사용한다. 이 용법의 한 사례가 아모스 5:4-6에 나온다(도표 I.1을 보라).

1.	[5:4]너희는 **나를 찾으라** 그리하면 **살리라**.	나를 찾으면 살리라
2.	그러나 **벧엘**을 찾지 말고	벧엘
3	**길갈**로 들어가지 말며	길갈
4.	**브엘세바**로도 나아가지 말라.	브엘세바
5.	**길갈**은 반드시 추방될 것이고	길갈
6.	**벧엘**은 비참하게 될 것이다.	벧엘
7.	[6]너희는 **여호와를 찾으라** 그리하면 **살리라**.	여호와를 찾으면 살리라

도표 I.1. 암 5:4-6의 예언적 수사 틀

중앙에 두 행을 가진 아모스 2:14-16은 약간 변형된 예언적 수사 틀을 보여준다(도표 I.2를 보라).

2) Thiselton, *First Epistle*, pp. 23-24.

1.	[2:14]날쌘 자도 **도망**을 가지 못하고	도망
2.	**강한 자**도 자기 **힘**을 내지 못하고	강함—힘
3.	힘 있는 자도 **자기 목숨을 구하지 못하며**	목숨을 구하지 못함
4a.	[15]활을 가진 자도 **서지 못하고**	서지 못함
4b.	발이 빠른 자도 **자신을 구하지 못하고**	자기를 구하지 못함
5.	말 타는 자도 **자기 목숨을 구하지 못하며**	목숨을 구하지 못함
6.	[16]**힘 있는 자** 중 마음이 **굳센** 자도	굳셈—힘
7.	그날에는 벌거벗고 **도망칠** 것이다.	도망

도표 I.2. 암 2:14-16의 예언적 수사 틀

아모스의 예언에서 두 번째로 주목할 만한 수사 스타일은 일련의 이미지를 질문 형식으로 제시하는 방법이다. 이는 아모스 3:3-6에서 나타난다(도표 I.3을 보라).

1. [3:3]두 사람이 약속을 하지 않으면
   동행이 이루어지겠는가?
2. [4]사자가 먹이를 얻지 못했는데
   수풀에서 부르짖겠는가?
3. 젊은 사자가 잡은 것이 없는데
   굴에서 외치겠는가?
4. [5]새를 잡을 덫을 땅에 놓지 않을 때
   새가 덫에 걸리겠는가?
5. 걸린 것이 아무것도 없는데
   덫이 땅에서 튀겠는가?
6. [6]성읍에서 나팔이 울리는데
   백성이 두려워하지 않겠는가?
7. 여호와께서 행하시지 않으면
   악이 성읍에 임하겠는가?

도표 I.3. 암 3:3-6에 나오는 일련의 질문

아모스 3:3-6의 일곱 질문은 각각 부정적인 답변을 예상하게 만든다. 처음 여섯 질문에서 독자는 "아니, 그것은 불가능하다!"라는 답변을 해야 한다고 느낀다. 이어서 아모스는 일곱째 이미지/질문에서 자신의 의도를 제시한다. 야웨께서 역사를 통제하신다는 것이다.

고린도전서에서 바울 역시 목록을 여러 번 작성한다. 때로는 비유/은유의 목록을 구성한다(3:12-15; 9:7-10; 14:7-11; 15:36-41). 죄의 목록이 작성될 때도 있고(6:9-10), 다양한 부류의 사람들을 언급하는 목록이 작성될 때도 있다(7:29-31). 사랑의 정의들의 목록(13:4-7)과 은사의 목록(12:8-10, 28-29)도 나타난다. 9:7-10에 나오는 비유/은유 목록은 다음과 같다.

9:7누가 자기 돈을 들여 군인으로 복무하겠느냐?
누가 포도원을 가꾸고 포도 열매를 먹지 않겠느냐?
누가 양 떼를 기르고 양 떼의 젖을 먹지 않겠느냐?
[9:8-10a 토라의 증언을 인용하는 막간]
10b밭 가는 자는 소망을 갖고 밭을 갈며
타작하는 자는 곡식을 얻을 소망을 갖고 타작한다(해야 한다).

아모스서처럼, 처음의 세 질문은 부정적인 답변을 예상하도록 만든다. 마지막 두 문장은 긍정적인 진술이다. 이 목록의 중앙은 토라에서 인용한 막간이다. 그러나 다섯 은유에서 군인, 포도원 주인, 목자, 농부, 타작하는 자는 모두 어떤 보상을 바라고 힘을 쓴다.

수사 스타일에 대해서는 이 정도만 말해두자. 다음으로 이미지의 선택은 어떤가?

C. 아모스서와 고린도전서에 나타난 이미지

아모스와 바울은 동일한 이미지를 많이 사용한다. 이런 이미지는 다음과 같다.

1. 들짐승. 아모스는 사자(암 1:2[3]; 3:4, 5, 8; 5:19), 곰(암 5:19), 뱀(암 5:19)에 관해 말한다. 바울은 에베소에서 "맹수"와 싸웠다(고전 15:32).

2. 농부. 아모스는 포도원을 가꾸었으나 그 포도주를 **마시지 못하는** 자에 관해 말한다(암 5:11). 미래에 관한 마지막 환상에서는 상황이 반전되어 포도원을 가꾸는 자가 그 포도주를 **마실** 것이다(암 9:14). 바울은 자신을 씨를 심는 농부로 제시한다(3:6-8). 일반적으로 심는 일에 대해서도 말한다(9:7).

3. 타작하는 자. 아모스는 타작에 대해 언급한다(암 1:3). 이 타작이 잔혹성을 함축하는 이미지이지만 말이다. 타작은 바울이 고린도전서 9:10에서 사용하는 이미지 중 하나이기도 하다.

4. 목자. 아모스는 목자였다(암 1:1). 목자의 초장이 "마른다"(암 1:2). 목자는 양의 몸의 작은 조각만을 건져낸다(암 3:12). 바울은 (양 떼를 기르는) 목자가 양의 젖을 먹을 권리가 있다고 지적한다(9:7).

5. 건물과 집/성전. 아모스는 집과 성전(암 3:15; 7:13; 8:3), 집이나 성전을 건축하거나 재건하는 일(암 5:11; 6:11; 9:11, 14)을 언급한다. 고린도는 기원전 146년에 파괴되었고 기원전 44년에 재건이 시작되었다.[4] 도시의 일부는 남아 있었으나 재건은 광범위하게 이루어졌다. 현대 서구의 목조 가옥은 건축이 쉽다. 하지만 돌집은 장비 없이 지으면 여러 해가 걸린다. 바울은 기원후 51년 초에 고린도에 들어왔던 것 같은데, 당시의 경제적인 번성으로 보아 도시의 재건이 상당히 진척된 상태였을 것이다. 도시의 건설 계획은 "건축자"로 불리는 석공이 책임을 지고 주도했을 것이다. 바울은 고린도전서에서 건축자 이미지를 사용해서 자신의 사역을 적절하게

---

3) 암 1:2은 야웨께서 "부르짖는다"라고 천명한다. 여기서 아모스는 사자의 부르짖음을 염두에 두고 있다. 이는 암 3:8로 보아 분명하다.

4) Thiselton, *First Epistle*, pp. 2-3.

묘사했다. 바울은 파괴된 성읍들의 재건과 그 성읍들에서의 거주(암 9:11, 14)를 언급하는 아모스 9:11-12을 반영했던 것 같다. 확실히 바울에게는 건축 노동과 그 결과로 생기는 건축된 집과 성전이 매우 중요한 이미지다. 바울은 이 이미지를 중심으로 비유를 구성한다(3:9b-17; 6:19; 9:16).

6. **심판의 불**. 아모스서에는 하나님의 심판의 불과 불사름 이미지가 자주 나타난다(암 1:4, 7, 10, 12, 14; 2:2, 5; 5:6; 6:10; 7:4). 바울도 최후의 심판과 시험을 묘사하는 데 불의 이미지를 사용한다(3:13-15).

7. **빛과 어둠**. 아모스는 빛과 어둠 이미지를 사용한다(암 4:13; 5:8). 바울도 4:5에서 이 두 은유를 똑같이 사용한다.

8. **나팔**. 아모스는 두 번에 걸쳐 나팔 소리를 듣는다(암 2:2; 3:6). 바울도 나팔 소리를 두 번 언급한다(14:8; 15:52).

9. **악기 일반**. 아모스는 악기들을 언급한다(암 6:5). 바울도 (나팔 외에) 악기들을 언급한다(13:1, 14:7).

10. **산**. 아모스의 예언에서는 산이 묘사된다(암 4:13). 바울의 서신에도 산이 나타난다(13:2).

D. 신학적 · 윤리적 관심사

바울과 아모스는 여러 신학적 · 윤리적 주제를 똑같이 다루고 있다.

1. **비밀/신비**. 아모스는 하나님이 자신의 비밀을 자기의 종 곧 예언자들에게 계시하셨다고 독자에게 말한다(암 3:7). 바울은 하나님이 "비밀", "감추어진 지혜", "신비"를 사도들에게 계시하셨다고 말한다(2:7, 10; 4:1).

2. **근친상간**. 아모스서에는 근친상간 사건이 나온다(암 2:7). 바울도 자기 아버지의 아내와 동침한 남자에 대해 상세히 다룬다(5:1-5). 두 본문 모두 한 남자와 그의 아버지(아버지와 그의 아들이 아니라)가 연루된 것으로 사건을 묘사한다.

3. **우상숭배**. 아모스는 우상숭배 때문에 마음이 괴롭다(암 2:4; 5:26-27;

8:14). 바울도 우상숭배를 크게 염려하고 우상숭배 주제와 관련된 논문을 작성했다(8:1-11:1; 12:2).

4. **희생제사**. 아모스서에서는 백성이 "아침마다" 제물을 가지고 온다(암 4:4). 고린도전서에서만 바울은 "우리의 유월절 어린양이신 그리스도께서 희생당하셨다"라고 주장한다(5:7). (두 저자는 이 주제를 각각 다르게 다루었으나 속죄 제사의 주제가 둘을 하나로 연결시킨다.)

5. **속박**. 아모스는 "사로잡은 모든 자"를 속박했다는 이유로 가사(Gaza)를 정죄한다(암 1:6). 또한 "은을 받고 의인을 팔고, 신 한 켤레를 위해 가난한 자를 팔았다는 이유로" 이스라엘을 공격한다(암 2:6). 바울에게도 속박은 중요한 문제다. 바울은 속박에 대처하는 문제를 세부 항목에 넣어 설교를 작성한다(7:20-24). 바울은 독자에게 "사람들의 종이 되지 말라"고 말한다(7:23).

6. **심판 날**. 아모스는 "주의 날"을 심판의 날로 본다(암 5:18-20). 바울은 시험/심판의 (주의) "날"을 고린도전서 전체에서 중요하게 묘사한다(1:8; 3:13-15; 4:5; 5:5; 6:2-3; 7:26, 29, 31; 10:11; 15:24-28).

7. **약한 자와 강한 자**. 아모스서는 가난한 자와 힘없는 자를 옹호하고 부자와 힘센 자를 반대하는 책으로 유명하다. 아모스의 예언은 이 주제로 가득 차 있다. 바울은 (도의상) "약한 자"와 "아무것도 가진 것이 없는" 가난한 자에게 깊은 관심을 보이고 부자는 낮춘다(8:9-13; 11:22).

8. **죄를 슬퍼함**. 아모스는 "요셉의 환난에 관해 근심하지 않는 그의 백성"에 대해 슬퍼한다(암 6:6). 바울은 독자가 공동체 안에서 저질러진 중대한 죄를 "슬퍼하지" 않는다는 데 대해 괴로움을 느낀다(5:2, 6).

9. **술 취함**. 아모스는 과음[술 취함]을 정죄한다(암 4:1; 6:6). 바울도 고린도에서 같은 문제에 직면했다(5:11; 11:21).

10. **더럽혀진 성결한 예배**. 아모스는 하나님에 관해 말하면서 독자를 예리하게 비난한다. 아모스는 "내가[하나님이] 너희 절기들을 미워하고 멸시한다"라고 선언한다. 하나님은 그들의 제물을 받아주시지 않고, 심지

어 쳐다보지도 않으실 것이다. 하나님은 그들의 노랫"소리"도 듣지 않으실 것이다(암 5:21-23). 아모스는 강력한 언어를 사용해서 자신이 목격하고 있는 예배를 거부한다. 마찬가지로 바울도 고린도 교회의 주의 만찬에서 벌어진 일을 기뻐하지 않는다. 고린도 교인들의 행위는 용납될 수 없으며, 바울이 "너희가 먹는 것은 주의 만찬이 아니니다"(11:20)라고 단호하게 선언할 정도다. 주의 만찬에서 어떤 사람은 배고프고 어떤 사람은 술에 취했다. 가난한 자는 비참함을 느꼈다. 바울은 그들을 칭찬하지 아니할 것이다!(11:22) 또한 그는 강력한 언어를 사용해서 고린도 교회의 경배 관습을 비판한다.

11. 창조. 아모스는 창조를 중요한 사건으로 간주했다. 하나님은 "산들을 지으며 바람을 창조하고…아침을 어둠으로 만드신다"(암 4:13). 또한 하나님은 "묘성과 삼성을 만드셨다"(암 5:8).

바울에게도 창조는 중요한 요소다. 창조는 8:5의 신조에서 두드러지게 부각된다. 하나님은 예수를 통해 만물을 창조하셨다. 창조 이야기는 바울이 예배 리더십에서 남자와 여자의 지위를 설명할 때 배경으로 작용한다.

12. 이방인. 아모스는 하나님이 이스라엘과 언약을 맺으신 것을 잘 알고 있다. 그러나 동시에 아모스는 "오 이스라엘인들아, 너희는 내게 에티오피아[구스]인들 같지 아니하냐?"(암 9:7)라고도 말한다. 물론 하나님은 이스라엘을 이집트 땅에서 올라오게 하셨다. 그러나 동시에 하나님은 "블레셋인을 갑돌(에게 해 연안 섬들)에서" 올라오게 하셨고 "아람인(시리아인)을 기르(메소포타미아)에서" 올라오게 하셨으며, 이집트인들을 그들의 땅에 두셨다. 이스라엘은 하나님의 은혜로 조국을 선물로 받은 유일한 "가족"이 아니었다. 나아가 아모스는 "그날에…내 이름으로 불리는 모든 민족/이방인"이 "무너진 다윗의 장막"의 기업의 한 부분이 되리라고 보았다(암 9:11-12).

바울은 이방인들이 하나님의 백성으로 편입되는 일을 중요하게 다루었다. 고린도전서는 "우리 주 예수 그리스도의 이름으로 불리는 모든 자"

에게 보내진다(1:2). 그중 많은 이가 이방인이다. "유대인과 그리스인" 모두에게 전해지는 복음은 십자가 찬송(1:17-2:2)에서 특히 두드러지게 부각되고, 다른 곳(9:19-23; 12:2; 16:1-19)에서도 언급된다.

13. 하나님은 자기 백성을 "아신다." 아모스는 "내가 땅의 모든 족속 중에서 너희만 **알았다**"(암 3:2)라고 선포한다. 단순히 말해, 그들이 하나님을 안 것이 아니라 하나님이 그들을 아셨다. 바울은 "그러나 만일 누구든지 하나님을 사랑하면 하나님도 그를 알아주신다"라고 말한다(8:3). 하나님의 백성은 하나님이 특별히 알아주신다. 결국에는 "나도 내가 다 알려진 것처럼 온전히 알 것이다"(13:12).

요약

그렇다면 아모스서와 고린도전서 사이의 이런 광범위한 평행 관계로부터 어떤 결론을 이끌어낼 수 있을까? 다음과 같은 요점을 제시할 수 있다.

1. 예루살렘 회의에서 아모스 9:11-12이 두드러지게 반영됨. 사도행전 15:16-18을 보면, 초기의 사도들이 이방인들이 하나님의 백성에 포함되는지에 대한 중대한 문제를 논의할 때 아모스 9:11-12이 중요 본문이었음이 분명하다.

2. 아모스 9:11-15과 바울. 바울은 아모스 9:11-15을 깊이 있게 성찰한다. 이는 다음과 같이 세 가지 측면에서 분명하다. (1) 고린도전서의 첫 부분에서 바울은 자신이 "내[하나님의] 이름으로 불리는" 모든 자에게 편지를 쓰고 있다고 확언한다. 이 말은 아모스 9:12과 밀접한 관계가 있다. (2) "그날에…"에 대한 아모스의 환상은 건물을 **고치고 높이 세우고 다시 세우는 일**을 포함한다. 아모스는 하나님이 "재건하실" 것이고(암 9:11), 백성도 "재건할" 것(암 9:14)이라고 본다. 바울은 **건축** 이미지를 광범위하게 사용하고 그 이미지로부터 비유를 폭넓게 만들어낸다. 바울은 세우고, 다른 많은 사람들도 세운다(3:9b-17). (3) 아모스 9:11-15은 **농사** 이미지로

가득 차 있다. 하나님이 심으시고 사람들도 심는다. 이 이미지들은 아모스 9:11-15에서 폭포수처럼 떨어진다. 여기에는 파종하는 자, 추수하는 자, 포도를 밟는 자, 씨 뿌리는 자, 뚝뚝 떨어지고 흘러나오는 단 포도주, 포도원을 가꾸는 자, 정원을 만드는 자, 심으시는 하나님, 다시 뽑히지 않는 백성이 포함되어 있다. 이 이미지들을 하나로 연결하는 실마리는 농부가 **일하고** 그 일로부터 **유익을 얻는** 일에 있다. 바울도 농사 이미지를 광범위하게 사용한다. 바울은 "심는 일과 물 주는 일"에 기초를 둔 비유를 폭넓게 만들어낸다(3:6-9a). 복음 전파를 위해 물질적 후원을 받을 자신의 권리를 옹호하면서 바울은 네 가지 농사 이미지를 제시하는데, 네 가지 모두 (아모스서처럼) 완수된 일과 그 일로 받는 유익에 초점을 두고 있다(9:7-11). 바울은 부활한 몸의 본질을 설명하면서도 다시 농사 이미지로 관심을 옮겨간다(15:37-38, 42-43). 아모스처럼 바울도 씨 뿌리는 일과 그 일의 결과로 예견되는 수확에 초점을 맞춘다.

3. 사도행전 18:1-17과 바울의 첫 번째 고린도 방문. 18개월간 고린도에 있으면서 바울에게는 이 주제와 관련해서 중요한 세 가지 사건이 일어났다. (1) 바울은 회당에서 수많은 사람에게 거부당하고, 그 거부에 대해 예수께서 말씀하신 "실패의 표시"를 보여줌으로써 반응했다. 곧 바울은 반대자들 앞에서 자신의 옷을 털었다.[5] (2) 그런 다음 바울은 이방인들 속에서 자신의 사역을 전개하는 중요한 활동을 시작했다. 이는 "이후로는 이방인에게 가겠다"(행 18:6)라고 직접 진술하는 것으로 확인된다. (3) 바울은 "주"께서 자기에게 "이 성 안에 내 백성이 많다"(행 18:10)고 말씀하시는 환상을 보았다. 예루살렘 회의가 이방인을 받아들이기로 결정하고 또한 그 논의에서 야고보가 아모스 9:12을 인용했기 때문에, 바울은 이방인들 속

5) 비시디아 안디옥에서 바울은 동일한 극적인 행위를 보여주었다(행 13:51). 눅 9:5에서 예수는 제자들에게 지시하시기를, 그들이 거부당할 때 "발의 먼지"를 털어버리라고 하신다. 이는 발에서 일어나 사람의 외투 속에 들어가는 먼지와 관련된다. 거부당한 사자는 그곳을 떠나면서 외투를 벗고 먼지를 털어내라는 지시를 받는다.

에서 더 열심히 수고하는 일을 생각하면서 자연스럽게 아모스서를 떠올렸을 것이다.

4. **고린도전서에서 이방인 신자들은 "더 이상 이방인이 아니다."** 최소한 자신의 사역의 이 시점에서 바울은 이방인 신자들을 새로운 정체성을 취득한 사람들로 이해했다. 바울은 이방인 신자들을 결코 "유대인"으로 부르지 않았다. 대신 그들이 그리스도의 몸의 한 부분이고 새 성전으로 세워진다고 말했다. 아브라함은 그들의 조상이고 그들은 더 이상 "이방인"이 아니다. 이는 12:2에서 바울이 "너희가 이방인(*ethne*)이었을 때 말도 못하는 우상에게 미혹되어 끌려갔다"라고 말하는 대목에서 확인된다.[6] 동일한 전제가 10:18의 그리스어 본문의 배후에 놓여 있다. 거기서 사도는 "육체를 따라 이스라엘을 보라"고 말한다. 그는 교회를 "하나님의 이스라엘"로 생각한다(갈 6:16). 10:1에서 바울은 이렇게 말한다. "형제들아, 나는 너희가 알기를 바라는데, **우리 조상**은 다 구름 아래 있었다." 바울은 출애굽 당시의 "조상"을 **온 교회**의 조상으로 본다. 계속해서 바울은 14절에서 같은 사람들에게 "그러므로 내 사랑하는 자들아, 우상숭배를 피하라"고 말한다. 정확히 이 명령은 이방인 배경을 가진 신자들에게 주어진다. 이방인은 비록 "육체를 따라 난 이스라엘"이 아님에도 불구하고, 믿음과 세례를 통해 "하나님의 이스라엘"에 편입되었다. 이 새로운 하나님의 이스라엘은 새 성전을 가지고 있었으며, 바로 그들이 이 성전의 한 부분이었다. 이 성전은 공동체로서, 아직 세워지는 과정 중에 있지만, 성령께서 그 안에 거하셨다(3:16-17). 이는 바울이 아모스 9:11-12을 자기 시대에 성취된 말씀으로 간주할 수 있었음을 의미한다. 바울은 야고보와 일치했다. 이방인이 "다윗의 장막"에 들어온다는 아모스의 예언이 그들 눈앞에서 성취되고 있었다.

요약하면, 아모스처럼 바울도 천한 직업을 가졌고 하나님의 사자로서의 소명을 변호해야 했다. 아모스처럼 바울도 술 취함, 근친상간, 음행, 약

6) RSV는 이 단어를 "이교도"(pagans)로 번역한다. 그리스어는 *ethne*(이방인)다.

한 자의 학대, 속박, 우상숭배, 왜곡된 성례 등을 다루었다. 또한 바울 역시 하나님의 비밀을 깨닫고 창조에 대해 성찰했으며, 이방인이 믿음을 가지게 된다는 사실을 알았다. 또한 바울도 "주의 날"과 심판의 불에 대해 깊이 사색했다. 아모스서의 많은 구체적인 이미지와 신학적 주제들은 고린도전서에서 다시 나타난다.

아모스서와 고린도전서 간의 관련성을 숙고해보면, 바울의 지성을 들여다보는 새로운 길이 열릴 것이다. 바울은 고린도전서를 쓰면서 아무 준비 없이 시작하지 않는다. 바울이 사용하는 이미지의 중요 부분들의 기원, 그의 윤리와 신학은 다수의 동일한 문제점과 직면했던 아모스의 예언까지 거슬러 올라간다. 바울은 아테네(그리스 자료)보다 예루살렘(유대교 자료)을 훨씬 더 잘 들여다보았다. 아모스와 바울 사이의 관련성에 주목하면, 고린도전서의 예언적 뿌리를 더 잘 이해하고, 우리 시대에 비추어 고린도전서를 더 정확히 해석할 수 있다.

부록 II

이 책의 연구에 사용된 동양 역본의 증거

Oriental Versions: Plate A 1 Cor 1:26

The text under study: (literal) Not many wise according to the flesh

Greek: ʻοτι ʼου πολλοι σοφοι κατα σαρκα

Syriac: *Peshitta* ܕܠܐ ܣܓܝܐܐ ܗܘ ܒܟܘܢ ܚܟܝܡܐ ܒܒܣܪ

Arabic: 8th to 16th centuries

Vatican Arabic #13 (8th -9th Cent.)	انه ليسوا كثير فيكم الحكماء الجسد
Bishr: Mt. Sinai 151 (867)	انه ليس الحكماء بالجسد كثير فيكم
Gibson, Mt. Sinai 155 (9th)	لأن ليس مثل الجسد حكماء كثير
Mt. Sinai #73 (9th)	لأن ليس فيكم بالجسد حكماء كثيرون
Mt. Sinai Ar. #310 (10th)	ليس فيكم من حكماء الجسد كثير
Ms. Bodl. Or. 712 (16th century?)	افما يوجد حكماء كثيرون فيما يخص بالبشر

Arabic: 17th to 18th centuries

Erpenius (1616)	يا اخوتى ليس فيكم من حكماء الجسد كثيرون
London Polyglot (1657)	افما يوجد حكماء كثيرون فيما يخص البشر
Propagandist (1671)	انه ليس حكماء كثيرون حسب الجسد
Revised London Polyglot (1717)	ان ليس حكماء كثيرون فيما يخص البشر

Arabic: 19th century

Shawair, Lebanon (1813)	انه لا يوجد حكماء كثيرون فيما يخص البشر
Calcutta, H. Martyn (1826)	انه ليس فيه من الحكماء بالنسبة الى الجسد
Faris al-Shidiac (1851)	انه ليس بكثيرين حكماء حسب الجسد
Bustani-VD (MSS 1845-1860)	انه ليس كثيرون حكماء حسب الجسد
Bustani-Van Dyck (1860)	ان ليس كثيرون حكماء حسب الجسد
Jesuit (1880)	انه ليس كثيرون حكماء بحسب الجسد
Yusif Dawud (1899)	انه ليس كثيرون حكماء حسب الجسد

Arabic: 20th century

Paulist – Fakhouri (1964)	المدعوين فيكم فليس كثيرون حكماء بحسب الجسد
New Jesuit (1969)	فليس فيكم كثير من الحكماء بحسب الجسد
Bible Society (1993)	فما كان فيكم كثير من الحكماء

Hebrew

Hebrew: London, 1817	לא לחכמים רבים כבשר
Hebrew: Jerusalem (Bible Society)	שלא רבים החכמים מן הבשר

Oriental Versions: Plate B — 1 Cor 5:1a

The text under study: Everyone has reported that there is immorality among you,

Greek: ῾ολως ακουετι εν ῾υμιν πορνεια

Syriac: *Peshitta* ܟܠܗ ܡܫܬܡܥܐ ܒܝܢܬܟܘܢ ܙܢܝܘܬܐ

Arabic: 8th to 16th centuries

Vatican Arabic #13 (8th -9th Cent.)	انه استمع ان فيكم الزناء
Bishr: Mt. Sinai 151 (867)	ثم بلغنى ايضا فيكم زنى
Gibson, Mt. Sinai #155 (9th)	يقينا قد سُمع فيكم الزناء
Mt. Sinai #73 (9th)	قد سُمع يقينا الزناء
Mt. Sinai Ar. #310 (10th)	فالجملة انكم تعابون بالزناء
Ms. Bodl. Or. 712 (16th)	و بالجملة يُسمع ان فيكم زناء

Arabic: 17th to 18th centuries

Erpenius (1616)	فان على جمله الامر انكم تعابون بالزناء
London Polyglot (1657)	وبالجملة يُسمع ان فيكم زناء
Propagandist (1671)	فان على جمله الامر شاع خبر ان بينكم زناء
Revised London Polyglot (1717)	بالجملة يُسمع ان فيكم زناء

Arabic: 19th century

Shawair, Lebanon (1813)	وبالجمله يُسمع ان فيكم زناء
Calcutta, H. Martyn (1826)	قد اشتهر ان فيكم من الزناء
Faris al-Shidiac (1851)	لقد يُسمع و ذلك بالكليه ان بينكم زناء
Bustani-VD (MSS 1845-1860)	يُسمع بالجمله ان فيكم زناء
Bustani-Van Dyck (1865)	يُسمع مطلقا ان بينكم زناء
Jesuit (1880)	لقد شاع بين الجميع ان بينكم زناء
Yusif Dawud (1899)	على جمله الأمر قد شاع ان بينكم زناء

Arabic: 20th century

Paulist – Fakhouri (1964)	لقد شاع ان بينكم حادث فُحش
New Jesuit (1969)	لقد شاع خبر ما يجرى عندكم من فاحشه
Bible Society (1993)	شاع فيى كل مكان حبر ما يحدث عندكم من زنا

Hebrew

Hebrew: London, 1817	מכל נשמע על זנוה
Hebrew: Jerusalem (Bible Society)	הקול נשמע בכל מקום שזנות ביניכם

Oriental Versions: Plate C

1 Cor 5:1b

The text under study: "Gentiles" or "pagans"?

Greek: ‘εθνεσιν

Syriac: *Peshitta* ܚܢܦܐ

Arabic: 8th to 16th centuries

Vatican Arabic #13 (8th – 9th)	ولا فى الشعوب يسمى
Bishr: Mt. Sinai 151 (867)	لا فىالأمم يذكر أيضا
Gibson, Mt. Sinai #155 (9th)	ليس فى الأمم مثله
Mt. Sinai #73 (9th)	ليس فى الأمم مثله
Mt. Sinai Ar. #310 (10th)	لا يذكر من الوثنيين
Ms. Bodl. Or. 712 (16th)	ما سمي و لا فى الأمم

Arabic: 17th to 18th centuries

Erpenius (1616)	فى الوثنيين
London Polyglot (1657)	الأمم
Propagandist (1671)	ولا مثله بين الأمم
Revised London Polyglot (1717)	ما سمي ولا فى الأمم

Arabic: 19th century

Shawair, Lebanon (1813)	ما سمي و لا فى الأمم
Calcutta, H. Martyn (1826)	لا فى العوام
Faris al-Shidiac (1851)	لم يُسمَّ بين الأمم
Bustani-VD (MSS 1845-1860)	الأمم
Bustani-Van Dyck (1865)	الأمم
Jesuit (1880)	بين الأمم
Yusif Dawud (1899)	لا يذكر بين الأمم

Arabic: 20th century

Paulist – Fakhouri (1964)	و لا بين الأمم
New Jesuit (1969)	عند الوثنيين
Bible Society (1993)	لا مثيل له حتى عند الوثنيين

Hebrew

Hebrew: London, 1817	בגוים
Hebrew: Jerusalem (Bible Society)	בגוים

Oriental Versions: Plate D — 1 Cor 7:1b

The text under study: It is good for a man not to touch a woman. (or)
Is it good for a man not to touch a woman?

Greek: καλον ᾽ανθρωπω γυναικος μη ῾απτεσθαι (Statement or Question?)

Syriac: *Peshitta* ܫܦܝܪ ܗܘ ܠܓܒܪܐ ܕܠܐ ܐܢܬܬܐ ܬܐܠܐ ܢܬܩܪܘܒ

Arabic: 8th to 16th centuries

Vatican Arabic #13 (8th -9th)	فانه حسن للرجل ان لا يقرَب امراة
Bishr: Mt. Sinai 151 (867)	فأعلمكم يا إخوة أنه حسن للرجل ألا يريد امراة
Gibson, Mt. Sinai #155 (9th)	أخير للرجل ان لا يمس امرأة
Mt. Sinai #73 (9th)	أخير للرجل ان لا يمس امرأة
Mt. Sinai Ar. #310 (10th)	فإنه حسن بالرجل ان لا يقرب امرأة
Ms. Bodl. Or. 712 (16th)	فجيد للإنسان ان لا يلامس امرأة

Arabic: 17th to 18th centuries

Erpenius (1616)	حسن بالرجل ان لا يدنو من امرأة
London Polyglot (1657)	فجيد للانسان ألا يلامس امراءة
Propagandist (1671)	فانه حسن بالرجل ان لا يدنو من امراة
Revised London Polyglot (1717)	فجيد للانسان ألا يلامس امراءة

Arabic: 19th century	
Shawair, Lebanon (1813)	فجيد للانسان ألا يلامس امرأة
Calcutta, H. Martyn (1826)	فان الحسن للرجل ان لا يمسّ امرئة
Faris al-Shidiac (1851)	فيحسن بالرجل ان لا يمسّ امرأة
Bustani-VD (MSS 1845-1860)	فيحسن للرجل ان لا يمس امرأة
Bustani-Van Dyck (1865)	فحسن للرجل ان لا يمسّ امرأة
Jesuit (1880)	فحسن للرجل ان لا يمس امرأة
Yusif Dawud (1899)	فانه حسن للرجل ان لا يمسّ امرأة
Arabic: 20th century	
Paulist – Fakhouri (1964)	فحسن للرجل ان لا يمسّ امرأة
New Jesuit (1969)	فيحسن بالرجل ان لا يمسّ امرأة
Bible Society (1993)	خير للرجل ان لا يمسّ امرأة
Hebrew	
Hebrew: London, 1817	טוב לאיש לבל יגע באשה
Hebrew: Jerusalem (Bible Society)	לטוב לאד שלא יגע באשה

Oriental Versions: Plate E

1 Cor 7:20, 24

The text under study:
(20) each one in *the calling* in which he was *called* (24) in *that which* he was *called*

Greek: ***(20)***`εκαστος `εν τη κλησει ‘η `εκληθη (24) ‘εκαστος `εν ‘ω `εκληθη

Syriac: *Peshitta* ܟܠܢܫ ܒܩܪܝܢܐ ܕܐܬܩܪܝ، ܒܗ ܢܗܘܐ ܟܠܢܫ ܒܡܕܡ ܕܐܬܩܪܝ، ܐܚܝ

Arabic: 8th to 16th centuries	**7:20**	**7:24**
Vatican Arabic #13 (8th -9th Cent.)	الدعوة التى دُعي بها	الشي الذى دُعي به
Bishr: Mt. Sinai 151 (867)	أحد بالذي دُعي	فليثبت كما دعاه الله
Gibson, Mt. Sinai #155 (9th)	كل إنسان بما دُعي	الدعوة التى دُعي بها
Mt. Sinai #73 (9th)	الدعوة التي دعى بها	بالدعوة الذى دعى به
Mt. Sinai Ar. #310 (10th	كل امرئ منكم بما دعي يثبت	مرئ منكم على
Ms. Bodl. Or. 712 (16th)	الدعوة التى دُعي فيها	في الشي الذى دُعي اليه
Arabic: 17th to 18th centuries		
Erpenius (1616)	الحال التى دعى الى الأيمان عليها	الأمر الذى دعى عليه
London Polyglot (1657)	فى الدعوة التى دعى فيها	فى الشي الذى دعى اليه
Propagandist (1671)	الى الحال التى دعى الى عليها	الأمر الذى دعى عليه
Rev. London Polyglot (1717)	فى الدعوة التى دعى فيها	فى الشى الذى دعى فيه

Arabic: 19th century

Shawair, Lebanon (1813)	دعاه الرب كذلك فليستمر	الدعوة التى دعى فيها
Calcutta, Martyn (1826)	فى حالة الاستدعاء التى دعى فيه	الدعوة التى دعى فيها
Faris al-Shidiac (1851)	على الدعوة التى دعى فيه	على ما دعى فيه
Bustani-VD (MSS 1845-1860)	الدعوة التى دعى اليها	ما دعى كل واحد فيه
Bustani-Van Dyck (1865)	الدعوا التى دعى فيها	ما دعى كل واحد فيه
Jesuit (1880)	على الدعوة التى دعى فيها	ما دعي فيه
Yusif Dawud (1899)	على الحال الذى دعي عليه	على الامر الذى دعى عليه

Arabic: 20th century

Paulist – Fakhouri (1964)	على الحالة التى دعى فيها	على ما دعى فيه
New Jesuit (1969)	الحال اليى كان فيها حين دعاء الله	الحال التى كان فيها حين دعى
Bible Society (1993)	عندما مثلما كانت عليه حاله دعاه	حاله عند ما دعاه الله

Hebrew

Hebrew: London, 1817	בקראה אשר נקרא בה	עם אלהים באשר נקרא בה
Hebrew: Jer. (B. Soc)	משמרתו שמתוכה נקרא בה	משמרת שמתוכה נקרא בה

Oriental Versions: Plate F

1 Cor 8:6

The text under study: (one F.) from whom are all things and we from him -
(one Lord) through whom are all things and we through him

Greek: (one Father)'εξ οὑ τα παντα και ἡμεις εἰς αὐτον (one Lord) δι' οὑ τα παντα και ἡμεις δι' αὐτου

	(One Lord)	(One Father)
Syriac: *Peshitta*	ܕܟܠ ܒܐܝܕܗ ܘܐܦ ܚܢܢ ܒܐܝܕܗ	ܟܠ ܡܢܗ ܘ ܚܢܢ ܒܗ

Arabic: 8th to 16th centuries

Vatican Arabic #13 (8th -9th)	كل شيء به ونحن بيده	منه كل شيء ونحن فيه
Bishr: Mt.Sinai 151 (867)	الكل بيده ونحن ايضا بيده	الكل منه و نحن به
Gibson, Mt. Sinai #155 (9th)	به كل سىء و نحن ب	منه كل شيء ونحن اليه
Mt. Sinai #73 (9th)	الكل به و نحن به	منه الكل و نحن اليه
Mt. Sinai #310 (10th)	فى قبضته و نحن به و فى يديه	الكل منه و انما نحن به
Ms. Bodl. Or. 712 (16th)	منه الكل و نحن به	منه كل البرايه و نحن لديه

Arabic: 17th to 18th centuries

Erpenius (1616)	كل بيده و نحن ايضا	كل شيء بيده و نحن به
London Polyglot (1657)	منه الكل و نحن به	منه كل البرايا و نحن لديه
Propagandist (1671)	كل الأشياء به و نحن ايضا	كل الأشياء منه و نحن اليه
Revised London Polyglot (1717)	به الكل و نحن به	نه كل البرايا و نحن اليه

Arabic: 19th century

Shawair, Lebanon (1813)	به الكل و نحن به	منه كل البرايا و نحن له
Calcutta, H. Martyn (1826)	تكوّنت به كل الكائنات و نحن به	منه جميع الموجودات و نحن له
Faris al-Shidiac (1851)	به كل شيء و نحن به	منه كل شيء و نحن له
Bustani-VD (MSS 1845-1860)	له جميع الأشياء و نحن	منه جميع الأشياء و نحن له
Bustani-Van Dyck (1865)	له جميع الأشياء و نحن به	منه جميع الأشياء و نحن له
Jesuit (1880)	به كل شيء و نحن به	منه كل شيء و نحن اليه
Yusif Dawud (1899)	كل شيء به ونحن ايضا	كل شيء منه و نحن اليه

Arabic: 20th century

Paulist – Fakhouri (1964)	به كل شيء و نحن به	منه كل شيء و نحن اليه
New Jesuit (1969)	به كان كل شيء و به نحن	منه كل شيء و اليه نحن راجعون
Bible Society (1993)	به كل شيء و به نحن	منه كل شيء و اليه نرجع

Hebrew

Hebrew: London, 1817	בו הכל ואהנחנו בה	מנו הכל והנחנו לו
Hebrew: Jerusalem (B. S.)	הכל יבה ואנחנו על ידו	הכל ממהו ואנחנו אליה

Oriental Versions: Plate G 1 Cor 10:18

The text under study: Look at Israel according to the flesh

Greek: βλεπετε τον' Ισραηλ κατα σαρκα.

Syriac: *Peshitta* ܚܙܘ ܠܐܝܣܪܝܠ ܕܒܒܣܪ

Arabic: 8th to 16th centuries

Vatican Arabic #13 (8th -9th Cent.)	انظروا اسرايل الذى بالجسد
Bishr: Mt.Sinai 151 (867)	انظروا الى اسرائل الذى بالجسد
Gibson, Mt. Sinai #155 (9th)	انظروا الى اسرائل الذى بالبشرية
Mt. Sinai #73 (9th)	انظروا الى اسرائل بجسد
Mt. Sinai Ar. #310 (10th)	انظروا الى اسرائل حسب الجسد
Ms. Bodl. Or. 712 (16th)	ابصروا اسرائيل الجسدانى

Arabic: 17th to 18th centuries

Erpenius (1616)	انظروا الى ال اسرائل الجسدانيين
London Polyglot (1657)	انظروا الى اسرائل حسب الجسد
Propagandist (1671)	ابصروا اسرائيل الجسدانى
Revised London Polyglot (1717)	ابصروا اسرائيل الجسدانى

Arabic: 19th century	
Shawair, Lebanon (1813)	ابصروا اسرائيل الجسدانى
Calcutta, H. Martyn (1826)	فا نظروا الى اسرائيل الجسدانى
Faris al-Shidiac (1851)	انظروا اسرائيل من جهة الجسد
Bustani-VD (MSS 1845-1860)	انظروا الى اسرائيل حسب الجسد
Bustani-Van Dyck (1865)	انظروا الى اسرائيل حسب الجسد
Jesuit (1880)	فا نظروا الى اسرائيل الجسدانى
Yusif Dawud (1899)	انظروا الى ال اسرائل حسب الجسد
Arabic: 20th century	
Paulist – Fakhouri (1964)	فتأملوا اسرائيل حسب الجسد
New Jesuit (1969)	أنظروا الى اسرائيل من حيث انه بشر
Bible Society (1993)	انظروا الى بنى اسرائيل
Hebrew	
Hebrew: London, 1817	ראו בעשרעל כבשר
Hebrew: Jerusalem (Bible Society)	הביטו אל ישראל שלפי הבשר

Oriental Versions: Plate H — 1 Cor 10:20, 27, 32

The text under study:	The Gentiles	Unbelievers	Greeks
Greek:	(v. 20) τα 'εθνη[1]	(v. 27) 'απιστων	(v. 32) ‘ελλησιν
***Syriac:** Peshitta*	ܚܢܦܐ	ܚܢܦܐ	ܐܪܡܝܐ
Arabic: 8th to 16th centuries			
Vatican Arabic #13 (8th -9th Cent.)	الحنفاء	رجل ليس بمؤمن	الحنفا
Bishr: Mt. Sinai 151 (867)	الوثنيون	الوثنيون	للشعوب
Gibson, Mt. Sinai #155 (9th)	الامم	غير مؤمن	الحنفاء
Mt. Sinai #73 (9th)	الامم	غير المؤمنين	يونانيين
Mt. Sinai Ar. #310 (10th)	الوثنيين	الوثنيين	الرومان
Ms. Bodl. Or. 712 (16th)	الامم	الذين لم يؤمنوا	اليونانيه
Arabic: 17th to 18th centuries			
Erpenius (1616)	وثنييون	غير المؤمنين	سائر الشعوب
London Polyglot (1657)	الامم	الذين لم يؤمنوا	اليونانيين
Propagandist (1671)	الامم	غير المؤمنين	الامم
Revised London Polyglot (1717)	الامم	الذين لم يؤمنوا	اليونانيين

1) τα εθνη는 많은 고대 사본에서 강력한 증거를 가지고 있다. 현대 영어 역본들도 이 단어를 포함한다. 하나의 아랍어 역본은 이 단어를 생략한다.

Arabic: 19th century

Shawair, Lebanon (1813)	اليونانيين	الذين لم يؤمنوا	الامم
Calcutta, H. Martyn (1826)	العوام	غير المؤمنين	العوام
Faris al-Shidiac (1851)	الأمم	غير المؤمنين	للأمم
Bustani-VD (MSS 1845-1860)	الأمم	غير الؤمنين	للامم
Bustani-Van Dyck (1865)	الامم	غير المؤمنين	يونانيين
Jesuit (1880)	الامم	الكفرة	يونانيين
Yusif Dawud (1899)	الأمم	الغير المؤمنين	للأمميين

Arabic: 20th century

Paulist – Fakhouri (1964)	الامم	غير المؤمنين	لليونانيين
New Jesuit (1969)	الأوثان	كافر	اليونانيين
Bible Society (1993)	الوثنية	وثني	غير اليهود

Hebrew

Hebrew: London, 1817	הגוים	לא יאמינו	עונים
Hebrew: Jerusalem (Bible Society)	הגוים	אינם מאמינים	יונים

Oriental Versions: Plate I — 1 Cor 10:24

The text under study: the other

Greek: ‘ετερος

Syriac: *Peshitta* — ܠܚܒܪܗ

Arabic: 8th to 16th centuries

Vatican Arabic #13 (8th -9th)	لصاحبه
Bishr: Mt. Sinai 151 (867)	لصاحبه
Gibson, Mt. Sinai #155 (9th)	لغيره
Mt. Sinai #73 (9th)	لغيره
Mt. Sinai Ar. #310 (10th)	من شأن صاحبه
Ms. Bodl. Or. 712 (16th)	فليطلب ما ينفغ قريبه

Arabic: 17th to 18th centuries

Erpenius (1616)	و يطلب كل امرئ نفع صاحبه ايضا
London Polyglot (1657)	قريبه
Propagandist (1671)	لصاحبه
Revised London Polyglot (1717)	بل كل أحد ما ينفع غيره

Arabic: 19th century	
Shawair, Lebanon (1813)	بل كل احد فليطلب ما ينفع قريبه
Calcutta, H. Martyn (1826)	فائدة غيره
Faris al-Shidiac (1851)	لصاحبه
Bustani-VD (MSS 1845-1860)	للآخر
Bustani-Van Dyck (1865)	للآخر
Jesuit (1880)	لغيره
Yusif Dawud (1899)	لغيره

Arabic: 20th century	
Paulist – Fakhouri (1964)	لغيره
New Jesuit (1969)	مصلحة غيره
Bible Society (1993)	مصلحة غيره

Hebrew	
Hebrew: London, 1817	את אשר לאחר
Hebrew: Jerusalem (Bible Societ	רע

Oriental Versions: Plate J — 1 Cor 11:27

The text under study: *profaning* the body and blood

Greek: ’ενοχος ’εσται το σωματος και του αἱματος του κυριου

Syriac: Peshitta ܚܝܒ ܗܘ ܠܦܓܪܗ ܕܡܪܝܐ ܘ ܠܕܡܗ

Arabic: 8th to 16th centuries	
Vatican Arabic #13 (8th -9th Cent.)	فانه شاجب لجسد و دم الرب
Bishr: Mt. Sinai 151 (867)	فهو شجب لجسد و دم الرب
Gibson, Mt. Sinai #155 (9th)	فانه محجوج فى جسد الرب و دمه
Mt. Sinai #73 (9th)	غير مستوجبا فانه مدان فى جسد الرب و دمه
Mt. Sinai Ar. #310 (10th)	فانه شجيب بجسد سيدنا و دمه
Ms. Bodl. Or. 712 (16th)	فيكون غريما بطايلة جسد الرب و دمه

Arabic: 17th to 18th centuries	
Erpenius (1616)	فهو مذنب الى جسد ربنا و دمه
London Polyglot (1657)	فسبكون غريما بطايلة جسد الرب و دنه
Propagandist (1671)	فهو مذنب الى جسد الرب
Revised London Polyglot (1717)	بلا استحقاق إنما يأكل و يشرب دينونه لنفسه

Arabic: 19th century

Shawair, Lebanon (1813)	بغير استحقاق فسيكون غريما بطايلة جسد رب و
Calcutta, H. Martyn (1826)	بوضع غير مناسب يلزم بجسد الرب و دمه
Faris al-Shidiac (1851)	مذنب إلى جسد الرب
Bustani-VD (MSS 1845-1860)	مذنب إلى جسد الرب
Bustani-Van Dyck (1865)	يكون مجرما
Jesuit (1880)	يكون مجرماإلى جسد الرب
Yusif Dawud (1899)	مذنب إلى جسد الرب

Arabic: 20th century

Paulist – Fakhouri (1964)	يكون مجرما الى جسد المسيح
New Jesuit (1969)	فقد جنى على جسد الرب
Bible Society (1993)	خطىء إلى جسد الرب

Hebrew

Hebrew: London, 1817	ירשע על גן ודם אדינ
Hebrew: Jerusalem (Bible Society)	יאשם לגוף אדנינו ולדמו

Oriental Versions: Plate K 1 Cor 12:2

The text under study: When you were *Gentiles*, you were led astray

Greek: ’εθνη

Syriac *Peshitta* ܚܢܦܐ ܗܘܝܬܘܢ

Arabic: 8th to 16th centuries

Vatican Arabic #13 (8th -9th)	تعلمون انكم كنتم تساقون الى الأوثان (key word is missing)
Bishr: Mt.Sinai 151 (867)	تعلمون انكم كنتم وثنيين
Gibson, Mt. Sinai #155 (9th)	تعلمون انكم حيث كنتم الى الاوثان --- تساقوا (key word is missing)
Mt. Sinai #73 (9th)	انكم تعلمون ----- كنتم امم الى الأوثان ---
Mt. Sinai Ar. #310 (10th)	كنتم وثنيين
Ms. Bodl. Or. 712 (16th)	كنتم امم منقادين الى الأصنام

Arabic: 17th to 18th centuries

Erpenius (1616)	كنتم وثنيين
London Polyglot (1657)	أنكم كنتم أمما منقادين
Propagandist (1671)	فانتم تعلمون أنكم انتم وثنيون

Revised London Polyglot (1717) علمتم انكم كنتم أمما منقادين الى الأ صنام

Arabic: 19th century

Shawair, Lebanon (1813) علمتم انكم كنتم أمما منقادين الى الأ صنام
Calcutta, H. Martyn (1826) تعلمون انكم كنتم من العوام منساقين الى الأوثان
Faris al-Shidiac (1851) كنتم من الأمم منساقين الى هذى الأوثان
Bustani-VD (MSS 1845-1860) كنتم أمما
Bustani-Van Dyck (1865) كنتم أمما
Jesuit (1880) كنتم أمما
Yusif Dawud (1899) كنتم وثنيين

Arabic: 20th century

Paulist – Fakhouri (1964) كنتم وثنيين
New Jesuit (1969) كنتم وثنيين
Bible Society (1993) كنتم وثنيين

Hebrew

Hebrew: London, 1817 הייתמ גוים
Hebrew: Jerusalem (Bible Society) לפנים גוים הייתם

Oriental Versions: Plate L 1 Cor 12:19

The text under study: (literal) Where the body?

Greek: πoυ τo σωμα

Syriac: *Peshitta* ܐܝܟܐ ܗܘܐ ܦܓܪܐ

Arabic: 8th to 16th centuries

Vatican Arabic #13 (8th -9th Cent.) أين كان يكون الجسد
Bishr: Mt. Sinai 151 (867) أين يكون الجسد (variant) أين كان الجسد
Gibson, Mt. Sinai #155 (9th) فأين الجسد
Mt. Sinai #73 (9th) فأين الجسد
Mt. Sinai Ar. #310 (10th) أين كان تكون الجسد
Ms. Bodl. Or. 712 (16th) فأين الجسم

Arabic: 17th to 18th centuries

Erpenius (1616) أين كان الجسد
London Polyglot (1657) أين الجسد
Propagandist (1671) فأين كان يكون الجسد
Revised London Polyglot (1717) فأين كان الجسد

Arabic: 19th century

Shawair, Lebanon (1813)	فأين الجسم
Calcutta, H. Martyn (1826)	أين الجسم
Faris al-Shidiac (1851)	أين الجسم
Bustani-VD (MSS 1845-1860)	أين الجسم
Bustani-Van Dyck (1865)	أين الجسم
Jesuit (1880)	أين كان الجسد
Yusif Dawud (1899)	أين يكون الجسد

Arabic: 20th century

Paulist – Fakhouri (1964)	فأين كان الجسد
New Jesuit (1969)	فأين الجسم
Bible Society (1993)	فأين الجسم

Hebrew

Hebrew: London, 1817	איה הגו
Hebrew: Jerusalem (Bible Society)	איה הגוף

Oriental Versions: Plate M — 1 Cor 12:31b

The text under study: (literal) and still I will direct you to the *huperbolen* way

Greek: και 'ετι καθ' 'υπερβολην 'οδον 'υμιν δεικνυμι

Syriac: *Peshitta* ܐܦ ܗܫܐ ܠܟܘܢ ܐܘܪܚܐ ܕܡܫܘܚܬܐ ܝܬܝܪܬܐ

Arabic: 8th to 16th centuries

Vatican Arabic #13 (8th -9th)	أيضا أُريكمم الطريق الفاضل الفايض
Bishr: Mt. Sinai 151 (867)	فأنا أيضا أرشدكم إلى الطريق الأفضل
Gibson, Mt. Sinai #155 (9th)	ايضا اريكم الطريق الفاضلة
Mt. Sinai #73 (9th)	ايضا اريكم الطريق الفاضلة
Mt. Sinai Ar. #310 (10th)	فانا ابصركم بالسبيل الفاضلة
Ms. Bodl. Or. 712 (16th)	لأريكم طريقا تختص بالتباهى فى الكمال ايضا

Arabic: 17th to 18th centuries

Erpenius (1616)	انا ايضا اريكم سبيلا آخر افضل جدا
London Polyglot (1657)	لأرينكم طريقا تختص بالتباهى فى الكمال ايضا
Propagandist (1671)	انا ايضا أريكم سبيلا اخر افضل جدا
Revised London Polyglot (1717)	لأرينكم طريقا تختص بالتباهى فى الكمال ايضا

Arabic: 19th century

Shawair, Lebanon (1813)	لأرينكم طريقا تختص بالتباهى فى الكمال ايضا
Calcutta, H. Martyn (1826)	اريكم الطريقة المثلى
Faris al-Shidiac (1851)	انا اريكم طريقا افضل
Bustani-VD (MSS 1845-1860)	سوف اريكم طريقا افضل
Bustani-Van Dyck (1865)	انا اريكم طريقا افضل
Jesuit (1880)	انا اريكم طريقا افضل جدا
Yusif Dawud (1899)	انا اريكم طريقا افضل جدا

Arabic: 20th century

Paulist – Fakhouri (1964)	اريكم الطريق المثلى
New Jesuit (1969)	إنى أدلكم على افضل الطرق
Bible Society (1993)	انا ادلكم على افضل الطرق

Hebrew

Hebrew: London, 1817	ועדני אגיד לכם דרך עתרונ
Hebrew: Jerusalem (B. Society)	ואני הנני מורה אתכם דרך נעלה על כלנה

Oriental Versions: Plate N 1 Cor 13:7, 8

The text under study: (13:7) Love *covers* all & (13:8) Love never *falls*

Greek: (v. 7) παντα στεγει (v. 8) ‘η ’αγαπη οὐδεποτε πιπτει

	(verse 7)	(verse 8)
Syriac: *Peshitta*	ܟܠ ܡܕܡ ܡܣܝܒܪ	ܢܦܠ
Arabic: 8th to 16th centuries		
Vatican Arabic #13 (8th -9th Cent.)	كل شيء يصطبر	الحب منذ قط لا يقع
Bishr: Mt. Sinai 151 (867)	تصبر على كل شي	الحب لن تسقط ابدا
Gibson, Mt. Sinai #155 (9th)	كل يحتمل	الحب لا يسقط
Mt. Sinai #73 (9th)	كل يحتمل	الحب لا يقع أبدا
Mt. Sinai Ar. #310 (10th)	يصطبر على جميع الأشياء	الودَ لن تقسط البته
Ms. Bodl. Or. 712 (16th)	تحتمل كل شيء	المحبة ما تسقط اصلا
Arabic: 17th to 18th centuries		
Erpenius (1616)	تصبر على جميع الاشياء	المحبة منذ قط لا تسقط
London Polyglot (1657)	تحتمل كل شي	المحبة ما يسقط اصلا
Propagandist (1671)	تصبر على جميع الأشياء	المحبة منذ قط لا تسقط
Revised London Polyglot (1717)	تحتمل كل شيء	المحبة لا تسقط أصلا
Arabic: 19th century		
Shawair, Lebanon (1813)	تحتمل كل شي	المحبة ما تسقط أصلا

Calcutta, H. Martyn (1826)	تستر كل شيء	المحبة لن تزول
Faris al-Shidiac (1851)	تصبر على كل شيء	الحب لن تسقط ابدا
Bustani-VD (MSS 1845-1860) (Bustani)[2]	تستر	المحبة لا تسقط ابدا
Bustani-Van Dyck (1865)	تحتمل كل شيء	المحبة لا تسقط أبدا
Jesuit (1880)	تحتمل كل شيء	المحبة لا تسقط أبدا
Yusif Dawud (1899)	تصبر على جميع الأشياء	المحبة لا تسقط ابدا
Arabic: 20th century		
Paulist – Fakhouri (1964)	تتغاضى عن كل شيء	المحبة لا تسقط أبدا
New Jesuit (1969)	وهى تعذر كل شيء	المحبة لا تزول أبدا
Bible Society (1993)	المحبة تصفح عن كل شيء	المحبة لا تزول أبدا
Hebrew		
Hebrew: London, 1817	נשאה עם כל	אהכה איננה נפלת
Hebrew: Jerusalem (Bible Society)	את כל תשא	האהבה לא תבל לעולם

Oriental Versions: Plate O 1 Cor 14:3

The text under study: Upbuilding and encouragement and consolation.

Greek: οἰκοδομην και παρακλησιν και παραμυθιαν

	(consolation)	(encouragement)	(upbuilding)
Syriac: *Peshitta*	ܘܒܘܝܐܐ	ܘܠܒܘܒܐ	ܒܢܝܢܐ
Arabic: 8th to 16th centuries			
Vatican Arabic #13 (8th -9th Cent.)	و الاعتصام	و العزاء	البنيان
Bishr: Mt. Sinai 151 (867)	و العزاء	و التشجيع	بالبنيان
Gibson, Mt. Sinai #155 (9th)	وعزا	طلبة	
Mt. Sinai #73 (9th)	للبنيان	وعزء	يتكلم كلمة
Mt. Sinai Ar. #310 (10th)	و تعزية	و قوة	بنيانا
Ms. Bodl. Or. 712 (16th)	و تسلية	او تعزية	توطيدا
Arabic: 17th to 18th centuries			
Erpenius (1616)	وتأييد	و تعزية	بنيان
London Polyglot (1657)	و تسلية	و تعزية	توطيد
Propagandist (1671)	و تعزية	و عظة	بنيانا

2) Butrus al-Bustani는 تستر 로 번역하는 반면에, Eli Smith는 تحتمل 로 번역했다.

Revised London Polyglot (1717)	و تسلية	وتعزية	ببنيان
Arabic: 19th century			
Shawair, Lebanon (1813)	و تسلية	و تعزية	توطيد
Calcutta, H. Martyn (1826)	و التسلى	و الموعظة	باكتساب الرشد
Faris al-Shidiac (1851)	و تعزية	و موعظة	تشييدا
Bustani-VD (MSS 1845-1860)	وعزاء	و وعظ	بنيان
Bustani-Van Dyck (1865)	و تسلية	و وعظ	ببنيان
Jesuit (1880)	و تعزية	وموعظة	كلام بنيان
Yusif Dawud (1899)	و تعزية	و وعظ	البنيان
Arabic: 20th century			
Paulist – Fakhouri (1964)	و تعزية	وموعظة	كلام بنيان
New Jesuit (1969)	و يعزّي	ويعظ	كلام يبنى
Bible Society (1993)	و يعزّي	ويشجّع	كلام يبنى
Hebrew			
Hebrew: London, 1817	ועל לבם	לונחמה	מבנה
Hebrew: Jerusalem (Bible Society)	ולנחמם	וליסרמ	לבנותם

Oriental Versions: Plate P — 1 Cor 15:44

The text under study: It is sown a *physical body*, it is raised a *spiritual body*.

Greek: πειρεται *σωμα ψυχικον*, 'εγειρεται *σομα πνευματικον*.

Syriac: Peshitta ܡܙܕܪܥ ܦܓܪܐ ܢܦܫܢܝܐ ܘܩܐܡ ܦܓܪܐ ܪܘܚܢܝܐ

Arabic: 8th to 16th centuries	
Vatican Arabic #13 (8th -9th Cent.)	يزرع جسد نفسانى يقوم جسد روحانى
Bishr: Mt. Sinai 151 (867)	يزرع جسد نفسانى يقوم جسد روحانى
Gibson, Mt. Sinai #155 (9th)	يزرع جسد نفسانى يقوم جسد روحانى
Mt. Sinai #73 (9th)	يظرِع جسد نفسانى يقوم جسد روحانى
Mt. Sinai Ar. #310 (10th)	تزرعون جسد ذو نفس و ينبعث و هو جسد روحانى ذوات نفس و ذوات روح
Ms. Bodl. Or. 712 (16th)	نزرع جسم نفسانى فنقوم جسم روحانى
Arabic: 17th to 18th centuries	
Erpenius (1616)	يزرع جسد ذو نفس و ينبعث و هو جسد روحانى
London Polyglot (1657)	يزرع جسد نفسانى يقوم جسد روحانى
Propagandist (1671)	يزرع جسد حيوانى و ينبعث جسد روحانى
Revised London Polyglot (1717)	تزرع جسد نفسانى فتقوم جسد روحانى

Arabic: 19th century

Shawair, Lebanon (1813)	يزرع جسد نفسانى فيقوم جسد روحانيا
Calcutta, H. Martyn (1826)	يزرع جسدا نفسانيا و يبعث جسدا روحانيا
Faris al-Shidiac (1851)	يزرع جسما طبعيا فيبعث جسما روحانيه... طبيعى و... روحانى
Bustani-VD (MSS 1845-1860)	يزرع جسما حيوانيا و تقوم جسما روحانيا
Bustani-Van Dyck (1865)	يزرع جسما حيوانيا و يقام جسما روحانيا
Jesuit (1880)	يزرع جسدٌ حيوانيٌ و يقوم جسدٌ روحانيٌ
Yusif Dawud (1899)	يزرع جسدٌ نفسانيٌ و يقوم جسدٌ روحانيٌ

Arabic: 20th century

Paulist – Fakhouri (1964)	يزرع جسدٌ حيوانيٌ و يقوم جسدٌ روحانيٌ
New Jesuit (1969)	يزرع جسدٌ بشريٌ فيقوم جسماً روحانياً
Bible Society (1993)	يدفن جسماً بشرياً و يقوم جسماً روحانياً

Hebrew

Hebrew: London, 1817	נזרע בגו הבשר ויקום בגו הרוח
Hebrew: Jerusalem (Bible Society)	יזרע גוף נפשי ויקום גוף רוחני

Oriental Versions: Plate Q 1 Cor 16:22

The Text: "Maran atha" (Our Lord has come) or "Marana tha" (Come Lord Jesus)
Greek: μαραναθα

***Syriac** Peshitta* ܡܪܢ ܐܬܐ

Arabic: 8th to 16th centuries

Vatican Arabic #13 (8th -9th Cent.)	ربنا قد جاء
Bashr: Mt Sinai 151 (867)	مارن اثا
Gibson, Mt. Sinai #155 (9th)	ربنا جاء
Mt. Sinai #73 (9th)	ماران اثا
Mt Sinai Ar. #310 (10th)	سيدنا جاء
Ms. Bodl. Or. 712 (16th)[3]	ماران اثا أي الرب قد جاء

Arabic: 17th to 18th centuries

Erpenius (1616)[4]	من لا يحب ربنا يسوع المسيح فليكن محروما من رجاء الرب (Key word missing)
London Polyglot (1657)	ماران اثا اى الرب قد جاء

3) Bod. Or. MSS 712는 "즉 주께서 확실히 오셨다"를 덧붙인다.

4) Erpenius 역본은 *maranatba*를 빼고, 이전 절에 "주에 대한 소망으로부터"를 덧붙인다.

Propagandist (1671)		ماران اثا
Revised London Polyglot (1717)		ماران اثا
Arabic: 19th century		
Shawair, Lebanon (1813)	(note: اى الرب قد جاء)	موران ايتو
Calcutta, H. Martyn (1826)		مارن اتى
Faris al-Shidiac (1851)		ماران اتى
Bustani-VD (MSS 1845-1860)	(Smith noted: ياتى)	ماران اثا[5]
Bustani-Van Dyck (1865)		ماران أثا
Jesuit (1880)		ماران أتا
Yusif Dawud (1899)		ماران أثا
Arabic: 20th century		
Paulist – Fakhouri (1964)		مارانا ثا
New Jesuit (1969)		ماران أثا
Bible Society (1993)	(note: يا ربّنا تعال)	ماران أثا
Hebrew		
Hebrew: London, 1817		מרן אתא
Jerusalem (Bible Society):		מרן אתא

5) Bustani는 "우리 주께서 오셨다"로 번역했다. Eli Smith는 "우리 주께서 오고 계신다"라는 번역을 주석으로 덧붙였다.

용어 해설

이 책 전체에서는 다수의 단어와 어구가 특수한 의미를 전달하는 용도로 사용된다. 이 용어들 중 일부는 잘 알려져 있지만, 나머지 용어 중에는 내가 만들어낸 것도 있다. 명확성을 높이고 참조를 쉽게 하려는 취지에서 용어 목록을 제시한다.

여기서 나는 구성의 세 가지 측면을 다룰 생각이다. 그 세 측면이란 (1) 작은 것에서 큰 것의 순서로 제시되는 구성의 단위, (2) 바울의 설교를 체계적으로 묶는 다양한 방법, (3) 이 설교들의 다양한 내적 특징이다.

1. 작은 것에서 큰 것의 순서로 제시되는 구성의 단위

히브리 평행법(Hebrew parallelism). 고대 중동의 유명한 문학 양식이다. 성경 시대와 성경 시대 이후에 중동 저술가들은 글을 쓰면서 짝을 이루는 어구나 문장을 즐겨 사용했다. 둘째 행은 첫째 행을 되풀이할 수도 있고, 첫째 행과 반대되는 사실을 제시할 수도 있고, 첫째 행을 예증할 수도 있고, 첫째 행을 클라이맥스에 이르게 할 수도 있고, 단순히 문장을 끝마칠 수도 있다. 이런 형태의 모든 평행법의 다양한 사례가 시편과 히브리 예언자들의 저술에 나타난다.

장면(Cameo). 나는 이 단어를 이사야와 바울을 위시해서 다른 저자들이 작성한 설교의 본질적인 재료를 구성하는 말들의 집단[다발]을 가리키기 위해 사용했다. 종종 장면은 하나나 그 이상의 히브리 평행법으로 구성된다. 이 장면들에는 참조하기 쉽도록 번호가 매겨져 있다. 성경에서 발견되는 전통적인 장과 절 번호는 윗첨자로 포함되어 있다. "장면"은 "연"(stanza)으로 불릴 수도 있지만, 나는 이 "장면"이라는 말을 선호한다. 왜냐하면 "연"은 찬송이나 시(詩)를 쉽게 연상시키기 때문이다. 우리가 다루는 본문은 품격 높은 산문이지만, 그럼에도 나는 "시"라는 단어를 사용하고 싶지 않다.

설교(Homily). 여러 장면이 하나로 묶여 하나의 설교를 구성한다. 이런 설교가 구약성경에 나타나면, 나는 이를 "예언적 설교"(prophetic homilies)라고 부르고, 고린도전서에 나오면 "사도적 설교"(apostolic homilies)라고 부른다. 논의된 설교는 참조하기 쉽도록 각 장면에 번호를 매겼다. 각 장면의 핵심 단어와 개념은 같은 설교의 다른 곳에서 반복되는 주제를 강조하기 위해 오른편 열에 기록했다. 설교는 논문 안에서 부분들을 구성하는 재료가 된다.

부분 또는 단락(Section). 하나나 그 이상의 설교가 함께 (한 논문의) 부분을 구성한다. 때때로 긴 설교는 둘이나 세 부분으로 구성되고, 이 부분들도 (설교의) 부분으로 불린다.

논문(Essay). 이 말은 고린도전서 다섯 주요 부분을 각각 가리키는 데 사용된다. 고린도전서의 각 논문(다섯 개의 논문)은 네 개에서 일곱 개에 이르는 부분들로 구성되어 있다.

2. 설교를 구성하는 다양한 방식

고리 모양 구성(Ring composition). "교차대구법"(chiasm)이나 "역평행법"(inverted parallelism)에 대한 최근의 용어다. 이 세 가지 지칭은 모두,

먼저 저자가 일련의 개념을 제시하고, 이어서 클라이맥스에 달하고, 그런 다음 이 일련의 개념을 역으로 반복해서 출발점으로 되돌아감으로써 "고리 모양"을 구축하는 통상적인 문학 양식을 가리킨다. 그래서 "고리"(ring)라는 이름이 붙는다. 고리 모양 구성의 클라이맥스는 보통 중앙에 있다. 종종 클라이맥스가 위치해 있는 중앙은 고리 모양 구성의 처음 및 끝과 관련된다. 어떤 경우에는 이런 관련성이 뚜렷하고 명확하지만, 다른 경우에는 희미하다.

이중 샌드위치 구성(Double-decker sandwich composition). 이 지칭은 이중 샌드위치처럼 함께 묶여 있는 설교를 가리킨다. 이 방식을 사용할 때 바울은 자신이 제시하는 개념을 세 번 명시한다(이중 샌드위치에서 빵이 세 층을 이루고 있듯이). 그런 다음 새로운 재료가 세 층을 이루는 "빵" 사이에 들어가고, 이런 방식으로 샌드위치가 만들어진다. 바울은 이 방식을 네 번 사용하는데, 약간 수정된 형태로 활용한다. 이 구성은 이사야 50:4-11에서 나타난다.

예언적 수사 틀(Prophetic rhetorical template). 성경 저자가 일련의 단어, 어구, 장면, 설교, 부분들을 1-2-3-4-3-2-1 구조(고리 모양 구성)로 제시할 때, 나는 그 결과를 특별히 "예언적 수사 틀"이라고 부른다. 7은 성경에서 완전수다. 예언자와 사도들을 위시해서 다른 성경 저자들은 종종 이 방식을 사용한다. 이 특수한 방식은 명칭을 필요로 할 정도로 예언서, 복음서, 고린도전서에서 흔하게 나타난다. 몇 년 동안 연구한 결과 "예언적 수사 틀"이라는 표현이 가장 나아 보였다.

높이뛰기 형식(The high jump format). 바울은 종종 짧은 장면들을 직선으로 제시하고, 이런 직선적 장면들을 정교하게 구성된 고리 모양 구성의 서론으로 사용한다. 이는 선수가 높이뛰기를 할 때 (1) 짧은 질주로 시작해서 (2) 도약을 하고 (3) 이어서 가로대를 넘으며 (4) 마지막으로 반대쪽으로 아치를 그리며 하강하는 것과 같다. 아치를 그리는 하강은 도약을 역방향으로 하는 것과 같다. 가로대를 넘는 것이 이 네 활동의 클라이맥스다. 높이뛰기 방법과 바울의 이 특수한 설교 구성의 방식 사이에 나타난 긴밀한 평행 관계로 인해, 나는 이 방식을 "높이뛰기 형식"이라고 부른다. 고린도전서는 이런 방식의 적절한 사례를 다수 포함하고 있다.

3. 설교의 다양한 내적 특징

단계 평행법(Step parallelism). 이 지칭은 먼저 일련의 개념들이 제시되고, 이어서 이 개념들이 같은 순서로 반복되는 구조를 가리킨다. 이는 A-B-C, A-B-C 구조를 가진다. 때로 이 구조는 장면들로 구성되고, 또 때로는 단일한 행들로 구성되기도 한다. 16:15-18을 보면, 여섯 장면이 함께 묶여 단계 평행법을 구성하고 있다. 3:5-9 같은 설교는 더 빈번하게 고리 모양 구성을 활용하여 작성된다(이 경우에는 설교가 네 장면으로 이루어짐). 독자가 고리 모양 구성 **안에서 평행 장면들**을 비교해보면, 단계 평행법이 나타난다. 이사야 28:14-18은 단계 평행법이 사용되어 장면 1과 7이 하나로 연결되는 이 방식의 초기의 한 사례다.

전환점(Point of turning). 고리 모양 구성에서 저자는 먼저 일련의 개념을 제시하고, 이어서 정점에 이르고, 그런 다음 이 일련의 개념을 역방향으로 반복한다. 중앙을 지나면 곧바로 개념이 (역으로) 반복되기 시작하는데, 거기에 "전환점"이 있을 수 있다. 이 반복이 시작될 때 크게 다른 어떤 사실이 도입된다. 바울은 간헐적으로 이 수사 장치를 사용한다.

둘러싸인 비유(Encased parable). 이 말은 고리 모양 구성의 중앙에 나타나는 (짧거나 긴) 은유, 직유 또는 비유를 가리킨다.

둘러싸인 구약 인용문(Encased Old Testament quotation). 때때로 고리 모양 구성에서는 중앙의 클라이맥스가 구약 인용문으로 채워진다. 중앙에 위치한 구약 인용문은 "둘러싸인 구약 인용문"으로 불린다. 그 지점에 위치함으로써 이 인용문은 특별한 주목의 대상이 된다.

/ 참고 문헌 /

Aikman, David. *Jesus in Beijing*. Washington, D.C.: Regnery, 2003.

Aland, Kurt, ed., *The Greek New Testament*. New York: United Bible Societies, 1968.

Alford, Henry. *The Greek Testament*. Vol. 2. New York: Lee, Shepard & Dillingham, 1872.

Ambrosiaster. *Commentaries on Romans and 1-2 Corinthians*. Translated and edited by Gerald L. Bray. Downers Grove, Ill.: InterVarsity Press, 2009.

The Anchor Bible Dictionary. 6 vols. Edited by David N. Freedman. New York: Doubleday, 1992.

Aristotle. *The "Art" of Rhetoric*. Loeb Classical Library. Translated by J. H. Freese. Cambridge, Mass.: Harvard University Press, 2006.

Augustine. *Basic Writings of Saint Augustine*. 2 vols. Edited by Whitney Oates. New York: Random House, 1948.

Bailey, D. S. *The Man-Woman Relation in Christian Thought*. London: Longmans,1959.

Bailey, Kenneth E. "Appendix A: The Oriental Versions, . . . " pp. 208-12. In *Poet and Peasant*. Grand Rapids: Eerdmans, 1980.

_______. "Inverted Parallelism and Encased Parables in Isaiah and Their Significance for Old and New Testament Translation and Interpretation," pp. 14-30. In *Literary Structure and Rhetorical Strategies in the Hebrew Bible*. Edited by L. J. de Regt, J. de Waard and J. P. Fokkelman. Assen, The Netherlands: Van Gorcum, 1996.

_______. *Jesus Through Middle Eastern Eyes*. Downers Grove, Ill.: IVP Academic, 2008.

_______ . "Methodology (2): Four Types of Literary Structures in the New Testament." In *Poet and Peasant: A Literary Cultural Approach to the Parables in Luke*. Grand Rapids: Eerdmans, 1976.

_______. "Parallelism in the New Testament—Needed: A New Bishop Lowth." *Technical Papers For the Bible Translator* 26 (1975).

_______. "Paul's Theological Foundation for Human Sexuality: I Cor. 6:9-20 in the Light of Rhetorical Criticism." *Theological Review* 3 (1980).

_______. "Recovering the Poetical Structure of I Cor. i 17-ii 2: A Study in Text and Commentary." *Novum Testamentum* 17 (1975).

_______. "The Structure of I Corinthians and Paul's Theological Method with Special Reference to 4:17." *Novum Testamentum* 25 (1983).

_______ . "Women in the New Testament: A Middle Eastern Cultural View." *Theology Matters* 6, no. 1 (January-February 2000).

Balakian, Peter. *The Burning Tigris: Armenian Genocide and America's Response*. New York: HarperCollins, 2003.

Barnett, Paul. *Jesus and the Rise of Early Christianity*. Downers Grove, Ill.: InterVarsity Press, 1999.

Barrett, C. K. *A Commentary on the First Epistle to the Corinthians*. New York: Harper, 1968.

_______ . *A Commentary on the Second Epistle to the Corinthians*. New York: Harper & Row, 1973.

Barth, Markus. *Ephesians*. Anchor Bible 34. New York: Doubleday, 1974.

Bauckham, Richard. *Gospel Women: Studies of the Named Women in the Gospels*. Grand Rapids: Eerdmans, 2002.

_______. *Jesus and the Eyewitnesses: The Gospels as Eyewitness Testimony*. Grand Rapids: Eerdmans, 2006.

Bauer, Walter, W. F. Arndt, F. W. Gingrich and F. W. Danker. *A Greek-English Lexicon of the New Testament*. Chicago: University of Chicago Press, 1979.

Bengel, John A. *Bengel's New Testament Commentary*. 2 vols. Grand Rapids: Kregel, 1981.

Bertram, G. "παιζω." In *Theological Dictionary of the New Testament*, 5:625-36.

Edited by Gerhard Kittel and Gerhard Friedrich. Grand Rapids: Eerdmans, 1967.

Betz, Hans Dieter. *2 Corinthians 8-9*. Philadelphia: Fortress Press, 1975.

Bishr ibn al-Sari. *Mt. Sinai Arabic Codex 151, I Pauline Epistles*. Corpus Scriptorum Christianorum Orientalium 453. Translated by Harvey Staal. Lovanii: Aedibus E. Peeters, 1983.

Black, Matthew. "The Maranatha Invocation and Jude 14, 15 (1 Enoch 1:9)." In *Christ and Spirit in the New Testament: Studies in Honor of Charles Francis Digby Moule*. Edited by B. Lindars and S. S. Smalley. Cambridge: Cambridge University Press, 1973.

Bligh, John. *Galatians in Greek: A Structural Analysis of St. Paul's Epistle to the Galatians*. Detroit: University of Detroit Press, 1966.

Boismard, M. E., and A. Lamouille. *Le Texte Occidental des Actes des Apôtres: Reconstitution et Réhabilitation, Tome I Introduction et texts*. Paris: Editions Recherche sur les Civilisations, 1984.

Bonhoeffer, Dietrich. *The Cost of Discipleship*. London: SCM Press, 1954.

_______. *Meditations on the Cross*. Louisville: Westminster John Knox, 1996.

Bornkamm, Günther. *Paul*. New York: Harper & Row, 1971.

Boys, Thomas. *A Key to the Book of Psalms*. London: L. B. Steely, 1825.

_______. *Tactia Sacra*. London: T. Hamilton, 1824.

Bray, Gerald, ed. *1-2 Corinthians*. Ancient Christian Commentary on Scripture, New Testament 7. Downers Grove, Ill.: InterVarsity Press, 1999.

Bridgewater, W., and S. Kurtz. *The Columbia Encyclopedia*. 3rd ed. New York: Columbia University Press, 1963.

Bruce, F. F. *1 and 2 Corinthians*. New Century Bible. London: Oliphants, 1971.

_______. *Paul: Apostle of the Heart Set Free*. Grand Rapids: Eerdmans, 1977.

_______. *Paul and His Converts*. London: Lutterworth, 1962.

Bultmann, Rudolf. *Theology of the New Testament*. Vol. 1. London: SCM Press, 1952.

Burney, C. F. *The Poetry of Our Lord*. Oxford: Clarendon Press, 1925.

Calvin, John. *The First Epistle of Paul to the Corinthians*. Translated by J. W. Frazier. Edited by David W. Torrance and T. F. Torrance. Grand Rapids: Eerdmans, 1960.

Carey, George. *The Gate of Glory*. Grand Rapids: Eerdmans, 1993.

Chrysostom, John. *Homilies on the Epistles of Paul to the Corinthians*. Translated by Talbot W. Chambers. In *Nicene and Post-Nicene Fathers*, vol. 12, edited by Philip Schaff. Grand Rapids: Eerdmans, 1975.

_______. "Homily IX [I Timothy ii. 11-15]," pp. 435-37. In *Nicene and Post-Nicene Fathers*, vol. XIII. Grand Rapids: Eerdmans, 1979.

Cohen, Shaye J. D. *From the Maccabees to the Mishnah*. 2nd ed. Louisville: Westminster John Knox, 2006.

Conzelmann, Hans. *1 Corinthians*. Hermeneia. Philadelphia: Fortress, 1975.

Cross, Frank M., David N. Freedman and James A. Sanders, eds. *Scrolls from Qumran Cave I: The Great Isaiah Scroll, the Order of the Community, the Pesher to Habakkuk from Photographs by John C. Trever*. Jerusalem: Albright Institute of Archaeological Research and the Shrine of the Book, 1972.

Dahood, Mitchell. "Pairs of Parallel Words in the Psalter and in Ugaritic," pp. 445-56. In *The Anchor Bible: Psalms III 101-150*. New York: Doubleday, 1970.

Dalrymple, William. *From the Holy Mountain*. New York: Henry Holt, 1998.

Daniels, Jon B. "Barnabas," pp. 610-11. *The Anchor Bible Dictionary*, Vol. I. New York: Doubleday, 1992.

Danby, Herbert, trans. *The Mishnah*. Oxford: Oxford University Press, 1980, c. 1933.

Darlow, T. H., and H. F. Moule, *Polyglots and Languages Other Than English*. Vol. II in *Historical Catalogue of the Printed Editions of Holy Scripture in the Library of the British and Foreign Bible Society*. New York: Kraus Reprint, 1964.

Deissmann, Adolf. *Light from the Ancient East*. Grand Rapids: Baker, 1980.

Delling, Gerhard. "υπερβαλλω," 8:520-22. In *Theological Dictionary of the New Testament*. Edited by Gerhard Kittel and G. Friedrich. Grand Rapids: Eerdmans, 1979.

Dionesius ibn al-Salibi (d. 1164). *Kitab al-Durr al-Farid fi Tafsir al-'Ahd al-Jadid* (The Book of Rare Pearls of Interpretation of the New Testament). Edited by 'Abd al- Masih Dawlabani of the Syrian Orthodox Church. 2 vols. N.p., n.d. (assumed to be published around 1900). Written in Syriac and translated into Arabic in the monastery of Dair al-Za'farani in 1727.

Dio Chrysostom. *Discourses 8*. In Jerome Murphy-O'Connor, St. Paul's Corinth. Collegeville, Minn.: Liturgical Press, 2002.

Dunn, James D. G. *Jesus and the Spirit*. Philadelphia: Westminster Press, 1975.

Edersheim, Alfred. *The Life and Times of Jesus the Messiah*. 2 vols. New York: Longmans, 1906.

Evans, Craig A., and N. T. Wright. *Jesus, the Final Days: What Really Happened*. Edited by Troy A. Miller. Louisville: Westminster John Knox, 2009.

Fee, Gordon D. *The First Epistle to the Corinthians*. New International Commentary on the New Testament. Grand Rapids: Eerdmans, 1987.

Findlay, G. G. "St. Paul's First Epistle to the Corinthians." In *Expositor's Greek Testament*. Edited by W. Robertson Nicoll. Vol. 2. New York: George H. Doran, 1900.

Forbes, John. *The Symmetrical Structure of Scripture*. Edinburgh: n.p., 1854.

Forsyth, P. T. *The Work of Christ*. London: Independent Press, 1958.

Friedman, Thomas L. *The World Is Flat*. New York: Farrar, Straus & Giroux, 2007.

Furnish, Victor Paul. *2 Corinthians*. Anchor Bible. New York: Doubleday, 1984.

Garland, David E. *1 Corinthians*. Grand Rapids: Baker Academic, 2003.

Gerhardsson, Birger. *Memory and Manuscript: Oral Tradition and Written Transmission in Rabbinic Judaism and Early Christianity*. Copenhagen: Ejanr Munksgaard, 1961.

Godet, Frederic Louis. *Commentary on First Corinthians*. Grand Rapids: Kregel, 1977.

Gray, G. B. *The Forms of Hebrew Poetry*. Prolegomenon by David Noel Freedman. New York: KTAV Publishing House, 1972.

Griswold, Eliza. *The Tenth Parallel: Dispatches from the Fault Line Between Christianity and Islam*. New York: Farrar, Straus & Giroux, 2010.

Grosheide, F. W. *Commentary on the First Epistle to the Corinthians*. The New International Commentary. Grand Rapids: Eerdmans, 1976.

Guidi, Ignazio. "Le traduzioni degli Evangelii in Arabo e in Etiopico," pp. 5-37. *Attidella Reale Accademia die Lincei*, anno cclxxv [1888].

Hamilton, Edith. *The Greek Way to Western Civilization*. New York: Mentor Books,

1948.

Hays, Richard. *First Corinthians*. Louisville: John Knox, 1997.

Hering, Jean. *The First Epistle of Saint Paul to the Corinthians*. Translated by A. W. Heathcote and P. J. Allcock. London: Epworth, 1962.

Herodotus. Bk. 2. Loeb Classical Library. Translated by A. D. Godley. Cambridge, Mass.: Harvard University Press, 1946.

Holladay, William L. *A Concise Hebrew and Aramaic Lexicon of the Old Testament Based upon the Lexical Word of Ludwig Koehler and Walter Baumgartner*. Grand Rapids: Eerdmans, 1971.

Horst, J. "μακροθυμια," 4:374-87. In *Theological Dictionary of the New Testament*. Edited by Gerhard Kittel and G. Friedrich. Grand Rapids: Eerdmans, 1967.

Hughes, Philip E. *Paul's Second Epistle to the Corinthians*. Grand Rapids: Eerdmans, 1962.

Jebb, John. *Sacred Literature*. London: n.p., 1820.

Jeremias, Joachim. *The Eucharistic Words of Jesus*. New York: Charles Scribner's, 1966.

_______. *Infant Baptism in the First Four Centuries*. London: SCM, 1960.

Jewett, Robert. *Dating Paul's Life*. London: SCM, 1979.

Josephus. *The Works of Josephus: Complete and Unabridged*. Updated ed. Translated by William Whiston. Peabody, Mass.: Hendrickson, 1987.

Kasch, Wilhelm. "στεγω," 7:585-87. In *Theological Dictionary of the New Testament*. Edited by Gerhard Kittel and Gerhard Friedrich. Grand Rapids: Eerdmans, 1979.

Khalidi, Tarif, trans. and ed. *The Muslim Jesus: Sayings and Stories in Islamic Literature*. Cambridge, Mass.: Harvard University Press, 2001.

Kistemaker, Simon J. *1 Corinthians*. Grand Rapids: Baker Books, 1993.

Koehler, L., and W. Baumgartner, eds. *Lexicon in Veteris Testamenti Libros*. Leiden: J. J. Brill, 1958.

Kovacs, Judith L., trans. and ed. *1 Corinthians: Interpreted by Early Christian Commentators*. Grand Rapids: Eerdmans, 2005.

Kugel, James L. *The Idea of Biblical Poetry: Parallelism and Its History*. New Haven: Yale University Press, 1981.

Kuhn, K. G. "μαραναθα," 4:466-72. In *Theological Dictionary of the New Testament*. Edited by Gerhard Kittel and G. Friedrich. Grand Rapids: Eerdmans, 1967.

Lampe, G. W. H. *A Patristic Greek Lexicon*. Oxford: Clarendon Press, 1961.

Lamsa, George M. *The Holy Bible, Translated from the Peshitta*. Philadelphia: Holman, 1957.

Lansing, G. *Egypt's Princes: Missionary Labor in the Valley of the Nile*. 2nd ed. Philadelphia: William S. Rentoul, 1864.

Layard, Austen Henry. *Nineveh and Its Remains: With an Account of a Visit to the Chaldaean Christians of Kurdistan, and the Yezidis or Devil-worshippers; and an Inquiry into the Manners and Arts of the Ancient Assyrians*. 2 vols. New York: George Putnam, 1848.

Lewis, C. S. *Letters: C. S. Lewis and Don Giovanni Calabria*. Ann Arbor, Mich.: Servant Books, 1988.

Liddell, H. G., Robert Scott and H. S. Jones. *A Greek-English Lexicon*. Oxford: Clarendon Press, 1966.

Lightfoot, John. *A Commentary on the New Testament from the Talmud and Hebraica: Matthew—I Corinthians. Vol. 4: Acts—1 Corinthians*. Grand Rapids: Baker, 1979.

Lowth, Robert. *Lectures on the Sacred Poetry of the Hebrews*. London: n.p., 1787.

Lund, N. W. *Chiasmus in the New Testament*. Peabody, Mass.: Hendrickson, 1992, c. 1942.

Manson, T. W. *The Sayings of Jesus*. London: SCM Press, 1964.

Marshall, I. Howard. *The Gospel of Luke: A Commentary on the Greek Text*. The New International Greek Testament Commentary. Exeter, U.K.: Paternoster, 1978.

Matta al-Miskin. *Al-Qiddis Bulus al-Rasul: Hayatu wa Lahutuhu wa A'maluhu* [(Arabic) St. Paul the Apostle: His Life, His Theology, His Ministry]. The Monastery of St. Maqar, wadi al-Natron, Box 2780, Cairo: The Monastery of St. Maqar, 1992.

Metzger, Bruce. *A Textual Commentary on the Greek New Testament*. New York: United Bible Societies, 1971.

Metzger, Bruce M. "A Survey of Recent Research on the Ancient Versions of the New Testament." *New Testament Studies* 2 (1955/56): 1-16.

Meyer, Heinrich August Wilhelm. *Critical and Exegetical Handbook to the Epistles to the Corinthians*. New York: Funk & Wagnals, 1884.

Midrash Rabbah, *Genesis*. Translated by H. Freedman. London: Soncino, c. 1983.

Moffatt, James. *The First Epistle of Paul to the Corinthians*. Moffatt Commentary. New York: Harper, 1938.

Moriarty, Frederick L. "Isaiah 1-39," pp. 265-82. In *The Jerome Biblical Commentary*. Vol 1., *The Old Testament*. Englewood Cliffs, N.J.: Prentice-Hall, 1968.

Morris, Leon. *The First Epistle of Paul to the Corinthians*. Grand Rapids: Eerdmans, 1958.

Moule, C. F. D. *An Idiom-Book of New Testament Greek*. Cambridge: Cambridge University Press, 1968.

Moulton, James H., and George Milligan. *The Vocabulary of the Greek Testament Illustrated from the Papyri and Other Non-literary Sources*. Grand Rapids: Eerdmans, 1963.

Muilenburg, James. "From Form Criticism and Beyond." *Journal of Biblical Literature* 88 (1969).

Murphy-O'Connor, Jerome. "Corinth." In *Anchor Bible Dictionary*. Vol. 1. New York: Doubleday, 1992.

_______. *1 Corinthians*. Wilmington, Del.: Michael Glazier, 1982.

_______. *St. Paul's Corinth: Texts and Archaeology*. Collegeville, Minn.: Liturgical Press, 2002.

_______. *St. Paul's Corinth*. Collegeville, Minn.: Liturgical Press, 2002.

Nestle, Eberhard, ed. *Novum Testamentum Graece*. Stuttgart: Deutsche Bibelstiftung, 1979.

Neusner, Jacob, trans. *The Tosefta*, I-V. New York: KTAV, 1979-1986.

Newbigin, Lesslie. *The Open Secret*. Grand Rapids: Eerdmans, 1978.

Nickle, Keith F. *The Collection: A Study in Paul's Strategy*. Studies in Biblical Theology 48. Naperville, Ill.: Allenson, 1966.

Niles, D. T. *1 Corinthians*. Wilmington, Del.: Michael Glazier, 1979.

_______. *This Jesus . . . Whereof We Are Witnesses*. Philadelphia: Westminster Press, 1965.

Orr, William F., and James A. Walther. *1 Corinthians*. Anchor Bible 32. New York: Doubleday, 1976.

Pappi, Ilan. *The Ethnic Cleansing of Palestine*. Oxford: OneWorld, 2007.

Plato. *The Dialogues of Plato*. Translated by B. Jowett. 2 vols. New York: Random House, 1937.

Pritchard, James B., ed. *The Ancient Near East: An Anthology of Texts and Pictures*. Princeton, N.J.: Princeton University Press, 1958.

Robertson, A., and A. Plummer. *First Epistle of St. Paul to the Corinthians*. International Critical Commentary. New York: Charles Scribner's, 1911.

Safrai, S., and M. Stern, eds., in cooperation with D. Flusser and W. C. van Unnik. *Compendia Rerum Iudaicarum ad Novum Testamenum*. Sect. 1. Vol. 2, The Jewish People in the First Century. Philadelphia: Fortress, 1976.

Safrai, S. "The Synagogue," pp. 908-44. In *The Jewish People in the First Century*. Vol. 2. Philadelphia: Fortress.

_______. "Education and the Study of the Torah," pp. 945-70. In *The Jewish People in the First Century*. Vol. 2. Philadelphia: Fortress.

Saldarini, Anthony J. "Scribes." In *Anchor Bible Dictionary*. Vol. 5. New York: Doubleday, 1992.

Schweizer, E. "Dying and Rising with Christ." *New Testament Studies* 14 (1967-1968).

Swidler, Leonard. *Biblical Affirmations of Women*. Philadelphia: Westminster Press, 1979.

Talmud, Babylonian. *The Hebrew-English Edition of the Babylonian Talmud*. Edited by I. Epstein. London: Soncino, 1980. c. 1960.

Tasker, R. V. G. *The Second Epistle of Paul to the Corinthians*. Grand Rapids: Eerdmans, 1958.

Temple, William. *Christus Veritas*. London: Macmillan, 1954.

Theodoret of Cyr. *Commentary on the First Epistle to the Corinthians*. TLG database. CD-ROM.

Thiselton, Anthony C. *The First Epistle to the Corinthians*. New International Greek Testament Commentary. Grand Rapids: Eerdmans, 2000.

Thompson, Marianne M. "Jesus Is Lord: How the Earliest Christian Confession Informs Our Proclamation in a Pluralistic Age." Address delivered at the General Assembly of the Presbyterian Church (USA), June 19, 2002. Published privately.

Thrall, Margaret E. *1 and 2 Corinthians*. Cambridge: Cambridge University Press, 1965.

_______. *The First and Second Letters of Paul to the Corinthians*. In *The Cambridge Bible Commentary*. Cambridge: Cambridge University Press, 1965.

Torrance, David W., and Thomas F. Torrance. *The Second Epistle of Paul to the Corinthians and the Epistles to Timothy, Titus and Philemon*. Grand Rapids: Eerdmans, 1964.

Trever, John C., photographer. *Scrolls from Qumran Cave I: The Great Isaiah Scroll, The Order of the Community, The Pesher to Habakkuk*. Jerusalem: The Albright Institute and the Shrine of the Book, 1972.

Vermes, G. *The Dead Sea Scrolls in English*. Baltimore: Penguin Books, 1973.

Volf, Miroslav. *The End of Memory: Remembering Rightly in a Violent World*. Grand Rapids: Eerdmans, 2006.

Walls, Andrew F. "Eusebius Tries Again: Reconceiving the Study of Christian History." *International Bulletin of Missionary Research* 24 (July 2000): 105-11.

Whale, J. S. "Christ Crucified: the Christian Doctrine of the Atonement." In *Christian Doctrine*. New York: Macmillan, 1941.

_______. *Victor and Victim: The Christian Doctrine of Redemption*. Cambridge: Cambridge University Press, 1960.

Wiesel, Elie. *Night*. Translated by Marion Wiesel. New York: Hill & wang, 2006.

Wills, Garry. *Lincoln at Gettysburg: The Words That Remade America*. New York: Simon & Schuster, 1992.

Wilson, J. M. *The Acts of the Apostles: Translated from the Codex Bezai with an Introduction on Its Lucan Origin and Importance*. London: SPCK, 1924.

Wilson, Victor M. *Divine Symmetries*. Lanham, Md.: University Press of America, 1997.

Wintermute, O. S., trans. *Jubilees*. In *The Old Testament Pseudepigrapha*. Vol. 2. Edited by James H. Charlesworth. New York: Doubleday, 1985.

Witherington, Ben. *Women in the Earliest Churches*. Cambridge: Cambridge University Press, 1988.

Wright, N. T. *The Resurrection of the Son of God*. Minneapolis: Fortress, 2003.

이 책의 연구에 사용된 동양 역본의 표기와 간략한 해설[1]

시리아어 역본

The New Testament in Syriac. 표기: Peshitta Syriac

John Gwynn 편집. London: British and Foreign Bible Society, 1905-1920.

세 개의 시리아어 신약성경 중 두 번째 책. 4-5세기에 최종 형태가 완성되었고 시리아 정교회의 공인 역본.

The Holy Bible from Ancient Eastern Manuscripts Containing the

1) 이 색인에 나오는 표기와 간략한 해설 중 일부는 T. H. Darlow, H. F. Moule, *Polyglots and Language: Other Than English,* Vol. II in *Historical Catalogue of the Printed Editions of Holy Scripture in the Library of the British and Foreign Bible Society* (New York: Kraus Reprint, 1964)에서 발견된다. Ignazio Guidi, "Le traduzione degle Evangelii in Arabo e in Etiopico," *Atti della Reale Accademia die Lincei,* anno cclxxv [1888], pp. 5-37; Bruce M. Metzger, "A Survey of Recent Research on the Ancient Versions of the New Testament," *New Testament Studies* 2 (1955/56): 1-16도 보라. 더 완전한 참고 문헌은 Kenneth E. Bailey, *Poet and Peasant* (Grand Rapids: Eerdmans, 1980), pp. 218-219에 나온다.

Old and New Testaments Translated from the Peshitta. 표기: Lamsa Peshitta.

동방 교회의 공인 성경. George M. Lamsa 편집. Philadelphia: A. J. Holman, 1957.

시리아 정교회(동방 교회)의 부제(副祭)인 조지 람사가 번역한 페시타 영문판.

아랍어 역본(연대순 정리)

A. 아랍어 서신서 역본의 고대 사본(인쇄본과 미인쇄본)

Vatican Arabic 13. 표기: Vat. Ar. 13 (8-9세기).

현존하는 아랍어 신약성경 중 가장 오래된 역본으로 일반적으로 인정된다. 누가복음 후반부와 요한복음 전체가 빠져 있다. 현재의 사본은 각기 다른 다섯 명이 필사한 것이다. 이 사본에서 복음서의 가장 오래된 부분은 이슬람교 이전 시대에 등장했다. 따라서 어떤 본문에서는 하나님을 *Elohim*으로 지칭한다. "요한"이라는 이름이 한 페이지에서 세 가지 다른 방식으로 발음된다. 다른 많은 구별된 특징들로 보아 이 사본은 매우 이른 초기의 역본이다. 일부 사려 깊은 초기의 해석이 이 사본의 독법에 반영되어 있다. 옛 시리아어 역본의 영향도 포함되어 있다.

Mt. Sinai Arabic Codex 151 (I) Pauline Epistles. 표기: Mt. Sinai 151 (867).

Harvey Staal 번역/편집. Corpus Scriptorum Christianorum Orientalium 452. Scriptores Arabici Tomus 40. Lovanii: Aedibus E. Peeters, 1983.

사도행전과 서신서의 현존하는 가장 오래된 사본. 시리아 학자로 다마스쿠스 지방에서 활동한 비쉬르 이븐 알-사리는 이 역본을 시리아어에서 아랍어로 번역했고, 본문에 자신의 사려 깊은 주석을 덧붙였다. 이 역본의 기록 연대는 기원후 867년이다. Mt. Sinai 151의 유일한 현존 복사본이다.

Mt. Sinai Arabic Codex 310. 표기: Mt. Sinai 310 (10세기).

이 사본의 익명의 번역자는 설명적인 단어와 어구를 본문에 간략하게 덧붙이는데, 이것은 간이 주석의 역할을 한다. 이 점이 큰 흥미를 끈다.

Mt. Sinai Arabic 155. An Arabic Version of the Epistle of St Paul to the Romans, Corinthians, Galatians with part of the Epistle to the Ephesians from a Ninth-century Mss. in the Convent of St. Catharine on Mount Sinai. 표기: Mt. Sinai 155 (9세기).

Margaret D. Gibson 편집. London: Cambridge University Press, 1894.

그리스어로부터 번역된 역본으로 비교적 오래되었다. 이 역본이 중요한 것은 이처럼 오래되었기 때문이다.

Mt. Sinai Arabic MSS No. 73, Epistles (9세기).

오래되었다는 점과 그리스어 본문에서 번역되었다는 특징 때문에 중요한 역본. 초기의 고대 아랍어 문자는 읽기 어렵다.

Bodleian Library Oriental MS 712. 표기: Bodl. Or. 712 (16세기).

이 완전한 신약성경(종이로 된)은 16세기 작품으로 간주된다. 이 역본은 서구 기독교의 장(章) 구분을 따르며, 간혹 절(節) 번호에는 라틴어 표기가 안쪽 여백에 덧붙여져 있다. 필체가 명확하고 아름답다. 필사와 역본의 원천은 알려져 있지 않다.

B. 인쇄된 아랍어 서신서 역본

Novum Testamentum Arabice. 표기: Erpenius 1616. Thomas Erpenius 편집. Leidae: 출판사 불명, 1616.

17세기 네덜란드 학자인 에르페니우스가 콥트어, 그리스어, 시리아어 신약성경으로부터 번역한 초기의 아랍어 신약성경.

Kitab al-'Ahd al-Jadid, That Is the Holy Gospel of Our Lord Jesus the Messiah.

동방 교회의 유익을 위해 1671년 대제국 로마에서 인쇄된 복사본으로부터 보호국 런던에서 겸손한 종 리처드 왓슨이 1823년 인쇄함.

표기: Propagandist 1671.

마다스쿠스의 마론파 대주교인 사르키스 알-리시가 작성. 알-리시는 1650년에 로마로 가 "프로파간다 피데"(*Propaganda Fide*) 가톨릭 교단을 위해 이 아랍어 신약성경을 준비했다.

The Holy Bible Containing Old and New Testaments in the Arabic Language. Newcastle-upon-Tyne: Sara Hodgson, 1811.

표기: London Polyglot rev. (1811).

케임브리지 대학교의 아랍어 교수인 조셉 칼라일이 편집.

Greek Catholic Lectionary of the New Testament. Schwair, Lebanon: Greek Catholic Monastery of St. John, 1813.

표기: Schwair (1813).

레바논의 슈와이르에 있는 그리스 가톨릭 성 요한 수도원이 중동에서 최초로 기독교 문서 출판을 시작했다. 이 역본은 장구한 역사의 아랍어 성경 전통에서 중요한 이정표를 세운 작품이다.

Al-'Ahd al-Jadid ila Rabbina wa Mukhullisina Yashu' al-Masih. [*The New Testament of Our Lord and Savior Jesus the Messiah*]. Calcutta: Episcopal Press, 1826, c. 1816.

표기: Martyn (1816).

인도에서 나다니엘 사바트(바그다드 출신의 기독교 학자)가 유명한 언어 학자인 헨리 마틴의 감수 아래 번역한 역본이다. 이슬람의 체취를 짙게 풍기는 단어와 어구를 사용한 초기의 저술을 대표한다.

Kitab al-'Ahd al-Jadid ila Rabbina Yasu' al-Masih [The Book of the New Testament of Our Lord Jesus the Messiah]. al-Shidiac 번역. London: William Watson, 1851.

표기: Shidiac (1851).

레바논의 파리스 알-시디아크는 케임브리지 대학교의 S. 리와 토머스 자렛의 감수 아래 이 번역을 마쳤다. Bustani-Van Dyck 역본에는 미치지 못하지만 뛰어난 역본이다.

Kitab al-'Ahd al-Jadid liRabbina wa Mukhallisina Yasu al-Masih [The Book of the New Testament of Our Lord and Savior Jesus the Messiah]. Beirut: Bible Society, 1947. 1860년 최초 출판.

표기: Bustani-Van Dyck (1860).

이 유명한 역본은 레바논인 부트루스 알-부스타니, 나시프 알-야지지와 오랜 기간 베이루트에 거주한 미국인 엘리 스미스, 코르넬리우스 반 다이크의 합작품이었다. 지금까지 아랍어로 번역된 역본 중 가장 유력한 저술이 되었고 지금도 그렇게 남아 있다.

MSS worksheets of the Bustani-Van Dyck Version.

표기: Bustani-Van Dyck MSS (1845-1860)

Kitab al-'Ahd al-Jadid liRabbina wa Mukhallisina Yasu al-Maasih. 1845-1860에 번역되고 1860년에 레바논의 베이루트에서 처음 출판된 아랍어 신약성경의 성서협회 역본의 원본 복사판. 이 복사판에는 번역자 부트루스 알-부스타니, 문장가 유시프 알-야지지, 언어학자 엘리 스미스의 필체가 들어 있다. 원본은 레바논 베이루트의 근동 신학교 서고에 은밀히 소장되어 있다. 이 복사판에는 역본을 만든 네 학자의 주해와 주장이 각각 명확하게 기록되어 있으며 이 기록은 현존한다. 이 복사판에는 정확하고 세밀한 엄청난 분량의 학문적 요소가 보존되어 있다. 나는 이 신약성경을 깨끗하게 사진으로 찍어 이 책의 원천 자료로 사용할 수 있었다.

Al-Kitab al-Muqaddas al-Ahd al-Jadid liRubbina Yasu al-Masih [*The Holy Bible the New Testament of Our Lord Jesus the Messiah*]. Beirut: Jesuit Press, 1929.

표기: Jesuits (1880).

베이루트에서 예수회 수사들이 히브리어, 그리스어, 시리아어, 라틴어 본문을 사용해서 만든 양질의 역본. 결정적인 본문들에서 일반적으로 불가타 역본을 따르고 있다.

Novum Testamentum Domini Nostri Jesu Christi Version Arabica. Mausili: Typis Fratrum Praedicatorum, 1899.

표기: Yusif Dawud (1899).

도미니크 수도회의 신부인 유시프 다우드가 번역하고, 이라크의 마우실에서 도미니크 수도회 수사들이 출판했다. 유시프 신부는 Syriac Peshitta 역본에 크게 의존했다.

Al-Kitab al-Muqaddas al-'Ahd al-Jadid [*The Holy Bible: The New Testament*]. Harisa, Lebanon: Paulist Press, 1964.

표기: Fakhouri (1964).

성 바울 선교회의 신부 조지 파코리가 이 훌륭한 저술을 번역한 다음, 레바논에서 성 바울 선교회 출판사의 후원을 받아 출판했다.

Al-Kitab al-Muqaddas al-'Ahd al-Jadid [*The Holy Bible: The New Testament*]. Beirut: Dar al Mashriq, 1969.

표기: New Jesuit (1969).

레바논 예수회가 이 새로운 번역을 1880년에 출판된 초기 성경의 업데이트 판으로서 후원했다. 이 번역 성경은 원어, 현대의 학문, 수백 년에 이르는 아랍어의 변화를 참작하면서 깊은 주의를 기울여 만들어졌다.

Al-Kitab al-Muqaddas [*The Holy Bible*]. Beirut: Bible Society in Lebanon, 1993.

표기: Bible Society Arabic (1993).

정교회, 가톨릭, 개신교 전통에 속한 학자와 교회 지도자들이 새롭게 연합해서 노력한 결과, 아랍권 세계의 모든 교회가 사용할 수 있는 역본이 만들어졌다. 결과도 훌륭했다.

히브리어 역본

Berith Hadasha 'al Fi Mashiah [*New Testament from the Mouth of the Messiah*]. London: Macintosh Spitalfields, 1817.

표기: Hebrew (1817).

Haberith Hahadasha [*The New Covenant*]. Jerusalem: Bible Society in Israel, 연대 불명.

표기: Jerusalem (Bible Society).

얼마 전 이스라엘 성서협회가 만든 신약성경 역본.

/ 색인 /

고대 저자 색인

현대 저자 색인

고대 문헌 색인

❖교부 문헌

❖다른 고대 문헌

성경 색인

❖ 구약성경

❖ 외경

집회서

솔로몬의 지혜

❖ 신약성경

마태복음

마가복음

누가복음

요한복음

사도행전

로마서

고린도전서

고린도후서

갈라디아서

에베소서

빌립보서

골로새서

지중해의 눈으로 본 바울

고린도전서의 문예-문화적 연구

Copyright © 새물결플러스 2017

1쇄 발행 2017년 10월 30일
4쇄 발행 2021년 2월 18일

지은이 케네스 E. 베일리
옮긴이 김귀탁
펴낸이 김요한
펴낸곳 새물결플러스

편　집 왕희광 정인철 노재현 한바울 정혜인
이형일 나유영 노동래 최호연
디자인 윤민주 황진주 박인미 이지윤
마케팅 박성민 이원혁
총　무 김명화 이성순
영　상 최정호 곽상원
아카데미 차상희

홈페이지 www.holywaveplus.com
이메일 hwpbooks@hwpbooks.com
출판등록 2008년 8월 21일 제2008-24호
주　소 (우) 04118 서울시 마포구 마포대로19길 33
전　화 02) 2652-3161
팩　스 02) 2652-3191

ISBN 979-11-6129-039-3 93230

책값은 뒤표지에 있습니다.